D1452356

DIE ESTHERNOVELLE
VOM ERZÄHLTEN ZUR ERZÄHLUNG

SUPPLEMENTS

TO

VETUS TESTAMENTUM

EDITED BY
THE BOARD OF THE QUARTERLY

H.M. BARSTAD – PHYLLIS A. BIRD – R.P. GORDON
A. HURVITZ – A. van der KOOIJ – A. LEMAIRE
R. SMEND – J. TREBOLLE BARRERA
J.C. VANDERKAM – H.G.M. WILLIAMSON

VOLUME LXXIX

DIE ESTHERNOVELLE

VOM ERZÄHLTEN ZUR ERZÄHLUNG

Studien zur Traditions- und Redaktionsgeschichte
des Estherbuches

VON

RUTH KOSSMANN

BRILL
LEIDEN · BOSTON · KÖLN
2000

This book is printed on acid-free paper.

Library of Congress Cataloging-in-Publication Data

Kossmann, Ruth.
Die Esthernovelle : vom Erzählten zur Erzählung : Studien zur Traditions-
und Redaktionsgeschichte des Estherbuches / von Ruth Kossmann.
    p.   cm. — (Supplements to Vetus Testamentum, ISSN 0083-5889 ;
v. 79)
Includes bibliographical references (p.) and index.
ISBN 9004115560 (alk. paper)
    1. Bible O.T. Esther—Criticism, Redaction.   I. Title.   II. Series.
BS410.V452   vol. 79
[BS1375.2]
222'.9066—dc21
                                          99-049290
                                            CIP

Die Deutsche Bibliothek – CIP-Einheitsaufnahme

[Vetus testamentum / Supplements]
Supplements to Vetus testamentum. – Leiden ; Boston ; Köln :
Brill
   Früher Schriftenreihe
   Reihe Supplements zu: Vetus Testamentum
   ISSN 0083-5889
   vol. 79. Kosmann, Ruth: Die Esthernovelle. – 2000
Kossmann, Ruth:
Die Esthernovelle : vom Erzählten zur Erzählung ; Studien zur
Traditions– und Redaktionsgeschichte des Estherbuches / von Ruth
Kossmann. – Leiden ; Boston ; Köln : Brill, 2000
   (Supplements to Vetus testamentum ; Vol. 79)
   ISBN 90-04-11556-0

ISSN   0083-5889
ISBN   90 04 11556 0

PRINTED IN THE NETHERLANDS

Für
Rieke Deborah

INHALT

VORWORT

Als ich 1993 mit dem Thema dieses Buches konfrontiert wurde, war ich davon überzeugt, daß es sich bei diesem um eine äußert spezifische Thematik alttestamentlicher Exegese handeln würde. Erst nach und nach wurde mir deutlich, daß das Estherbuch nicht nur ein besonders schönes, literarisches Kunstwerk darstellt, sondern daß es zudem eine theologische und ethische Relevanz in sich birgt, die es zu entdecken gilt. In ihm sind beispielsweise alle die Argumente enthalten, die die Pogrome an dem Jüdischen Volk durch die Jahrhunderte hindurch zu rechtfertigen versuchten. Unter diesem Blickwinkel kann sich der Leserin oder dem Leser das Verständnis für den umfassenden Aussagegehalt des Estherbuches öffnen, der damals wie heute an Brisanz nicht verloren hat.

Für die mir durch die niederländische Fakultät der "Godsgeleerdheid en Godsdienstwetenschap" an der Rijksuniversiteit Groningen gebotene Möglichkeit der umfassenden Auseinandersetzung mit dem Estherbuch bin ich Prof.Dr.E.Noort sehr dankbar. Meine Kollegin und Schwester J.Pschibille begleitete und förderte die Arbeit durch ihr fachliches Mitdenken und ihre kritische Auseinandersetzung mit den vorliegenden Studien. In der Zusammenharbeit mit dem "Bestuur en beheer" der "Faculteit der Godgeleerdheid en Godsdienstwetenschap" der Universität in Groningen genoß ich während der Entstehung dieses Buches die sachbezogene und persönliche Unterstützung sowie das gute Arbeitsklima. Für die Hilfestellungen in allen computertechnischen Fragen sei M.Hoffmann herzlich gedankt. Mein Mann gab mir mit seinem unerschütterlichen Glauben an das Gelingen dieses Buches die Kraft dafür.

KAPITEL EINS

EINLEITUNG, FRAGESTELLUNG UND FORSCHUNGSÜBERBLICK

1.1. Einleitung

Wer sich mit dem Esth beschäftigt, stellt sich früher oder später die Frage nach der kanonischen Bedeutung des Esth im Alten Testament (AT). Ursache für diese Frage ist die von einer ständigen Pogromstimmung begleiteten und gelenkten Thematik des Buches einerseits und sein so gänzlich untheologischer Inhalt andererseits. Den Kernbestand des Buches macht eine fast märchenhafte Grunderzählung aus. Zeit und Ort des Geschehens ist das Persische Weltreich. Die Szenerie mit dem atemberaubend schnellen Aufstieg der beiden jüdischen Hauptpersonen Esther und Mordechai findet am persischen Hof statt. Kennt das AT außerisraelitisches Hofleben, den Aufstieg in höchste Positionen des Landes aus der Josephsgeschichte, und hat das Esth die persische Kulisse auch mit den Danielerzählungen gemeinsam, so unterscheidet es sich doch von diesen inhaltlich v.a. durch eine im AT so nirgends auffindbare dramatische Spannung, die im Fehlen des leitenden Gotteshandelns begründet ist. Das Geschehen ist der Unberechenbarkeit menschlichen Lebens ohne Gottes vorsehenden Handelns ausgeliefert. Göttliches Führungshandeln, der Konsens alttestamentlicher Erzählungen, fehlt hier gänzlich, und ein Grundvertrauen in das Gelingen des menschlichen Handelns auf dem Hintergrund göttlichen Waltens, ist hier nicht gegeben. Der Vergleich mit anderen biblischen Hoferzählungen lassen die Besonderheit des Esth hervortreten: Der ägyptische Königssohn Mose wurde mittels göttlicher Willensoffenbarung zum Retter des Volkes Israel. Die Erzählung von Josephs Fall und Aufstieg ist von vornherein begleitet von Gottes vorsehendem Handeln und steht unter dem Leitsatz der göttlichen Umwandlung menschlicher Untat (Gen 50,20). Daniels prophetische Reden und Taten leben von der Absicht die Herrschaft JHWHS über die ganze Welt zu offenbaren. Demgegenüber steht Mordechais verzweifeltes Sich-zur-Wehr-setzen in einsamer Koalition mit der Königin Esther gegen den Aggressor Haman. Kein göttlicher Plan läßt im Angesicht des Grauens Hoffnung schöpfen und schafft Vertrauen für die Überwindung der Krise. Ohne JHWH erscheint die Risikobereitschaft Esthers, ihre königliche

Stellung und ihr eigenes Leben aufs Spiel zu setzen, um so größer und ein
Scheitern um so wahrscheinlicher; der Schutzlosigkeit ausgeliefert, grenzt es
ans Märchenhafte, wenn das Jüdische Volk letztendlich doch nicht untergeht.

Was aber bleibt nach all diesem vom Esth noch übrig? Zunächst ein
literarisch kunstvoll gestaltetes Drama: Esther, die wegen ihrer geheimnisvoll
einfachen Schönheit vom persischen König zur Frau Erwählte, hat einen
Gegner (Haman) und einen gefährlichen, weil unwissenden Kontrahenten
(König). Gelingt es ihr nicht, mit einem Schlag Haman, den Feind der Juden,
zu entblößen und den König auf ihre Seite zu ziehen, so liefert sie ihr Volk
dem Tod aus und würde dabei selbst zum Opfer. Doch Esther nutzt eine
einfache List. Sie setzt zur Einfädelung ihres Plans ihre weiblichen Reize ein.
Mit der Einladung zu den beiden Gastmählern im ausschließlichen Beisein
ihrer Gegenspieler, führt sie nichts anderes als ihren strategischen Plan
durch. Zu diesem Plan gehört ebenso das Hinauszögern, ihre Bitte vor dem
König zu artikulieren, die dieser so gerne erfüllen will. Der Mächtige wird
dadurch selbst Esthers raffiniertem Handeln unterworfen. Letztlich ist auch
Haman ein Spielball in Esthers Händen. Er darf als Einziger der königlichen
Zweisamkeit beiwohnen. Durch Eitelkeit und Anbiederung geblendet, tappt
er in Esthers Falle und erkennt seine wahre Gegnerin nicht. Esther setzt nun
alles auf eine Karte. Und gerade jenes Vabanquespiel läßt um den Erfolg des
Unternehmens bangen. Nur wenn Esther ihre Aufgabe fehlerlos erfüllt, wird
der Plan gelingen. Andernfalls ist alles verloren.

Die anhaltende Dramatik der Esthererzählung fesselt. Doch bleibt am
Ende ein ungutes Gefühl. Die Lösung des Konflikts liegt nicht allein in der
Aufklärung des Königs über die perfiden Machenschaften des den Juden
übelgesinnten Haman. Die Erzählung endet mit der Ermordung Unzähliger.
Zurück bleibt jedoch die Frage: Gab es denn für Mordechai und sein Volk
keine andere Möglichkeit als nun, nach und trotz der bereits vollzogenen
Beseitigung des Hetzers, auf dieselbe Art und Weise für die zur Bedrohung
zu werden, die Haman in seiner Hatz auf seiner Seite wähnte? Eine offene
Frage! Wenn das fünfte Buch der Megilloth im Judentum einen
unbestrittenen Platz einnimmt, so hat dies damit zu tun, daß sich in ihm eine
fundamentale Erfahrung in der leidvollen Geschichte jüdischer
Diasporaexistenz, die in Pogromstimmung kulminierenden Anfeindungen
gegen Absonderungstendenzen, widerspiegelt. Anders verhielt es sich mit
der christlichen Rezeptionsgeschichte des Esth. Jener für die
alttestamentliche Literatur so untypische, weil scheinbar "gottlose"
Charakterzug des Esth, trug dazu bei, daß das Buch in seinem kanonischen
Status immer umstritten blieb.

1.2. Fragestellung

Die dieser Arbeit zugrunde liegende Fragestellung konzentriert sich auf die traditions- und redaktionsgeschichtlichen Aspekte im Esth. Dabei beschäftigt sie sich zunächst vorrangig mit dem erzählerischen Teil des Buches (Kap 1-7) und untersucht die dort verarbeiteten Motive und Elemente. Literarkritische Beobachtungen über deren Verarbeitung im Text sowie die Offenlegung von Unstimmigkeiten, Doubletten und Brüchen helfen ursprünglich selbständige Erzähleinheiten auszumachen und gegebenenfalls zu rekonstruieren. In einem zweiten Schritt versucht sie die aus diesen Einzelerzählungen entwickelte Komposition der Esthererzählung von dem überlieferten Esth-Text zu unterscheiden, um schließlich die Aspekte offenzulegen, die dazu führten, daß aus der Erzählung ein dem biblischen Kanon zugeordnetes, literarisches Werk, das Esth, geformt wurde. Die darüber hinaus auftauchenden Diskussionspunkte, die in dem folgenden Forschungsüberblick aufgeführt sind, werden dabei in die Fragestellung mit einbezogen.

1.3. Diskussionspunkte in der bisherigen Forschung

Die Vielfalt der Problemstellungen zum Esth und deren mannigfaltige Bearbeitungen führten dazu, daß wir heute vor einer Fülle hermeneutischer Ansätze zur Erklärung des Esth stehen. Nur selten gelangte man zu Einsichten, die einander ergänzten und aufeinander aufbauten.[1] Doch stets haben etymologische, religionsgeschichtliche, historiographische und archäologische Forschungen neben der historisch-exegetischen das Verständnis des Esth zu vervollständigen gesucht. Folgt man diesen Argumentationssträngen, so wird man diesem in seiner Vielfalt gewahr.[2] In einer komprimierten Darstellung sollen die hierbei aufgeworfenen Problemfelder im Esth vorgestellt werden:

---

[1] L.B.Paton stellt dar, daß das Esth weder Probleme hinsichtlich seiner urkundlichen Analyse präsentiere, noch in seiner Datierung. Auch die Komposition des Buches sei im Vergleich mit anderen biblischen Büchern schneller zu durchschauen. Doch, "on the other hand, the text of the book raises a number of problems that have no parallels in the criticism of the rest of the Old Testament" (ders., Commentary, a.a.O., V).

[2] "ON SEVERAL counts, Esther is the strangest book in the Bible. Few of those who read it realize what a variety of curious problems it presents, and how little has been done toward solving them" (C.C.Torrey, Older Book, a.a.O., 1). "No book in the Old Testament has occasioned more antipathy for some readers, and more enjoyment for the others, than the book of Esther" (W.J.Fuerst, Scrolls, a.a.O., 32). Doch die Probleme, führt Fuerst aus, "regarding the text of Esther are unique in Old Testament literature. The degree of uniformity found for this book in the Hebrew manuscripts is unusually great" (ders., Scrolls, a.a.O., 34).

Die literarische Grundlage des Esth ist eine besondere: Neben dem Masoretischen Text (M.-T.) bestehen zwei griechische Texte, der sog. Alpha Text (A.-T.)[3] und der Standarttext der Septuaginta (LXX-T.), die inhaltlich sowohl vom M.-T. als auch untereinander verschieden sind. In den griechischen Texten sind sechs zusätzliche Textpartien vorhanden, die, trotz der Unterschiede ihrer Stammtexte, einander je gleichen. Neben diesen Zusätzen weisen beide Texte zudem Verse mit theologischen Inhalten auf. Die Esthererzählung ist bei Josephus in seinem Werk Antiquitates Judaicae zu finden, und auch zwei Targumim haben sie verarbeitet. Die Dependenz der Textausgaben untereinander wurde jedoch stets unterschiedlich betrachtet und kontrovers diskutiert.

Ob die Esthererzählung und das Purimfest ursprünglich zusammengehörten oder letzteres erst nachträglich ersterem zugeordnet wurde, ist umstritten. Ihren jetzigen Verständnishorizont hat das Esth jedoch vor allem durch die Funktion der *Esthererzählung als Festlegende* erhalten. Doch über den mythologischen oder biblisch-theologischen Hintergrund, die etymologische Herkunft des Purimnamens sowie über den religiösen Sinn des Festes ist man sich dabei uneinig. Immer häufiger tritt jedoch der offensichtliche Bezug des Festes zu den makkabäischen Kriegen zu Tage.

Die *Einheitlichkeit des Esth* ist umstritten. Zwei bis vier selbständige Erzählstränge werden in der Erforschung der Esthergeschichte unterschieden, denen eine Vasti-, Esther-, und Mordechaierzählung zugrunde liegen könnten. Diese Erzählstränge sind jedoch so kunstvoll miteinander verwoben und in Abhängigkeit zueinander gebracht, daß eine von vorne herein gedachte Einheit nicht ausgeschlossen werden kann. Fraglich ist im Vergleich des masoretischen Esth mit den beiden griechischen Ausgaben zudem, ob und inwiefern die sechs Additionen (A-E) mit der Esthererzählung ursprünglich verbunden waren.

Völlig ungeklärt ist sodann, warum das masoretische Esth, *ohne* auch nur die kleinste Anbindung an *theologische Inhalte*, Festlegende für ein jüdisches Fest wurde. Ob ein deutlicher Hinweis auf Gottes führendes Handeln in Kap 4,14 zu finden ist, bleibt der jeweiligen Interpretation dieser Stelle vorbehalten. Die fehlende religiöse Sprache ist neben dem Vorwurf der 'Unmoral' Grund für die bis heute anhaltende Debatte um die Bestreitung der Kanonizität des Esth.

Hinsichtlich der *Gattungsbestimmung des Esth* wird sowohl die Beschreibung der ätiologischen Festlegende als auch die der Diasporanovelle gebraucht. Struktur, Inhalt und Ort der Erzählung weisen jeweils Parallelen zu der Josephsgeschichte, den Danielerzählungen und der Exodustradition auf. Auch im Apokryphon Judith finden sich in Aufbau und Thematik

---

[3] Zur Bezeichnung "A.-T." vgl. Kapitel 2.2.

Analogien. Doch es ist bezeichnend, daß es sich in keines der definierten Genre des AT eingliedern läßt.

Ein alter, mittlerweile aber immer mehr zu vernachlässigender Streitpunkt ist die *Historizität des Esth*. Gründe für diese Uneinigkeit sind nicht zuletzt die fehlenden Quellen über das Leben der Diasporagemeinden in exilisch-nachexilischer Zeit. Spricht die steile politische Karriere der Juden Esther und Mordechai für eine mögliche Assimilation des Jüdischen Volkes in der Bevölkerung des Fremdlandes oder deutet der offensichtlich sagenhafte Hintergrund der Erzählung vielmehr auf eine bloße literarische Fiktion?

Daß aus dieser Vielfalt an Forschungsergebnissen keine *einheitliche Datierung des Buches Esther* erfolgen kann, ist offensichtlich. Wegen der im Esth verarbeiteten Verfolgungsthematik tendiert man diesbezüglich jedoch immer mehr dazu, die makkabäische Zeit anzunehmen. Hinzu kommen Sprach- und Stilforschungen des Esth, die ihrerseits dem masoretischen Text vorwerfen, es imitiere einen alten Sprachstil. Selbst die vielen persischen Begriffe und fremden Namen wiesen nicht nur auf einen großen Kenner des persischen Lebensstils hin, sondern auch auf die notwendige Spätdatierung des Esth.

1.3.1. Die literarische Grundlage

Die Relation der drei Quellentexte, d.h. des masoretischen Textes und der beiden griechischen Texte, ist untereinander nicht offensichtlich. Der in der Hebraica vorliegende masoretische Text (M-T.) hat einen sehr viel umfangreicheres Gegenstück im LXX-T.[4], dem herkömmlichen Codex-B. Von letzerem durch einen geringeren Textumfang unterschieden, liegt ein zweiter griechischer Text (A-T.[5]) vor. In vielem teilt er seinen Inhalt mit dem LXX-T., weicht jedoch oft maßgeblich von ihm ab und an einigen Stellen weist er zusätzliche textliche Plus auf. In der Bewertung der Relation der drei Texte untereinander teilen sich die Positionen in der Forschungsgeschichte in zwei grundsätzliche Positionen:

a) Die eine besteht in der Überzeugung, daß der A-T., trotz seiner Verschiedenheit vom LXX-T., in Abhängigkeit zu diesem steht. FRITZSCHE

---

[4] Die LXX-Version basiert hauptsächlich auf den MSS B S A, die aus dem 4. und 5.Jh stammen (vgl. A.Rahlfs, Septuaginta, a.a.O.). R.Hanhart führt in seinem Kommentar zu den griechischen Esther-Ausgaben (ders., Esther, a.a.O., 7-14) zusätzlich die Handschrift V (8.Jh.) und mehrere Minuskelhandschriften auf.

[5] Die Bezeichnung "A-T." wird hier anders als in der Esther-Ausgabe Hanharts gebraucht. Er hält "die Bezeichnung '*L*' bei, weil sie sich in den Kommentaren eingebürgert hat" (ders., Esther, a.a.O., 87, Anm. 1). Als Textgrundlage des A-T. wird in dieser Arbeit jedoch der von Hanhart herausgegebene griechische Text verwendet. LXX-T. und A-T. (in der Bezeichnung Hanharts "o'" und "L") werden hier einander gegenübergestellt. Dementsprechend wird auch die Hanhartsche Verszählung benutzt.

(1851) sah zunächst in dem A-T., der 1655 zuerst durch Erzbischof USSHER
bekannt wurde,[6] einen jüngeren, einheitlichen Text, dessen Verhältnis er zum
LXX-T. als "tiefgreifende Umarbeitung" bezeichnete.[7] In dieser Relation,
wurde er von FIELD (1875)[8] und DE LAGARDE (1883)[9] als lukianische
Rezension[10] des LXX-T. identifiziert. Er ist in den vier
Minuskelhandschriften MSS 19, 93[11], 108[12], 319[13] aus dem 10.,12. und
13.Jh. erhalten. Die Lesarten der drei ersten Handschriften fanden FIELD und
DE LAGARDE vor allem in 1/2Kön, als auch in anderen biblischen Büchern
wieder. V.a. typische Stileigenheiten des Textes, die denen der lukianischen
Königsbücher glichen, schienen DE LAGARDES Vermutung zu bestätigen.[14]
MSS dieser Art wurden auch bei Chrysostomos und Theodoret von
Antiochien gefunden,[15] die lukianische Rezensionen in ihren Schriften
verwerteten. Doch 1967 stellte MOORE dem entgegen, der Esthertext sei bei
jenen Kirchenmännern gerade nicht zu finden. Dies spräche deshalb eher
gegen eine Autorenschaft Lukians.[16] Und FISCHER (1951) wies vielen jener
vermeintlich "typisch lukianischen Charakteristika" eine vor-lukianische

---

[6]   J.Ussher, Septuaginta, a.a.O., zit. n. E.J.Bickerman, Notes, a.a.O., 104, Anm. 9.

[7]   O.F.Fritzsche gibt an: "Drei Hdschrr. indessen, nämlich 19.93a und 108b, enthalten das
B. in einem ganz eigentümlichen Texte, den im Zusammenhange vor mir nur Jac. Usser im
Syntagmata de graeca LXX interpretum versione. Londini 1655.4. (Nachdruck Lip 1695.4.)
p.105ss. herausgegeben hat" (ders., Zusätze, a.a.O., 70).

[8]   F.Field, Hexaplorum, a.a.O.

[9]   P.de Lagarde versuchte in seinem Buch "Librorum Veteris Testamenti Canonicorum
pars prior", Göttingen 1883, eine Rekonstruktion des lukianischen Textes aus dem historischen
Buch Esther. Er verwandte dabei die MSS 19, 93a, 108b und ergänzte sie durch einen
kritischen Apparat, der nach L.B.Paton "has completely superseded the clumsy and often
inaccurate apparatus in Holmes and Parsons" (ders., Commentary, a.a.O., 37). MS 93a war
dabei Grundlage für die griechische Herausgabe des Esth. Er wich nur dann von ihr ab, wenn
die MSS 19 und 108b eine bessere Lesart vorwiesen (vgl. C.A.Moore, Witness, a.a.O., 351-
358).

[10]   Sprache und Stil, aber auch De Lagardes Erkenntnis, "daß die drei genannten
Handschriften [d.h. ohne MS 319] in gewissen historischen Bibelbüchern, besonders in den
Königsbüchern, unzweifelhaft lukianisch sind" lassen diesen Schluß wohl zu (vgl. G.Gerleman,
Esther, a.a.O., 39).

[11]   Der Text von MS 39 a wurde von J.Ussher in seiner Syntagma (1655) herausgegeben
(vgl. ders., Septuaginta, a.a.O.)

[12]   O.F.Fritzsche gab die Handschriften 19 und 108 b heraus, wie sie bei Holmes und
Parsons vorlagen (ders., ΕΣΘΕΡ, a.a.O.).

[13]   M.V.Fox (Alpha Text, a.a.O., 28, Anm. 3) weist darauf hin, daß auch ein Mischtext
(MS 392) vorliegt, der aus LXX-T. und A-T. besteht.

[14]   A.Rahlfs (Rezension, a.a.O., 171ff.) erweiterte die Liste der charakteristischen Merkmale
beider Texte, die ihre Verwandtschaft zum Ausdruck bringt. Er fand vier Charakteristika: a)
Dubletten, b) Korrekturen hinsichtlich des M.-T., c) Veränderungen in Richtung anderer, aber
ähnlicher Lesarten, d) Veränderungen des Falles, syntaktische Korrekturen und
Verbesserungen des Sinnes, häufigen Synonymwortgebrauch und neben
anderem auch einen völlig anderen Namensgebrauch.

[15]   Vgl. L.B.Paton, Commentary, a.a.O., 37.

[16]   C.A.Moore, Witness, a.a.O., 352.

Existenz nach.[17] Bis zum Ende des 19.Jh. wurde die These vom lukianischen Charakter des A-T. jedoch von den Exegeten fast durchgängig vertreten und bis heute neben der zweiten Position verteidigt: So gab PATON (1908)[18] dem LXX-T. den Vorzug des einzigen Zeugen für das Original. Der als lukianisch bekannte A-T. sei dessen Rezension.[19] SCHILDENBERGER (1941)[20] bemerkt, daß sowohl der lukianische A-T. als auch der LXX-T. den Inhalt von M-T. wiedergäben, wobei ersterer "vielfach nur eine gekürzte Ausgabe"[21] sei. Neuere Exegeten vertraten die These von der lukianischen Herkunft des A-T. in modifizierter Form. TOV (1982) nannte, trotz der Akzeptanz aller Einwände gegen eine lukianische Rezension des Textes, seinen Aufsatz "The 'Lucianic' Text of the Canonical and Apocryphal Sections of Esther: A Rewritten Biblical Book"[22]. Er vertrat darin die Meinung, der LXX-T. sei die Übersetzungsbasis des A-T., wobei letzterer zusätzlich eine Revision nach einem hebräischen oder aramäischen Text erfahren habe, der dem M-T. ähnlich sei. HANHART (1983) maß den Texten in ihrer Relation zueinander eine größere Distanz zu, als er den A-T. als "Neugestaltung der griech. Est-Überlieferung, die in starkem Maß auf dem o'-Text [d.i. der LXX-T.] beruht"[23], charakterisierte. Dem LXX-T. gab er den Vorrang, weil dieser die wertvollste der Handschriften, den Codex B, ein "Zeuge für den ursprünglichen o'-Text"[24], verarbeitet habe. Doch wertete HANHART den A-T. auf, indem er ihn als eigenständig neben dem LXX-T. stehend betrachtete. Er setzte nämlich einen ursprünglichen A-T. voraus, der als griechische Ausgabe neben dem LXX-T. entstanden sei. Dieser ursprüngliche A-T. ähnele der Textform, die neben dem M-T. der hexaplarischen Rezension vorgelegen habe.[25] Bedeutungsvoll sei jener A-T. v.a. da, wo "das Überlieferungsgut, das sich im L-Text [d.i. der A-T.] im Unterschied zum o'-Text erhalten hat, gleich wie der M-Text schon in vorhexaplarischer Zeit zur Grundlage rezensioneller Arbeit genommen wurde"[26]. In einem späteren Stadium habe jener ursprüngliche A-T. eine Bearbeitung nach LXX-T. erfahren, die HANHART jedoch nicht als Rezension desselben verstanden

---

[17] B.Fischer, zit.n. C.A.Moore, Witness, a.a.O., 353.
[18] L.B.Paton, Commentary, a.a.O.
[19] L.B.Paton, Commentary, a.a.O., 38.
[20] J.Schildenberger, Buch, a.a.O., 3ff.
[21] J.Schildenberger, Buch, a.a.O., 5.
[22] E.Tov, "Lucianic" Text, a.a.O., 1-25, siehe v.a. 1f. a.a.O., Anm. 3.
[23] R.Hanhart, Esther, a.a.O., 87.
[24] R.Hanhart, Esther, a.a.O., 45.
[25] "Die hexaplarische Rezension ist eine Bearbeitung der kanonischen (d.h. der ursprünglich hebräischen) Teile des o'-Textes [d.i. der A-T.] auf Grund einer hebräischen Vorlage des Originales (bzw. auf Grund der nicht mehr erhaltenen wortgetreuen griech. Wiedergaben dieses Originales durch die jüdischen Übersetzer des 2.Jh.s n.Chr.), die im wesentlichen dem hebr. Text der Masoreten entsprach" (R.Hanhart, Esther, a.a.O., 70).
[26] R.Hanhart, Esther, a.a.O., 76.

wissen wollte, sondern eben als eine Neugestaltung. Die These vom lukianischen Charakter des A-T. lehnte er deshalb ab. HANHARTS Untersuchungsergebnisse stellen eine Zwischenposition gegenüber der seiner Vorgänger und der im folgenden darzustellenden Forschungsrichtung dar.

b) Die Gegenposition vertrat die These, daß der A-T. als unabhängige Übersetzung eines semitischen Textes, der von M-T. verschieden sei, anzusehen wäre und auch in keiner primären Relation zum LXX-T. stehe. Während die erste Position einen sehr freien Umgang des A-T. mit seiner LXX-Vorlage voraussetzten muß, um dessen Abhängigkeit von ihm zu erklären,[27] vertrat die zweite Position die Möglichkeit, daß der A-T. seiner Vorlage sehr ähnlich sei. Der ursprüngliche, wahrscheinlich semitische Text könne daher nahezu rekonstruiert werden.[28]

Als früher Vertreter zog LANGEN (1860)[29] mit dieser These gegen FRITZSCHE zu Felde. Er stufte den A-T. als vom LXX-T. unabhängig ein. TORREY (1944) führte diese These dahingehend weiter, daß er beide griechischen Texte als jeweils unabhängige Übersetzungen von ihren aramäischen Vorlagen beschrieb. Die Vielfalt der Esth-Versionen erklärte er mit der gesellschaftlichen Beliebtheit der Erzählung.[30] MOORE (1967)[31] knüpfte seine Untersuchungen an TORREYS Vorarbeit an. Er gab der Bedeutung des unabhängigen A-T. ein neues Gewicht mit der These, der A-T. wäre eine selbständige griechische Übersetzung einer hebräischen oder aramäischen Vorlage, die von der Vorlage des LXX-T. verschieden sei. COOK (1969)[32] differenzierte MOORES These dahingehend, daß, wenn A-T. und LXX-T. keine gemeinsame hebräische Vorlage hätten, sie voneinander Rezensionen sein müßten. Dies sei eben in den längeren Additionen und wahrscheinlich auch für die Purimlegende der Fall, die ab Kap 8,6 den vom Übersetzer hinzugefügten Schluß des Esth darstelle. Vorlage von A-T. sei für die Esthererzählung in der Tat eine andere als die des LXX-T. gewesen, nämlich eine Rezension des M-T. CLINES (1984)[33] folgte COOKS Differenzierungsversuche und entwickelte eine in fünf Etappen aufgeteilte Entwicklung der griechischen Esthergeschichte, in der A-T. und LXX-T. als Produkt eines sehr viel komplexeren Entwicklungsvorganges gesehen werden als bisher. Er nahm im ersten Stadium zwei Erzählquellen an, die zusammen den pre-masoretischen Stoff der Esthergeschichte bildeten. Dieser

---

[27]   Vgl. als Vertreter dieser These E.Tov (ders., "Lucianic" Text, a.a.O., 15). Tov benennt diese Vorgehensweise eine Widerspiegelung einer "*midrash-type exegesis* of the biblical story" (ders., "Lucianic" Text, a.a.O., 23).

[28]   Vgl. L.B.Paton, Commentary, a.a.O., 31 und M.V.Fox, Alpha Text, a.a.O., 33.

[29]   J.Langen, Texte, a.a.O., 244-272.

[30]   C.C.Torrey, Older Book, a.a.O., 7.

[31]   C.A.Moore, Witness, a.a.O., 521-528.

[32]   H.J.Cook, *A* Text, a.a.O., 369-376.

[33]   D.J.A.Clines, Scroll, a.a.O.

habe dem Proto-A-T. vorgelegen. Aus ihm habe sich als Zeuge für die ursprüngliche Erzählung der A-T. entwickelt und sei, so CLINES, eine genaue Abschrift seiner Vorlage. Neben diesem wäre auch der proto-masoretische Text entstanden, von dem einerseits der M-T. als Übersetzung abstamme und andererseits, durch semitische und griechische Additionen ausgeweitet, der LXX-T. geformt worden sei. Gegen TOV sprach CLINES erst für dieses Stadium von einem redaktionellen Einfluß des LXX-T. auf den durch den Pre- und Proto-A-T. determinierten A-T. FOX (1990)[34], der sich insbesondere gegen TOV abgrenzt, sah sich forschungsgeschichtlich auf der Linie, die TORREY, MOORE und CLINES vorgezeichnet haben. Ihm lag daran, TOVS These von einem nicht-masoretischen Text im Hintergrund des A-T. nur insoweit zu bestätigen, als daß dieser Text ein Unabhängigkeitsbeweis des A-T. vom LXX-T. liefere. Er lehnte aber die These, daß der A-T. als LXX-Rezension nach jenem Text hin korrigiert worden wäre, ab. Schließlich falsifizierte er CLINES These von der Abhängigkeit des A-T. und des LXX-T. Die Abhängigkeit auf ausschließlich später, redaktioneller Ebene sei nicht durchgängig der Fall und deshalb nicht als tragender Beweis anzuführen.

Die Plausibilität der zweiten Position im Gegenüber zur ersten kann zwar nur im Kontext der traditionsgeschichtlichen Arbeit auf allen Frageebenen[35] offensichtlich werden. Es darf jedoch hier schon darauf hingewiesen werden, daß wir uns in unserer Aufgabenstellung auf die zweite Position stützen.

1.3.2. Das Esth als Festlegende

Die Entdeckung, daß die Esthererzählung und das mehrtägige Fest, das erst am Ende des Buches (Esth 9,17-23) erwähnt wird, nicht ursprünglich zueinander gehören könnten, war Anlaß zur Belebung eines neuen Forschungsschwerpunktes zum Esth. Die Frage nach dem Ursprung des Purimfestes einerseits und die nach der Art und Weise der Zuordnung von Fest und Legende andererseits, standen hierbei im Mittelpunkt.

Das in 3,7 erwähnte Pur-Werfen mit seinen dramatischen Folgen und dem glücklichen Ende könnte als Motivträger den Anlaß für die Feier des Purimfestes bewirkt haben. 1878 wurde jedoch von BLEEK die umgekehrte Reihenfolge der literarischen Ehe von Fest und Legende vermutet.[36] Das ursprünglich nicht-jüdische Purimfest könnte nach BLEEK nämlich bereits im Volk gefeiert und die Esthererzählung diesem erst nachträglich als Festlegende zugeordnet worden sein. Auffällig war seit jeher, daß der Begriff "פור" etymologisch dem Hebräischen nicht zu eigen ist. Und PATONS Feststellung, "a feast that bears a foreign name must have been derived from

---

[34]   M.V.Fox, Alpha Text, a.a.O., 27-54.
[35]   Vgl. Kapitel 1.3.
[36]   F.Bleek, Einleitung, a.a.O., 301.

a foreign source"[37], erlangte um die Jahrhundertwende allgemeine
Akzeptanz. Diese Feststellung führte jedoch noch zu keinem endgültigen
Ergebnis. So wurde das Verhältnis von Esthererzählung und Purimfest
schließlich auf dreifältige Weise untersucht: Eckpfeiler, zwischen denen sich
das gesamte Forschungsfeld aufspannte, war die religionsgeschichtliche
Forschung einerseits und die inneralttestamentliche Motivforschung
andererseits. Soziologische Aspekte wurden hierbei je unterschiedlich
beachtet und in den jeweiligen Gedankengang integriert.

Religionsgeschichtliche Untersuchungen
Eine Richtung untersuchte heortologische Elemente aus der jüdischen
Umwelt und nahm an, daß die paganen Elemente bei der Umarbeitung zum
Esth kaschiert wurden. Die grundlegende etymologische und
religionsgeschichtliche Vorarbeit leistete 1887 DE LAGARDE[38]. Er führte den
Nachweis, daß sich das Purimfest auf das persische Neujahrs- oder
Allerseelenfest gründe. Er meinte, daß die lukianische Übersetzung "פוּרִים"
mit "φουρδαια" übersetzt habe, um so auf das eigentlich gemeinte Totenfest
Farwardîgân hinzuweisen.[39] Er distanzierte sich jedoch später von dieser
Position[40] und verband den Begriff Purim mit dem mandäischen Wort
"puhra". Demnach war der etymologisch aufgeweichte Begriff "pûr" aus dem
ursprünglicheren "puhru" herzuleiten und auf der Basis des Aramäischen mit
"Mahlzeit, Mahl" zu übersetzen.[41] ZIMMERN (1891)[42] suchte nach einem
vorpersischen Prototyp des Purimfestes. Er folgte zunächst der Herleitung
DE LAGARDES, konzentrierte seine weiteren Untersuchungen dann aber auf
das Assyrische, wo der gleiche Begriff "puhru" in einer spezialisierten
Bedeutung für "Versammeln, Versammlung" verwendet wurde. Hiervon
ausgehend fand ZIMMERN in den babylonischen Mythen einen möglichen
Hintergrund für das Esth und das Purimfest: Im babylonischen Zagmuk- oder
Neujahrsfest, das zu Ehren des babylonischen Hauptgottes Marduk-
Merodachs am Jahresbeginn gefeiert wurde, bestand die Vorstellung von der
"Versammlung der Götter unter dem Vorsitze des Marduk, in welcher für
den König und das ganze Land die Geschicke für das neue Jahr bestimmt
wurden"[43]. Der den Vorgang der Schicksalsbestimmung umgebende Raum
werde, so ZIMMERN, mit dem sumerischen Begriff "Ubšugina" bezeichnet.
Im Assyrischen übersetze man "Raum des puhra". Daraus ergab sich für
ZIMMERN, daß puhra und "dessen sumerisches Äquivalent ugin" der

---

[37]   L.B.Paton, Commentary, a.a.O., 82.
[38]   P.de Lagarde, Purim, a.a.O.
[39]   Vgl. P.de Lagarde, Purim. a.a.O., 25.
[40]   P.de Lagarde, Mittheilungen II, a.a.O., 403, Anm. 1.
[41]   Vgl. P.de Lagarde, Purim, a.a.O.
[42]   H.Zimmern, Frage, a.a.O., 157-169.
[43]   H.Zimmern, Frage, a.a.O., 160f.

"terminus technicus für die Neujahrsversammlung der Götter zur Schicksalsbestimmung unter dem Vorsitze Marduk's"[44] sei. Dieselbe Vorstellung wäre am Frühlingsanfang in Babylonien auch auf den Schöpfungsvorgang, d.h. auf den Anfang des Weltenjahres übertragen worden, bei dem das Weltengeschick insgesamt initiiert wurde. Bei letzterem sei ein opulentes Festgelage bis "daß sie am Schluße desselben 'gar sehr taumelten'"[45] mitzudenken, wodurch auch DE LAGARDES Übersetzung "Mahl" untermauert wäre. ZIMMERN leitet nun den Begriff "פּוּר" aus der ursprünglichen Bedeutung der 'Versammlung, bei der gelost wurde', ab. Eine Bedeutungsverschiebung zugunsten des letzten Teils des Wortsinns wäre demnach ausschlaggebend gewesen für die Verwendung des Begriffes im Esth. Er wäre als das in Esth 3,7 so benannte "Los" durch "גּוֹרָל" glossiert worden. Schließlich lag für ZIMMERN auch eine inhaltliche Parallele zwischen Mythos und Sage nahe, da in der babylonischen Schöpfungslegende der Kampf zwischen Marduk und Tiamat mit dem zwischen Mordechai und Haman zusammenginge. PATON bezweifelte an ZIMMERNS Darlegung die Beweiskräftigkeit seiner Annahme, daß das ẖ in puẖru im Aramäischen und Hebräischen verloren gegangen und so die Entstehung des Begriffes "Purim" zu erklären sei.[46]

LEWY (1939)[47] kritisierte an den religionsgeschichtlichen Untersuchungen seiner Vorgänger, daß sie den szenarischen Hintergrund des Esth, die Stadt Susa, als dem Ort eines der Heiligtümer Ištars,[48] sowie die LXX-Version des Esth außer acht gelassen hätten. Esthers Name könne, worauf GUNKEL schon 1895 zu Recht hingewiesen habe, mit Ištar in Verbindung gebracht werden. Esthers zweiten Namen הֲדַסָּה (Esth 2,7) führt LEWY auf das akkadische "ẖadašatu"[49] zurück, dessen Synonym "kallātu" Braut bedeutet und im Hebräischen (חָרָשׁ) "neu" entspräche. Im hebräischen Esth bezeichne dieser Name also die 'Neu'-vermählte. Der Beiname Esthers deutete für LEWY auf die ostaramäische Sprache hin, in der die Legende ihren Ursprung haben müsse. Doch auch der Name Mordechais ließe sich ethymologisch erläutern: "מרדכי is a *nisbe* formation from מרדך ... In other words, מרדכי is to מרדך 'Marduk' what, e.g., יהודי 'Jew' ... is to 'Juda'"[50]. Damit deute sein Name auf die Zugehörigkeit zu einer religiösen Gemeinschaft, den Verehrern des Marduk, hin, denn im Griechischen würden aramäische "adjectiva relativa" mit der Endung "-αιος/αιοι" wiedergegeben. Der im 2Makk 15,36 nach Mordechai benannte Tag "ἡ

[44] H.Zimmern, Frage, a.a.O., 161.
[45] H.Zimmern, Frage, a.a.O., 164.
[46] L.B.Paton, Commentary, a.a.O., 92.
[47] J.Lewy, Feast, a.a.O., 127-151.
[48] S.a. H.Gunkel, Schöpfung, a.a.O., 314 und ders., Esther, a.a.O., 116.
[49] Vgl. P.Jensen, Eigennamen, a.a.O., 47ff.;209ff. und P.Haupt, Purim, a.a.O., 51.
[50] J.Lewy, Feast, a.a.O., 130.

Μαρδοχαικὴ ἡμέρα" könne entsprechend als der Tag der Verehrer
Marduks bezeichnet werden. Folglich sei in hellenistischer Zeit der 14. Adar
der   Tag   der   Mardukverehrer   gewesen.   In   der   Konstruktion
"מָרְדֳּכַי הַיְהוּדִי" würde dieser Hintergrund jedoch kaschiert. Nach LEWY
beinhaltete die Esthererzählung ursprünglich nicht die Bedrohung der Juden
in Persien, sondern Gefahren, denen die Anhänger Marduks nach der
Einführung der Gottheiten Anahita und Mithra durch Artaxerxes II
ausgesetzt waren. Die Bedrohung habe Ištar, die Retterin der Bedrohten,
abwenden können. Diese Legende wäre der Esthergeschichte zugrunde
gelegt worden. Die andere jedoch, die das Loswerfen behandelte, wäre
komplett verloren gegangen. Das Purimfest selbst führte LEWY, wie DE
LAGARDE, auf das bei den Palästina-Juden bekannte persische Totenfest
Farwardîgân zurück.[51] Zusammen mit dem Fest hätte das Jüdische Volk die
Legenden übernommen, die es erklärten und ihm ein neues jüdisches Kolorit
gegeben. In den fünfziger Jahren unseres Jahrhunderts setzte sich unter den
Exegeten übereinstimmend durch, daß das Purimfest religionsgeschichtlich
auf die Gebräuche und Riten des auf der ganzen Welt bekannten
Neujahrsfestes zurückzuführen sei.[52]

Als ein Vertreter stellte RINGGREN (1955)[53] die These auf, daß das Esth
sich hauptsächlich auf Mythen und Legenden, die mit dem persischen
Neujahrsfest in Verbindung stehen, stütze. Die Motive entstammten v.a. den
iranischen Erzählungen zu jenem Fest, auch wenn in ihnen einige
babylonische Elemente (vgl. Mordechai/Marduk) aufzufinden seien. Sowohl
Esthers Rettungsstat gegenüber ihrem Volk als auch das Werfen der Würfel
und das Verteilen von Geschenken hätten dort ihren Ursprung. Schließlich
ließe sich das Element der Anklage während eines Bankettes in den eng mit
dem Neujahrsfest verbundenen Geschichten von 'Harut und Marut'
nachweisen. Die Frage, ob das Buch Esther folglich nichts anderes sei als die
Historifizierung eines Mythus, blieb für RINGGREN offen.

Nach wenig Neues bringenden Untersuchungen in den siebziger Jahren
setzte sich immer mehr die Erkenntnis von der Unmöglichkeit einer
gesicherten Theorie über den Ursprung des Purimfestes durch. Zwar war
keines der Ergebnisse von der Hand zu weisen, doch bot keine Theorie ein
durchweg überzeugendes Erklärungsmuster.[54] Was PATON schon 1908

---

[51] Lewy nimmt hier De Lagardes These aus ders., Purim, a.a.O., auf.

[52] Mit T.H.Gaster (Purim, a.a.O., 12) faßt H.Ringgren diese forschungsgeschichtliche
Situation zusammen: "Now there seems to be a growing consensus among O.T. scholars that
the ceremonies of Purim are closely related to certain rites and customs 'which are characteristic
of seasonal and New Year festivals in many parts of the world'" (zit. n. H.Ringgren, Esther,
a.a.O., 6).

[53] H.Ringgren, Esther, a.a.O.

[54] C.A.Moore beschreibt im Prolegomenon zu seinen "Studies in the Book of Esther"
diese Situation zusammenfassend: Man sei manchmal versucht "to be unduly critical of the
labyrinthian course their investigations of the festival takes. Perhaps it is only fair to remind

vehement vertreten hatte,[55] war schließlich auch das Ergebnis der religionsgeschichtlichen Untersuchungen zum heidnischen Ursprung des Purimfestes: "Like Christianity, whose two great festivals of Christmas and Easter contain pagan elements, Judaism has survived partly because of its ability to adopt pagan ideas and institutions by which it found itself surrounded, and to adopt them to its own distinctive purpose"[56]. An Kap 9 des Esth wurde währenddessen und in der nachfolgenden Zeit eher eine literarkritische Betrachtungsweise angestellt statt einer religionsgeschichtlichen.

Inneralttestamentliche Untersuchungen zu Purim
Ein Forschungszweig zum Purimproblem vertrat, Festlegende und Purimfest als schriftliche Fixierung gegenwärtigen oder vergangenen Erlebens anzusehen. Sie stünden in direktem Zusammenhang mit den bereits vorhandenen Geschichtswerken des Volkes und bezögen sich auf sie. Diese literarische Arbeit des Esth wurde somit als eine Art Aktualisierung alter Überlieferungen in einer neuen Zeit und mit in einer veränderten Situation des Volkes verstanden.

So konstatierte beispielsweise GERLEMAN (1971)[57], das Purimfest könne weder auf babylonische noch auf persische Feste bezogen werden, sondern müßte im Zusammenhang mit dem Esth ganz auf das Exodusgeschehen und das zu ihm gehörende Passahfest hin interpretiert werden, insofern beide Befreiungserzählungen seien, denen ein dieser Erfahrung entsprechendes Fest zugeordnet wäre. Ohne die Erzählung stehe das Fest inhaltlich nämlich nur auf dünnem Boden. Die einzigen Motive, von denen man vom Inhalt des Esth her auf das Purimfest schließen könne, sei das "Portionen zusenden" (Esth 9,19.22) und das "Loswerfen" (Esth 3,7;9,24). Der motivliche und erzählerische Hintergrund des Purimfestes müsse jedoch vielmehr in der jüdischen Überlieferung selbst zu finden sein. So habe die Esthererzählung die Exodusgeschichte nicht in nachahmender Reproduktion übernommen, sondern diese mit polemischer Untermalung und in "kritische(r) und überbietende(r) Einstellung zur alten Erzählung" als Vorbild genommen. Die

---

ourselves that the problem is rooted, in part at least, in the very nature of any popular festival of great antiquity. For as T.H. Gaster has so correctly observed, a popular festival is 'a dynamic, not a static thing, and there can be perforce neither constancy nor permanence in either its form or meaning'" (ders., Studies, a.a.O., xxxvii, zit.n. T.H. Gaster, Purim, a.a.O., xiv).

[55]   "There is no difficulty, therefore, in supposing that Purim was originally a heathen festival that the Jews learned to keep in one of the lands of their exile, and for which they subsequently invented the pseudo-historical justification that the Book of Esther contain the history of religion is full of analogous instances in which heterogeneous institutions have been given a new interpretation by the sects which have adopted them" (L.B.Paton, Commentary, a.a.O., 83).

[56]   C.A.Moore, Esther, a.a.O., XLIX.

[57]   G.Gerleman, Esther, a.a.O.

von vornherein als Festlegende von Purim konzipierte Erzählung sei in ihrer
"Architektonik" in "Angleichung an die Struktur der Exodusgeschichte und
der dazugehörenden Passahfestschilderung" gestaltet worden.[58] Ob das
Purimfest jedoch für die Juden in der Diaspora initiiert wurde, um es an die
Stelle des zentralen Passahfestes treten zu lassen, blieb für GERLEMAN
letztendlich dann doch fraglich.

LEBRAM (1972)[59] setzte bei seinen Untersuchungen das Bestehen der
jüdischen Purimfeier voraus und betrachtete allein deren Einsetzungsbericht
(Kap 9,20-28), dem Verbindungsglied zwischen Esthererzählung und Fest. In
V.28 entdeckte LEBRAM hintergründige Dissonanzen zwischen
Diasporajudentum und Palästinajudentum gegenüber der Feier des
Purimfestes, die nun durch eine vereinheitlichte Datierung ausgeräumt
werden sollten. Das Datum der Feier, die in Palästina im Zusammenhang mit
dem dort gefeierten "Mordechaitag" (2Makk 15,36) am 14. Adar
stattgefunden hätte, sollte mit dem Datum der Purimfeier der östlichen
Gemeinde und ihrer Sitten harmonisiert werden, woraus sich der
palästinische Einfluß auf die Geschwistergemeinde im Osten nachweisen
ließe. Schließlich meinte LEBRAM, der Parallelismus "Kummer-Freude;
Trauer-Festtag" sei als eine "Kombination politischer Ereignisse mit
eschatologischen Erwartungen" im Zusammenhang des kriegerischen
Vorspiels zu den Purimfestlichkeiten anzusehen. Daher sei für das Esth eine
makkabäische Überarbeitung zu vermuten. Die redaktionell sekundär zu
bewertende königliche Machtübertragung auf Esther und Mordechai in Kap
8,1ff. wäre, in Anlehnung an das Ende des 1Makk, ein Abbild für "die
Anerkennung der Souveränität der Hasmonäer mit einem Rest von
Oberhoheit der Seleukiden"[60].

Historische Fixierung
Mit besonderer Bezugnahme auf die historische Situation wurde vermutet,
daß eine geschichtliche Erfahrung des Jüdischen Volkes in einem von der
paganen Umwelt gefeierten Festes und eines ihm zugeordneten
mythologischen Textes ihren Ausdruck fand.

Bereits 1772 meinte MICHAELIS[61], das Purimfest wäre anläßlich des
Sieges Judas Makkabäus über Nikanor[62] gefeiert worden. Er vermutete, der
Name des Purimfestes stamme von "פּוּרָה" ab, in Anspielung auf den Zorn
Gottes gegen die Feinde seines Volkes, der als Weinpresse (פּוּרָה)
symbolisiert werde. Obwohl für BLEEK (1878) der Inhalt der Legende das

---

[58]   G.Gerleman, Esther, a.a.O., 27.
[59]   J.C.H.Lebram, Purimfest, a.a.O., 208-222.
[60]   J.C.H.Lebram, Purimfest, a.a.O., 221.
[61]   Aufgeführt bei L.B.Paton, Commentary, a.a.O., 78 und J.D.Michaelis, Gotha, a.a.O.,
36.
[62]   Vgl. 1Makk 7,26-50; s.a. Josephus, Antiquitates, XII/10.

Purimfest betraf, wies er auf die Möglichkeit einer ursprünglicheren und v.a. geschichtlichen Bedeutung des Festes hin, die z.B. die Befreiung des Volkes aus dem babylonischen Exil meinen könne. Erst im Nachhinein hätte eine Spezifizierung des Inhaltes des Purimfestes stattgefunden.[63] Der historische Anlaß, um dessentwillen aus einer persischen Sage und einem dem spätbabylonischen Mythus geschaffene Purimsage umgebildet wurde, sei der Sieg über Nikanor gewesen. "Für ein Fest wird hier eine Festgeschichte geschaffen, indem man einen persönlichen Konflikt zu einem Völkerkampfe ausspinnt"[64]. Für ERBT war der dabei auftretende Anachronismus kein Problem: Neben der Siegesfeier über Nikanor widme das Volk "ihrem Helden einen besonderen Festtag (Est.9,17)"[65]. Aus dem in 2Makk 15,36 erwähnten Mordechaitag seien entsprechend nachträglich die Purimtage geworden. Diese Entwicklung des Purimfestes und seiner Perikope habe, so ERBT, eine genaue Parallele im anderen Makkabäerfest, d.h. der Hanukkahfeier nach 1Makk 4. Auch hier sei die wirkliche Geschichte hinter die Fabel zurückgetreten. Auch HERST (1973)[66] meinte, das Purimgeschehen sei auf dem geschichtlichen Hintergrund des Erstarkens der Makkabäer zu interpretieren. Stecke hinter dem kriegerischen Desaster nämlich nicht ein wahrer Kern, so gäbe es auch keinen Anlaß, sich dieses Geschehens jährlich zwei Tage lang zu erinnern. Hyrcanus (135-104 v.Chr.) habe die babylonisch-persische Sage über die elamitischen Götter Human und Mashti auf Haman und Vasti und die babylonischen Gottheiten Marduk und Ištar auf Mordechai und Esther übertragen. "The result of this attempt to substitute Purim for the Day of Nicanor and to introduce this Eastern festival to the West was the Scroll of Esther"[67]. Das Ergebnis dieser dritten Position brachte ERBT in seiner Aussage, die Religionsgeschichte erweise "auch bei den Juden das Bestreben, selbst zu Gedenktagen historischer Ereignisse Legenden zu erfinden und ihnen Einfluß auf die Einrichtung des betreffenden Festes zuzuschreiben"[68] stimmig auf den Punkt.

1.3.3. Die Einheitlichkeit des Esth

a) Literarkritische Unterscheidung der Erzählquellen im Esth
Als CAZELLES (1961)[69] nachzuweisen versuchte, daß dem Esth zwei schriftlich fixierte Erzählungen zugrunde lägen, gab er damit der bisher angenommenen These von den "verschiedenen Traditionen, die dem Autor durch eine schriftliche, vermutlich jüdische Quelle bekannt geworden

[63] F.Bleek, Einleitung, a.a.O., 294-302.
[64] F.Bleek, Einleitung, a.a.O., 79.
[65] W. Erbt, Purimsage, a.a.O., 81.
[66] R.E.Herst, Connection, a.a.O., 139-145.
[67] R.E.Herst, Purim, a.a.O., 223.
[68] W. Erbt, Purimsage, a.a.O., 83.
[69] H.Cazelles, Note, a.a.O., 17-29.

waren"[70] eine neue und plausible Erklärung. CAZELLES unterschied die beiden Quellen in einen historischen und einen liturgischen Text.[71] Der historische beinhalte den Machtkampf zwischen Mordechai und Haman. Der andere stelle die Estherfigur in den Mittelpunkt, deren umfassende Rettungstat am Jüdischen Volk auf die Provinzen des Reiches hin ausgerichtet sei. CAZELLES beobachtete jedoch auch parallellaufende Erzählpartien, die damit Bestandteil beider Quellen seien.

Früher als die Quellen wurden die redaktionellen Bearbeitungsschichten im Esth zu unterscheiden versucht. So hatte ERBT bereits 1900[72] sowohl sekundäre Mordechaitraditionen[73] als auch redaktionelle Zusätze[74] gefunden. Verschiedene Thesen wurden in der Nachfolge jener Position aufgestellt. BARDTKE (1965)[75] entdeckte vier Traditionen,[76] indem er neben der Esther- und Mordechaitradition auch eine Vasti- und eine Hamantradition ausmachte.[77] Und LEBRAM (1972)[78] beschrieb die "Purimtora", d.i. die Esthererzählung, als Zusammenfügung zweier Traditionen, insofern die Esthergeschichte in die aus Palästina stammende Mordechaitradition eingearbeitet worden sei. BICKERMANN (1967)[79] meinte, in der Esthergeschichte höfische Traditionen vorliegen zu haben. Die Esthererzählung enthalte den Konflikt zwischen einem Vezir und einer königlichen Dame—ein Thema, das in orientalischen Hofgeschichten sehr häufig behandelt wurde. Als zwei parallele Hofgeschichten, deren Gemeinsamkeit im Besiegen eines bösen Ministers des Königs liege, habe der Autor die beiden Geschichten als Repräsentanten zweier "complementary versions of the same events" nebeneinander gestellt "and accordingly combined them"[80]. Ähnlich nahm HUMPHREYS (1973)[81] in der Erzählung von Esther und Mordechai eine Hoferzählung an, die ursprünglich nicht mit Purim verbunden war. Diese Erzählung sei ihren Traditionen nach nicht mehr zu entwirren, könne jedoch als "reworking and interweaving of several source tales of both Jewish and Persian origin"[82] verstanden werden. Die

---

[70]   H.Bardtke, Arbeiten, a.a.O., 540.
[71]   H.Cazelles, Note, a.a.O., 430.
[72]   W.Erbt, Purimsage, a.a.O.
[73]   Esth 2,21-23;5,9-12a.13.14a.c;6,1-13.
[74]   Esth   2,10.10.20;3,3.4;5,5b-8.12b.14b;6,14a;7,9a.10b;9,4.11.17-23.26b-28.29b-30*.31*;10,1-3.
[75]   H.Bardtke, Arbeiten, a.a.O.; s.a. ders., Buch, a.a.O.
[76]   H.Bardtke bevorzugt in diesem Zusammenhang den Begriff "Traditionen" statt "Quellen", "weil die beiden Texte sich auf dem Weg literarkritischer Scheidung nicht genügend darstellen lassen" (ders., Arbeiten, a.a.O., 112f).
[77]   H.Bardtke, Arbeiten, a.a.O., 105.
[78]   J.C.H.Lebram, Purimfest, a.a.O., 211-215.
[79]   E.J.Bickerman, Books, a.a.O.
[80]   E.J.Bickerman, Books, a.a.O., 187.
[81]   W.L.Humphreys, Life-Style, a.a.O., 211-223.
[82]   W.L.Humphreys, Life-Style, a.a.O., 214.

Verarbeitung jener Erzählungen habe nicht nur den Zweck der populären Unterhaltung gehabt, sondern hätte zudem einen "particular theological emphasis addressed to the emerging Jewish communities of the Persian and hellenistic Diaspora"[83] entwickelt. Sie illustrierten einen besonderen Stil des jüdischen Lebens in einer fremdländischen Umgebung.

CLINES (1984)[84] modifizierte die vorher von CAZELLES vorgestellte "Quellenscheidung" in einer eigenen Teilungshypothese dahingehend, daß er die Brennpunkte um die Figuren Esthers und Mordechais einerseits und Hamans Zorn gegenüber Mordechais Volk andererseits je den beiden Quellen zuordnete. CLINES bezweifelte, ähnlich wie BARDTKE, letztendlich aber, daß eine Quellenanalyse der Esthergeschichte rechtens sei, da weder ernsthafte Diskrepanzen, noch Unebenheiten in der jetzigen Erzählung aufzufinden seien, und weil "the major repetitions (the two banquets; the two references to the eunuchs conspiracy) have been shown to be from the same source"[85]. Doch CLINES Interesse lag bei seiner Untersuchung vielmehr auf dem Nachweis, daß jene zwei von CAZELLES herausgearbeiteten Quellen— sollten sie tatsächlich rekonstruierbar sein—bereits im pre-masoretischen Text vorlagen und im A-T. wiederzufinden seien.

b) Das ursprüngliche Ende der Esthererzählung

1908 bestritt PATON grundsätzlich jeglichen Einwand gegen die Einheit von Kap 1-9,19.[86] Der Streit um das eigentliche Ende der Esthererzählung und dem Beginn des Purimteils versiegte in der Erforschung des Esth jedoch nie. Bereits 1783 hatte MICHAELIS erkannt, daß der Schluß des Esth einer unabhängigen Quelle entstamme.[87] PATON bestätigte, der Inhalt dieses Teils sei tatsächlich einerseits in Anlehnung an eine chronistische Quelle entstanden, enthalte jedoch andererseits eine Doublette (Kap 9,24-25). Auffällig seien v.a. inhaltliche Varianten zwischen Kap 1-9,19 und 9,20-10,3, die für den Schlußteil auf einen anderen Autor schließen lassen. Auch die Sprache differiere von der des Hauptteils. PATONS Erklärung zielte dahin, in der Autorenschaft des Schlußteils eine Hand zu sehen, deren Quelle in der in Esth 10,2 erwähnten Chronik zu suchen sei. Doch die syntaktische Untersuchung STRIEDLS (1936)[88] deutete erst einmal in eine andere Richtung. Die Eigenheiten von Syntax und Stil im Esth zeigten, daß das Esth von einer Hand geschrieben worden wäre. Nun begründete STRIEDL seine These damit, daß der Verfasser "ein gelehrter Jude gewesen sein" müsse, "der nicht nur in den heiligen Schriften sehr bewandert war, so daß er ihre Sprache und

83 W.L.Humphreys, Life-Style, a.a.O., 211.
84 D.J.A.Clines, Scroll, a.a.O.
85 D.J.A.Clines, Scroll, a.a.O., 123.
86 L.B.Paton, Commentary, a.a.O., 57-60.
87 J.D.Michaelis, Uebersetzung, a.a.O.
88 H.Striedl, Untersuchung, a.a.O., 73-108.

Ausdrucksweise nachahmen konnte, sondern auch sehr belesen in der Geschichts- und Sagenliteratur anderer Völker"[89]. STRIEDLS These setzte sich in der Forschung jedoch nicht durch. TORREY (1944)[90] fand heraus, daß das literarisch "brilliantly conceived little drama"[91] des Esth zwar nicht in Kap 10,3 ende, aber auch nicht in Kap 9,19, sondern schon in Kap 8,17.[92] Kap 2,1-8,16 habe das rein literarische Ziel, eine schöne Geschichte um ihrer selbst willen zu verfassen. Sie sei nicht allein für eine jüdische Hörer- und Leserschaft gedacht, sondern für alle Bewohner des Landes. Sie sollte ursprünglich weder ein Fest initiieren, noch den Triumph der Juden über ihre Feinde festhalten. TORREYS These basiert auf der Feststellung, daß sich im griechischen Text der literarische Stil ab Kap 8,18 völlig ändert. Sie sei ab dort keine Volkserzählung mehr, sondern erzähle die Geschichte von Purim. Die V.18-22 dürften als ein gutes Beispiel redaktioneller Flickarbeit zwischen Volks- und Purimerzählung betrachtet werden. Aber ab Kap 8,22 habe der griechische Text die gleiche literarische Vorlage, die M-T. und LXX-T. für die Purimerzählung gebrauchten. TORREYS Erkenntnis wurde von den Exegeten[93] v.a. hinsichtlich der Überlieferungsgeschichte des hebräischen und des griechischen Esthertextes aufgenommen und verwertet[94]. CLINES (1984)[95] hielt am sekundären Ende des Esth ab Kap 9 fest. Er unterschied jedoch, anders als seine Vorgänger, zwischen Kap 9,1-19 und 9,20-10,3. Kap 9,20-28 und 9,29-32 (LXX-T.) seien charakterlich grundverschieden und die Elemente des Schlußteils "strictly supplementary to the narrative itself"[96]. So fielen V.1-19 vom Kap 9 auch inhaltlich und sprachlich gegenüber dem Kap 1-8 stark ab.[97] Da Kap 1-8 keinerlei Wissen von der Purimfestthematik zeigten, könne Kap 9,1-19 nur sekundär sein. Schließlich müsse Kap 9,20-10,3 als "Appendix" der Estherrolle angesehen werden, deren Autor einen eigenen Schluß entwarf, um die essentiellen Punkte der Geschichte noch einmal rekapitulieren zu lassen.

c) Die sekundären Zusätze in den griechischen Versionen
Wenden wir uns nun den griechischen Texten zu, so weisen die literarkritischen Beobachtungen zu den sechs Zusätzen (A-F) in den griechischen Versionen (A-T. und LXX-T.) keine großen Differenzen

---

[89]   H.Striedl, Untersuchung, a.a.O., 108.
[90]   C.C.Torrey, Older Book, a.a.O., 448-487.
[91]   C.C.Torrey, Older Book, a.a.O., 461.
[92]   C.C.Torrey, Older Book, a.a.O., 462.
[93]   Vgl. v.a. H.J.Cook, *A* Text, a.a.O., 369-376 und D.J.A. Clines, Scroll, a.a.O., 74ff.
[94]   Vgl. Kapitel 2.1.
[95]   D.J.A.Clines, Scroll, a.a.O.
[96]   D.J.A.Clines, Scroll, a.a.O., 24.
[97]   D.J.A.Clines schreibt über diesen Schlußteil: "It is only against the narrative skill an rhetorical delicacy of the narrator that what we must frankly call the hamfistedness of ch 9-10 can fairly be measured" (ders., Scroll, a.a.O., 37).

untereinander auf. Es genügt deshalb jeweils nur einige Forschungsmeinungen zu skizzieren.

In den griechischen Esth-Versionen wurde die Add A dem kanonischen Esth-Text vorangestellt. Add F nimmt am Ende des Buches auf den in ihr eingebetteten Traum Mordechais bezug. Add A besteht aus drei Teilen: V.1-3 (bzw. V.1-2 (A-T.)) leiten den Traum Mordechais ein, V.4-11 (bzw. V.3-11a (A-T.)) umfassen den metaphorischen Traum Mordechais und V.12-17 (bzw. V.11b-18 (A-T.)) berichten von dem Plan eines Anschlages gegen den König, der von Mordechai aufgedeckt wird. EHRLICH (1955)[98] untersuchte Alter, Form, Inhalt und Zweck des Traumes und seiner Deutung und schlußfolgerte, der midraschartige Zusatz zum griechischen Esth sei etwa um 100 v.Chr. verfaßt worden. Die Motive des Traumes seien in Ansätzen der Chaosmythologie entlehnt, beinhalteten aber auch bekannte alttestamentliche Motive wie Lärm und Schrecken, den Wasserstrom, den Wandel von Finsternis in Licht und den Morgen als Symbol für die Zeit der Rettung.[99] Ähnlichkeiten im Aufbau des Textes seien v.a. in den Träumen Josephs (Gen 37) vorhanden. Durch die Träume beider Erzählungen solle "das von Gott verfügte Schicksal über ein Volk oder einen Menschen vorausgekündet werden"[100].

MOORE untersuchte Add A literarkritisch. Da die V.11-17 bei Josephus und der VL nicht aufzufinden und gegenüber der Wiederholung in 2,19-23 (LXX-T.) überflüssig seien, schloß MOORE darauf, daß V.11-17 in die Zeit um das 2. oder 3.Jh. A.D., während V.1-10 in die Zeit des Lysimachus zu datierenden Kolophons (ca. 114 v.Chr) gehörten.[101] Für V.1-10 nahm MOORE aufgrund vieler Hebraismen und biblisch-theologischer Inhalte (vgl. Dan 8) eine semitische Vorlage an. Die V.11-17 ordnete er dagegen einem griechischen Ursprung zu. Da Add F den Traum in Add A jedoch nur sehr unzureichend auslege, ging MOORE davon aus, daß der Traum ursprünglich unabhängig von der Esthererzählung im Umlauf war.

Zu den gegenteiligen Ergebnissen kam COOK[102], denn er meinte, in V.1-11 könne man zwar einige Merkmale von Semitismen entdecken, doch ließen

---

[98] E.Ehrlich, Miscellanea, a.a.O., 69-74.

[99] Vgl. E.Ehrlich, Miscellanea, a.a.O., 72, Anm. 24.

[100] E.Ehrlich, Miscellanea, a.a.O., 70. Vgl. C.A.Moore, der Add A und Add F getrennt behandelt. Der Grund dafür liege in der Eigenart, daß Add A bei LXX-T. und A-T. gleich wären, Add F jedoch bei beiden Texten einige Unterschiede aufweise. Moore nahm an, Add A sei als eine von der Esthererzählung unabhängige Erzählung im Umlauf gewesen. Erst mit der Einordnung in den Kontext des Esth wären die Motive des Traumes je unterschiedlich gedeutet worden. Moore vermutete aber für beide eine semitische Vorlage (ders., Additions, a.a.O., 382-393). A.E.Gardner bezog diese theologische Aussage auf die Situation der "total Hostility of the Gentils" der Makkabäischen Krise, die sowohl in der Add A, als auch in den Büchern 1Makk und Judith zum Ausdruck komme (dies., Relationship, a.a.O., 8).

[101] C.A.Moore, Additions, a.a.O., 387f.

[102] H.J.Cook, *A* Text, a.a.O., 370f.

spezifische grammatische Konstruktionen auf einen Schreiber schließen, der mit dem LXX-Griechisch vertraut sei. Die V.12-17 hätten dagegen tatsächlich einen semitischen Charakter. Gerade ihr Pendant in M-T. 2,21-23 ließe einen hebräischen Ursprung vermuten. Das Gleiche gelte auch für den A-T. Vergliche man die beiden griechischen Texte aber in V.1-11, so würde deutlich, daß dort große Wortähnlichkeiten vorlägen. Diese wären der Sprache des LXX-T. zuzuordnen. COOK folgerte daher auf ein rezensives Verhältnis beider Texteinheiten zueinander. In V.12-17 seien die Wortähnlichkeiten dagegen nicht signifikanter als in dem jeweiligen restlichen Text des Esth, da sie je eine eigene Übersetzungen der hebräischen Vorlage seien.

Wurde der überlieferungsgeschichtliche Ursprung der Additionen B-E unterschiedlich bewertet, so war man sich in der Bestimmung ihrer originären Sprache relativ einig. Dies gilt v.a. für die Add B und E. Sie müssen nach MOORE[103] vor 94 n.Chr. geschrieben sein, da sie paraphrasiert auch bei Josephus vorkommen. GARDNER[104] nahm an, sie seien von Dositheus und Ptolemeus, den im Kolophon erwähnten "Überbringern" der Estherrolle, selbst geschrieben worden (78-77 v. Chr.). BICKERMANN hatte nämlich festgestellt, daß dieses Datum die Aufnahme des Esth in die Alexandrinische Bibliothek kennzeichne.[105] Daß die Add C und D ursprünglich in semitischer Sprache geschrieben seien, wird bis auf MOORE[106], allgemein vertreten. TORREY meinte, die Zusätze A,C,D und F seien ursprünglich in aramäischer oder hebräischer Sprache geschrieben worden, wobei "C and D were in the Story itself"[107]. MOORE behauptete dagegen, die Add C sei erst im Nachhinein auf die Erzählung hin zugeschnitten worden und stünde in der Tradition der Gebete in Jdt (Kap 9) und Dan (Kap 9).[108] Trotz umfassender Analysen über sprachliche Herkunft und syntaktische Besonderheiten der Additionen[109] mußte die überlieferungsgeschichtliche Fragestellung nach der genauen Datierung der Additionen aufgrund fehlender Indizien im Esth bisher unbeantwortet bleiben. BICKERMAN (1944)[110] verglich das Kolophon, das nur im LXX-T. aufzufinden ist und zu Add F gehört, mit denen säkularer Bücher und kam zu

---

[103] C.A.Moore, Additions, a.a.O., 387.
[104] A.E.Gardner, Relationship, a.a.O., 3f.
[105] Literaturangabe bei A.E.Gardner, Relationship, a.a.O., 4.
[106] C.A.Moore, Additions, a.a.O., 393. Moore geht diesbezüglich leider nicht deutlicher auf seine Vermutung ein.
[107] C.C.Torrey, Older Book, a.a.O., 472.
[108] C.A.Moore, Additions, a.a.O., 391f. Bei Add C müsse man von zwei Autoren ausgehen, da bei Josephus (Antiquitates XI/6, 229-234) (1.Jh.v.Chr.) und in der Vetus Latina (2.Jh.n.Chr.) C17-23 fehlten, C1-16 aber zu finden seien (ders., Additions, a.a.O., 390, Anm. 37).
[109] Vgl. R.A.Martin, Syntax Criticism, a.a.O., 65-72.
[110] E.J.Bickerman, Colophon, a.a.O.

dem Ergebnis, daß die dort verzeichnete Autorenschaft jeweils als historisch angesehen werden müsse.[111] Da die jüdischen Diasporagemeinden jedoch selbst Bibliotheken und Archive besaßen, könne davon ausgegangen werden, daß das Postskript des Esth als Nachweis für eine bibliographische Notiz über den Erwerb dieses Buches anzusehen sei. Das hieße, bereits in der Urform des Esth sei das Kolophon in ihm zu finden gewesen. Zum Zweiten könne auch die Auskunft über die literarische Grundlage des Esth, der Purimbrief, ernst genommen werden, denn dieser sei scheinbar noch vorhanden gewesen und von Lysimachus als Vorlage zur Übersetzung gebraucht worden (vgl. Esth F11). BICKERMAN schlußfolgerte, Lysimachus habe das Esth unter Einarbeitung religiöser Formeln und Gebräuche (vgl. Add C) bearbeitet. Es sei auf die Situation der Diasporagemeinden hin zugeschnitten worden. Daß dabei antisemitistische Aspekte besonders betont würden, führte BICKERMAN auf den historischen 'background' zurück.[112] Dieser bestand in dem Krieg, der seit 110 v. Chr. zwischen Makkabäern und griechischen Städten in Palästina aufgekommen war.[113] BICKERMANS These, Lysimachus habe das Esth überarbeitet und mit einigen Zusätzen versehen, wurde von MOORE (1973)[114] bezweifelt. Selbst wenn man die Authentizität des Kolophons ernst nähme, könne nicht nachgewiesen werden, daß die Additionen A-F der lysimachischen Hand angehörten[115].

1.3.4. Das Fehlen theologischer Inhalte im M-T.

GERLEMAN (1981) stellte fest, daß im Vergleich mit der jüdischen Auslegungsgeschichte auffällig sei "wie verlegen und gehemmt die ältere christliche Auslegung"[116] sich gegenüber dem hebräischen Esth verhalte. Faktisch haben aber weder Kirchenväter, noch die Reformatoren[117] das Esth kommentiert. Diesbezüglich entdeckte STEMBERGER für die Zeit unserer Jahrhundertwende einen parallel laufenden Vorgang zu dem, "der sich bei der Kanonisierung abspielte, insofern zu jener Zeit ebenso Esther zu den am längsten umstrittenen Teilen des hebräischen Kanons gehörte"[118]. Grund dafür mag v.a. das Fehlen theologischer Sprache im Esth gewesen sein.

---

[111] "Consequently, the concern with the predigree of a manuscript appears whenever the autorship of a book or of a reading was challenged", meint E.J.Bickerman (ders., Colophon, a.a.O., 342).

[112] E.J.Bickerman, Colophon, a.a.O., 360.

[113] E.J.Bickerman, Colophon, a.a.O., 361.

[114] C.A.Moore, Additions, a.a.O.

[115] C.A.Moore, Additions, a.a.O., 584.

[116] G.Gerleman, Esther, a.a.O., 1.

[117] Vgl. Martin Luther in seinen "Tischreden", a.a.O., 2080.

[118] G.Stemberger, Jabne, a.a.O., 169 (vgl. W.Herrmann, Ester, a.a.O., 12-15). Herrmann veranschaulicht dies an Beispielen aus der Zeit der Jahrhundertwende. Wiederum sind die Aspekte der fehlenden christlichen Moral, die einen erbaulichen Dienst leisten könnten, Grund für die Bestreitung der Kanonizität des Esth.

STEINTHAL (1890)[119] erklärte die Abwesenheit des Gottesnamens kurz damit, daß der Autor des Esth Skeptiker gewesen sei. Angesichts der außerbiblischen Quellen des Esth wurde daneben eine große Pietät gegenüber der Verwendung des Gottesnamens angenommen. So behauptete PATON (1908)[120] für Inhalt und Aussage des Esth einen implizierten, stillschweigenden Glauben. Daß er nicht artikuliert würde, habe seinen Grund darin, daß das Esth jährlich zum Purimfest verlesen werde. Die in Kap 9,19.22 gemeinte Freude fände einen im Talmud (Megillah 7b) beschrieben Ausdruck, der jeder Gottesfurcht zuwiderlaufen würde.[121] Ähnlich vertrat LEWY (1939)[122] die These, daß, sollte sich der Ursprung der Esthergeschichte—nachweislich in den Namen ihrer Protagonisten— tatsächlich auf eine persisch-babylonische Göttersagen zurückführen lassen, das Fehlen des Gottesnamens dadurch erklärlich wäre. Ein anderes Erklärungsmuster umfaßt die weisheitliche Ebene im Esth. Vor allem Esth 4,14 wurde als Aussage über die Präsenz des Gottes Israels bei seinem Volk interpretiert. Tatsächlich sind Perioden in der Geschichte Israels bekannt, in denen das Tetragramm durch andere Begriffe substituiert wurde. Doch, so meint TALMON (1963)[123], dies wäre aus besonderer Ehrfurcht vor dem Namen oder seines Mißbrauches geschehen. Nie zuvor habe es jedoch eine solch völlige Exklusion jenes Gottesnamens gegeben wie im Esth. Zwar könne in der Formulierung "וְהַצָּלָה יַעֲמוֹד לַיְּהוּדִים מִמָּקוֹם אַחֵר" (4,14) eine solche Substitution des Gottesnamens gelesen werden, doch sonst käme dieser im ganzen Buch nicht mehr vor. TALMON fand demgegenüber in der weisheitlichen Motivforschung Bezüge zu alttestamentlichen Aussagen. Denn trotz der fiktiven Darstellung des raschen Aufstieges unbedeutender Personen jüdischer Herkunft zu höchsten Staatsoberhäuptern, die literarisch in der sozial-historischen Erfahrung des ehemaligen Nahen Ostens verwurzelt wäre, sei das dargestellte Umfeld sowie Sitten und Gebräuche am Hofe Ahasveros der höfischen Weisheit entlehnt. Insgesamt weise die Esthergeschichte mit ihren weisheitlichen Motiven, Figuren und Sprache hier große Parallelen mit denen der höfischen Weisheit Ägyptens und Mesopotamiens auf. Besonders schöne Parallelen fänden sich, so TALMON, in der Novelle von Ahiquar.[124] Biblische Weisheit zeige sich im Esth v.a. in der Figur des ausländischen Ratgebers (vgl. Joseph, Daniel und Nehemiah),

---

[119] H.Steinthal, Bibel, a.a.O., 53-77.
[120] L.B.Paton, Commentary, a.a.O.
[121] Für das Purimfest wird nämlich eine Ausgelassenheit beim Trinken empfohlen, die es schließlich unmöglich mache zwischen 'Gesegnet sei Mordechai' und 'Verflucht sei Haman' zu unterscheiden (vgl. L.B.Paton, Commentary, a.a.O., 95).
[122] J.Lewy, Feast, a.a.O., 169.
[123] S.Talmon, 'Wisdom', a.a.O., 419-455.
[124] Die Novelle von Ahiqar wurde als aramäisch geschriebenes Manuskript aus dem 5. Jh.v.Chr. in Elephantine gefunden. Die Geschichte selbst wurde wohl 100-150 Jahre früher geschrieben. (Vgl. S.Talmon, 'Wisdom', a.a.O., 426f.).

aber auch in den Spruchsammlungen der Proverbien (z.B. Spr 25,15). Daß im Esth jedoch nicht populäre Weisheit vorliege, beweise die besondere Stellung der Estherfigur. Als Frau werde sie hier zu tiefergehenden, weisheitlichen Erkenntnissen befähigt. Gerade diese Besonderheit fundiert nach Meinung TALMONS, daß das Esth wahrhaft in den Gedanken und der literarischen Tradition biblischer Weisheit verhaftet sei.[125]

Wie diese, so leiten auch die nachfolgenden Erklärungen das Fehlen göttlicher Sprache im Esth aus der Bestimmung seines literarischen Charakters her. GERLEMANS (1966)[126] Fazit, daß Esth der alten Exoduserzählung überbietend und kritisch gegenüberstehe, zeige, daß "es sich nicht um einen heidnischen, mit einer theologischen Geschichtsschau schwerlich zu vereinbarenden Erzählstoff" handele, "sondern um eine bewußte und konsequente Entsakralisierung und Enttheologisierung einer zentralen heilsgeschichtlichen Tradition"[127]. MEINHOLD (1975/6)[128] kritisierte GERLEMANS Fazit dahingehend, daß er weder Struktur noch Theologie beider Bücher genügend beachtet habe. Gerade die Situation des Volkes sei jeweils eine grundverschiedene, insofern beim Exodus ein Auszugsgeschehen (und Passahfest), in der Esthergeschichte aber das Verbleiben im fremden Land (und Purimfest) literarisch hätte verarbeitet werden müssen.[129] Es gehe im Esth um die Diasporasituation, in der "die jüdische Eigenaktivität ... der entscheidende Faktor beim Abwenden der Gefahr" gewesen sei. Die Zugehörigkeit zum Jüdischen Volk sei hier ausschlaggebend für den Sieg der Helden und insofern könne man GERLEMANS Fazit besser "im Sinne von ethnologisierender Anthropologisierung"[130] verstehen. Die Theologie des Esth sei da implizit, wo es um die Frage des Überlebens des Jüdischen Volkes gehe. In jener Situation scheine der Verfasser des Esth aber seine Leser auf die Möglichkeit und Notwendigkeit der Selbstbehauptung hinweisen zu wollen.[131] Mit TALMON bestätigt GORDIS (1981)[132] den weisheitlichen Charakter der Esthergeschichte. Anders aber als dieser erklärte er das Fehlen des Gottesnamens damit, daß das Buch ein im AT einzigartiges Genre vertrete. Dieses bestünde in "a royal chronicle by a Gentile scribe at the Persian court"[133]. Die Objektivität und Distanz des Autors gegenüber den beschriebenen Begebenheiten hätten die damaligen Leser nicht bemängelt.

---

[125] S.Talmon, 'Wisdom', a.a.O., 452.
[126] G.Gerlemann, Studien, a.a.O., 1-48.
[127] G.Gerlemann, Studien, a.a.O., 28.
[128] A.Meinhold, Diasporanovelle I/II, a.a.O.
[129] A.Meinhold, Diasporanovelle II, a.a.O., 74.
[130] A.Meinhold, Diasporanovelle II, a.a.O., 90.
[131] A.Meinhold, Diaposranovelle II, a.a.O., 91.
[132] R.Gordis, Religion, a.a.O., 359-388.
[133] R.Gordis, Religion, a.a.O., 378.

Erst als das Buch bereits kanonisiert und das Purimfest im Festkalender etabliert war, wären Vorbehalte gegenüber seinem heiligen Charakter entstanden.

1.3.5. Die Gattung des Esth

Die von ROSENTHAL (1895)[134] entdeckte Verwandtschaft zwischen der Josephsgeschichte, den Danielerzählungen und der Esthergeschichte konnte Grundlage dafür werden, eine gemeinsame literarische Gattung für diesen in ihm vorliegenden, alttestamentlichen Erzählstil zu bestimmen. ROSENTHAL schlußfolgerte, daß das späte Schrifttum die alten biblischen Erzählungen für die Darstellung ihrer Verhältnisse zum Vorbild nahm, da Sprache und Art der Schilderung zu jener Zeit nicht mehr gebräuchlich gewesen seien.[135]

Nach GERLEMAN sind die Verarbeitung des alten Materials aus der Exodustradition im "Erzählrahmen" des Esth, die "Personengalerie" und die "Hauptzüge des Geschehens" nichts anderes als "literarische Entlehnungen", "Nachformungen und Verkleidungen eines vorgegebenen literarischen Musters"[136]. Insofern könne die Gattung der Esthererzählung als eine Novellisierung gekennzeichnet werden.

Zu einem ähnlichen Ergebnis kam STIEHL (1956)[137], die v.a. die griechische Esth-Version betrachtete und dieses zur hellenistischen Literatur zählte, da in ihm unverkennbare stilistische und thematische Parallelen zur Juditherzählung erkennbar wären. V.a. die erotischen Passagen in den Zusätzen verwiesen auf die hellenistische Erzählliteratur, in der das Erotische einen besonderen Platz habe. So wie das Jdt eine hellenistische Novelle[138] genannt werden könne, mit der Einschränkung, den theologischen Skopus des Textes als jüdischen zu verstehen, dürfe das Esth in diesem Sinne "als eine Schöpfung des Judentums nach Alexander dem Großen"[139] angesehen werden.

Durch die Beobachtung der Historizität der im Esth enthaltenen Fakten, waren GUNKEL (1916)[140] und später EISSFELDT (1956)[141] darauf gekommen, daß das Esth wahrscheinlich die situationsgetreue Beschreibung einer aktuellen, sozio-historischen Situation beinhalte. In ihr seien genaue chronistische Aufzeichnungen verarbeitet worden, weshalb man das Esth der Gattung nach als historische Novelle bezeichnen könne.[142] TALMON (1963)[143]

---

[134] L.A.Rosenthal, Josephsgeschichte, a.a.O., 278-284.
[135] L.A.Rosenthal, Josephsgeschichte, a.a.O., 284.
[136] G.Gerleman, Studien, a.a.O., 27f.
[137] R.Stiehl, Buch, a.a.O., 4-22.
[138] R.Stiehl, Buch, a.a.O., 9 (vgl. v.a. Anm.12).
[139] R.Stiehl, Buch, a.a.O., 9.
[140] H.Gunkel, Esther, a.a.O., 75-76.
[141] O.Eissfeldt, Einführung, a.a.O., 628f.
[142] Vgl. S.Talmon, 'Wisdom', a.a.O., 422.

stimmte darin zu, der Esthererzählung einen historisierenden Charakter zuzuschreiben. Dieser sei aber eher als das Bestreben des Autors zu erklären, der eine Weisheitserzählung mit traditionellen Weisheitsmotiven in einer historischen Fassung präsentieren wolle.[144] Dabei wäre eine mögliche Authentizität der historischen Situation jedoch nicht auszuschließen. Zusammen mit der Erkenntnis, daß der Skopus der Esthererzählung darauf bedacht sei, "angewandte" Weisheit zu schildern,[145] bestimmte TALMON die Gattung des Esth als historisierende Weisheitserzählung.[146] Und auch LEBRAM (1972)[147] vertrat eine historische Erklärung, nach der die Esthererzählung "als in hasmonäischer Zeit überarbeitete Festtradition, die aus Jerusalem stammt"[148], anzusehen sei. MEINHOLD (1972/73)[149] und HUMPHREYS (1973)[150] kamen dagegen zu dem gemeinsamen Ergebnis, daß das Esth in seiner Gattung als Diasporanovelle zu beschreiben sei. Die Ähnlichkeit des Gattungsformulars und -themas sowie die Theologie in der Josephserzählung und im Esth wiesen in MEINHOLDS Untersuchung darauf hin, daß beide dieser literarischen Gattung angehörten: "Das 'Hochgefühl' bei der Bewertung der Diasporaexistenz der Juden stammt nicht mehr aus ihrer umfassenden Nützlichkeit, zu der nach der Josephsgeschichte Jahwe ermächtigt hatte, sondern aus der Konzentrierung auf ihre durch Eigenaktivität erlangte Größe, die dem eigenen Überleben dienen soll."[151] Eben darin stimmte auch HUMPHREYS mit seiner Feststellung überein, daß das Esth (wie Dan) Ausdruck eines besonderen Lebensstils, nämlich dem der Diasporaexistenz sei.

GORDIS (1981)[152] hielt das Genre des Esth eher für einzigartig. Seine Untersuchungen ergaben, daß ein jüdischer Autor versucht habe, sein Buch im Stil einer Chronik, verfaßt durch einen heidnischen Schreiber und situiert am persischen Hof,[153] zu gestalten (vgl. Kap 10,2). Die Simulation der nicht-jüdischen Verfasserschaft zeige sich darin, daß er nur verschlüsselt von Gott rede (Kap 4,14) und die bisherige Geschichte Israels nicht in den Blick bringe. Zweck dieses literarischen Stils sei es, Vertrauen bei den Lesern und Leserinnen gegenüber den literarischen Ausführungen zu erwecken und das

---

[143]   S.Talmon, 'Wisdom', a.a.O.
[144]   S.Talmon, 'Wisdom', a.a.O., 453.
[145]   S.Talmon, 'Wisdom', a.a.O., 427.
[146]   S.Talmon, 'Wisdom', a.a.O., 426.
[147]   J.C.H.Lebram, Purimfest, a.a.O.
[148]   J.C.H.Lebram, Purimfest, a.a.O., 222. Daß die Esthererzählung als Festlegende gelesen werden müsse, vertreten auch z.B. H.Ringgren (Buch, a.a.O., 373-376) und H.Bardtke, (Buch, a.a.O., 243).
[149]   A.Meinhold, Diasporanovelle I/II, a.a.O.
[150]   W.L.Humphreys, Life-Style, a.a.O.
[151]   A.Meinhold, Diasporanovelle II, a.a.O., 92. Vgl. W.L.Humphreys, Life-Style, a.a.O., 216.
[152]   Vgl. R.Gordis, Religion, a.a.O., 375-378.
[153]   R.Gordis, Religion, a.a.O., 375.

Purimfest als einen von Palästina unabhängigen, universellen jüdischen Feiertag verfestigen zu helfen. GORDIS erwog schließlich einen 'wahren' historischen Hintergrund des Esth und hielt den Versuch eines antisemitischen Genozids z.Z. der Regierung von Xerxes (485-465) für grundsätzlich möglich. Insofern könne man der Gattungsbestimmung einer historischen Novelle für das Esth zustimmen.

LOADER (1992)[154] behandelte in seinem Kommentar die Gattungsfrage unter dem Punkt "Zu Gattung und Historizität"[155] und begründete sein Vorgehen damit, daß ein Buch "nach Inhalt und Gattung die Zeichen seiner Zeit"[156] trage. So gehe es sichtlich um das Überleben von Juden in einer Diasporasituation, einer jüdischen Erfahrung, die auch in den Erzählungen von Judith, Tobit und Daniel verarbeitet wäre. Der literarischen Gattung nach sei das Esth als Novelle zu bezeichnen. Der historische Aspekt dieser Erzählform komme in ihrem Gebrauch als Diasporaerzählung besonders zum Ausdruck, da sie "die Erfahrungen und Sehnsüchte der Juden" bezeuge, "von denen sie als Volk in der Unsicherheit eines gefährlichen Lebens umgetrieben wurden"[157].

1.3.6. Die Historizität und die uneinheitliche Datierung des Esth

Zur Datierung des Esth wurde stets die in ihm dargestellte jüdische Verfolgungssituation auf ihre Historizität hin befragt. Ob diese tatsächlich auch in der Zeit der Regierung der persischen Großkönige stattgefunden hat, war dabei umstritten. In der Forschung zum Esth verlegten GUNKEL (1916)[158] und HOSCHANDER (1923)[159] die Chronologie des Esth in die späte persische Zeit—nach GUNKEL in die von Darius II (423-404) und nach HOSCHANDER in die von Artaxerxes II 404-358. TALMON ging von seinen Untersuchungen über weisheitliche Motive im Esth aus und entdeckte einige Merkmale, die darauf hinwiesen das Esth an den Anfang der persischen Ära, in die Tage Xerxes I (485-465), zu verlegen: Esther habe einen Weisheitskern, der dem Alten Orient entspräche. Er werde hier in einer besonderen biblischen Variation präsentiert, sei aber durchtränkt von spezifisch literarischen Motiven persischer Art. HAUPT (1906)[160] glaubte Ahasveros mit dem Syrer Alexander Balas, Mordechai mit dem Makkabäer Jonathan und Haman mit Nikanor identifizieren zu können. Das Esth wäre zur Zeit Johannes Hyrkanus (ca. 130 v.Chr.) von einem persischen Juden komponiert und als Festlegende für den Nikanortag, in Erinnerung an den großen Sieg von Judas Makkabäus

---

[154]   J.A.Loader, Esther, a.a.O.
[155]   J.A.Loader, Esther, a.a.O., 207-209.
[156]   J.A.Loader, Esther, a.a.O., 207.
[157]   J.A.Loader, Esther, a.a.O., 209.
[158]   H.Gunkel, Esther, a.a.O., 87.
[159]   J.H.Hoschander, Book, a.a.O.
[160]   P.Haupt, Purim, a.a.O., 11 u. 29, Anm. 25.

über Nikanor am 13. Adar 161 v.Chr., gestaltet worden[161]. Als politische Satire betrachtete auch STIEHL (1956)[162] das Esth und meinte, ähnlich wie HAUPT, es entstamme der Zeit zwischen 160-140 v.Chr., der Regierungszeit des Antiochus IV. Mordechais Kampf gegen Haman spiegele darin den jüdischen Aufstand gegen die Oberherrschaft der Seleukiden wieder. Die Juden hätten sich währenddessen mit den Persern und Elamitern zusammengeschlossen. Dies sei nach der elamitischen Revolte unter Kamnashires I und vor dem Auftauchen der Parther geschehen, die eine grundlegende Veränderung im politischen Geschehen der damaligen Zeit verursacht habe.

In eine ähnliche Zeit wurden auch die griechischen Versionen datiert. So orientierte sich beispielsweise BICKERMAN (1944)[163] am Kolophon der LXX-T.-Version. Aus dem Postskript des Esth sei zu ersehen, daß das Esth Bestandteil eines jüdischen Archivs in Alexandria zur Zeit der Regierung von Ptolomäus und Kleopatra, etwa 78-77 v.Chr. bzw. 114 v.Chr. (MOORE (1973)[164] und JACOB (1890)[165]), war. Historischer Hintergrund sei also der Krieg zwischen den Makkabäern und den seit 110 v.Chr. Einfluß nehmenden griechischen Städten in Palästina gewesen. Mit Bezug auf den Diaspora-Hintergrund des Esth datierte DOROTHY (1997)[166] die beiden griechischen Versionen zwischen 165 und 68 v.Chr., da die Tendenz zur "Prophetisierung"[167] Mordechais und die verschiedenen Praktiken des Purimfestes auf die Zeit hinwiesen als der jüdische Staat Unabhängigkeit erlangt habe. Die rivalisierenden Tempel in Ägypten und die unterschiedlichen Praktiken der Diasporagemeinden hätten nun v.a. an die nun wieder aufblühende jüdische Heimat so weit wie möglich angepaßt werden müssen.[168]

---

[161] P.Haupt, Purim, a.a.O., 3; vgl. R.H.Pfeiffer, Introduction, a.a.O., 745.
[162] R.Stiehl, Buch, a.a.O., 5.
[163] E.J.Bickerman, Colophon, a.a.O., 346f.
[164] C.A.Moore, Addition, a.a.O., 383.
[165] B.Jacob, Buch, a.a.O., 241-298.
[166] C.V.Dorothy, Books, a.a.O.
[167] C.V.Dorothy bezieht sich hier auf den in Add A und F beschriebenen Traum Mordechais. In diesem Rahmen stellten Rettungserzählung und Festätiologie die Erfüllung eines prophetischen Traumes dar. Der Autor habe dabei den symbolischen Traum mit apokalyptischen Sinnbildern, Motiven und Worten ausgemalt (ders., Books, a.a.O., 341).
[168] C.V.Dorothy, Books, a.a.O., 342.

KAPITEL ZWEI

GRUNDLEGUNG

Die Forschungsgeschichte zeigt eine Vielfalt an Herangehensweisen zur Erforschung des Esth. Sie differieren v.a. in der Fragestellung, der Methode und einer grundlegenden Entscheidung hinsichtlich des Abhängigkeitsverhältnisses der drei Basistexte, dem M-T., LXX-T. und dem A-T. zueinander. Unsere traditionsgeschichtliche Fragestellung hat das Ziel, ursprünglich selbständige Erzähleinheiten aus ihrem Kontext im Esth herauszulösen, in den eingebettet, sie die Komposition des Esth geformt haben. Es ist deshalb zu überlegen, mit welcher Methode wir diese Texte rekonstruieren können. Entsprechend setzt sich die folgende Darlegung mit der gewählten Methode und in einem zweiten Schritt mit einer Herleitung der literarischen Dependenz der drei Esth-Texte auseinander, mittels derer die traditionsgeschichtlichen Stadien des Esth aufgezeigt werden sollen.

2.1. Methodische Vorüberlegungen

Auf der Suche nach Form, Charakter und Status des umstrittenen A-T. im Vergleich mit den beiden anderen Versionen wurde bisher neben der literarkritischen (vgl. CLINES[1]) die formkritische Betrachtung und die Strukturanalyse (vgl. DOROTHY[2]), die für die LXX-Forschung relevante Sprach- und Syntaxanalyse (vgl. HANHART[3], FOX[4], JOBES[5]) sowie der am häufigsten angewandte einfache Versionsvergleich bzw. die vergleichende Analyse (vgl. DAY[6]) verwendet. Die Ergebnisse der sprach- und syntaxanalytischen Untersuchungen, die u.a. mittels statistischer Berechnungen des Wortgebrauchs in den Versionen durchgeführt wurden (JOBES und MARTIN[7]), können wir an einigen Stellen grundlegend in unsere eigenen Betrachtungen einfließen lassen. Ähnliches gilt auch v.a. für die literarkritische Analyse von CLINES. Mit den anderen, v.a. in ihren Resultaten

---

[1]   D.J.A.Clines, Scroll, a.a.O.
[2]   C.V.Dorothy, Books, a.a.O. Dorothy ermittelt mit dieser Methode die Mikro- und Makrostruktur des Esth (vgl. ders., Books, a.a.O., 41).
[3]   R.Hanhart, Esther, a.a.O.
[4]   M.V.Fox, Redaction, a.a.O.
[5]   K.H.Jobes, Alpha-Text, a.a.O.
[6]   L.Day, Faces, a.a.O.
[7]   R.A.Martin, Syntax Criticism, a.a.O., 65-72.

diskutablen Arbeiten, setzen wir uns hauptsächlich auf der Basis der im Versionsvergleich gewonnenen Erkenntnisse auseinander. Dies hat den folgenden Grund:

Es ist eine Hilfestellung für unsere traditionsgeschichtliche Aufgabenstellung, daß die Quellenfrage in der Forschungsgeschichte des Esth bereits immer wieder thematisiert wurde.[8] Bisher suchte und fand man stets neue Kriterien, die eine solche Quellenscheidung möglich oder zumindest denkbar werden ließen. Doch scheiterte sie oft daran, daß unter den Teilen, die man auf die jeweiligen Quellen zuordnen wollte, Stücke aufzufinden waren, deren Zuordnung nicht eindeutig entschieden werden konnte.[9] Zudem führte eine konsequente Orientierung an den aufgestellten Kriterien für die Quellenscheidungen zu Unverständlichkeiten und größeren Brüchen in den rekonstruierten Textzusammenhängen. Und schließlich ließ der Erklärungsnotstand, der eine oder mehrere redaktionelle Schichten als Bearbeiterinnen des gesamten Textes konstatieren mußte, sowohl die grundlegende Fragestellung, als auch die Ergebnisse fragwürdig werden.[10] So warnt auch CLINES, der eine der letzten Untersuchungen zu diesem Thema durchführte, eher zur Vorsicht: "The fact that such an analysis *can* be made is of course no argument that it *should* be made. The usual argument in favour of a source analysis—that it explains discrepancies, repetitions and unevennesses—can hardly be advanced in the case of the Masoretic Esther chs. 2-8. For there are no serious discrepancies or unevennesses in the present narrative, and the major repetitions (the two banquets; the two references to the eunuchs' conspiracy) have been shown to be from the same source."[11]

Die bisher angestellten Versuche, die darauf gerichtet waren im Esth verarbeiteten Quellen zu rekonstruieren, sind aus unserer Sicht v.a. dahingehend zu kritisieren, daß sie als Textgrundlage allein die M-T.-Version gewählt haben oder, wenn sie im A-T. den ältesten Text sahen, dies nicht konsequent durchhielten. In der bisherigen Forschung ist u.E. zu wenig in Rechnung gestellt worden, daß dieser Text offensichtlich durch eine—vermutlich jedoch mehrere—Bearbeitungen geglättet wurde, wodurch die Naht- und Verbindungsstellen der ursprünglich selbständigen Erzählteile nur vage und hypothetisch auszumachen sind. Wie aber kann man diesem

---

[8] Vgl. hierzu Kapitel 1.

[9] Vgl. hierzu auch das Ergebnis von E.Bickerman: "In other words, the book has two heroes and two plots, but the villain is the same in both" (ders., Books, a.a.O., 172).

[10] Vgl. die Arbeit von W.Erbt (Purimsage, a.a.O.) über die redaktionellen Schichten im Esth. Auch Clines zeigt acht Stellen auf, die aus der Hand eines Bearbeiters stammen und schlußfolgert hinsichtlich der Teilung des Esth in zwei Quellen: Ein Gegner der Quellenanalyse könne eben diese als Argument gegen die gesamte Theorie benutzen. Er erläutert vorsichtig: "...but I submit that *if* two narratives *were* combined, it is reasonable to envisage something like this amount of redaction being required" (ders., Scroll, a.a.O., 125).

[11] D.J.A.Clines, Scroll, a.a.O., 123.

Problem in einer traditionsgeschichtlichen Untersuchung aus dem Wege gehen? Es ist nicht nur möglich, sondern auch notwendig, die Textgrundlage für den Inhalt dieses Buch nicht auf die M-T.-Version des Esth zu beschränken. Sie ist vielmehr auf die drei Versionen des Esth, d.h. auch auf LXX-T. und A-T. auszuweiten. Erst ein Vergleich dieser drei Versionen ermöglicht eine Diskussion um Unterscheidungskriterien, wirkliche Naht- und Bruchstellen und der inneren Kohärenz[12] der jeweiligen Quellen. Aber nicht nur im Hinblick auf die Quellentexte ist dieser Versionsvergleich hilfreich, sondern er läßt auch die Bearbeitungsschichten der einzelnen Versionen klar hervortreten.

Grundsätzlich sei noch festgestellt, daß eine *versweise* Zuordnung zu den ursprünglichen Erzählungen nicht erwartet werden kann. Eine solche Quellenscheidung läßt sich nur dann durchführen, wenn eine Grundschicht von einer Bearbeitungsschicht oder wenn zwei Quellen mit gleichem Inhalt, in Überarbeitung jedoch zu einem Text verbunden, voneinander zu unterscheiden sind. Wenn wir jedoch von Quellen mit unterschiedlichem Inhalt ausgehen, wie wir es für das Esth tun müssen, dann können nur Erzähl*einheiten* recherchiert werden. Diese lassen sich durch die Aufdeckung redaktioneller Bearbeitungen (Nahtstellen, inhaltliche Umarbeitungen des vorgegebenen Textes, textliche Plus und wörtliche Zusätze) aus dem Text heraustrennen sowie durch den wichtigen Vergleich mit außerbiblischem Quellenmaterial als unabhängige Erzählmotive darstellen.

Unter diesen Voraussetzungen scheint eine eindeutige Unterscheidung von Grunderzählungen zwar erschwert, doch können wir durch die erweiterte Untersuchungsbasis auf die drei Textversionen einer mehr auf Hypothesen basierenden Arbeitsweise besser aus dem Weg gehen, selbst wenn diese sich nicht immer vermeiden lassen. In jedem Falle vergrößern wir das Feld der Entscheidungskriterien, an denen wir uns bei der Suche nach den Grunderzählungen zu orientieren haben.

CLINES, auf dessen Forschungen wir uns bereits bei der Analyse des Verhältnisses der drei Versionen von Esth gestützt haben, hat hierzu einige Untersuchungen vorgelegt[13], auf die wir unsere eigenen Überlegungen aufbauen und die wir gegebenenfalls weiterzuführen versuchen.

2.2. Entscheidung für den A-T. als den ältesten Textzeugen

Für unsere Themenstellung ist desweiteren eine Darlegung des Dependenzverhältnisses der drei Esth-Versionen Voraussetzung. Mit einer

---

[12]   Wir beziehen uns hier auf D.J.A.Clines, der zu Recht festgestellt hat: "The best argument in favour of the hypothesis [of sources] is that it is coherent—which is at least a *necessary* condition of its truth, if not a *sufficient* one" (ders., Scroll, a.a.O., 124).

[13]   Vgl. D.J.A.Clines, Scroll, a.a.O., v.a. 126-130.

solchen stemmatologischen Bestimmung wird die für die Aufgabenstellung erforderliche Textgrundlage benannt. Wir stützen uns hierbei hauptsächlich auf die von CLINES und FOX geleisteten literarkritischen Vorarbeiten, die u.a. in den syntaxanalytischen Arbeiten von JOBES eine weitere Vertiefung erfuhren. Die Fundierung dieser Entscheidung erfolgt anhand der Betrachtung einzelner Textstellen im Verlauf der folgenden Kapitel dieses Buches.

Zu den verwendeten Quellen des Esth gehört der Masoretische Text (M-T.) der Biblica Hebraica Stuttgartensia (BHS). Sie ist eine aus dem Jahr 1008 n.Chr. stammende Handschrift B 19^A der Öffentlichen Bibliothek von Sankt Petersburg (Codex Leningradensis). Die beiden griechischen Versionen des Esth wurden in einer kritischen Ausgabe in "Septuaginta: Vetus Testamentum Graecum, Vol.VIII/3: Esther, Göttingen 1983" von HANHART herausgegeben. Der hier publizierte Standarttext des Esth in der LXX "*o'''*" beruht auf den Hss B,S,A und V und dem Papyrus 967. Er lag bereits in der ersten Hälfte des 1.Jh.v.Chr. vor. Die Hs B ist hierbei der wertvollste Zeuge für den ursprünglichen Text. Die vier anderen Zeugen weisen dagegen mehrerlei Spuren früher Bearbeitung auf.[14] Wir bezeichnen diesen Text im folgenden anders als HANHART "LXX-T.", womit auf die standardisierte Ausgabe des LXX hingewiesen werden soll. Der zweite griechische Text, nach HANHART mit "*L*-Text" gekennzeichnet, ist nur in den vier Minuskelhss 19, 93, 108 und 319 überliefert. Aus diesen wenigen überlieferten Textzeugen geht hervor, daß er nur eine geringe Verbreitung erfahren hat. Nach der zuerst von DE LAGARDE[15] verwendeten und nachher eingebürgerten Bezeichnung für diese Textausgabe als Alpha-Text verwenden wir die Abkürzung "A-T.".

Die diesen traditions- und redaktionsgeschichtlichen Studien im Esth zugrundeliegende Vorüberlegung, daß der A-T. in seiner Grundschicht als der älteste Zeuge anzusehen ist, basiert auf den ins Auge springenden Beobachtungen seiner besonderen Gestalt: Er ist der weitaus kürzeste Text und weist noch Brüche und Spannungen auf, die der M-T. und der LXX-T. bereits geglättet haben. Dem M-T. sowie dem LXX-T. sind an gewissen Stellen sogar anzumerken, daß sie den Text des A-T. steigern bzw. dramatisieren wollen. Diese Beobachtungen, die als Beweis für unsere These noch nicht ausreichen, bestärkten uns jedoch darin, die drei Versionen unter diesem Blickwinkel zu betrachten. Dabei war es nicht vermeidbar, gerade in den ersten Teiluntersuchungen von dieser These aus zu argumentieren, ohne daß ihre Richtigkeit in dieser Phase der Arbeit schon belegt war. Doch

---

[14]   Vgl. R.Hanhart, Esther, a.a.O., 97.
[15]   Vgl. P.de Lagarde, Librorum, a.a.O.

dadurch, daß sie sich in allen Untersuchungsschritten bewährte, konnte sie aufrecht erhalten und auf vielfache Weise bestätigt werden. Ja, wir konnten sie sogar dahingehend verfeinern, daß die Grundschicht des A-T. nicht als Rezension des LXX-T., sondern als eigenständiger Zeuge anzusprechen ist und die gemeinsame semitische Vorlage bezeugt. Unsere Ergebnisse werden auch zeigen, daß wir mit mindestens einer späteren Überarbeitung zu rechnen haben, die auf den Einfluß der beiden anderen Esth-Versionen zurückzuführen ist bzw. sind.

Wir stellen uns mit diesem Ergebnis in die Forschungslinie von CLINES, FOX und JOBES. CLINES vertrat die These von dem A-T. als dem ältesten Zeugen für den ursprünglichen Esth-Text gegen HANHART und TOV. Er hat in Auseinandersetzung mit HANHARTS Darlegung zu diesem Thema überzeugend festgestellt, daß dieser die Abhängigkeit des A-T. vom LXX-T. im Sinne einer "Neugestaltung" anhand dreier Textstellen aus den Additionen (C28; C22 und E7) festmachen wollte, doch seien die Zusätze zum Esth eben als sekundär zu betrachten und daher für einen Beweis untauglich.[16] Auch TOV, so stellt CLINES dar, führe seinen Nachweis der Abhängigkeit des A-T. vom LXX-T. hauptsächlich anhand von Textstellen, die zum sekundären Ende des A-T. gehörten.

In die Gefolgschaft TOVS tritt in neuerer Zeit auch DE TROYER. Doch mit der grundsätzlichen Feststellung, "dat de verschillen tussen de AT en de LXX niet zo gemakkelijk te verklaren zijn"[17], entscheidet DE TROYER, anders als TOV, nicht die hebräische Vorlage für die Unterschiede zwischen A-T. und LXX-T. verantwortlich zu machen, sondern vielmehr "het idee van een zeer vrije bewerking van de LXX"[18]. Letzteres habe TOV zwar selbst auch als Grund benannt, doch legte er sich letztendlich darauf fest, diesbezüglich eine andere Vorlage anzunehmen. DE TROYER kommt schließlich zu dem Ergebnis, daß der A-T. eine eigene Erzählung geschaffen habe, für die er jedoch auf den LXX-T. zurückgriff. Der A-T. habe diesen umgearbeitet und v.a. in 7,14-41 sei er als von Kap 8 des LXX-T. abhängig zu charakterisieren.[19] Mit diesem Endergebnis stimmt DE TROYER wieder mit HANHART überein, der den A-T. als eine "Neugestaltung" des LXX-T. beschrieb. Dies gelte eben auch für Kap 8 (9 u. 10), dem sich ihre Untersuchung hauptsächlich widmet.[20] Sie faßt dieses Fazit entsprechend dem Titel ihres Buches "Het Einde van de Alpha-Tekst van Ester" zusammen: "Dit onderzoek betekent dus in alle opzichten: het einde van (de 'meerderheidshypothese' over) de AT!"[21] In ihrem Fazit überträgt DE

---

[16] D.J.A.Clines, Scroll, a.a.O., 85f.
[17] K.de Troyer, Einde, 33.
[18] K.de Troyer, Einde, 33.
[19] K.de Troyer, Einde, 301f.
[20] K.de Troyer, Einde, 302.
[21] K.de Troyer, Einde, 302.

TROYER ihre Ergebnisse zu 7,14-41 (des A-T.) auf den Resttext des Buches. Doch stimmen wir ihr gerade darin nicht zu, sondern differenzieren traditions- und redaktionsgeschichtlich zwischen diesen beiden Teilen.

Es ist nämlich mit CLINES davon auszugehen, daß anhand der sekundären Stellen die Abhängigkeitsverhältnisse der Gesamttexte voneinander *nicht* nachzuweisen sind. Andererseits ist in der Tat offensichtlich, daß die Abhängigkeit des A-T. vom LXX-T. an manchen sekundären Stellen nicht bezweifelt werden kann.[22] Diese letztgenannte Beobachtung darf jedoch nicht, wie bei HANHART, TOV und DE TROYER, als grundlegendes Ergebnis über die redaktionelle Gestalt des Esth auf den Gesamttext projiziert werden, sondern ist, wie wir zeigen werden, unabhängig davon zu erklären.

Auch wenn wir weitgehend CLINES Analyse zustimmen, so ist doch davon abzusehen das Dependenzverhältnis der drei Versionen untereinander anhand einzelner Verse oder Phrasen der M-T.-Version nachzuweisen, denn wir meinen, daß von diesen nur schwerlich auf größere Kompositions- oder Bearbeitungsschichten des Esth zu schließen ist. Vielmehr nehmen wir an, daß die Redaktionen ihre Bearbeitungen an jeweiligen Versen und Kapiteln des Esth unterschiedlich umfassend und zu verschiedenen Zeiten vornahmen. Entsprechend variabel fallen die syntaktischen, grammatikalischen oder lexikalischen Bearbeitungen am Text aus. Unsere Untersuchung wird zeigen, daß dies zu vermeiden ist, wenn man die Betrachtung sowohl auf Erzählphrasen als auch auf den Vergleich der drei Textversionen ausweitet.

2.2.1. Anmerkung zu den übersetzten Abschnitten der Esth-Texte in deutscher Sprache

Wir haben uns dafür entschieden, eine möglichst wortwörtliche Übersetzung der hebräischen und der beiden griechischen Esth-Ausgaben vor die entsprechenden Abschnitte zu stellen. In dieser als Synopsis gestalteten Textübertragung werden jeweils nur die Kapitel und Verse des Esth aufgeführt, die für den folgenden Abschnitt unserer Untersuchung relevant sind. Unsere Methode des Versionsvergleiches ist auf diese Art und Weise problemloser nachzuvollziehen. Zudem wurde die synoptische Aufführung des Textes von der Autorin als Hilfestellung für einen schnelleren und leichteren Zugang zu den Problemen und deren Lösungen in dieser Arbeit gedacht. Diesem Interesse folgend, war es ratsam, eine möglichst wortgetreue Übersetzung wiederzugeben und auf umgangssprachliche Verfeinerungen in der deutschen Übersetzung zu verzichten.

---

[22] D.J.A.Clines, Scroll, a.a.O., 86f.

KAPITEL DREI

DIE VASTI-ERZÄHLUNG (VE)

Daß dem ersten Kap des Esth eine eigene, dramatische Spannung innewohnt, ist evident. Mit einer selbständigen Einleitung, einem vom Rest des Buches unabhängigen Konflikt und dessen Lösung scheint hier eine ursprünglich eigene Erzählung vorzuliegen. Ob sich diese These verifizieren läßt, soll im folgenden untersucht werden. Wir fragen damit nach Umfang und Inhalt der Vastierzählung (VE).

M-T. Kap 1-3,1	LXX-T. Kap 1-3,1	A-T. Kap 1-3,1
(1,1) Und es war in den Tagen Achaschweroschs-das ist Achaschwerosch, der König über 127 Provinzen von Indien bis Kusch.	(1,1) Und es geschah nach diesen Dingen, in den Tagen des Artaxerxes-das ist der Artaxerxes, der sich von Indien 127 Provinzen bemächtigte -,	(1,1) Und es geschah nach diesen Dingen, in den Tagen Assyros des großen Königs, daß ihm 127 Provinzen untergeordnet wurden von Indien bis Äthiopien.
(2) In diesen Tagen, als der König Achaschwerosch auf dem Thron seines Königreiches saß, der in Susa, der Burg, war,	(2) in diesen Tagen, nachdem der König Artaxerxes in Susa in der Stadt auf dem Thron saß,	(2) Als Assyros auf dem Thron seines Königreiches saß,
(3) im dritten Jahr seiner Regierung, machte er ein Weingelage für alle Obersten und Diener, wobei die Heerführer von Persien und Medien, die Edlen und Fürsten der Provinzen vor ihm waren;	(3) in dem dritten Jahr seiner Regierung, da machte er ein Gastmahl für die Freunde und die übrigen Völker und die Ruhmvollen der Perser und Meder und die Oberhäupter der Provinzen.	(3) da machte der König ein Fest für alle Oberhäupter des Hofes der Perser und Meder und die Fürsten der Provinzen vor ihm,
(4) da ließ er den herrlichen Reichtum seines Königreiches und die glänzende Pracht seiner Größe viele Tage—180 Tage—sehen.	(4) Und nach diesen Dingen, als er ihnen den Reichtum seines Königreiches und die Herrlichkeit des fröhlichen Gelages voll seines Reichtums bis zu 180 Tagen gezeigt hatte,	(4) um den Reichtum der Herrlichkeit des Königs und die Ehre seines Ruhmes an 180 Tagen zu zeigen,
(5) Und als jene Tage zu Ende waren, machte der König für das ganze Volk, das sich dort befand in Susa, der Burg,—vom Größten bis zum Kleinsten ein Weingelage, sieben Tage lang, im Hofgarten des Palastes des Königs.	(5) als aber die Tage der Hochzeit vollendet waren, machte der König ein Trinkgelage für die Völker, die in der Stadt gefunden wurden, an sechs Tagen im Hof des königlichen Hauses,	(5) bis die Tage vollendet wären, an denen der König für alle, die gefunden wurden, in Susa, der Stadt, vom Größten bis zum Kleinsten, ein Bankett machte, an sieben Tagen, innen im Hof des Königs, um seine Rettung zu feiern.

(6) Weißes Leinen, Baumwollstoffe und violetter Purpur waren mit Schnüren aus Byssus und rotem Purpur in silbernen Ringen und an Marmorsäulen aufgehängt. Goldene und silberne Couches standen auf einem Mosaikboden aus Bahat und Marmor und Darsteinen und Socheretfliesen.

(7) Und die Getränke waren in Gefäßen aus Gold und die Gefäße waren untereinander verschieden; und es gab viel königlichen Wein nach der Freigebigkeit des Königs.

(8) Und für das Trinken galt als Gesetz: 'Niemand soll nötigen!', denn so hatte es der König den Vorstehern seines Hauses angeordnet, daß ein jeder tue nach Belieben.

(9) Auch Vasti, die Königin, machte ein Gastmahl der Frauen des königlichen Hauses, das dem König Achaschwerosch gehörte.

(10) Am siebten Tag, als das Herz des Königs durch den Wein fröhlich war, befahl er Mehuman, Bista, Charvona, Bigta und Avagta, Setar und Karkas, den sieben Eunuchen, den Dienern, die vor dem König Achaschwerosch standen,

(11) daß sie Vasti, die Königin, mit der königlichen Krone vor den König brächten, um die Völker und Fürsten ihre Schönheit sehen zu lassen, denn sie war von schönem Aussehen.

(12) Aber die Königin Vasti weigerte sich, auf das Wort des Königs hin zu kommen, das durch die Hand der Eunuchen [übermittelt wurde]; da erzürnte der König sehr und sein Zorn

---

(6) das ausgeschmückt war mit Byssus und ausgespannten Basttüchern an Seilen von Byssus und Purpur an goldenen und silbernen Blöcken, an marmornen und steinernen Säulen. Goldene und silberne Couches standen auf mit Smaragdsteinen und perlmutten- und marmornen Steinen besetzten Mosaikfußboden und durchsichtige, bunt gemusterte Decken, [und] im Kreise verstreute Rosen.

(7) Goldene und silberne Krüge [waren da] und ein kohleartiger Becher lag auf dreißigtausend Talenten. Es gab viel wohlschmeckenden Wein, den der König selbst trank.

(8) Dieses Trinken aber geschah nicht nach dem vorliegenden Gesetz, sondern so, wie der König es wollte, und er befahl den Hausverwaltern seinem Willen und dem der Menschen gemäß zu handeln.

(9) Auch Astin, die Königin, machte ein Trinkgelage für die Frauen in den Palästen, dort, wo der König Artaxerxes war.

(10) An dem siebten Tag, als es ihm lieb war, befahl der König Aman und Badsan und Tarra und Boradse und Dsatolta und Abatadsa und Taraba, den Dienern des Königs Artaxerxes,

(11) die Königin zu ihm zu holen und sie zur Königin zu machen und ihr das Diadem umzulegen und sie den Oberhäuptern und ihre Schönheit den Völkern zu zeigen, denn sie war schön.

(12) Doch Astin, die Königin, gehorchte seinem Befehl, mit den Eunuchen zu kommen, nicht. Und der König wurde traurig und zornig

---

(6) Da waren aber Gehänge von Leinen und Bast und hyazinthene und rote Geflechte mit Blüten, und ein Zelt war aufgespannt mit Stricken aus Byssos und Purpur an silbernen Blöcken und marmornen und vergoldeten Säulen und goldene Couches auf smaragdenem Mosaikfußboden und ein Kreis von Rosen

(7) und Trinkgefäße aus Gold, verschieden voneinander und königlicher Wein, den der König trank,

(8) und das Trinken geschah nach dem Gesetz—denn so hatte es der König angeordnet—den Willen der Menschen zu tun.

(9) Auch Vasti, die Königin, machte ein großes Gastmahl für alle Frauen im Hof des Königs.

(10) Aber am siebten Tag geschah es, als sich der König am Wein erfreute, da befahl der König seinen Dienern

(11) Vasti, die Königin, in dem königlichen Diadem zu dem vorangeschrittenen Trinkgelage vor sein Heer zu holen.

(12) Vasti wollte das, was der König durch die Hand der Eunuchen vorhatte, nicht tun. Als aber der König hörte, daß Vasti seinen Willen außer

		Geltung setzte, wurde er sehr traurig und Zorn entbrannte in ihm.
entbrannte in ihm.		
(13) Und der König sprach zu den Weisen, die sich in den Zeiten auskannten—denn so kam eine Sache des Königs vor alle Kundigen der Gesetze und des Rechts.	(13) und sagte zu seinen Freunden: "Dem, was Astin sagte zufolge, handelt nun nach dem Gesetz und den Ordnungen".	(13) Und der König sprach zu allen Weisen, den Kennern des Gesetzes und der Ordnungen, was zu tun sei mit der Königin, weil sie den Willen des Königs nicht vollbringen wollte.
(14) Und die, die am nächsten bei ihm standen, waren Karschena, Schetar, Admata, Tarschisch, Meres, Marsena, Memuchan, die sieben Fürsten der Perser und Meder, die das Gesicht des Königs sahen, die auf den ersten Plätzen im Königreich saßen:	(14) Und es kamen zu ihm Arkesaios und Sarsataios und Malesear, die Fürsten der Perser und Meder, die in der Nähe des Königs waren, die Vornehmen, die neben dem König saßen,	(14) Und die Fürsten der Perser und Meder kamen vor ihn und die das Angesicht des Königs sehen und die Beamten in den Palästen.
(15) "Was ist—gemäß dem Gesetz—mit der Königin Vasti zu tun, dafür daß sie den Befehl des Königs Achaschwerosch, durch die Hand der Eunuchen, nicht tat?"	(15) und verkündeten ihm, was nach den Gesetzen mit Astin, der Königin, zu tun sei, weil sie den Anordnungen des Königs durch die Eunuchen nicht folge leistete.	(15)?
(16) Und Memuchan sprach vor dem König und den Fürsten: "Nicht allein gegenüber dem König hat Vasti, die Königin, gesündigt, sondern auch gegenüber allen Fürsten und allen Völkern, die in allen Provinzen des Königs Achaschwerosch leben.	(16) Und Muchaios sprach zu dem König und den Fürsten: "Nicht nur dem König gegenüber verfehlte sich Astin, die Königin, sondern auch gegenüber allen Fürsten und Herrschern des Königreiches .	(16) Und Bougaios riet ihm und sprach: "Nicht nur gegenüber dem König verfehlte sich Vasti, die Königin, sondern auch den Fürsten der Perser und Meder gegenüber. An alle Völker erging ihr Unrecht, nämlich, daß sie sich verweigerte gegenüber der Anordnung des Königs.
(17) Denn die Sache der Königin wird zu allen Frauen dringen und bei ihnen Verachtung hervorrufen in ihren Augen gegenüber ihren Ehemännern, wenn gesagt wird: der König Achaschwerosch befahl, die Königin Vasti vor ihn kommen zu lassen, aber sie kam nicht.	(17) (denn auch ihnen wurden die Worte der Königin zugebracht, und wie sie dem König widersprach). Wie sie nun dem König Artaxerxes widersprach,	(17)?
(18) Und heute werden die Fürstinnen von Persien und Medien, die von der Sache der Königin hörten, dies zu allen Fürsten des Königs sagen, und es wird Verachtung über Verachtung und Zorn geben.	(18) so werden auch heute die übrigen Herrscherinnen der Fürsten der Perser und Meder, nachdem das, was dem König von ihr gesagt worden ist, wagen, ihre Männer gleich verächtlich zu behandeln.	(18) Wenn es nun unserem Herrn gefällt und es seinen Gedanken erfreut, dann werde
(19) Wenn der König es für gut befindet, gehe ein königlicher Erlaß von ihm aus und es werde geschrieben in die Gesetze der Perser und Meder und nicht	(19) Wenn es nun dem König gefällt, so werde königlich angeordnet und es werde geschrieben nach den Gesetzen der Meder und	geschrieben in alle

aufgehoben werden, daß Vasti nicht mehr vor den König Achaschwerosch kommen darf, und ihre Königswürde gebe der König einer anderen, die besser ist als sie.	Perser—und nichts Anderes soll in Gebrauch genommen werden—, daß die Königin nicht noch einmal zu ihm hineinkommen soll; und ihre Königswürde gebe der König einer Frau, die besser ist als sie.	Provinzen und zu jedem Volk, und lasse sie wissen, daß Vasti das Wort des Königs verwarf. Aber die Königinnenwürde soll einer anderen gegeben werden, die besser ist als sie.
		(19)?
(20)Und wird der Beschluß des Königs, den er in seinem ganzen Königreich erlassen hat, gehört—ja groß ist es—, dann werden alle Frauen ihren Eheherren Ehre geben vom Größten bis zum Kleinsten."	(20) Und es soll gehört werden das Gesetz des Königs, das wie auch immer getan werden solle in seinem Königreich. Und auf diese Weise werden alle Frauen ihren eigenen Männern Ehre erweisen vom Armen bis zum Reichen".	(20) Und sie soll gehorsam erscheinen gegenüber der Stimme des Königs und [sie] wird allen Königtümern Gutes tun. Und alle Frauen werden ihren Ehemännern Ehre und Respekt zeigen—von den Armen bis zu den Reichen."
(21) Und das Wort wurde gut befunden in den Augen des Königs und der Fürsten. Und der König handelte nach dem Wort Memuchans.	(21) Und das Wort gefiel dem König und den Fürsten, und der König tat gemäß dem, was Mouchaios sagte.	(21) Und das Wort war gut im Herzen des Königs, und er handelte bereitwillig nach diesem Wort.
(22) Und er sandte Briefe in alle Provinzen des Königs—in jede Provinz nach ihrer Schrift und zu jedem Volk in seiner Sprache, daß jeder Mann herrschen solle in seinem Haus und daß er in der Sprache seines Volkes rede.	(22) Und es wurde im ganzen Königreich, gemäß der den Gebieten eigenen Redeweise verkündet, daß also Furcht gegenüber denen sei, die in ihren Häusern [herrschen].	
(2,1) Nach diesen Dingen, als sich der Zorn des Königs Achaschwerosch gesenkt hatte, erinnerte er sich an Vasti und an das, was sie getan hatte und was beschlossen worden war gegen sie.	(2,1) Und nach diesen Worten ließ der Zorn des Königs nach, und er gedachte Astis nicht mehr, nachdem er sich an die Dinge erinnerte, die sie gesagt hatte und wie er sie verurteilte.	(2,1) Und so hörte er auf, an Vasti zu denken und was sie Assyros, dem König, antat.
(2) Und die Knechte des Königs, die ihm dienten, sprachen: "Man suche dem König jungfräuliche Mädchen, schön von Angesicht.	(2) Und die Diener des Königs sprachen: "Man suche dem König jungfräuliche Mädchen, schön von Angesicht".	(2) Und die Diener des Königs sprachen: "Laß uns von Angesicht schöne Jungfrauen suchen,
(3) Und der König bestelle Kommissare über alle Provinzen seines Königreiches und man versammle alle jungfräulichen Mädchen mit schönem Angesicht in Susa, der Burg, im Haus der Frauen	(3) Und der König ließ Dorfvorsteher in allen Ländern seines Königreiches einsetzen, und sie sollten von Angesicht schöne Mädchen—Jungfrauen—nach Susa der Stadt für das Frauenhaus auswählen	
unter die Hand Hegais, dem Eunuchen des Königs, dem Wächter der Frauen, und man	und dem Eunuchen des Königs, dem Wächter der Frauengemächer übergeben,	und laß sie unter die Hand des Gogaios, dem Eunuchen, dem Wächter

verabreiche ihnen ihre Salbungen.

(4) Und die Jungfrau, die dem König gefällt, werde zur Königin an Vastis Stelle. Und die Sache wurde für gut befunden in den Augen des Königs, und er machte es so.

(5) Ein Mann, eine Jude, war in Susa der Burg und sein Name war Mordechai, Sohn von Jair, Sohn des Schimi, Sohn von Kisch, ein jemenitischer Mann,

(6) der aus Jerusalem gefangen geführt worden war mit der Gefangenschaft, bei der auch Jechonja, der König von Juda gefangen geführt wurde, die Nebukadnezzar, der König von Babel gefangen genommen hatte.

(7) Und er war Erzieher von Hadassah, das ist Esther, die Tochter seines Onkels, denn sie hatte weder Vater noch Mutter. Und das Mädchen war sehr schön und von schönem Angesicht. Ihr Vater und ihre Mutter waren aber gestorben, und Mordechai nahm sie zu sich als Tochter.

(8) Und es geschah, als das Wort des Königs und sein Gesetz gehört wurde und als viele Mädchen versammelt wurden in Susa, der Burg, unter die Hand Hegais, da wurde [auch] Esther in das Haus des Königs aufgenommen unter die Hand Hegais, dem Wächter der Frauen.

(9) Und das Mädchen gefiel ihm und sie erfuhr seine Gunst, und er beeilte sich, ihr ihre Salbungen und ihren Anteil zu geben, und sieben auserlesene Mädchen wurden ihr gegeben aus dem Haus des Königs, und er ließ sie und ihre Mädchen umziehen in den besten Teil des Hauses der Frauen.

(10) Esther erzählte nicht von ihrem Volk und ihrer Abstammung, denn Mordechai hatte ihre befohlen, [dies] nicht

und man solle ihnen Salben und die übrigen Pflegemittel geben.

(4) Und die Frau, die dem König gefiele, werde Königin an Astins Stelle. Und dem König gefiel das Unternehmen, und er tat es so.

(5) Und da war ein Mensch, ein Jude, in Susa in der Stadt, und sein Name war Mardochai, der des Jair, des Simei, des Kis aus dem Stamm Benjamin,

(6) der war Gefangener aus Jerusalem, [einer von denen,] die Nebukadnezzar, der König der Babylonier, gefangen nahm.

(7) Und es wurde von diesem als Kind aufgezogen, eine Tochter Aminadabs, des Bruders seines Vaters, und er nannte sie Esther.
Aber nachdem ihre Eltern gestorben waren, erzog er sie sich zur Frau. Und das Mädchen war schön von Angesicht.

(8) Und als der Befehl des Königs gehört wurde, wurden alle Mädchen in Susa, der Burg, unter die Hand des Gai versammelt, und [auch] Esther wurde zu Gai, dem Wächter der Frauengemächer geführt.

(9) Und ihm gefiel das Mädchen, und sie fand Gnade vor ihm, und er bemühte sich, ihr die Salben und die Pflege zu geben und die sieben Mädchen, die ihr zugestellt worden waren aus dem Palast, und er verlieh ihr Gutes und [?] ihre Zofen in den Frauengemächern.

(10) Und Esther gab keine Auskunft über ihre Abstammung und das Vaterhaus. Denn Mardochai

der Frauengemächer geben, um [dort] umsorgt zu werden. (3)?

(4) Und das Kind, das immer auch dem König gefalle, soll die Stelle von Vasti einnehmen". Und sie taten bereitwillig danach.

(5) Und es war ein Mann, ein Jude, in Susa, der Stadt, mit Namen Mardochai, Sohn des Jair, des Simei, des Kis, aus dem Stamm Benjamin.

(6)?

(7) Und er zog Esther, die Tochter des Bruders seines Vaters, vertrauensvoll auf. Und das Kind war sehr schön von Angesicht und hübsch von Antlitz.

(8) Und das Mädchen wurde in das Haus des Königs gebracht. Und Bougaios, der Eunuch, der Wächter, sah das Mädchen, und sie gefiel ihm mehr als alle Frauen.

(9) Und Esther fand Gnade und Gunst vor ihm, und er eiferte, sie an die Spitze zu stellen und gab ihr, außer den sieben Mädchen, ihre eigenen Sklavinnen. Als Esther aber zum König hineingeführt wurde, gefiel sie ihm sehr.

(10) - (13)?

zu erzählen.	befahl ihr, es nicht zu erzählen.	
(11) Und jeden Tag ging Mordechai umher vor dem Vorhof des Hauses der Frauen, um sich zu erkundigen, ob es Esther gut ginge und was mit ihr gemacht wurde.	(11) An jedem Tag kam Mardochai zum Hof des Frauenhauses, indem er darauf achtgab, wie es Esther erginge.	
(12) Und als Mädchen für Mädchen an die Reihe kam, um zum König Achaschwerosch zu gehen, nachdem sie 12 Monate behandelt worden war gemäß der Vorschrift der Frauen—denn so wurden die Tage ihrer Schönheitspflege voll, sechs Monate mit Myrrheöl und sechs Monate mit Balsamöl und mit Schönheitsmitteln für Frauen—,	(12) Dieses aber war die Zeit, daß das Mädchen hineinginge zum Palast, als 12 Monate um waren. Denn so wurden die Tage der Dienerinnenschaft erfüllt: sechs Monate wurden sie mit Myrrheöl und sechs Monate mit wohlriechenden Ölen und mit den Salben der Frauen gesalbt,	
(13) da ging das Mädchen in folgender Weise zum König hinein: Alles, was sie verlangte, wurde ihr gegeben und durfte mit ihr aus dem Frauenhaus in das Haus des Königs mitkommen.	(13) und dann zu dem König hineingeführt. Und von was sie auch immer sprach, es wurde ihr gegeben, um es mit hineinzunehmen aus dem Frauenhaus zu den Königspalästen.	
(14) Am Abend ging sie hinein und am Morgen kehrte sie zurück zu dem zweiten Haus der Frauen unter die Hand Schaaschgas, dem Eunuchen des Königs, dem Wächter der Nebenfrauen. Sie kam nicht mehr zum König, außer wenn der König Gefallen an ihr hatte und sie beim Namen gerufen wurde.	(14) Gegen Abend ging sie hinein und am Morgen ging sie in das zweite Frauenhaus, das des Gai, der Eunuch des Königs, der Wächter der Frauengemächer, und sie kam nicht mehr hinein zum König, wenn sie nicht gerufen wurde.	(14) Und wenn der Abend käme, würde sie hineingebracht, und am morgen verließe sie ihn.
(15) Und als Esther, die Tochter Avichails, dem Onkel von Mordechai, der sie als Tochter für sich genommen hatte, an der Reihe war zum König zu gehen, verlangte sie nichts außer dem, was Hegai, der Eunuch des Königs, der Wächter der Frauen, sagte. Und Esther genoß Gunst in den Augen aller, die sie sahen.	(15) Als aber die Zeit da war, daß Esther, das Töchterchen von Aminadab, dem Sohn des Bruders des Vaters von Mardochai, hineinging zu dem König, verlangte sie nichts, außer dem, was der Eunuch, der Wächter der Frauengemächer befahl. Denn Esther hatte Gnade gefunden bei allen, die sie sahen.	(15) - (16) ?
(16) Und Esther wurde zum König Achaschwerosch in sein königliches Haus gebracht im 10 Monat, das ist der Monat Tevet, im siebten Jahr seiner Regierung.	(16) Und Esther ging hinein zu Artaxerxes, dem König, im 12. Monat, das ist Adar, dem siebten Jahr seiner Herrschaft.	
(17) Und der König liebte Esther mehr als alle Frauen, und sie fand Gunst und Gnade vor ihm	(17) Und der König hatte Wohlgefallen an Esther, und sie fand Gnade vor allen	(17) Als aber der König die Jungfrauen alle kennengelernt hatte,

mehr als alle Jungfrauen, und er setzte ihr die königliche Krone auf ihren Kopf, und er machte sie zur Königin an Vastis statt.	Jungfrauen, und er legte ihr das Diadem der Frauen auf.	erwies sich, daß Esther am meisten hervorleuchtete, und sie fand Gnade und Wohlgefallen vor seinem Angesicht, und er legte das königliche Diadem auf ihren Kopf.
(18) Und der König veranstaltete ein großes Gastmahl für alle seine Fürsten und seine Diener: das Gastmahl Esthers. Und er gewährte den Provinzen einen Steuererlaß und der König verteilte freizügig Geschenke.	(18) Und der König veranstaltete ein Gastmahl für alle seine Freunde und die Mächtigen an sieben Tagen und er erhob die Hochzeitsfeierlichkeiten Esthers, und er machte Loslassung für die, die unter seiner Herrschaft [lebten].	(18) Und der König beging die Hochzeit mit Esther in allem Glanz und machte Loslassungen in allen Provinzen.
(19) Und als zum zweiten Mal Jungfrauen versammelt wurden, saß Mordechai im Tor des Königs.	(19) Mardochai aber diente im Hof.	
(20) Esther erzählte niemanden von ihrer Abstammung und ihrem Volk, weil Mordechai es ihr befohlen hatte, und Esther handelte nach dem Wort Mordechais so wie [früher], als sie in Pflege bei ihm war.	(20) Esther aber zeigte ihre Herkunft nicht. Denn so hatte Mardochai es ihr befohlen, weil er Gott fürchtete und seine Gebote hielt, so war es mit ihm. Und Esther veränderte ihre Lebensführung nicht.	
(21) In diesen Tagen, als Mordechai im Tor des Königs saß, zürnten Bigtan und Teresch, zwei von den Eunuchen des Königs, die an der Schwelle als Wächter saßen, und trachteten danach, Hand anzulegen an den König Achaschwerosch.	(21) Und die zwei Eunuchen des Königs, die obersten Leibwächter, waren betrübt, daß Mardochai einen Vorzug hatte, und sie suchten Artaxerxes, den König, zu töten.	
(22) Und die Sache wurde Mordechai kund, und er erzählte es Esther, der Königin, und Esther sagte es dem König im Namen Mordechais.	(22) Und Mardochai wurde die Sache kund, und er zeigte es Esther auf, und sie machte dem König diese Dinge des Anschlags offenbar.	
(23) Und die Sache wurde untersucht und für wahr befunden, und die beiden wurden ans Holz gehängt. Und es wurde vor dem König ins Buch der Begebenheiten der Tage geschrieben.	(23) Der König aber überprüfte die zwei Eunuchen und hängte sie auf. Und der König ordnete an, in der königlichen Büchersammlung zur Erinnerung über das Wohlwollen des Mardochai mit Lobgesang hineinzuschreiben.	
(3,1) Nach diesen Dingen machte der König Achaschwerosch den Haman,	(3,1) Und nach diesen Dingen ehrte der König Artaxerxes Haman, den des Ammadatos,	(3,1) Und es geschah nach diesen Dingen, da erhob der König Assyros,

den Sohn Hammedatas, den Agagiter, groß, und er erhob ihn und setzte seinen Thron über alle Fürsten, die bei ihm waren.	Bougaios, und erhöhte ihn und setzte ihn auf den ersten Sitz über alle seine Freunde.	Haman, den des Ammadatos, den Bougaios und verherrlichte ihn und setzte seinen Thron über seine Freunde, so daß sich alle bis zur Erde beugten und ihm huldigten.

3.1. Der Anfang der Vasti-Erzählung (VE)

Veranstaltet der König in Esth 1,3 des Esth noch ein 180 Tage dauerndes Fest für alle seine Oberen am Hof und in den Provinzen, so leitet bereits V.5 zu einem zweiten Fest über.[1] Die Doppelung der Feste ist ungewöhnlich. Es ist völlig uneinsichtig, warum das Fest der 180 Tage für die Obersten des Reiches im Text aller drei Versionen von dem siebentägigen Weingelage für die Untergebenen getrennt wird, in dem nicht minder von dem Reichtum des Königreiches berichtet wird. Im Gegenteil, gegenüber der ausführlichen Beschreibung des Glanzes und der Vielfalt der dargebotenen Ausschmückung und des freigebigen Verhaltens des Königs während des siebentägigen Festes erscheint das erste eher wie eine Randnotiz.

Nun haben sich mit der Doppelung der Feiern bereits CAZELLES[2] und, in Auseinandersetzung mit dessen These, CLINES[3] literarkritisch befaßt. CAZELLES nahm diese "Doublette" zum Anlaß, die beiden Bankette in Kap 1 jeweils einer eigenen Quelle zuzuordnen. Neben den auch an anderen Stellen zu findenden Doubletten sah CAZELLES v.a. in den beiden Schauplätzen Susa und die Provinzen ein Unterscheidungskriterium. Da er das Esth auf der Basis dieser beiden Argumente traditionsgeschichtlich in eine Esther- und eine Mordechaiquelle einteilte,[4] ordnete er die beiden Bankette jeweils einer Quelle zu. Auch CLINES unterschied zwischen diesen beiden Quellen.[5] Er kritisierte CAZELLES allerdings dahingehend, daß sich die traditionsgeschichtliche Scheidung nicht an geographischen Merkmalen orientieren könne, wodurch 1,1-4 und 1,5-8 voneinander getrennt würden,[6]

---

[1]   Am Anfang von 1,4 findet sich im LXX-T. die recht holprige Formulierung: "καὶ μετὰ ταῦτα, μετὰ τὸ δεῖξαι". Daher ist im Text dieser Version seine Überleitungsfunktion am deutlichsten anzumerken.

[2]   H.Cazelles, Note, a.a.O., 17-29.

[3]   D.J.A.Clines, Scroll, a.a.O., 115-138.

[4]   Nach Cazelles konzentrieren sich die politischen und administrativen Elemente des Esth auf Susa als deren Schauplatz in der Mordechaierzählung. Die Esthererzählung sei dagegen vielmehr auf die Provinzen hin orientiert. (Vgl. H.Cazelles, Note, a.a.O., 435).

[5]   D.J.A.Clines führt seine Quellenscheidung allerdings unter dem literarkritischen Vorbehalt aus, daß die Möglichkeit einer solchen Analyse nicht bedeute, daß sie auch ausgeführt werden müsse (ders., Scroll, a.a.O., 123).

[6]   D.J.A.Clines, Scroll, a.a.O., 121.

und zählte Kap 1 überhaupt erst gar nicht zum ursprünglichen Bestand.[7] Doch wurde das Problem u.E. von CLINES damit zu schnell beiseite geschoben.

Daher sollen die doppelten Erzählungen von den Festen in 1,3-4 einerseits und in 1,5ff. andererseits noch einmal einer genauen Untersuchung unterzogen werden, denn diese Doublette läßt die Vermutung zu, daß hier eine redaktionelle Schicht am Werke war, die bei der Komposition des Esth die beiden Feste nebeneinander stehen ließ, von denen nur eines, wahrscheinlich das zweite, siebentägige Fest zu der in diesem Kapitel herauszuarbeitenden VE gehört. Um diesem Problem auf die Spur zu kommen, wollen wir in einem ersten Schritt versuchen, den eigentlichen Anlaß des zur VE gehörenden Festes herauszufinden.[8]

3.1.1. Der Anlaß des Festbanketts

Auffällig ist, daß die Versionen jeweils verschiedene Begründungen für das zweite Fest angeben. Diese sind nun auf Hinweise hinsichtlich des originären Festanlasses in der VE zu überprüfen.

3.1.1.1. Das Fest der Rettung des Königs in der A-T.-Version

Im A-T. wird das erste Fest in 1,4 damit begründet, daß der König "τὸν πλοῦτον τῆς δόξης τοῦ βασιλέως καὶ τὴν τιμὴν τῆς καυχήσεως αὐτοῦ ἐπὶ ἀγδοήκοντα καὶ ἑκατὸν ἡμέρας" (den Reichtum der Herrlichkeit des Königs und die Ehre seines Ruhmes an 180 Tagen) zeigen wolle. Als Anlaß für das zweite Fest wird in V.5 die Rettung des Königs—"ἄγων τὰ σωτήρια αὐτοῦ" (um seine Rettung zu feiern)—angegeben. Wie kann diese letzte Begründung im Zusammenhang des Esth verstanden werden? Auf welche Rettung wird hier Bezug genommen? De facto gibt es hierfür—unter der Prämisse des primären Charakters des A-T.—nur eine Lösung: Der A-T.

---

[7] Vgl. D.J.A.Clines, Scroll, a.a.O., 31-33.

[8] Daß diese Fragestellung von besonderem Interesse ist, wird daran deutlich, daß auch die beiden Targume zu Esth dem Anlaß des Festes auf die Spur kommen wollen. B.Ego kommentiert 1,3 in ihrer Arbeit zum Targum Scheni: "Im Anschluß an die wörtliche Übersetzung des Versanfangs fragt 2Targ Est 1,3 nach dem Anlaß für das Festmahl des Königs Ahasveros. Eingeleitet durch die rabbinische Formel איח דאמרין [= aram. für 'manche sagen'] werden zwei verschiedene Antworten gegeben: Nach dem ersten Vorschlag feierte der König einen Sieg über die Fürsten seiner Provinzen, die einen Aufstand gegen ihn unternommen hatten; nach der zweiten Auslegung gab ein heidnischer Festtag den Anlaß für das königliche Mahl ... Nach EstR 1,15 (4c) [d.i. der Midrasch Rabba] sind es die Freude über die Vollendung des Königsthrones und die Zerstörung Jerusalems, die als Gründe für das Festmahl des Ahasveros angegeben werden" (dies., Targum Scheni, a.a.O, 189). Ego beschreibt, daß 2PA [d.i. der zweite Midrasch Ponim Acherim zum Buch Esther. Vgl. hierzu die Literatur: S.Buber, Sammlung, a.a.O.] zu Est 1,3 (29b) als engste Parallele gesehen werden darf. Dieser gibt zudem noch den Geburtstag des Königs, zu dem er durch Sendschreiben alle Fürsten der Provinzen einlädt, als Grund für das Festmahl an (vgl. dies., Targum, a.a.O., 189, Anm. 237).

nimmt Bezug auf Add A11-18, wo erzählt wird, daß Mordechai den König vor einem Anschlag zweier Eunuchen gerettet habe, durch den dieser beseitigt werden sollte.

Eine solche Schlußfolgerung bedeutete, daß der Anlaß des Festes im A-T. auf den vorausgehenden Inhalt abgestimmt worden wäre. Wir hätten es hier also durchaus nicht mit einem der VE zugehörigen Aspekt zu tun, sondern mit einem Element der Komposition oder Redaktion des (Proto-)Esth, und insofern wäre diese für die VE als sekundär zu werten. Natürlich muß die Option für eine nachträgliche Hinzufügung dieser Festangabe im A-T. zunächst offenbleiben. Ist "ἀγὼν τὰ σωτήρια αὐτοῦ" nämlich als ein auf Add A abgestimmter Zusatz zu betrachten, dann würde damit die allgemein angenommene späte Datierung von Add A bestätigt. Die Komplott-Erzählung könnte jedoch in einem frühen Kompositionsstadium der Erzählerzählung vorangestellt, und nicht, wie im M-T. und im LXX-T., in den Textzusammenhang von Kap 2 eingearbeitet worden sein.[9] Nichtsdestotrotz weist dieser mögliche Bezug von 1,5 auf Add A11-18 darauf hin, daß der Anlaß des Festes im A-T. nicht zur VE gehört. Doch läßt der LXX-T. in eben diesem V.5 eine vom A-T. und dem M-T. abweichende Variante erkennen.

3.1.1.2. Das Hochzeitsfest in der LXX-T.-Version

Am Anfang von Esth 1,4 ist im LXX-T. bereits eine Überleitung zum zweiten Fest zu lesen, die im textlichen Zusammenhang von V.4 und 5 eher störend wirkt: "καὶ μετὰ ταῦτα, μετὰ τὸ δεῖξαι αὐτοῖς τὸν πλοῦτον τῆς βασιλείας αὐτοῦ" (*Und nach diesen Dingen, als er ihnen den Reichtum seines Königreiches gezeigt hatte.*). Die zu einer neuen Thematik überleitende Phrase "μετὰ ταῦτα" findet sich noch zweimal in der zeitlich spät zu datierenden Add E 8.23 wieder. Das spricht dafür, auch die Formulierung in V.4 als späten redaktionellen Zusatz zu betrachten, wenngleich der darauffolgende Inhalt des Verses mit dem des M-T. und des A-T. übereinstimmt und scheinbar an diesen angepaßt wurde.

Ganz anders fährt der LXX-T. jedoch in V.5 fort. Er führt die Erzählung vom zweiten Fest in V.5 noch einmal mit Bezug auf das bisher gefeierte Fest "ὅτε δὲ ἀνεπληρώθησαν αἱ ἡμέραι" (*als aber die Tage vollendet waren*) ein und beschreibt dieses als "γάμος". Was aber meint der LXX-T. mit dem Begriff "γάμος"? In der LXX ist er insgesamt 17mal zu finden. Er bezeichnet fast durchgängig die Hochzeit, Hochzeitsfeierlichkeiten oder die Ehe (Gen 29,22; Esth 2,18; Tob 6,13;9,2.5.6;10,8;12,1 (Codex S);8,19 (Codices B und A); 1Makk 9,37.41;10,58; Weis 13,17;14,24.26). Eine

---

[9] Eine ausführliche Auseinandersetzung mit dieser These erfolgt in den nachfolgenden Kapiteln dieses Buches.

Ausnahme bildet tatsächlich Esth 9,22, wo "γάμος"—anders als in 2,18—
ausschließlich im Sinne von "Festmahl" gebraucht wird. Daß der LXX-T.
ansonsten einen deutlichen Unterschied zwischen Festmahl und
Hochzeitsmahl macht, wird jedoch wiederum am Esth selbst evident, denn er
gebraucht hier für ersteres nicht "γάμος", sondern siebenmal "πότος"
(*Trinkgelage*) (1,5.8.9;2,18;5,6;6,14;7,2) und sechsmal den Begriff "δοχή"
(*Gastmahl*) (1,3;5,4.5.8.12.14). Auffallend ist, daß die beiden Begriffe
"γάμος" und "πότος" sowohl in 1,5 als auch in 2,18 nebeneinander, im
Sinne des auf den Anlaß der Hochzeit bezogenen Trinkgelages, verwendet
werden, während der M-T. in 2,18 zweimal nur "מִשְׁתֶּה" gebraucht, um ein
Gastmahl für die Fürsten und Diener zu beschreiben, das zugleich das
Gastmahl Esthers ist.[10] So deuten sowohl der Wortgebrauch ("γάμος") in 1,5
und 2,8 als auch der Inhalt des ersten Kap darauf hin, daß unter dem zweiten
Fest im LXX-T. eine Hochzeitsfeier verstanden werden sollte.[11] Wenn dem
aber so ist, dann schließen wir daraus, daß in 1,5 und 2,18 entweder eine
Interpretation des LXX-T. vorliegt, mit der er den jeweiligen "מִשְׁתֶּה" des M-
T., seiner Vorlage, unterschieden haben möchte; oder aber er gibt hier eine
dem kanonischen Esthertext traditionsgeschichtlich vorausgehende
Einzelerzählung über die Hochzeit eines Königs wieder, von der wir
annehmen, daß sie die VE beinhaltet: Sie erzählte von einem Hochzeitsfest,
das nach einigen Irrungen und Wirrungen (Kap 1) statt mit der
ungehorsamen falschen, schließlich doch mit der "richtigen Braut" (Kap 2)
gefeiert wurde.

    Die sechstägige (LXX-T.) bzw. die siebentägige Feier (A-T.), die ab V.5
beginnt, wird in aller Pracht vollzogen und am siebten Tag (1,10 (LXX-T.))
befiehlt der König Vasti zu sich. Daß es sich hier, wie vermutet, um ein
Hochzeitsfest handeln könnte, wird dadurch bestätigt, daß das Motiv der
siebentägigen Feier einer Hochzeit im AT wohl bekannt ist. So fordert in
Gen 29,27 Laban seinen Schwiegersohn Jakob dazu auf, mit Lea die
Hochzeit*woche* zu vollenden, bevor er Rahel zur Frau nehme. Und auch in
Ri 14,17 ist das Fest der Hochzeit Simsons auf sieben Tage hin ausgerichtet.
In Tob 8,20 dauert die Hochzeit sogar 14 Tage, also zweimal sieben Tage
an. Wenn der König Esther in Esth 2,18 schließlich heiratet, so findet sich
wiederum diese Zeitangabe von sieben Tagen für die Feier des
Hochzeitsfestes. Diese in 2,18 angegebene Zeitspanne kennt aber weder der
A-T. noch der M-T. Es handelt sich also um ein textliches Plus des LXX-T.,
dessen Inhalt mit der Angabe in 1,5 übereinstimmt. Konkret bedeutete das

---

[10] In 1,5 verwendet der M-T. zwar nicht zweimal den gleichen Begriff, doch er bleibt im
Gegenüber zum LXX-T. sehr vage, wenn er an Stelle des "αἱ ἡμέραι τοῦ γάμου" im LXX-
T. von "הַיָּמִים הָאֵלֶּה" spricht. "מִשְׁתֶּה" entspricht dagegen dem "πότος" im LXX-T.
[11] Neben 1,5 und 2,8 ist auch in 1,11 (LXX-T.) das Vorhaben des Königs, Vasti zur
Königin zu machen ("βασιλεύειν αὐτὴν" (*zur Königin machen*)), im Zusammenhang der
Heirat mit ihr zu verstehen.

für den Inhalt der VE, daß in 1,5ff. die Hochzeit des Königs mit Vasti und, nach deren Scheitern in 2,18, diejenige mit Esther an je sieben Tagen gefeiert wurde.[12]

3.1.1.3. Ein Fest ohne Anlaß in der M-T.-Version

Im M-T. wird keine Unterscheidung zwischen den Anlässen für die 180 Tage dauernde Feier und dem siebentägigen Fest gemacht. Wird das erste für die Führungspersonen im ganzen Reich veranstaltet, so bezieht sich das zweite ausschließlich auf die in der Stadt Susa gefundenen Personen jeden Ranges. Zunächst läßt diese Darstellung keinen Bruch zwischen dem ersten und zweiten Fest erkennen.

Bevor wir näher auf diesen Sachverhalt eingehen, ist jedoch der Begriff "מִשְׁתֶּה" im M-T. in Gegenüberstellung zur Bezeichnung und Darstellung des Festes in den griechischen Versionen zu befragen. Vorausgestellt sei, daß der M-T. in 1,5 im Gegensatz zu diesen keine Begründung, weder für die erste königliche Feier des 180 Tage dauernden Festes noch für das zweite, siebentägige Fest, angibt. Er beschreibt allein das Geschehen. Ihm geht es hauptsächlich darum festzustellen, daß der König *währenddessen* Reichtum und Größe seines Reiches sehen läßt. Nun ist die Feier von Trinkgelagen in der M-T.-Version des Esth überhaupt ein zentrales Motiv, denn der Begriff "מִשְׁתֶּה" kommt insgesamt 20mal vor.[13] Im gesamten AT findet er sich, einschließlich der Stellen im Esth, insgesamt 46mal. Einen Hinweis darauf, daß "מִשְׁתֶּה" auch Hochzeitsfest bedeuten könnte, gibt der MT, ähnlich wie die LXX, in Gen und Ri. So spricht beispielsweise Gen 29,22 von einer Feier unter den Männern des Dorfes anläßlich der Verheiratung Jakobs mit Lea, so

---

[12] Diesen Überlegungen entsprechend wäre in 2,1 statt der Formulierung "καὶ οὐκέτι ἐμνήσθη τῆς Αστιν μνημονεύων οἷα" (*und er gedachte Astis nicht mehr, nachdem er sich an die Dinge erinnerte*), durch die eine Doppelung des "Gedenkens" zustande kommt, vielmehr der Gebrauch des sehr ähnlichen Verbs "μνάομαι" oder "μνηστεύω" im Sinne von "werben, freien" zu erwarten. Im inhaltlichen Zusammenhang würde so die Doppelung aufgelöst und statt dessen ein viel glatterer Zusammenhang entstehen: "und er begehrte Asti nicht mehr zur Frau, nachdem er sich an die Dinge erinnerte". Daß dies die ursprüngliche Formulierung gewesen sei, kann nicht behauptet werden, da der LXX-T. hier, wie an anderen Stellen, vielmehr sowohl vom M-T. als auch vom A-T. abhängig ist. Deutlich wird dies daran, daß er die Inhalte beider Versionen in seiner zu verbinden suchte. So entspricht 2,1a des LXX-T. der Aussage von 2,1 im A-T., und 2,1b ist an der Vorlage von 2,1b des M-T. orientiert. Hingewiesen sei auch auf die zeitliche Unstimmigkeit zwischen 1,3 und 2,16, die auf eine ab V.5 einsetzende, ursprünglich selbständige Erzählung hindeuten könnte. Das dritte Jahr der Regierung des Königs wird als dasjenige, in dem das 180-tägige Fest veranstaltet wurde, dargelegt (1,3). In 2,16 ist es das siebte Jahr, in dem Esther zum ersten Mal mit dem König zusammentrifft. Das bedeutet aber, daß zwischen ersten Fest und dem Hochzeitsfest vier Jahre lagen. Doch können wir dies deshalb nicht als Beweis gelten lassen, weil die von uns als älteste Version definierte Textausgabe des A-T. weder in 1,3 noch in 2,16 eine Datierung aufweist. Es ist davon auszugehen, daß dieses vorrangig in M-T. und LXX-T. verwendete Element einer späten Redaktion des Esth angehört. Vgl. die Beschreibung von Element C in Kapitel 7.4.

[13] Esth 1,3.5.9;2,18 (2x);5,4.5.6.8.12.14;6,14;7,2.7.8;8,17;9,17.18.19.22.

daß man auch hier—wie in der LXX—primär von einer Hochzeitsfeier
ausgehen kann. Zusammen mit den anderen alttestamentlichen Stellen zeigt
sich jedoch, daß "מִשְׁתֶּה", anders als "γάμος", ein Gelage aus mehr oder
weniger besonderem Anlaß darstellt. Neben der Hochzeit kann dieser auch
ein Geburtstag (Gen 40,20), die Entwöhnung eines Kindes (Gen 21,8) oder
bloße Freude (Koh 15,15) sein. Für die hier relevante Fragestellung läßt der
M-T. deshalb keineswegs auf eine Hochzeitsfeier schließen. Wäre das die
Absicht des Erzählers gewesen, hätte er diese mit der Angabe des Anlasses
für das Fest zum Ausdruck gebracht. Daß der M-T. den Grund für das Fest
jedoch auch nicht auf die Rettung des Königs bezogen haben kann, läßt sich
daraus folgern, daß die Komplott-Erzählung, die in den griechischen
Versionen Kap 1 vorausgeht, erst am Ende von Kap 2 anzutreffen ist. Wenn
der Anlaß der Hochzeit jedoch der ursprüngliche Grund für das siebentägige
Fest war, dann bleibt fraglich, warum im M-T. kein Hinweis auf eine solche
Feier zu finden ist. Sollte ihm jenes vermutlich ursprüngliche Element der
Erzählung von vornherein nicht bekannt gewesen sein oder hat er es aus dem
Text gestrichen, um die Position Esthers als *Königin an Vastis Stelle*—und
nicht als jungfräulichen Ersatz oder als Substitutin für eine aus ihrer Rolle
gefallenen, unbeugsamen Braut—hervorzuheben? Oder, umgekehrt gefragt,
könnte es sein, daß der LXX-T. sich hier von seiner Vorlage, dem M-T.,
gelöst hat und diesen Aspekt in die Erzählung gebracht—und wenn ja,
warum? Für beides läßt sich vorläufig noch keine Antwort finden.

Wägen wir die drei aufgeführten Aspekte gegeneinander ab, so kommen
wir zu einem ersten Schluß. Der Anlaß des Festes war u.E. nicht die Rettung
des Königs. Es handelt sich in 1,5 (A-T.) vielmehr um einen Zusatz des
(Proto-)Esth, mit dem Add A und Kap 1 in Einklang gebracht werden
sollten. Interessanterweise stellt der V.5 des A-T. in seiner ganzen Länge, bis
auf die Angabe des Festes, eine getreue Wiedergabe von V.5 des M-T dar.
Wir können hier also durchaus von einer bearbeitenden Hand ausgehen, die
den A-T. an den M-T. angleichen wollte und so den ursprünglichen Text
überdeckte.[14] Der LXX-T. könnte den ursprünglichen Wortlaut dann noch
weiterhin überliefert haben. Allein in 2,18 folgt der A-T. der Intention des
LXX-T. Auch hier wird die Hochzeitsfeier, mit dem Begriff "γάμος"
bezeichnet; im M-T. ist dagegen nur die Rede von einem Gastmahl bzw. von
dem "Gastmahl Esthers". Dies bedeutet aber, daß der A-T. dort, wo er nicht
mit dem M-T. überein geht, den Gedanken des LXX-T. teilt. Er erfuhr in 1,5
wahrscheinlich eine Bearbeitung in Richtung des M-T., die diese Intention

---

[14]   K.H.Jobes, die davon ausgeht, daß die Vorlage "of the AT was quite similar to the MT
in those places where the AT and MT have corresponding text" (dies., Alpha-Text, a.a.O., 85),
hat in ihrer Untersuchung zur Ähnlichkeit zwischen A-T. und M-T. festgestellt, daß 1,5 ein
Beispiel darstelle, "in which the Greek faithfully renders the Hebrew, but without one-to-one
correspondence" (dies., a.a.O., 57).

unterdrücken sollte, im LXX-T. jedoch noch zum Vorschein kommt. Wenn das Grundmotiv dieser Erzählung, die Hochzeit des Königs, traditionsgeschichtlich also älter sein sollte als das des M-T., dann deutet alles auf eine eigenständige Hochzeitserzählung hin.

3.2. Der Inhalt der VE

3.2.1. Die Hochzeitsfeier und der schlaue Rat des Bougaios

Daß der LXX-T. entgegen den Textvarianten im M-T. und dem A-T. einen eigenen Anlaß für die Feierlichkeiten angibt, ist ungewöhnlich, da im fortlaufenden Versionsvergleich wiederholt feststellbar ist, was wir hier als Prämisse voranstellen: Wir behaupten nämlich, daß er sich sowohl am M-T. als auch am A-T. orientiert hat. Wir gehen zudem grundsätzlich davon aus, daß der A-T. dem ursprünglichen Text am nächsten steht. Wenn wir also nach dem eigentlichen Inhalt der Hochzeitserzählung fragen, ist der A-T. vorrangig zu betrachten, auch wenn der LXX-T. in 1,5 scheinbar den ursprünglichen Anlaß des Festes überliefern konnte. Doch sollte die Hochzeitsfeier ursprünglich ein tragendes Element der VE gewesen sein, das der LXX-T. tradiert hat, so müssen Teile davon auch im A-T. enthalten sein.

Ein Vergleich der drei Texte zeigt nun, daß der A-T. viele Elemente, die der LXX-T. mit dem M-T. teilt bzw. die nur im M-T. zu finden sind, *nicht* aufweist. Zu diesen gehören a) einige Aspekte, die Mordechais und Esthers jüdische Herkunft betreffen: Der Bericht über Mordechais Exilierung (2,6 (M-T./LXX-T.)), der Hinweis, daß Esther eine Waise ist (M-T. und LXX-T.) und der jüdische Name ihres Vaters (2,7 (LXX-T.))[15] sowie die zweite, wiederholte Darstellung ihrer Abkunft (2,15 (M-T./LXX-T.)), Esthers Zweitname "הֲדַסָּה" (2,7 (M-T.)) und das Verschweigen ihrer jüdischen

---

[15] Der Name des Vaters von Esther lautet im M-T. "אֲבִיחַיִל". Dieser Name kommt im AT insgesamt nur viermal vor: Num 3,35; Esth 2,15;9,25 und 1Chr 5,14. Der im LXX-T. genannte Name "Αμιναδαβ" findet sich dagegen in der LXX insgesamt 27mal. Im LXX-T. wird Esther in der Bezeichnung der "Tochter Aminadabs" dreimal erwähnt: 2,7;2,15 und 9,29. Aber auch im M-T. verbindet man mit dem Namen "עַמִּינָדָב" genealogisch wichtige Personen: a) In Ex 6,23 kommt er im Stammbaum Moses und Aarons vor. b) In Num 1,7;2,3;7,12.17;10,14 ist Aminadab der Vater des Oberhauptes von Juda. c) In Ruth 4,18ff gehörte ein Aminadab dem bedeutenden Geschlecht, aus dem auch König David abstammte, an (vgl. 1Chr 2,10). d) Auch im Stamm Levi gibt es einen Mann namens Aminadab (1Chr 6,7). e) In 1Chr 15,10.11 ist Aminadab einer der Häupter der Väter der Leviten. Damit ist Aminadab ein durchaus bekannter jüdischer Name. Zu welchem Geschlecht Esthers Vater gehörte, wird jedoch nicht deutlich. Daß der LXX-T. Esther eine bedeutendere Genealogie des Jüdischen Volkes geben wollte als seine Vorlage, der M-T., könnte den Grund gehabt haben, den Lesern der Erzählung schneller und deutlicher vor Augen zu führen, daß Esther einer jüdischen Familie entstammte. Daneben wird ihre große Bedeutung, die sie in der Position als Königin gegenüber ihrem Volk einnahm, besonders gerechtfertigt und bestätigt.

Herkunft (2,10.20a (M-T./LXX-T.)); b) die enge Zusammenarbeit zwischen
Esther und Mordechai, die auf die persönliche Bindung zwischen Mordechai
und Esther (2,11.20b (M-T./LXX-T.)) zurückzuführen ist; c) die
ausführlichen Beschreibungen der kosmetischen Vorbereitung der Mädchen
auf die Königsvisiten (2,9b-13.14b-15 (M-T./LXX-T.)); d) die
legislatorischen Bestimmungen (1,13.15.19.20.22;2,8 (M-T./LXX-T.)); e)
die Anführung weisheitlicher Aussagen wie die Verachtung der persischen
Ehefrauen gegenüber ihren Männern (1,17f. (M-T./LXX-T.))[16] einerseits und
der Aufruf zur Vorherrschaft der Männer in ihren Häusern (1,22 (M-
T./LXX-T.)) andererseits; f) Susa als Ort des Geschehens (1,2[17];2,3.8 (M-
T./LXX-T.))[18]; g) Formalien wie Datierungen (1,3;2,16 (M-T./LXX-T.)) und
die namentliche Aufführung der königlichen Bediensteten (1,10.14 (M-
T./LXX-T.)) sowie h) kleinere Elemente, zu denen Vastis Schönheit als
Begründung für ihre Präsentation vor dem Volk (1,11 (M-T./LXX-T.)), das
abschließende große Gastmahl (2,18 (M-T./LXX-T.)) und die zweite
Zusammenführung der Frauen (2,19 (M-T.)) gehören.

Betrachten wir die oben angegeben, im A-T. fehlenden Elemente in ihrer
Gesamtheit, so fällt ins Auge, daß der griechische Text wohl eine andere
Erzählung wiedergibt, als die beiden anderen Versionen: Sie ist an keinen
Ort gebunden (vgl. f). Die meisten Informationen, die für Inhalt und
Dynamik der gesamten Esthererzählung von Belang sind und durch die
Mordechai und Esther als Protagonisten eingeleitet werden, fallen weg (vgl.
a und b). Der Schwerpunkt der A-T.-Erzählung liegt einzig und allein auf
Vastis Weigerung, dem Befehl des Königs zu gehorchen (1,12.13). Doch
führt dies nicht, wie in den beiden anderen Versionen, zu einer allgemeinen
Spekulation über den Einfluß dieses Verhaltens auf alle Haushalte im
Persischen Reich und einem entsprechendem weisen Ratschlag an die
Männer des Landes (vgl. e). Und auch der zweite Schwerpunkt im M-T. und
im LXX-T., die Beschreibung, auf welche Art und Weise Esther zu ihrem
Königinnentum kam (vgl. c), ist bei diesem nicht vorhanden. Schließlich sind
stilistische Elemente, die der Erzählung einen historischen Rahmen gäben
(vgl. g), ebensowenig wie das für das Esth so bedeutende und konstitutive

---

[16] Allerdings gibt der A-T. in 1,20 an, daß der Gehorsam Esthers auf die Verehrung der
Frauen im Lande gegenüber ihren Männern Einfluß nähme.
[17] Nur in 1,5 des A-T. wird Susa erwähnt. Doch hat er die Ortsangabe, wie an anderer
Stelle erwähnt, vom M-T. übernommen. Es ist u.E. bezeichnend, daß der LXX-T. Susa hier
nicht nennt, da die ursprüngliche VE als Volkserzählung selbst wohl auch ohne Ortsbindung
überliefert wurde. Dies scheint sich gerade im A-T. widerzuspiegeln.
[18] Der einzige Vers, in dem Susa in allen drei Versionen erwähnt wird, ist 2,5. Hier wird
Mordechai mit seinem Wohnort, seinem Namen und seiner genealogischen Herkunft
eingeführt. Daß diese für die gesamte Esthererzählung wichtige Beschreibung Mordechais
hinsichtlich seiner jüdischen Abstammung zu der originär heidnischen VE gehören sollte, ist
jedoch eher unwahrscheinlich. Wir gehen davon aus, daß sie wohl zur Komposition des (Proto-
)Esth gehört.

Motiv der Orientierung am Gesetz sowie dessen Neuschreibung (vgl. 1,13.15.19;2,8 u.ä.), in der A-T.-Version zu finden. Was aber könnte nun der Inhalt der VE gewesen sein? Verbinden wir unsere erste These von der Ursprünglichkeit des im LXX-T. angegebenen Festanlasses mit der zweiten These, daß der A-T. dem ursprünglichen Text am nächsten stand, dann ergibt sich das folgende, vorerst hypothetische Bild:

> Ein König hält Hochzeit und bereitet dafür ein Fest für alle, die in der Stadt gefunden werden. Sechs Tage feiert man prunkvoll (1,6.7) und ausschweifend (1,8). Am siebten Tag des Festes will der König allen die zukünftige Königin zeigen und befiehlt seinen Dienern, sie zu holen (1,11). Doch Vasti verweigert sich dem Willen des Königs. Dieser wird zornig (1,12) und befragt die Kundigen in den Gesetzen und Ordnungen, was zu tun sei, weil Vasti seinem Willen nicht gehorche (1,14). Da tritt ein weiser Untertan des Königs, Bougaios, auf. Er macht deutlich, daß Vasti nicht die richtige Königin sei, da sie mit ihrer Weigerung nicht nur gegenüber dem König, sondern zugleich auch gegenüber allen Völkern des Reiches ungerecht gehandelt habe (1,16). Er schlägt vor, allen Völkern von dieser Missetat zu berichten. Man solle jedoch eine andere Frau an Vastis Stelle für den König suchen, die gehorsam sei und so dem ganzen Reich Gutes tun werde (1,19f). Der König beschließt, diesem Plan zu folgen. Da schlagen seine Diener vor, Jungfrauen im Haus des Wächters des Frauenhauses zu versammeln, damit der König eine Nachfolgerin für Vasti wählen könne, die ihm gefalle (2,2-4). Unter den Frauen befindet sich auch ein Mädchen, die dem Wächter des Frauenhauses, genannt Bougaios, so sehr gefällt, daß er sie gegenüber allen anderen Frauen bevorzugt (2,9). Nachdem der König mit jeder Jungfrau eine Nacht verbracht hat, fällt seine Wahl auf die schöne Esther als Vastis Nachfolgerin (2,9.14). Er legt ihr das königliche Diadem um, heiratet sie in allem Glanz und schenkt dem ganzen Land "Loslassungen" (2,18).

Nähme man den an 2,18 anschließenden V.1 des dritten Kap hinzu, so würde die Erzählung am Ende in die Erhöhung des "Αμαν Αμαδάθου Βουγαῖου" über alle Freunde des Königs münden (3,1). Dies läse sich wie eine Belohnung, die der weise Ratgeber des Königs von diesem aus Dankbarkeit für die erfolgreiche Lösung erhielt. Den Hinweis auf eine solche Schlußfolgerung liefert die namentliche Übereinstimmung des königlichen Ratgebers mit dem Wächter des Frauenhauses einerseits und der dritten Bezeichnung im Namen Hamans (3,1) andererseits. Doch wer ist mit diesem Namen "Bougaios" gemeint? Und lassen sich die drei so benannten Personen aus Kap 1 und 2 und dem Anfang von Kap 3 wirklich miteinander identifizieren?

3.2.1.1. "Bougaios"

In der oben skizzierten Erzählung stehen andere Protagonisten im Mittelpunkt als in der Esthererzählung, und die Protagonisten des Esth spielen jeweils andere Rollen: Auffällig ist der Auftritt des sogenannten Bougaios in der A-T.-Version. Wer ist er und welche Rolle spielt er?

Die Ähnlichkeit zwischen dem Namen des königlichen Ratgebers (1,16) und Wächter Esthers (2,8), "Βουγαῖος", und der Bezeichnung "Βουγαῖον" in Hamans vollem Namen (vgl. 3,1) deutet de facto darauf hin, daß es sich bei diesen drei Figuren ursprünglich um ein und dieselbe Person handelte. Haman führt diese Bezeichnung jedoch nur an dritter Stelle, nach seinem Eigennamen und seiner Sohnes- bzw. Abstammungsbezeichnung. Ohne die Kenntnis über seine Verwendung als Eigenname könnte man mit "Βουγαῖον" eine ethnische Bezeichnung Hamans, also "Haman, der des Ammadatos, den Bougäer", verbinden. Doch ist ein Volk der Bougäer nicht bekannt. Und daß "βουγάιος" übersetzt "stiermäßig stolz" oder "Prahler" bedeutet, verstärkt unseren Eindruck, daß "Βουγαῖον" die Akkusativform des Eigennamens "Βουγαῖος" darstellt. Es handelt sich also am ehesten um einen Eigennamen, der Haman beigefügt wurde. Doch die breite Verteilung dieses Namens im Esth erschwert es, die Rolle dieses Bougaios für die VE zu bestimmen.

Der Name "Bougaios"

"Bougaios" als Beiname Hamans	Eigenname "Bougaios"
Add A17 (LXX-T.)	1,16 (A-T.) (Ratgeber des Königs)
3,1 (A-T./LXX-T.)	2,8 (A-T.) (Wächter des Frauenhauses (vgl.
7,44 (A-T.)	2,2))
9,10 (LXX-T.)	
Add E25 (A-T.)	

Für die Rekonstruktion der VE interessiert uns "Bougaios" als Beiname Hamans nur in 3,1, dem vermutlichen Ende der Erzählung. Daß die von uns angenommene kurze Erzählung (VE) zwei verschiedenen Männern den gleichen Namen gegeben haben sollte, erscheint uns unwahrscheinlich, da dadurch Verwechslungen eintreten würden, die zum Unverständnis des Textes beitrügen. Zu fragen ist also deshalb, ob mit dem Ratgeber Bougaios (1,16) und dem Wächter Bougaios (2,8) ursprünglich vielleicht nur eine Person gemeint sein könnte. Stellen wir hierfür zunächst einen Versionsvergleich an:

Benennungen hoher Funktionsträger am königlichen Hof in Kap 1 und 2

	M-T.	LXX-T.	A-T.
1,16	Name: "מְמוּכָן"[19] Funktion: *Weiser* und *Kundiger des Rechts*	Name: "Μουχαῖος" Funktion: *Fürst der Meder und Perser*	Name: "Βουγαῖος" Funktion: *Weiser* oder *Beamter des Königs*
2,2 (A-T.)	Name: "הֵגֶא"[20]	Name: ---	Name: "Τωγαῖος"[21]

---

[19] Der Apparat der BHS verbessert den Namen mit Blick auf die Qere-Schreibweise in "מְמוּכָן".

[20] Der M-t. gibt in seinem textkritischen Apparat an, in 2,3 sei "הֵגַי" entsprechend der 2,8.15 (M-T.) bzw. 2,8.14 (LXX-T.) zu lesen.

2,3 (M-T./ LXX-T.)	Funktion: *Eunuch des Königs* und *Wächter der Frauen*	Funktion: *Eunuch des Königs* und *Wächter der Frauengemächer*	Funktion: *Eunuch* und *Wächter der Frauengemächer*
2,8	Name: "הֵגָי" Funktion: *Wächter der Frauen*	Name: "Γαι"[22] Funktion: *Wächter der Frauengemächer*	Name: "Βουγαῖος"[23] Funktion: *Eunuch* und *Wächter*
2,14	Name: "שַׁעֲשְׁגַז"[24] Funktion: *Eunuch des Königs* und *Wächter der Nebenfrauen*	Name: "Γαι"[25] Funktion: *Eunuch des Königs* und *Wächter des zweiten Frauenhauses*	
2,15	Name: "הֵגָי" Funktion: *Eunuch des Königs* und *Wächter der Frauen*	Name: --- Funktion: *Eunuch*[26] und *Wächter der Frauengemächer*	

Es fällt auf, daß fast alle Namen (außer in 1,16 und 2,14 des M-T.) die Silbe "-gai" mit sich führen. Der LXX-T. nennt sie sogar als Eigennamen für den Eunuchen des ersten und des zweiten Frauenhauses. Sein wiederholt beobachtbares Bestreben, die beiden anderen Versionen in seiner Textausgabe miteinander zu verbinden und Disharmonien auszugleichen, scheint in eben dieser Verkürzung der Namen auf die allen gemeinsame Silbe evident zu werden. Das Gleiche gilt auch für den in 1,16 aus "Βουγαῖος" (A-T.) und "מְמוּכָן" (M-T.) gebildeten Namen "Μουχαῖος"[27].

Nun gibt der textkritische Apparat zum A-T. an, daß die Minuskelhandschriften 93' den Wächter in 2,8 auch "γωγαιος" bzw. "γογαιος" (für die Hs. 319) aufführen.[28] Sie identifizieren ihn also mit dem

[21]   Die Hss 19' schreiben diesen Namen auf eine etwas andere Art "γωγιου".

[22]   Andere Hss gebrauchen zwar je unterschiedliche Namen, doch auch hier ist die Silbe "-gai/-gei" überall vertreten (vgl. hierzu den textkritischen Apparat zum LXX-T. in R.Hanhart, Esther, a.a.O., 144): "γαει" (Hs 58); "γαιη" (Hs 249); "γωγαιου" (Hs 93 u. 392); "oggei" (altlateinische Übersetzung und ähnlich die armäische Übersetzung).

[23]   Die Hss 93' verbessern an dieser Stelle und schreiben wie in 2,2 den Namen des Wächters "γωγαιος" (bzw. "γογαιος" Hs 319).

[24]   Der Textapparat der BHS gibt an, daß auch die syrische Textausgabe an dieser Stelle einen anderen Namen "*šngšgšjr*" für den Eunuchen des zweiten Frauenhauses nennt.

[25]   Die Hs 583 läßt den Namen hier weg. Die ursprüngliche Ausgabe des Sinaiticus nennt ihn "γαιος", eine spätere Korrektur verändert den Namen in "σαγαι", die Hs 58 schreibt "γαει" und die Hs 93 "σασαγαζ".

[26]   In der hexaplarischen Rezension fehlt der Name nicht. Sie gibt ausführlicher als der LXX-T. "γωγαιος ο ευνουχος του βασιλεως" an und muß wegen des Bezuges zu 2,2 wohl den A-T. oder eine Vorlage von A-T. verwendet haben. Die Hss 58' nennen den Eunuchen "ο γαιος".

[27]   So könnte er, als ihm in 1,16 (vgl. 1,21) einerseits der Name "מְמוּכָן" (M-T.) und andererseits "Βουγαιος" (A-T.) vor Augen lag, die Silbe "-מְ" am Anfang des M-T.-Namens mit den Endsilben "-(γ)αιος" des A-T.-Namens verbunden haben.

[28]   D.J.A.Clines merkt an, daß "γωγαιον" im A-T. mit Gog aus Ez 38-39 in Verbindung gebracht werden könne. Wichtiger sei jedoch, daß der Begriff das hebräische Original "(א)גגי" anzuzeigen scheine: "γωγαιον implies an interpretative rendering of Heb. גגי(א) in which the precise significance of the consonants was not understood"; "γωγαιον" sei aus diesem Grunde als die früheste griechische Lesart anzusehen. Der Name "Βουγαῖον" hätte sich anscheinend durch die Verwechslung von Haman mit Memukan in 1,16 (A-T. und M-T.), wo im A-T. für

in 2,2 erwähnten Wächter des Frauenhauses gleichen Namens. Würde in 2,8 also wirklich nur ein Schreibfehler vorliegen, so wäre jedes Mißverständnis ausgeräumt und der Ratgeber des Königs (1,16) wäre nicht gleichzeitig der Wächter Esthers, sondern letzterer wäre ein Mann namens Gogaios (2,2 u. 2,8). Doch scheinen die Handschriften hierin nur eine Textverbesserung vorgenommen zu haben. Auch der M-T. hat den Text wohl dahingehend abgeändert, daß er dem Ratgeber des Königs in 1,16 einen vom Eunuchen des Frauenhauses sehr verschiedenen Namen gab. Er hat dabei vielleicht auf 1,14 zurückgegriffen und statt dessen den Namen eines der sieben Fürsten des Königs eingesetzt.[29]

Einen weiteren kleinen, aber wichtigen Hinweis liefert die Hs 93 in 3,1 (A-T.). Sie hat Haman statt "Βουγαιος" den Beinamen "Γωγαιος"[30] gegeben und diesen also mit dem Wächter des Frauenhauses in 2,2 identifiziert. Andererseits deutet die Ähnlichkeit der Namen auf einen Schreibfehler hin, der aus "Γωγαιος" "Βογαιος" und schließlich "Βουγαιος" werden ließ. Doch sind die Textbelege hierfür dünn und halten großen Schlußfolgerungen kaum stand. Eines ist jedoch in jedem Fall deutlich: Die Namensverteilung hinsichtlich der Figur des Bougaios ist uneinheitlich, und bei weiteren Nachforschungen hat sie sich als überaus undurchsichtig erwiesen. Dennoch weisen die Ähnlichkeit der Namen "Γωγαιος" und "Βογαιος", die Namensgleichheit zwischen dem Ratgeber des Königs in 1,16 und des Wächters des Frauenhauses in 2,8 (A-T.) sowie die in fast allen Namen auftauchende Silbe "-gai" darauf hin, daß hier ursprünglich einunddieselbe Person gemeint sein könnte. Wir nehmen also folgenden Erzählzusammenhang um die Person des Bougaios in den Kap 1 und 2, dem Text, der der VE zuzuordnen ist, an:

> In 1,14 ruft der König eine Zusammenkunft unter allen Fürsten der Perser und Meder zusammen, die in seiner Nähe stehen. Daneben lädt er auch alle Beamten seines Palastes ein, um eine Lösung zu finden, durch die Vasti, die Ungehorsame, rechtmäßig bestraft wird. Da keiner dieser engsten Vertrauten

---

letzteren "Βουγαῖος" stünde, entwickelt (ders., Esther, a.a.O., 198, Anm. 7. Vgl. J.Lewy, Feast, a.a.O., 134f).

[29] J.Duchesne-Guillemin hat darauf hingewiesen, daß die in 1,10 und 1,14 aufgeführten Namen nicht imaginäre Erfindungen seien, sondern, nach lokaler Aussprache eingefärbt, dem iranischen Gebrauch entlehnt worden seien. So wäre "מהומן" (1,10) vgl. "ממוכן" (1,14) auf einen der Erzengel in der zoroastrischen Theologie zurückzuführen: "En effet, si l'on se rappelle que v est généralement rendu par m en élamite comme en akkadien, il est permis, comme le propose Dumézil, de lire *Vahuman*; et c'est la forme qu'avait prise, à l'époque de la rédaction d'Esther, le nom de *Vahu Manah* «Bonne Pensée»" (ders., Noms, a.a.O., 106). Die in 1,10 und 1,14 aufgeführten und in je umgekehrter Reihenfolge aufeinander abgestimmten sieben Namen (vgl. ders., Noms, a.a.O., 109) gehören also wohl nicht zur ursprünglichen VE, sondern vielmehr zu einer redaktionellen Hand des Esth.

[30] Die anderen Hss geben den Namen "Bougaios" wieder, jedoch jeweils mit kleinen Abänderungen, die für unseren Zusammenhang nicht von Bedeutung sind. Anzumerken ist, daß die Hs 319 in 7,44 (vgl. A-T.) den Beinamen Hamans "βογαιος" schreibt.

antwortet, tritt der Eunuch des Königs, Bougaios, auf und gibt dem König den weisen Rat Vasti zu verstoßen und eine neue Frau für ihn zu suchen. Dieser Eunuch ist dann letztlich auch derjenige, der der schönen und geheimnisvollen Esther, einem Mädchen von niedrigem Stand, im Frauenhaus vor allen anderen den Vorzug gibt. Und tatsächlich hat er mit seiner Wahl Erfolg, denn sie gefällt dem König und wird von ihm zur Königin gemacht.

Wenn dieser in Kap 1 und 2 des Esth gebrauchte Name der Bediensteten des Königs nun in Kap 3 auch auf Haman übertragen wurde, so stellt sich die Frage, wie und warum dies geschah.[31]

Nun ist gerade jener Bruch zwischen Kap 2 und 3 stark auffallend. Ohne Zusammenhang wird dort von der Erhöhung eines Beamten gesprochen. Doch warum wurde Haman, der des Ammadatos, Bougaios, von dem hier

---

[31] K.H.Jobes vermutet wie wir, daß hinter dem Namen Bougaios eine eigenständige Person stecke. Sie stellt heraus, daß Haman in Add A17f (LXX-T.) einerseits mit "Βουγαῖος" und andererseits mit "Μακεδόνα" (A-T.) bezeichnet würde. In 3,1f werde er von LXX-T. und A-T. mit "Βουγαῖον" tituliert, in Add E10 (LXX-T.) trage er den Beinamen "Μακεδων" und in E25 (A-T.) "ὁ Βουγαῖος". In 9,10 (LXX-T.) bzw. 7,44 (A-T.) werde ihm schließlich in beiden Texten "Βουγαῖου" hinzugefügt. Jobes meint nun, da "βαγώας" ein persisches Lehnwort für "Eunuch" sei und da in 1,16 und 2,8 (A-T.) der dort auftretende Eunuch "βουγαῖος" genannt würde, wäre anzunehmen, daß hier "an etymological relationship or a phonetic word play between βαγώας and βουγαῖος" (dies., Alpha-Text, a.a.O., 125) anzutreffen sei. Sie vermutet, daß beide Worte eine abweichende Schreibung des persischen Begriffes seien. Die Autorin schlußfolgert daraufhin auf einen historischen Zusammenhang mit Bagoas, dem Oberbefehlshabers des persischen Heers unter Artaxerxes III, der 343 v.Chr. den Feldzug gegen Ägypten anführte. Josephus berichte diesbezüglich von dem General Bagoses (bzw. Bagoas) als einem Feind der Juden. Er entheiligte in einem Racheakt für die Ermordung seines Freundes, Jesus, den er für die Posten des Hohenpriesters vorgesehen hatte, den Tempel in Jerusalem, legte eine Steuer auf das tägliche Opfer und unterdrückte die Juden sieben Jahre lang (vgl. Josephus, Antiquitates, XI/7, 1). 338 v.Chr. ermordete er Artaxerxes III. Dies bedeute aber für das Bild Hamans im Esth: "If βουγαῖος and βαγώας are variant spellings or closely related names, Haman could anachronistically be labeled a 'Bougaion' to characterize both his political ambitions and his hostility toward the Jews by alluding to the notorious assassin who killed Artaxerxes III." (dies., a.a.O., 126). Es sei daher sehr wahrscheinlich, daß der Begriff "Bougaion" pejorativ auf Haman übertragen worden sei, kurze Zeit nachdem der historische Bagoses sich als Mörder herausstellte. In die gleiche Richtung weise auch Hamans Bezeichnung als Makedone in den Add A und E, denn dadurch solle dessen Absicht, das Persische Reich in makedonische—und das heißt infolge der persisch-griechischen Kriege feindliche—Hände übergehen zu lassen, angezeigt werden (vgl. auch dies., Assassination, a.a.O., 75-78). Wir gehen in Jobes interessanten Ausführungen mit ihr darin überein, daß Hamans Kennzeichnung als Makkedone in den beiden Add auf die damaligen politischen Konflikte zwischen Persern und Griechen zurückzuführen sind und stimmen zu, daß sie von redaktioneller Hand in den A-T. eingefügt wurde. Für problematisch halten wir aber die weit ausholende Erklärung zum Nachweis ihrer These, Haman sei mit pejorativen Begriff "Bougaion" bezeichnet worden, um so auf den historischen Bagoses hinzuweisen. Selbst wenn eine gewisse Affinität beider Namen nicht auszuschließen ist, so zeigt sich doch, daß der historische General Bagoses mit der Figur des Haman in der Esth letztendlich nur die antisemitische Haltung gemein hat. Anders als wir, versucht Jobes also den Beinamen Hamans historisch zu erklären, während wir, traditionsgeschichtlich argumentierend, davon ausgehen, daß er als Bezeichnung des Ratgebers des Königs und Wächters des Frauenhauses bei der Komposition des Esth auf Haman übertragen wurde. Mit Jobes Erläuterungen läßt sich zudem nicht klären, warum sowohl Haman, als auch die oben genannten Bediensteten des Königs den Namen Bougaios tragen (vgl. dies., Alpha-Text a.a.O., 124-128).

die Rede ist, in diese Position gehoben? Die Vermutung, daß er für etwas
belohnt wurde, liegt nahe, denn wäre er sonst nicht einfach mit dem Titel des
"δευτερεύων" (Zweiten) nach dem König (vgl. 4,8 (LXX-T.) bzw. 4,4 (A-
T.)) vorgestellt worden?[32]

Die rabbinische Position zu diesem Thema wurde von mittelalterlichen
Exegeten rezipiert. Zu diesen gehören Moses b. Isaac Ḥalayo, Isaac ben
Joseph ha-Kohen, Abraham Shalom, Zechariah ben Saruḳ, und Abraham
Saba. In dieser Tradition nun wurde Memuchan (M-T.) bzw. Bougaios
(LXX-T./A-T.), der für die Absetzung Vastis verantwortliche Berater des
Königs, mit Haman identifiziert. Bei Isaac ben Joseph und Abraham Shalom
fand diese Darstellung Anklang, weil sie den Grund dafür angab, warum
Haman plötzlich zu seiner hohen Position und Macht kam. Der König war,
dieser Version folgend, so beeindruckt von der Art und Weise, wie sich die
Ereignisse nach dem Sturz Vastis entwickelten, daß er Haman belohnte,
indem er ihn über alle anderen Beamten stellte.[33] Selbst wenn, wie WALFISH
kommentiert, in der textlichen Überlieferung der rabbinischen Tradition
vieles von weit hergeholt und ohne textliche Grundlage erscheine,[34] so zeigt
sie zusammen mit der späten Interpretation der jüdischen Exegesen jedoch,
daß der zwischen Kap 2 und 3 bestehende inhaltliche Bruch einer Erklärung
bedurfte. Dieses, auch aufgrund der Namensübertragung auf Haman
mögliche Verständnis, hätte zur Folge, daß Bougaios, der weise Ratgeber des
Königs und zugleich sein Eunuch, vom König belohnt wird, indem er ihn zu
Macht und Ehre bringt (3,1).

Daß dies das ursprüngliche Ende der VE gewesen sein könnte, macht
schließlich auch der Text des Josephus deutlich, denn dieser berichtet nicht
mehr explizit, daß der König Haman zum Zweiten im Lande machte.
Josephus beginnt entsprechend dem Anfang des dritten Kap im Esth (M-T.)
vielmehr "'Αμάνην δὲ 'Αμαδάθου μὲν υἱὸν τὸ γένος δὲ 'Αμαληκίτην
εἰσιόντα πρὸς τὸν βασιλέα προσεκύνουν οἵ τε ξένοι καὶ Πέρσαι,
ταύτην αὐτῷ τὴν τιμὴν παρ' αὐτῶν 'Αρταξέρξου κελεύοντος
γενέσθαι."[35] (Sooft Haman, der Sohn des Ammadatos, ein geborener

---

[32]   Die im Esth dargelegte Praxis der königlichen Zuwendungen und Belohnungen mit
einem Ehrentitel zeigt sich auch bei einigen Quellen der klassischen Antike: "On connaît «les
Amis» (philoi); la punition infligée par Artaxerxès II à Orontès—«exclu du nombre de ses
Amis» (Plutarque, Art. 11.2)—implique qu'il s'agit bien là d'un titre (cf. Xénophon Anab. IV,
4.4; Plutarque, Art.24.9): il existe même une hiérarchie interne à la catégorie des «Amis», en
fonction du degré de la faveur royale (Diodore XVI, 52.1). À Histiée de Milet, Darius promet:
«Viens à Suse avec moi: tu auras part à tout ce que je puis avoir moi-même, tu seras mon
commensal (syssitos) et mon conseiller (symboulos)» (Hérodote V,24). Le médecin grec
Démokédès était lui aussi le commensal (homotrapezos) de Darius (III,131)" (P.Briant,
Histoire, a.a.O., 319f.).
[33]   Vgl. B.D.Walfish (ders., Esther, a.a.O., 248) mit Bezug auf den Kommentar von
R.Isaac zu Esth 3,1, IbJ, fol.60v und A.Shalom, Neveh Shalom, 71a.
[34]   B.D.Walfish Esther, a.a.O., 33.
[35]   Josephus, Antiquitates, XI/6, 209.

Amalekiter, aber zum König ging, fielen sowohl Fremde als auch Perser vor
ihm nieder, denn Artaxerxes hatte befohlen, daß er diese Ehre von ihnen
bekam.) Josephus könnte also eine Glättung des Textes vorgenommen haben.
Die Frage, warum Haman in diese hohe Ehrenposition befördert wurde,
kommt hier gar nicht erst auf. Dies bestätigt aber unsere These, daß zwischen
Esth 2,23 (M-T./LXX-T.) bzw. 2,18 (A-T.) und 3,1 nur dann ein Bruch
besteht, wenn man zwischen dem Bougaios der ersten beiden Kap und
Haman, dem Bougaios, einen Unterschied machen würde. Wir halten damit
weiter an der These fest, daß jener Bougaios der VE in 3,1 für seinen
schlauen Rat den hohen Rang vom König erhielt.

3.2.1.2. Die Figurenkonstellation "Esther—Mordechai"

Hinsichtlich der literarischen Funktion der VE im Esth behauptete WILLS[36],
die Erzählung von Vasti diene nur dazu, die Figur der Esther an den Hof zu
bringen. Tatsächlich mag sie im Gesamtkonzept des Esth diese Rolle spielen.
Doch die Esther-Figur stellt sich in dieser kurzen VE-Erzählung anders dar
als im gesamten Esth. Esther wird als Cousine Mordechais eingeführt. Er ist
es, der dieses schöne Mädchen vertrauensvoll aufzog (2,7). Davon, daß sie
Waise ist, ist im A-T. keine Rede. Mit dem M-T. und dem LXX-T. teilt die
A-T.-Version jedoch das Verwandtschaftsverhältnis zwischen Esther und
Mordechai.

Eine hierzu interessante Variante liefert der slavische Text des Esth.[37] Er
schreibt nämlich "... und er zog einen Haussklaven auf, eine Waise, das war
Esther, die Tochter seines Onkels". LUNT/TAUBE interpretieren diese Stelle
dahingehend, daß die beiden Attribute "Haussklave" und "Waise"
möglicherweise zwei Äquivalente von dem im hebräischen Text als
Zweitname Esthers genannten "הֲדַסָּה", oder dessen, was an dieser Stelle in
der Hebräischen Vorlage zu lesen war, nämlich "οἰκογενής" und "ὀρφανή",
darstellten. Die Beschreibung Esthers als "בַּת־דֹּדוֹ" (*Tochter seines Onkels*)
(2,7) sollte möglicherweise die Implikation der Sklaverei ausräumen.[38] Daß
eine Sklavin aufgrund ihrer Schönheit zur Königin avancierte und ihrem
vormaligen Stand entsprechend dem König garantiert Gehorsam leistete,
gäbe dem von uns rekonstruierten Zusammenhang der VE nicht nur einen
besseren Sinn, sondern erhöhte die Spannung, aufgrund des
schwindelerregenden Aufstiegs einer Frau von der schwächsten zur
mächtigsten Position im Land, ungemein. Die Verwandtschaft Esthers mit

---

[36] L.M.Wills, Jew, a.a.O., 173.
[37] Für diesen vertreten H.G.Lunt/M.Taube die redaktionsgeschichtliche These, daß die
slavische Übersetzung des Estherbuches einen alten griechischen Text zur Vorlage gehabt
haben könnte, die direkt auf den originären hebräischen Text zurückgehe (dies., Book, a.a.O.,
347-362).
[38] H.G.Lunt/M.Taube, Book, a.a.O., 360.

Mordechai ist dagegen v.a. im Zusammenhang des weiteren Verlaufs der Esthererzählung wichtig. Sie ist Basis und Begründung des Einsatzes Esthers für ihr Volk, mit dem sie auch als Königin untrennbar verbunden und dem sie unter Einsatz ihres Lebens zugetan ist. Ob Esther mit Mordechai verwandt war oder, wie LUNT/TAUBE diese Stelle deuten wollen, seine Haussklavin war, ist im Nexus der VE dabei von untergeordneter Bedeutung.

Zu dieser These LUNT/TAUBES ist auch ein kleines textliches Plus des LXX-T. gegenüber den beiden anderen Versionen in die Betrachtung mit einzubeziehen. Dieses berichtet in 2,7, Mordechai habe seine Cousine aufgezogen und ihr den Namen "Esther" gegeben. Doch dann erwähnt der Text, er habe sie nach dem Tode ihrer Eltern "ἑαυτῷ εἰς γυναῖκα" (für sich zur Frau) genommen. Eine mögliche Erklärung hierfür ist, daß der LXX-T. "לו" (für sich) in seiner hebräischen Vorlage vor "לְבַת" possessiv interpretierte, so daß "בַּת" schließlich nicht "Tochter" meinte, sondern in seiner Bedeutung als "junges Mädchen; Frau" (vgl. Gen 30,3; Ri 12,9; Jes 32,9 u.a.) verstanden wurde.[39] Der primäre Charakter dieser Stelle beim LXX-T. ist deshalb eher anzuzweifeln. Ähnlich muß bedacht werden, daß Alter und Überlieferung des Slavischen Textes vom Esth bisher noch nicht genügend erforscht wurden, um diesen als Textgrundlage zu verwenden. Aufgrund dessen geben wir an dieser Stelle dem A-T. weiterhin den Vorzug vor dem LXX-T.

Einen unsere Thematik weiterführenden Hinweis gibt schließlich WAEGEMAN in ihrem Aufsatz "Motifs and Structure in the Book of Esther"[40]. Vorausgehend sei bemerkt, daß WAEGEMAN von einer traditionsgeschichtlichen Teilung des Esth und drei ursprünglichen Erzählungen, die einer mündlichen Tradition entstammen, ausgeht.[41] Textgrundlage ihrer Untersuchung ist hierbei der M-T. Sie unterscheidet von der Esthererzählung noch eine weitere Vastierzählung, die jedoch ausschließlich eine Einleitungsfunktion einnehme. Mit ihr verbunden sei die

---

[39] Vgl. an gleicher Stelle Targum Scheni des Esth: "... und Mordechai nahm sie in sein Haus und nannte sie Tochter". B.Grossfeld kommentiert hierzu, daß Wortverwechslung und -spiel in der Überlieferungsgeschichte des Esth für diese Stelle häufiger vorkamen: "The Hebrew 'for himself as a daughter' is here expanded, resulting in the paraphrase 'into his house and called her daughter.' The introduction of the element 'house' (byt) in addition to the existing 'daughter' (bt), an obvious play on words, is also reflected in the following Talmudic exposition of this verse—b.Meg. 13a: 'When her father and mother died, Mordekhai took her for his own daughter.' A Tanna taught in the name of R.Meir: Read not 'for a daughter' but 'for a house.' Similarly, it says: 'But the poor man had nothing except for one little ewe lamb, which he had brought up and reared; and it grew up together with him, and with his children; it did eat of its own morsel, and drink of his own cup, and lay in his bosom, and was unto him as a daughter' (2 Sam.12:3). Because it lay in his bosom, was it like a daughter to him? Rather what it means is like a wife; so here, too, it means like a wife.'" Grossfeld folgert, dieses Textverständnis spiegele sich an dieser Stelle auch im LXX-T. wieder (ders., Targums, a.a.O., 43f, Anm. 19).

[40] M.Waegeman, Motifs, a.a.O., 371-384.

[41] M.Waegeman, Motifs, a.a.O., 379.

Esthererzählung durch das bekannte Motiv des Schönheitswettbewerbes, an dem auch deren Protagonistin teilnehme. Auch der Konflikt zwischen Mordechai und Haman forme einen ursprünglich selbständigen Teil. Die Verbindung zwischen der Esther- und der Mordechaierzählung[42] liege dabei in dem jüdischen Ursprung beider: "The hiding of the Jewish origin thus is a structural motif with a linking function"[43]. Da sich der von WAEGEMAN zur Esthererzählung zu rechnende Textumfang mit dem unserer VE überschneidet, lohnt sich für uns, auf ihre Untersuchung genauer einzugehen.

WAEGEMAN weist nämlich für die Esthererzählung v.a. auf die Ähnlichkeit der Estherfigur mit der von Aspasia in dem Werk "Anabasis" von Xenophon (5.Jh.v.Chr.) hin. Und unter dem Namen "Aspasia" tauche diese Frauenfigur auch bei Plutarch (1.Jh.n.Chr.) auf. Aspasia sei dort eine phönizische Konkubine des Kyros. Nach dessen Tod werde sie als Gefangene zu Artaxerxes II gebracht und gewinne auf diesen einen großen Einfluß. Die größte Gemeinsamkeit zwischen Esther und Aspasia fände sich jedoch in der Darstellung "Varia Historia XII,1" des Claudius Aelian aus dem 2.Jh.n.Chr. Dort trage Aspasia wie Esther einen Doppelnamen. Von den Phöniziern sei sie auch Milto genannt worden, da ihr Gesicht die Farbe der Rose trüge. Ähnlich ließe sich "Hadassah" im Hebräischen auf eine andere Blume, "הדס" (*Myrthe*), zurückführen. Allerdings sei der Name "Aspasia" der einer Kurtisane. Darauf weise auch die in der Erzählung desöfteren geknüpfte Verbindung Aspasias mit Aphrodite, der Göttin der Liebe, hin.[44] In diesem Aspekt nun, dem Kult für Aphrodite, sieht WAEGEMAN den Ursprung beider Erzählungen: "All this to show that this romantic story of a well-educated young girl that won the heart of Cyrus and Artaxerxes, certainly has its roots in the archaic cult of the love-goddess Aphrodite who appears here with two of her favourite attributes: the dove and roses. The link with Esther Hadassah, Aphrodite with the myrtle, is easely made. Rose and myrtle were both closely related to the cult of the love- and spring-

---

[42] Unseren Untersuchungen nach zu früh, d.h. schon für Kap 1 und 2, schlußfolgert Waegeman auf eine eigenständige Mordechaierzählung. Dieses Fazit kann sie nur auf der textlichen Basis des M-T. ziehen, nicht jedoch auf der des A-T., denn in den ersten beiden Kap wird Mordechai, meinen wir, ursprünglich noch keinerlei Bedeutung zugemessen. Wenn sie also bezüglich des Verhältnisses zwischen Esther und Mordechai behauptet, "the original motiv of the poor orphan girl that became a queen has passed on a superior level, being enlarged by what Gerleman calls the theme of 'Adoption durch einen Weisen'" (vgl. dies., Motifs, a.a.O., 373f.; zitiert nach G.Gerleman, Studien, a.a.O., 16), so mag dies eingeschränkt auf den M-T. zutreffen, auf den A-T. jedoch in keiner Weise. Zu bedenken ist zudem, daß Kap 1 und 2 wahrscheinlich erst später von einer redaktionellen Hand mit Kap 3 und den nachfolgenden Kap verbunden wurde .

[43] M.Waegeman, Motifs, a.a.O., 380.

[44] In ihrer Kindheit heilte Aphrodite Aspasia von einem bösen Tumor in ihrem Gesicht mit einem Kranz ihrer göttlichen Rosen. Aspasia dankte ihr dies, indem sie eine goldene Statue aufstellen ließ und ihr täglich Gebete und Opfer darbrachte.

goddess."[45] Mit WAEGEMANS religionsgeschichtlichem Vergleich deutet sich ein erstes paganes Zeugnis für die Figur Esthers in der VE an. Doch bleibt an ihrer Herleitung fraglich, ob tatsächlich der jüdische Name Esthers diesem Vergleich standhält. Liegt hier nicht viel näher, Esthers hebräischem Namen "Hadassa" eine redaktionelle Herkunft zuzuschreiben, die dazu diente, im Zusammenhang des (Proto-)Esth ihre jüdische Herkunft zu betonen? Zudem trägt Esther diesen Doppelnamen nur im M-T., nicht jedoch in dem von uns als älter eingestuften A-T. Hätte der M-T., wenn ihm der den Namen inhärente Bezug zwischen Esther—Hadassa und der heidnischen Aphrodite vor Augen gewesen wäre, diesen nicht auch eher auszuschließen versucht?

Mittels Vergleich zwischen Aspasia und Esther legt WAEGEMAN jedoch weitere, für uns bedeutendere Aspekte der ursprünglichen Estherfigur und ihrer Beziehung zu Mordechai offen: Beide Erzählungen haben nämlich das Märchenmotiv von einem armen, verwaisten Mädchen von bescheidener Geburt einerseits und hoher Moral andererseits in seiner einfachsten Form aufgenommen. So wurde Aspasia bei ihrer Geburt und nach dem Tod der Mutter vom Vater in Armut, jedoch "σωφρόνως καὶ ἐγκρατῶς" (*besonnen und enthaltsam*) aufgezogen.[46] Dies erinnert an Esthers Elternlosigkeit und ihre vertrauensvolle ("πιστῶς" vgl. 2,7 (nur A-T.!)) Erziehung durch Mordechai. Doch anders als Aspasias Vater sei Mordechai, so WAEGEMAN, ein einflußreicher Mann am Hofe gewesen. Damit sei erklärbar warum Esther unter die Auswahl der zukünftigen Frau des Königs gefallen sei. Doch ist der Autorin hier entgegenzuhalten, daß Mordechai wohl in der Entwicklung des weiteren Geschehens zu hohen Ehren kommt, in 2,6 des M-T. dagegen noch als Gefangener bezeichnet wird; und im A-T. findet seine Existenz am königlichen Hof anfänglich überhaupt keine Erwähnung. Insofern ist dieses Motiv des "armen", aber gut erzogenen Waisenkindes, das nach seiner Ankunft am königlichen Hof zu Einfluß kommt, durchaus ein in beiden Erzählungen tragendes Spannungsmoment.

Doch nicht nur in Bezug auf die Einzelpersonen, sondern auch in Bezug auf das Gesamtgeschehen kann der Vergleich mit der Aspasiaerzählung wichtige Aspekte hervorheben. So spielt das Element der Deportation auch eine Rolle in der Erzählung von Aspasia. Anders als in der Esthererzählung ist sie dabei selbst deren Opfer. Zusammen mit anderen Mädchen wird sie als Deportierte zum König Kyros gebracht. Für beide Erzählungen ist nach WAEGEMAN jedoch weniger die Art und Weise wie Aspasia und Esther an den Hof des Königs kommen kennzeichnend, als das in dem Aspekt der Deportation einerseits und der jüdischen Herkunft Esthers andererseits zum Ausdruck kommende Motiv der "Fremdheit" der Mädchen. Diejenige, von

---

[45]   M.Waegeman, Motifs, a.a.O., 373.
[46]   Waegeman interpretiert dies entsprechend, daß "she received a decent education suitable to honest young girls of that time" (dies., Motifs, a.a.O., 373).

der es am wenigsten erwartet werden konnte, erlangt die begehrteste Position im Einflußbereich des persischen Königs. So werde dem Geschehen gerade durch das Ungeheuerliche und Unerwartete eine besondere Spannung verliehen.[47]

Ein weiteres gemeinsames Element ist in WAEGEMANS Darstellung der Aufenthalt beider Frauen im Harem. Die kosmetische Vorbereitung—vom M-T. ausführlich dargestellt, im A-T. aber überhaupt nicht erwähnt—werde von beiden nicht in Anspruch genommen. Aelian habe dieses Element noch stärker ausgebaut als der M-T., denn Aspasia wehre sich dort mit Händen und Füßen gegen alle Schönheitsmittel und habe sich in dieser ihr drohenden, nach persischer Sitte vollzogenen Behandlung ein Zeichen ihrer Sklaverei gesehen,[48] während Esther sich in den guten Händen ihres Wächters gewußt habe. Beide Mädchen hätten schließlich jeweils die ganze Zuwendung des Königs erfahren, der es mehr liebt als alle anderen Frauen. Eigentlich, meint WAEGEMAN, hätte das Märchen an dieser Stelle ein gutes Ende gefunden,[49] doch die Geschichten von Aspasia und von Esther nähmen dann je eine andere Wendung. In Aspasias Fall sterbe ihr Gatte. Aspasia werde schließlich die erste unter den Frauen des Artaxerxes. Esther heirate dagegen den König. WAEGEMAN erklärt dies dahingehend, daß "her marriage with the great king isn't but the starting-point of another story, that of her real vocation: by this marriage she will be able to save her people."[50] Tatsächlich gewinnt Esther im Verlauf der Erzählung einen großen Einfluß auf den König. Doch mit Beginn dieses in Kap 3-8 weiter ausgebauten Aspektes befinden wir uns, wie auch WAEGEMAN feststellt, in einem anderen Erzählstück.

Fassen wir die von WAEGEMAN aufgeführten Vergleichspunkte zusammen, so wird evident, daß sich die meisten von ihnen auf textliche Ausführungen beziehen, die nur im M-T. aufzufinden sind. Der Zweitname Esthers, Hadassah, der Einfluß Mordechais am königlichen Hof und der Bericht von der kosmetischen Behandlung der Mädchen, haben keinen Platz in der A-T.-Version gefunden. Diese ist es jedoch, die wir als textliche Grundlage für die VE voraussetzen. Allein das von WAEGEMAN herausgearbeitete Motiv von dem Aufstieg des einerseits fremden und vom Stand her niedrigen, andererseits aber mit Schönheit und Anmut begnadeten Mädchens, deutet auf ein auch für die VE relevantes Element hin.

---

[47] Waegeman führt hierzu aus, daß de facto nur ein Mitglied der "royal family" oder der sieben königlichen Häuser Königin werden konnte (dies., Motifs, a.a.O., 376).

[48] M.Waegeman, Motifs, a.a.O., 374.

[49] In Aspasias Fall, so Waegeman, sei dieses Ende sogar noch von dem Zusatz, daß auch Aspasia den König liebe, ausgeweitet. Die gegenseitige Liebe entspräche jedoch dem griechischen Ideal einer harmonischen Beziehung in der Ehe (dies., Motifs, a.a.O., 375).

[50] M.Waegeman, Motifs, a.a.O., 375.

Innerhalb der Spannweite der anderen, von WAEGEMAN herausgestellten
Elemente wurde die Erzählung von Aspasia ausgebaut und nach
griechischem Ideal gestaltet. Die Figur der Esther bleibt dagegen in der VE
vorerst nur auf die Grundzüge dieses einen Motivs reduziert (A-T.). Erst in
der Bearbeitung der Erzählung, ihrer Überarbeitung durch eine jüdische
Hand, wurde aus diesem Motiv ein tragender Pfeiler für die Komposition des
Esth. WAEGEMANS vergleichende Darstellung deutet an, daß letzteres unter
Einfluß der Aspasiaerzählung oder einer ihr ähnlichen Dichtung geschehen
sein könnte.[51]

3.2.1.3. Das Bankett-Motiv in der persischen Erzählung

Anlaß und Mittelpunkt des gesamten Geschehens der VE ist die
Bankettszene.[52] Wir haben am Anfang dieses Kapitels aufzuzeigen versucht,
daß es sich aller Wahrscheinlichkeit nach um ein Bankett anläßlich einer
Hochzeitsfeier handelte. Tatsächlich fällt die Hochzeit zunächst regelrecht
ins Wasser und kann erst beim zweiten Anlauf durchgeführt werden. Doch
geht es uns im folgenden nicht mehr um den Anlaß, sondern um die Art und
Weise der Feier des Banketts. Wir nehmen an, daß es in der VE die Aufgabe
hat, für den dynamischen Verlauf der Erzählung einen strukturierenden
Rahmen zu formen.

Wie die Untersuchungen zu den "Banquets d'Orient"[53] darlegen, hatte die
Bankettszene im alt-nahöstlichen Raum eine umfassende Geschichte:

> *Exkurs: Bankettszenen in Archäologie und Literatur des Alten Orients und*
> *seine Aufnahme in den Jüdischen Erzählungen*
> Bankettszenen, die auf Siegeln abgebildet sind,[54] weisen nach, daß sich Ort
> und Teilnehmer der Feiern ebenso unterschieden wie ihre Anlässe. Zu diesen
> gehören Bootsreisen, Agrarfeste, militärische Feldzüge[55] sowie Jagden.[56] Auch

---

[51]   Mit Bezugnahme auf verschiedene andere Quellen und Esth 2,2-3.9 (M-T.) geht
P.Briant davon aus, daß "le mode de rassemblement des femmes ne paraît pas irrecevable"
(ders., Histoire, a.a.O., 291f.; vgl. 289-297).

[52]   Auf die große Bedeutung der Versammlung ausgesuchter Personen um den persischen
König, die im Rahmen eines Bankettes stattfindet, macht P.Briant aufmerksam (ders., Histoire,
a.a.O., 320; vgl. 326).

[53]   Groupe pour l'étude de la Civilisation du Moyen-Orient (Hrsg.), Banquets D'Orients,
a.a.O.

[54]   D.Collon stellt heraus, daß das älteste Siegel in die Zeit des 4.Jt.v.Chr. datierbar sei.
"Banquets became extremely popular during the Early Dynastic period, from shortly after 3000
BC to c. 2330 BC. They are depicted on Mesopotamian cylinder seals and impressions and
later also on votive plaques, inlay and some sculpture" (ders., Banquets, a.a.O., 23).

[55]   Vgl. die Szene auf dem Relief (British Musiem, WA 124920) mit dem Namen
"Gartenparty". Es handelt sich hier wohl um eine Siegesfeier Assurbanipals anläßlich der
Eroberung Ägyptens (D.Collon, Banquets, a.a.O., 27f).

[56]   D.Collon, Banquets, a.a.O., 24. In akkadischer und nachakkadischer Zeit werden
Bankettszenen gezeigt, bei denen auch Götter teilhaben: "the banquet moves from the terrestial
to the heavenly sphere" (ders., a.a.O., 25).

im Zusammenhang von Beerdigungsritualen wurden sie veranstaltet.[57] Im 18.Jh.v.Chr. wurden in Babylonien Bankette selbst vor Gottheiten gefeiert.[58] Zwei Aspekte zur Bankettszenenthematik können uns helfen, Kap 1 des Esth traditionsgeschichtlich zu beleuchten. Der eine betrifft den bereits oben erwähnten, formalen Anlaß des Geschehens (a) und der andere beschäftigt sich mit dem Motiv der Bankettszene in der Literatur Mesopotamiens (b). In einem dritten Schritt wollen wir versuchen, Anklänge an dieser Literaturgattung in der jüdischen Erzählkunst aufzufinden (c).

a) Anhand der in Inschriften verzeichneten Bankettszene aus dem Palast in Kalhu (Tell Nimrūd), lassen sich Parallelen zu Kap 1 des Esth finden: Dort wurde im Jahr 879 (v.Chr.) ein gigantisches Bankett zur Einweihung des neu erbauten Palastes von Assurnasirpal II (883-859 v.Chr.) gegeben. Die ausführlichen Inschriften des Königs berichten von der Vorbereitung eines zehn Tage andauernden Festes zur Einweihung dieses Palastes.[59] Die Zeilen 106-140 dieser Inschrift verzeichnen Menge und Vielfalt der Zutaten, die für die Vorbereitung des Festschmauses benötigt wurden. Die um vieles kürzeren Angaben in Zeile 140-154 benennen, wer zur Feier der Einweihung des Tempels eingeladen wurde. Genannt werden 47074 Personen, die aus allen Teilen des Reiches herbeigebracht wurden, um den Palast und die Tempel neu aufzubauen und anschließend einzuweihen. Neben diesen wurden Würdenträger der Nachbar- und der Vasallenländer eingeladen. Insgesamt waren bei dem Bankett, nach Angabe der Inschrift, 69574 Menschen zugegen. Es sind leider nur die letzten Zeilen der Inschrift, die von dem Ablauf der Festivitäten berichten, erhalten: Zehn Tage lang ließ der König seine Gäste sich waschen und salben, essen und trinken. Nachdem er ihnen viel Ehre erwiesen hatte, entließ er sie freudig wieder in ihre Heimatländer.[60]

b) VANSTIPHOUT hat Bankettszenen in den mesopotamischen Gedichten und erzählerischen Dichtungen untersucht, die im Zusammenhang mit einem Disput stehend ("Debate Poems") angeführt werden.[61] Wir wollen diese zunächst beleuchten, um sie weiter unten mit unserem VE-Stück zu vergleichen. Er legt dar, daß das Bankett in dieser Literatur dreierlei Funktion innehatte: es wurde erstens wesentlich als strukturierendes Element gebraucht und bildete den rahmenden Hintergrund für eine Szene; zweitens wurde es als formales Verbindungsglied verwendet, indem eine Bankettszene z.B. zu dem entscheidenden Punkt einer Entwicklung innerhalb der Erzählung überleitete; drittens war das Bankett an sich ein Ereignis, bei dem weitreichende Entscheidungen getroffen wurden.[62] Die harmonische Sphäre, in der jene

---

[57] Das Beerdigungsmahl taucht in der Ikonographie des Nahen Ostens um 1000 v.Chr. auf und stammt vielleicht aus Ägypten (vgl. D.Collon, Banquets, a.a.O., 28).

[58] Ein bemaltes Relief auf einem Kultgefäß aus dem 16.Jh.v.Chr. zeigt zum ersten Mal eine Bankettszene, die mit der sogenannten Heiligen Hochzeit verbunden wurde (vgl. D.Collon, Banquets, a.a.O., 26).

[59] Vgl. hierzu die ausführlichen Untersuchungen von A.Finet, Le Banquet de Kalah offert par le roi d'Assyrie Ašurnasirpal II (883-859), in: Banquets, a.a.O., 31-44. Für den Text der Inschrift vgl. A.K.Grayson, Inscriptions, a.a.O., 113-211. Die erste Ausgabe dieses Dokuments wurde von D.J.Wiseman (ders., Stela, a.a.O., 24-44) herausgegeben.

[60] Vgl. A.Finet, Banquet, a.a.O., 37.

[61] H.L.J.Vanstiphout, Banquet, a.a.O., 9-22.

[62] Vanstiphout begründet letzteres mit einem Verweis auf die Funktion des "Enūma eliš"-Gedichtes, das öffentlich zum Neujahrsfest gelesen wurde. Bei diesem Ereignis veranstaltete

bedeutenden Beschlüsse gefaßt werden konnten, stand dabei im Hintergrund des Gesamtrahmens der Erzählung.[63] Die Disputations-Dichtungen sind nach VANSTIPHOUT relativ alt.[64] Die unveränderte Basisstruktur dieser Literatur ist von altbabylonischer Zeit des Alten Orients bis ins Mittelalter des westlichen Europas anzutreffen. Innerhalb dieser Literatur sind Disputation und Bankett fest miteinander verbunden.[65] In ihrer literarischen Funktion dienten die Disputationen hauptsächlich der Unterhaltung. Fanden diese im allgemeinen in einer ausgewogenen Atmosphäre statt, so ist auch der umgekehrte Fall nachzuweisen, nämlich, daß sich während des Banketts ein Disput entspann, der statt Harmonie Disharmonie und Zänkerei verursachte.[66] Der literarisch verarbeitete Zusammenhang zwischen Bankett und Disput in der mesopotamischen Dichtung geschah dabei auf dreierlei Weise: entweder es entwickelte sich aus der Ankündigung eines Banketts ein Disput, oder ein Streit bzw. ein Disput entstand während eines Banketts. Möglich war auch, daß der Disput das Ereignis des Bankettes beherrschte.[67] Wie dieses Verhältnis zwischen Bankett und Disput literarisch ausgearbeitet wurde, hing jeweils vom Autoren selbst ab. Dieser bestimmte schließlich auch den geistreichen oder auch subtilen und ironischen Aussagewert dieser literarischen Verbindung. Disputationen wurden jedoch generell eher humorvoll gestaltet, selbst wenn dabei die materiellen Lebensbedingungen zur Diskussion standen oder allgemein über das Leben philosophiert wurde. Doch, meint VANSTIPHOUT, in "the best pieces the irony or even satire is to be found in the handling of the argumentative material, not in these materials themselves"[68]. Insgesamt durchzieht diese Literatur in ihrer Komposition und Rhetorik meist eine gewisse Leichtigkeit.

c) Der Pagenwettstreit in 3Esr 3,1-5,3: POHLMANN untersuchte innerhalb seiner "Studien zum dritten Esra"[69] die Erzählung vom sogenannten Pagenwettstreit. Diese Erzählung ist im Zusammenhang dieses Exkurses deshalb interessant, weil sie die oben besprochene Verbindung zwischen Gastmahl und Disputation in anderem Zusammenhang noch einmal deutlich zum Ausdruck bringt. Inhaltlich geht es in der Erzählung um das Folgende:
Einleitend wird von einem Festmahl (δοχὴν) des König Darius berichtet (3,1-3a). Als sich der König, vom Gastmahl ermüdet, in sein Schlafgemach

man ein ausschweifendes Bankett. Der Inhalt der Erzählung—Bankett, sowie (Schicksals-)Entscheidungen—stellte in der Herrichtung des Festes somit eine wahrhafte Neuinszenierung dieses Geschehens dar (ders., Banquet, a.a.O., 11).

[63] H.L.J.Vanstiphout, Banquet, a.a.O., 12.

[64] H.L.J.Vanstiphout merkt an, daß die "unexpectedly better preserved Sumerian exemplars must be dated in the Old Babylonian period, but they contain a number of explicit references to the Royal Court of the Ur III period" (ders., Banquet, a.a.O., 12).

[65] H.L.J.Vanstiphout, Banquet, a.a.O., vgl. die Textbeispiele a.a.O., 12f.

[66] H.L.J.Vanstiphout, Banquet, a.a.O., 15.

[67] Das Bankettmotiv kann zudem als Thema des Streites diskutiert werden. Es wird dabei manchmal nicht deutlich, ob das Bankettmotiv zufällig in der Disputation präsentiert wird oder tatsächlich eines der Themen der Disputation ausmacht.

[68] H.L.J.Vanstiphout, Banquet, a.a.O., 17f. Als ein literarisches Beispiel, in dem das Bankett-Motiv auf allen Ebenen, d.h. auf der literarischen, strukturellen und substantiellen Basis des poetischen Textes verarbeitet wurde, bespricht Vanstiphout im letzten Teil seines Artikels die Disputation von "Ewe and Wheat". Die hier verwandte Technik hat den Namen "*mise en abyme*" (vgl. ders., Banquet, a.a.O., 18-21).

[69] K.-F.Pohlmann, Studien, a.a.O.

zurückzieht, schläft er unruhig (3,3b). Unmittelbar darauf planen drei
Jünglinge, die Leibwächter des Königs, eine Disputation darüber, was 'das
Mächtigste' sei (die sog. "τί μάλιστα"-Frage)[70]. Den Gewinner dieses
Redewettstreits erwartet eine große Belohnung vom König (3,4-7.9). Die drei
Männer schreiben also ihre Argumentationen auf und legen das Schriftstück
versiegelt unter das Kopfkissen des Königs (3,8.10-12). Als dieser aufwacht,
liest er das Geschriebene, läßt alle Vornehmen der Perser und Meder rufen und
versammelt sie in der Staatskanzlei, damit man auch ihnen das Schriftstück
vorlese (3,13). Nun ruft man die Jünglinge, damit sie ihre Positionen
verteidigen (3,14-16). Der erste vertritt die Meinung, der Wein sei das
Mächtigste (3,17-23), der zweite hält dagegen, der König sei es (4,1-41). Der
dritte, Serubbabel, ein Jude, überzeugt schließlich alle damit (4,13-32), daß die
Frauen zwar am mächtigsten seien, aber die Wahrheit siege über alles. Der
König verspricht Serubbabel als dem Gewinner des Disputs alles, was er wolle
und erklärt ihn zu seinem Verwandten (4,42). Daraufhin wünscht sich
Serubbabel, daß der König sich seines Gelübdes erinnere und den Tempel in
Jerusalem wieder aufbaue (4,43-46). Der König schreibt ihm alle dafür nötigen
Briefe, deren Inhalte die Instandsetzung und Unterhaltskosten des Tempels
garantieren (4,47-57). Serubbabel verläßt die Zusammenkunft, lobt Gott und
geht mit den Briefen zu seinen Brüdern, die gemeinsam mit ihm Gott preisen
und ein siebentägiges Fest feiern (4,58-63). In 5,1-3 folgen dann die
Vorbereitungen zur Heimkehr nach Jerusalem. Hinsichtlich der
Traditionsgeschichte dieses Textes, stellt POHLMANN fest, daß der als
Interpolation im Esdrastext zu bewertende Abschnitt[71] in seinem vorjüdischen
Stadium eine vom Kontext losgelöste, selbständige Erzählung gewesen sei.
"Nachdem diese zunächst wohl an einen Königshof verlegt wurde ...,
sah ein Jude die günstige Gelegenheit, durch geschickte Überarbeitung des
vorgegebenen Erzählstoffes, zu erklären, wie Darius überhaupt dazu
gekommen war, die Juden beim Tempelbau zu unterstützen und zu fördern
[vgl. Esr 6]. Dieser Überarbeiter kennzeichnete den dritten Jüngling als Juden
..."[72]. Auch wenn sich nach POHLMANN nicht feststellen läßt, in welchen
jüdischen Kreisen diese Geschichte tradiert worden sei, so ordnet er sie doch
zumindest den apokryphen Erzählungen von 1/2Chr, Dan und Esth zu, da
unter und im Vergleich mit diesen zahlreiche gemeinsame Züge aufzufinden
seien.[73]

Vergleichen wir die im Exkurs aufgezeichneten Aspekte zum Bankett mit
dem ersten Kap des Esth, so lassen sich folgende Ergebnisse festhalten: Das
in Kap 1 beschriebene Bankett des Königs steht in einer sehr alten Tradition
der Bankettfeier im Alten Orient. Die angegebenen Anlässe (Rettung des
Königs (A-T.) und die Hochzeitsfeier (LXX-T.)) erscheinen auf diesem
Hintergrund in einem eher traditionellen Licht. Und auch die Angaben über
die Herkunft der Teilnehmer sowie die ausschweifenden Vorbereitungen für
das Fest haben einen vergleichbaren Hintergrund in den assyrischen
Inschriften. Am interessantesten ist jedoch die Verwendung des

---

[70]   Vgl. hierzu K.-F.Pohlmann, Studien, a.a.O., 40ff.
[71]   K.-F.Pohlmann, Studien, a.a.O., 35.
[72]   K.-F.Pohlmann, Studien, a.a.O., 47.
[73]   K.-F.Pohlmann verweist hier auf die Arbeit von E.Bayer, Buch, a.a.O.

Bankettmotivs in der Literatur des Alten Orients und ihre Übernahme in der jüdischen Literatur, wie dies am Beispiel der Pagenerzählung deutlich wird.

So können wir der Pagenerzählung die Elemente entnehmen, die diejenigen der persischen Disputationsdichtungen widerspiegeln. Hierzu gehören die beiden Hauptelemente: Bankett und Disputation. In der Pagenerzählung hat das Bankett die Funktion, den Disput einzuleiten. Es ist ein rein erzählerisches Element zur Beschreibung des äußeren Rahmens. Ihm kommt keinerlei inhaltliche Bedeutung zu. Die Verbindung zwischen Bankett und Disputation ist zudem sehr locker. Sie besteht in der chronologischen Folge beider. Währmnd ersteres eigentlich nur kurz erwähnt wird, beherrscht die Disputation der drei Leibwächter das Geschehen. Dennoch formen die beiden Elemente gemeinsam die Struktur und den Aufbau der gesamten Erzählung.

Mit Person und Votum des dritten Jünglings (4,13.33ff) kommt nun auch die Komponente einer jüdischen Bearbeitung zum tragen. Im Gegensatz zu den anderen beiden Jünglingen trägt er einen Namen. Serubbabel genannt, wird er mit dem Statthalter gleichen Namens aus Esr 2,2ff.; Neh 7,7ff.; Hag und Sach identifiziert, der das Jüdische Volk aus der Deportation zurück nach Yehud führte. Dies wird v.a. aus dem dritten Teil der Erzählung, in 3Esdr 4,43ff., deutlich. In jenem Teil wird dann auch Bezug zur Geschichte des Jüdischen Volkes genommen. Hier wird erzählt, wie es dazu kam, daß Darius die Rückkehr aus dem Exil und dem Wiederaufbau des Tempels ermöglichte. Nach dem Bericht über die Vorbereitungen zur Heimkehr nach Jerusalem (5,1-6) folgt die Heimkehrerliste (5,7-45), die im Wesentlichen wieder dem kanonischen Esr 2,1-70 (vgl. Neh 7,6-73) entspricht. Unbezweifelbar war hier eine eigene Hand am Werke, die die alte Erzählung in den Gesamtzusammenhang des 3Esdr einband.

In dieser Erzählung finden sich auch einige Elemente, die im Esth wiederzuentdecken sind.[74] Doch soll hier v.a. durch den Vergleich zwischen Pagenerzählung und VE noch einmal der traditionsgeschichtliche Hintergrund der VE und ihre Einbindung in das Esth beleuchtet werden: So zeichnet sich die VE durch einen Spannungsbogen aus, der gegen Ende der Erzählung seinen Höhepunkt annimmt. Die Weigerung Vastis, den Willen des Königs zu tun, führt auf diesen Höhepunkt zu. Aus dieser Krisensituation entsteht die Fragestellung, was mit Vasti zu tun sei, und wie der König sie durch eine neue Frau ersetzen kann. Der Lösungsvorschlag des Bougaios markiert den Höhepunkt. Mit ihm entspannt sich die Situation wieder und führt in einem relativ kurzen Abspann letztendlich zu einem guten Ende. Auch bei der Pagenerzählung erreicht die Spannung der ursprünglichen

---

[74]   Eine konkrete Verbindung zwischen 3Esdr 3,1-2 zu Esth 1 (A-T. und M-T.) zeigt sich in der wortwörtlichen Übereinstimmung der Formel "... von Indien bis nach Äthiopien, 127 Satrapien ...".

Version (also ohne 4,33bff.) ihren Höhepunkt erst gegen Ende mit dem Votum des dritten Jünglings.[75]

Der Unterschied der beiden Erzählungen liegt v.a. in der Verarbeitung des Bankettmotivs sowie in der völlig unterschiedlichen Darstellung des "Disputs". Am Anfang beider Erzählungen steht ein Bankett. Dieses hat bei der VE, anders als bei der Pagenerzählung, einen Anlaß, der auch den Inhalt des Folgenden bestimmt, nämlich die Heirat des Königs. Es leitet jedoch, wie bei der Pagenerzählung in das Geschehen ein und ist sein äußerer Rahmen. Die Handlung in Kap 1 folgt nicht zeitlich auf das Bankett, sondern spielt sich währenddessen ab. Wie sieht es aber mit dem Disput in der VE aus?

Anders als bei der Pagenerzählung ist hier wenig offensichtlich, daß es sich um einen Wettstreit oder einen Disput handelt. Tatsächlich geht es nicht um ein der Situation fremdes Thema, für das eine Lösung gesucht wird. Die Krise hat sich innerhalb des Banketts entzündet, indem Vasti nicht vor den König kam. Vasti verursachte dadurch ein Problem, für das eine Lösung gesucht werden mußte. Der König holte hierfür alle Oberen der Perser und Meder, seine engsten Vertrauten und die Beamten aus den Palästen. Wir wissen nicht, ob der Text ursprünglich die Ratlosigkeit aller zum Ausdruck brachte oder ob eine Diskussion um die Lösung entstand. Es wird nur gesagt, daß ein Mann namens Bougaios dem König seinen weisen Ratschlag anbot. Seine Funktion im königlichen Beamtenapparat ist, wie wir oben bereits festgestellt haben, nicht deutlich. Wie auch immer, er hat den besten Rat. Und dieser führt zur Lösung der prekären Situation. Er ist es dann auch, der die Belohnung erhält.

Der Vergleich beider Erzählungen führt uns zu dem Schluß, daß sich das Bankettgeschehen selbst sowie die in der alten Dichtung des Nahen Ostens miteinander verbundenen Elemente des Banketts und des Disputs auch in Erzählungen widerspiegeln, die in einem späteren, weiterentwickeltem Stadium einen Niederschlag auch in der jüdischen Literatur fanden. Festzuhalten bleibt zudem, daß die in Kap 1 und 2 des Esth festgehaltene Erzählung in der Tradition alter Bankett-Erzählungen stehend, als ursprünglich selbständige Erzähleinheit betrachtet werden darf.

---

[75] In der Erzählung des jüdischen Bearbeiters verschiebt sich dieser Spannungsbogen. Nun steht Serubbabels Meinung im Wettstreit im Mittelpunkt des Geschehens. Die Belohnung Serubbabels, die Heimkehr des Jüdischen Volkes und der Aufbau des Tempels 4,43ff markieren den breit beschriebenen Abschluß.

3.3. Das Ende der VE und die Frage nach dem Zusammenhang mit dem Esth

Für die nun anstehende Fragestellung kehren wir noch einmal zu dem Aufsatz von WAEGEMAN zurück. Denn dieser beschäftigt sich auch mit der Frage nach dem ursprünglichen Ende der VE. Und noch einmal geht es um einen Vergleich zwischen Aspasia und Esther:

WAEGEMAN weist darauf hin, daß Aspasia die Stellung der ersten unter den Konkubinen des Königs eingenommen habe, während Esther den König heiratete und die königliche Krone erhielt.[76] Da dies jedoch unhistorisch sei, schlußfolgert sie, daß Esther in der ursprünglichen "Harems"-Erzählung, wie Aspasia, nur eine Konkubine blieb.[77] WAEGEMAN geht es hierbei jedoch vorwiegend nicht um die historische, sondern die logische Infragestellung der Königinnenschaft Esthers. Kam Aspasia im Textzusammenhang über den Rang einer Konkubine nie hinaus, so fände sich im Esth die für Esthers steile Karriere nötige und logische Erklärung vielmehr in der Erzählung von Vasti, der verworfenen Königin. Ohne diese Funktion Esthers Königinnentum zu begründen, sei die VE selbst von ganz anderen Themen und Motiven geprägt: Dazu gehöre der Befehl des Königs, Vasti zum Bankett zu holen, um den Gästen ihre Schönheit zu zeigen (M-T./LXX-T.). Die Aggadah führt an dieser Stelle aus, Vasti hätte nackt vor dem König erscheinen müssen. Dieses Thema, so WAEGEMAN, fände sich auch in Herodots Erzählung über den lydischen König Candaules.[78] Dieser war so stolz auf die Schönheit seiner Frau, daß er seinem Freund und Diener Gyges schließlich erlaubte, sie des Nachts heimlich zu beobachten. Die Königin entdeckte Gyges und stellte ihn vor die Wahl, getötet zu werden oder aber den König zu töten und damit sie selbst und das Königtum zu erhalten. Er entschied sich für letzteres. Ähnlich, meint WAEGEMAN, habe auch Vasti das Erscheinen vor den Anwesenden beim Bankett als eine Art Prostitution empfunden, da sonst nur Kurtisanen die Bankette des Königs unterhalten hätten. Jedenfalls wäre dieses Thema, in der VE durch das Motiv des "Gehorsamkeitstests der Ehefrau" ausgebaut worden. Schließlich hätte ihr Ungehorsam zu ihrer Verstoßung geführt.

Tatsächlich zielt der Duktus der VE auf die Frage der Gehorsamkeit Vastis ab.[79] Dieses hier verarbeitete Thema vom "Gehorsamkeitstest der

---

[76]   M.Waegeman, Motifs, a.a.O., 376.
[77]   M.Waegeman, Motifs, a.a.O., 376.
[78]   Herodotus, Historiae I,7-13 (5.Jh v.Chr.).
[79]   Einen Hinweis darauf gibt der A-T. in 1,20, wo er diese Thematik—im Vergleich mit M-T. und LXX-T. allerdings nur in Kurzfassung—anspricht und auf das Verhältnis der Ehefrau zum Ehemann in den persischen "Normal"-Haushalten ausweitet. Auch hier ist das Ziel, daß die Frauen ihren Männern Ehre und Respekt zeigen—"vom Armen bis zum Reichen".

Ehefrau" ist, folglich WAEGEMAN, ein häufig zu findendes, volksliterarisches Motiv, das selbst bis in fernöstliche Erzählkreise (Indien) hinein bekannt sei. Die Autorin erläutert jedoch, die Verwerfung Vastis sei nicht als ursprünglich anzusehen.[80] Esth 1,19 meine vielmehr, Vasti habe ihren Rang verloren und sei nun zu einer Konkubine degradiert. Dies sei das ursprüngliche Ende der VE gewesen. Das Esth führe an dieser Stelle statt dessen mit einem anderen, sehr bekannten Märchenmotiv, dem Schönheitswettbewerb, fort, mittels dessen der König nach einer neuen Braut suchte. Bei dem landesweit angelegten Wettbewerb gewinnt aber unerwarteterweise schließlich diejenige, die auf den ersten Blick, wegen ihres ungeeigneten Status, keine Chance zu haben schien. Gerade in jenem Motiv, meint WAEGEMAN, sei eine Verbindung zwischen der Vasti- und der Esthererzählung zustande gekommen.

Doch anders als in der These WAEGEMANS von Vastis Verstoß als dem ursprünglichen Ende der VE, ist unser Ausgangspunkt die Hochzeitsfeier des Königs, die letztendlich die Verwerfung der ungehorsamen Vasti nicht zuläßt, sondern fordert, daß der König nach der Weigerung Vastis eine neue Braut findet. Die Degradierung Vastis bedeutet u.E. ein viel geringeres Spannungsmoment als die Berufung einer Außenseiterin in die Rolle der neuen Königin.[81] Wir meinen zudem, daß nicht jeweils ein Märchenmotiv an nur eine Erzählung gebunden ist, sondern daß gerade durch die Verbindung verschiedener Märchenmotive neue Erzählungen entstehen. So auch hier: Das Motiv des "Gehorsamkeitstests der Ehefrau" einerseits, zusammen mit dem des "Schönheitswettbewerbes" andererseits, bildet den thematischen Grundbestand der VE.

WAEGEMANS traditionsgeschichtliche Dreiteilung des Esth in eine Vasti-, eine Esther- und eine Mordechai-Haman-Erzählung bedeutet, daß die VE nur eine Einleitungsfunktion im Esth erfüllt. Dem folgte eine Esthererzählung, die auf das Märchenmotiv des "Schönheitswettbewerbes" reduziert wäre und schließlich handelte der ganze Rest des Buches um die Mordechai-Haman-Erzählung. Wir gewichten die VE als in sich geschlossene Erzählung dagegen sehr viel mehr, auch wenn sie im Esth de facto eine Einleitungsfunktion übernimmt. Diese besteht in der Kennzeichnung der Zeit, des Ortes für das folgende Geschehen sowie der Einführung der Protagonisten. Doch wurde sie für das Esth nicht mittels Aneinanderreihung verschiedener Motive oder Erzählsequenzen komponiert, sondern lag bereits

---

[80] Leider wird in Waegemans Darstellung wenig deutlich, ob sie diese Einsicht aus einem Vergleich mit den indischen Volkserzählungen gewinnt oder ob sie 1,19 (M-T.) einfach anders interpretiert.

[81] Das Motiv vom Retter, der als unbedeutende Person vorgestellt wird, dem die Heldentat zu vollbringen jedoch nicht zugetraut wird, findet sich in alttestamentlichen Erzählungen immer wieder. Das bekannteste Beispiel hierfür ist die Erzählung von David und Goliath (1Sam 17).

als märchenhafte, höchst spannungsreiche Hochzeitserzählung vor. So erscheint es uns dann auch höchst unwahrscheinlich, daß Esther, die in WAEGEMANS Darstellung ursprünglich nur durch die kurze Erzählung eines Schönheitswettbewerbs bekannt war, plötzlich zur maßgeblichen Figur in einer neuen Erzählung geworden wäre. Dagegen war die VE, in der Esther zur rechtmäßigen neuen Königin gekürt wird, für den Komponisten des Esth viel überzeugender.

In diesem Kapitel haben wir darzulegen versucht, daß das Esth mit einer Hochzeitserzählung beginnt, in der die Hauptperson Esther zunächst nur eine Nebenrolle spielt. Im Mittelpunkt der Erzählung steht Vasti. Der Duktus des Ganzen ist ihr Ungehorsam gegenüber dem König. Erst im Zuge der Auflösung dieses Konfliktes durch den weisen Rat des Bougaios kommt die geheimnisvolle und schöne Esther in den Zusammenhang und wird mit dessen Hilfe zur königlichen Braut an Vastis Stelle. Mehr wird von ihr nicht berichtet. Aus dem Schatten ihres Daseins holte sie der Komponist der Esthererzählung, indem er mit ihrer Figur und der ihr zugeschriebenen Rolle aus Kap 1 und 2 ein neues Werk kreierte. Zudem formte er mit dieser Erzählung von der königlichen Hochzeit und dem bei diesem Anlaß gefeierten Bankett einen Rahmen für das gesamte Erzählstück. Er hat damit eine alte persische Erzähltradition aufgenommen, in der das Bankett innerhalb einer literarischen Komposition eine strukturierende Funktion übernimmt.

3.4. Die Vastierzählung: Ein Versuch der Textrekonstruktion

1,5 (LXX-T.): (5) [...] als aber die Tage der Hochzeit vollendet waren, machte der König ein Trinkgelage für die Völker, die in der Stadt gefunden wurden, an sechs Tagen im Hof des königlichen Hauses [...]

1,6-3,1a (A-T.): (6) Da waren aber Gehänge von Leinen und Bast und hyazinthene und rote Geflechte mit Blüten, und ein Zelt war aufgespannt mit Stricken aus Byssos und Purpur an silbernen Blöcken und marmornen und vergoldeten Säulen und goldene Couches auf smaragdenem Mosaikfußboden und ein Kreis von Rosen (7) und Trinkgefäße aus Gold, verschieden voneinander und königlicher Wein, den der König trank, (8) und das Trinken geschah nach dem Gesetz—denn so hatte es der König angeordnet—den Willen der Menschen zu tun. (9) Auch Vasti, die Königin, machte ein großes Gastmahl für alle Frauen im Hof des Königs. (10) Aber am siebten Tag geschah es, als sich der König am Wein erfreute, da befahl der König seinen Dienern (11) Vasti, die Königin, in dem königlichen Diadem zu dem fortgeschrittenen Trinkgelage vor sein Heer zu holen. (12) Vasti wollte das, was der König durch die Hand der Eunuchen vorhatte, nicht tun. Als aber der König hörte, daß Vasti seinen Willen außer Geltung setzte, wurde er sehr traurig und Zorn entbrannte in ihm. (13) Und der König sprach zu allen Weisen, den Kennern des Gesetzes und der Ordnung, was zu tun sei mit der Königin, weil sie den Willen des Königs nicht vollbringen wollte. (14) Und die Fürsten der Perser und Meder kamen vor ihn und die das Angesicht des Königs sehen und die Beamten in den Palästen. (15) ... (16) Und Bougaios riet ihm und sprach: "Nicht nur gegenüber dem König verfehlte sich Vasti, die Königin, sondern auch den Fürsten der Perser und Meder gegenüber. An alle Völker erging ihr Unrecht, nämlich, daß sie sich weigerte, gegenüber der Anordnung des Königs. (17) ... (18) Wenn es nun unserem Herrn gefällt und es seinen Gedanken erfreut, dann werde geschrieben in alle Provinzen und zu jedem Volk, und lasse sie wissen, daß Vasti das Wort des Königs verwarf. Aber die Königinnenwürde soll einer anderen gegeben werden, die besser ist als sie. (19) ... (20) Und sie soll gehorsam erscheinen gegenüber der Stimme des Königs und sie wird allen Königtümern Gutes tun. Und alle Frauen werden ihren Ehemännern Ehre und Respekt zeigen—von den Armen bis zu den Reichen." (21) Und das Wort war gut im Herzen des Königs, und er handelte bereitwillig nach diesem Wort.

2,1-18 (A-T.): (1) Und so hörte er auf, an Vasti zu denken und was sie Assyros, dem König, antat. (2) Und die Diener des Königs sprachen: "Laß uns von Angesicht schöne Mädchen suchen, und laß sie unter die Hand des Gogaios/Bougaios, dem Eunuchen, dem Wächter der Frauengemächer geben, um umsorgt zu werden. (3) ... (4) Und das Kind, das immer auch dem König gefalle, soll die Stelle von Vasti einnehmen." Und sie taten bereitwillig danach. (5) Und es war ein Mann, ein [Jude,] in [Susa,] der Stadt, mit Namen [Mordechai, Sohn des Jair, des Simei, des Kis, aus dem Stamm Benjamin.] (6) ... (7) Und er zog Esther, die Tochter des Bruders seines Vaters, vertrauensvoll auf. Und das Kind war sehr schön von Angesicht und hübsch von Antlitz. (8) Und das Mädchen wurde in das Haus des Königs gebracht. Und Bougaios, der Eunuch, der Wächter, sah das Mädchen, und sie gefiel ihm mehr als alle Frauen. (9) Und Esther fand Gnade und Gunst vor ihm, und er eiferte, sie an die Spitze zu stellen und gab ihr, außer den sieben Mädchen, ihre eigenen Sklavinnen. Als Esther aber zum König hineingeführt wurde, gefiel sie ihm sehr. (10) ... (11) ... (12) ... (13) ... (14) Und wenn der Abend käme, würde sie hineingebracht und am morgen verließe sie ihn. (15) ... (16) ... (17) Als aber der König die Jungfrauen alle kennengelernt hatte, erwies sich, daß Esther am meisten hervorleuchtete, und sie fand Gnade und Wohlgefallen vor seinem Angesicht, und er legte das königliche Diadem auf ihren Kopf. (18) Und der König beging die Hochzeit mit Esther in allem Glanz und machte Loslassungen in alle Provinzen.

3,1a (A-T.): (1a) Und es geschah nach diesen Dingen, da erhob der König Assyros [Haman, den des Ammadatos] den Bougaios und verherrlichte ihn und setzte seinen Thron über seine Freunde.

KAPITEL VIER

DIE BEIDEN HOFERZÄHLUNGEN VON HAMAN UND MORDECHAI

Aufgrund der ausgeprägten Erzähllinien und die mit ihnen verbundenen drei Protagonisten Haman, Mordechai und der persische König, ist anzunehmen, daß das Esth neben der VE noch andere, ursprünglich selbständige Erzählungen verarbeitet hat. So lautet die hier zu stellende Frage, welche Erzählungen aus dem Textzusammenhang heraus rekonstruiert werden können.

4.1. Clines Verifizierung der Quellenteilung anhand des A-T.

CLINES entwickelt seine Quellentheorie auf der Basis seiner These vom A-T. als dem besten Zeugen für den ursprünglichen Text. Er verifiziert diese These jedoch v.a. auf der Basis der M-T.-Version. CLINES Argumentation baut sich in Auseinandersetzung mit und anhand von CAZELLES[1] Quellenscheidung auf. Daher wollen wir uns zunächst kurz mit seiner Kritik an CAZELLES Quellenscheidung beschäftigen und anschließend CLINES eigenes Modell diskutieren.

CLINES setzt sich mit CAZELLES Quellenscheidungsthese zum Esth, die er für die "most thorough analysis of an 'Esther' and a 'Mordecai' source for the Masoretic narrative"[2] hält, auseinander, weil das beste Argument für ihre Differenzierung die innere Kohärenz der herausgearbeiteten Quellen sei. Dieser inhaltliche Zusammenhang wäre "at least a *necessary* condition of its truth, if not a *sufficient* one"[3].

So nimmt CLINES wie CAZELLES eine Mordechai- und eine Esther-Quelle an, kritisiert ihn aber dahingehend, daß die beiden Quellen nicht anhand der geographischen Örtlichkeiten "Susa" einerseits und den "Provinzen" andererseits unterschieden werden könnten.[4] Auch seien die von CAZELLES als solche bestimmten "Doubletten", deren Inhalte er der jeweiligen Erzähltradition zuordnen wolle, kein Beweis für das Vorhandensein zweier

---

[1] H.Cazelles, Note, a.a.O.

[2] D.J.A.Clines, Scroll, a.a.O., 115.

[3] D.J.A.Clines, Scroll, a.a.O., 124.

[4] Vgl. H.Cazelles, Note, a.a.O., 28. Vgl. Kapitel 3.1. "Der Anfang der Vasti-Erzählung (VE)".

Quellen. So gehörten beispielsweise die beiden Bankette (in Kap 5,1-8 und Kap 7 (M-T.)) nicht jeweils zu einer Quelle,[5] sondern beide zur Esther-Quelle, denn sie schlössen an den Besuch Esthers bei dem König in 4,16 an, und aus beiden folge die Rettung des Jüdischen Volkes.[6]

"I conclude", schreibt CLINES, "that Cazelles's analysis as it stands is not wholly convincing but I suspect that it is worth development and modification"[7]. CLINES hält zwar an CAZELLES Differenzierung zweier Quellen fest, doch Hauptunterscheidungsmerkmal der beiden Quellen ist für ihn—und darin unterscheidet er sich von CAZELLES—der Konflikt Hamans mit Mordechai einerseits (Mordechai-Quelle) und der Konflikt Hamans mit dem ganzen Jüdischen Volk andererseits (Esther-Quelle). Ordnet CLINES der Esther-Figur in der Mordechai-Quelle keine Rolle zu, so sieht er in der Esther-Quelle eben jenes Motiv von der Bedrohung des ganzen Jüdischen Volkes mit ihr verbunden. Wie im folgenden zu sehen sein wird, entscheidet sich die Standfestigkeit seiner Quellenscheidungs-Hypothese letztendlich daran, ob sie im Versionsvergleich auch seiner Prämisse vom A-T. als dem Zeugen für den pre-masoretischen Text, standhält. CLINES ordnet die einzelnen Textpartien den beiden Quellen wie folgt zu:

Esther-Quelle	Mordechai-Quelle
2,2-4; 2,5-11[8]; 2,12-18	
	2,19-23; 3,1-5
3,6b-15; 4,1-17; 5,1-8	
	5,9b-14; 6,1-13
7,1-8	
	7,9-10; 8,1-2
8,3-14	
	8,15-16
8,17	

Inhaltlich rekonstruiert CLINES eine Mordechai-Quelle, in der Hamans Wut allein gegen Mordechai gerichtet ist und eine Esther-Quelle, in der das ganze Jüdische Volk von Hamans Plan bedroht wird.[9]

---

[5] Ob H.Cazelles die Bankette tatsächlich je einer Quelle zuordnen wollte, geht aus seinen Beobachtungen nicht deutlich hervor. Sie betreffen vornehmlich die Trennung der beiden Bankette durch Kap 6, der Ehrung Mordechais. Die Aufeinanderfolge von so vielen übervollen Ereignissen sei "metaphysiquement impossible" (ders., Note, a.a.O., 27). D.J.A.Clines kritisiert Cazelles deshalb dahingehend, daß dessen Beobachtungen gegenüber seiner Quellenscheidungs-Hypothese völlig uneindeutig bleiben (vgl. ders., Scroll, a.a.O., 116).

[6] D.J.A.Clines, Scroll, a.a.O., 121.

[7] D.J.A.Clines, Scroll, a.a.O., 121.

[8] 2,5-11 (M-T.) mache zwar den Eindruck aus dem Blickwinkel Mordechais erzählt zu sein, trage jedoch zu dessen Quelle nichts Entscheidendes bei und sei daher eher der Esther-Quelle zuzuordnen, meint D.J.A.Clines (ders., Scroll, a.a.O., 122).

[9] D.J.A.Clines, Scroll, a.a.O., 128. Clines charakterisiert die Mordechai-Quelle als eine "success story", während die Esther-Quelle mehr als Befreiungserzählung zu beschreiben sei

Die Erzähllinien seien im folgenden kurz skizziert:

Esther-Quelle: Esther, die adoptierte Tochter des Juden Mordechai, wird in den Harem des persischen Königs gebracht. Sie gefällt dem König und wird Königin. Haman, ein höfischer Beamter, der sich aus *unbekannten Gründen*[10] zur Aufgabe gemacht hat, das Jüdische Volk zu vernichten, weiß nicht, daß die Königin diesem Volk angehört. Der König unterzeichnet das Vorgehen Hamans gegen die Juden, ohne jedoch dessen wahre Absichten zu kennen. Als Mordechai Hamans Machenschaften durchschaut, geht er zu Esther und bittet sie, die gefährliche Prozedur auf sich zu nehmen, vor dem König zu erscheinen, ohne von ihm gerufen worden zu sein, um für ihr Volk um Hilfe zu bitten. Als Esther trotz ihres ungebetenen Auftritts vor dem König gnädig empfangen wird, bittet sie den König und Haman zu einem Bankett und währenddessen zu einem zweiten am darauffolgenden Tag. Das zweite Bankett nutzt sie zur Aufklärung des Königs, indem sie ihn die Bedrohung der Juden durch Hamans Plan offenbart. Daraufhin wird Haman beseitigt, und Esther erhält die Erlaubnis ein Gegendekret gegen Hamans Plan zu schreiben.

Mordechai-Quelle: Mordechai (ein Mann jüdischer Herkunft) ist Beamter am persischen Königshof. Er deckt den Plan eines Anschlages gegen den König auf. Zugleich erregt Mordechai den Zorn des vom König beförderten Haman, weil er ihm die gebührende Ehrung nicht erweist. Haman klagt vor seiner Familie über Mordechais Ehrverweigerung. Man rät ihm, für Mordechai einen Galgen aufstellen zu lassen und ihn, nach Rücksprache mit dem König, daran aufzuhängen. In jener Nacht kann der König nicht schlafen, läßt die Chroniken des Reiches vorlesen und entdeckt Mordechais Wohltat. Als Haman des morgens in den Palast kommt, wird er als hochrangigster Beamter dazu bestimmt, des Königs Gunsterweis an Mordechai zu vollziehen. Hamans Familie interpretiert das Geschehene als Zeichen für Hamans bevorstehenden Untergang. Dieser tritt ein, als ein Diener den König davon unterrichtet, daß Haman Mordechai, den Retter des Königs, beseitigen wollte. Haman wird am Galgen, den er für Mordechai geplant hatte, aufgehängt und Mordechai nimmt Hamans Stellung am Hofe ein. Er legt königliche Kleidung an und wird darin von allen Bürgern Susas freudig begrüßt.

CLINES überprüft sein Ergebnis nun mit Bezug auf seine überlieferungsgeschichtlichen Untersuchungen.[11] Diese hatten ergeben, daß Kap 1-8 des M.-T. eine pre-masoretische Vorlage hatten, die durch den A.-T. bezeugt würde. Er folgert nun, daß seine Quellenanalyse dann richtig sei, wenn sie auch dem pre-masoretischen Text standhalte, auf den der A.-T. als

(ders., a.a.O., 125). Clines Quellenscheidung führt ihn jedoch auch zu dem Schluß, daß einige Teile des Esth als redaktionell angesehen werden müßten. Dazu zählt er: a) Die Erklärung in 2,5 (M.-T.), daß Mordechai Jude sei—eventuell sogar der ganze V.5, b) 3,6 (M.-T.), die Verbindung zwischen der Mordechai- und der Esther-Quelle, da Haman hier sowohl Mordechai als auch sein ganzes Volk bedroht, c) 4,7 (M.-T.), Mordechais Wissen über die Höhe der Summe, die Haman für das Jüdische Volk bezahlen will, d) 5,9a (M.-T.) als redaktionellem Verbindungsvers zwischen 2,5 und 5,9b in der Mordechai-Quelle, e) 5,12 (M.-T.), da die Bankette nur zur Esthererzählung gehörten, nicht jedoch zur Mordechai-Quelle, f) 6,14 (M.-T.) als redaktionellem Verbindungsvers zwischen der Mordechai-Quelle in Kap 6 und der Esther-Quelle in Kap 7, g) den letzten Vers der Mordechai-Quelle 7,10 (M.-T.), wo von der Senkung des Zorns des Königs die Rede ist, doch gehöre die Wut des Königs wie in 2,1 (M.-T.) nicht zu dieser Quelle und h) 8,1-2 als redaktionelles Verbindungsstück zwischen den beiden Quellen (ders., Scroll, a.a.O., 125).

[10] D.J.A.Clines, Scroll, a.a.O., 124.
[11] D.J.A.Clines, Scroll, a.a.O., 126ff.

seine griechische Übersetzung zurückgehe.[12] Da Kap 1 eine eigene Erzählung darstelle,[13] seien Kap 2-8 vorerst nur auf die Stellen hin zu untersuchen, die in dem pre-masoretischen und dem masoretischen Esth divergierten. Nach CLINES kommen hierfür die folgenden Stellen in Frage:[14]

a) 2,19-23 (M-T.), die Erzählung über Mordechais Komplott-Aufdeckung, ist weder im A-T., noch war sie nach CLINES im pre-masoretischen Text auffindbar.[15] Wahrscheinlich fehlte sie auch in der ursprünglichen Mordechai-Quelle, da 2,19-23 sowieso keinen Bezug zum Bericht über Hamans Beförderung (3,1) aufweise.

b) 3,4 (M-T./A-T.), die Passage, in der die Diener des Königs "Tag für Tag" auf Mordechai einredeten,[16] kennt der A-T. nicht. Der A-T. fährt fort, daß Haman, von Mordechais Weigerung sich niederzuknien angestachelt, Mordechai töten wollte. Dies wird im M-T. an gleicher Stelle nicht explizit zum Ausdruck gebracht. CLINES nimmt an, daß der A-T. hier den pre-masoretischen Text wiedergebe. In der Mordechai-Quelle führe der Plan Hamans Mordechai zu töten, direkt weiter zu dem Gespräch Hamans mit seiner Frau und seinen Freunden, in dem er sich über Mordechais Ehrverweigerung beschwere (5,13 (M-T.) bzw. 5,22 (A-T.)).

c) 5,10-14 (M-T.), Hamans Bericht über seine Beförderung, findet sich im M-T. [= 5,11 (M-T.) unserer Textversion], nicht jedoch im A-T.—und somit, nach CLINES, auch nicht im pre-masoretischen Text.[17]

---

[12]   D.J.A.Clines, Scroll, a.a.O., 130.

[13]   Vgl. D.J.A.Clines, Scroll, a.a.O., 150.

[14]   Wir halten an der Reihenfolge der Punkte, wie Clines sie vorgibt, fest, auch wenn sie der Versfolge des Textes nicht entspricht.

[15]   Mit dem Fehlen von 2,19-23 im pre-masoretischen Text hat sich Clines ausführlich auseinandergesetzt. Zwar fehle 2,21-23 im A-T., er habe dafür aber in 6,1-4 ein bedeutendes textliches Plus, das 2,21-23 zum Ausdruck bringe. Hier werde durch das Fehlen des Artikels vor "ὑπόθεσις" und "εὐεργέμτημα" von *einem* Komplott der Eunuchen und von *einer* Wohltat Mordechais am König berichtet. Der A-T. weise damit weder darauf hin, daß eine solche Wohltat bereits geschehen sei, noch sei diese in seinem Text zu finden. Dagegen wäre 2,21-23 im M-T auf eine Fortsetzung ausgerichtet. Wegen des meisterhaften Erzählstils könne das Fehlen von 2,21-23 im A-T. auf keinen Fall auf eine Weglassung zurückzuführen sein. Vielmehr müsse hier auf die Priorität des pre-masoretischen Textes vor dem M-T. verwiesen werden (vgl. ders., Scroll, a.a.O, 104-106).

[16]   D.J.A.Clines zeigt auf, daß eine fast identische Formulierung auch in Gen 39,10 zu finden sei, in der Potiphars Frau auf Joseph einredet: "וַיְהִי כְּדַבְּרָהּ אֶל־יוֹסֵף יוֹם יוֹם וְלֹא־שָׁמַע" (Gen 39,10) mit "וַיְהִי בְּאָמְרָם אֵלָיו יוֹם וָיוֹם וְלֹא־שָׁמַע" (Esth 3,4) (ders., Scroll, a.a.O., 126.195, Anm.14).

[17]   Obwohl Hamans Prahlerei über die ihm zugetane königliche Gunst für den Inhalt der Mordechai-Quelle notwendig sei, habe dieser Vers in der Vorlage gefehlt (vgl. A-T.). Es sei wenig vorstellbar, meint Clines, daß der Autor des M-T. eine eigene Erzählung erdichtet habe, die er in der Vorlage nicht gefunden bzw. übersehen habe. Er vermutet daher, daß in der Mordechai-Quelle ein entsprechender V.11 (M-T.) nicht zu lesen war. Er verweist daraufhin auf den A-T., der an dieser Stelle statt des "וְכָל־זֶה אֵינֶנּוּ שֹׁוֶה לִי" (*doch all das ist mir nicht genug*) (5,13 (M-T.)), in Hamans Rede "τοῦτο δὲ λυπεῖ με μόνον" (*aber nur das betrübt mich*) (5,22 (A-T.)) eingeflochten habe. Während der M-T. auf den vorigen Vers Bezug nimmt, ist der A-T. auf die Ehrverweigerung Mordechais ausgerichtet, die noch einmal in V.22b

d) 3,5 (A-T.) bzw. 3,6 (M-T.) zeigen nach CLINES die Verbindungen beider Quellen. Dies werde v.a. aus der A-T.-Version mit Hamans Wut gegen Mordechai (Mordechai-Quelle) *und* gegen sein Volk (Esther-Quelle) ersichtlich. Hamans Animositäten gegen Mordechai würden zwar plausibel erklärt, doch die Ausweitung seines Hasses auf alle Juden bliebe völlig unbegreiflich, gehe es in der Erzählung doch v.a. um die Rivalität zweier Höflinge. Die zweite Stelle in 3,6 (M-T.) "כִּי־הִגִּידוּ לוֹ אֶת־עַם מָרְדֳּכָי" (*denn man berichtete ihm von dem Volk Mordechais*) wolle die im A-T. und im M-T. noch nicht gelöste Frage klären, ob die Höflinge Haman von Mordechais ethnischer Herkunft oder von seiner Ehrverweigerung erzählt hätten. CLINES folgert, der M-T. habe gegenüber dem A-T. an dieser Stelle die inhaltlich feinsinnigere Version und könne daher als Überarbeitung des pre-masoretischen Textes angesehen werden.

e) 6,13 (M-T.), ein Vers in der Rede Sereschs über das Jüdische Volk, gehöre wohl nicht zur ursprünglichen Mordechai-Quelle. Es sei nämlich bezeichnend, daß im A-T., der der Mordechai-Quelle näher stehe als der M-T., von dem Jüdischen Volk keine Rede sei. CLINES fügt jedoch hinzu, daß die Phrase in 6,22 des A-T. "ἡσύχαζε, ὅτι ὁ θεὸς ἐν αὐτοῖς" (*Schweige, denn Gott ist mit ihnen*) einen Hinweis auf Mordechais Volk gebe.

f) 7,8 (M-T.), die Szene mit dem Gnadengesuch Hamans vor Esther, ist nach CLINES als ein Vorzeichen für das Ende Hamans zu verstehen. Doch brächte der A-T. dies an entsprechender Stelle (7,11f. (A-T.)) eindeutiger zur Sprache, indem er nach des Königs Auftrag, Haman wegbringen zu lassen, die Ausführung des königlichen Befehls mit der Phrase "καὶ οὕτω ἀπήγετο" (*und so wurde er weggebracht*) (V.12 (A-T.)) bestätige.

g) 7,12-17 (A-T.), Hamans Ende und Mordechais Aufstieg, wird von CLINES gänzlich der Mordechai-Quelle zugeordnet, denn während der M-T. in der Szene 7,10 mit "וַחֲמַת הַמֶּלֶךְ שָׁכָכָה" (*und der Zorn des Königs senkte sich*) seinen eigenen Akzent setze (vgl. 2,1, den CLINES der Redaktion des M-T. zuschreibt), forme der A-T., und damit der pre-masoretische Text, hier den Abschluß der Mordechai-Quelle.

CLINES konkludiert nach vollzogener Analyse, daß die jeweilige Zuordnung des Quellenmaterials tatsächlich mit seiner These von der Priorität der pre-masoretischen Erzählung, die im A-T. bezeugt würde, überein gehe. De facto kann sich CLINES, seiner Theorie folgend, der ursprünglichen Erzählung, die den Konflikt zwischen Haman und Mordechai beinhaltet, annähern. Unsere Kritik richtet sich jedoch gegen die Behandlung

---

angemerkt wird. Dies bedeute aber, daß die Mordechai-Quelle auf V.11.12 (M-T.) gar nicht eingehe, weshalb diese beiden Verse auch als redaktionell bewertet werden müßten. Clines räumt jedoch ein, daß zwischen V.21a und V.22 (A-T.) wohl ein anderer Text gestanden habe, doch sei der gegenwärtige Text keineswegs ein Hindernis für die Quellenscheidung, wenn er auch einige Modifikationen erfordere (ders., Scroll, a.a.O., 127).

der Esther-Quelle. Sie bleibt bei seiner Analyse weitestgehend auf der Strecke. Auch wenn CLINES für beide Quellen ein mögliches "Profil"[18] aufzeigt, indem er deren Inhalt nachzeichnet und v.a. die Mordechai-Quelle herausschält, nimmt CLINES für die Esther-Quelle Brüche in Kauf. Schwerwiegend ist v.a. der Bruch zwischen 2,18 und 3,6b (M-T.) in der Esther-Quelle. Die Frage, wie es dazu kam, daß Haman gegenüber dem Jüdischen Volk Feindschaft entwickelte, bleibt ungelöst. So kann CLINES mühelos feststellen, daß sich Haman *aus unbekannten Gründen*[19] vorgenommen hatte, das Volk zu vernichten. Wenn er aber andererseits jenen Konflikt zwischen Haman und dem Jüdischen Volk als Kriterium für eine Abhebung der Esther- von der Mordechai-Quelle angibt, so bleibt für uns fraglich, ob seine Argumentation tatsächlich der These von einer eigenen Esther-Quelle standhalten kann.

4.1.1. Konsequenzen

Eines läßt sich nicht von der Hand weisen: Wir haben es, wie auch CLINES und CAZELLES meinen, im Haupttext des Esth mit zwei Quellen bzw. zwei Erzählsträngen zu tun. Wir meinen jedoch, daß die Unterscheidungskriterien für diese nicht in den beschreibenden Elementen und Motiven des Esth gefunden werden können, weder in geographischen Gegebenheiten, wie CAZELLES feststellte, noch in der Differenzierung der in den Konflikt verwickelten Parteien, die CLINES vornahm.

Tatsächlich stellt sich nun aber die Frage, worin die Kriterien für die Unterscheidung der Quellen zu finden sind. Es liegt eigentlich auf der Hand: Zwar stellt die Esthererzählung *einen* Konflikt der beiden Höflinge Haman und Mordechai dar, doch geht es hierbei nicht um einen sondern um *zwei* Streitpunkte. Der erste betrifft Hamans Neid gegenüber Mordechai, als dieser nach der Aufdeckung des Komplotts der Eunuchen für ihn zum direkten Konkurrenten wird, und der zweite beinhaltet Mordechais Ehrverweigerung gegenüber Haman. Um diese beiden Kernprobleme ranken sich zwei Erzählstränge, die in der *Esthererzählung*[20] miteinander verwoben wurden. Die Figur 'Esther' spielt bei diesen Konflikten tatsächlich nur die untergeordnete Rolle der Verbündeten Mordechais. Ihr Handeln wurde erst in der Komposition der Esthererzählung zu einem konstitutiven Element in der Entwicklung des Geschehens. In ihm konzentriert sich der Handlungsablauf nämlich zunehmend auf die Rettung des Jüdischen Volkes, die, wie CLINES zurecht feststellte, an die Person Esthers gebunden wurde.

---

[18] D.J.A.Clines, Scroll, a.a.O., 130.
[19] Vgl. Clines Darstellung des Inhalts der Esther-Quelle (ders., Scroll, a.a.O., 124).
[20] Zur "Esthererzählung" rechnen wir im Gegensatz zum "Esth" die Kap 1-7 (M-T. und LXX-T.) bzw. Kap 1-7,13 (A-T.). Dagegen umfasst das Esth alle Kap des Buches, d.h. auch die Kap 8-10 (M-T. und LXX-T.) bzw. (7,14-52), die die Purimthematik behandeln.

Wir behaupten jedoch, daß die Ausweitung des Konfliktes zwischen Haman und Mordechai auf Haman und das Jüdische Volk zu keiner der beiden ursprünglichen Erzählungen gehörte.

Bei der Verknüpfung der beiden Erzählungen einerseits und bei der Rahmung des Gesamttextes durch das Purimfest, muß zwangsläufig mit *mindestens* einer Redaktion gerechnet werden, die bei dieser komplizierten Bearbeitung nicht nur in einigen wenigen Versen zu finden sein wird, sondern vielmehr im Gesamttext als ein eigenes Gepräge erscheint. Wie wir oben bereits festgestellt haben und wie durch CLINES bestätigt wurde, ist die Methode des Versionsvergleiches bevorzugt anzuwenden, da sie einer hypothetischen Beweisführung am besten entgegenwirken kann.

4.2. Die Haman-Mordechai-Erzählung (HM)

Zu fragen ist, ob aus dem Konflikt, der sich aus der Rettungstat Mordechais gegenüber dem König und dem daraus resultierenden Neid Hamans entwickelt, eine eigene Haman-Mordechai-Erzählung zu rekonstruieren ist.

4.2.1. Die Inhalte der HM: Mordechai, der Retter des Königs, und wie er seinen Neider schließlich doch besiegt.

M.-T.	LXX-T. Add A	A-T. Add A
---	(1) Im zweiten Jahr der Regierung des Königs Artaxerxes des Großen, am ersten des Nisan, sah Mardochai, der des Jair, des Simei, des Kisai, aus dem Stamm Benjamin, einen Traum,	(1) Im zweiten Jahr der Herrschaft des Assyros des Großen, am Ersten des Monats Adar Nisan (das ist Dystros-Xanthos) sah Mardochai, der des Jair, des Simei, des Kisai, aus dem Stamm Benjamin, einen Traum. Er war ein angesehener Mann
	(2) ein Mann, ein Jude,[21] der in Susa, der Stadt, wohnte, ein angesehener Mann, der in dem Hof des Königs diente.	
	(3) Er war aber aus der Gefangenschaft, die Nebukadnezzar, der König Babylons, aus Jerusalem mit Jechonia, dem König über Judäa, gefangen wegführte.	(2) aus der Gefangenschaft, die Nebukadnezzar, der König Babylons, mit Jechonia, dem König über Judäa, gefangen wegführte.
	(4) Und dies war sein Traum: Und siehe, Stimmen und Lärm, Donner und Erdbeben, Aufruhr war auf der Erde.	(3) Und dies war sein Traum: Und siehe, eine Stimme und Geschrei der Verwirrung, Donner und Erdbeben und Aufruhr war auf der Erde.
	(5) Und siehe, zwei große Drachen kamen herbei, beide bereit zu kämpfen, und eine laute Stimme ging von ihnen aus,	(4) Und siehe, zwei Drachen, und beide kamen herbei um zu kämpfen.
	(6) und durch ihre Stimme wurde jedes Volk zur Schlacht kampfbereit, um gegen	(5) Und ihre Stimme schwoll an, und es wurde alles erregt von der Stimme dieses Geschreis.

---

[21] Zur Übersetzung von "Ἰουδαῖος" (*Jude*) s. Kapitel 7.1.

ein Volk von Gerechten Krieg zu führen.

(7) Und siehe, ein Tag der Finsternis und des Dunkels, Bedrängnis und Drangsal, Mißhandlung und große Aufruhr war auf der Erde,

(6) Und es wurde bezeugt allen Völkern ein Tag der Finsternis und des Dunkels und ein Aufruhr des Kampfes,

(8) und das ganze gerechte Volk geriet in Schrecken, befürchtete Unglück für sich selbst, und sie bereiteten sich [dagegen] vor, vernichtet zu werden.

und es bereitete sich jedes Volk vor, um in den Krieg zu ziehen,

(9) Und sie schrien zu Gott. Aber aus ihrem Ruf wurde gleichsam aus einer kleinen Quelle ein großer Strom, viel Wasser.

und wir riefen zu Gott wegen der Stimme ihres Geschreis.

(7) Und es entstand aus einer kleinen Quelle ein großes Wasser.

(10) Licht und die Sonne stieg auf, und die Geringen wurden erhöht und verschlangen die Ruhmvollen.

(8) Licht, Sonne stieg auf und die Flüsse schwollen an und verschlangen die Ruhmvollen.

(11) Und Mardochai, der diesen Traum gesehen hatte, erwachte,

(9) Und Mardochai wachte auf aus seinem Traum und sorgte sich, was der Traum [bedeutete] und darüber, was der Mächtige zu tun vorbereitete.

und was Gott beschlossen hatte zu tun, hielt er im Herzen, und er wollte es in allem erkennen, bis daß die Nacht anbrach.

(10) Und sein Traum wurde in seinem Herzen versteckt und zu jeder Zeit erinnerte er sich an ihn.

(12) Und Mardochai hielt Ruhe im Hof mit Gabata und Tara, den zwei Eunuchen des Königs, die den Hof bewachten.

(11) Seine Interpretation würde ihm erklärt werden bis zu dem Tag, an dem Mardochai in dem Hof des Königs schlafen wird bei Astaos und Tedeutes, den zwei Eunuchen des Königs.

(13) Und er hörte ihre Überlegungen, und womit sie sich beschäftigten forschte er heraus, und er entdeckte, daß sie vorbereiteten, Hand an Artaxerxes, den König, zu legen, und er gab dem König Weisung über sie.

(12) Und er hörte ihre Worte und Verleumdungen, wie sie planten Hand anzulegen an Assyros, den König, um ihn zu töten.

(13) Mardochai aber war gut gesinnt, und er berichtete von ihnen.

(14) Und der König fragte die zwei Eunuchen aus, und als sie bekannt hatten, wurden sie abgeführt.

(14) Und der König untersuchte die zwei Eunuchen und befand die Worte Mordechais [als wahr]. Und als die Eunuchen bekannt hatten, wurden sie abgeführt.

(15) Und der König schrieb diese Begebenheiten zur Erinnerung auf, auch Mardochai schrieb über diese Dinge.

(15) Und Assyros, der König, schrieb alle diese Dinge auf, und Mardochai wurde in dem Buch des Königs zur Erinnerung an diese Dinge verzeichnet.

(16) Und der König befahl dem Mardochai, im Hof zu dienen und gab ihm wegen dieser Dinge Geschenke.

(16) Und der König befahl wegen Mardochai, daß er im Hof des Königs diene und alle Türen augenscheinlich bewache.

(17) Und Haman, den des Ammadatos, Bougaios, war angesehen vor dem König,

(17) Und er gab ihm, wegen dieser Dinge, Haman, den des Ammadatos, einem Makedonier, der vor dem König stand.

und er gedachte, Mardochai und seinem Volk wegen der zwei Eunuchen des Königs Schlechtes anzutun.

(18) Und Haman gedachte, Mardochai und seinem ganzen Volk Schlechtes anzutun, wegen seines Berichtes vor dem König über die Eunuchen, so daß sie exekutiert wurden.

M-T. 2,21-23	LXX-T. 2,21-23	A-T.
(21) In diesen Tagen, als Mordechai im Tor des Königs saß, erzürnten Bigtan und Teresch,		---
zwei Eunuchen des Königs, diejenigen, die an der Schwelle Wache hielten,	(21) Und die zwei Eunuchen des Königs, die obersten Leibwächter, waren betrübt, daß Mardochai einen Vorzug hatte,	
und trachteten danach, an den König Achaschwerosch Hand anzulegen.	und sie suchten Artaxerxes, den König, zu töten.	
(22) Und die Sache wurde Mordechai kund, und er erzählte es Esther, der Königin, und Esther sagte es dem König im Namen Mordechais.	(22) Und Mardochai wurde die Sache kund, und er zeigte es Esther auf, und sie machte dem König diese Dinge des Anschlages offenbar.	
(23) Und die Sache wurde untersucht und für wahr befunden, und die beiden wurden ans Holz gehängt. Und es wurde vor dem König ins Buch der Begebenheiten der Tage geschrieben.	(23) Der König aber überprüfte die zwei Eunuchen und hängte sie auf. Und der König ordnete an, in der königlichen Büchersammlung zur Erinnerung über das Wohlwollen des Mardochai mit Lobgesang zu schreiben.	

4.2.1.1. Redaktionsgeschichtliche Diskussion der textlichen Grundlage der Pagenverschwörung in Add A

Die Erzählung von der Komplott-Aufdeckung Mardochais ist in den drei Esth-Texten an je unterschiedlichen Stellen zu finden: Im M-T. steht sie als Teil des kanonischen Esth am Ende von Kap 2 (2,21-23), im A-T. findet sie sich nur in der Add A wieder, und im LXX-T. wurde sie sowohl in Add A als auch im kanonischen Teil überliefert. Der Hauptunterschied zwischen der jeweiligen Erzählversion in Kap 2,21-23 und Add A liegt vor allem in der Ausführlichkeit der Darstellung. Während erstere nur drei Verse umfaßt, liegt sie in der Add A-Version in doppelter Länge vor.

Zur Frage steht nun, ob die ursprüngliche HM aus der Version der Add A rekonstruierbar ist oder haben wir uns bei der Rekonstruktion der HM ausschließlich an die kanonischen Textteile des Esth zu halten? Bei letzterem stehen wir vor dem Problem, daß die kurze Version der Erzählung (2,21-23 (M-T./LXX-T.)) im A-T. nicht vorkommt. Zur Beantwortung der aufgeworfenen Fragen ist zunächst der vieldiskutierte redaktionelle Charakter der Additionen zu untersuchen.

Gehen wir zunächst auf zwei Positionen ein, die trotz ihrer völlig verschiedenen Analyse hinsichtlich der Relation der drei Esth-Versionen untereinander gemeinsam behaupten, die Add A sei für die Suche nach dem ursprünglichen Esth irrelevant.

CLINES analysiert die unterschiedlichen Kontexte der Erzählung von der Komplott-Aufdeckung in den drei Versionen und kommt zu dem Schluß, daß der unbestimmte Artikel in 6,3 des A-T. auf "*eine* Verschwörung" hinweise, die in dessen Text jedoch an *keiner* früheren Stelle erzählt worden sei.

Vielmehr habe der M-T. das Stück in 2,21-23 als "little masterpiece" komponiert und als solches wäre es später nicht mehr aus dem Zusammenhang entfernt worden.[22]

Anders als CLINES meint TOV, daß der A-T., den er für dieses Stück als vom LXX-T. abhängig betrachtet, als in einer organischen Einheit mit den Additionen stehend gelesen werden müsse.[23] Nachweis hierfür sei, daß im kanonischen Text verschiedentlich Bezug auf den Inhalt der Additionen genommen würde. So wären beispielsweise der zu Add C überleitende V.11 in Kap 4 "καὶ δεήθητε τοῦ θεοῦ" (*und betet zu Gott...!*) und der die Add C abschließende und zum Haupttext hin überleitende V.1 in Kap 5 "ὡς ἐπαύσατο Εσθηρ προσευχομένη" (*als Esther aufgehört hatte zu beten*) dem Gebet Esthers im A-T. zuzuordnen. Als die Additionen dem kanonischen Text beigefügt worden seien, wäre überflüssiges Textmaterial, das beim LXX-T. noch vorhanden sei, im A-T. gestrichen worden. Zu diesem gehört nach TOV auch die doppelte Verschwörungserzählung in 2,21-23 (LXX-T.). Selbst wenn beide Exegeten von unterschiedlichen Voraussetzungen in der Bewertung des A-T. gegenüber den anderen Textversionen ausgehen, so kommen sie doch zu dem gemeinsamen Ergebnis, daß die Add A als später Zusatz zum kanonischen Text keine Bedeutung zukomme.

Daß, wie MOORE meint, "Add A is clearly secondary is indicted by both the external and internal evidence. The MT is an intelligible and consistent whole; but Add A is rife with contradictions to the MT ... It should be noted, however, that these contradictions all come from vss. 1-3 and 11-17, not from the dream"[24]. Auch JOBES weist Add A mit Hinweis auf die in Add A1 genannte Monatsangabe einer sekundären Hand zu: "Some redaction of the AT, including addition A, was almost certainly made in the first century of this era. Addition A contains a relative clause that equates two sequential months of the Jewish lunar calendar, Adar-Nisan, with those of the Macedonian calendar, Dystros-Xandikos (AT:A:1). Because of a known intercalating correction to the Macedonian calendar, this particular correspondence between the Jewish Adar-Nisan and the Macedonian Dystros-Xandikos existed only from AD 15/16 until 176 ... Prior to AD 15/16 Adar-Nisan corresponded to Xandikos-Artemisios. This provides firm that the AT was redacted, possibly to its present form, between AD 15 and 176".[25]

---

[22] D.J.A.Clines meint, das Fehlen dieses Stückes im "AT is best explained as due to the priority of AT's *Vorlage* to MT" (ders., Scroll, a.a.O., 105).

[23] E.Tov, "Lucianic" Text, a.a.O., 11.

[24] C.A.Moore, Additions, a.a.O., 587.

[25] K.H.Jobes, Alpha-Text, a.a.O., 225f; zum redaktionellen Status von Add A1-3 vgl. unsere Analyse in Kapitel 4.3.1.

Wir meinen jedoch, daß die Exegeten in ihren Untersuchungen versäumt haben, die Tatsache, daß die Add A kein Stück aus einem Guß ist, mit einzubeziehen. Literarkritisch betrachtet besteht sie nämlich aus drei Teilen und zwar dem ersten mit der Einleitung und Vorstellung Mordechais (V.1-2 (A-T.)/V.1-3 (LXX-T.), dem zweiten mit dem Traum des Mordechai (V.3-11a (A-T.)/V.4-11 (LXX-T.)) und dem dritten mit der Aufdeckung des Anschlags der Eunuchen durch Mordechai (V.11b-18 (A-T.)/V.12-17 (LXX-T.)).[26]

In ihrer historisch orientierten Untersuchung zur "Relationship of the Additions to the Book of Esther to the Maccabean Crisis" differenziert GARDNER die drei Stücke insofern voneinander, als daß der Traum Mordechais (Teil zwei) als ein separates Stück in Umlauf gewesen sei,[27] dessen Bezug zur Makkabäischen Krise in der visionären Darstellung ausländischer Mächte als Tiere (vgl. Dan) und der Feindschaft der Nichtjuden (vgl. 1Makk und Jdt) zum Ausdruck komme: "The message of the Dream in Maccabean times would have been that God was with his people and that they, the righteous ones, would triumph in the end."[28]

GARDNER bestätigt mit ihrem Ergebnis die These, daß Add A nicht als ein Stück zu lesen ist, sondern durchaus ursprünglich selbständige Erzählteile beinhaltet. Stimmen wir GARDNERS Analyse zu, und lösen das mittlere, Stück aus dem Kontext, so stehen wir vor der Frage, wie denn die beiden anderen Teile eins und drei zu beurteilen sind. Liegen hier redaktionelle Stücke vor, die den mittleren Teil zu Add A geformt haben, oder sind hier weitere eigenständige Erzählpartien anzunehmen?

Während Teil eins, wie in Kapitel 4.3.1. zu zeigen sein wird, bis auf eine kurze Phrase, sekundär zu bewerten ist, trifft diese Einschätzung u.E. für den dritten Teil nicht zu. Er weist, wie Teil zwei, durch den geschlossenen Inhalt

---

[26] Die Diskussion um die jeweiligen Vorlagen der drei Teile von Add A hat unterschiedlichste Ergebnisse hervorgebracht: Während C.C.Torrey (Older Book, a.a.O., 1-40) und R.A.Martin (Syntax Criticism, a.a.O., 65-72) behaupten, die ganze Add A hätte eine hebräische Vorlage gehabt, geht C.A.Moore (Additions, a.a.O., 382-393) davon aus, daß der dritte Teil eine griechische Vorlage habe. V.1-3 hätten vielleicht, V.4-11 hätten jedoch sicher eine hebräische Vorlage gehabt. H.J.Cook (*A* Text, a.a.O., 369-76) meint, die Vorlage des dritten Teils sei hebräischer Sprache gewesen, da in ihm eine Menge Semitismen vorkämen.

[27] K.H.Jobes weist darauf hin, daß Mordechai, der in 2,5.6 ein Gefangener der durch Nebukadnezzar ins Exil geführten Exulanten sei, in der Position eines "prophetischen Kontinuums" beschrieben werde. Mordechai und Nebukadnezzar seien in diesem Sinne Symbole, die ein prophetisches Kontinuum zwischen den Geschehnissen am persischen Hof und den Sprüchen Jeremias legten. Während Nebukadnezzar Gottes Gericht über die Sünden seines Volkes symbolisiere, stünde Mordechai für das Überleben der Juden im Exil und ihre Restauration, wie dies von Jeremia verkündigt worden sei. Dieser Bezug zwischen Jeremias Prophetie und Mordechais Traum werde auch anhand der neun Bilder verdeutlicht, die in beiden Texten (Add A und F des Esth und Jer 28 (LXX)) wiederzufinden seien: "φωνή κραυγή (28:54), δρακῶν (28:34), σκότος (28:34), πόλεμος (28:20), πηγή (28:36), φῶς (28:16), κατέπιον (28:34,44), and κρίμα (28:9,10)" (dies., Alpha-Text, a.a.O., 187f).

[28] A.E.Gardner, Relationship, a.a.O., 8.

und den ihn umgebenden Erzählrahmen ein eigenes Gepräge auf. Diese Vermutung wird dadurch verstärkt, daß er in Kurzform in der Esthererzählung auftaucht und, mit dem Kontext nur lose verbunden, ein neues Thema einführt. Wie aber verhalten sich diese beiden Erzählvarianten von der Pagenverschwörung zueinander?

Aus der Überlegung, daß Teil 3 nicht nur bei Josephus und der Vetus Latina fehle, sondern auch, daß Add A (LXX-T.) den Text in 2,21-23 (LXX-T.) nur noch einmal wiederhole, zieht MOORE die Schlußfolgerung, daß er als eine aus dem 2. oder 3.Jh.n.Chr. stammende spätere Hinzufügung zum Esth zu betrachten wäre.[29] Auch BARDTKE ist der Meinung, Add A wolle "Mordechai bereits im Besitz eines Hofamtes zeigen, seine Beförderung in ein höheres Hofamt begründen und vor allem eine dramatische Steigerung dadurch erzielen, daß zweimal erzählt wird, wie Mordechai eine lebensrettende Tat gegenüber dem König vollführt ...". BARDTKE kommentiert weiter, "die erste Einfügung dieser Geschichte aus Esther 2,20-23" bedeute "eine zusätzliche Begründung für den maßlosen Haß des Haman, der jetzt doppelt begründet erscheint, einmal durch den Tod der beiden Eunuchen, dann durch die verweigerte Proskynese des Mordechai (3,1ff.). Außerdem wird durch die Episode an dieser Stelle zugleich der Haman zwanglos in die Erzählung eingeführt."[30]

COOK argumentiert anders. Nicht nur, daß Add A12-17 (LXX-T.) in 2,21-23 ein Pendant habe, wiese auf ein hebräisches Original von Add A hin, sondern auch grammatische Konstruktionen zeigten, daß der LXX-T. hier eine hebräische Vorlage habe. Im A-T. wäre entsprechend zu beobachten, daß das Verb dem Subjekt vorangehe und der Artikel und der Genitiv stets an der Stelle zu finden wäre, die das Hebräische fordere.[31] Im Vergleich zwischen dem LXX-T. und dem A-T. für Add A1-11 (Teil eins und zwei) wäre festzustellen, daß bei beiden eine sehr ähnliche Wortwahl vorliege.[32] In Add A12-17 (Teil drei) entspräche dagegen die Verschiedenheit der Begriffe derjenigen, die die beiden griechischen Versionen im gesamten Esth aufwiesen, wo sie jeweils eine eigene Übersetzungen von der semitischen Vorlage hätten.[33] Äußert sich COOK auch nicht ausdrücklich über den Ursprung des dritten Teils der Add A, so stellt er doch hinsichtlich der LXX-T.-Version dieses Stückes fest, daß "Since this section has a Hebrew

---

[29]   C.A.Moore bescheinigte V.1-3.11-17 übrigens ein besseres Griechisch (genitivus absolutus (V.1) und Schachtelsätze (V.12)) als dem Traum von Mordechai (ders., Additions, a.a.O., 387f).

[30]   H.Bardtke, Zusätze, a.a.O., 34.

[31]   H.J.Cook, *A* Text, a.a.O., 371.

[32]   Nach H.J.Cook ist dies darauf zurückzuführen, daß der A-T. an diesen Stellen eine Rezension von LXX-T. sei (vgl. ders., *A* Text, a.a.O., 371).

[33]   H.J.Cook, *A* Text, a.a.O., 371. Leider bleibt hier sehr unklar, wie diese Vorlage aussah und in welchem redaktionsgeschichtlichen Verhältnis sie zu den beiden anderen Texten steht.

counterpart in 2 21-23 (Heb.), one is inclined to suppose a Hebrew origin for this part of addition A"[34].

FOX führt dagegen die Additionen im A-T. darauf zurück, daß ein Redaktor in den ursprünglichen A-T. Textmaterial des LXX-T. eingearbeitet habe, zu dem alle Additionen und auch das Ende des Buches (8,39-52) gehöre.[35]

Zur Diskussion steht für uns nicht, ob Add A12-17 auf den LXX-T. oder auf 2,21-23 der M-T.-Version zurückgehen, sondern vielmehr, ob sie nicht auf einen hebräischen bzw. semitischen Urtext zurückzuführen sind, der die Komplott-Aufdeckung in originärer Form beinhaltete. Es läßt sich u.E. zeigen, daß Add A12-17 als Teil der zwar redaktionell im A-T. und im LXX-T. eingearbeiteten Add A, die ursprünglichere Version der Erzählung von der Komplott-Aufdeckung darstellt. Insofern wäre die längere Ausgabe der Erzählung die ältere. Sie diente der M-T.-Redaktion dazu, 2,21-23 (M-T./LXX-T.) in den Kontext einzuarbeiten. Auf der Basis dieses Textes wurde sie, so nehmen wir an, auch im LXX-T. in den Kontext eingearbeitet und überliefert. Unsere Vermutungen werden im folgenden zu verifizieren sein.

Für diese These spricht v.a. das Fehlen von 2,21-23 in der A-T.-Version. Daß ein Redaktor des A-T. diese Erzähleinheit aus dem Textzusammenhang herausgenommen und dem Text in Add A vorangestellt haben könnte, scheint uns weniger einleuchtend als die Erklärung, daß der M-T. den Text zu glätten versuchte, indem er sie in den Kontext des Esth einarbeitete. Hierbei ist die Frage zu beantworten, ob der Text des LXX-T. und des A-T. in dieser Analyse redaktionsgeschichtlich gleich zu bewerten sind oder ob einem der beiden Texte der Vorzug zu geben ist. Auffallend ist in jedem Fall, daß der LXX-T. die ein oder andere wörtliche Parallele zu 2,21-23 des M-T. aufweist. So liefert der LXX-T. z.B. in Add A13 mit "χεῖρας ἐπιβαλεῖν" (*Hand anlegen*) gegenüber 2,21 (M-T.) "לִשְׁלֹחַ יָד" eine wortgetreue Übersetzung, wo der A-T. in Add A12 "ἐπιθέσθαι" (*eine Verschwörung anzetteln*)[36] gebraucht. Weitere Parallelen werden aus folgendem Textvergleich ersichtlich, aus dem wir Schlüsse über das Abhängigkeitsverhältnis der Erzählung von der Pagenverschwörung im kanonischen Text und in der Add A ziehen wollen.[37]

---

[34]   H.J.Cook, *A* Text, a.a.O., 371. Daß die ursprüngliche Sprache der Additionen A, C, D und F Hebräisch oder Aramäisch gewesen sei, wird auch von C.C.Torrey (Older Book, a.a.O.), C.A.Moore (Additions, a.a.O.), R.A.Martin (Syntax Criticism, a.a.O.) und E.Tov ("Lucianic" Text, a.a.O.) vertreten.

[35]   M.V.Fox, Alpha Text, a.a.O., 32.

[36]   Die gleiche Bedeutung hat das Verb auch in 2Chr 24,21.25f.

[37]   Um eine inhaltliche Vergleichsbasis zu erzielen, werden die Verse der M-T.-Version in der Tabelle auf die der griechischen Versionen abgestimmt. Die Reihenfolge ist bei dieser nun wie folgt: 2,21a.bα - 2,22aα - 2,21bβ - 2,22aβ.b - 2,23a - 2,23b.

Die Verschwörungserzählung im M-T. und der Add A

Abschnitt	M-T. 2,21-23	LXX-T. Add A12-17	A-T. Add A11b-18
A: M-T. 2,21a.bα LXX-T. A12 A-T. A11b	בַּיָּמִים הָהֵם וּמָרְדֳּכַי יֹשֵׁב בְּשַׁעַר־הַמֶּלֶךְ קָצַף בִּגְתָן וָתֶרֶשׁ שְׁנֵי־סָרִיסֵי הַמֶּלֶךְ מִשֹּׁמְרֵי הַסַּף	καὶ ἡσύχασεν Μαρδοχαῖος ἐν τῇ αὐλῇ μετὰ Γαβαθα καὶ Θαρρα τῶν δύο εὐνούχων τοῦ βασιλέως τῶν φυλασσόντων τὴν αὐλήν,	ἧς ὕπνωσε Μαρδοχαῖος ἐν τῇ αὐλῇ τοῦ βασιλέως μετὰ Αστάου καὶ Θεδεύτου τῶν δύο εὐνούχων τοῦ βασιλέως
B: M-T. 2,22aα LXX-T. A13a A-T. A12a	 וַיִּוָּדַע הַדָּבָר לְמָרְדֳּכַי	ἤκουσέν τε αὐτῶν τοὺς λογισμοὺς καὶ τὰς μερίμνας αὐτῶν ἐξηραύνησεν καὶ ἔμαθεν	καὶ ἤκουσε τοὺς λόγους αὐτῶν καὶ τὰς διαβολὰς αὐτῶν,
C: M-T. 2,21bβ LXX-T. A13b A-T. A12b	וַיְבַקְשׁוּ לִשְׁלֹחַ יָד בַּמֶּלֶךְ אֲחַשְׁוֵרֹשׁ	ὅτι ἑτοιμάζουσιν τὰς χεῖρας ἐπιβαλεῖν Ἀρταξέρξῃ τῷ βασιλεῖ,	ὡς ἐξηγοῦντο τοῦ ἐπιθέσθαι Ασσυήρῳ τῷ βασιλεῖ τοῦ ανελεῖν αὐτόν.
D: M-T. 2,22aβ.b A-T. A13	 וַיַּגֵּד לְאֶסְתֵּר הַמַּלְכָּה וַתֹּאמֶר אֶסְתֵּר לַמֶּלֶךְ בְּשֵׁם מָרְדֳּכַי	καὶ ὑπέδειξεν τῷ βασιλεῖ περὶ αὐτῶν.	εὖ δὲ φρονήσας ὁ Μαρδοχαῖος ἀπήγγειλε περὶ αὐτῶν.
E[38]: M-T. 2,23a LXX-T./A-T. A14	וַיְבֻקַּשׁ הַדָּבָר	καὶ ἐξήτασεν ὁ βασιλεὺς τοὺς δύο εὐνούχους,	καὶ ἤτασεν ὁ βασιλεὺς τοὺς δύο εὐνούχους
F:	וַיִּמָּצֵא וַיִּתָּלוּ שְׁנֵיהֶם עַל־עֵץ	 καὶ ὁμολογήσαντες ἀπήχθησαν.	καὶ εὖρε τοὺς λόγους Μαρδοχαίου, καὶ ὁμολογήσαντες οἱ εὐνοῦχοι ἀπήχθησαν.
G: M-T. 2,23b	וַיִּכָּתֵב בְּסֵפֶר דִּבְרֵי	καὶ ἔγραψεν ὁ βασιλεὺς	καὶ ἔγραψεν

[38] Die durchbrochene Linie zwischen Abschnitt E und F soll gibt an, daß der Ablauf der Erzählung in V.23a (M-T.) und Add A14 (LXX-T./A-T.) gleich bleibt. Die Unterteilung in zwei Abschnitte dient dazu, die Unterschiede zwischen V.23aα/V.14a und V.23aβ/V.14b deutlicher herauszuarbeiten zu können (vgl. Beobachtungen zu Abschnitt E und F).

LXX-T./A-T. A15	הַיָּמִים לִפְנֵי הַמֶּלֶךְ	τοὺς λόγους τούτους εἰς μνημόσυνον, καὶ Μαρδοχαῖος ἔγραψεν περὶ τῶν λόγων τούτων.	Ασσυῆρος ὁ βασιλεὺς περὶ τῶν λόγων τούτων, καὶ ἐγράφη Μαρδοχαῖος ἐν τῷ βιβλίῳ τοῦ βασιλέως περὶ τοῦ μνημονεύειν τῶν λόγων τούτων.
H: LXX-T./A-T. A16	---	καὶ ἐπέταξεν ὁ βασιλεὺς Μαρδοχαίῳ θεραπεύειν ἐν τῇ αὐλῇ καὶ ἔδωκεν αὐτῷ δόματα περὶ τούτων.	καὶ ἐνετείλατο ὁ βασιλεὺς περὶ τοῦ Μαρδοχαίου θεραπεύειν αὐτὸν ἐν τῇ αὐλῇ τοῦ βασιλέως καὶ πᾶσαν θύραν ἐπιφανῶς τηρεῖν
I: LXX-T. A17a A-T. A17	---	καὶ ἦν Αμαν Αμαδάθου Βουγαῖος ἔνδοξος ἐνώποιν τοῦ βασιλέως,	καὶ ἔδωκεν αὐτῷ περὶ τούτων Αμαν Αμαδάθου Μακεδόνα κατὰ πρόσωπον τοῦ βασιλέως.
J: LXX-T. A17b A-T. A18	---	καὶ ἐζήτησεν κακοποιῆσαι τὸν Μαρδοχαῖον καὶ τὸν λαὸν αὐτοῦ ὑπὲρ τῶν δύο εὐνούχων τοῦ βασιλέως.	καὶ ἐζήτει ὁ Αμαν κακοποιῆσαι τὸν Μαρδοχαῖον καὶ πάντα τὸν λαὸν αὐτοῦ ὑπερ τοῦ λελαληκέναι αὐτον τῷ βασιλεῖ περὶ τῶν εὐνούχων, διότι ἀνηρέθησαν.

In Abschnitt **A** zeigt der A-T. eine kleine Variante gegenüber den beiden anderen Texten, wenn er statt des Verbes "ἡσυχάζω" (*Ruhe halten*) des LXX-T., das dem hebräischen "יֹשֵׁב" (*sich setzen, ruhig bleiben*) entspricht, das Verb "ὑπνόω" (*schlafen*) verwendet. Der LXX-T. stimmt hier auch in der Beschreibung der Eunuchen als "τῶν φυλασσόντων τὴν αὐλήν" (*denen, die den Hof bewachten*) mit dem M-T. überein. Ihre Namen sind dagegen in allen drei Versionen verschieden. In der Darstellung weisen der LXX-T. und der A-T. größere Parallelen auf. Im Einzelnen zeigt sich beim LXX-T. jedoch die Beeinflussung durch den M-T. (M-T. => LXX-T. ⇔ A-T.)[39]. In Abschnitt **B** haben v.a. der LXX-T. und der A-T. gegenüber dem M-T. deutliche Parallelen (LXX-T. ⇔ A-T.). In Abschnitt **C** ist in der Formulierung "יָד לִשְׁלֹחַ" des M-T. und dem gleichbedeutenden "τὰς χεῖρας ἐπιβαλεῖν" des LXX-T. (*Hand anlegen an ...*) wiederum der Einfluß des M-T. auf den LXX-T. zu sehen. Der A-T. hat an dieser Stelle das Verb

---

[39] Die in Klammern gefaßte Skizzierung betrifft die mit Pfeilen ausgedrückte Relation der Texte untereinander.

"ἐπιθέσθαι" (*eine Verschwörung anzetteln*);[40] die Absicht der Tötung des Königs ("τοῦ ανελεῖν αὐτόν") wird bei ihm, deutlicher als bei den beiden anderen Versionen, zum Ausdruck gebracht (M-T. => LXX-T. ≠ A-T.). In Abschnitt **D** hat der A-T. ein textliches Plus gegenüber den anderen Versionen. In ihm wird für Mordechais Aufdeckung des Komplotts eine Begründung gegeben (*Mordechai war gut gesinnt*) (M-T. ⇔ LXX-T. ≠ A-T.). Die Art und Weise *wie* bzw. *durch wen* die Nachricht über den Anschlag übermittelt wird, variiert in jeder der Versionen:

A-T.:   *Mordechai* berichtete von ihnen.
LXX-T.: *Er* gab dem *König* Weisung über sie.
M-T.:   *Er* erzählte es *Esther, der Königin*, und Esther sagte es dem *König* im Namen Mordechais.

Offensichtlich haben die Versionen vom A-T. über den LXX-T. zum M-T. je eine Person in den Ablauf der Übermittlung eingefügt. Auffällig ist hierbei v.a., daß Esther, die im kanonischen Text die Hauptrolle spielt, im M-T. in diesen Übermittlungskreislauf einbezogen wurde, im A-T. und dem LXX-T. jedoch fehlt (M-T. => LXX-T. ⇔ A-T). Der LXX-T. und der A-T. geben beide in Abschnitt **E** wieder, daß der König die Eunuchen zur Sache befragte, während der hebräische Text nur von "der Sache" spricht (M-T. ≠ LXX-T. ⇔ A-T.). In Abschnitt **F** haben der M-T. und der A-T. die Parallele, daß das Aufgefundene als tatsächlich wahr befunden wurde. Der A-T. hat hier jedoch noch erklärend angeführt, daß diese Bewertung die Worte Mordechais betrifft. Am Ende des Verses gehen der LXX-T. und der A-T. dann zusammen, wenn sie beschreiben, daß die Eunuchen ihre Tat bekannten. Von ihrer Tötung erzählen zwar alle drei Texte, doch gegenüber dem LXX-T. und dem A-T. nennt der M-T. explizit die Erhängung der beiden "am Holz"[41] (M-T. ⇔ A-T. und LXX-T. ⇔ A-T.). Abschnitt **G** berichtet von der Niederschrift des Geschehenen in den Chroniken des Königs:

A-T.:   *Der König* schreibt "über diese Dinge", und Mordechai wird namentlich verzeichnet.
LXX-T.: *Der König und Mordechai* schreiben "über diese Dinge".
M-T.:   Vor *dem König* wird "über diese Dinge" geschrieben.

Während der M-T. die Niederschrift nur kurz erwähnt, wird sie im LXX-T. sowohl vom König als auch von Mordechai vorgenommen. Im A-T.

---

[40]   In der gleichen Bedeutung ist dieses Verb z.B. in Ex 21,14; 2Chr 24,21.25f zu finden. "ἐπιτίθημι τὴν χεῖρα" meint dagegen das segnende Handauflegen.

[41]   Der Tod "am Holz" scheint im M-T. bereits ein Hinweis auf die Hinrichtungsart zu sein, die im folgenden Geschehen Mordechai bedroht und durch die Haman letztendlich hingerichtet wird (vgl. 7,9).

nimmt der König die Niederschrift zwar vor, doch schreibt er in ihr *über* Mordechai. Der LXX-T. scheint die Aussagen der beiden anderen Versionen in seiner vereinigt zu haben (M-T. => LXX-T. <= A-T.). Den Text der Abschnitte **H-J** haben nur noch die beiden griechischen Versionen gemeinsam: In Abschnitt **H** ist V.16a in beiden Versionen nahezu gleich; in V.16b zeigt sich dagegen zwischen beiden eine große inhaltliche Differenz (LXX-T. ⇔ A-T. und LXX-T. ≠ A-T.). Während der A-T. in Abschnitt **I** an die vorausgehende Thematik der Anstellung Mordechais im königlichen Dienst anschließt, führt der LXX-T. Haman kurz vor dem Ende der Erzählung unvermittelt ein (LXX-T. ≠ A-T.). In dem letzten Vers, Abschnitt **J**, stimmen beide Versionen wieder inhaltlich und teils auch wörtlich überein (LXX-T. ⇔ A-T.).

Zusammenfassend können wir aus den Beobachtungen folgende Schlußfolgerungen ziehen: a) Für die Verse, in denen alle drei Versionen einen gemeinsamen Text haben, läßt sich feststellen, daß der LXX-T. eine deutlich stärkere inhaltliche Verwandtschaft mit dem A-T zeigt. Zugleich weist er an einigen Stellen aber auch eine starke Beeinflussung durch den M-T. auf. Im M-T. sind entsprechend einige wörtliche Parallelen mit dem LXX-T. bemerkbar. Mit dem A-T. hat der M-T. jedoch nur an einer Stelle eine sprachliche Parallele (Abschnitt **F**). Der A-T. weist einige vom LXX-T. und vom M-T. unabhängige Passagen auf, und zwar einerseits dort, wo der LXX-T. mit dem M-T. zusammengeht, andererseits aber auch außerhalb davon. Ein direkter Bezug zwischen dem A-T. und dem M-T. ist dagegen so gut wie nicht zu entdecken. Vorläufiges Ergebnis ist damit, daß der LXX-T. in Add A gegenüber den beiden anderen Versionen eine Mittelposition einnimmt. Während der M-T. und der A-T. auch eigene Passagen aufweisen, scheint dieser sich bei der Erstellung seines eigenen Textes an den beiden anderen Versionen orientiert zu haben. Die A-T.- und die M-T.-Version charakterisiert daher eine jeweils eigenständige, voneinander unabhängige Fassung der ursprünglichen Erzählung. Möglich ist jedoch, daß sie eine gemeinsame Erzählvorlage hatten, die beide je unterschiedlich wiedergaben oder einer von beiden stark abgeändert hat. b) Dort, wo nur der LXX-T. und der A-T. einen parallelen Textablauf aufweisen (Abschnitte H,I,J), weichen die Inhalte oft stark voneinander ab. Auf dieses Ergebnis wollen wir später gesondert eingehen.

Zuvor sei aber nun ein Textvergleich zwischen dem M-T. und dem LXX-T. angestellt, der die kanonische Erzählvariante zu Add A12-17 beinhaltet. Aus diesem Vergleich wird die Art und Weise, wie der LXX-T. die Erzählung verarbeitet hat und welchen Text er als Vorlage hatte, besser ersichtlich:

Die Verschwörungserzählung im kanonischen Text

Abschnitt	M-T. 2,21-23	LXX-T. 2,21-23
K: Esth 2,21	בַּיָּמִים הָהֵם וּמָרְדֳּכַי יֹשֵׁב בְּשַׁעַר־הַמֶּלֶךְ קָצַף בִּגְתָן וָתֶרֶשׁ שְׁנֵי־סָרִיסֵי הַמֶּלֶךְ מִשֹּׁמְרֵי הַסַּף וַיְבַקְשׁוּ לִשְׁלֹחַ יָד בַּמֶּלֶךְ אֲחַשְׁוֵרֹשׁ	καὶ ἐλυπήθησαν οἱ δύο εὐνοῦχοι τοῦ βασιλέως οἱ ἀρχισωματοφύλακες ὅτι προήχθη Μαρδοχαῖος, καὶ ἐζήτουν ἀποκτεῖναι Ἀρταξέρξην τὸν βασιλέα.
L: Esth 2,22	וַיִּוָּדַע הַדָּבָר לְמָרְדֳּכַי וַיַּגֵּד לְאֶסְתֵּר הַמַּלְכָּה וַתֹּאמֶר אֶסְתֵּר לַמֶּלֶךְ בְּשֵׁם מָרְדֳּכָי	καὶ ἐδηλώθη Μαρδοχαίῳ ὁ λόγος, καὶ ἐσήμανεν Εσθηρ, καὶ αὐτὴ ἐνεφάνισεν τῷ βασιλεῖ τὰ τῆς ἐπιβουλῆς.
M: Esth 2,23	וַיְבֻקַּשׁ הַדָּבָר וַיִּמָּצֵא וַיִּתָּלוּ שְׁנֵיהֶם עַל־עֵץ וַיִּכָּתֵב בְּסֵפֶר דִּבְרֵי הַיָּמִים לִפְנֵי הַמֶּלֶךְ	ὁ δὲ βασιλεὺς ἤτασεν τοὺς δύο εὐνούχους καὶ ἐκρέμασεν αὐτούς. καὶ προσέταξεν ὁ βασιλεὺς καταχωρίσαι εἰς μνημόσυνον ἐν τῇ βασιλικῇ βιβλιοθήκῃ ὑπὲρ τῆς εὐνοίας Μαρδοχαίου ἐν ἐγκωμίῳ.

In der kanonischen Version der Erzählung zeigen der M-T. und der LXX-T. nun keinen Unterschied mehr im erzählerischen Ablauf. Dennoch lassen sich auch hier einige textliche Unterschiede vermerken.

So hat der LXX-T. in Abschnitt **K** ein auffälliges textliches Plus gegenüber dem M-T. Die Darstellung, daß sich die beiden Eunuchen über Mordechais bevorzugte Behandlung ärgern und deshalb den König töten wollten, findet sich nicht im M-T. Diese Begründung weist im LXX-T. jedoch ohne Add A keinen kontextuellen Bezug auf. Hatte sich der LXX-T. in Add A13 mit der Formulierung "τὰς χεῖρας ἐπιβαλεῖν" (*Hand anlegen*) noch an die M-T.-Version von 2,21 angelehnt, so weicht er hier mit der Formulierung "ἐζήτουν ἀποκτεῖναι Ἀρταξέρξην" (*sie suchten Artaxerxes zu töten*) davon gerade ab. Anzumerken ist auch, daß der M-T. im Gegensatz zum LXX-T. die Namen der Eunuchen aufführt (M-T. =><= LXX-T.). In Abschnitt **L** zeigen der M-T. und der LXX-T. beinahe keine Unterschiede. Sie weichen nur dort voneinander ab, wo der M-T. berichtet, Esther erzählte "es", also den Plan des Anschlages, im Namen Mordechais, während der LXX-T. einfacher beschreibt, daß Esther dem König "diese Dinge des Anschlags" bekannt gemacht habe (M-T. ⇔ LXX-T.).

In Abschnitt **M** weist der LXX-T. im Ganzen zwar Parallelen zum M-T. auf, lehnt sich aber im Detail an Add A14.15 des A-T. an. So befragt der König im LXX-T. die zwei Eunuchen, während im M-T. allgemeiner dargestellt wird, daß "die Sache untersucht wurde". Der LXX-T. verwendet hier sogar das gleiche Verb "ἐτάζω" wie in Add A14 (A-T.). Den daraus folgenden Tod durch Erhängen hat der LXX-T. scheinbar wieder vom M-T.

übernommen.[42] Im zweiten Teil des Verses, V.23b, wiederholt sich das eben Beschriebene: Während der M-T. mehr umschreibend erklärt, das Geschehene sei im "Buch der Begebenheiten der Tage" verzeichnet worden, läßt der LXX-T. ausführlicher und in Nähe zum A-T. (Add A15) vermelden, daß der König sein Wohlwollen für Mordechai mit Lobgesang "in der königlichen Büchersammlung zur Erinnerung" aufschreiben ließ (M-T. => LXX-T. <= A-T.).

Diese Gegenüberstellung zeigt erneut, daß der LXX-T. dem M-T. zwar folgt, sich in einigen Passagen aber der A-T.-Version von Add A annähert und sogar eigene Textpassagen aufweist. Wir ziehen daraus den Schluß, daß er als Vorlage sowohl den A-T. als auch den M-T. oder aber deren Erzählvorlage vor Augen gehabt haben muß. Daß er den Text der Add A in 2,21-23 berücksichtigt hat, gibt uns aber Grund genug anzunehmen, daß diese für ihn eine autoritative Bedeutung hatte. Vielleicht kannte der LXX-T. tatsächlich eine eigenständige Erzählung, deren Verarbeitung in Add A zu finden ist. Nehmen wir noch einmal die Gegenüberstellung der Add A zu 2,21-23 des M-T. hinzu, dann bestätigt sich auch hier die Vermutung, daß die M-T.- und die A-T.-Version de facto zwei verschiedene Ausarbeitungen einer Erzählung darstellen, wobei wir annehmen, daß der A-T. in Add A die originale und der M-T. in 2,21-23 die bearbeitete Form aufführt. Auf der textlichen Grundlage beider hat der LXX-T. seine eigene Version erstellt und die Erzählung sowohl *vor* als auch *im* kanonischen Text wiedergegeben.[43]

Die Besonderheit der M-T.-Version liegt darin, daß auch Esther in ihr eine Rolle spielt. Die Einbeziehung Esthers in den Erzählzusammenhang der Pagenverschwörung läßt sich damit erklären, daß ihre ohnehin für den Hergang und Entwicklung der Estherzählung wichtige Person, in der Rolle als Vermittlerin in der Bedrohung, in der sich das Jüdische Volk befindet, im M-T. besonders bestärkt werden soll. De facto ist Esther in dieser kurzen Episode überflüssig. Dies zeigt uns Add A deutlich.

Stellen wir uns noch einmal vor die beiden möglichen Entscheidungen: Gäbe der M-T. die ältere Erzählung wieder, so bedeutete das, daß in 2,21-23 die kurze, ursprüngliche Form der Komplott-Aufdeckung erhalten geblieben wäre. Die Add A hätte diesen Text ausgeschmückt und als Zusatz in der apokryphen Version des Esth wieder auftauchen lassen. Der LXX-T. bezeugte damit sowohl den Text des M-T. als auch den additiven Charakter

---

[42] Diese Todesart, durch die Mordechai bedroht und Haman schließlich umkommt, und die damit zu den zentralen Motiven des Esth gehört (vgl. Esth 2,23;5,14;6,4;7,10; 8,7;9,13.14.25), kann deshalb auch an dieser Stelle im LXX-T. nicht fehlen.

[43] R.A.Martin kam anhand einer umfassenden Syntaxanalyse zu dem Ergebnis, daß Add A des LXX-T. eine semitische Vorlage gehabt haben muß (vgl. ders., Syntax Criticism, a.a.O., 65). Er hat hierbei jedoch leider nicht zwischen den drei Teilen der Add A differenziert.

von Add A. Es bliebe jedoch die Frage bestehen, warum der A-T. die Kurzerzählung aus 2,21-23 in seiner Version nicht aufweist.

Die von uns bisher vertretene Erklärung, daß der A-T. (Add A11-18) den älteren Text bezeugt, interpretiert die Stelle in 2,21-23 dagegen als eine Kurzfassung des Originals, die der M-T. in den kanonischen Text eingearbeitet hat. Die Figur der Esther ist dann erst im Stadium der redaktionellen Bearbeitung in den Text eingefügt worden. Der LXX-T. bezeugt die ursprüngliche Version der Erzählung wie sie im Text des A-T. überliefert wurde, lehnt sich jedoch in einigen wenigen Details an den ihm vorliegenden Text des M-T. an. Der M-T., der die A-T.-Version oder die gemeinsame Erzählvorlage gekannt hat, bettete den Vorspann des A-T. geschickt in den Gesamtzusammenhang ein und verband ihn mit seiner Hauptperson: Esther. Wir halten die letztere Erklärung für die plausiblere und versuchen unsere These im folgenden weiter zu erhärten. Fraglich bleibt dennoch, welche der beiden Erzählvarianten, die der Add A oder 2,21-23, zur HM gehört.

4.2.1.1.1. Welcher Text gehört zur HM: der kanonische oder der apokryphe?

WILLS[44], der in seinem Buch "The Jew in the Court of the Foreign King" alte jüdische Hoferzählungen untersucht, nimmt für seine Untersuchung des Esth den M-T. zur Grundlage und nicht die beiden griechischen Versionen. In dieser kanonischen Variante in 2,21-23 kann man noch deutlich die Brüche beobachten, die das Einfügen dieses Textes in den Gesamtzusammenhang verursachte. So entdeckt WILLS in V.19 und 21 eine identische Darstellung der Rückkehr Mordechais zum königlichen Tor und zwar in der Formulierung "וּמָרְדֳּכַי יֹשֵׁב בְּשַׁעַר־הַמֶּלֶךְ" (*Und Mordechai saß im Tor des Königs*).[45] Diese Doppelung führt WILLS auf die Verwebung von Quelle und Redaktion zurück. Er rechnet jedoch V.21 sowie die nachfolgenden V.22-23 der ursprünglichen Erzählung von Esther und Mordechai zu. Mit CLINES geht auch WILLS, wie wir selbst, davon aus, daß der A-T. gegenüber dem M-T. den ursprünglicheren Text bezeugt.

Das Ziel der Untersuchung von WILLS ist nun, eine ältere Schicht des A-T., d.h. "a shorter and more economical narrative about Esther and Mordecai"[46], herauszuarbeiten. Aus dieser Schicht versucht er eine kurze Hoflegende zu isolieren, in der Mordechai und Haman die alleinigen Protagonisten waren. Um jedoch vorerst die "Esther-Mordechai-Quelle" rekonstruieren zu können, unterzieht WILLS den Text einer syntaktischen

---

[44] L.M.Wills, Jew, a.a.O., 174.
[45] L.M.Wills, Jew, a.a.O., 162.
[46] L.M.Wills, Jew, a.a.O., 154.

Analyse.[47] Bei dieser unterscheidet er zwischen drei Kategorien "S" (Esther-Mordechai-Quelle), "R" (redaktionelle Textpartien) und "I" (undefinierbare Stellen). Der Autor erstellt daraus das folgende Stemma (vgl. Skizze[48]):

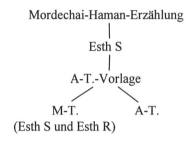

WILLS entdeckt[49] im M-T. einen Stil, der sich einerseits stark an das klassische Hebräisch anlehne und andererseits einen im späten biblischen Hebräisch anzutreffenden, weiterentwickelten Sprachgebrauch zeige, der v.a. in breiten Ausschmückungen zu finden sei.[50] Aus der herausfilterierten S-Quelle[51] spaltet WILLS nun noch einmal die Mordechai-Haman-Quelle ab[52]

---

[47] Vor ihm hatten H.Striedl (Untersuchungen, a.a.O.) und R.Polzin (Hebrew, a.a.O., 74f) bereits für das Hebräisch des Esth eine Kombination aus klassischen und späten Elementen festgestellt, die sie jedoch einem späten Autoren zuschrieben. Dieser habe nämlich einen alten biblischen Stil nur vortäuschen wollen, was ihm aber überzeugend nur teilweise gelungen wäre.

[48] L.M.Wills, Jew, a.a.O., 181. Tatsächlich paßt diese Skizze sehr gut in das Schema von Clines. Es kann dessen formale Struktur inhaltlich ergänzen helfen. Die Vervollständigung dieser inhaltlichen Füllung hat unsere Arbeit zum Ziel. Anzumerken ist hinsichtlich des Aufbaus der Skizze, daß Wills von einer Mordechai-Haman-Erzählung als dem ursprünglichen Gerüst der Esth ausgeht. Sie sei durch die Esther-Quelle erweitert worden, und durch die Hinzufügung des redaktionellen Materials sei die M-T.-Version entstanden (vgl. ders., Jew, a.a.O., 172).

[49] Syntaktisches Unterscheidungskriterium ist für Wills der Gebrauch von "konvertierten" Verben in den drei Quellen. Unter konvertierten Verben versteht Wills einen Wortartenwechsel wie zum Beispiel die Substantivierung eines Verbs. "S" gebrauche diese konvertierten Verben 126 von 135 mal (93%), "R" 23 von 71 mal (32%) und "I" 9 von 14 mal (64%). Wills zählte "those converted and unconverted verbs in positions where a free choise between the two was possible; e.g., I did not count jussives or verbs after *asher, kî, 'im* or *lo'*. It should also be noted that the indefinite sections are relatively small, and so however these are construed, there is still a very significant discrepancy between S and R in the use of converted verbs." Neben diesen "konvertierten" Verben hat Wills jedoch noch weitere linguistische Merkmale von "S","R" und "I" aufgezeichnet (vgl. L.M.Wills, Jew, a.a.O., 157f).

[50] Es muß hinzugefügt werden, daß sich L.M.Wills letztendlich der Kritik an seiner eigenen Analyse öffnet, wenn er im Gegenüber zu Dommershausens Syntaxanalyse (vgl. ders., Estherrolle, a.a.O.) des Esth konkludiert: "His premise and method are so totally at odds with mine that it would not be helpful to comment on our opposite construal of each verb. Our two approaches must be judged on the probability of the overall conclusions and the soundness of the method, and not on a debate over each detail" (ders., Jew, a.a.O., 158). Zudem stellt er seine Rekonstruktion der "S"-Quelle unter den Vorbehalt, zugeben zu müssen, daß in den Details Zweifel ihre Berechtigung hätten.

[51] Hierzu gehören nach Wills die Stücke: 1,2-3.10-13.15;2,2.(3a).3b-4.5a.(5b.)7a. (7b.)8-9.16-18.(20-)3,2;3,(3-4.)5-6.8-12;4,1-2.4-7.(8.)9.(10-14.)15-17;5,1-3.7-9a.(9b-

und rekonstruiert für diese die Textpassagen 2,5a.21-22a.23-3,2.5;5,10-12a.13.14a.c;6,1-4a.5-11;7,9f;8,2;10,1-3. Er ordnet also die für uns wichtige Stelle 2,21-23 (M-T./LXX-T.) seiner Haman-Mordechai-Quelle zu.

Wie, fragen wir uns, kann es nun sein, daß WILLS, der von einem ursprünglichen, dem A-T. ähnlichen Text ausgeht, an keiner Stelle das Fehlen von 2,21-23 im A-T. reflektiert, geschweige denn, daß er den rekonstruierten M-T. mit den entsprechenden Stellen im A-T. vergleicht? Muß die Beachtung des Fehlens der V.21-23 im A-T. nicht notwendigerweise zu einem anderen Ergebnis führen als dem, daß 2,21-23 zur Haman-Mordechai-Quelle gehörte?

Stellen wir CLINES Untersuchungen neben die von WILLS, so fällt auf, was an anderer Stelle bereits festgestellt wurde, nämlich, daß auch er die Rekonstruktion der Mordechai-Quelle vom M-T. ausgehend recherchiert.[53] Er sieht in dem Fehlen von 2,21-23 den Beweis für die Priorität des A-T. vor dem M-T., denn er geht davon aus, daß der A-T. zwar wisse, daß die Aufdeckung des Komplotts im Buch der Erinnerungen des Königs verzeichnet sei (Kap 6,2), dieses Geschehen zuvor jedoch nicht beschreibe.[54] Dagegen hätte die Kurzerzählung 2,21-23 im M-T. drei wichtige Funktionen: Erstens bestätige sie Mordechais Loyalität gegenüber dem König, bevor er sich in 3,1-3 gegen die Verordnung des Königs stellt, zweitens bereite 2,21-23 die Erzählung von der Schlaflosigkeit des Königs (6,1-3) vor[55] und drittens würde die enge Beziehung und wechselseitige Unterstützung (vgl. Kap 4) zwischen Esther und Mordechai erneuert, da Esther in 2,21-23 dem König den Namen Mordechais kundtut.

Auch CLINES Ausführungen sind nicht überzeugend, begründen die drei Punkte doch vielmehr die literarische Bedeutung von 2,21-23 für den M-T. und nicht ihr Fehlen im A-T., den er für den Zeugen des ursprünglichen Textes hält.[56] Gehen wir deshalb einmal den umgekehrten Weg: Gesetzt den

---

10a.)10b.14;6,1-12;7,1-6.9-10;8,2-7a.(7b.)8-10;9,20.30;10,1-3. Dabei deuten die in Klammern gesetzten Versangaben die Umstrittenheit ihrer Zuordnung an.

[52] L.M.Wills beschreibt seine Methode damit, daß "if we eliminate these large blocks of material and retain only those sections which deal with the court conflict between Mordecai and Haman, we find that we are left with a short well-wrought story that fits the pattern of the court legend genre nicely" (ders., Jew, a.a.O., 173).

[53] D.J.A.Clines, Scroll, a.a.O., 104ff. S.o. Kapitel 4.1.

[54] S.o. Kapitel 4.2.2.1.

[55] Zwar erscheine, so D.J.A.Clines, das Nicht-Belohnt-Werden Mordechais in 2,21-23 nicht als Problem, dochsei dieses Motiv das Sprungbrett für den Fortgang der Erzählung in Kap 6 (ders., Scroll, a.a.O., 105).

[56] D.J.A.Clines (Scroll, a.a.O., 105) bemängelt an H.J.Cook (*A* Text, a.a.O., 372f), er hätte 2,21-23 unter den "omissions" des A-T. nicht erwähnt und vermutet, dies sei geschehen, weil Cook diesen Teil unmöglich als "irrational material" hätte kategorisieren können. Unter "irrational material" versteht Cook die Textstellen, die für die Entwicklung der Erzählung nicht von Bedeutung sind. Dazu gehören 1,17b-18.20a.22;2,3.8a;2,10.11.19f;4,5-8a;4,11-14 (M-T.), im Gegensatz zum "rational material", das den Konflikt zwischen Mordechai und Haman

Fall, 2,21-23 wäre tatsächlich ursprünglich nicht im Textzusammenhang des Esth aufzufinden gewesen und erst redaktionell eingearbeitet worden, so entdeckt man, daß das Fehlen dieser Verse im Fluß der Erzählung kaum auffällt. Im Gegenteil, sie stören. Nicht nur, daß 2,19 hervorragend an 3,2 anschließt,[57] sondern auch die Tatsache, daß in 2,21-23 und 3,1-2 ein zweifacher, jeweils völlig anderer Konflikt aufgeworfen wird, spricht gegen die Ursprünglichkeit von 2,21-23. Für das Esth ist vielmehr die verweigerte Proskynese Grund für den Konflikt zwischen Haman und Mordechai (3,1ff). Aus ihr entwickelt sich schließlich der Plan Hamans das ganze Jüdische Volk zu vernichten (Kap 3). Dies ist wiederum die Grundlegung für die Feier des Purimfestes und insofern maßgeblich für den Duktus der Komposition des gesamten Esth.

Warum, so ist zu fragen, führt der M-T. dann die Kurzerzählung von einem zweiten Konflikt in 2,21-23 auf? Tatsächlich ist hier CLINES drittes Argument, daß 2,21-23 die Bindung zwischen Esther und Mordechai stärkt, von Bedeutung. Diese ist jedoch nicht vornehmlich persönlicher, sondern v.a. politischer Natur, denn im M-T. werden sowohl Esther als auch Mordechai zu Rettern des Königs: Mordechai entdeckt und Esther übermittelt den Plan der Eunuchen an den König. Ihre Funktion als Vermittlerin, mit der sie für das Geschehen im Esth so unersetzlich ist, wird hier im M-T. noch einmal nachdrücklich bekräftigt. Im anfänglichen Geschehen des M-T., das in Kap 1 und 2 zunächst ganz auf die Einführung ihrer wichtigsten Protagonistin Esther zuläuft, spielt Mordechai zunächst nur eine untergeordnete Rolle.

Betrachten wir aber die Komplott-Erzählung aus Add A als ursprüngliches Stück, dann gehörte Esther höchstwahrscheinlich nicht zu diesem Erzählkomplex. Um diesen Text jedoch in seine Erzählung von Esther einbinden zu können, setzte der M-T. 2,21-23 hinter die ursprüngliche VE, in der Esther eingeführt wird, und läßt sie eine, wenn auch kleine, so doch bedeutungsvolle Rolle spielen.[58] Mit der Einbindung der Kurzform (2,21-23) in den Gesamtkontext des Esth nimmt der M-T. der Komplott-Erzählung zugleich die inhaltliche Schwere }nd läßt sie im Gegensatz zu dem eigentlichen Konflikt in 3,1-3 eher anekdotenhaft erscheinen.

---

begründet. Tatsächlich scheint auch Cook Schwierigkeiten gehabt zu haben, das Fehlen von 2,21-23 im A-T. zu erklären.

[57] Die in 2,19 gemachte Aussage über Mordechais Aufenthalt im Tor paßt hervorragend zu 3,2, da hier wie dort die Rede ist von den "Dienern des Königs, die im Tor des Königs waren". Sie sollten vor Haman niederfallen, was Mordechai bekanntlich verweigert.

[58] Dagegen scheint in H.Bardtkes Kommentar ein seltsamer Zirkelschluß vorzuliegen, wenn er erklärt, warum Esther in Add A12-17 nicht angeführt wird: "Mardochai kann in dieser Episode die Vermittlung Esthers wie in 2,21-23 nicht gebrauchen, da sie noch nicht in die Geschichte eingeführt worden ist" (ders., Zusätze, a.a.O., 34f).

Ein Letztes sei den Überlegungen zu 2,21-23 nun noch angefügt, mit dem wir unsere These weiter stärken wollen; denn Josephus hat an entsprechender Stelle von 2,21f. (LXX-T.) eine interessante Variante. Er schreibt: "Χρόνῳ δ᾽ ὕστερον ἐπιβουλευσάντων τῷ βασιλεῖ Βαγαθώου καὶ Θεοδέστου, Βαρνάβαζος τῶν εὐνούχων οἰκέτης τοῦ ἑτέρου, τὸ γένος ὢν Ἰουδαῖος, συνεὶς τὴν ἐπιβουλὴν τῷ θείῳ κατεμήνυσε τῆς γυναικὸς τοῦ βασιλέως Μαρδοχαίῳ, ὁ δὲ διὰ τῆς Ἐσθήρας φανεροὺς ἐποίησε τῷ βασιλεῖ τοὺς ἐπιβουλεύοντας."[59] (*Einige Zeit danach verschwörten sich Bagatos und Theodetes gegen den König, aber Barnabazos, der Diener von einem dieser Eunuchen, der vom Geschlecht der Juden war, entdeckte ihren Plan und machte ihn Mordechai, dem Onkel der Frau des Königs, kund, und durch Esther machte er dem König die Verschwörer offenbar*). Es erscheint an dieser Version von 2,21-23 höchst sonderbar, daß Josephus eine vierte Person, den Barnabazos, in den Zusammenhang gebracht hat. Nicht nur, daß der Ablauf des Geschehens hierdurch verkompliziert wird, sondern Mordechai ist nun seiner unmittelbaren Retterrolle enthoben und Esther fungiert nur noch als das letzte Verbindungsglied in der Kette der Informationsübermittlung an den König. Nun wird dieser Barnabazos jedoch als Jude dargestellt. Er übernimmt in der Version des Josephus die Rolle des Mordechai im M-T. Zwar ist Mordechai nicht der Diener des einen der Eunuchen—er sitzt in der kanonischen Erzählung vielmehr im Tor des Königs—, doch seine Rolle sowie seine ethnische Herkunft entsprechen der des Mordechai.

Können wir hier nicht einen weiteren Hinweis auf eine ursprünglich selbständige Erzählung annehmen, in der der Held, mit der Andeutung eines bekannten iranischen Namens Barnabazos belegt,[60] eben die Rolle spielt, die im kanonischen Stück dem Mordechai zugeschrieben wird? Damit hätte Josephus, genau wie der M-T., die HM in seinen Text eingebunden, dabei aber den Helden nicht umbenannt, sondern neben Mordechai und Esther einfach in den Text mit eingebunden. Einen zweiten Hinweis auf diese Schlußfolgerung erhält man aus dem Ende des soeben zitierten Abschnitts. So erzählt Josephus, entsprechend dem kanonischen Text, daß der König die Eunuchen befragt und töten ließ, daß Mordechais Name in den Archiven verzeichnet wurde und daß er ihn im Palast als einer seiner engsten Freunde wohnen ließ. Letzteres, die Anweisung, Mordechais Aufenthalt in die Nähe des Königs zu verlegen, ist ganz ähnlich auch in Add A16a (A-T.) wiederzufinden und deutet darauf hin, daß Josephus, obwohl er die Add A-Version nicht aufgeführt hat, kannte.

---

[59] Josephus, Antiquitates, XI/6, 207.
[60] R.Marcus kommentiert in seiner Josephus-Ausgabe zu diesem Namen: "Suggested variant Pharnabazos (the Greek form of a common Iranian name). Barnabazos is an invention of Josephus (or his non-biblical source)" (ders., Josephus, a.a.O., 414, Anm. b).

Doch lassen die bisher gemachten Beobachtungen als Konsequenz nicht zu,
2,21-23 im Esth eine untergeordnete Bedeutung zuzuschreiben. De facto
stünde der Anfang von Kap 6 ohne diesen eingeschobenen Bericht ohne
kontextlichen Zusammenhang im Text. Wir widersprechen hier CLINES,
wenn er meint, Kap 6 hätte 2,21-23 gar nicht nötig. Im Gegenteil, auf 2,21-
23 basiert der ganze Erzählteil in Kap 6. Da er nun aber an entsprechender
Stelle von 2,21-23 im A-T. fehlt, würde dies ein Problem bedeuten, wäre er
nicht in Add A schon einmal aufgeführt worden. Wir stellen also der oben
dargestellten These von WILLS und CLINES entgegen, daß Add A11-18/12-17
notwendigerweise in den Zusammenhang der Erzählung gehört und u.E.
deshalb als Zeuge für den ursprünglichen Text angesehen werden muß. Sie
ist es auch, die den ersten Teil der von uns gesuchten HM ausmacht.

Schlußbemerkung: Tatsächlich ist die am Anfang der griechischen Versionen
eingeführte Thematik mit der darin aufgebauten Spannung, die in den
darauffolgenden Kap 1 und 2 nicht weitergeführt wird, für den Fluß der
Erzählung eher störend. Besieht man sich den A-T. und den LXX-T. im
Ganzen, so ist festzustellen, daß diese Spannung aus Add A erst durch den
zweiten Konflikt in 3,1-3, also nach den beiden Eingangskapiteln,
weitergeführt wird. Doch dies widerspricht nicht unserer These, sondern
bestätigt vielmehr, daß die Erzählung über die Komplott-Aufdeckung ein
altes Stück gewesen sein muß, das der Autor der Add A mit der Esth-
Erzählung zu verbinden versuchte. Den griechischen Versionen wurde sie
einfach vorangestellt. Erst ihre Einbindung in den M-T. an das Ende von Kap
2 verhalf den Textfluß zu glätten.

*4.2.1.1.2. Welcher Text ist vorzuziehen: Add A des LXX-T. oder Add A
des A-T.?*

Anhand der oben tabellarisch nebeneinander aufgeführten Texte wird
deutlich, daß sich Add A11-18 des A-T. von dem Text des LXX-T. (Add
A12-17) unterscheidet:
    Beispielsweise gibt Mordechai dem König im LXX-T. (Add A13) selbst
Weisung über die Machenschaften seiner Eunuchen, während der A-T.
zunächst feststellt, daß Mordechai gut über den König dachte (Add A13) und
deshalb erzählte, was sie vorhatten (Add A12)—eine weitaus realistischere
Darstellung, da sie Mordechais Beweggrund für sein Handeln darlegt. In
beiden Versionen verhört der König die Eunuchen, und ihr Geständnis führt
dazu, daß sie getötet werden (Add A14). Daraufhin wird das Geschehene
aufgezeichnet (Add A15). Der Unterschied liegt nicht nur in der je anderen
Benennung der Bücher, sondern mehr noch darin, daß Mordechai im A-T.
namentlich in diesen Schriften verzeichnet wurde. Der LXX-T. erwähnt aber,

Mordechai selbst habe über diese Dinge geschrieben.[61] Das Motiv, daß Mordechai selbst zum Schriftführer wird, taucht noch einmal am Ende des Esth auf. Ein inhaltlicher und wörtlicher Vergleich zwischen Add A15 (LXX-T.) und 9,20a (LXX-T.) zeigt, daß hier eine Abhängigkeit der Texte voneinander vorgelegen haben könnte:

Add A15:   καὶ ἔγραψεν ὁ βασιλεὺς τοὺς λόγους τούτους εἰς μνημόσυνον,
           καὶ Μαρδοχαῖος ἔγραψεν περὶ τῶν λόγων τούτων.
Kap 9,20: Ἔγραψεν δὲ Μαρδοχαῖος τοὺς λόγους τούτους εἰς βιβλίον

Nicht nur die Form, sondern auch der Inhalt der beiden Verse ähneln einander sehr. So ist es auch Mordechai selbst, der in Add A und in 9,20 als Schriftführer des gesamten Geschehens dargestellt wird. Diese Funktion, die Mordechai in 9,20, in der Überarbeitung des Esth, nachträglich zugeschrieben bekam,[62] wurde auch auf Add A, als dem Anfang des Geschehens, übertragen. Wir können folglich davon ausgehen, daß Add A im LXX-T. eine Überarbeitung durch die Hand erfuhr, die auch Kap 9 dem Esth hinzufügte. Damit deutet Add A15 aber darauf hin, daß der LXX-T. jünger ist als der A-T. Tatsächlich wird in Kap 6,1.2 ja auch nur auf die Niederschrift des Königs Bezug genommen. Von derselben aus der Hand Mordechais ist keine Rede. Sie hat tatsächlich nur im Zusammenhang von 9,20 einen möglichen Interpretationsrahmen.

Der A-T. fährt nun in der Absicht, den Grund für den sich später entfesselnden Konkurrenzkonflikt zwischen Haman und Mordechai anzugeben, in Add A16 fort, daß Mordechai im Hof des Königs eine gehobene Stellung, nämlich die eines Türbewachers, bekommen habe. Und in Add A17 tritt er diesen Dienst unter der Oberaufsicht Hamans an. Mordechai wird also aufgrund seiner Loyalität gegenüber dem König und seiner Fähigkeit Gefahrensituationen frühzeitig zu erkennen, befördert, doch bleibt er in seinem Rang unter dem von Haman. Im LXX-T. (Add A16) befiehlt der König dagegen nur, Mordechai solle im Hof dienen. Seine Belohnung sind "δόματα" (*Geschenke*). Diese Beschreibung paßt an dieser Stelle jedoch nicht in den erzählerischen Gesamtzusammenhang, denn einerseits erfolgt im LXX-T. (Add A17) nun ein Bruch, wenn plötzlich Haman eingeführt wird und zwischen ihm und Mordechai wie aus heiterem Himmel Feindschaft entflammt. Und anderseits widerspricht die Belohnung Mordechais der Antwort der Diener auf die Frage des Königs, was

---

[61] Die fast identische Formulierung des LXX-T. und des A-T. in Add A15 unterscheidet sich allein in der unterschiedlichen Schreibweise von "Μαρδοχαῖος ἔγραψεν" (LXX-T.) einerseits und "ἐγράφη Μαρδοχαῖος" (A-T.) andererseits.

[62] Diese Position wird auch von D.J.A.Clines (Scroll, a.a.O., 50-63) und M.V.Fox (Redaction, a.a.O., 136) vertreten. Eine genauere Darlegung unserer These erfolgt jedoch erst im letzten Kapitel dieser Arbeit.

Mordechai für die Rettungstat erhielt: "Οὐκ ἐποίησας αὐτῷ οὐδέν" (*Nichts hast Du ihm getan*) (6,3). Dennoch ist die Priorität des A-T. vor dem LXX-T. damit noch nicht bewiesen. Betrachten wir Add A16b des LXX-T. neben Add A17a des A-T., so zeigt sich zunächst die formale Parallelität beider Texte, auch wenn sie sich inhaltlich grundlegend voneinander unterscheiden:

Add A16b (LXX-T.):   καὶ ἔδωκεν αὐτῷ δόματα   περὶ τούτων
Add A17a (A-T.):   καὶ ἔδωκεν αὐτῷ   περὶ τούτων Αμαν

Doch dieses Mal ist es nicht der LXX-T., sondern der A-T., bei dem zweierlei auf eine Bearbeitung schließen läßt. Erstens nennen die griechischen Versionen des Esth die Bezeichnung Hamans als Makedonier nur noch in Add E10 und 9,24 des LXX-T. Beide Stellen sind spätere Hinzufügungen zum Esth, und insofern ist auch Add A17a als eine sekundäre Stelle im Text zu lesen. Zweitens ist die Dativform "αὐτῷ" in Add A17a grammatisch falsch. Die bezweckte Aussage, daß Mordechai *bei* Haman in Stellung gebracht wird, muß mit dem Akkusativ "αυτὸν" zum Ausdruck gebracht werden. Nach der vorliegenden Form ist der Text vielmehr so zu verstehen, als sei Haman bei Mordechai in Stellung gekommen. Dieser Fehler wurde scheinbar bei der Abänderung des Textes gemacht!

Zum Glück sind wir hinsichtlich dieser Textstelle mit reichlich Textgrundlagen ausgestattet. So ist es denn zuträglich, die oben bereits erwähnte Variante des Josephus in 2,21-23 anzuführen. Dieser schreibt am Ende dieses Erzählstücks: "τῷ δὲ Μαρδοχαίῳ τότε μὲν οὐδὲν παρέσχεν ὡς αἰτίῳ τῆς σωτηρίας γεγονότι, μόνον δὲ αὐτοῦ τὸ ὄνομα τοῖς τὰ ὑπομνήματα συγγραφομένοις ἐκέλευσε σημειώσασθαι καὶ προσμένειν αὐτὸν τοῖς βασιλείοις, ὄντα φίλον ἀναγκαιότατον τῷ βασιλεῖ."[63] (*aber dem Mordechai schenkte er [d.i. der König] zu jener Zeit nichts dafür, daß er ihm Retter war, er befahl den Schreibern nur, seinen Namen aufzuzeichnen in den Chroniken und ihn im Palast bleiben zu lassen als einen engsten Freund des Königs*). Josephus verweist an dieser Stelle bereits auf den Fortgang der Erzählung in Kap 6, indem er das Ausbleiben einer Belohnung "zu jener Zeit" einerseits und die Verzeichnung des Namens Mordechais in den Chroniken andererseits anmerkt. Dagegen hat er eine dem kanonischen Text fremde Schlußbemerkung über Mordechais neue Stellung im königlichen Palast. Diese kennen wir jedoch inhaltlich bereits aus Add A16a der griechischen Versionen. In beiden wird nahezu identisch formuliert: "καὶ ἐπέταξεν ὁ βασιλεὺς Μαρδοχαίῳ θεραπεύειν ἐν τῇ αὐλῇ" (*und der König befahl dem Mordechai im Hof zu dienen*) (LXX-T)[64].

---

[63] Josephus, Antiquitates, XI/6, 208.
[64] Die A-T.-Version unterscheidet sich an entsprechender Stelle in Add A nur geringfügig: "καὶ ἐνετείλατο ὁ βασιλεὺς περὶ τοῦ Μαρδοχαίου θεραπεύειν αὐτὸν ἐν τῇ αὐλῇ τοῦ βασιλέως".

Der Schluß der Komplott-Erzählung bei Josephus könnte nun darauf hindeuten, daß auch das ursprüngliche Ende der Erzählung in Add A in diesem Satz zu finden wäre, so daß die Differenzen in den nachfolgenden V.16bff. (A-T./LXX-T.) für die Rekonstruktion der HM nicht mehr ins Gewicht fallen würden. Wir fragen daher umgekehrt, welche Funktion diese nachfolgenden Verse in der uns überlieferten Add A erfüllen.

In den letzten Zeilen der Add A wurden sechs Elemente verarbeitet: a) Mordechai dient am Hof als Torwächter (V.16b (A-T.)); b) er bekommt Geschenke für die Rettung des Königs (V.16b (LXX-T.)); c) Haman ist ein vom König angesehener Mann; d) Mordechai wird ihm unterstellt (V.17); e) Haman erstellt einen Plan, um Mordechai und seinem Volk Schlechtes anzutun; f) Grund für den Plan Hamans ist, daß Mordechai seine Karriere am königlichen Hof wegen seiner Tat antrat (V.18). Interessanterweise finden sich nun gerade die Informationen a),c) und e) in 3,1-3 (M-T./LXX-T.), am Anfang und Ende der kurzen Erzählung von Mordechais Ehrverweigerung, wieder. Element a) ist für den Zusammenhang von 3,1-3 Voraussetzung und zugleich Ort des Geschehens. Element c) leitet die Erzählung in 3,1-3, mit der Einführung Hamans als zweitmächtigstem Mann im Reich ein. Der anschließende Plan Hamans gegen Mordechai, Element e), wird in der Erzählung 3,1-3 mit Mordechais Ehrverweigerung erklärt.

Diese auffindbare Parallelität der Elemente in Add A und 3,1-3 besagt aber, daß der Autor von 3,1-3 das Ende der Add A entweder zum Anlaß genommen hat, um einen neuen Text einzufügen, weil er eine Erzählung brauchte, die die Ausweitung des Konfliktes auf ein ganzes Volk zuließ, oder aber umgekehrt, der Add A wurden V.16b bzw. V.17-18 in Anlehnung an den Text in 3,1-3, der für das Esth wichtigeren Erzählung, nachträglich angefügt. Vieles spricht für letzteres.

Einen Hinweis hierauf gibt Element a) des LXX-T. (=V.16b) an, wo von der Belohnung Mordechais die Rede ist. Hier könnte ein nachgetragener, künstlicher Abschluß der Erzählung gewesen sein, dem die restlichen Verse in der oben skizzierten Absicht angehängt wurden. Ein weiterer Hinweis ist in dem Begriff "κακοποιέω" im letzten Vers beider Additionen zu finden. Er kommt nur noch in Add E3 (LXX-T.) und E23 (A-T.) vor. Festzuhalten ist deshalb, daß die Komplott-Erzählung allem Anschein nach ursprünglich in Add A16a endete.

Fassen wir unsere Beobachtungen zusammen, so kommen wir zu dem Ergebnis, daß Add A12-16a (A-T.) die ältere der beiden griechischen Versionen darstellt und als solche den Anfang der ursprünglichen HM markiert.[65]

---

[65] Zu dem selben Ergebnis kommt auch K.H.Jobes (dies., Alpha-Text, a.a.O., 183-193).

4.2.2. Die Verbindungsstücke zwischen Add A12-16a (A-T.) und Kap 6

Aus den Schlußfolgerungen des vorigen Kapitels ergeben sich jedoch neue
Schwierigkeiten. Von Haman, dem Feind Mordechais, ist ohne V.16ff. keine
Rede mehr, wodurch der Konflikt und dessen Austragung in Kap 6 keine
Basis mehr hätte! Wir fragen deshalb nun nach möglichen
Verbindungsstücken im kanonischen Esth, die der HM neben Add A und
Kap 6 zugesprochen werden könnten.

Der Konflikt zwischen Haman und Mardochai kann letztendlich nur im
Neid Hamans auf Mordechais erworbene Stellung am Hof oder in seiner Wut
auf Mordechais Aufdeckung der Verschwörung wurzeln, an der Haman
selbst beteiligt gewesen wäre. Auf letzteres läßt jedoch nichts im Text
schließen. Auf die Thematik des Neides weisen dagegen viele, jedoch v.a.
eher umstrittene Stellen hin. Zu diesen gehören 2,21 (LXX-T.); 3,6 (A-T.)
mit dem Begriff "παραζηλόω"; 5,9 (M-T./LXX-T.)[66]; 5,13 (M-T./LXX-
T./A-T.) und der Inhalt von Kap 6 (M-T./LXX-T./A-T.), in dem der Neid
Hamans auf Mordechai seinen Höhepunkt erreicht. Den Texten ist
gemeinsam, daß sie von Mordechais Aufenthalt am Hof erzählen. Das Motiv
des Neides Hamans auf Mordechai bestimmt den Inhalt des sich daraus
entwickelnden Konfliktes.

4.2.2.1. Hamans Neid auf Mordechai

Von den oben genannten Stellen beschreiben alle (außer Kap 6), wie
Mordechais Aufstieg am Hofe Neid und Mißgunst erzeugte. Sie könnten
damit alle einunddieselbe Funktion in der HM, nämlich den sich nun
entfachenden Konflikt zwischen Mordechai und seinem Gegner einzuleiten,
erfüllen. Wir haben im folgenden zu untersuchen, ob sich nur innerhalb oder
auch außerhalb des A-T. Stücke finden lassen, die zur HM gehören könnten.
Zudem muß entschieden werden, ob eine dieser Textstellen die oben
beschriebene Funktion tatsächlich übernimmt.

Das textliche Plus in 2,21 des LXX-T. ist wahrlich überraschend! Hier sind
es die beiden Eunuchen des Königs, die wegen Mordechais Vorzug am Hof
betrübt sind, und nicht, wie zu erwarten wäre, Haman, Mordechais
Gegenspieler. Zunächst ist anzumerken, daß der Vorwurf von Mordechais
Bevorzugung nur auf 2,19 (LXX-T.), d.h. also auf den vorausgehenden Text,
zurückgeführt werden kann. Auch hierin hat der LXX-T. gegenüber dem A-

---

[66] Hier wird Haman eben nicht zornig, weil Mordechai sich nicht niederkniet, sondern
weil er Mordechai als anwesend im Hof registrierte, und weil er vor ihm keine Furcht zeigte.
Diese Begründung ist das Gegenteil von dem, was Haman in 3,1f von Mordechai verlangte, daß
dieser nämlich, sobald er ihn sehe, niederkniee.

T. ein textliches Plus und gegenüber dem M-T. eine inhaltliche Variante aufzuweisen. Denn während der M-T. berichtet, daß Mordechai im Tor des Königs saß "יֹשֵׁב", führt der LXX-T. "ὁ Μαρδοχαῖος ἐθεράπευεν ἐν τῇ αὐλῇ" (*Mardochai diente im Hof*) an. Diese Formulierung kennen wir aber schon aus Add A16a, dem von uns oben proklamierten Schlußsatz des ersten Teils der HM. Der Neid der Eunuchen auf Mordechais Bevorzugung kann sich de facto nur auf Add A16a beziehen. Tatsächlich stellt 2,21 (LXX-T.) einen hervorragenden Anschluß an Add A dar. Doch führt uns der Inhalt des Verses kaum weiter, denn der Konflikt der HM besteht allem Anschein nach zwischen Haman und Mordechai und nicht zwischen den Eunuchen und ihm. Man muß sich jedoch im klaren sein, daß in diesem Vers zweierlei Aussagen enthalten sind, einerseits das Motiv des Neides gegenüber Mordechai und andererseits der Plan der Eunuchen, gegen den König vorzugehen. Mit der Einfügung des Neid-Motivs gibt der LXX-T. den Eunuchen einen Grund für ihren Plan, der im M-T. tatsächlich fehlt. Daß unverständlich bleibt, warum die Eunuchen sich an dem König rächen und nicht an Mordechai, scheint ihn nicht zu stören.

Die Frage, woher der LXX-T. dieses Motiv genommen hat, ist schwer zu beantworten. Hat der LXX-T. das Neid-Motiv im Gegensatz zum M-T. zusätzlich eingebaut? Auffällig ist zumindest, daß er das dafür verwendete Vokabular "λυπέω" ((pass.) *betrübt sein*) noch einmal in 1,12 und 6,12 (LXX-T.) anführt. Wichtiger ist jedoch, daß die Aufnahme von Add A15b in 2,19 darauf hinweist, daß sich der LXX-T. auf die alte Erzählung in Add A gestützt haben könnte. Ihr hat er dieses Motiv entnehmen können. Zu vermuten wäre, daß es sich ursprünglich auf Hamans Zorn gegenüber Mordechais Beförderung bezog. Im Zusammenhang von 2,21-23 hat der LXX-T. es zu einer Begründung für den Anschlag der Eunuchen auf den König umwandeln können. Das Fehlen des Motivs im A-T. bedeutete dann, daß es entweder der Zusammenfügung von HM und dem Rest des Esth zum Opfer fiel oder aber in 3,6 zum Ausdruck kommt. Doch können wir hierfür keine Lösung finden. Tatsächlich müssen wir es diesbezüglich bei unseren hypothetischen Überlegungen belassen.

Für unsere Fragestellung fruchtbarer sind dagegen die anderen Stellen, an denen das Neid-Motiv verarbeitet wurde:

In 3,6 hat der A-T. ein textliches Plus gegenüber den beiden anderen Versionen: "καὶ παραζηλώσας ὁ Αμαν καὶ κινηθεὶς ἐν παντὶ τῷ θυμῷ αὐτοῦ ἐρυθρὸς ἐγένετο ἐκτρέπων αὐτὸν ἐξ ὀφθαλμῶν αὐτοῦ καὶ καρδίᾳ φαύλῃ ἐλάλει τῷ βασιλεῖ κακὰ περὶ Ισραηλ" (*Und Haman wurde neidisch und bewegt in all seinem Zorn, wurde rot, beorderte ihn [d.i. Mordechai] aus seinem Sichtfeld und redete übel mit schlechtem Herzen zum König über Israel*). Das verwendete Vokabular, die Bezeichnung "Ισραηλ" für das Jüdische Volk, ruft sofort Skepsis hervor und man möchte

meinen, dieser Vers gehöre einer späten Bearbeitung des A-T. an. Die
Nennung Israels ist tatsächlich schon deshalb als sekundär zu beurteilen, weil
sie hier als religiöses Synonym für alle Juden und Jüdinnen gebraucht wird;
die religiöse Sprache der beiden griechischen Versionen muß daher als späte
Bearbeitung des Esth gelesen werden. Denn die Verwendung dieses
Begriffes, in dem eben genannten Sinne, ist für eine nachexilische
Selbstbezeichnung der Juden signifikant.[67] Als ein weiterer Begriff aus später
Hand ist "καρδία" zu nennen. Er kommt in den griechischen Versionen zwar
noch viermal vor, doch immer im Text der Additionen: A11 (LXX-T.)/A10
(A-T.); C24 (LXX-T.)/C25 (A-T.); D5 (LXX-T.)/D3 (A-T.); D13 (LXX-
T.)/D11 (A-T.). Einmal findet er sich noch in dem textlichen Plus des A-T.
in 6,13.

Auf der Basis dieses textlichen Befundes nehmen wir also an, daß 3,6b
"καὶ καρδίᾳ φαύλῃ ἐλάλει τῷ βασιλεῖ κακὰ περὶ Ισραηλ" als spätere
Hinzufügung zu gelten hat. Die sprachliche Analyse ergibt jedoch auch, daß
in 3,6a keine auffällig späte Begrifflichkeit vorkommt.[68] Auf den Inhalt
bezogen bedeutet dies, daß mit 3,6b die Ausweitung der Rache Hamans auf
das ganze Jüdische Volk wegfallen würde und sich der restliche Vers nur auf
Hamans Konflikt mit Mordechai konzentriert. V.6a würde also gut in den

---

[67]   Vgl. auch 4,6 (A-T.). Anhand des 1Makk wird deutlich, daß die Bezeichnung
"Ισραηλ" unter dem palästinischen Judentum nur gebraucht wird, wenn der Verfasser selbst
spricht. Im Munde von Nichtjuden, oder in dem diplomatischen Verkehr zwischen Juden und
Nichtjuden werden sie "Ιουδαιοι" genannt. Das Gleiche gilt für innerjüdische amtliche
Urkunden. Die sonstige jüdisch-palästinische Literatur belegt, "daß in all den Schriften, die
nicht, wie 1 Makk, historisch-politischen, sondern r e l i g i ö s e n Inhalt haben, ... stets nur die
S e l b s t b e z e i c h n u n g Ἰσραήλ" begegnet "(wobei eben der Charakter als S e l b s t
bezeichnung es mit sich bringt, daß der religiöse Anspruch des 'auserwählten Gottesvolkes'
darin immer mitklingt, auch dann, wenn der Name in ganz profanem Kontext, ohne religiöse
Betonung, einfach eben als die übliche Bezeichnung begegnet, wie etwa Jdt 4,1;5,1;7,1 u.ö)."
Die Bezeichnung "Ισραηλ" findet sich auch im hellenistischen Judentum, da jedoch weit
geringer als im palästinischen Judentum. So taucht der Begriff bezeichnenderweise im 2Makk
auch nur fünfmal auf "und zwar nur in betont religiösen Zusammenhängen": im Gebet
(1,25.26;10,38;11,6). Hier tritt vielmehr die Selbstbezeichnung "Ιουδαῖος" in den
Vordergrund. "Der Sprachgebrauch ist also gerade umgekehrt wie in 1 Makk: Dort wird s t e t s
Ἰσραήλ gesagt, a u ß e r im Munde von Nichtjuden und als amtlicher Name (wo es Ἰουδαῖος
heißt); hier, in 2 Makk, dagegen wird s t e t s Ἰουδαῖοι gesagt, a u ß e r in Gebeten und
biblisch-liturgischen Formeln (wo Ἰσραήλ gebraucht wird)" (K.G.Kuhn, "Ἰσραήλ", a.a.O.,
362ff).
[68]   Das Verb "παραζηλόω" (zur Eifersucht gereizt werden/ neidisch machen) kommt in
der LXX noch siebenmal vor: Dtn 32,21; 1Kön 14,22; Ps 37,7.8;78,58; Odes 2,21 und Sir 30,3.
"κινέω" findet sich im Passiv (beunruhigt werden) noch einmal in 2Kön 6,11, ansonsten
bezieht es sich 15mal auf Gegenstände, die bewegt werden. Die Beschreibung der sich im Zorn
verändernden Gesichtsfarbe kommt auch in Add D vor, doch wird er hier nicht mit "ἐρυθρὸς
ἐγένετο", sondern mit "πυρόω" (D5 (A-T.)/D7 (LXX-T.)) ausgedrückt. Während letzteres
noch 32mal verwandt wird, findet sich der Ausdruck des A-T. in der LXX nicht mehr.
"ἐκτρέπω" ist ein höchst selten gebrauchtes Verb (vgl. Am 5,8). Der Verbindung eines Verbs
mit "ἐξ ὀφθαλμῶν" begegnet man noch siebenmal in Lev 4,13; Num 5,13;15,24; Am 9,3;
Jona 2,5; Zeph 3,7 und Odes 6,5. An sechs Stellen wird "ἐξ ὀφθαλμῶν" mit "vor den Augen"
übersetzt; nur in Zeph 3,7 bedeutet es wie in Esth 3,6 "aus den Augen".

HM-Zusammenhang passen, da in ihr die Thematik von der Bedrohung des Jüdischen Volkes keinen Platz hat. Nun fällt aber auf, daß in V.5.6 (A-T.) je ein Bericht von Hamans Zorn gegen Mordechai und sein Volk abgegeben wird. Damit wird der Grund für den Konflikt zwischen Haman und Mordechai, anders als in den beiden anderen Versionen, doppelt erzählt. V.5 gehört aber zu der Erzählung von Mordechais Ehrverweigerung gegenüber Haman. Worauf bezieht sich dann V.6? An dieser Stelle eine späte Bearbeitung des A-T. anzunehmen ist wenig überzeugend, weil die Bedrohung Mordechais und des Volkes in V.5 ja bereits ausgesprochen wurde. Könnte man umgekehrt vermuten, daß V.6a ein ursprüngliches Stück ist[69] und daß V.6b in einer Überarbeitung angehängt wurde, um auch in diesem Vers deutlich zu machen, daß nicht nur Mordechai von dem Konflikt mit Haman betroffen war? Doch daran schließt sich gleich die Gegenfrage, wieso dieser Vers denn mitten in den Erzählzusammenhang von Kap 3 gestellt wurde? Unser Ergebnis muß auch hier lauten, daß für 3,6 keine überzeugende Beweisführung zu liefern ist.

Wenden wir uns deshalb einer Beobachtung an derselben Stelle im M-T. und im LXX-T. zu.

	M-T.	LXX-T.
Esth 3,5[70]:	חֵמָה הָמָן וַיִּמָּלֵא	εθυμώθη σφόδρα
Esth 5,9:	חֵמָה מָרְדֳּכַי עַל הָמָן וַיִּמָּלֵא	εθυμώθη σφόδρα

Der Vergleich zwischen den beiden Versen zeigt, daß sowohl der M-T. als auch der LXX-T. wortgetreue Übereinstimmungen aufweisen. Doch die Anfänge der Verse halten eine Überraschung bereit: Während Hamans Wut in 3,5 ihren Grund in Mordechais Weigerung vor Haman zu knien hatte, liegt der Zorn Hamans in 5,9 nun in Mordechais Ablehnung, Furcht zu zeigen und vor Haman aufzustehen[71] begründet.

Ein paar Verse weiter konzentriert sich in 5,13 (M-T.) Hamans Aggression sogar nur noch auf Mordechais Sitzen im Tor des Königs.[72]

---

[69] Erwähnt sei, daß der M-T. in V.6 und der A-T. in V.6 beide das Element "Augen" anführen, wenn auch in anderen Zusammenhängen. Ob dies damit zu erklären ist, daß der M-T. den A-T. gekannt und abgewandelt hat, muß eine unbeantwortete Frage bleiben, da dieses parallele Element eben nur in einem Wort wiederzufinden ist.

[70] Einige Handschriften der syrischen Ausgabe von Esth haben an dieser Stelle wie in 5,9 "עַל־מָרְדֳּכַי" eingefügt.

[71] Auffällig ist an der Formulierung in 5,9 "וְלֹא־קָם וְלֹא־זָע מִמֶּנּוּ", daß sie ähnlich wie 3,2 aufgebaut wurde ("וּמָרְדֳּכַי לֹא יִכְרַע וְלֹא יִשְׁתַּחֲוֶה"), sich aber auf 3,5 "וַיַּרְא הָמָן כִּי־אֵין מָרְדֳּכַי כֹּרֵעַ וּמִשְׁתַּחֲוֶה לוֹ וַיִּמָּלֵא הָמָן חֵמָה" bezieht, wo das Gleiche anders, nämlich nicht mit einem zweimaligen "לֹא", ausgedrückt wird.

[72] Die große Bedeutung, die das Tor des Palastes in Susa allerdings innehatte, zeigt P.Briant (Histoire, a.a.O., 271f.) auf. Entsprechend hoch muß die Ehre gewesen sein, im Dienste des Königs dieses zu bewachen und den entsprechenden Titel "Wächter der Tore" zu führen (vgl. 2,21;3,2-3). Die Gefahr, entgegen der Etikette das Tor ungebeten zu durchschreiten

5,9.13 passen inhaltlich nun gar nicht mehr zu dem Konflikt in Kap 3,1-3, der Ehrverweigerung Mordechais, wohl aber zum Ende der Add A16a (A-T./LXX-T.), dem Befehl des Königs, Mordechai im Hof dienen zu lassen. Ihre Zugehörigkeit zur HM wäre jedoch nur dann in Betracht zu ziehen, wenn zu erklären wäre, warum 5,9 im A-T. nicht aufzufinden ist. Diese Tatsache spricht gegen die Ursprünglichkeit des Verses.[73] Er könnte im M-T. und im LXX-T. vielmehr deshalb eingefügt worden sein, damit das Gespräch mit Zosara (vgl. 5,13) *einen Sinn* bekam. Sein *Inhalt* orientierte sich an V.13, wo Haman über Mordechais Anwesenheit am königlichen Hof klagt. In der *Formulierung* und Gestaltung des Textes hätte der M-T. jedoch auf 3,1-3 zurückgegriffen. Es ist in jedem Fall offensichtlich, daß der M-T. mit diesem Vers die Kohärenz zwischen Kap 3 und 5 und des Gesamtzusammenhangs verstärkt. Denn beim A-T. ist dieser eher dünn, wenn er den eigentlichen Konflikt nur in V.22 wieder aufnimmt. Dieses letzte Argument erfährt darin eine zusätzliche Stütze, daß die oben aufgezeigte Parallele in 3,5 und 5,9 (M-T./LXX-T.) einen notwendigen Rückbezug auf weit vorher Erzähltes ermöglicht. Auf diese Weise kann die breite Erzählung zwischen Kap 3,4 und Kap 4 überbrückt werden, in der die Aggression Hamans auf Mordechais Volk berichtet wird. Die Ausweitung der Rache Hamans auf das ganze Jüdische Volk ist aber, wie an späterer Stelle zu zeigen sein wird, erst später in den Gesamtzusammenhang des Esth hineingebracht worden. Dies läßt jedoch das Fazit zu, daß die Parallelen in 3,5 und 5,9 ursprünglich einunddenselben Inhalt hatten—nämlich den Zorn Hamans gegen Mordechai wegen dessen Erfolg beim König zum Ausdruck zu bringen. Im Gesamtzusammenhang des Esth dient die redaktionelle Einfügung in 5,9 der Stärkung der inhaltlichen Verbindung von Kap 3 und 5.[74] Der A-T., in dem dieser Zorn Hamans gegen Mordechai nur einmal, in 3,6, verzeichnet ist, kann hierfür als Zeuge genommen werden.

Der bis hierher entwickelte Gedankengang soll nun zur Verdeutlichung unserer These über die unterschiedliche Erzählstruktur in HM gegenüber dem M-T. und dem LXX-T. kurz skizziert werden:

---

und mit dem Tod bestraft zu werden, wird in 4,11 angedeutet (vgl. P.Briant, Histoire, a.a.O., 272).

[73] D.J.A.Clines ordnet 5,9-14 (M-T.) seiner Mordechai-Quelle zu. V.9a diene hier als redaktionelles Verbindungsstück, so daß V.9b an 3,5 anknüpfe. V.12, der auf das Gastmahl Bezug nehme, sei, da in der Mordechai-Quelle "*ex hypothesi*" kein Gastmahl vorkomme, ebenso redaktionell. Dies zeige sich, indem V.13 problemlos mit V.11 zu verbinden wäre. Auch V.14 sei mit seinem Verweis auf das zweite Bankett wegzustreichen (ders., Scroll, a.a.O., 121f).

[74] Zu einem ähnlichen Ergebnis kommt auch L.M.Wills (ders., Jew, a.a.O., 175).

Skizzierung des HM-Konflikts

Inhalte:	HM	M-T./LXX-T.
Konfliktsituation	Add A 11b-16	2,21-23 3,1-3
Konflikt (I) (Hamans Wut)	2,21 (LXX-T.) 3,6 (A-T.)	3,5.6
Ausweitung des Konfliktes (auf das Volk Mordechais)	---	3,4-5,8
Konflikt (II) (Hamans Wut)	---	5,9
Beginn der Lösung des Konfliktes	Kap 6	

Wenn wir nun die obigen Ergebnisse zusammenfassen, dann ergibt sich das folgende Bild: Die drei besprochenen Stellen 2,21;3,5 (M-T./LXX-T.) bzw. 3,6 (A-T.) und 5,9 haben inhaltlich alle den gleichen Aussagegehalt: Es geht um den Zorn der königlichen Bediensteten und Hamans über Mordechais Aufstieg am Königshof. Wegen der Häufigkeit dieser Aussage im kanonischen Text einerseits und der Andeutung dieses Problems am Ende der Add A andererseits, ist hierbei mit großer Wahrscheinlichkeit auf ein Element zu schließen, das auch der HM bekannt war. Weil 5,9 jedoch als sekundär einzustufen ist, können nur noch 2,21 (LXX-T.) und 3,6 (A-T.) in Betracht gezogen werden. Während 2,21—literarkritisch betrachtet—vor der Einführung des ersten Konfliktes auftaucht, steht 3,6 am Schluß der zweiten Konflikteinführung. Unserer These vom A-T. als ältestem Text entsprechend, müßte 3,6 nun vor 2,21 (LXX-T.) der Vorzug gegeben werden. Sein Charakter als textliches Plus des A-T. und seine inhaltliche Doppelung zu dem vorhergehenden Vers zeigen an, daß diese Konsequenz durchaus berechtigt ist. Nun ist auch bei 3,6 (A-T.) nicht von der Hand zu weisen, daß er in seinem zweiten Teil von einer späteren Hand bearbeitet wurde. Darum ist folglich herauszustellen, daß das Neid-Motiv zwar als Bestandteil der HM angesehen werden kann, in diesem Fall seinem jeweiligen Kontext jedoch literarisch angepaßt wurde. Leider konnten diesbezüglich offene Fragen in unseren Überlegungen hierzu nicht ausgeräumt werden. Wir halten schlußfolgernd deshalb an 3,6a (A-T.) als dem wohl am ehesten in Frage kommenden Inhalt für die HM fest.

Ziehen wir zum Schluß nun noch einmal unsere Überlegungen zu den schwierigen Schlußversen der Add A hinzu. Wenn als Abschluß der ursprünglichen Komplott-Erzählung in V.16 und eine Fortführung mit dem Inhalt von 3,6a angenommen wird, so fehlt hier ganz eindeutig die Vorstellung Hamans als einem Beamten am königlichen Hof einerseits und als der Gegenspieler Mordechais andererseits. Beide Aspekte sind jedoch konstitutiv für die Entwicklung des Geschehens in der HM.

Andererseits zeigt uns der Inhalt von 3,6a ("Und Haman wurde neidisch und bewegt in all seinem Zorn, wurde rot und trieb ihn aus seinen Augen"), daß wir in Haman einen Neider Mordechais vorfinden, der mit diesem nicht auf gleicher Ranghöhe zu stehen scheint, sondern als Vorgesetzter oder Begünstigter des Königs in Mordechai einen Konkurrenten sieht und ihm deshalb seinen Aufstieg mißgönnt. Anders macht der bisherige Zusammenhang, aber auch der Fortgang der Erzählung in Kap 6 keinen Sinn. Tragen wir diese Schlußfolgerung an unsere Überlegungen zum Ende der Erzählung in Add A heran, so ist noch einmal über die Zugehörigkeit des Inhalts von Add A17a (A-T.) zu entscheiden. De facto konnte nur die Bezeichnung Hamans als Makedonier gegen die Ursprünglichkeit des Verses angeführt werden. Unter der Voraussetzung, daß nur diese, nicht aber der ganze Vers als redaktionell zu bewerten sind, könnte die beobachtete Lücke geschlossen werden.

Wie dem auch sei, unsere Untersuchung kann nur hypothetisch mit dem Abschlußvers der Pagenverschwörung in Add A17 und dem Vers in 3,6a als Verbindungsstück zwischen der Pagenverschwörung und dem Fortgang der HM in Kap 6 rechnen. Nichtsdestotrotz läßt sich aus dem dargestellten Material eine vollständige Erzählung rekonstruieren, die wir zusammen mit dem nun folgenden Teil aus Kap 6 als HM kennzeichnen.

4.2.3. Der Fortgang der Pagenverschwörung in Kap 6

M-T. Kap 6	LXX-T. Kap 6	A-T. Kap 6
(1) Und in dieser Nacht floh dem König der Schlaf	(1) Aber der Herr nahm den Schlaf des Königs in jener Nacht,	(1) Aber der Gewaltige nahm in jener Nacht den Schlaf des Königs, und er war wach.
und er befahl, das Buch der Denkwürdigkeiten der Chronik der Tage zu holen. Und sie wurden vor dem König gelesen.	und er sprach zu seinem Lehrer, ihm die Schriften der Erinnerung der Tage vorzulesen.	(2) Und es wurden die Vorleser herbeigerufen, und das Buch der Erinnerungen wurde ihm vorgelesen.
(2) Da fand man geschrieben, was Mordechai kundgemacht hatte über Bigtana und Teresch, die zwei Eunuchen des Königs, diejenigen, die an der Schwelle Wache hielten, die versucht hatten an den König Achaschwerosch Hand anzulegen.	(2) Er fand aber die Schriften über das, was über Mardochai geschrieben wurden, als er dem Königpvon den zwei Eunuchen des Königs berichtete, [die,] als sie Wache hatten [und] versuchten, Hände an Artaxerxes zu legen.	(3) Und da war eine Verschwörung der Eunuchen und die Wohltat, die Mardochai dem König tat.
		(4) Und der König schärfte sehr den Verstand und sagte: "Mardochai ist ein vertrauensvoller Mann, indem er auf mein Leben

(3) Und der König sagte: "Welche Ehre und Ehrenbezeugung hat man Mordechai deswegen gegeben?" Und die Diener des Königs, die ihm dienten sprachen: "Nichts ist ihm gegeben worden!"

(3) Der König aber sprach: "Was für eine Ehre oder Gnade haben wir dem Mardochai getan?" Und die Diener des Königs sprachen: "Du hast ihm nichts gegeben."

achtgab. Seit er mich am Leben erhielt bis jetzt; und ich sitze heute auf meinem Thron und habe ihm nichts dafür gegeben. Ich habe nicht richtig gehandelt".

(5) Und der König sprach zu seinen Dienern: "Was sollen wir dem Mardochai, dem Retter dieser Lage, geben?"

Und als die Jünglinge es verstanden hatten, mißgönnten sie es ihm. Denn sie trugen Angst vor Haman in ihren Eingeweiden.
(6) Und der König verstand. Und es wurde Morgen.

(4) Während aber der König nach dem Wohlwollen des Mardochai fragte, siehe, [da kam] Haman in den Hof. Der König aber sprach: "Wer ist in dem Hof?"

(4) Und der König sagte: "Wer ist im Hof?"

Da fragte der König: "Wer ist draußen?" Und es war Haman.

Und Haman kam in den äußeren Hof des Königshauses, um dem König zu sagen, daß Mordechai gehängt werden solle an dem Holzpfahl, den er ihm hatte aufstellen lassen.

Haman aber kam hinein, um mit dem König darüber zu sprechen, daß Mardochai gehängt werden solle an dem Holz, das er vorbereitet hatte.

(7) Haman war aber früh aufgestanden, um mit dem König zu sprechen, damit er Mardochai hängen konnte.

(5) Und die Diener des Königs sprachen zu ihm: "Siehe, Haman steht im Vorhof!"

(5) Und die Diener des Königs sprachen: "Siehe, Haman steht im Hof."

Da sprach der König, er solle kommen.

Und der König sprach: "Ruft ihn!"

(8) Und der König befahl, ihn hineinzuführen.

(6) Und Haman kam und der König sagte zu ihm: "Was soll demjenigen getan werden, an dessen Ehrung der König Gefallen hat?"

(6) Und der König sprach zu Haman: "Was werde ich einem Menschen tun, den ich ehren will?"

(9) Als er hineingekommen war, sagte der König zu ihm: "Was sollen wir einem Mann, der den König fürchtet, geben, den der König zu ehren wünscht?"

Und Haman sagte in seinem Herzen: "Wem, gefiele es dem König, wohl mehr Ehre zu geben als mir?"

Haman aber sprach zu sich selbst: "Wem auch immer will der König Ehre erweisen, wenn nicht mir?"

(10) Und Haman berechnete, indem er [zu sich] sagte: "Wen immer will der König ehren, wenn nicht mich?"

(7) Und Haman sprach zum König: "Demjenigen, an dessen Ehrung der König Gefallen hat,

(7) Aber er sprach zu dem König: "Einem Menschen, dem der König Ehre erweisen will,

(11) Und Haman sprach: "Einem Menschen, den der König ehren will,

(8) bringe man ein königliches Gewand, das der König getragen hat und ein Pferd, auf dem der König geritten ist und das königlichen Schmuck auf seinem Kopf trägt,	(8) [dem] sollen die Diener des Königs einen leinenen Umhang überbringen, den der König umgeworfen hatte und ein Pferd, auf das der König aufgestiegen ist,	dem soll ein königlicher Mantel gegeben werden und ein königliches Pferd, auf dem der König reitet,
(9) und man gebe das Gewand und das Pferd in die Hand eines fürstlichen Mannes des Königs, einem Vornehmen, und man bekleide den Mann, an dessen Ehrung der König gefallen hat, mit dem Gewand und lasse ihn auf dem Pferd auf dem Marktplatz der Stadt reiten und vor ihm ausrufen: "'So geschieht demjenigen, dem Ehre anzutun dem König gefällt'."	(9) und man gebe es einem der Freunde, den Ruhmvollen, des Königs und rüste den Menschen [damit] aus, den der König liebt und lasse ihn auf das Pferd aufsteigen und mache [es] in den Straßen der Stadt bekannt, indem man sagt: 'Auf diese Weise geschieht [es] jedem Menschen, den der König ehren will'."	und einer der Ruhmvollen, der Freunde des Königs, nehme es und bekleide ihn und setze ihn auf das Pferd und gehe vor ihm in der Stadt herum, während er verkündigt: 'Dies wird demjenigen zuteil, der den König fürchtet, als dem, den der König ehren will'."
(10) Und der König sprach zu Haman: "Eile, nimm das Gewand und das Pferd, so wie du gesagt hast, und handle so an Mordechai, dem Juden, der im Tor des Königs sitzt. Lasse nichts aus von allem, was du gesagt hast!"	(10) Und der König sprach zu Haman: "Schön hast du das gesagt! Auf diese Weise tue an Mardochai, dem Juden, der im Hof dient, und laß nicht [eines] deiner Wort fallen, die du gesagt hast."	(12) Und der König sprach zu Haman: "Lauf schnell und nimm das Pferd und den Mantel, wie du gesagt hast, und tue dies für Mardochai, den Juden, der am Tor sitzt, und laß nicht [eines] deiner Worte fallen."
		(13) Als aber Haman erkannte, daß nicht er derjenige war, der geehrt werden sollte, sondern daß es Mardochai war, zerrieb sich sein Herz sehr und sein Geist verwandelte sich in Ohnmacht.
(11) Und Haman nahm das Gewand und das Pferd	(11) Haman aber nahm den Mantel und das Pferd	(14) Und Haman nahm den Mantel und das Pferd und schämte sich vor Mardochai, weil er an jenem Tag beschlossen hatte, ihn zu kreuzigen.
		(15) Und er sprach zu Mardochai: "Zieh den Sack aus!"
		(16) Und Mardochai war beunruhigt, wie einer, der getötet werden soll, und er zog mit Schmerz den Sack aus und zog die Kleider der Ehre an.
		(17) Und es schien Mardochai ein Wunder zu

		sehen. Und sein Herz [rief] zu dem Herrn und verblieb in Sprachlosigkeit.
		(18) Und Haman eilte, um ihn auf das Pferd zu heben.
und bekleidete Mordechai. Und er ließ ihn reiten auf dem Platz der Stadt. Und er rief vor ihm her: "So wird demjenigen getan, dem Ehre anzutun dem König gefällt!"	und rüstete Mardochai [damit] aus und ließ ihn auf das Pferd aufsteigen und lief durch die Straßen der Stadt und machte die Worte bekannt: "Auf diese Weise geschieht [es] jedem Menschen, den der König ehren will."	(19) Und Haman brachte das Pferd hinaus und führte es vor sich her, indem er verkündete: "Dies wird demjenigen zuteil, der den König fürchtet, als dem, den der König ehren will".
(12) Und Mordechai kehrte zurück zu dem Tor des Königs. Und Haman eilte in sein Haus, trauernd und bedeckten Hauptes.	(12) Mardochai aber kehrte zurück in den Hof, Haman aber kehrte um in seine Eigentümer, während er in seinem Kopf betrübt war.	(20) Haman ging aber finster blickend zu sich nach Hause, Mardochai aber ging in sein Haus.
(13) Und Haman erzählte seiner Frau Seresch und allen seinen Freunden all das, was ihm begegnet war. Und die Weisen und Seresch, seine Frau, sprachen zu ihm: "Wenn Mordechai von dem Geschlecht der Juden ist und du hast angefangen vor ihm zu fallen, vermagst du nichts gegen ihn, sondern du wirst noch vollends vor ihm zu Fall kommen."	(13) Und Haman erzählte Zosara, seiner Frau, und den Freunden, was ihm zugestoßen war, und die Freunde und die Frau sprachen zu ihm: "Wenn Mardochai aus dem Geschlecht der Juden ist, und du angefangen hast, zu niedrig zu werden, dann fällst du, indem du fällst: und nichts kann ihn abwehren, denn Gott lebt mit ihm."	(21) Und Haman erzählte seiner Frau alles, was ihm zugestoßen war, (22) und seine Frau und seine Weisen sagten zu ihm: "Seit du von ihm schlecht redetest, seitdem folgt dir das Schlechte. Schweige!, denn Gott ist mit ihnen."
(14) Noch als sie mit ihm redeten trafen die Eunuchen des Königs ein und eilten, um Haman zu dem Gastmahl zu holen, das Esther bereitet hatte.	(14) Noch während sie redeten, kamen die Eunuchen, indem sie eilten, um Haman zu dem Trinkgelage, das Esther bereitet hatte, zu holen.	(23a)[75] Und während sie noch redeten, kam jemand, um ihn eilig zum Trinkgelage zu holen.

Wenn wir nun behaupten, daß die HM in Kap 6 ihre Fortführung findet, so bedarf es zunächst der Begründung für diese These. Diese besteht darin, daß zwei inhaltliche Bezüge zwischen den bisher rekonstruierten HM-Teilen und Kap 6 bestehen und zwar a) in der Benennung der Schriften, in denen die Tat Mordechais verzeichnet wurde (vgl. Add A15 (A-T./LXX-T.); 3,23 (M-T./LXX-T.)) und b) in der nun folgenden Belohnung dieser Tat (6,3 (M-T./LXX-T.); 6,5 (A-T.)). Für den Duktus der HM bedeutet der Inhalt des Erzählabschnittes von Kap 6 den Höhepunkt und zugleich die Wendung des in Add A11b-17 eingeleiteten Geschehens, das mit dem Sprichwort "Hochmut kommt vor dem Fall" charakterisiert werden kann.

---

75 6,23b gehört im Vergleich der Versionen bereits zu Kap 7,1 (M-T. bzw. LXX-T.).

Bevor wir nun im Einzelnen auf die oben aufgeführten innertextlichen
Aspekte eingehen, durch die nachgewiesen werden soll, daß Kap 6 zur HM
gehört, wollen wir einen außerbiblischen Text in die Diskussion
miteinbeziehen. Für seine Mordechai-Haman-Quelle fand WILLS eine
interessante Parallele in der ägyptischen Erzählung "Instruction of
Onkhsheshonq": "*Onkhsheshonq* contains several intriguing parallels, not to
the Esther story as a whole, but to the M/H core of the scroll. In both
narratives conspirators are foiled because they are overheard by a loyal
courtier, and in both a sleepless king calls to the courtier to enter from the
outer chambers. Further, both *Onksheshonq* and M/H have a peculiar
perspective—they both focus on the fallen and foolish courtier rather than
the wise and loyal one. The world of court wisdom is seen from the
perspective of one too obtuse to learn the rules of his environment."[76] WILLS
M/H-Quelle umfaßt, wie oben bereits erwähnt wurde, die Verse 2,5a;2,21-
22a.23;3,1-2a;5,10-12a;6,1-4a.6-9.10-11 sowie 8,2 und 10,1-3. Anders als
WILLS rechnen wir weder 3,1-2a;5,10-12a noch 8,2 und 10,1-3 zu unserer
HM. Tatsächlich finden sich die drei entscheidenden Elemente, die sowohl
WILLS als auch wir zur HM rechnen, nämlich die Bedrohung des Königs
durch einen Anschlag, die Aufdeckung des Anschlags in einer schlaflosen
Nacht des Königs sowie die Bestrafung der Tat in dem außerbiblischen Text
aus Ägypten wieder. Das erste Element wurde, unserer Textrekonstruktion
nach, in dem dritten Teil der Add A verarbeitet, und die beiden anderen
Elemente sind v.a. mit Kap 6 in Verbindung zu bringen.

Für den Vergleich zwischen der HM und der ägyptischen Erzählung,
geben wir im folgenden den Inhalt der "Instruction of Onkhsheshonq"
wieder:

> *Die Erzählung "The Instruction of Ankhsheshonq"*[77]:
> [Die Erzählung setzt in Zeile neun auf der ersten Seite des Blattes ein.] Der
> Leibarzt des Pharaos, der in allem, was er tat, zuerst Harsiese, den Sohn von
> Ramose zu Rate zog, stirbt. An seine Stelle tritt Harsiese, erbt alles von seinem
> Vorgänger und wird zum wichtigsten Berater des Königs. Zu jener Zeit hatte
> Ankhsheshonq, der Sohn von Tjainufi, einige Probleme. Er entschließt sich,
> von Heliopolis aus nach Memphis zu Harsiese, dem Sohn des Mannes, mit
> dem Ankhsheshonqs Vater befreundet war, zu gehen, um diesen um Hilfe zu
> bitten. Er spricht jedoch mit niemandem über sein Vorhaben. Bei Harsiese
> angekommen, verlangt dieser von ihm, daß er seine Familie dreimal im Monat

---

[76] L.M.Wills, Jew, a.a.O., 182.

[77] Unsere Inhaltsangabe bezieht sich auf die englische Wiedergabe des Textes unter dem
Titel "The Instruction of Ankhsheshonq" (vgl. M.Lichtheim, Literature, a.a.O., 159-184). Die
Textgrundlage dieser englischen Übersetzung ist ein Papyrus, der aus 28 Kolumnen besteht. Es
fehlen v.a. große Teile der ersten beiden Seiten. Der im Papyrus überlieferte Text ist in die
späte ptolemäische Zeit zu datieren, doch schätzt Lichtheim die Erzählkomposition selbst älter
ein. Wills stellt dem entgegen, die Erzählung wäre in die persische Zeit hinein zu datieren, gibt
jedoch weder eine Begründung hierfür, noch weitere Angaben zu seiner Quelle an (vgl.
L.M.Wills, Jew, a.a.O., 182).

kontaktiere. Nun geschieht es, daß Ankhsheshonq mit anhört, wie Hariese plant, den Pharao zu töten. Er spricht ihm ins Gewissen und fragt ihn, wie er so etwas tun könne, wo der Pharao ihm doch so viel Gutes erwiesen habe. Harsiese hält ihm jedoch entgegen, daß auch die Beamten des Hofes hinter diesem Plan stünden. Dieses Zwiegespräch zwischen den beiden wird von einem Bediensteten der inneren Gemächer, Wahibre-makhy, dem Sohn des Ptahertais belauscht. Dieser liegt des Nachts stets in der Vorhalle des Privatzimmers des Königs. In der achten Stunde der nun folgenden Nacht wacht der Pharao auf und fragt, wer draußen vor dem Zimmer sei. Wahibre-makhy antwortet ihm. [An dieser Stelle ist der Text, das Ende von Seite zwei und der Beginn von Seite drei, der den Anfang der Rede des Pharaos beinhaltet, verdorben.] Der Pharao fragt diesen dreimal, ob er gerettet würde. Wahibre-makhy bestätigt, er würde durch die Götter gerettet und teilt ihm außerdem mit, was er von dem Gespräch von Harsiese und Ankhsheshonq mitgehört hat. Daraufhin schläft der Pharao bis zum nächsten Morgen nicht mehr. Am folgenden Tag stellt er seinen Thron in die Mitte der Halle des Palastes in Memphis, wo der ganze Magistrat und die Generäle sitzen und spricht Harsiese auf seinen Plan an, den er trotz seiner guten Behandlung durch den Pharao an diesem zu vollziehen gedachte. Harsiese behauptet, Pre habe ihm eingegeben, dem Pharao Böses zu tun. Auf Anfrage des Pharao gibt er zu, daß er auch Ankhsheshonq von seinem Plan erzählt habe, woraufhin der Pharao ihn holen läßt. Er beschuldigt diesen, daß er ihn, den Pharao, trotz seines Wissens von Harsieses Plan, nicht informiert habe. Ankhsheshonq entschuldigt sich damit, daß er Harsiese eindringlich ins Gewissen geredet habe. Doch nichts kann ihn nun noch retten. Während Harsiese auf einem Altar mit allen anderen Konspiranten verbrannt wird, kommt Ankhsheshonq in Gewahrsam unter die Aufsicht eines eigenen Dieners aus dem Hause des Pharaos und wird täglich mit Essen aus dem Palast versorgt. Als nun der Tag der Freilassung der Gefangenen kommt, entläßt der Pharao alle außer Ankhsheshonq. Bar aller Hoffnung erbittet sich Ankhsheshonq von seinem Diener eine Palette und eine Buchrolle, um seinem Sohn, den er noch nicht belehren konnte, Instruktionen aufzuschreiben. Der Diener befragt den Pharao, was hinsichtlich Ankhsheshonqs Wunsch zu tun sei. Und als dieser ihm gewährt, wohl eine Palette, nicht aber eine Buchrolle, zukommen zu lassen, beginnt Ankhsheshonq mit der Niederschrift seiner Instruktionen. Er stellt ihnen jedoch eine Klage über seine ungerechte Behandlung voraus.

Grundmotiv beider Erzählungen, der von Ankhsheshonq und der HM, ist die Entdeckung eines Anschlages gegen den König. Allerdings, stellt WILLS fest, erzähle der weise Mordechai dem König von diesem Plan, während Ankhsheshonq sein Wissen seltsamerweise für sich behalte und sich dadurch selbst Schaden zufüge. Der Höhepunkt in der Entwicklung des Geschehens trete bei beiden ein, wenn der im Schlaf gestörte König einen Höfling rufe und von diesem Nachricht über "the true standing of all the characters in the moral arena of the court"[78] erhalte. Tatsächlich liegt ein Unterschied der beiden Erzählungen darin, daß Ankhsheshonq den entscheidenden Schritt, die Aufdeckung des Anschlages, mit dem er seine Loyalität zum König zum

---

[78] L.M.Wills, Jews, a.a.O., 186.

Ausdruck bringen könnte, nicht vollzieht. Doch sind Ankhsheshonq und Harsiese miteinander befreundet, während Mordechai die Eunuchen des Königs offensichtlich nicht kannte. Insofern ist das Element der Beziehung der Protagonisten in beiden Erzählungen je anders im Text verarbeitet und führt dementsprechend zu einer anderen Entwicklung des Geschehens. Zudem ist herauszustreichen, daß Harsiese und Ankhsheshonq in die Planung des Anschlages involviert sind, während dieser in der HM die Basis für ein der Ankhsheshonq-Erzählung unbekanntes Hauptelement bedeutet, nämlich den Konkurrenzstreit der beiden Hauptakteure.

Zu fragen ist nun, ob "The instruction of Ankhsheshonq" eine Vorlage der HM gewesen sein könnte. Wäre es möglich, daß die HM bei der Einarbeitung in einen neuen Gesamtzusammenhang einige Aspekte dieser ursprünglichen Erzählung umgearbeitet hat, so daß beispielsweise die Freundschaft zwischen den beiden Protagonisten zu einer Feindschaft verändert wurde, um so dem Hauptkonflikt des Buches, die Bedrohung des Jüdischen Volkes durch Hamans Feindschaft, angepaßt zu werden?

Zu bedenken ist, daß "The instruction of Ankhsheshonq" selbst nur als Vorgeschichte zu der Niederschrift weisheitlicher Sprüche, die ca. 4/5 der Erzählung (Kolumnen 5-28) ausmachen, dient.[79] D.h. auch sie ist einem anderen Zusammenhang beigeordnet worden. Die Bestimmung einer Relation der Texte zueinander kann in jedem Fall nur gedacht, nicht jedoch nachgewiesen werden. Für unsere Zwecke ist deshalb festzuhalten, daß in persischer Zeit einige Hoferzählungen im Umlauf gewesen sein müssen, die die oben aufgeführten drei Elemente je einzeln oder miteinander ganz unterschiedlich verbanden. Wenn WILLS den beiden Erzählungen auch einen gemeinsamen Charakter zuschreibt, so ist der Zweck des Erzählten jedoch jeweils ein anderer. Für unseren Zusammenhang ist festzuhalten, daß die Parallelen zwischen den drei Hauptelementen in beiden Erzählungen unsere These von der Zusammengehörigkeit von Add A und Kap 6 stärkt.[80]

---

[79] M.Lichtheim schreibt hierzu: "The earlier *Instructions,* the text has an introductory narrative which purports to describe the circumstances that led to the composition of the maxims, and, like its prototypes, the introduction is a literary device and a fiction. The inventor of this introduction must have striven for originalty, for he placed the composition of the maxims into the setting of a foiled plot against the life of a Pharaoh" (dies., Literature, a.a.O., 160).

[80] Auf die Niederschrift einer Wohltat am König und der namentlichen Verzeichnung des Wohltäters weisen auch andere Quellen hin. In ihnen wird zugleich die Zusammengehörigkeit von Wohltat und entsprechender Belohnung deutlich. P.Briant zeigt dies anhand einigen Quellenmaterials im Vergleich mit Esth 6 auf: "Il est donc clair qu'il existait à la cour un registre sur lequel étaient inscrits les noms de ceux qui avaient reçu le titre de Bienfaiteur ... dans la lettre (peut-être) envoyée par Xerxès à Pausanias de Sparte [il écrit]: «Ce service *(euergesia)* te restera compté dans notre maison comme un titre inscrit à jamais *(es aiei anagraptos)* »* (Thucydide I, 129.3). C'est en se fondant sur cette réalité que le Samien Syloson vint trouver Darius, peu après son avènement: «Il monta à Suse, s'assit à la porte du palais royal, et déclara qu'il était un Bienfaiteur de Darius» (III, 140). À Koès, qui venait de lui donner

Kehren wir auf dieser Basis nun zu unseren eigenen Untersuchungen, der inhaltlichen Bezugnahme von Kap 6 auf Add A in der von uns angenommenen HM, zurück. Wir stellen hier zwei Bezüge fest, die im folgenden genauer untersucht werden sollen: a) Die Niederschrift des Geschehenen in 2,23 (M-T./LXX-T.) und in Add A15 (LXX-T./A-T.) im Gegenüber zu 6,1 in allen drei Versionen und b) die Belohnung der Rettungstat.

a) die Niederschrift des Geschehenen

Die Bezeichnungen für die königliche Chronik in den Esth-Versionen

Abschnitt	M-T.	LXX-T.	A-T.
G^{81}: M-T. 2,23 LXX-T./A-T. Add A15	בְּסֵפֶר דִּבְרֵי הַיָּמִים לִפְנֵי הַמֶּלֶךְ	εἰς μνημόσυνον, καὶ Μαρδοχαῖος ἔγραψεν περὶ τῶν λόγων τούτων	ἐν τῷ βιβλίῳ τοῦ βασιλέως περὶ τοῦ μνημονεύειν τῶν λόγων τούτων
LXX-T. 2,23		εἰς μνημόσυνον ἐν τῇ βασιλικῇ βιβλιοθήκῃ	
G*: M-T. 6,1 LXX-T. 6,1 A-T. 6,2	אֶת־סֵפֶר הַזִּכְרֹנוֹת דִּבְרֵי הַיָּמִים	γράμματα μνημόσυνα τῶν ἡμερῶν	τὸ βιβλίον τῶν μνημοσυνῶν

Diese Gegenüberstellung der verschiedenen Bezeichnungen für die königlichen Analen gibt uns einen weiteren Aufschluß über die bestehenden Textzusammenhänge: So zeigt Abschnitt **G*** die Kontinuität im Gebrauch der Begrifflichkeit an: Sie ist im A-T. zwischen Add A15 und Kap 6,2 deutlich zu sehen, denn beide Texte verwenden eine sehr ähnliche Formulierung für die königlichen Analen. Der Unterschied liegt allein, daß die infinitivische Konstruktion "περὶ τοῦ μνημονεύειν" in Add A15 durch eine Genitivkonstruktion "τῶν μνημοσυνῶν" in 6,2 ersetzt wird. Der LXX-T. gebraucht dagegen an allen drei Stellen (Add A15;2,23 und 6,1) eine je andere Formulierung. In diesen Formulierungen bleibt nur das Wort "μνημόσυνον" konstant. Hinsichtlich des M-T. ist auffällig, daß dieser nun

---

un conseil judicieux, Darius fit cette déclaration: «Étranger de Lesbos, quand je serai de retour sain et sauf dans ma demeure, ne manque pas de te présenter à moi pour que je paye ton bon conseil de bienfaits» (IV,97). À son retour à Sardes, Darius ne manqua pas de réaliser sa promesse (V,11). C'est très exactement le sens de l'histoire des rapports entre Ashuérus et Mardochée, telle qu'elle est rapportée par le rédacteur d'*Esther*: en prenant connaissance, dans le Livre des Bienfaiteur, des services rendus par Mardochée, le roi s'étonne que le Judéen de Suse n'ait reçu aucun honneur, et il prend aussitôt des dispositions pour réparer l'oubli (*Esther* 6)" (P.Briant, Histoire, a.a.O., 315f.).

[81]   Die Abschnittsbezeichnung "G" orientiert sich an der Tabelle in Kapitel 4.2.1.1., wo 2,23b und Add A15 (LXX-T. und A-T.) bereits schon einmal gegenüber gestellt wurden. Hier wurden die Verse jedoch in ihrem kontextlichen Zusammenhang betrachtet, während hier allein das Element der Niederschrift des Geschehenen untersucht werden soll.

gerade den Begriff "הַזִּכְרֹנוֹת" in 6,2 (vgl. Mal 3,16!), das dem "μνημόσυνον" des LXX-T. entspricht, gegenüber 2,23 hinzugefügt hat.

Während der LXX-T. in Esth 2,21 berichtet, die Eunuchen "ἐζήτουν ἀποκτεῖναι ᾿Αρταξέρξην τόν βασιλέα" (*suchten Artaxerxes den König zu töten*), erzählt er in Add A13 davon, "ὅτι ἑτοιμάζουσιν τὰς χεῖρας ἐπιβαλεῖν ᾿Αρταξέρξη τῷ βασιλεῖ" (*daß sie planten, Hand an Artaxerxes, den König, zu legen*). Dagegen liest der LXX-T. in 6,2 wie in Add A, daß die zwei Eunuchen während ihrer "Wache" (vgl. Add A12 (LXX-T.)) "ζητῆσαι ἐπιβαλεῖν τὰς χεῖρας ᾿Αρταξέρξη" (*suchten, Hand an Artaxerxes zu legen*). Der LXX-T. läßt in 6,2 also eine eindeutige Aufnahme von Add A12f. durchblicken. Der A-T. wiederholt in Kap 6 die Passage in Add A11-18 nicht wörtlich, sondern faßt dieses Ereignis kurz zusammen: Der König erinnere sich an die Verschwörung, die geschehen sei und an die Wohltat, die Mordechai dem König getan habe. Daß es sich hier um Add A11-18 handelt, ist selbstverständlich, da der A-T. die Passage in 2,21-23 des LXX-T. und des M-T. als ältester Text gar nicht kennt und selbst auch nicht aufgeführt hat.

b) Die Belohnung der Rettungstat

Zur Aufdeckung der Pagenverschwörung in Add A gehört die Belohnung für die Rettung des Königs. Diese findet in Kap 6 statt, wo Haman vom König dazu bestimmt wird, Mordechai die königliche Dankbarkeit zu erweisen und ihm im Namen des Königs Ehre anzutun. In diesem Zusammenhang führt der A-T. die HM flüssig und mit starker Ausrichtung auf Add A11-18 fort, wenn er nun den König fragen läßt, was Mordechai für seine Rettungstat und dafür, daß er darauf acht hatte, daß dem König auch weiterhin nichts geschehen sei, gegeben worden sei (6,4.5). V.4 ist ein redaktionell zu bewertendes textliches Plus des A-T., in dem breit ausgeführt wird, daß Mordechai ein vertrauensvoller Mann sei, der dafür sorge, daß der König noch immer auf dem Thron sitze. Die Frage des Königs in V.5, was Mordechai getan werden solle, bezieht sich damit auf V.3, einer gegenüber dem M-T. und dem LXX-T. kurzen Zusammenfassung der Rettungstat Mordechais.

Der M-T. und der LXX-T. gehen anders vor. In V.2b finden wir bei diesen Texten nicht die kurze Andeutung des Geschehens, sondern eine vergleichsweise breite Nacherzählung der Aufdeckung des Anschlags, die sich der A-T. gespart hat. Der M-T. bezieht sich hier natürlich auf 2,21-23 (vgl. die Namen der Eunuchen "בִּגְתָן וָתֶרֶשׁ"). Dagegen übernimmt der LXX-T. seine Formulierung für die Nacherzählung des Komplotts, wie unter Punkt a) zu sehen war, aus Add A12-17. Wenn der König in 6,3 nun fragt, was Mordechai für seine Tat getan worden sei, die Antwort der Diener aber "Du hast ihm nichts gegeben" lautet, so ist offensichtlich, daß der LXX-T. die Information aus Add A16b nicht einfach ignorierte, sondern als redaktionellen Zusatz nicht kannte. Allerdings ist hier auch zu beobachten, daß der LXX-T. den V.3 des M-T. inhaltlich widerspiegelt und diesen gegenüber der Add A-Version vorgezogen haben könnte.

Sprachliche und inhaltliche Aspekte deuten darauf hin, daß Add A und Kap 6 in kompositionellem Zusammenhang gelesen werden müssen. Tatsächlich läßt sich die Beziehung der beiden Texte im A-T. nicht so deutlich nachvollziehen wie im LXX-T. Doch zeigen sich bei ihm redaktionelle Verflechtungen an ganz anderen Stellen: So läßt der A-T. den König in V.5a nicht fragen, was Mordechai gegeben *wurde*, sondern, was ihm gegeben *werden soll*. In dieser futurischen Formulierung, könnte man meinen, sollte der König in keiner Weise verdächtigt werden, eine gerechtfertigte Belohnung unterlassen und damit eine Fehlentscheidung getroffen zu haben, vielmehr habe er nun die anstehende Gerechtigkeit walten lassen wollen. Der zeitliche Abstand zwischen der Rettung und der Belohnung, wie sie im M-T. und im LXX-T. zum Ausdruck kommen, ist also irrelevant. Doch wegen dem in V.5b unmittelbar folgenden zweiten textlichen Plus des A-T. ist Vorsicht geboten. Ist hier wirklich der ursprüngliche Text der HM aufzufinden? Die "νεανίσκοι" (*Jünglinge*), von denen hier zum ersten Mal die Rede ist und mit denen wohl die Diener des Königs gemeint sind, haben sich in ihrer Mißgunst gegen Mordechai auf Hamans Seite gestellt, denn der Text erläutert, sie "διεφθόνουν" (*mißgönnten*) Mordechai die Belohnung des Königs. So wenig verständlich wie dies, wirkt auch die Reaktion des Königs auf das Verhalten der Jünglinge in V.6a. Er kann ihr Verhalten im Gegensatz zu den Lesern des Textes nachvollziehen: "καὶ ἐνόησεν ὁ βασιλεύς" (*und der König verstand*). Möglich ist, daß es sich bei diesem Vers höchstwahrscheinlich um eine weitere Ausschmückung des Textes handelt. Auf diesen Gedanken kommt man mit Blick auf den zweiten Halbvers, V.6b, wo überleitend auf das nun folgende Geschehen von dem anbrechenden Morgen die Rede ist. CLINES hat für diese Stelle eine interessante Erklärung.[82] Er nimmt an, daß "διεφθόνουν" die Form "קָנֵא", die im hebräischen Original aufzufinden gewesen sei, mit der Bedeutung "eifersüchtig sein" übersetzt habe, statt mit dem eigentlich gemeinten "wütend sein". Letzteres wäre aber im Zusammenhang, daß der König ihre "Wut" erkannte, viel besser zu verstehen. Der Grund dafür, daß der König auf seine Frage, was für Ehre Mordechai gegeben werden solle, keine Antwort bekommen habe, sei, daß das hebräische Original von "ποιήσομεν" die Form "נעשה" gewesen sei, die er nicht perfektisch ("*Was wurde Mordechai ... getan?*"), sondern imperfektisch ("נַעֲשֶׂה" ("*[Was] werden wir ... tun*")) las. Da die geforderte Antwort jedoch nicht "Wir wollen ihm nichts

---

[82]   D.J.A.Clines, Scroll, a.a.O., 106f.

tun!" lauten könne, habe der Autor des A-T. diese einfach weggelassen. Um jedoch den für den Fortlauf der Erzählung wichtigen Hinweis, daß Mordechai noch nichts gegeben wurde und um das nun geforderte Handeln des Königs zu begründen, habe er V.4 komponiert, und als Erklärung dafür, warum die Höflinge dem König schließlich nicht geantwortet hätten, habe er 6,5b eingefügt. CLINES kommt zu dem Ergebnis, daß die Stelle in Kap 6,4-6 prinzipiell dem Übersetzer des A-T., nicht jedoch seiner Vorlage, dem pre-masoretischen Text zuzuschreiben sei. Darauf wiesen sowohl der verwendete pluralis majestatis in der Frage des Königs an seine Diener hin ("Was sollen *wir* tun?"), der im A-T. sonst nirgends auftauche, als auch der in 6,4 vorzufindende Selbstzweifel des Königs, er habe nicht recht gehandelt. Doch entspräche diese Reaktion dem Charakter des Monarchen im A-T. überhaupt nicht. CLINES Beobachtungen stützen unsere eigenen Vermutungen, daß die textlichen Plus des A-T. in 6,4-6 nicht zum ursprünglichen Text der HM gehören.[83]

Die innere Kohärenz des Esth stärkende Funktion übernimmt der nun folgende V.7 (A-T.). Hier ist eine literarische Verknüpfung von Kap 5,21-23 und Kap 6 bezweckt, denn V.7 nimmt wörtlichen Bezug auf 5,23. Dort hatte Zosara Haman geraten früh aufzustehen, um mit dem König über die Erhängung Mordechais zu sprechen.

---

[83] An dieser Stelle sei angemerkt, daß der A-T. neben den textlichen Plus in V.4.5b und V.6a auch noch ein weiteres in V.13.14b-17 aufzuweisen hat. Sie sind jedoch allesamt als Ausschmückungen des Textes zu verstehen und haben deshalb keinen Einfluß auf die eigentliche Entwicklung der Erzählung in Kap 6. Ihr sekundärer Charakter wird v.a. am Sprachgebrauch deutlich, der sich eng an dem von Add D des A-T. anlehnt. Dies fällt v.a. an den Textpartien in V.13-17 auf. "ἐν ἐκλύσει" (6,13/D6); "ἡ καρδία αὐτοῦ (αὐτῆς/μου)" (6,13.17/D3.1); "μετέβαλε τὸ πνεῦμα αὐτοῦ" (6,13/D7); "ἱμάτια (τῆς) δόξης" (6,16/D1). In 6,16 fällt die Wendung "μετ' ὀδύνης" ins Auge, die sich auch in dem sekundärlichen Vers 4,6 des A-T. ("τὴν ὀδύνην") wiederfindet. Daneben ist auffällig, daß in 6,14 an Stelle des sonst verwendeten Begriffes "κρεμάζω" (vgl. 5,23;6.7;7,12.13) für Hamans Plan, Mordechai aus dem Wege zu räumen, einmalig "ανασκολοπίζω" gebraucht wird (vgl. zu letzterem B.Ego, Targum, a.a.O., 287). Die Autorin fragt hier, welche Art der Hinrichtung mit dem Wort "תלה" bzw. mit dem aramäischen Äquivalent "צלב" gemeint sei. Sie stellt fest, daß die Begriffe sowohl die Erhängung am Galgen meinen können, als auch die Kreuzigung. "Während die Kreuzigung, die seit der Perserzeit im Judentum bekannt war, in den ersten drei nachchristlichen Jahrhunderten in Palästina eine sehr verbreitete Exekutionsform darstellte, wurde sie seit Konstantin allmählich durch das Aufhängen am Galgen ersetzt. Für das Esterbuch ist somit anzunehmen, daß die hebräische Überlieferung von einer Kreuzigung Hamans ausgeht." Darauf wiese auch der LXX-T. hin, wenn er "תלה" mit "κρεμάζω" im Sinne von "kreuzigen" wiedergebe (vgl. dies., Targum, a.a.O., 287, Anm. 645). Das in der LXX sonst nirgends auftauchende Wort "ανασκολοπίζω" deutet nicht nur darauf hin, daß dem Redaktor die im Esth beschriebenen Hinrichtungsform bekannt war, sondern auch, daß V.14b an dieser Stelle sekundär eingefügt wurde). Schließlich ist in 6,15 (A-T.) die Wendung "Περιελοῦ τὸν σάκκον" zu lesen, die sich wohl auf die gleiche Formulierung in 4,3 bezieht ("Περιέλεσθε τὸν σάκκον"). Hier wurde sie jedoch von redaktioneller Hand als Hinweis auf die gesamte Esth eingesetzt, um so die innere Kohärenz der Erzählung zu stärken.

M-T. 5,10-14	LXX-T. 5,10-14	A-T. 5,21-24
(10) Doch Haman hielt an sich, und er kam zu seinem Haus, und er sandte und ließ seine Freunde und Seresch, seine Frau, kommen.	(10) Und als er hineingegangen war in seine Eigentümer, rief er die Freunde und Zosara, seine Frau.	(21) Haman aber ging in sein Haus und führte seine Freunde und seine Söhne und Zosara, seine Frau, zusammen, und er rühmte sich,
(11) Und Haman erzählte ihnen von der Herrlichkeit seines Reichtums und der Vielzahl seiner Kinder und alles, womit der König ihn groß gemacht habe und womit er ihn über die Fürsten und Diener des Königs erhoben habe.	(11) Und er zeigte ihnen seinen Reichtum und die Ehre, die der König ihm angetan hatte, und daß er ihn zum Ersten gemacht hatte und das Königreich befehlige.	
(12) Und Haman sagte: "Auch hat Esther, die Königin, niemanden mit dem König zu dem Gastmahl kommen lassen, das sie bereitet hat, außer mich. Und auch morgen werde ich zusammen mit dem König zu ihr gerufen.	(12) Und Haman sprach: "Die Königin hat niemanden zusammen mit dem König zu dem Gastmahl gerufen als mich. Und [auch] für morgen bin ich gerufen worden.	indem er sagte: "Die Königin hat niemanden zu ihrem ausgewählten Tag gerufen, außer den König und mich allein. Und [auch für] morgen bin ich gerufen worden.
(13) Doch all das ist mir nicht genug, wenn ich immer Mordechai, den Juden, sehe, der im Tor des Königs sitzt."	(13) Und dies gefällt mir nicht, daß ich diesen Mardochai, den Juden, im Hof sehe."	(22) Aber nur das betrübt mich, daß ich diesen Mardochai, den Juden, in dem Hof des Königs sehe, und er kniet vor mir nicht nieder."
(14) Und Seresch, seine Frau und alle seine Freunde sagten zu ihm:	(14) Und Zosara, seine Frau, und die Freunde sprachen zu ihm:	(23) Und Zosara, seine Frau, sagte zu ihm: "Aus dem Geschlecht der Juden ist er. Weil der König dir gestattet hat, die Juden zu vernichten, und die Götter dir einen Tag des Verderbens [gegeben haben], zur Rache an ihnen,
"Man soll einen Holzpfahl aufstellen, 50 Ellen hoch, und morgen sage dem König, man solle Mordechai an ihm aufhängen und geh mit dem König fröhlich zu dem Mahl."	"Schlage dir ein Holz von 50 Ellen, morgen früh, aber sprich mit dem König, und Mardochai werde an dem Holz aufgehängt. Du aber gehst zu dem Gastmahl, gemeinsam mit dem König und erfreust dich."	schlage man dir ein Holz von 50 Ellen, stelle es auf, hänge [du] ihn an das Holz, indem du aber früh bei dem König bist und mit ihm redest. Und nun geh hinein zu dem König und erfreue dich."
Und die Sache war gut vor Haman, und er ließ den Holzpfahl aufstellen.	Und Haman gefiel das Wort, und er ließ das Holz aufstellen.	(24) Und es gefiel dem Haman, und er tat es so.

Stellen wir die Aussagen von 5,23 und 6,7 des A-T. im Original einander gegenüber, so zeigt sich deutlich, daß sie sich inhaltlich aufeinander beziehen:

5,23bβ: καὶ κρέμασον αὐτὸν ἐπὶ τοῦ ξύλου, ὀρθρίσας δὲ πρὸς τὸν βασιλέα λαλήσεις αὐτῷ
6,7: Αμαν δὲ ὠρθρίκει λαλῆσαι τῷ βασιλεῖ, ἵνα κρεμάσῃ τὸν Μαρδοχαῖον

V.7 fungiert hier als Mittel, den Zusammenhang mit dem Kontext von Kap 6 herzustellen. Diese bis ins Wörtliche hineingehende Bezugnahme auf die entsprechende Textstelle in 6,4 auf 5,14 ist jedoch auch im M-T. (vgl. LXX-T.) zu finden:

5,14aβ: יַעֲשׂוּ־עֵץ גָּבֹהַּ חֲמִשִּׁים אַמָּה וּבַבֹּקֶר אֱמֹר לַמֶּלֶךְ וְיִתְלוּ אֶת־מָרְדֳּכַי עָלָיו
6,4b: וְהָמָן בָּא לַחֲצַר בֵּית־הַמֶּלֶךְ הַחִיצוֹנָה לֵאמֹר לַמֶּלֶךְ לִתְלוֹת אֶת־מָרְדֳּכַי עַל־הָעֵץ אֲשֶׁר־הֵכִין לוֹ

Auf weitere redaktionelle Bearbeitungen zur Verknüpfung von Kap 5 und 6 soll im folgenden Exkurs eingegangen werden.

Exkurs: Zeitangaben als redaktionelles Mittel
Sowohl der M-T. als auch der LXX-T. verweisen in 5,14 auf den frühen Morgen als die Tageszeit, zu der Haman vor dem König erscheinen solle. Sie bleibt jedoch in 6,4 bei ihnen, anders als im A-T., unerwähnt. Doch handelt es sich hierbei nicht um eine kleine Nebensächlichkeit, sondern ein für den A-T. in Kap 5 und 6 typisches Merkmal, denn es zeigt sich an diesem Text mehr als bei den anderen beiden Versionen, daß ein Redaktor die turbulenten Ereignisse im Übergang vom Ende des Kap 5 zum Anfang des Kap 6 mittels Schaffung eines zeitlichen Ablaufs in einen geordneten Rahmen bringen und Übergänge verschiedener Erzählstücke literarisch ausgeschmückt miteinander verknüpfen wollte. Es handelt sich bei diesen redaktionellen Bearbeitungen fast ausschließlich um textliche Plus des A-T. So beginnt diese zeitliche Rahmung mit 5,20, führt über 5,23;6,1;6,6 und 6,7 weiter und endet in 6,23. Konkret bedeutet das A-T.-Plus in 5,20 einen Hinweis auf Kap 6 und damit der Übergang von der HMK zur HM. An dieser Stelle fügt der Redaktor ein, daß der König sich zur Ruhe begibt, um bereits in der Einleitung des Gespräches den Fortgang der Erzählung in Kap 6 vorzubereiten. Das gleiche Ziel verfolgt 5,23 des A-T. (bzw. 5,14 M-T./LXX-T.). Hier ist es Zosara, die Haman die Anweisung gibt, am folgenden frühen Morgen zum König zu gehen. Doch nun folgt erst einmal die dazwischenliegende Nacht, in der der König nicht schlafen kann (d.i. 6,1 in allen Versionen). Als dieser dann seine nächtlichen Sorgen vorgetragen hat, vermeldet der A-T. in 6,6 anders als die beiden anderen Texte, daß der Morgen angebrochen sei. Nun kann also Haman, gemäß Zosaras Hinweis, zum König kommen. Dies geschieht in 6,7, wo der A-T. in einem textlichen Plus noch einmal extra vermerkt, daß Haman "früh aufgestanden" war. Daraufhin muß Haman an Mordechai die königliche Belohnung vollziehen. Und am Ende dieses Kap, in 6,23, wo nun der Übergang zum Gastmahl Esthers—bzw. der von HM zur HMK, wie im folgenden zu zeigen sein wird—eingeleitet werden muß, wird mit dem temporalen Adverb "עוֹד" im M-T. und "ἔτι" im LXX-T. die Gleichzeitigkeit als literarisches Mittel zur Verknüpfung dieser Erzählungen gebraucht. Zwar fehlt im A-T. diese nachdrückliche adverbiale Zeitbestimmung—er verwendet hier nur den genitivus absolutus, um Gleiches zum Ausdruck zu bringen—,

doch zeichnet er sich durch den Zusatz aus, daß Haman nun wieder heiter wurde und sich mit König und Königin "*zur rechten Zeit*" zur Tafel setzte. Die Formel "ἐν ὥρᾳ", die sonst nur noch viermal (JesSir 11,22;18,20;32,11;39,33) in der LXX vorkommt, könnte hier in dem Sinne gemeint sein, wie es auch im deutschen Sprachgebrauch zu finden ist, daß nämlich Hamans Stunde, im Gegensatz zu der eben erfahrenen Demütigung, nun wieder gekommen sei. Den Stellen in JesSir entsprechend geht es hierbei jedoch um einen bestimmten, ja entscheidenden, wenn nicht gar schicksalsträchtigen Zeitpunkt. Wenn dem aber so ist, dann wird deutlich, daß der Redaktor des A-T. mit dieser Anmerkung nun das für Haman tatsächlich schicksalhafte Gastmahl Esthers einläutet, bei dem er endgültig zu Fall kommen wird. Auch hier bedeutete dann die Zeitangabe ein vom Redaktor benutztes Mittel zur Verknüpfung der Erzählteile aus der HMK und der HM.

Der Rest des Kap 6 erzählt von Hamans Ehrerweis an Mordechai, der bis 6,12 (M-T./LXX-T.) bzw. 6,20 (A-T.) zur ursprünglichen HM dazugehörte, da das bisherige Geschehen in der hier dargestellten Crux zu einem positiven Abschluß geführt wird. In 6,21 folgt nun ein zweites Gespräch zwischen Haman, seiner Frau und seinen Freunden. 5,21-23, das erste Gespräch, gehört mit dem ihm vorausgehenden und auf es bezogene erste Gastmahl zur HMK.[84] Wäre es dann nicht logisch, das Gespräch in 6,21ff. der gleichen Quelle zuzuordnen? Es könnte jedoch auch nur als eine an 5,21-23 anschließende Erzählung komponiert worden sein, um einen neuen Übergang von der HM (Kap 6) zur HMK (Kap 7) zu entwerfen. Andererseits wirken die beiden Gespräche wie ein Rahmen um Kap 6.

Um nicht den zweiten Schritt vor den ersten zu machen, gehen wir zunächst von der Voraussetzung aus, daß V.20 das Ende von Kap 6 war: Hier wird erzählt, daß Haman finster blickend zurück nach Hause geht, während Mordechai, gemäß dem M-T. zu dem Tor des Königs und nach dem LXX-T. in den Hof zurückkehrt. Der A-T. beschreibt dagegen die Rückkehr Mordechais in sein Haus ("εἰς τὸν οἶκον αὐτοῦ"). Daß Mordechai ein Haus besitzt, wird im A-T. mit gleicher Formulierung noch in 4,2 ("εἰς τὸν οἶκον αὐτοῦ"), einer Stelle, die nicht zur HM, wohl aber zur HMK gehört, erwähnt. Sie ist auch an dieser Stelle als ein textliches Plus des A-T. zu lesen. Redet der A-T. von Hamans Rückkehr in sein Domizil, dann tut er dies jedoch mit der gleichen Formulierung ("εἰς τὸν οἶκον αὐτοῦ" (vgl. 5,21)). Und die Wendung ähnelt im Wortlaut ganz dem Hebräischen "אֶל־בֵּיתוֹ" in 5,10 und 6,12. In beiden Fällen ist von Haman die Rede. Der LXX-T. schreibt an den entsprechenden Stellen "εἰς τὰ ἴδια". Dagegen ist der parallele Bedeutungsinhalt von "πρὸς ἑαυτὸν" im A-T. und "εἰς τὰ ἴδια" im LXX-T. in 6,20 bzw. 6,12 anzumerken. Beide Wendungen beziehen sich

---

[84]   Vgl. unsere Ausführungen hierzu in der HMK-Betrachtung zu dieser Stelle in Kapitel 4.5.5.

auf Haman; doch hat der A-T. sie am Anfang, der LXX-T. dagegen am Ende des Verses aufgeführt:

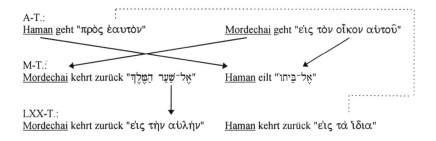

A-T.:
Haman geht "πρὸς ἑαυτὸν"   Mordechai geht "εἰς τὸν οἶκον αὐτοῦ"

M-T.:
Mordechai kehrt zurück "אֶל־שַׁעַר הַמֶּלֶךְ"   Haman eilt "אֶל־בֵּיתוֹ"

LXX-T.:
Mordechai kehrt zurück "εἰς τὴν αὐλήν"   Haman kehrt zurück "εἰς τὰ ἴδια"

Welche Schlußfolgerungen können aus dem Beobachteten für die Analyse von 6,20 bzw. 6,12 gezogen werden? Allem Anschein nach ist die Formulierung "εἰς τὸν οἶκον αὐτοῦ" bzw. "אֶל־בֵּיתוֹ" ursprünglich, da sie im A-T. und im M-T. sowohl im vorliegenden Satz, als auch in 5,10 bzw. 5,21—d.h. also beidemal in der HM—vorkommt. Da sie aber auch in Kap 5 auf Haman bezogen ist und dort wie hier das Gespräch mit Hamans Frau einleiten soll, ist anzunehmen, daß der M-T. in 6,12 den ursprünglicheren Text wiedergibt. Auch die Aussage, daß Mordechai seinen Dienst am Hof wieder antritt, ist hierbei sehr plausibel. Doch warum betont der A-T. neben der obigen Stelle auch in 4,2 und 6,20, daß Mordechai ein eigenes Haus besitzt? De facto ist die zusätzliche Information über diesen Tatbestand in 4,2 (A-T.) genauso unnötig wie hier. Es ist zu vermuten, daß sie Mordechai im wahrsten Sinne des Wortes im Text einen festeren Standort geben und ihn gegenüber Haman nicht völlig mittellos erscheinen lassen will, wie dies im M-T. und dem LXX-T. wohl eher zum Ausdruck kommt. Daß Haman nach Hause geht, ist in jedem Fall für die HMK von Bedeutung, denn er soll anschließend zu dem Bankett Esthers kommen. Mordechai hat in dieser Szene keinen Platz. Er kommt erst später, in Kap 7, mit seiner Erhöhung an Hamans Stelle wieder zum Einsatz. Deshalb muß er zunächst einmal von der Bühne verschwinden. Doch wie steht es mit der HM? Hier hat Mordechai gerade einen enormen "Triumph feiern können. Er wurde für seine Loyalität gegenüber dem König reichlich belohnt, trotz des Neides seines Widersachers Haman. Aus diesem Grunde kann er zufrieden nach Hause gehen. In dieser Erzählung hat der Nach-Hause-Gang Mordechais also einen abschließenden, abrundenden Charakter. Denn dadurch, daß Haman finster blickend und gedemütigt von dannen zieht, hat er seine gerechte Strafe erhalten. Nun ertönt im Gespräch Hamans mit seiner Frau (6,21-22 (A-T.)) das endgültige Urteil über ihn. Dies kommt besonders in V.22a zum Ausdruck: "Ἀφ᾽ ὅτε λαλεῖς περὶ αὐτοῖ κακά, προσπορεύεταί σοι τὰ κακά" (*Seit du von ihm schlecht redetest, seitdem folgt dir das Schlechte*).

Es ist inhaltlich zwar ganz auf das Geschehen in Kap 6 ausgerichtet und paßt deshalb sehr gut in den Zusammenhang der HM, doch ist es als zweites Gespräch zwischen Haman und seiner Familie in Parallelität zu 5,21-23 stehend zu betrachten. Dieses gehört jedoch, wie erwähnt, zur HMK.

Deshalb ist zu fragen, ob das zweite Gespräch tatsächlich, anders als 5,21-23, ursprünglicher Bestandteil der HM ist und im Nachhinein dem ersten Gespräch "angepaßt" wurde, oder ob es von Anfang an sekundär in den Text eingefügt wurde, indem es auf der Textbasis des ersten komponiert wurde. 5,21 des A-T. unterscheidet sich von den beiden anderen Versionen darin, daß Haman "seiner Frau" allein all das erzählt, was ihm zugestoßen war; er nennt weder ihren Namen noch die Freunde Hamans, die in 5,21 noch erwähnt wurden. Die beiden anderen Versionen berichten dagegen davon, daß Haman das Geschehene auch seinen Freunden (6,13a (M-T./LXX-T.)) berichtet. Im A-T. folgt nun im nächsten V.22a.b eine Rede seiner Frau und der Weisen ("οἱ σοφοὶ αὐτοῦ"), die, sollten die gleichen gemeint sein, in 5,21 noch "τοὺς φίλους αὐτοῦ" (*seine(n) Freunde*) genannt wurden. Von den "σοφοι" ist in den griechischen Versionen sonst nur noch in 1,13 (A-T.) die Rede. Doch sind hier die königlichen Kenner des Gesetzes gemeint. Erstaunlicherweise nennt jedoch auch der M-T. in 6,13 die Freunde nun "Weise". Hierin gleicht er dem A-T., nicht jedoch dem LXX-T., der in 6,13 zweimal von den Freunden Hamans spricht. Diese Abweichungen in dem zweiten Gespräch Hamans, die v.a. im A-T., aber auch im M-T. festzustellen sind, geben einen Hinweis darauf, daß dieses Gespräch ursprünglich tatsächlich nicht in Korrelation zu dem ersten stand, sondern in der HM den Abschluß der Erzählung einleitete, in der Haman nach Hause geht und seine Klage vor seine Frau bringt. Ihr Name bleibt, wie der A-T. belegt, unbekannt. Das Ende der Erzählung könnte ein weisheitlicher Spruch geformt haben, der in den Worten der Weisen die Konsequenzen, die aus dem von übertriebenen Neid gelenkten Handelns entstehen, zusammenfaßte. Darauf deutet der Inhalt der Version des A-T. hin. Noch einmal: Der weisheitliche Spruch des A-T. lautet dort "Seit du von ihm [d.i. Mordechai] schlecht redetest, seitdem folgt dir das Schlechte!" Dieser Spruch paßt hervorragend in den Zusammenhang, denn er bringt zum Ausdruck was letztendlich das Fazit der HM ist.

Dagegen setzen der M-T. und der LXX-T. in der viel umfangreicheren Rede Sereschs (M-T.) bzw. Zosaras (LXX-T.) ganz andere Akzente. Sie nehmen Bezug auf Mordechais Judentum, das in 3,1-3 vornehmlich zur Konfliktentwicklung zwischen Haman und Mordechai beigetragen hatte und behaupten dieses als Grund für Hamans vollständigen Fall vor Mordechai. Wir haben hier ein deutliches Beispiel für eine Akzentverschiebung vorliegen, die von seiten einer redaktionellen Bearbeitung des Esth v.a. am

M-T. vorgenommen wurde.[85] Der ursprüngliche Schluß, meinen wir, ist jedoch im A-T. in 5,22b wiederzufinden. V.22c ist dagegen sicher sekundär. Hier hat eine weitere Bearbeitungsschicht in der Phrase "ἡσύχαζε, ὅτι ὁ θεὸς ἐν αὐτοῖς" (*Schweige, denn Gott ist mit ihnen*) religiöse Aspekte eingefügt, die als sehr spät zu bewerten sind. Auf einen Bruch im Text weist der plötzliche Numeruswandel beim Objekt, von 2.Pers.sgl. (Mordechai) zur 3.Pers.pl. ("ihnen") hin. Dabei bleibt jedoch unausgesprochen, wer diejenigen sind, von denen Hamans Frau meint, Gott sei mit ihnen. Dagegen hat der LXX-T. V.13c mit ähnlichem Inhalt allein auf Mordechai bezogen ("ὅτι θεὸς ζῶν μετ᾽ αὐτοῦ" (*denn Gott ist mit ihm*)), der in V.13b als Jude beschrieben wurde (vgl. M-T.). Im A-T. fehlt dieser Bezug zum Judentum jedoch gänzlich. Nicht nur die Erwähnung Gottes, sondern auch die fehlende Erklärung für den Numeruswandel lassen die Annahme zu, daß der Abschluß des Spruches in V.22c von einem späten Redaktor in Anlehnung an den M-T. und den LXX-T. nachgetragen wurde.

Der Inhalt des nun folgenden V.23 (A-T.) zeigt an, daß es sich hier auf keinen Fall mehr um die HM handeln kann, denn Haman wird, überleitend durch das redaktionelle "καὶ αὐτῶν λαλούντων" (*während sie noch redeten*), zu dem Trinkgelage Esthers geholt. Die Bankette gehören aber wiederum nicht zur HM, sondern zur HMK.

4.2.3.1. Der Abschluß der HM: "Hochmut kommt vor dem Fall"

Überprüfen wir zum Schluß noch einmal den Abschluß der HM und stellen diesem das Ende der Esthererzählung gegenüber: Hamans Vernichtungswille gegenüber Mordechai und seinem Volk, den Juden, kehrte sich so um, daß letztendlich er selbst vernichtet wurde. Nicht nur, daß er seines Amtes enthoben und infolgedessen alle seine Habe und seine Position am Hofe an Mordechai abtreten muß, er wird auch getötet. Hier hat die Umkehrung des Geschehens wahrhaft totalitäre Züge angenommen. Es geht hier um Alles oder Nichts. Demgegenüber wirkt der von uns angenommene Schluß der HM viel weniger tragisch.

Sie bezweckt jedoch nicht, wie die Esth, die Umkehrung des Geschehens, sondern will ein weisheitliches Fazit zum Ausdruck bringen, das Hamans Frau in V.22b in den Mund gelegt wird: "Seit du von ihm schlecht redetest, seitdem folgt dir das Schlechte". Sein Inhalt weist eine starke Ähnlichkeit mit dem in unserem Kulturkreis bekannten Sprichwort aber auch mit der in Spr 16,18 verzeichneten Weisheit "Hochmut kommt vor dem Fall" auf.[86] Den Erzählrahmen, innerhalb dessen diese Weisheit vor Augen geführt werden soll, formt der königliche Hof, und die Protagonisten spielen die Rollen der

---

[85] Vgl. unsere Ausführungen hierzu im Schlußkapitel dieser Arbeit.
[86] S.a. ähnlich Spr 8,13.

königlichen Bediensteten. Damit kann die HM ihrer Gattung nach eine *weisheitliche Hoferzählung* genannt werden.

4.2.4. Diskussion der HM-Rekonstruktionen von Clines und Wills

In der Gegenüberstellung der Positionen von CLINES, WILLS und der vorliegenden Arbeit ist die folgende Übereinstimmung in der Rekonstruktion des HM-Textes festzustellen:[87] Gemeinsam wurde die Aufdeckung des Anschlages sowie die Belohnung Mordechais (Kap 6) der HM zugeordnet. Doch da sich CLINES und WILLS beide für die M-T.-Version als Textgrundlage entscheiden, übernehmen sie die Erzählung aus 2,21-23 für ihre Mordechai-Haman-Quelle, während unsere Beobachtungen die Add A (A-T.) als primären HM-Text festgestellt haben.

Zur Abgrenzung des HM-Textes sucht WILLS nach Textpartien im Esth, die ausschließlich vom Hofkonflikt zwischen Mordechai und Haman handeln. Hierzu zählt natürlich zu allererst 2,21-22a.23 (M-T), dem WILLS die Vorstellung Mordechais in 2,5a (M-T.) voranstellt. Er fährt mit 3,1-2a.5 fort, ist sich jedoch nicht sicher, ob auch V.2b-4 dazugehört haben könnten. Die in diesen Versen verwendete Subjekt-Verb-Folge und deren grammatische Konstruktion seien eher für die redaktionelle Schicht des Esth typisch. WILLS stellt wie CLINES[88] und wir für 3,5b eine Parallele in 5,9c fest und meint, letzterer "reflects the seam created when the narrative was resumed at the latter point; everything between these two verses is from the Esther layers"[89]. Anders als WILLS entscheidet sich CLINES jedoch für 5,9a als redaktionellem Verbindungsvers. Die Szene zwischen Haman und seiner Familie bereite dagegen Probleme. Haman prahle vor seiner Familie, er sei allein zum Bankett Esthers eingeladen, doch gehöre der Hinweis auf das Bankett einer redaktionellen Schicht an. Außerdem beziehe sich die Prahlerei Hamans auf das, was ihm bisher vom König zuteil wurde und dies sei in 3,1-3—nach CLINES ein Teil der HM—zum Ausdruck gebracht. Auf der anderen Seite fehle im A-T. genau dieses Stück, in dem Haman darlege, was ihm Gutes vom König getan worden sei und das bedeute, daß es auch im Pre-M-T. fehlte. CLINES einzige Lösung hierfür ist, daß die Mordechai-Quelle die entsprechende Stelle von 5,11 (M-T.) nicht beinhaltete. Doch selbst mit dieser Erklärung bliebe das Problem des Textes weiterhin ungelöst, denn die Lücke zwischen Hamans Heimkehr und dem Anschluß "... nur das betrübt mich" (V.22 (A-T.)) sei kaum zu erklären: "The evidence of AT at 6.21-22 [d.i. 5,21-22] is thus by no means fatal to the analysis of a Mordecai and an

---

[87]   Der von Wills und uns bezeichneten Haman-Mordechai-Erzählung stellen wir Clines "Mordecai source" gegenüber.
[88]   D.J.A.Clines, Scroll, a.a.O., 122.
[89]   L.M.Wills, Jew, a.a.O., 175.

Esther source behind the pre-Masoretic story, but it does require a modification at this point."[90]

Wir haben in unserer Textanalyse die beiden Konflikte zwischen Haman und Mordechai in Add A (vgl. 2,21-23 (M-T./LXX-T.)) und 3,1-3 zum Kriterium für die Scheidung der Texte voneinander gemacht. Die Bezugnahme von 5,21-23 (A-T.) auf den zweiten Konflikt (HMK) ist deshalb nicht zur HM hinzuzuzählen. Dieser Text schließt nicht nur gut an das Vorausgegangene an, sondern zeigt am Ende des Gespräches bereits einen Fortgang des Geschehens in dem Bankett Esthers. Auch WILLS führt hier kein Argument dafür an, warum er 5,10-12a.13-14a.c (M-T.) zur HM zählt, sieht den Text in 6,1-4a.5 jedoch fortgesetzt und begründet dies damit, daß die Analen des Königs im Esth dreimal erwähnt würden, in 2,23;6,1 und 10,2. Die ersten beiden Stellen gehörten sicher, die dritte vielleicht zur HM, auch, wenn ihre Bezeichnungen jeweils unterschiedlich ausfielen. WILLS hat hier wiederum den A-T. nicht in seine Untersuchung mit einbezogen, denn sonst wäre ihm aufgefallen, daß in Add A und 6,1 des A-T. die erwartete Übereinstimmung der Bezeichnung zu finden ist. Seltsamerweise streicht WILLS 6,4b aus seiner HM-Rekonstruktion heraus, "on the grounds that it is unnecessary, even cumbersome, to the smooth flow of the narrative."[91] Außerdem wiesen das 'unkonvertierte'[92] Verb und die Subjekt-Verb-Folge darauf hin, daß dieser Vers eine spätere Addition sei. Dem ist jedoch entgegenzuhalten, daß in V.4b nun gerade ein Bezug zum Gespräch Hamans mit seiner Frau und den daraus entstandenen Tötungsplänen gegeben wäre, den WILLS jedoch für sekundär hält. Gibt dieser Vers nicht außerdem auch eine wichtige Begründung für Hamans Erscheinen im Hof des Königs an, die für eine Rekonstruktion der HM unter Einschluß von 5,10-14 besonders wichtig ist? WILLS Beurteilung, dieser Halbvers sei unnötig und hemme den Fluß der Erzählung, ist wenig überzeugend. Andererseits deutet seine grammatische Analyse tatsächlich auf den fremden Charakter dieses Verses in seinem Kontext hin, den WILLS deshalb als sekundär ausscheidet. Doch bedeutet dies, unseren Beobachtungen entsprechend, vielmehr, daß auch die Szene, auf die dieser Vers Bezug nimmt, auch nicht zur HM gehört wie V.4b. Dieser ist vielmehr redaktionell in Kap 6 eingefügt worden, um 5,10-14 (HMK) mit dem nachfolgenden Kap 6 (HM) zu verbinden. Nun stellt WILLS, der auch 6,6-9 zur HM zählt, V.6b dem V.4b gegenüber. V.6b sei zwar auch Parenthese, reflektiere jedoch Hamans Gedanken und erlaube einen Einblick in Hamans Charakter. Dies sei für die HM typisch. Allerdings sei auch V.6b mit einem unkonvertierten Verb konstruiert. Insgesamt weist

---

[90]   D.J.A.Clines, Scroll, a.a.O., 128.
[91]   L.M.Wills, Jew, a.a.O., 176.
[92]   Konversion meint die grammatische Umsetzung in Form der Substantivierung, Adjektivierung, Verbalisierung etc.

WILLS jedoch zu Recht darauf hin, daß die HM in V.6b "a skillful building to a climax" aufweise, "in which the tension of the threat to Mordecai's life is dispelled through the houmorous and ironic display of Haman's foolishness"[93]. Der Autor zählt konsequenterweise von Kap 6 nun nur noch die V.10-11 zur HM. Das zweite Gespräch Hamans mit seiner Familie fällt nach WILLS für die HM weg, da die Syntax in den V.12.14 die für die redaktionelle Hand charakteristische Subjekt-Verb-Folge aufweist.[94] Da der A-T. an diesen Stellen einen anderen Text als der M-T. hat und da zudem der für unsere Rekonstruktion so bedeutsame V.13 (d.i. V.22 (A-T.)) von WILLS Analyse nicht betroffen ist, halten wir an unserem oben aufgeführten Ergebnis von 6,20-22a als dem Ende der HM fest.

Für CLINES gehört 6,1-13, also das ganze Kap 6 ohne V.14, zur Mordechai-Quelle. Er unterstreicht zu Recht, daß der Hinweis auf das Jüdische Volk im M-T. redaktionell sei. Es sei bezeichnend, daß der A-T., der dem Original hier scheinbar näher stehe, diesen Bezug zum Jüdischen Volk nicht habe. WILLS und CLINES führen die Erzählung über das von uns analysierte Ende der HM in 7,9-10 und 8,1-2 (CLINES) bzw. 8,2 (WILLS) fort. Für CLINES endet sie in 8,15f, für WILLS in 10,1-3. Seltsamerweise schreibt CLINES 7,10 und 8,1-2 einer redaktionellen Hand zu, denn in 7,10 gehöre das Motiv von der Wut des Königs nicht zur Mordechai-Quelle und 8,1-2 sei "a redactional interweaving of material from the two sources"[95]. WILLS meint dagegen, die HM hätte bereits in 7,10 enden können, doch Teile von 8,2 und 10,1-3 überzeugten diesbezüglich mehr. Problematisch sei jedoch Mordechais bombastische Glorifizierung in 10,1-3, die für eine so kurze Erzählung wie der HM eher unpassend wirke. Dennoch, daß Mordechai allein erwähnt würde, spreche dafür, daß diese Zeilen am Ende der HM und nicht der Esther-Quelle gestanden hätten. CLINES spricht sich ausführlich gegen 10,1-3 als Originaltext aus.[96] Der Bericht von des Königs Besteuerung sei unmotiviert und mit dem Vorausgehenden nicht in Beziehung zu bringen. Auch läge kein überzeugender Grund für diese Steuerbelastung vor. Zum zweiten scheine der Hinweis auf 'das Buch der Chroniken der Könige von Medien und Persien' "to be modelled upon the names of sources for *Hebrew* historiography—just as the turn of phrase, 'And all the acts of X, are they not written in Y?' is unmistakably reminiscent of the Old Testament historical books (cf. 1 Kings 14.19,24; 2 Chron. 25.26;32.32)"[97]. Die Einführung eines neuen Begriffes gegenüber 2,23 und 6,1 zeigten auch, daß der Autor einen

---

[93]   L.M.Wills, Jew, a.a.O., 176.
[94]   Vgl. L.M.Wills, Jew, a.a.O., 156.
[95]   D.J.A.Clines, Scroll, a.a.O., 125.
[96]   Vgl. D.J.A.Clines, Scroll, a.a.O., 57-60. Clines stellt seiner Analyse voraus: "Various features of 10.1-3 mark it out as distinctive from everything that precedes it in the book, so that again we are entitled to raise the possibility of a separate origin" (ders., Scroll, a.a.O., 57).
[97]   D.J.A.Clines, Scroll, a.a.O., 58.

neuen, stärker klingenden Namen für ein offensichtlich nicht existentes Werk
suchte. Schließlich weist CLINES darauf hin, daß die Phrase über die "Perser
und Meder" im ganzen Esth in der Reihenfolge aufgeführt würde, daß zuerst
die Perser und dann die Meder genannt würden, während sie in 10,2,
entsprechend dem Dan, genau andersherum formuliert worden wäre. Auch
dies spräche gegen die Originalität von 10,2. Der letzte Vers, 10,3, sei so
vage und verallgemeinernd, daß er nicht vom Erzähler des Esth (Kap 1-8)
stammen könne. Andere Erzählungen, wie z.B. Jdt 16 und 1Makk 14 wären
zwar ähnliche, verallgemeinernde Schlußsätze wiederzufinden, doch
beinhalteten sie zugleich konkrete Hinweise und Details. Nun gelingt es
CLINES nicht, anzugeben, wer der Autor von 10,1-3 gewesen sein könnte, ob
er etwa zusammen mit Kap 9 oder als redaktioneller Zusatz komponiert
worden wäre. Die alleinige Erwähnung Mordechais in diesem Schlußteil
könnte ein Hinweis darauf sein, daß dieser Autor das Buch nicht mit Esthers
Brief und dem darin enthaltenem Aufruf enden lassen wollte. Da es jedoch
müßig sei, einen Wechsel der Personen innerhalb von Kap 9 oder gar eine
Konkurrenz zwischen den Parteien Mordechais und Esthers aufspüren zu
wollen, sei es wohl besser, keine Erklärung für die Schlußzeilen 10,1-3
anzugeben, "apart perhaps from a desire to conclude the book with some
grandiloquent phraseology that would match the self-esteem of a patriotic
reader"[98]. CLINES schließt daher auf 8,15f. als Schluß der Mordechai-Quelle.
Mordechais Todesbedrohung sei durch seine Ehrung in Kap 6 zerstreut
worden und komme nun in der Öffentlichkeit zum Ausdruck.[99]

Auch CLINES Darlegung erscheint uns nicht überzeugend genug, da sie
sich wie WILLS an den Textpartien orientiert, an denen nur von Mordechai
die Rede ist. Doch die auf der Basis dieser Argumentation rekonstruierten
und zusammengestellten Textpartien entstandenen Lücken und Brüche läßt
er unbegründet stehen.

Wir meinen dagegen gezeigt zu haben, daß sich die HM nahezu
vollständig aus dem Text rekonstruieren läßt. Ähnliches wird sich auch für
die HMK feststellen lassen können. Halten wir abschließend also fest, daß
die obigen Beobachtungen zur HM weder durch CLINES noch durch WILLS
grundlegend zu widerlegen sind. Unser Hauptkritikpunkt bleibt bei beiden
der fehlende Versionsvergleich, durch den die Textrekonstruktion der HM
eigentlich erst gewährleistet ist.

---

[98]   D.J.A.Clines, Scroll, a.a.O., 60.
[99]   Vgl. D.J.A.Clines, Scroll, a.a.O., 65.

4.3. Der Anfang der HM

Zur Frage steht der Anfang der ursprünglichen HM in Add A. Da Mordechai in Add A1 vorgestellt wird, ist anzunehmen, daß der Anfang der Add A den Vers beinhaltet, der eigentlich zur HM gehörte. Dieser Anfang zeigt andererseits Parallelen mit dem Beginn des kanonischen Esth auf. Wir wollen deshalb die Buchanfänge der drei Versionen einander gegenüberstellen und ihre Relation untereinander redaktionsgeschichtlich diskutieren.

4.3.1. Untersuchungen zu redaktionellen Verknüpfungsarbeiten in den Anfängen der drei Versionen des Esth

Nimmt man, wie unsere vorhergehenden Untersuchungen ergeben haben, in Add A11b (A-T.) den Beginn des ersten Erzählteils der HM an, so fällt auf, daß dort von Mordechai die Rede recht unvermittelt einsetzt. Er wird in diesem dritten Teil der Add A nirgends einführend vorgestellt. An anderer Stelle jedoch, in Add A1-3, dem Einleitungsteil der Add A, den wir als redaktionell eingestuft haben,[100] findet sich eine kurze Darstellung Mordechais. Sein Name und seine ethnische Zugehörigkeit wird im Zusammenhang der Genealogie und des Wohnortes aufgeführt. Diese Angaben in Add A1.2 (LXX-T.) bzw. Add A1 (A-T.) schließen direkt an die Datierung des Geschehens zur Zeit der Regierung des persischen Königs Artaxerxes (LXX-T.) bzw. Assyros (A-T.) an. Mit einer ähnlichen Datierung beginnt auch das kanonische Esth. Zur näheren Beleuchtung des Textes in Add A1-3 wollen wir einen redaktionsgeschichtlichen Vergleich zwischen dem Beginn der Add A und dem des kanonischen Esth im M-T. anstellen. Beide Texte sollen entsprechend zunächst auf Bearbeitungsschichten untersucht werden, um sich so dem ursprünglich komponierten Anfängen annähern zu können. Ziel dieser Untersuchung ist die Feststellung, ob und welche Aussage aus Add A1-3 als Einleitung Mardochais in der HM aus dem gegebenen Textzusammenhang herausfiltriert werden kann.

Am Anfang des M-T. fällt die umständliche Einleitung in Kap 1,1-3 sofort ins Auge.[101] Über drei Verse hinweg wird erklärt, um wen es sich handelt,

---

[100]   S.o. Kapitel 4.2.2.1.
[101]   So bemerkte G.Gerlemann über das Esth—u.v.a. für das erste Kap—zutreffend: "Die Erzählung ist [im Vgl. mit dem Buch Ruth] weniger zielstrebig, sie wird nicht wie in älteren Texten auf die nackte Handlung abstrahiert. Seitenblicke auf Objekte, die außerhalb des Erzählstroms liegen, kommen häufig vor. Wiederholungen und Verdeutlichungen, meist in der Form nachträglicher Attribute und Appositionen, schwellen den Satz auf und hemmen den glatten Satzfluß. Nicht selten machen die Nachträge den Eindruck syntaktischer Fremdkörper.

wenn von dem König die Rede ist "הוּא אֲחַשְׁוֵרוֹשׁ הַמֹּלֵךְ" (V.1bα), an welchem Ort die Erzählung spielt "בְּשׁוּשַׁן הַבִּירָה" (V.2bβ), und zu welcher Zeit das Geschehen stattfindet "בִּשְׁנַת שָׁלוֹשׁ לְמָלְכוֹ" (V.3aα).

Daß "הוּא אֲחַשְׁוֵרוֹשׁ" ein selbständiger Schaltsatz sein könnte, bemerkt GERLEMANN, meint dann aber doch, daß das "Demonstrativum attributiven Sinn hat, stilistisch an lat. ille erinnernd: 'der bekannte Ahasveros'". In ähnlicher Verwendung sei "הוּא" z.B. auch in Num 26,9 und 2Chr 28,22 zu finden.[102] Eine der Struktur nach ähnliche Darstellung findet sich jedoch auch am Anfang des Ez.

Ez 1,2: בַּחֲמִשָּׁה לַחֹדֶשׁ הִיא הַשָּׁנָה הַחֲמִישִׁית לְגָלוּת הַמֶּלֶךְ יוֹיָכִין (*Am Fünften des Monats—das ist das fünfte Jahr der Wegführung des Königs Jojachin—...*) ist eine nähere Angabe zum Monat der Datierung des Geschehens aus V.1. Sie erscheint aus dem Zusammenhang gerissen, weil nur der "fünfte des Monats" aus V.1 aufgegriffen und erläutert wird. ZIMMERLI kommentierte zu dieser Stelle: "Was bei Ez in der literarischen Spannung des Gefüges 1,1-3 sich deutlich als zwei-, mit Einschluß der sekundären Einfügung von 2 gar als dreiphasiger Vorgang darstellt, ist in Hg 1_1 Sach 1_1 (1_7 7_1) zur glatten Einleitungsform weitergebildet"[103]. ZIMMERLIS Textvergleich zeigt, daß man bei einer so gearteten "dreiphasigen" Einleitung tatsächlich auf eine redaktionelle Hand schließen kann, die u.E. auch am Anfang des Esth sichtbar wird. Dagegen liest BARDTKE Esth 1,1-3 als ein Stück und meint, V.2 bringe im gegebenen Zusammenhang zum Ausdruck, daß Xerxes, der am Anfang seiner Regierung Aufstände niederzuschlagen hatte, nun wieder fest im Sattel sitze.[104] Und DOMMERSHAUSEN deutet die runde Zahl "das dritte Jahr" in diesem Kontext als symbolischen Hinweis auf die umfassende Macht des Königs.[105]

Die Parenthese ist eine charakteristische Eigenheit des Estherbuches. Solche syntaktischen Unterbrechungen, die den glatten und geschmeidigen Satzfluß zerstören, finden sich in [Esth Kap1,]1 und 13f. Nachträgliche Einschiebsel, die—ohne als wirkliche Parenthesen empfunden zu werden—das bloße Nacheinander von Vorgängen oder Fakten durchbrechen, sind die כִּי־Sätze in 11 ... und 20. Darüber hinaus sind die sehr häufigen Appositionen und Relativsätze zu erwähnen, durch welche verschiedene Satzteile nachträglich näher bestimmt werden: Subjekt, Objekt, Adverb ... Die stilistische Wirkung dieser Häufung von präzisierenden Nachträgen ist die gleiche wie die der Parenthesen: sie durchbrechen den geradlinigen Ablauf der Erzählung von Vorgängen. Auch die zahlreichen Wiederholungen gehören zum Bild des Schalt- und Nachtragstils. Eine andere Stileigentümlichkeit betrifft die Wortfolge. Im Vergleich mit Ruth sind die den Satz einleitenden kausekutiven Imperfekte in Esther ziemlich selten. Der Esthererzähler liebt es, den Satz mit einem oder mehreren Adverbien anzufangen, worauf regelmäßig ein Verbalsatz mit dem Prädikat im perf. oder imperf. folgt; so in 3.5.10.18. Durch die dominante Vorausstellung einer adverbiellen Bestimmung fällt ein starker Nachdruck auf narrativ nebensächliche, nur zur Präzisierung dienende Begleitumstände" (ders., Esther, a.a.O., 48).

[102] G.Gerlemann, Esther, a.a.O., 51.
[103] W.Zimmerli, Ezechiel, a.a.O., 23.
[104] H.Bardtke, Esther, a.a.O., 278.
[105] W.Dommershausen, Estherrolle, a.a.O., 18.

GERLEMANN bestreitet dieses Verständnis, vertritt aber die Zusammengehörigkeit des V.2 und V.3, denn der Erzähler habe "die folgenden Begebenheiten räumlich und zeitlich fixieren" wollen. Da die Vielzahl der Regierungsorte der persischen Könige bekannt gewesen sei, habe der Autor Susa als "eine der Residenzen, die den achämenidischen Königen zur Verfügung standen und von ihnen benutzt wurden"[106] hier benannt. Die aufgeführten Interpretationen lassen dieses Textverständnis durchaus zu, harmonisieren, literarkritisch betrachtet, letztendlich aber den Inhalt eines offensichtlich zerstückelten Anfangs vom Esth. Daß dieser tatsächlich mit starken Brüchen durchsetzt ist, wird von WILLS vertreten. Die einleitende Wiederholung am Anfang von V.1 "וַיְהִי בִּימֵי" und V.2 "בַּיָּמִים הָהֵם" zeige, daß die Nachricht über Ahasveros zwischen die Verse gestellt worden sei. Daß der A-T. sich am Beginn von V.1 und V.2 vom M-T. unterscheide, habe den Grund darin, daß er mit add A einen anderen Anfang als dieser habe. Daher stünden "the verses in question here no longer ... at the beginning and have likely been altered in that text"[107]. Die chronikartige Formulierung "im dritten Jahr seiner Regierung" fehle zwar im A-T., sei aber wahrscheinlich an dessen neuen Anfang, nämlich vor Add A gestellt worden. Diese Erklärung von WILLS, die auch die beiden griechischen Versionen in die Betrachtung mit einbezieht, problematisiert damit den ungewöhnlich überfrachteten Anfang des Esth. Wir wollen in diesem Sinne der Frage nach dem originären Anfang des Esth mittels Vergleich mit anderen Buchanfängen aus dem AT auf den Grund gehen.

Esth 1,1 wird im M-T. mit "וַיְהִי" eingeleitet. Direkt zum Hauptgeschehen überleitend, ist diese Formel "וַיְהִי" auch in Jona 1,1 ("וַיְהִי דְּבַר־יְהוָה") und 1Sam 1,1 ("וַיְהִי אִישׁ אֶחָד") zu finden. Dagegen ist der Beginn eines Buches im AT mit "וַיְהִי"[108] und einer sich daran anschließenden kurzen Zeitangabe wie im M-T. sehr selten. Sie taucht, außer in Esth 1,1, nur noch am Anfang des Buchs Ruth auf. Doch geht bei diesem "die allgemeine Zeitangabe (V.1aα) auf den Bearbeiter zurück, der die Geburtsgeschichte vom «Go'el» (Löser) der Naemi geschichtstheologisch als Vorgeschichte der Geburt Davids verstand und sie dementsprechend in die vordavidische bzw. die vorkönigliche Epoche der Richterzeit einordnete"[109], schreibt ZENGER. Damit wäre der Anfang des Esth unikal, denn Ez 1,1 gleicht in seiner ausführlichen Datierung ("וַיְהִי בִּשְׁלֹשִׁים שָׁנָה בָּרְבִיעִי בַּחֲמִשָּׁה לַחֹדֶשׁ" (*Und es war im dreißigsten Jahr, am vierten (Monat), am fünften des Monats*)) eher dem Anfang der Add A in den griechischen Versionen. Natürlich ist die

---

[106] G.Gerlemann, Esther, a.a.O., 53.
[107] L.M.Wills, Jew, a.a.O., 159.
[108] J.A.Loader nennt diese Einleitung eine "archaisierende Formel", die die Authentizität des Folgenden andeuten solle (ders., Esther, a.a.O., 228).
[109] E.Zenger, Ruth, a.a.O., 32.

Formulierung "וַיְהִי בִּימֵי" im gesamten AT noch häufiger zu finden, jedoch meist am Kapitel- oder Satzanfang innerhalb eines Buches. In beiden Fällen leitet sie stets einen neuen Erzählzusammenhang, nicht aber eine völlig neu einsetzende Erzählung in die literarische Komposition des jeweiligen Buches ein (vgl. Gen 14,1; Ex 2,11;2,23; Jos 23,1; Ri 19,1; 1Sam 28,1; Jes 7,1; Jer 1,3). Dieses Ergebnis ist deshalb wichtig, weil wir nun berechtigt sind anzunehmen, daß der Beginn des Esth zwar einen Buchanfang darstellt, andererseits aber auch einen neuen Gedanken einleiten könnte, dem bereits ein Erzählteil vorangegangen ist. Genau dieser Fall liegt in den griechischen Versionen vor: Während der M-T. mit "וַיְהִי בִּימֵי" in 1,1 beginnt, nehmen der LXX-T. und der A-T. mit "Καὶ ἐγένετο μετὰ τοὺς λόγους" (*Und es geschah nach diesen Dingen*) Bezug auf die den griechischen Versionen vorausgestellte Erzählung in Add A.

Gehen wir kurz näher auf diese Formulierung der griechischen Versionen am Anfang des Haupttextes ein, um in einem zweiten Schritt diesbezüglich noch einmal die Funktion der Add A zu untersuchen. Der Buchanfang, den die griechischen Versionen aufweisen, ist auch in den Geschichtsbüchern Jos 1,1; Ri 1,1; 2Sam 1,1 (LXX) wiederzufinden. Die LXX gibt damit die Übersetzung von "וַיְהִי אַחֲרֵי" nahezu wortgetreu (ohne "τοὺς λόγους") wieder. Obwohl diese Formulierungen den jeweiligen Beginn des Buches kennzeichnen, ist doch nicht zu übersehen, daß das nun eingeleitete Geschehen in allen drei Büchern durch die Formel eng an den Schluß des Vorhergehenden angeschlossen werden soll. Genau in dieser Funktion muß auch "καὶ ἐγένετο μετὰ τοὺς λόγους" in 1,1 des LXX-T. und des A-T. verstanden werden. Das bedeutet aber, daß die griechischen Versionen in Esth 1,1 Bezug auf das Ende der Add A nehmen. Fraglich ist, wer diesen Bezug hergestellt hat. Da wir im vorigen Kapitel nachzuweisen versucht haben, daß die Add A11-16 (A-T.) zur HM gehört, ist anzunehmen, daß diese Verknüpfungsarbeit von der Hand vorgenommen wurde, die den Proto-A-T. komponierte. Wie ist das vorstellbar?

Wir sind davon ausgegangen, daß der Proto-A-T. die HM, also Add A und Kap 6, bei der Komposition des Esth nur teilweise in seinen Text einarbeitete.[110] Der M-T., so hatten wir festgestellt, integrierte die beiden Teile bei der Überarbeitung seiner Proto-A-T.-Vorlage[111] dagegen vollständig in die Esthererzählung. Schematisch dargestellt ergibt sich daraus die folgende Skizze:

---

[110] S.o. Kapitel 4.2.3.
[111] Vgl. zum Verhältnis des Proto-A-T. zum M-T. unsere redaktionsgeschichtlichen Darlegungen in Kapitel 7.

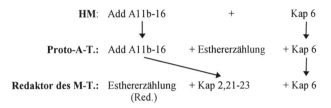

Um die selbständige HM in den Zusammenhang der VE und der noch im folgenden zu untersuchenden HMK zu bringen, stellte der Autor des Proto-A-T. einen Teil *vor* den bereits vorhandenen Text, während er den anderen in ihn hineinarbeitete. Daß der M-T. diese Verknüpfungsarbeit nicht aufweist, hat, wie gesagt, seinen Grund darin, daß er den gekürzten Inhalt von Add A in 2,21-23 aufführt. Unsere These wird dadurch bestätigt, daß sich die diesbezüglichen Verbindungsnähte in den Formulierungen "בַּיָּמִים הָהֵם" vor 2,21 (vgl. 1,2) und "אַחַר הַדְּבָרִים" (vgl. 1,1 (LXX-T./A-T.)) nach 2,23 noch erkennen lassen. Die griechische Form dieser Formel "Καὶ ἐγένετο μετὰ τοὺς λόγους τούτους" findet sich in 1,1 (LXX-T. bzw. A-T.) als eine für das AT durchaus geläufige redaktionelle Verbindungsarbeit zweier überlieferter, ursprünglich selbständiger Texte wieder.

Der Beleg dafür, daß diese beiden Formeln Überleitungsfunktionen erfüllen, läßt sich anhand vieler anderer Stellen im AT führen, wo sie die gleiche Aufgabe, nämlich Texteinheiten in den Gesamtzusammenhang einzubinden, ausführen. "בַּיָּמִים הָהֵם" erfüllt diese Verknüpfungsfunktion 22mal.[112] "אַחַר הַדְּבָרִים" leitet dagegen an den 13 Stellen des AT noch

---

[112] Vgl. Gen 6,4 ("Der Satz ist in seiner jetzigen Gestalt eine 'antiquarische Glosse'", kommentiert C.Westermann (Genesis, a.a.O., 510)); Ex 2,11.23; Ri 19,1 ("*In those days* [editorial; loosly dating the following story in the period of the Danite migration, which is further defined as before the establishment of the monarchy", schreibt G.F.Moore (Commentary, a.a.O., 408)); 1Sam 28,1; 2Kön 10,32;20,1 (Par. Jes 38,1 u. 2Chr 32,24); Esth 1,2;2,21; Dan 10,2 ("Mit V.2 beginnt in loser Anknüpfung an V.1—immerhin ein Zeichen dafür, daß beide Verse von einer Hand stammen—der Eigenbericht Daniels, der in der vorliegenden Form innerhalb des Danielbuches singulär ist", meint O.Plöger (Daniel, a.a.O., 147)). In Ri 17,6 ("*In those days there was no king in Israel; every man did as he pleased*] 21²⁵ cf. 18¹ 19¹; a note by the editor, who thought it necessary to explain how such doings were possible", ist bei G.F.Moore (Commentary, a.a.O., 382) zu lesen); 18,1;20,27.28;21,25; 1Sam 3,1; 2Sam 16,23; 2Kön 15,37 markiert diese Passage kurze redaktionelle Einschübe. In Neh 6,17 und vor allem in der Rede Nehemias in 13,15.23 werden die "berichteten Fakten ... in chronologischer Ordnung unverbunden aneinandergereiht." ... "Die Grundform dieser Dokumentationen ist nicht die Erzählung, sondern die Schilderung der verdienstvollen Taten im Aufzählungsstil", meint U.Kellermann (Nehemia, a.a.O., 77). Die Formulierung ist auch in Gottesreden bei den Propheten in Jer 3,16.18;5,18;31,29;33,15.16;50,4.20; Ez 38,17; Joel 3,2;4,1 und Sach 8,6.23 anzutreffen. Hier kann weniger von Nahtstellen die Rede sein. Innerhalb der Gottesrede weist diese Passage "בַּיָּמִים הָהֵם" oder "בַּיָּמִים הָהֵה" auf zukünftige Tage hin (vgl. M.Sæbø (Art.: "יוֹם jom", 569f.), der auf den eschatologischen Charakter dieser Formel in der prophetischen Rede hinweist).

deutlicher in einen neuen Abschnitt über.[113] D.h. nicht nur inhaltliche,
sondern auch formale Aspekte weisen nicht nur darauf hin, daß die
ursprünglichere Fassung der Verschwörung der Eunuchen, die der in Add A
aufgeführten gewesen ist, sondern auch, daß es sich hier um eine
redaktionelle Verknüpfungsarbeit handelte.

Kehren wir nun zum Anfang des M-T. (Esth 1,1) zurück und beziehen unsere
diesbezüglichen Beobachtungen auf die soeben gemachten Feststellungen.
  War die Erzählung von der Aufdeckung des Anschlages der Eunuchen
durch Mordechai auch in der M-T.-Vorlage ein dem Esth vorausgehendes
Stück, so wird nun deutlich, warum der Anfang des M-T. so an
Informationen überfrachtet scheint, und weshalb er die ungewöhnliche
Einleitung die Formel "בִּימֵי וַיְהִי" aufweist: Beides, so vermuten wir, kann
nur von der Hand stammen, die in einem ersten Schritt die Komplott-
Erzählung aus Add A in den Gesamttext einarbeitete (vgl. 2,21-23 (M-
T./LXX-T.)) und in einem zweiten Schritt einen neuen Anfang für das Esth
entwerfen mußte.[114] Dieser bestand zunächst darin, den persischen König
Achaschwerosch und die Tage seiner Regierungszeit vorzustellen (1,1). Die
Bemerkung, daß ihm 127 Länder untergeben waren, findet man im Esth wohl
noch an anderen Stellen, nämlich in 3,12 (nur LXX-T.); 8,9 (M-T./LXX-T.);
9,30 (nur M-T.) und in den beiden Add B (B1 (LXX-T.); B14 (A-T.)) und E
(E1 (LXX-T.); E22 (A-T.)).
  Nun zeigt sich aber, daß neben 1,1 keine der angegebenen Stellen
ursprünglich ist. Dort, wo der LXX-T. alleiniger Zeuge ist (3,12), kann es
sich nur um eine späte Bearbeitung handeln, da er den M-T. und den A-T. als
Vorlage benutzte. In 8,9 und 9,30 haben der LXX-T. und der M-T. ein
textliches Plus gegenüber dem A-T., was für diese Stellen eher auf eine
redaktionelle Hand schließen läßt. Außerdem gehören diese Verse u.E. nicht
mehr zum ursprünglichen Text, sondern zur Purim-Ausarbeitung des Esth.[115]
Daß die Bemerkung in den beiden Add B und E auftaucht, ist ein weiterer
Hinweis darauf, daß es sich um ein spätes Element des Esth handeln muß.
Schließlich wurde das Geschehen von derselben redaktionellen Hand nach
Susa, der Burg, verlegt (1,2) und dem Ganzen schließlich eine einleitende
Datierung gegeben, die den Text in ein historisches Licht rückte (1,3a). Auf
eine redaktionelle Arbeit läßt sich für letzteres auch deshalb schließen, weil
beide Informationen nur im M-T. und LXX-T zu finden sind, im A-T.
dagegen fehlen.

---

[113]   Vgl. Gen 15,1;22,1.20;48,1; Jos 24,29; 1Kön 21,1; Esth 3,1; Esr 7,1; 2Chr 32,1. In
Gen 39,7;40,1; Esth 2,1 sowie in 1Kön 17,17 bleibt dagegen die Handlung direkt auf das
vorausgehende Geschehen bezogen.
[114]   Vgl. Kapitel 4.2.1.1.
[115]   Vgl. hierzu Kapitel 7.

4.3.2. Der Anfang der Add A in den griechischen Versionen als Einleitung der HM?

Welchen Anfang hatte aber die ursprüngliche HM? Der Beginn der HM ist in V.11b (A-T.) nicht leicht zu rekonstruieren, da in diesem Vers der Traum Mordechais fest mit der HM-Erzählung verbunden wurde: "ἐπίκρισις αὐτοῦ διασαφηθήσεται αὐτῷ ἕως τῆς ἡμέρας ἧς ὕπνωσε Μαρδοχαῖος ἐν τῇ αὐλῇ τοῦ βασιλέως" (*Seine Interpretation würde ihm erklärt werden bis zu dem Tag, an dem Mordechai in dem Hof des Königs schlafen wird*). Der Teil, bei dem wir sicher davon ausgehen können, daß er zur HM gehört, lautet: "... ὕπνωσε Μαρδοχαῖος ἐν τῇ αὐλῇ τοῦ βασιλέως ...". Nun zeigt sich an diesem Stück, daß Mordechai noch gar nicht vorgestellt wurde, und auch vom König (V.12) wissen wir nicht mehr als seinen Namen. Eine Einführung beider Personen findet sich dagegen in Add A1:

LXX-T. Add A1-3	A-T. Add A1-2
(1) Ἔτους δευτέρου βασιλεύοντος Ἀρταξέρξου τοῦ μεγάλου τῇ μιᾷ τοῦ Νισα ἐνύπνιον εἶδεν Μαρδοχαῖος ὁ τοῦ Ἰαΐρου τοῦ Σεμεΐου τοῦ Κισαίου ἐκ φυλῆς Βενιαμιν,	(1) Ἔτους δευτέρου βασιλεύοντος Ασσυήρου τοῦ μεγάλου μιᾷ τοῦ μηνὸς Αδαρ Νισαν (ὅς ἐστι Δύστρος Ξανθικός) ἐνύπνιον εἶδε Μαρδοχαῖος ὁ τοῦ Ιαείρου τοῦ Σεμεΐου τοῦ Κισαίου τῆς φυλῆς Βενιαμιν, ἄνθρωπος μέγας
(2) ἄνθρωπος Ἰουδαῖος οἰκῶν ἐν Σούσοις τῇ πόλει, ἄνθρωπος μέγας θεραπεύων ἐν τῇ αὐλῇ τοῦ βασιλέως.	(2) τῆς αἰχμαλωσίας ἧς ᾐχμαλώτευσε Ναβουχοδονοσορ ὁ βασιλεὺς Βαβυλῶνος μετὰ Ιεχονίου τοῦ βασιλέως τῆς Ἰουδαίας.
(3) ἦν δὲ ἐκ τῆς αἰχμαλωσίας ἧς ᾐχμαλώτευσεν Ναβουχοδονοσορ βασιλεὺς Βαβυλῶνος ἐξ Ιερουσαλημ μετὰ Ιεχονίου τοῦ βασιλέως τῆς Ἰουδαίας.	

Auffällig ist zunächst, daß Add A1 im Gegensatz zum M-T. eine sehr viel einfacher gestaltete, aber dennoch informationsreiche Einleitung aufweist. Sie gibt kurz das Regierungsjahr des Königs an, erwähnt, daß es sich beim König um Artaxerxes "den Großen" handelt und fügt hinzu, an welchem Datum das Ereignis stattfand: "Ἔτους δευτέρου βασιλεύοντος Ἀ. (τῇ μιᾷ) τοῦ μεγάλου μιᾷ τοῦ (μηνὸς Αδαρ) Νισαν"[116] (LXX-T./A-T.). Sie kehrt sich dann sehr schnell, noch im gleichen Vers, dem eigentlichen Geschehen zu, dessen Protagonist Mordechai ist. Stellen wir die Vielfalt der Informationen in der Einleitung der Add A (V.1-2 (A-T.); vgl. V.1-3 (LXX-T.)) in ihrer Reihenfolge nebeneinander, so ergibt sich das folgende Bild:

---

[116]   Die in Klammern ( ) geschriebenen wörtlichen Plus gehören zur A-T.-Version.

Inhalt:	*Fortführung in:*
1.) Datierung des Jahres	=> M-T. 1,1
2.) Datierung des Traumes	=> Add A4ff
3.) Einführung Mordechais	=> M-T. 2,5
= Genealogie Mordechais	
4.) Einführung "eines Mannes" (A-T.)	=> Add A11/M-T. 2,5
"eines *jüdischen* Mannes" (LXX-T.)	
- sein Wohnort (nur LXX-T.)	
- seine soziale Stellung (nur A-T.)	
5.) Sein bisheriges Ergehen im Zusammenhang	=> M-T. 2,6
der Geschichte des Jüdischen Volkes	
6.) Darstellung des Traumes	(=> Add A4-10)

In diesem Schema zeigt sich, daß die Informationsvielfalt in Add A1-2(3) verschiedenen Thematiken zugeordnet werden kann. Die Aufeinanderfolge der Information wirkt jedoch ein wenig ungeordnet. Zunächst wird der Text eingeleitet mit einer Grobdatierung (1.), dem Jahr der Regierung des Königs. Ihr folgt eine genaue Datierung, die sich konkret auf das Eintreten des Traumes Mordechais bezieht (2.). Doch bevor wir den Inhalt des Traumes erfahren (6.), wird Mordechai, der Träumer, mittels der Darstellung seiner genealogischen Abstammung vorgestellt: Mordechai ist Jude. Außerdem war Mordechai einer der Gefangenen, die ins Exil und die Gefangenschaft geführt wurde (3./5.). Zwischen Genealogie und Geschichtsdarstellung wird Mordechais soziale Stellung (A-T.), sein Wohnort und seine berufliche Laufbahn (LXX-T.) aufgeführt (4.).

Die obige Skizzierung des Anfangs der Add A weckt Zweifel daran, daß dieser aus einem Guß ist. Liest man das Schema jedoch von Punkt 4 her, der Vorstellung Mordechais und seiner sozialen Stellung, so könnte man meinen, daß die vor ihm stehenden und nach ihm folgenden Elemente angefügt worden seien. Im 4. Punkt geht es um einen angesehenen Mann (A-T.), der in der Stadt Susa wohnt und am Hof des Königs dient (LXX-T.). Diesem Mann wird mit dem dritten Element eine jüdische Herkunft zugeschrieben und in Punkt (5.) wird er als solcher mit der jüdischen Geschichte in Verbindung gebracht. In diesem Kontext verankert, sah also der jüdische Mann einen Traum ((2.) und (6.)), der in einer Metapher die Ereignisse, die sich im Esth zutragen, beinhaltet (Die Auslegung dieses Traumes wird in Add F dargelegt). Schließlich wurde das ganze Geschehen in (1.) (und (2.)) in einem zeitlichen Rahmen fixiert, der auf das Esth hin zugeschnitten ist. Wenn diese redaktionskritische Aufschlüsselung von Add A1-3 bzw. A1-2 richtig ist, dann wird man nicht fehl gehen, am Anfang der Add A die bisher vermißte Einleitung der HM zu suchen.

Im vorausgehenden Kapitel 4.2. wurde ausgeführt, daß der Traum Mordechais nicht zum ursprünglichen Textbestand und damit auch nicht zur Erzählung der Pagenverschwörung gehört. Damit kommen auch die Punkte

(2.)[117] und (6.) für die Einleitung unserer HM nicht in Betracht. In der HM spielt zudem Mordechais jüdische Herkunft keinerlei Rolle. Daß Mordechai in der Einleitung der Add A als Jude beschrieben wird, ist für den Anfang der ursprünglichen HM eher auszuschließen, da hier eine unnötige Spezifizierung einer der beiden Hauptpersonen vorgenommen worden wäre, die für den weiteren Verlauf der Erzählung nichts austrägt. Somit kämen auch die Punkte (3.) und (5.) für unsere Textrekonstruktion der Einleitung der HM nicht in Betracht.

Wie sind jedoch die Datierung (1.), die wie üblich von der Regierungszeit des Königs ausgeht, und die Vorstellung Mordechais (4.) zu beurteilen? Beide Elemente paßten hervorragend zum Anfang unserer HM in Add A11b (A-T.), denn, was Punkt (1.) betrifft, so spielt der König tatsächlich eine bedeutende Rolle in der HM, und Mordechai wird in Punkt (4.) als angesehener Mann dargestellt. Letztere Bemerkung ist insofern interessant für die HM, als hier bereits ein charakterisierender Eindruck von ihm vermittelt wird. In der kurzen Bemerkung über ihn als "ἄνθρωπος μέγας" (*angesehener Mann*) kann man zugleich Mordechais hohes öffentliches Ansehen mitschwingen hören.[118] Dieser Eindruck von Mordechais gesellschaftlicher Anerkennung ist als Hintergrund der HM zu lesen, wenn in der Gegenüberstellung von Mordechai und Haman das Charakteristikum des Rechtsstrebens des Einen gegen die Boshaftigkeit und Selbstsucht des Anderen antreten müssen. Die Frage, welches von beidem sich letztendlich durchsetzen kann und Oberhand gewinnt, macht einen Aspekt der Spannung der Erzählung aus. Die Gegenüberstellung von "Rechtssinn" und "Selbstgefälligkeit" läßt sich in jedem Fall hervorragend

---

[117] M.V.Fox bemerkt hierzu, daß "Adar" dem Monat Nisan vorangestellt wurde, weil der Redaktor wohl von der Bedeutung des Adar in der Purimerzählung beeinflußt wurde. Ähnlich sei auch im LXX-T. zu sehen, daß Esthers Heirat von dem Monat "Tebeth", der im M-T. in 2,16 angegeben wurde, in 2,16 des LXX-T. in "Adar" verwandelt wurde. "In both case, the transfer of an item to Adar makes incidental dating portentous of the month of crisis" (ders., Redaction, a.a.O., 60). Nun habe der Redaktor A-T. in Add A1 keine Substitution des Monats Nisan durch Adar vorgenommen, sondern beide Monate Adar und Nisan in Nachahmung von 3,7 in Proto-A-T., miteinander kombiniert (ders., Redaction, a.a.O., 61. Fox fügt in der Anm. 63, a.a.O., hinzu, daß es allerdings auch möglich sei, daß der Redaktor in 3,7 die Kombination von Adar zu Nisan ebenfalls kreiert habe). Die Bedeutung und die Funktion der doppelten Monatsangabe sei in jedem Falle unklar. O.F.Fritzsche (Zusätze, a.a.O.) erkläre, so Fox (Redaction, a.a.O.), die doppelten Monatsangabe damit, daß Adar als intercalarer Monat zu gelten habe. Fox hält dagegen, daß der intercalare Monat sonst mit "Adar Sheni" zum Ausdruck gebracht werde. Deutlich sei dagegen jedoch, daß der Redaktor diese Angabe mit der doppelten makedonischen Monatsangabe "Dystros Xanthikos" glossiere. Die Doppelung im Griechischen könne hierbei einfach eine Doppelung des Originals imitieren, da die makedonischen Monatsnamen manchmal als exakte Äquivalente zu den Jüdischen gebraucht würden.

[118] Vgl. 2Kön 5,1; 2Sam 19,33 und Prov 29,6, wo die Rede vom "ἀνὴρ μέγας" das hohe Ansehen der jeweiligen Person ähnlich zum Ausdruck bringt. Vgl. auch die alternative Hs 71 zur LXX-T.-Version, die anstelle des Begriffes "μέγας" die Formulierung "φοβουμενος τον θεον ισραηλ και" (*der den Gott Israels fürchtete und*) hat und damit das Ansehen Mordechais mit religiösen Termini interpretiert.

dem Genre der weisheitlichen Hoferzählung, das wir für die HM annehmen, zuordnen.

Interessanterweise werden im LXX-T. nun auch noch die Orte des Geschehens (Susa/der Hof des Königs) bzw. Mordechais Tätigkeitsfeld unter Punkt (4.) aufgeführt. Für die HM ist aber kennzeichnend, daß sie Susa nicht erwähnt. Die Plazierung des Geschehens in Susa kommt vielmehr dann zum Tragen, wenn die VE, die HM und die HMK an einen gemeinsamen Ort verlegt werden sollen. Wir greifen an dieser Stelle bereits vor, wenn wir behaupten, daß der Ort Susa von der redaktionellen Hand in den Text eingefügt wurde, die die drei selbständigen Grunderzählungen zur Esth umgestaltete und mittels dieses Aspektes miteinander zu verknüpfen suchte.[119] Der andere Zusatz des LXX-T. gegenüber dem A-T., daß Mordechai am Hof des Königs diente (Add A2b), muß allein schon deshalb sekundär sein, weil der Vers in Add A16 des A-T. Mordechais Stellung am Hof gerade als Folge aus seinem loyalem Handeln beschreibt. Er kann also vorher nicht schon mit diesem Amt bekleidet gewesen sein. Der Vers scheint zudem von 2,19.21 (M-T./LXX-T.) abhängig zu sein, in denen Mordechais Sitzen am Hof des Königs nachdrücklich zum Ausdruck gebracht wird.[120] Unsere These wird dadurch bestätigt, daß sowohl Susa als auch Mordechais Dienst am Hof im A-T., dem Text, den wir auch schon für Add A11b-16 als den ursprünglicheren bestimmen konnten, nicht erwähnt werden. Wir konkludieren somit, daß für eine ursprüngliche Einleitung der HM nur die Datierung (Punkt (1.)) und von Punkt (4.) Mordechais Vorstellung als angesehenem Mann in Betracht kämen.

Der Frage, ob Punkt (1.) oder der genannte Teil in Punkt (4.) oder beide die Einleitung der HM bildeten, soll im folgenden nachgegangen werden.

4.3.2.1. Leitete eine Datierung die HM ein?

Daß eine Datierung im 'genitivus temporis' oder im 'dativus temporis', nach Art der Add A1 "Ἔτους δευτέρου βασιλεύοντος Ἀ." (LXX-T. bzw. A-T.), den Anfang eines Textes markiert, finden wir noch insgesamt achtmal in der LXX (vgl. Num 1,1; (1Esdr 1,1); 2Esdr 1,1; Ez 1,1; Dan 1,1; Hag 1,1 (dat.temp.); Sach 1,1; Jdt 1,1 (gen.temp.)) und im M-T. sechsmal (vgl. Num 1,1; Esra 1,1; Ez 1,1; Dan 1,1; Hag 1,1; Sach 1,1). Betrachtet man daneben die Aramäischen Papyri Nr.1;2;5-10;13-15;20;25;28;29;35;43 und 45,

---

[119] Siehe hierzu die weiteren Ausführungen im Kapitel 7.4.5.2.

[120] M.V.Fox meint hierzu, daß das Fehlen dieser Information des LXX-T. im A-T. eine Auslassung sei, die auf eine Harmonisierung des Textes zurückzuführen sei, denn dadurch gleiche der A-T. den Widerspruch des LXX-T. zwischen Add A2 und A16 aus (ders., Redaction, a.a.O., 62). Wir meinen jedoch, daß der LXX-T. wegen der Nennung Susas und wegen des Dienstes Mordechais am Hof des Königs hier eine Verbindung zum Haupttext schaffen wollte. Dies tat er, indem er zwei für den Esth wichtige Elemente aus Kap 2,5.19 an dieser Stelle einfügte.

Dokumente aus dem 5.Jh.,[121] so fällt auf, daß auch sie die Texte mit einer Datierung einleiten.[122] Ihre Formulierung ist dem Aufbau nach mit denen der griechischen Ausgaben des Anfangs von Add A vergleichbar. Sie erfüllt die Aufgabe, dem aramäischen Rechtsdokument einen Zeitrahmen zu liefern, der die Legalisierung und Rechtsgültigkeit des Dokuments mitbegründet. Genau diese Funktion soll die Datierung in den oben angegebenen Buchanfängen im AT und im Besonderen hier in Add A und im M-T. in Kap 1,1 erfüllen.[123] Sie fixiert also den jeweiligen Text in eine bestimmte Zeit hinein. Für die HM bedeutet diese Datierung eine Historisierung des Textes, der seinem Inhalt nach keineswegs auf eine bestimmte Zeit hin zugeschnitten wurde. Sie ist vielmehr eine Beispielerzählung die einen weisheitlichen Schluß in sich birgt. Eine Datierung scheint hierbei unnötig. Auffällig ist auch, daß der Name des Königs in unserer Textrekonstruktion nur zweimal am Anfang des Textes auftaucht, nämlich in Add A12.15 (A-T.). In beiden Fällen wird dem Namen des Königs jedoch die Bezeichnung "τῷ βασιλεῖ" (V.12) bzw. "ὁ βασιλεὺς" (V.15) in einer Apposition angehängt. An den restlichen 22 Stellen wird ansonsten immer nur von "dem König" gesprochen. Anscheinend wurde auch der Name des Königs erst mit der Redaktion des Esth in den Text eingefügt. In der ursprünglichen HM scheint er nicht jedoch vorhanden gewesen zu sein. Dies spricht wiederum dagegen, daß die Datierung des Textes in die Zeit des Königs "Ασσυῆρος" zur HM gehörte.

4.3.2.2. Die Datierung in Add A und dem kanonischen Esth

Für die Bedeutung der Datierung im kanonischen Esth kommen wir zu einem anderen Ergebnis. Hier hat sie eine immense Bedeutung für den Duktus der Erzählung. Denn sie formt für die fiktive Erzählung nicht nur einen geschichtlichen Rahmen, sondern konkretisiert das Geschehen als Erfahrung des Jüdischen Volkes; denn sowohl das Pogrom (vgl. 3,7 (M-T./LXX-T.)), das wiederum in der Regierungszeit des Königs Xerxes (M-T./A-T.) bzw.

---

[121]   Vgl. A.Cowley, Papyri, a.a.O.

[122]   Vgl. v.a. den Aramäischen Papyrus Nr.6, dessen Formulierung der aus den Esth und Jdt am nähesten kommt: "Am 18. des Kislew, d.i. der siebte Tag des Thoth, im Jahr 21 des Anfangs der Regierung, als König Artaxerxes auf seinem Thron saß ...". Die aufgeführten Papyri entstammen allesamt einem jüdischen Kontext und gehören in die Zeit des 5.-4.Jh., d.h. vor die Eroberung Alexanders. Ab dieser Zeit löste die griechische Sprache die aramäische als Hauptsprache des Reiches ab. Unser Interesse an diesen Dokumenten liegt in erster Linie in ihrer Eigenschaft, mit den Ereignissen zeitgleich zu sein, auf die sich ihre Datierung bezieht. Die Papyri aus dieser Zeit konnten nur in Ägypten erhalten bleiben, da die klimatischen Verhältnisse von Mesopotamien und Palästina das Material des Papyrus nicht konservieren konnten. Insofern handelt es sich bei dem angegebenen Textmaterial um ein allgemeines Zeugnis für die Art und Weise, wie Briefe und Rechtsdokumente verschriftlicht wurden (A.Cowley, Papyri, a.a.O., XIVff).

[123]   Wir werden wiederum im letzten Kapitel dieser Arbeit zu zeigen versuchen, daß auch die Datierungen, die v.a. im M-T. und LXX-T. im gesamten Esth verstreut sind, zu eben diesem Zweck eingefügt wurden.

Artaxerxes (LXX-T.) plaziert wurde, als auch die Purimfeier (8,12;9,19.21 (M-T./LXX-T.) vgl. 7,47 (A-T.)) werden an ein festes Datum gebunden.

Dennoch ist unübersehbar, daß im Esth kein Anspruch auf Historizität erhoben wird, denn es gab im Persischen Reich de facto niemals eine jüdische Königin und die Zeitspanne zwischen Nebukadnezzars Exilierung des Jüdischen Volkes und der Regierungszeit Xerxes oder Artaxerxes ist viel zu groß, als daß Mordechai beides miterlebt haben könnte. Doch soll den Lesern durch die Andeutung von Historizität von vornherein vermittelt werden, daß hier kein Märchen erzählt wird.

Nun fragt sich jedoch, wie sich die Datierung der Add A zu der des kanonischen Esth verhält. Gehörte sie vielleicht ursprünglich zum M-T. und wurde mit der Einschiebung von Add A vom kanonischen Text getrennt? Oder wurde sie in Add A in Abstimmung zu Esth 1,1 neu komponiert?[124]

Zur Beantwortung dieser Frage ist ein Vergleich mit dem Jdt fruchtbar, da es in Aufbau und Thematik wie das Esth der Gattung nach als jüdische Novelle zu bezeichnen ist.[125] Interessanterweise zeigt sich, daß auch Jdt keinen Anspruch auf Historizität erhebt: "Starting with chap. 1, the ancient author was not 'writing history' ... but telling an exciting story", erklärt MOORE, "a tale that in every time and place has fascinated both young and old, learned and illiterate. It is the failure to recognize this simple fact that has created for the informed person 'the historical problems', of v 1, e.g., the historical Nebuchadnezzar was king of the Babylonians, not the Assyrians; he never ruled from Nineveh; Arphaxad is unknown outside the Bible"[126]. Wenn für Jdt und Esth übereinstimmend festzustellen ist, daß beide Erzählungen einen fiktiven Inhalt haben, so ist doch gerade jener krasse Anachronismus, den die Jdt-Erzählung zum Ausdruck bringt und der humoristische Charakter, der hinter diesem Anachronismus steht, im Esth der drei Versionen in diesem Maße nicht zu finden. Im Unterschied zu Jdt gestalten die drei Versionen gerade den historischen Rahmen nicht als Fiktion. Während das Jdt die angegebenen Daten in ihrer symbolischen Bedeutung verwendet,[127] führen sie die Erzählung im Esth in einen möglichst realen Zusammenhang ein. Als einer der Protagonisten wird einerseits der

---

[124]   K.H.Jobes vertritt die These, der A-T. habe die Datierung in 1,1 "relocated from 1:3 to the first sentence of addition A". Jobes kommt zu dieser Schlußfolgerung, da sie Add A von vornherein als sekundär behandelt. Sie stellt allerdings auch heraus, daß diese Datierung in Add A1 bei beiden Texten mit der Syntax von Dan 8,1 (LXX) übereinstimmt (dies., Alpha-Text, a.a.O., 246).

[125]   Vgl. hierzu die Untersuchung von L.M.Wills, der neben der Daniel/Susanna-Tradition, der Tobit-Erzählung, der Joseph und Aseneth-Erzählung und der Esthererzählung auch die Erzählung von Judith zur Jüdischen Novelle zählt (ders., Novel, a.a.O.).

[126]   C.A.Moore, Judith, a.a.O., 129.

[127]   "'Nebuchadnezzar' and 'Nineveh' are, at least from the point of view of the OT, symbols epitomizing the vilest arch-villain and the cruelest, mighty city, respectively", schreibt Moore (ders., Judith, a.a.O., 124).

persische König "אֲחַשְׁוֵרוֹשׁ" (M-T.) bzw. "Ασσυῆρος" und andererseits "'Αρταξέρξης" (LXX-T.), der Sohn des vom M-T. und vom A-T. dargestellten Xerxes, genannt. Historisch belegbar ist, daß sie tatsächlich persische Könige waren, deren Hauptsitz in Susa, dem Zentrum der Reichsverwaltung des Imperiums der Perser und Meder gelegen war.[128] Die aus Dokumenten bekannte Fixierung des Textes in eine bestimmte Zeit hinein, wurde hier also nicht zum Zweck des historischen Nachweises gebraucht, sondern um dem fiktiven Inhalt des Esth in einen zeitlich realistischen Rahmen hinein zu verankern.[129] Das Jdt läßt dagegen die Ernsthaftigkeit des Historischen von vornherein nicht zu.

Abgesehen von diesem Unterschied ist der Anfang der griechischen Esth-Versionen und der des Jdt sehr ähnlich. Wie die oben aufgeführten Anfänge der biblischen Bücher, geben sie nur kurz den Namen des Königs (oder ein markantes, geschichtliches Ereignis; vgl. Num 1,1) sowie die am Beginn des Ereignisses oder der Regierungszeit orientierte Jahreszahl an:[130]

Jdt 1,1a: 'Έτους δωδεκάτου τῆς βασιλείας Ναβουχοδονοσορ
LXX-T. Add A1: 'Έτους δευτέρου βασιλεύοντος 'Αρταξέρξου τοῦ μεγάλου
A-T. Add A1: 'Έτους δευτέρου βασιλεύοντος 'Ασσυήρου τοῦ μεγάλου

Der M-T. teilt diesen Anfang nicht mit dem Jdt. Er beginnt vielmehr mit der Vorstellung des Königs, nicht aber mit einer Zeitangabe. Diese findet sich erst relativ spät in 1,3 des M-T.: "בִּשְׁנַת שָׁלוֹשׁ לְמָלְכוֹ". Der LXX-T. weist in Orientierung an dem M-T. eine entsprechende Zeitangabe in 1,3 auf: "ἐν τῷ τρίτῳ ἔτει βασιλεύοντος αὐτου". Der A-T. führt diese zweite

---

[128]   M.A.Dandamaev/V.G.Lukonin, culture, a.a.O., 107.
[129]   L.M.Wills meint hierzu, obwohl "the modern reader may feel that he or she is simply suffering from misunderstandings of ancient literary conventions or of the proper context of the narrative, the artistic excesses and improbabilities in the work were probably intended. It was likely composed as a work of fiction—the readers would hardly have believed that there had really been a Jewish queen of Persia—but it has caused great discomfort to many later readers because of its 'nationalist' spirit and bloodthirsty revenge" (ders., Novel, a.a.O., 95f).
[130]   Ein Vergleich mit dem Dan zeigt, daß die historische Rahmung dort mit einem zentralen geschichtlichen Datum des Volkes Israel, der Eroberung Jerusalems durch Nebukadnezzar, im dritten Jahr der Regierung Jojakims beginnt. Wie im Esth, leitet das Dan seinen Erzählzyklus also mit einem historischen Datum ein, doch entstammt dieses, entgegen dem Esth, nicht der Geschichte des Landes, die den erzählerischen Rahmen für das gesamte Dan liefert, sondern ist gleich auf die Geschichte Israels ausgerichtet, wie denn auch in Dan 1,2 sofort auf dieses Geschehen als ein nach JHWHS Willen stattfindendes Geschehen Bezug genommen wird. Anzumerken ist, daß Dan nicht ein mögliches und eher zufälliges, sondern ein konkretes geschichtliches Datum anführt. Auch darin unterscheidet es sich vom Esth. Vergleicht man die drei vorgestellten Buchanfänge im Jdt, Esth und im Dan, so lassen sich nun drei verschiedene Gestaltungsformen der Datierung erkennen: entweder wird eine Erzählung in einem *fiktiven* "historischen" Rahmen plaziert (Jdt) oder sie bekommt ein *zufälliges* Datum (Esth) aus der Zeitgeschichte, in der das Erzählte stattfinden soll, zugeschrieben oder aber, ihr wird ein *reales*—und wie im Dan ideologisch *zentrales*—historisches Datum aus der Geschichte der Autoren- und Leserschaft des Buches vorangestellt.

Datierung im kanonischen Text dagegen nicht an, während der LXX-T. in Add A *und* im kanonischen Teil eine Datierung aufweist.[131] Doch in dem nun folgenden Halbvers 1,1b des Jdt fällt auf, daß unser Vorbild Informationen liefert, die nicht mehr in der Add A der griechischen Texte wiederzufinden sind. Diese Angaben trifft man vielmehr erst im kanonischen Text an. So fährt Jdt fort, indem es Volk und Regierungsort benennt. Für diese Information müssen der LXX-T. und der A-T. entsprechend einen Sprung zu Kap 1,2 machen.[132] Einen ähnlichen Inhalt finden wir auch im M-T. wieder.

Jdt 1,1:	ὃς ἐβασίλευσεν Ἀσσυρίων ἐν Νινευη τῇ πόλει τῇ μεγάλῃ
LXX-T. 1,2:	ἐθρονίσθη ὁ βασιλεὺς Ἀρταξέρξης ἐν Σούσοις τῇ πόλει
A-T. 1,2:	καθῆσθαι Ασσυήρον ἐπὶ τοῦ θρόνου τῆς βασιλείας αὐτοῦ
M-T. 1,2:	בְּשֶׁבֶת הַמֶּלֶךְ אֲחַשְׁוֵרוֹשׁ עַל כִּסֵּא מַלְכוּתוֹ בְּשׁוּשַׁן הַבִּירָה

Die nun folgende kurze Passage des Jdt haben auch der A-T., der LXX-T. und der M-T. in Kap 1,1:

Jdt 1,1c:	ἐν ταῖς ἡμέραις Αρφαξαδ
LXX-T. 1,1b:	ἐν ταῖς ἡμέραις Ἀρταξέρξου
A-T. 1,1b:	ἐν ἡμέραις Ασσυήρου
M-T. 1,1a:	בִּימֵי אֲחַשְׁוֵרוֹשׁ
vgl.: M-T. 1,2a:	בַּיָּמִים הָהֵם

---

[131] Hier zeigt sich noch einmal die von uns immer wieder zu beobachtende Beeinflussung des LXX-T. durch den M-T. einerseits und den A-T. andererseits (M-T. => LXX-T. <= A-T.) (vgl. Kapitel 4.2.1.1.). Die Angabe beider Datierungen bedeutet jedoch beim LXX-T. deshalb kein großes Problem, da sie jeweils nur in einem Jahr differieren.

[132] Auch E.Haag stellt die Anfänge des Jdt und des Esth (M-T.) einander gegenüber: "Der dortige [gemeint ist das Esth] dreimalige Ansatz in der Zeitbestimmung (Est 1,1-3), die genau wie Jdt 1,1 eine nach Jahreszahl präzise Zeitbestimmung in Parallele setzt zu allgemein gehaltenen Angaben, ist nicht leere Wiederholung, sondern verfolgt in langsamer Steigerung einen besonderen Zweck. Während nämlich Est 1,1 zuerst allgemein die Zeit angibt und dabei den Großkönig in seinem weit ausgedehnten Herrschaftsbereich vorstellt, gibt V.2 der Sache nach eine genauere Zeitbestimmung: es handelt sich nicht um den Regierungsantritt, wie man vermuten würde, sondern um das Jahr der endgültigen Festigung seiner Herrschaft, das dann in V.3 mit einer runden Jahreszahl angegeben wird. Die Angabe der Jahreszahl dient also nicht der genauen historischen Fixierung des Geschehens, sondern der Unterstreichung der Aussage, daß nun ein gewaltiger Herrscher zu einer gewissen Fülle an äußerer Macht gelangt ist, die den Ausgangspunkt eines für das Gottesvolk bedeutsamen Geschehens bildet. Wenn demnach der Verfasser des Buches Judith den Leser in das zwölfte Regierungsjahr des Nabuchodonosor versetzt, so will er durch diese wohl runde Jahreszahl ausdrücken, daß jetzt die Macht des Nabuchodonosor gleichsam reif geworden ist und zu einer Entfaltung drängt, die irgendwie auch das Schicksal des Gottesvolkes berühren wird" (ders., Studien, a.a.O., 10f). Haags interessante Schlußfolgerungen basieren nicht auf einer literarkritischen Analyse der Anfänge der beiden Bücher, sondern er betrachtet und vergleicht die Texte in ihrer Endgestalt. Wir haben es hier eher mit einer Interpretation als mit einer textkritischen Analyse zu tun. Leider hat Haag in seine Überlegungen die griechischen Ausgaben des Esth nicht mit einbezogen. Wir können seine Argumentation daher unseren eigenen Überlegungen nur eingeschränkt gegenüberstellen. Wichtig scheint uns v.a. Haags Feststellung, daß beide Anfänge die gleiche Absicht zum Ausdruck bringen, nämlich die Zeit der "Fülle der Macht" des jeweiligen Herrschers in den Vordergrund zu stellen. Unter Hinzunahme von Add A1 hätte Haag die Parallelität beider Buchanfänge noch deutlicher auffallen können.

Nachdem Jdt mit einer ausführlichen Datierung anhebt, stellt es der nun beginnenden Haupterzählung noch einmal "in diesen Tagen ..." voran. Damit gewichtet es die Datierung in ihrer Bedeutung für die Erzählung mehr als in den anderen oben angegeben Büchern, denen ebenfalls eine Datierung vorangestellt wurde. Zweck dieses "long and bombastic relative clause" sei, so WILLS, "with great fanfare"[133] eine fiktive Person (Arphaxad) vorzustellen und einzuleiten, deren einzige Aufgabe es ist, von Nebukadnezzar besiegt zu werden. Noch breiter als die im Jdt dargestellte Einführung des Königs, zieht sich die über sageundschreibe zweieinhalb Verse ausgedehnte Vorstellung im M-T. hin.

Tatsächlich mag durch die Ausführlichkeit des Dargestellten, ähnlich wie bei Jdt, beim Leser ein starker Eindruck von der Machtfülle und Pracht der Regierungszeit des Perserkönigs entstehen, doch faktisch zeigt uns der Vergleich mit dem Jdt, daß in Esth 1,1-3 eine redaktionelle Bearbeitung vorliegt. Die Datierung, die sich im M-T. und im LXX-T. in 1,3 findet, weisen der A-T. und das Jdt nur am Anfang ihres Textes, in Jdt 1,1a und Add A1, auf. Eine Rekonstruktion des ursprünglichen Anfangs des kanonischen Esth nach dem Vorbild des Anfangs des Jdt, stellt diese Datierung an den Anfang des Textes und läßt die zweite in 1,3 weg. Ohne den redaktionellen Schaltsatz in 1,1 wäre der ursprüngliche Anfang des kanonischen Esth wie folgt zu lesen:

Skizzierung der HM-Einleitung

Esth 1,1-3 (A-T.)	Rekonstruktion (M-T.)
Und es geschah nach diesen Dingen, in den Tagen Assyros des großen Königs, daß ihm 127 Provinzen untergeordnet wurden von Indien bis Äthiopien.	Im zweiten Jahr der Regierung des Königs A. des Großen ... (Add A1),
Als Assyros auf dem Thron seines Königreiches saß,	... als der König A. auf dem Thron seines Königreiches saß ..., (V.2),
da machte der König ein Fest für alle Oberhäupter des Hofes der Perser und Meder und die Fürsten der Provinzen vor ihm ...	... machte er ein Weingelage für alle Obersten und Diener, wobei die Heerführer von Persien und Medien, die Edlen und Fürsten der Provinzen vor ihm waren (V.3b)

In dieser Textrekonstruktion des M-T. hat die Datierung ihre Position in V.3 aufgegeben und ist an den Anfang der Erzählung gerutscht. Da "Καὶ ἐγένετο μετὰ τοὺς λόγους" und der appositionelle Schaltsatz im A-T. 1,1 auf einen sekundären Anschluß hindeuten,[134] folgt nach der Datierung in Add A1 direkt der V.2. Da im A-T. der Hinweis auf Susa, die Burg, fehlt, wird diese Ortsangabe auch in der Rekonstruktion weggelassen. De facto nähern wir uns damit der Erzählfolge des A-T. Mit Add A1 am Anfang, an der Stelle

---

[133]   L.M.Wills, Novel, a.a.O., 134.
[134]   Vgl. Kapitel 4.3.1.

von Kap 1,1, gibt die Rekonstruktion eben diesen Text wieder. Der Anfang des Esth wirkt nun viel flüssiger.

Doch ein erstes Gegenargument gegen dieses Ergebnis ist schnell erbracht: Es kann durchaus sein, daß der A-T. ursprünglich keine Datierung aufwies. Wenn in ihm, vor den anderen Versionen, noch die alten Erzählungen wiederzufinden sind—wovon wir ausgehen—so müssen wir uns vor Augen halten, daß diese als Beispielerzählungen schon rein gattungsgemäß ohne Datierung zu lesen waren. Sie hat nur in der Gesamtkomposition des Esth, auf dem Hintergrund des Purimgeschehens, Sinn und Zweck. Dem Proto-A-T., dessen Aufgabe vornehmlich in der Verknüpfung der drei Erzählungen (VE, HM und HMK) bestand, hat die Datierung durchaus noch fehlen können.

Aus der Sicht des im AT kanonisierten M-T. ist die lange, erklärende und vielleicht sogar mit Zusätzen versehende Einleitung (1,1-3) deshalb sinnvoll, weil sie eine Geschichte aus dem Exilsland erzählt. Die Umstände müssen erst erläutert werden, bevor die eigentliche Erzählung beginnt. Demgegenüber geht die kurze Einleitung der Add A scheinbar von Bekanntem aus. Sie gibt keine weitere Erläuterung über den König, als daß es sich bei ihm um "den Großen" handelt—so, als sei jedem Leser und jeder Leserin bekannt, von wem die Rede ist. Doch hat der M-T. in diesem späten Stadium tatsächlich schon mehrere Überarbeitungen erfahren.[135] Dieser Einwand spricht also nicht gegen die obige Rekonstruktion.

Wir wollen in diesem Zusammenhang noch einmal auf den Unterschied in der Zeitangabe in Add A1 und in Esth 1,3 (M-T./LXX-T.) eingehen. In Add A wird vom zweiten Jahr der Regierung des Königs ausgegangen und im kanonischen Text des M-T. und des LXX-T. vom dritten Jahr. Hier liegt sicherlich ein redaktionell abgestimmter Zeitunterschied vor. Zwar könnte man, unserer Textrekonstruktion folgend, vermuten, daß der M-T. seine Datierung einfach um ein Jahr nach hinten verlegte, doch kann genauso gut argumentiert werden, daß der redaktionelle Schreiber der Add A das Datum des zweiten. Jahres in Orientierung an 1,3 zurückverlegt hat, weil er dem Ganzen mit dem Traum des Mordechai einen neuen Buchanfang geben wollte und das neue Datum auf dasjenige im kanonischen Text abstimmen wollte. Im ersten Fall hätte der Autor sich nicht an der Datierung der Add A stören können, da die Add A in seinem Text ja erst gar nicht auftaucht. Und es kann argumentiert werden, daß der A-T. in 1,3 erst gar keine Datierung aufweist, weil er sich auf diejenige in Add A gestützt hat.

Tatsächlich tendieren wir dazu, die Datierung des kanonischen Textes für den Proto-A-T. anzunehmen, d.h. für die Version des Esth, in der die

---

[135]   Vgl. hierzu Kapitel 7.

Esthererzählung (Kap 1-7) ihr charakteristisches Gepräge als Diasporaerzählung bekam. Für diese Redaktion waren historisierende Aspekte, wie die Datierung des Geschehens am Anfang der Erzählung, von Belang, da die realen Erfahrungen des Jüdischen Volkes in der Diaspora in ihr beispielhaft zum Ausdruck gebracht werden sollten. Als Vorlage des Proto-M-T. fand sie auch Eingang in den hebräischen Text. Dieser stellte der ihm vorliegenden Datierung zunächst eine ausführliche Beschreibung des Königs Achaschwerosch voraus, um das Geschehen dann, in V.3, zu datieren. Dieses Element baute er im Verlauf des Esth immer weiter aus (vgl. 2,16;3,7.13;8,9.12;9,1.15.18f.21) und nahm es als konstituierendes Motiv für die Einarbeitung der Purimthematik.

4.3.2.3. Leitete die Vorstellung Mordechais die ursprüngliche HM ein?

Wenn die Datierung aus Add A1 ursprünglich nicht zur HM, wohl aber zum kanonischen Text der Esthererzählung gehörte, so stellt sich nun erneut die Frage, wie die HM eingeleitet wurde. Dafür steht noch einmal die Zugehörigkeit von Punkt (4.) als Anfang der HM zur Diskussion.

Einige biblische Erzählungen (vgl. 1Sam 1,1; Ruth 1,1f; Hiob 1,1) und jüdische Novellen beginnen so, wie es auch für die HM vermutet wird, mit der Vorstellung des Protagonisten. Seit jeher werden auch in Märchen die Protagonisten mit "Es war einmal ein Mann ..." bzw. "Es war einmal eine Frau ..." eingeleitet. Dann wird der Name und gegebenenfalls auch der Wohnort genannt.[136] Ähnliches erfährt man auch am Anfang der apokryphen Susannaerzählung:

Sus 1,1:   Καὶ ἦν ἀνὴρ οἰκῶν ἐν Βαβηλῶνι, καὶ ὄνομα αὐτῳ Ιωακιμ

Man vergleiche damit den in den Anfang der Add A2 eingearbeiteten Satz:

LXX-T. Add A2a[137]:   ἄνθρωπος Ἰουδαῖος οἰκῶν ἐν Σούσοις τῇ πόλει

Daran direkt anschließend folgt ein zweiter, grammatisch gleich aufgebauter Satz mit der gleichen Intention, den Protagonisten einzuführen:

LXX-T. Add A2b[138]:   ἄνθρωπος μέγας θεραπεύων ἐν τῇ αυλῇ τοῦ βασιλέως

Die Intention dieser ersten Vorstellung Mordechais—unserer obigen Skizze entsprechend Punkt (3.)—ist deutlich die, einen jüdischen Mann als Protagonisten auftreten zu lassen. Die zweite Einleitung—Punkt (4.)—führt

---

[136]   Näheres zur Gattung des Märchens vgl. W.Spanner, Märchen, a..a.O., 155-176.
[137]   Hier fehlt der Name Mordechais, der in V.1 bereits genannt wird.
[138]   Von diesem Satz ist im A-T. nur noch "ἄνθρωπος μέγας" übrig geblieben.

dagegen die Erzählung in A11b-17, nicht dagegen den Traum Mordechais, ein. Tatsächlich steht die Einleitung des Mannes, der im Hof des Königs dient (Add A2b (LXX-T.)), zunächst unnütz im Erzählzusammenhang der Einleitung der Add A. Wie oben bereits erwähnt wurde, widerspricht sie sogar dem Ende der Komplott-Erzählung, denn Mordechai wird in Add A16 erst in dieses Amt eingeführt. Wir haben auch bereits deutlich gemacht, daß diese Bemerkung—am kanonischen Text (2,19 (LXX-T.)) orientiert— höchstwahrscheinlich redaktionell einzustufen ist.[139] Das bedeutet aber, von Add A2 des LXX-T. bleibt letztendlich nur das bestehen, was uns auch der A-T. hinsichtlich der Vorstellung Mordechais zu bieten hat: Die Rede ist von einem angesehen Mann. Und genau dies finden wir übereinstimmend im A-T. und im LXX-T. wieder:

Add A1c (A-T.):   ἄνθρωπος μέγας ... (vgl. Punkt (4.) der obigen Skizze)

Hier geht es offensichtlich nur darum, die Hauptfigur, einen angesehenen Mann, vorzustellen. Der A-T. führt an dieser Stelle weder den Namen des Mannes auf, noch, daß er Jude ist. Auch, daß er in Susa wohnt, wird nicht gesagt. Ebenso wird nicht berichtet, daß er im Hof des Königs diente. Diese Vorstellung Mordechais kann direkt an V.11 angeschlossen werden: Er, dieser angesehene Mann, schlief im Hof des Königs.

Eine inhaltlich vergleichbare Einleitung findet sich in Hiob 1,1,[140] auch wenn diese um einiges bildreicher ist als die der HM. Hier wird kurz und knapp von einem Mann berichtet, der im Land Uz lebte und mit Namen Hiob hieß. In V.1b wird er mit rechtschaffen und redlich, gottesfürchtig und das Böse meidend beschrieben. Von diesen drei Aspekten wird im A-T. v.a. die angesehene Position des Protagonisten hervorgehoben. Der Ort, an dem er lebt bzw. an dem sich das Geschehen der HM abspielt, wird erst in Add A11b angegeben: Mordechai schläft am Hof des Königs. Auch wenn Hiob weitaus breiter eingeleitet wird, so zeigt doch der Vergleich mit Add A1 des A-T., daß in beiden Einleitungen je das für den Inhalt Wichtige berichtet wurde. Deutlich ist, daß die Einleitung einer Erzählung durchaus mit einer mehr oder weniger kurzen Vorstellung der Hauptperson eingeleitet werden kann. Das heißt, de facto könnten wir davon ausgehen, daß Add A1b der Einleitungssatz der Erzählung über den Komplott der Eunuchen war. Eines ist jedoch zu bedenken: Mordechai wird in den griechischen Versionen gleich zweimal eingeführt, einerseits in Add A1 und andererseits in Kap 2,5. Der M-T. kennt dagegen nur eine Vorstellung Mordechais, nämlich die in

---

[139] Vgl. Kapitel 4.2.1.1.2.
[140] Vgl. auch 2Kön 5,1, der Einleitung der Erzählung von Elia und der Heilung des Naaman, wo dieser als "אִישׁ גָּדוֹל לִפְנֵי אֲדֹנָיו" (*ein bedeutender Mann vor seinem Herrn*) vorgestellt wird.

2,5. Dies geschieht wiederum auf die gleiche Weise wie am Anfang der Susannaerzählung und der Hioberzählung:[141]

Sus 1,1: Καὶ ἦν ἀνὴρ οἰκῶν ἐν Βαβηλῶνι, καὶ ὄνομα αὐτῷ Ιωακιμ

Hiob 1,1: אִישׁ הָיָה בְאֶרֶץ־עוּץ אִיּוֹב שְׁמוֹ

Esth 2,5: אִישׁ יְהוּדִי הָיָה בְּשׁוּשַׁן הַבִּירָה וּשְׁמוֹ מָרְדֳּכַי

A-T. 2,5: καὶ ἦν ἀνὴρ Ἰουδαῖος ἐν Σούσοις τῇ πόλει, ᾧ ὄνομα Μαρδοχαῖος

LXX-T. 2,5: καὶ ἄνθρωπος ἦν Ἰουδαῖος ἐν Σούσοις τῇ πόλει, καὶ ὄνομα αὐτῷ Μαρδοχαῖος

Hier nun wird im Gegensatz zur Add A in allen Textstellen sehr ausführlich ein Mann, sein Wohnort und sein Name vorgestellt. Es ist jedoch deutlich zu sehen, daß sich die drei Texte des Esth inhaltlich von den Vergleichstexten dadurch unterscheiden, daß der Mann, von dem im darauffolgenden Geschehen die Rede sein wird, zunächst mit seiner jüdischen Herkunft gekennzeichnet wird. In keinem der aufgeführten Buchanfänge des AT findet man diese Beschreibung. Sie ist spezifisch für das Esth. Wir werden später noch einmal auf dieses Phänomen eingehen.[142] An dieser Stelle fällt v.a. die für das AT dagegen sehr typische Einführung einer Person ins Auge. Da sie in dieser Form tatsächlich nur am Anfang eines Textes steht, ist verwunderlich, daß sie im Esth erst inmitten des zweiten Kap vorkommt. So fragen wir uns nicht nur, ob diese Vorstellung Mordechais die ursprünglichere gegenüber der in Add A ist, sondern auch, welche Rolle sie inmitten des Textes spielt. Zur Beantwortung dieser Fragen kann auf bereits Beobachtetes zurückgegriffen werden. Wir haben bereits feststellen können, daß Mordechais Rolle in der VE weder an seine genealogische, noch an seine ethnische Herkunft gebunden ist. Wichtig werden beide Aspekte erst im Gesamt des Esth.[143] Das Gleiche war auch für den Inhalt der rekonstruierten HM anzunehmen. Wenn die Darstellung Mordechais in 2,5 aber weder ursprünglich zur VE noch zur HM gehört, dann sollte an dieser Stelle zwar ein Mann, der Stiefvater Esthers, eingeführt werden, doch müssen wir gleichzeitig davon ausgehen, daß diese Stelle redaktionell stark überarbeitet wurde. Die Redaktion bediente sich hier des literarischen Modells zur Einführung von Protagonisten am Anfang einer Erzählung und stellte es in den Textzusammenhang von VE und HM. Allem Anschein nach handelte es sich hierbei um die redaktionelle Arbeit der Hand, die die Esthererzählung in den Kontext des jüdischen Diasporalebens stellte

---

[141] Vgl. aber auch die Anfänge von Ruth und 1Sam, die jedoch wiederum leichte Unterschiede zum Aufbau der oben genannten Texte aufweisen.

[142] Vgl. die Ausführungen zu den "יְהוּדִים" in Kapitel 7.1.

[143] Vgl. hierzu L.M.Wills (Jew, a.a.O., 174ff.) der in seinem "Excursus on the Reconstruction of the M/H Source" die Einleitung Mordechais aus 2,5a mit der Erzählung in 2,21ff. fortfahrend verbindet. Er unterscheidet sich von unseren Untersuchungen in soweit, als daß er vom M-T. ausgeht. Nichtsdestotrotz stimmt er inhaltlich mit uns darin überein, Kap 1-2,20 (allerdings ohne 2,5a) einer anderen Erzählung zuzuordnen.

und ihm dementsprechend ein jüdisches Gepräge verlieh. Dies bedeutet aber für die Vorstellung Mordechais in der Add A1 (A-T.), daß sie ursprünglicher Bestandteil der HM war. Der Kürze der Vorstellung Mordechais entspricht die Kürze der Beispielerzählung (HM). Ob der Protagonist dieser Erzählung tatsächlich den Namen Mordechai trug bzw. wann er ihm beigelegt wurde, ist an dieser Stelle jedoch nicht mehr zu rekonstruieren.

Wir schlußfolgern aufgrund der obigen Ausführungen für den Anfang der HM, daß aus Add A (A-T./LXX-T.) mit der Einführung eines Mannes ohne Nennung des Namens (Punkt (4.)), sondern nur seine anerkannte Stellung der Anfang der alten HM rekonstruierbar ist. Sie leitet die HM in Add A11b ein. Erst hier wird der Handlungsort erwähnt. Der Rest der Einleitung von Add A (vgl. Pkt (2.),(3.) und (5.),(6.)) ist als redaktionell zu bewerten.

4.4. Die Haman-Mardochai-Erzählung (HM): Ein Versuch der Textrekonstruktion

Zum Abschluß dieses Kapitels soll im folgenden der oben diskutierte und unseren Beobachtungen zufolge rekonstruierbare Text der HM dargestellt werden:

Add A1c.11b-17 (A-T.): (1c.) [Mardochai] war ein angesehener Mann. (11b) Mardochai [schlief] in dem Hof des Königs [...] bei Astaos und Tedeutes, den zwei Eunuchen des Königs. (12) Und er hörte ihre Worte und Verleumdungen, wie sie planten Hand anzulegen an Assyros, den König, um ihn zu töten. (13) Mardochai aber war gut gesinnt, und er berichtete von ihnen. (14) Und der König untersuchte die zwei Eunuchen und befand die Worte Mardochais [als wahr]. Und als die Eunuchen bekannt hatten, wurden sie entfernt. (15) Und Assyros, der König, schrieb alles diese Dinge auf, und Mardochai wurde in dem Buch des Königs zur Erinnerung an diese Dinge verzeichnet. (16) Und der König befahl wegen Mardochai, daß er im Hof des Königs diene und die Türen augenscheinlich bewache. (17) Und er gab ihn, wegen dieser Dinge, Haman, den des Amadatos, [...], der vor dem König stand.

3,6a (A-T.): (6a) Und Haman wurde neidisch und bewegt in all seinem Zorn, wurde rot [im Gesicht], trieb ihn aus seinen Augen [...].

6,1-3.6b-22a (A-T.): (1) Aber der Gewaltige nahm in jener Nacht den Schlaf des Königs, und er war wach. (2) Und es wurden die Vorleser herbeigerufen, und das Buch der Erinnerungen wurde ihm vorgelesen. (3) Und da war eine Verschwörung der Eunuchen und die Wohltat, die Mardochai dem König tat. (6b) [...] Da fragte der König: "Wer ist draußen?" Und es war Haman. (7) ... (8) Und der König befahl, ihn hineinzuführen. (9) Als er hereingekommen war, sagte der König zu ihm: "Was sollen wir einem Mann, der den König fürchtet, geben, den der König zu ehren wünscht?" (10) Und Haman berechnete, indem er [zu sich] sagte: "Wen immer will der König ehren, wenn nicht mich?" (11) Und Haman sprach: "Ein Mensch, den der König ehren will, dem soll ein königlicher Mantel gegeben werden, und ein königliches Pferd, auf dem der König reitet, und einer der Ruhmvollen, der Freunde des Königs, nehme es und bekleide ihn und führe ihn auf das Pferd und gehe vor ihm in der Stadt herum, während er verkündet: 'Dies wird demjenigen zuteil, der den König fürchtet, den der König ehren will'." (12) Und der König sprach zu Haman: "Lauf schnell und nimm das Pferd und den Mantel, wie du gesagt hast, und tue dies für Mardochai [...], der am Tor sitzt, und laß nicht [eines] deiner Worte fallen." (13) ... (14) ... (15) ... (16) ... (17) ... (18) Und Haman eilte, um ihn auf das Pferd zu heben. (19) Und Haman brachte das Pferd hinaus und führte es vor sich her, indem er verkündete: "Dies wird demjenigen zuteil, der den König fürchtet, als dem, den der König ehren will." (20) Haman ging aber finster blickend zu sich nach Hause, Mardochai aber ging in sein Haus. (21) Und Haman erzählte seiner Frau alles, was ihm zugestoßen war, (22a) und seine Frau und seine Weisen sagten zu ihm: "Seit du von ihm schlecht redetest, seitdem folgt dir das Schlechte."

4.5. Die Haman-Mordechai-Königin-Erzählung (HMK)

Ein grundsätzliches Problem bei der Rekonstruktion der HMK[144] ist die Unterscheidung zwischen ursprünglicher Erzählung (HMK) und überarbeitender Schicht des vorliegenden Textes, die wir hauptsächlich einem jüdischen Bearbeiter des Buches zuschreiben ("JüdRed"[145]). Gelingt eine solche Unterscheidung, dann müßte sich nach den bisherigen Untersuchungen eine zweite Erzählung über den Autoritätskonflikt zwischen zwei Männern am Hofe des persischen Königs herausschälen lassen. Die Überarbeitungsschicht wäre dagegen an ihrem Interesse, den Konflikt zwischen zwei Einzelpersonen auf ein Vernichtungsinteresse des einen am Volk des anderen ausweiten zu wollen, zu erkennen. Läßt sich diese These verifizieren?

4.5.1. Vorbemerkungen: Vorläufige Begründung für die traditionsgeschichtliche Unterscheidung zwischen der HMK und der sog. "JüdRed"

Anders als die HM und die VE ist die HMK deutlich schwieriger aus dem Gesamttext des Esth herauszulösen. Der Grund hierfür liegt darin, daß die Grundthematik der HMK, die Ehrverweigerung Mordechais, viel bedeutungsvoller für den Verlauf der gesamten Esth ist, als der Konflikt der HM, der im Neid Hamans gegenüber Mordechai begründet ist. Wir werden nämlich erstens im Verlauf der nun folgenden Textuntersuchung immer wieder vor das Problem gestellt werden, daß der Konflikt zwischen Haman und Mordechai nicht nur auf die beiden Kontrahenten eingegrenzt wird, sondern daß in dessen Verlauf auch das Königshaus sowie Hamans Familie eingebunden sind. Und zweitens beinhaltet die HMK das Motiv, das im gesamten Esth durch die Ausweitung des Konfliktes auf das ganze Jüdische Volk ein konstitutives Element für das Buch wurde. Doch gerade letzteres, Hamans Bedrohung des Jüdischen Volkes, durch die er eine nationale Katastrophe provoziert, ist, wie wir im folgenden hoffen zeigen zu können, nicht der Inhalt der HMK. Dieser beschränkt sich, wie in der HM, allein auf den Konflikt zweier Männer im Umfeld des königlichen Hofes. Diesmal sind

---

[144] Die Abkürzung HMK steht für die Erzählung von Haman (H), Mordechai (M) und der Königin (K).

[145] In dem Kapitel 7. dieser Arbeit werden wir in aller Ausführlichkeit auf Form und Inhalt dieser bearbeitenden Hand am Esth eingehen. In diesem Unterabschnitt schreiben wir diese Redaktion zunächst allgemein einen jüdischen Hintergrund zu. Doch soll an dieser Stelle vorausgestellt werden, daß vermutlich auch andere Bearbeitungen Hand an die Texte der verschiedenen Versionen gelegt haben. Zu diesen gehört beispielsweise die Bearbeitung der griechischen Texte mit religiösen Inhalten.

die beiden Kontrahenten jedoch keine Höflinge, sondern ein Staatsbeamter, der—so scheint es zumindest—mit einem einfachen Bürger des Persischen Reiches in Streit gerät. Neben den drei männlichen Protagonisten Haman, Mordechai und dem König, sind nun auch zwei weibliche, die Königin und die Frau Hamans, in die HMK involviert.

Was bedeutet diese nun vorerst noch als Hypothese zu betrachtenden Überlegungen für unsere Arbeitsweise in dem nun folgenden Abschnitt? Um mit traditionsgeschichtlichen Untersuchungen die Grundzüge der HMK herausschälen zu können, sind Argumente und Kriterien anzuführen, mit denen wir den sekundären Charakter der Textstellen begründen können, in denen das hinzugefügte Textmaterial, aber auch die redaktionellen Überarbeitungen und Veränderungen am vorhandenen Text zum Ausdruck kommen. Im folgenden wird festzustellen sein, daß die Redaktion des Textes weitestgehendst auf die JüdRed zurückzuführen ist.

> Wenn wir von der sog. "JüdRed" sprechen, dann fassen wir in dieser Bezeichnung die Bearbeitungsschichten zusammen, deren konkretes Interesse sich darin zeigt, Elemente mit jüdischen Inhalten oder Bezügen zu jüdischen Inhalten in den Text einzuarbeiten. Daß es sich hierbei, wie wir in Kapitel 7. dieser Arbeit darlegen werden, um mindestens zwei verschiedene Überarbeitungen aus verschiedenen traditionsgeschichtlichen Perioden des Esth handelt, wird darin eingeschlossen. Auch, daß die JüdRed bei allen drei Versionen zum tragen kommt, wird in diesem Kapitel zunächst vorausgesetzt. Für die Erklärung der Absicht und des Hintergrundes für diese These verweisen wir erneut auf Kapitel 7.

Führen wir uns an dieser Stelle einige kurze Aspekte vor Augen, die wir bereits der Untersuchung der VE und der HM entnehmen können: So wurde in der HM festgestellt, daß Mordechais ethnische Herkunft keinerlei Rolle im Konflikt zwischen ihm und Haman spielt. Wir lernten beide in ihrer Rolle als einfache Höflinge kennen. Das gleiche galt ebenso für die VE. Auch hier war eher Esthers soziale Stellung als Waise von Bedeutung als ihre eventuelle jüdische Herkunft. Sollten Esther und Mordechai in diesen Erzählung tatsächlich eine jüdische Herkunft zugeschrieben worden sein, wovon wir nicht ausgehen, so hätte diese Aussage höchstens bezweckt, neben Esthers Waisentum, ihre Fremdheit und darin ihre Besonderheit herauszustreichen. Ihre Herkunft hat in dieser Erzählung dagegen keinesfalls die Bedeutung eines Politikums, die sie im gesamten Esth allerdings hat. Desweiteren nimmt die verwandtschaftliche Beziehung zwischen Mordechai und Esther in der HM überhaupt keine und in der VE eine weit weniger tragende Bedeutung als im Esth. Ist sie für das Esth die Begründung, daß Esther mit Mordechai und ihrem ganzen Volk von der Vernichtung bedroht ist und deshalb sozusagen in Zugzwang gerät, gegen Haman vorzugehen (Esth 4,13f. und Kap 7), so ist diese Beziehung zwischen der Waisen und ihrem Vormund in der VE wiederum als Merkmal von Esthers wunderbarem Aufstieg zur wahren Königin zu sehen. Doch spielt das besondere Zeichen dieser Verwandtschaftsbeziehung, die Zugehörigkeit zum Judentum, wie bereits erwähnt, eine nebensächliche Rolle. Wir haben deshalb ein besonderes Augenmerk auf diese Verwandtschaftsbeziehung in der HMK zu werfen. Vielleicht ist sie auch in ihr viel weniger von Belang als für das Gesamt der Esth.

Als drittes stellen wir fest, daß die jüdische Abstammung Mordechais in der HM keine das Geschehen beeinflussende Bedeutung hat, da sie den zentralen Konflikt nicht tangiert. Dies scheint auf den ersten Blick für den nun im Mittelpunkt des Geschehens stehenden Konflikt, die Ehrverweigerung Mordechais, ganz anders zu sein. Hier wird sein Nicht-Handeln der bloßen Information, Mordechai sei Jude, gegenübergestellt. Dies wird wiederum als Vorwand dafür gebraucht, um den Konflikt Hamans mit Mordechai nun auch auf das ganze Jüdische Volk zu übertragen. Auch hier ist ein kritisches Auge darauf zu werfen, ob diese Übertragung nicht sekundär stattgefunden hat und ob nicht tatsächlich vielmehr der Konflikt zwischen den beiden, die Ehrverweigerung, nicht aber Mordechais Jude-Sein, das Zentrum der HMK ist.

4.5.2. Der Anfang der HMK

In den vorausgegangenen Kapiteln haben wir bereits die Add A und die Kap 1;2 und 6 jeweils der VE und der HM zugeordnet. Der Anfang der HMK, der im folgenden rekonstruiert werden soll, kann also nur in Kap 3 des Esth beginnen. Für 3,1 haben wir bereits in der Rekonstruktion der VE auf der Basis des A-T. angenommen, hier sei das Ende der VE. Andererseits leitet 3,1 den neuen Konflikt ein, von dem wir im vorigen Kapitel angenommen haben, daß er nicht zur HM, sondern zu einer eigenen Erzählung gehört. Es ist demnach fraglich, ob V.1 des dritten Kap tatsächlich die Doppelfunktion übernommen hat, für die VE das Ende und für die HMK den Anfang zu formulieren. Abwegig ist dies keineswegs, im Gegenteil, der Autor des Esth, der beide Erzählungen miteinander verknüpfte, hätte gerade 3,1 als redaktionellen Verbindungsvers gebrauchen können, so daß die HMK der VE sozusagen als fortführende Erzählung angehängt wurde. Diese Theorie wird durch die Brüche im Text bestätigt. Hier fallen v.a. die Namensänderungen auf: So haben wir bereits einige Überlegungen zu Hamans Beinamen "Bougaios" in seinem Namen "Αμαν Αμαδάθου Βουγαῖον" (vgl. LXX-T./A-T.) angestellt[146]. Die Beschreibung "Αμαδάτου" war hierbei nicht als Eigenname, sondern als familiäre Bezeichnung zu verstehen. Den zweiten Eigennamen Hamans, "Bougaios", scheint die HMK aus der VE übernommen und als Zweitnamen mitgeführt zu haben. Im M-T.

---

[146]   Vgl. Kapitel 3.2.1.1.

trägt Haman dagegen seinen Eigennamen sowie die familiäre Bezeichnung
"הַמְּדָתָא"[147] (3,1.10;8,5;9,10.24) und zusätzlich die ethnische Kennzeichnung
als "הָאֲגָגִי" (3,1.10;8,3.5;9,24). Bereits Josephus erklärte die letztere
dahingehend, daß Haman ein Abkömmling von Agags Volksstamm—
gemeint ist der König der Amalekiter (vgl. 1Sam 15,8f.20.32f)—sei.
TALMON erläutert hierzu, daß die Esth "intends to establish a relation
between Mordecai and the Benjaminite King Saul (Esth. ii 5), while Haman
reportedly descended from Saul's royal adversary (1 Sam. xv 1-33), the
Amalekite king Agag (Esth. iii 1)"[148]. Anders als der A-T. und der LXX-T.,
bindet der M-T. die Figur Hamans, den "הַיְּהוּדִים (כָּל-) צֹרֵר" (Bedränger der
Juden) in 3,10;8,1;9,10.24 in die Geschichte Israels ein, indem er ihn in
dieser genealogischen Zuordnung zum Gegner des Benjaminiten Mordechai
und seinem Volk macht. Zweifelsohne ist hier ein Hinweis auf die
bearbeitende Hand der JüdRed gegeben.

Wenn der A-T. Haman in 3,1ff. nun den Namen beifügt, der bereits aus
den Kap 1 und 2 bekannt ist, so könnte der Grund darin liegen, daß der
Autor, der aus den beiden Einzelerzählungen VE und HMK eine neue
Erzählung komponieren wollte, indem er die beiden Hauptakteure der
Erzählungen als einunddieselbe Person identifizierte. Beiden Personen ist
zudem ihr Dienst am Hof in unmittelbarer Umgebung des Königs eigen. Der
Inhalt von 3,1 kann in dieser Hinsicht nicht nur als Belohnung für die
hervorragenden Bemühungen angesehen werden, sondern zugleich auch als
Startpunkt für die Erzählung von einem bereits in Amt und Würden
residierenden Höfling, der mit seinem Untergebenen namens Mordechai in
einen Autoritätskonflikt gerät.

Der M-T. braucht den Beinamen Hamans nicht als Verbindungselement
zwischen VE und HMK anführen, denn hier fungieren der Name und v.a. die

---

[147]   Es sei darauf hingewiesen, daß die an anderer Stelle bereits angeführten Aramäischen
Papyri des 5. Jh. in Papyrus Nr. 8 u. 9 eine Heeresabteilung des Haumedata erwähnen. Nr. 8
(Z.2): "בר ידניה יהוד[י] מהחסן ביב בירחתא לדגל הומדת" (der Sohn Yedonias, ein Jude, hatte
einen Besitz in Yeb, der Burg, von der Heeresabteilung des Haumedata). Papyrus 8 und 9
gehören der gleichen Korrespondenz an. So formuliert Papyrus Nr. 9 (Z.2a) am Anfang ähnlich
wie Nr. 8, wenn es von derselben Person berichtet: "בר ידניה י]הודי זי ב[א]ב לדגל הומדת"
(der Sohn Yedonias, ein Jude, von Yeb [?], von der Heeresabteilung des Haumedata). Wir
wollen nun nicht näher auf die Tatsache eingehen, daß sich in der hebräischen Schreibung des
Namens Hamans und des aramäischen Namens ein Unterschied feststellen läßt (vgl. "הַמְּדָתָא"
mit "הומדת"); doch, angenommen, wir haben mit unserer Annahme, daß beide Namen identisch
sind, Recht, so soll an dieser Stelle festgehalten werden, daß der Familienname Hamans im
Persischen scheinbar keineswegs völlig unbekannt war. Zudem kann die Bedeutung von
"Haoma", das mit dem Haomaopfer in der zoroastrischen Kultreligion in Verbindung gebracht
werden, während der hintere Wortteil auf das Part.pass. einer altiranischen Wurzel
zurückzuführen ist und "erzeugen" oder "erschaffen" bedeutet. (Vgl. R.Mayer, Beitrag, a.a.O.,
131.134; vgl. M.A.Dandamayev/V.G.Lukonin, culture, a.a.O., 334.
[148]   S.Talmon, 'Wisdom', a.a.O., 435. Vgl. auch D.J.A.Clines, der zudem darauf hinweist,
daß diese Animosität zwischen Israel und den Amalekitern bereits in Bileams Orakel (Num
24,7.20) zum Ausdruck komme (ders, Scroll, a.a.O., 14.43).

jüdische Herkunft Mordechais als verbindendes Element zwischen den Erzählungen. Wird durch Mordechais Judentum in der VE (Kap 2) ein verwandtschaftliches Band zwischen Mordechai und Esther geknüpft, daß im Esth besonders in Kap 4 und 7 voll zum tragen kommt, so ist es schon in Kap 3 Anlaß für die Einleitung des Hauptkonflikts des Esth.

Im A-T. kann man anhand des Namens von Haman, der auch "Bougaios" heißt, dagegen noch die alte Naht zwischen der VE und der HMK aufspüren. Ist Mordechais jüdische Herkunft tatsächlich sekundär in den Text gekommen und gehörte ursprünglich nicht zur Komposition der Erzählung, dann wäre der Name tatsächlich die einzige vorgegebene Verbindung zwischen den beiden Erzählungen gewesen.

Der Eindruck entsteht, als ob es der Autor des A-T. an literarischer Geschicklichkeit fehlen ließ. Wäre es ihm nicht ein Leichtes gewesen hinzuzufügen, daß Haman jener Ratgeber Bougaios sei, den der König nun für seinen guten damit Dienst belohnte, daß er diesen nun zum Zweiten im Land machte? Oder hätte er nicht ohne alle weiteren Erklärungen Haman einfach nur "Bougaios" nennen können? Wir dürfen diese Einwände, die gegen die oben dargelegte These sprechen, nicht einfach beiseite schieben. Betrachtet man jedoch 3,1 in den verschiedenen Versionen, so gewinnt man einen Einblick in die redaktionelle Bearbeitung der Texte. So zeichnet sich der A-T. dadurch aus, daß er den Inhalt von 3,1 (M-T./LXX-T.) voll wiedergibt, dem Vers jedoch einen eigenen Zusatz mittels einer einleitenden, konsekutiven Konjunktion beifügt: "ὥστε κάμπτεσθαι καὶ προσκυνεῖν αὐτῷ ἐπὶ τὴν γῆν πάντας" (... *so daß sich alle vor ihm bis zur Erde beugten und niederknieten*). Dies ist um so erstaunlicher, als daß dieser Zusatz in V.2 mit einer kleinen Abwandlung wiederholt wird. Hier berichtet der Text plötzlich davon, daß der Ehrerweis an Haman vom König verordnet worden sei: "πάντων οὖν προσκυνούντων αὐτῷ κατὰ τὸ πρόσταγμα τοῦ βασιλέως" (*Als sich nun alle niederknieten vor ihm, gemäß dem Befehl des Königs*). Inhaltlich stimmen alle drei Versionen in V.2 so gut wie überein. Es zeigt sich am M-T. und am LXX-T., daß der Anhang des V.1 im A-T. an sich nicht nötig ist. Im Gegenteil, der Handlungsablauf verläuft im M-T. und im LXX-T. in V.1f. viel homogener. Von vornherein wird bei ihnen deutlich, daß der König den Ehrerweis gegenüber Haman angeordnet hat. Mit unserer Voraussetzung, daß der A-T. der ältere Text ist, kann deshalb angenommen werden, daß diese Doppelung im M-T. und, an ihn anschließend, auch im LXX-T. geglättet wurde. Der A-T. gibt uns jedoch einen Hinweis darauf, daß der ursprüngliche Text zum Ausdruck brachte, daß Hamans (bzw. Bougaios) Erhöhung automatisch Achtung und Ehrerweis hervorrief. Diese Aussage paßte hervorragend zum Ende der VE. Folglich könnte das Motiv, daß der König einen Ehrerweis vor einem von ihm erwählten hohen Beamten anordnete, ursprünglich zur HMK gehört haben oder aber von einem

Redaktor hinzugefügt worden sein. Während der M-T. und der LXX-T. den Befehl des Königs in den Vordergrund stellen und den Text durch Vernachlässigung der natürlichen Bewunderung Hamans (Bougaios) glätten, findet man im A-T. beide Elemente. Könnte man bei dieser Doppelinformation vielleicht wirklich davon ausgehen, daß im A-T. das Ende der VE sowie der Neuanfang der HMK wiedergegeben wurde? Wir müssen diese Erklärung vorerst als hypothetisch stehen lassen, denn es ist keineswegs auszuschließen, daß es sich bei dem textlichen Plus des A-T. in V.1b um eine holprige Formulierung handelt, die vom M-T. (vgl. LXX-T.) ganz einfach geglättet wurde.

Auf der Hand liegt, daß in 3,1 eine neue Erzählung beginnt, deren Inhalt mit den vorausgehenden Kap ursprünglich nur insoweit etwas zu tun hat, als in ihr die bereits vorgestellten Personen, die Königin namens Esther und der Jude Mordechai, nun zu den im Mittelpunkt stehenden Protagonisten der nachfolgenden Erzählung heranwachsen. Der Hauptunterschied zwischen Kap 1 und 2 einerseits und Kap 3ff. andererseits liegt aber darin, daß beide Figuren in der VE nur eine passive Rolle innehatten, während sie in der nun folgenden Erzählung, im Gegenüber zu Hamans Machenschaften, die treibende Kraft in der Fortentwicklung der Erzählung darstellen.

4.5.3. Der Konflikt am Anfang der HMK: Die Ehrverweigerung

Das Motiv der Ehrverweigerung Mordechais bedeutet einen Affront gegen Haman und zugleich die Befehlsverweigerung gegenüber dem König. Letzteres wird im Esth jedoch nicht weiter thematisiert. Zu diskutieren ist dieser Aspekt des Ungehorsams Mordechais jedoch im Zusammenhang der HMK. Im Kontext des Esth ist die Ehrverweigerung der Grund für Hamans Vorhaben, ein Pogrom gegen das Jüdische Volk einzuleiten. Ist unsere These von der redaktionellen Einarbeitung dieses Elementes in die Esthererzählung anhand der Rekonstruktion der HMK zu verifizieren?

M-T. 3,1-6	LXX-T. 3,1-6	A-T. 3,1-6
(1) Nach diesen Dingen machte der König Achaschwerosch den Haman, den Sohn Hammedatas, den Agagiter, groß, und er erhob ihn und setzte seinen Thron über alle Fürsten, die bei ihm waren.	(1) Und nach diesen Dingen ehrte der König Artaxerxes Haman, den des Ammadatos, Bougaios, und erhöhte ihn und setzte ihn auf den ersten Sitz über alle seine Freunde.	(1) Und es geschah nach diesen Dingen, da erhob der König Assyros Haman, den des Ammadatos, den Bougaios und verherrlichte ihn und setzte seinen Thron über seine Freunde, so daß sich alle bis zur Erde beugten und ihm huldigten.
(2) Und alle Diener des Königs, die im Tor des Königs waren, knieten und warfen sich nieder vor Haman, denn so hatte es der König in bezug auf ihn befohlen. Aber Mordechai kniete nicht und	(2) Und alle, die im Hof waren, huldigten ihm. Denn so hatte es der König angeordnet zu tun. Mardochai aber huldigte ihm nicht.	(2) Als nun alle vor ihm huldigten, gemäß dem Befehl des Königs, huldigte Mardochai nicht vor ihm.

warf sich nicht nieder. (3) Und die Diener des Königs, die im Tor des Königs waren, sprachen zu Mordechai: "Warum übergehst du die Anordnung des Königs?"	(3) Und die, die in dem Hof des Königs waren, sagten: "Mardochai, was überhörst du die Dinge, die vom König gesagt worden sind?"	(3) Und die Diener des Königs sahen, daß der Mardochai nicht huldigte vor Haman, und die Diener des Königs sprachen zu Mardochai: "Was überhörst du den König und huldigst dem Haman nicht?"
(4) Und sie sprachen zu ihm Tag für Tag, aber er hörte nicht auf sie. Da berichteten sie [es] dem Haman, um zu sehen, ob die Sache Mordechais als gültig anerkannt würde, denn er hatte ihnen gesagt, daß er Jude sei.	(4) An jedem Tag redeten sie mit ihm, aber er gehorchte ihnen nicht. Und sie zeigten dem Haman Mardochai, der sich gegen die Worte des Königs auflehnte, und Mardochai zeigte ihnen, daß er Jude ist.	(4) Und er berichtete ihnen, daß er Jude sei. Und sie machten einen Bericht über ihn bei Haman.
(5) Und Haman sah, daß Mordechai nicht kniete und nicht auf den Boden fiel vor ihm, da wurde Haman mit Zorn erfüllt, (6) schätzte es aber gering in seinen Augen, die Hand allein an Mordechai anzulegen, denn man berichtete ihm von dem Volk Mordechais, und Haman trachtete danach, alle Juden, die im ganzen Königreich Achaschweroschs lebten, das Volk Mordechais, zu vernichten.	(5) Und als Haman erkannte, daß Mardochai nicht vor ihm huldigen wollte, wurde er sehr zornig (6) und wollte alle Juden auslöschen, die im Königreich des Artaxerxes [waren].	(5) Als Haman das aber hörte, wurde er zornig gegenüber Mardochai, und Zorn entbrannte in ihm, und er suchte Mardochai und sein ganzes Volk an einem Tag zu vernichten. (6) Und Haman wurde neidisch und bewegt in all seinem Zorn, wurde rot [im Gesicht], trieb ihn aus seinen Augen und redete übel mit schlechtem Herzen zum König über Israel.

4.5.3.1. Mordechais Befehlsverweigerung gegenüber dem König

Die Entstehung des Konfliktes zwischen Haman und Mordechai wird in 3,1-5 (3,1-6 (M-T./LXX-T.)) berichtet. Er ist verantwortlich für die dramatische Entwicklung der HMK-Erzählung bzw. für das Geschehen im Esth insgesamt. Gehen wir diesbezüglich noch einmal zu V.2, in dem alle drei Versionen zum Ausdruck bringen, daß der König angeordnet hatte, vor Haman niederzuknien:

M-T. 3,2	LXX-T. 3,2	A-T. 3,2
כִּי־כֵן צִוָּה־לוֹ הַמֶּלֶךְ	ὃυτως γὰρ προσέταξεν ὁ βασιλεὺς ποιῆσαι	κατὰ τὸ πρόσταγμα τοῦ βασιλέως

Nirgends wird der Befehl des Königs selbst aufgeführt oder eine Begründung für diesen Befehl gegeben. Würden wir nicht davon ausgehen, daß er als Belohnung für den schlauen Rat des Bougaios an das Volk erging, so bliebe völlig unverständlich, warum Haman diese Ehre erwiesen werden sollte. Der Befehl wird im M-T. mit der Formel "כִּי־כֵן" eingeleitet. Sie kommt im gesamten Esth viermal vor (1,8.13;2,12;3,2) und leitet stets eine

Erklärung zur Verdeutlichung des vorher erzählten Zusammenhanges ein. In der gesamten AT findet sie sich insgesamt 33mal, doch wird die Wendung "כִּי־כֵן" in eben dieser Funktion als Apposition nur noch in Gen 50,3 und Ri 14,10 (vgl. Lev 8,35;10,13) gebraucht.

Der LXX-T. übersetzt "כִּי־כֵן" wörtlich mit "ὅυτως γάρ". Diese Formulierung kommt in der LXX nur noch in Gen 50,3; Lev 8,35;10,13; Esth 2,12.20;3,2[149]; 2Makk 9,4; 3Makk 4,4 und 4Makk 13,17 vor. Der relativ seltene Gebrauch dieser Wendung ist auffällig. Für den A-T., der die weitaus geläufigere Ausdrucksform "κατά" für die Einleitung der Apposition verwendet, wurde bereits im vorausgehenden Abschnitt erwähnt, daß der Befehl des Königs eine Doppelung gegenüber V.1 darstellt. Wir fügen jetzt auf der Basis des Vergleichs der Versionen hinzu, daß diese Doppelung wie ein erklärender Nachtrag wirkt, so als sei der Befehl des Königs eher sekundär in den Textzusammenhang hineingeschoben worden, als darin primärer Bestandteil zu sein. Bestätigt wird dieser Eindruck von dem redaktionellen Charakter der beiden Textstellen im AT, die auf gleiche Art und Weise eingeleitet werden (Gen 40,3 und Ri 14,10 (MT)).

Wir müssen dieser Beobachtung weiter auf den Grund gehen, da sie für die Unterscheidung zwischen HMK und der Bearbeitung des Esth von einigem Gewicht ist. Wir wollen uns deshalb a) zunächst mit der Bedeutung der Proskynese im Persischen Reich und bei den Griechen beschäftigen. b) In einem zweiten Schritt fragen wir nach der Bedeutung des Motivs "vom Befehl des Königs" im gesamten Esth, um schließlich die Funktion der Apposition im Zusammenhang von 3,1ff. und dem Esth, besser erfassen zu können.

Exkurs: Proskynese im Persischen Reich und unter Alexander dem Großen
Die Proskynese, mit der Haman Ehre erwiesen wurde, war in persisch-griechischer Zeit keinesfalls bloße Routinehandlung. Proskynese symbolisierte bei den Persern wie bei den Griechen eine Zeremonie mit hohem ideologischem Aussagewert. Bei beiden Völkern war die Proskynese ein Zeichen des Respektes, dem man mit einem Kuß des eigenen Fingers in Richtung der jeweiligen Respektsperson Ausdruck verlieh, also eine Art Handkuß. Für unseren Textzusammenhang ist nun von Bedeutung, daß dieser Akt der Ehrenbezeugung bei den Persern tatsächlich gegenüber sozial hochstehenden Persönlichkeiten ausgeübt wurde, v.a. jedoch gegenüber dem König. Bei den Griechen wurde dieser Akt jedoch nur gegenüber dem Bild eines Gottes vollzogen. Demgegenüber beinhaltete die Proskynese der Perser eben nicht, daß ein Gott verehrt wurde, obwohl ihnen dies von den Griechen oft mißgedeutet wurde[150], sondern man vollzog sie nur gegenüber Menschen. Nun sind drei verschiedene Arten der Proskynese bei den Persern zu unterscheiden: "Gleichgestellte oder nahezu Gleichgestellte küssen einander

---

[149]   Auch im A-T. findet sich dieser Wortgebrauch in 1,8. An gleicher Stelle steht im LXX-T. nur "ὅυτως".
[150]   M.M.Austin, Hellenistic world, a.a.O., 22f.

auf Mund und Wange. Bei größerem Rangunterschied grüßt der Niedriggestellte mit προσκύνεσις ... Zu der Proskynesis, die dem Großkönig erwiesen wurde, gehörte indessen noch etwas. Sie wurde entweder mit einer Verneigung (κύπτειν, ἐπιδύπτειν) oder mit dem Fußfall (προσπίπτειν) verbunden. Auch hier kommt ein Rangunterschied zum Vorschein. Proskynesis mit Verneigung war die Begrüßung, mit der die vornehmen Perser dem König begegneten, während der zugleich mit der Proskynesis vollzogene Fußfall als Pflicht der niederen Untertanen galt"[151]. Alexander der Große versuchte 328 v.Chr. dieses von den Persern her bekannte Hofzeremoniell an seinem eigenen Hof einzuführen und es für Makedonier, Griechen und Nicht-Griechen gleichermaßen verpflichtend zu machen. Über den Hintergrund für diesen Plan Alexanders streiten sich die Gelehrten. Einerseits scheint offensichtlich zu sein, daß er das Ziel verfolgte, den politischen Graben zwischen den alten persischen und makedonischen Obersten, den alten und neuen Beherrschern des Reiches, durch die Einführung dieser für alle geltenden Zeremonie zu überbrücken. Andererseits wurde dieser Akt Alexanders dahingehend interpretiert, daß er sich selbst quasi zu einer Gott-gleichen Figur stilisieren wollte. Das unterschiedliche Verständnis von der Bedeutung der Proskynese führte schließlich zu Konflikten innerhalb seines Gefolges.[152] Letztlich hatte Alexander keinen Erfolg mit der Einführung des persischen Hofzeremoniells, der Proskynese.

So läßt sich zusammenfassend feststellen, daß die Proskynese bei Persern und Griechen einen unterschiedlichen Stellenwert hatte. War sie bei ersteren eine Zeremonie des Ehrerweises vor dem König sowie vor hohen Reichsbeamten, so bedeutete sie bei den Griechen ausschließlich die Verehrung eines Gottes. Als Alexander die Proskynese als Hofzeremoniell einführen wollte, scheiterte er an der Verschiedenheit dieser Auffassungen unter seinen Anhängern.

Für die Untersuchung von Esth 3,1ff. können aus dieser Information weitreichende Schlüsse gezogen werden. In den Augen eines persischen Lesers wäre der sich in diesen Versen entwickelnde Konflikt anders betrachtet worden als in denen eines Griechen, der das Zeremoniell der Proskynese vor Menschen grundsätzlich ablehnte. Ihn mußte die Pflicht, Haman diese Ehre zu erweisen, skandalös anmuten, während sie für einen Perser durchaus zum Leben am Hofe dazugehörte. Doch scheint der feine, aber bezeichnende Unterschied in der Art und Weise des Ehrerweises zwischen den verschiedenen Ständen für das Geschehen in der HMK von besonderer Bedeutung zu sein. Haman mußte man nämlich nicht nur Proskynese erweisen, sondern auch vor ihm niederknien. D.h., hier fand die Zeremonie statt, die bei den Persern gegenüber dem König gängig war.

Nun scheint Esth 3,1ff in seiner Darstellung darauf ausgerichtet zu sein, daß der aufbrechende Konflikt zwischen Haman und Mordechai durch die

---

[151]   G.Gerleman, Esther, a.a.O., 91 (vgl. Feodora Prinzessin von Sachsen-Meiningen, Proskynesis, a.a.O., 125-166). Dagegen meint M.M.Austin, die Prostration—der Kniefall—sei am persischen Hof nicht unbedingt Teil der Proskynese gegenüber dem König noch gegenüber den persischen Obersten gewesen (vgl. ders., Hellenistic world, a.a.O., 22f).

[152]   Vgl. Arrian, Anabasis IV.10,5-12,5.

Verweigerung Mordechais, den Befehl des Königs auszuführen, zustande kam, nicht aber dadurch, daß Haman die Verehrung eines Königs empfing und dadurch in den Verdacht der verdeckten Konspiration gegen den König geraten könnte. Fehlte hier die Bemerkung, daß Mordechai gegen den Befehl des Königs vorging, so rückte der Vollzug der Proskynese zusammen mit der Prostration vor Haman plötzlich in ein anderes Licht: Sie wäre eine Ungeheuerlichkeit, der sich Mordechai zurecht verweigerte. Ja, er stellte durch seine Verweigerung wie in der Aufdeckung des Mordplanes ·der Eunuchen (vgl. HM) seine Loyalität gegenüber dem König unter Beweis. Doch diese inhaltlichen Überlegungen können nicht genügen, letzterem den Vorrang zu geben und den Befehl des Königs als sekundär zu kennzeichnen. Gehen wir vorerst also einen weiteren Schritt und betrachten die Funktion des Motivs vom "Befehl des Königs" an dieser Stelle sowie im Zusammenhang des gesamten Esth:

Exkurs: Die Funktion des Motivs vom "Befehl des Königs" im Esth
Zu den konstitutiven Elementen des Esth gehört "der Befehl des Königs". Hauptcharakteristikum dieses Befehles ist, daß er unbedingt auszuführen ist. Die Unbedingtheit der königlichen Anordnung wird einerseits daran deutlich, daß eine Verweigerung prompt königliche "חֵמָה"/"ὀργή" (Wut) erzeugt und unmittelbar darauf die Exekution des Täters oder der Täterin zur Folge hat. Aber auch die Unmöglichkeit, ein einmal festgeschriebenes Gesetz wieder aufzuheben (Kap 8,8), zeugt für die Dringlichkeit, den königlichen Willen auszuführen. Nun wird dieses Motiv im Esth sehr bewußt verwendet. In jedem Kap des Esth formuliert und leitet nämlich der Befehl des Königs den Fortlauf des Geschehens ein und bedeutet zugleich den Krisenpunkt im jeweiligen Erzählabschnitt. So steht in Kap 1 neben der königlichen Anordnung der grenzenlosen Weinausschenkung (V.8) der Befehl, Vasti vor das Festgelage zu holen (V.11). In 2,14 ist es des Königs Entscheidung über Gunst oder Mißgunst gegenüber den Mädchen, die in jeder Nacht zu ihm geführt werden. 3,2 beinhaltet den Befehl der Ehrerweises an Haman. In 3,11 erlaubt der König das Vorgehen gegen das Jüdische Volk und in 4,11 tritt Esther ungefragt vor den König. Der König gestattet Esther in 5,5 den Wunsch einer Bankettfeier mit Haman und in 6,10 befiehlt er dem schockierten Haman, Mordechai Ehre anzutun. Problematisch ist in Kap 7 Esthers Beschuldigung gegenüber Haman. Kann sein Vorgehen gegen das Jüdischen Volk, das ihm durch den König zugestanden wurde, als Befehlsverweigerung verstanden werden? In jedem Fall erzeugte sein Handeln die Wut des Königs und führt zur Bestrafung mit dem Tod. Wir werden später auf diesen eher undeutlichen Sachverhalt eingehen müssen.
In 8,2 setzt der König Mordechai nicht nur an Hamans Stelle, sondern gesteht Mordechai und Esther auch die Schreibung eines Gegenediktes zu (V.8). 9,14 ermöglicht dem Jüdischen Volk die erneute Rache an ihren Feinden und in 10,1 legt der König den Ländern eine Steuer auf. Das Motiv des Befehles des Königs kennzeichnet in der Esth also eine unbedingt auszuführende Handlung. Die Verweigerung wird als Illoyalität geahndet und führt zur Exekution des Täters.

Übertragen wir dieses Ergebnis auf den Konflikt in 3,1-3, so steht fest, daß auch Mordechai eine illoyale Handlung vollzieht, indem er der königlichen Anordnung nicht Folge leistet. Doch der König weiß nichts von Mordechais Fehlverhalten. Es ist Haman selbst, der in Wut gerät (V.5) und neben Mordechai gleich auch dessen Volk beseitigen will. Er beginnt sodann das Pur zu werfen, um den Tag des Todes seiner vermeintlichen Feinde zu ermitteln. Ein Verdacht auf Selbstjustiz entstünde hier, würden wir in 3,8 nicht davon unterrichtet, daß Haman doch noch zum König geht, um durch dessen Zustimmung die rechtliche Basis für sein Unternehmen zu legen. Wäre es für ihn nicht leichter gewesen, Mordechai beim König wegen seiner Befehlsverweigerung zu denunzieren? Doch auf diesen Gedanken scheint Haman erst gar nicht zu kommen. Er geht vielmehr zum König, um bei diesem wegen der Illoyalität des ganzen Jüdischen Volkes vorzusprechen. Vom Duktus des Esth (M-T.) her betrachtet, ist diese Ausweitung auf Mordechais Volk im Textzusammenhang von Kap 3 tatsächlich vonnöten, denn an keiner anderen Stelle würde deutlich werden können, worin der Grund für ein Pogrom gegen das Jüdische Volk lag und wie es seinen Anfang nahm. Das bedeutet zugleich aber auch, daß Hamans Vorwurf, es gäbe ein illoyales Volk, das die Gesetze des Königs nicht achte, nicht anders als mit der Einführung des königlichen Befehls, der von Mordechai verweigert wird, seine thematische Vorbereitung findet.

Können literarkritische Überlegungen das Motiv von des Königs Befehl erhellen, so greifen sie nicht, wenn das in 3,1ff. erstellte Bild von Mordechais Illoyalität gegenüber der Rolle, die Mordechai ansonsten im Esth spielt, erklären sollen. Gerade der im M-T. 3,1-5 vorausgehende Bericht 2,21-23 (vgl. Add A11b-17 (A-T.)) von Mordechais Rettung des Königs vor dem Anschlag der Eunuchen stellt ihn auf besondere Weise als treuen Anhänger und Beschützer des Königs dar, der für seine außergewöhnliche Tat in Kap 6 sogar entlohnt wird. Auf dem Hintergrund dieses Bildes ist Mordechais Haltung, sich ohne nähere Erklärung dem Willen des Königs zu verweigern, wenig überzeugend. Ein ganz anderes Bild ergäbe sich jedoch, wenn sich Mordechai nicht dem Willen des Königs, wohl aber dem Hamans entzogen hätte—wenn also "פִּי־כֵן צִוָּה־לוֹ הַמֶּלֶךְ" im M-T. bzw. "ὅυτως γὰρ προσέταξεν ὁ βασιλεὺς ποιῆσαι" (LXX-T.) als Zusatz zu streichen wäre. Mordechai wäre dann nicht mehr seiner Illoyalität zu beschuldigen, sondern gerade seine Verweigerung, Haman zu huldigen, wäre ein Zeichen, das ihm seine Loyalität gegenüber dem König gebiete.

Doch verfällt man einem gedanklichen Fehler, wenn man das Bild des Mordechai aus dem gesamten Esth her erstellen wollte. Es ist ja gerade unsere Aufgabe, die HMK aus dem Textzusammenhang herauszulösen. Da wir aber davon ausgehen, daß 3,1ff der Anfang der HMK ist, bleibt die Haltung Mordechais gegenüber dem König unsicher. Wir müssen also andere Argumente aufzählen können, die de facto gegen den primären Charakter des königlichen Befehls in 3,1ff. sprechen. Dazu zählt, daß ein Fehlen dieses Motivs den Blick unmittelbar am Anfang der HMK auf den Konflikt der beiden Kontrahenten Haman und Mordechai richtet. Um sich der vorgegebenen Problematik jedoch noch besser nähern zu können, müssen wir an dieser Stelle einen Blick auf die Weiterentwicklung dieses Konfliktes innerhalb der HMK wagen. Es zeigt sich nämlich, daß Mordechai an ganz anderer Stelle für seine Mißachtung gegenüber Haman zu Fall gebracht werden soll. Hier ist weder die Rede von Mordechais Befehlsverweigerung gegenüber dem König noch eine Strafmaßnahme Hamans, die auch sein Volk beträfe. Diesen Text findet man in 5,9-14 (M-T./LXX-T.) bzw. 5,21-24 (A-T.):[153]

M-T. 5,9-14	LXX-T. 5,9-14	A-T. 5,21-24
(9) Und Haman ging an diesem Tag fröhlich und guten Mutes fort. Doch als Haman Mordechai im Tor des Königs sah und er sich nicht erhob und keine Furcht zeigte vor ihm, da wurde Haman von Zorn auf Mordechai erfüllt.	(9) Und Haman ging übermäßig erfreut aus dem Palast, [und war] gut gelaunt. Als Haman aber Mardochai, den Juden, im Hof sah, wurde er sehr zornig.	
(10) Doch Haman hielt an sich, und er kam zu seinem Haus, und er sandte und ließ seine Freunde und Seresch, seine Frau, kommen.	(10) Und als er hineingegangen war in seine Eigentümer, rief er die Freunde und Zosara, seine Frau.	(21) Haman aber ging in sein Haus und führte seine Freunde und seine Söhne und Zosara, seine Frau, zusammen, und er rühmte sich,
(11) Und Haman erzählte ihnen von der Herrlichkeit seines Reichtums und der Vielzahl seiner Kinder und alles, womit der König ihn groß gemacht habe und womit er ihn über die Fürsten und Knechte des Königs erhoben habe.	(11) Und er zeigte ihnen seinen Reichtum und die Ehre, die der König ihm angetan hatte, und daß er ihn zum Ersten gemacht hatte und das Königreich befehlige.	
(12) Und Haman sagte: "Auch hat Esther, die Königin, niemanden zu dem Gastmahl mit dem König, das sie bereitet hat, kommen lassen, außer mich. Und auch morgen bin ich zusammen mit dem König zu ihr gerufen worden.	(12) Und Haman sprach: "Die Königin hat niemanden zusammen mit dem König zu dem Gastmahl gerufen als mich. Und [auch] für morgen wurde ich gerufen.	indem er sagte: "Die Königin hat niemanden zu ihrem ausgewählten Tag gerufen, außer den König und mich allein. Und morgen werde ich auch gerufen.
(13) Doch all das ist mir nicht genug, wenn ich immer Mordechai, den Juden, sehe, der im Tor des Königs sitzt."	(13) Und dies gefällt mir nicht, daß ich diesen Mardochai, den Juden, im Hof sehe."	(22) Aber nur das betrübt mich, daß ich diesen Mardochai, den Juden, in dem Hof des Königs sehe,

[153] Wir greifen nun vor und ziehen Inhalte des Kap 5 zur Analyse von 3,1ff heran. Dem ist an dieser Stelle nun hinzuzufügen, daß sie der HMK zuzurechnen sind. Eine Begründung hierfür und eine nähere literarkritische Analyse folgt in den nachfolgenden Abschnitten.

		und er huldigt mir nicht."
(14) Und Seresch, seine Frau und alle seine Freunde sagten zu ihm:	(14) Und Zosara, seine Frau, und die Freunde sprachen zu ihm:	(23) Und Zosara, seine Frau, sagte zu ihm: "Aus dem Geschlecht der Juden ist er. Weil der König dir gestattet hat, die Juden zu vernichten, und die Götter dir einen Tag des Verderbens [gegeben haben], zur Rache an ihnen,
"Man soll einen Holzpfahl aufstellen, 50 Ellen hoch, und morgen sage dem König, man solle Mordechai an ihm aufhängen. Dann geh mit dem König fröhlich zu dem Mahl."	"Schlage dir ein Holz von 50 Ellen, morgen früh aber sprich mit dem König, und Mardochai werde an dem Holz aufgehängt. Du aber gehst zu dem Gastmahl, gemeinsam mit dem König und erfreust dich."	schlage man dir ein Holz von 50 Ellen, stelle es auf, hänge [du] ihn an das Holz, indem du aber früh bei dem König bist und mit ihm redest. Und nun geh hinein zu dem König und erfreue dich."
Und die Sache war gut vor Haman, und er ließ den Holzpfahl aufstellen.	Und Haman gefiel das Wort und er ließ das Holz aufstellen.	(24) Und es gefiel dem Haman und er tat es so.'

V.9 (M-T./LXX-T.) läßt noch einmal verlauten, daß sich Mordechai der Proskynese vor Haman entzieht. Man könnte annehmen, daß 5,9b gleich an 3,5 anschließe. Doch tatsächlich ist dieses Gespräch Hamans mit seiner Frau in den Zusammenhang der vorausgehenden Thematik, der Bitte Esthers vor dem König, ein Bankett veranstalten zu dürfen, eingebunden.[154] Für unsere Fragestellung ist an V.9 allerdings interessant, daß er mit keinem Wort den Befehl des Königs erwähnt. Er weiß hinsichtlich des Konfliktes zwischen Haman und Mordechai allem Anschein nach nur etwas von Mordechais Ehrverweigerung. Zu dem gleichen Ergebnis kommt man bei der Betrachtung von V.13 (M-T./LXX-T.) bzw. V.23 (A-T.). Schließlich ersinnt Hamans Frau Zosara eine Bestrafung für Mordechais Mißachtung (V.14 (M-T./LXX-T.) bzw. V.23 (A-T.)). Diese Bestrafung, der Tod am Holzpfahl, gilt nur Mordechai, nicht jedoch auch seinem Volk. Sie bezieht sich auf den Machtkonflikt zwischen den beiden Kontrahenten. Der König, oder ein Befehl seinerseits, wird weder im Gespräch noch in Zosaras Lösungsvorschlag thematisiert.

Dieser Text spricht nun tatsächlich gegen die Ursprünglichkeit des königlichen Befehls am Anfang von Kap 3, und zusammen mit den oben aufgeführten Überlegungen verdichtet sich unsere Annahme dahingehend, daß dieses Element in 3,1ff. eingefügt wurde. Dies bedeutete für den Aussagegehalt des Elementes in der Rekonstruktion der HMK, daß der Ehrerweis vor Haman einen konspirativen Charakter aufweisen sollte, während Mordechais Grundhaltung weiterhin Loyalität gegenüber dem

---

[154]   Vgl. Kapitel 4.5.5.

König zum Ausdruck bringt. Wir unterziehen unsere These nun einer letzten Überprüfung, indem wir uns vor Augen führen, warum und durch wen dieses Element in den Textzusammenhang eingefügt worden sein könnte.

4.5.3.2. Die Vorbereitung der Konfliktausweitung auf das Jüdische Volk in 3,1ff.

Wir erahnen, daß der königliche Befehl in 3,1ff. weniger zur HMK gehört als vielmehr der JüdRed entsprungen ist, da durch sie eine Anklage des Jüdischen Volkes vor dem König sowie ihre Verfolgung erzählerisch erst möglich geworden ist. Wegen Mordechais Ehrverweigerung wird er zusammen mit seinem Volk der Illoyalität beschuldigt (3,8). Der Zusammenhang zwischen Mordechai und "seinem Volk" wird in dem Augenblick hergestellt, in dem sich Mordechai gegenüber den Dienern des Königs zu seinem Judentum bekennt (3,4). Doch wird diese Aussage Mordechais je unterschiedlich in den Textzusammenhang gebracht. Der M-T. formuliert kausal:[155] "כִּי־הִגִּיד לָהֶם אֲשֶׁר־הוּא יְהוּדִי" (denn er hatte ihnen gesagt, daß er Jude sei). Inhaltlich geht es um die Neugier der Diener des Königs, ob Hamans Argument, er sei Jude, den drohenden Konflikt abwenden könnte: "וַיַּגִּידוּ לְהָמָן לִרְאוֹת הֲיַעַמְדוּ דִּבְרֵי מָרְדֳּכַי" (Da berichteten sie (es) dem Haman, um zu sehen, ob die Sache Mordechais als gültig anerkannt würde). Im LXX-T. wird die Anschuldigung auf der einen und die Verteidigung auf der anderen Seite dagegen scharf hervorgehoben. Mordechais Vergehen, dem Befehl des Königs keine Folge zu leisten, steht der Erklärung, daß er Jude sei, im gleichen Satz frontal gegenüber. Dies wird besonders dadurch betont, daß beide Satzhälften mit "καὶ ὑπέδειξαν (-εν)" und je wechselndem Dativobjekt eingeleitet werden. Ganz anders der A-T. Hier informiert Mordechai die Diener darüber, daß er Jude sei. Im Textzusammenhang ist dies in keiner Weise als Entschuldigung oder gar als Erklärung für sein Verhalten zu verstehen. V.4 fährt in diesem Stil im zweiten Satz ganz sachlich fort, daß die Diener bei Haman Bericht über Mordechai erstatteten. Im nachfolgenden V.5 (V.5a im A-T.) zeigt sich dann auch in allen Versionen, daß Haman tatsächlich nur über Mordechais Ehrverweigerung wütend wird. Seine jüdische Herkunft wird ihm in keiner Weise belastend angerechnet. Aber schon in V.6 (V.5b im A-T.) wird dieser Aspekt wieder aufgenommen: Haman wird zwar zornig über Mordechais

---

[155]   L.A.Rosenthal hat bereits 1895 festgestellt, es sei "doch eine merkwürdige Uebereinstimmung, wenn auf Joseph die Frau des Potiphar einredet, auf Mordechai die Diener des Haman, und es bei ersterer (Gen.39,10) heißt: יום יום אל־יוסף כדברה 'ויהי und בזגל. ולא שמע אליה' und bezgl. Mordechai's (Est.3,4) (Keri) ולא ויום יום אליו באמרם 'ויהי אליהם שמע" (ders., Josephsgeschichte, a.a.O., 279). Unseren Beobachtungen zufolge zeigt diese Übereinstimmung, daß diese Wendung auf den JüdRed zurückzuführen ist, der auch mit de Josephserzählung vertraut gewesen sein wird.

Verweigerung ihm zu huldigen, plant aber, Mordechai mit seinem ganzen Volk zu bestrafen.

Gehen wir nun erstens davon aus, daß ein Bearbeiter diese Verbindung zwischen Mordechais Erklärung bzw. Bekanntgabe seines Jude-Seins und die Ausweitung des Konfliktes auf das Jüdische Volk in die HMK hineingearbeitet hat, so wollen wir zweitens noch näher beleuchten, warum er sich hierfür den aufbrechenden Konflikt in 3,1ff. ausgewählt hat. Ein Anhaltspunkt dafür könnte sein, daß die Proskynese eines Juden oder einer Jüdin vor einer menschlichen Person in der Gefahr stand, blasphemisch zu sein, da dadurch das erste Gebot verletzt würde. So kann Mordechais Ehrverweigerung in allen drei Versionen durch den Nachsatz, daß er Jude sei (3,4), durchaus als implizite Erklärung verstanden werden. Doch ist dieses Textverständnis keineswegs so naheliegend, wie auf den ersten Blick zu vermuten wäre. Es zeigt sich nämlich, daß Mordechais Verhalten im jüdisch-religiösen Kontext durchaus kritikwürdig war und immer wieder diskutiert wurde, da seine Reaktion auch für einen Juden nicht die einzige Möglichkeit war. So erstaunt es, daß Josephus zur Begründung von Mordechais Verhalten die Linie zu seiner jüdischen Herkunft erst gar nicht gezogen hat, als er seine Version der Esth niederschrieb. Er gibt als Begründung für Mordechais Ehrverweigerung an, "Μαρδοχαίου δὲ διὰ σοφίαν καὶ τὸν οἴκοθεν αὐτοῦ νόμον οὐ προσκυνοῦντος ἄνθρωπον"[156] (*Mordechai aber kniete wegen Weisheit und seinem häuslichen Gesetz vor keinem Menschen*). Daß Mordechai aufgrund des jüdischen Gesetzes nicht vor Haman kniete, erwähnt Josephus dagegen in keinem Wort.

Ähnlich interessant sind die Kommentare einiger anderer jüdischer Exegeten aus dem Mittelalter, wie sie von WALFISH[157] zu dieser Thematik zusammengetragen worden sind. Hier herrscht durchaus Kritik an Mordechais Verhalten, durch das er sich und das ganze Jüdische Volk in Lebensgefahr gebracht habe. Daß die Proskynese vor einem anderen Menschen eben nicht gleich mit Gotteslästerung einhergehe, zeige beispielsweise Gen 23,6, wo Abraham vor den Hittitern niederkniee und Gen 33,3, wo Jakob dasselbe vor Esau vollziehe. Einige Exegeten sehen jedoch sehr deutlich die Gefahr der Abgötterei, die in dem Fall bestünde, daß Haman sich selbst zum Gott mache. WALFISH faßt zusammen: "We see then that survival and protecting the Jewish people from potential threats to their safety were primary concerns for our exegetes. A general sense of respect for temporal power and royal authority is also indicated in many of these statements"[158]. Die Targumim zeigen eine ähnliche doppelte Reaktion auf Mordechais Ehrverweigerung. Targum Rishon fügt zunächst in 3,2 hinzu,

---

[156] Josephus, Antiquitates, a.a.O., XI/6, 210f.
[157] B.D.Walfish, Esther, a.a.O., 178-180.
[158] D.B.Walfish, Esther, a.a.O., 180.

daß Haman, während alle vor ihm niederknien mußten, ein Bild auf seiner Brust trug. Mordechai verweigerte, vor diesem Bild niederzuknien. Die nun folgende Begründung ist jedoch nicht, daß er sich vor der Verletzung des ersten Gebotes schützen wollte, sondern, daß Haman vormalig für Mordechai als Sklave gearbeitet habe, der sich für einen Leib Brot an ihn verkauft hatte. Als zweite Begründung findet sich in V.4, daß er außerdem Jude sei und Juden würden vor Haman nicht niederknien. Also auch hier findet sich keinerlei Hinweis auf die Furcht, gegen das erste Gebot zu verstoßen. Erst Targum Sheni gibt in einem ausführlich gestaltetem "Pijjut von Gottes Herrlichkeit"[159] eine religiöse Begründung.[160] EGO weist zu Recht darauf hin, daß die "engste Entsprechung, die auch das schöpfungstheologische Moment, das im Pijjut entfaltet wird, einschließt, ... sich im Gebet des Mordechai in den griechischen Zusätzen zum Esterbuch LXX Est 17 A-E (C 1-7)"[161] wiederfinde. Eine religiöse Begründung für Mordechais Ehrverweigerung ist in den Überlieferung sonst nicht zu finden.

Ist also die Erklärung, daß die Proskynese eines Juden vor einer Person nicht mit seiner religiösen Auffassung überein zu gehen sei, nur in zweiter Linie relevant als Begründung für Mordechais Reaktion, so bedeutet dies auch, daß der Bearbeiter von 3,1ff. bei der Textumgestaltung höchstwahrscheinlich keine religiöse Zielrichtung verfolgte. In erster Linie scheint das von ihm verwendete literarische Mittel das Motiv von Mordechais Illoyalität gewesen zu sein, dessen er sich bediente, um auch das Jüdische Volk anzuklagen. Diese Anklage wird in den nun folgenden Versen, V.6ff. (M-T./LXX-T.) bzw. V.5b (A-T.), bis zum Ende des Kap 3 dargestellt. Sie gehören dementsprechend nicht ursprünglich zur HMK. Unseren

---

[159] B.Ego, Targum, a.a.O., 235.

[160] Targum Sheni 3,3 in der Übersetzung von B.Ego (die kursiv gedruckten Textpartien kennzeichnen die Zusätze des Targum-Schreibers zum kanonischen Esth): "Und es sprachen die Diener des Königs ... zu Mordechai: '*Welche Würde hast du uns voraus, daß wir uns vor Haman verbeugen und niederwerfen, und du verbeugst dich nicht vor ihm?* Warum übertrittst du das Gebot des Königs?'
Es antwortete Mordechai und sprach zu ihnen:
'Toren und Unverständige!
Hört von mir ein Wort und sagt mir gleich:
Wer ist der Mensch, daß er stolz sei und sich erhebe?
Er ist vom Weibe geboren, und seine Tage sind gering.
Bei seiner Geburt [schon] Schmerz und Jammern, Not und Seufzen,
alle seine Tage sind voll Grimm;
und an seinem Ende kehrt er zum Staub zurück.
Und ich soll mich vor ihm verbeugen?
Nein, sondern ich beuge mich vor dem lebendigen und beständigen Gott,
der einzig ist im Himmel;
er ist ein Feuer, das Feuer verzehrt,
und seine Engel sind Feuer ...
Ihm ziemt es, [ihn] zu preisen
und sich vor ihm zu verbeugen' ..." (dies., Targum, a.a.O.,92f.)

[161] B.Ego, Targum, a.a.O., 236.

Beobachtungen zufolge entstammt dieser Teil des Esth aus der Hand des Bearbeiters der JüdRed.

4.5.4. Mordechais 'memento mori' vor Esther (HMK)

Aus den bisher gewonnenen Erkenntnissen ist ein für die Rekonstruktion der HMK relevanter Text erst wieder in Kap 4 des Esth festzustellen, da sich der Rest des Kap 3 auf die Anklage des Jüdischen Volkes bezieht und deshalb nicht zur HMK gehören kann.

Auf den ersten Blick ist zu bemerken, daß dieses Kap im Versionsvergleich einen beträchtlichen Umfang an textlichen Plus in allen drei Esth-Texten aufzuweisen hat. Wir werden hier also mit einer umfangreichen redaktionellen Textbearbeitung zu rechnen haben.

M-T. Kap 4	LXX-T. Kap 4	A-T. Kap 4
(1) Und als Mordechai all das erkannte, was geschehen war,	(1) Als Mardochai aber erkannte, was geschehen war,	(1) Mardochai aber erkannte alles, was geschehen war, und die Stadt Susa war erregt über diese Geschehnisse, und allen Juden war große und bittere Klage in jeder Stadt.
zerriß Mordechai seine Kleider und zog Sack und Asche an, und er ging hinaus mitten in die Stadt und hielt lautes Geschrei und Klage.	zerriß er seine eigenen Kleider und schlüpfte in einen Sack und bestreute sich mit Asche und sprang los durch die Straßen der Stadt und rief mit lauter Stimme: "Ein Volk wird umgebracht, das kein Unrecht getan hat."	(2) Mardochai aber, als er in sein Haus kam, zog seine Kleider aus und warf sich einen Sack über, und, nachdem er sich mit Asche bestreut hatte,
(2) Und er kam bis vor das Tor des Königs, denn niemand kam in das Tor des Königs in Sack und Asche.	(2) Und er kam bis zu den Toren des Palastes und blieb dort. Denn es stand ihm nicht frei in den Hof hineinzugehen, wenn er einen Sack und Asche an sich hatte.	ging er so bis in den äußeren Hof und blieb da. Denn er konnte nicht in den Palast hineingehen in dem Sackgewand.
(3) Und in allen Provinzen, dort wo das Wort des Königs und sein Gesetz hingelangt waren, war große Trauer bei den Juden und ein Fasten und Weinen und Klagen. Bei Vielen war Sack und Asche als Lager ausgebreitet.	(3) Und in jedem Land, in das die Schriften gebracht wurden, war Geschrei und Wehklage und große Klage über die Juden, und sie breiteten über sich selbst Sack und Asche aus.	
(4) Und es kamen die Dienerinnen Esthers und ihre Eunuchen und erzählten [es] ihr, und die Königin wurde sehr in Angst versetzt. Und sie sandte Kleider, um Mordechai zu bekleiden und um seinen Sack und die Asche zu entfernen, aber er nahm es	(4) Und die Zofen und die Eunuchen der Königin kamen hinein und berichteten es ihr, und sie geriet außer Fassung, nachdem sie gehört hatte, was geschehen war, und sie sandte, Mardochai anzuziehen und ihm den Sack abzunehmen, doch der gehorchte nicht.	(3) Und er rief einen Eunuchen und sandte zu Esther, und die Königin sprach: "Zieht den Sack aus und bringt ihn hinein!"
		(4) Aber dieser wollte nicht,

nicht an.		
(5) Und Esther rief Hatach, einen von den Eunuchen des Königs, den er vor ihr stehen hieß, und sie befahl ihm wegen Mordechai, um zu erkennen, was dies sei und warum dies so sei.	(5) Esther aber rief Achrataios herbei, ihren Eunuchen, der für sie bereitgestellt wurde, und sie sandte [ihn], um für sie zu hören, was von Mardochai her Genaues [zu berichten war].	
(6) Und Hatach ging hinaus zu Mordechai auf den Platz der Stadt, der vor dem Tor des Königs war.	(6) ?	
(7) Und Mordechai erzählte ihm alles, was sich zugetragen hatte und die genaue Angabe des Silbers, von dem Haman sagte, daß er es in der Schatzkammer des Königs darwiegen werde für die Juden, um sie auszurotten.	(7) Mardochai aber zeigte ihm, was geschehen war und die Ankündigung dessen, was Haman dem König ankündigte, [nämlich] den Schatz von 10000 Talenten, indem er die Juden töten würde.	
(8) Und die Abschrift der Gesetzesschrift, die in Susa zu ihrer Vernichtung erlassen worden war, gab er ihm, um [sie] Esther sehen zu lassen und ihr zu berichten und um ihr zu gebieten, zum König zu gehen und um Erbarmen zu flehen und vor ihm für ihr Volk zu bitten.	(8) Und die Abschrift, die nach Susa darüber, daß sie getötet werden sollten, gebracht wurde, gab er ihm, um [sie] Esther zu zeigen, und er sagte ihm, ihr zu befehlen, daß sie sich, nachdem sie hineingegangen sei, beim König ausbitte und ihn anflehe, um des Volkes willen, indem sie sich der Tage (") deiner [ihrer] Niedrigkeit erinnerst, als du großgezogen wurdest durch meine Hand, [nämlich] deshalb, weil Haman, der Zweite, mit dem König gegen uns—für den Tod—sprach.	sondern er sprach: "So redet zu ihr: Verweigere nicht, zu dem König hineinzugehen und seinem Angesicht zu schmeicheln um meinetwillen und des Volkes, indem du dich erinnerst an die Tage deiner Niedrigkeit, als du aufgezogen wurdest durch meine Hand, denn Haman, der Zweite [im Land], hat mit dem König gesprochen gegen uns—für den Tod."
	Rufe den Herrn an und rede mit dem König über uns und errette uns aus dem Tod (").	(5) Nun bete zu Gott und rede für uns bei dem König, und errette uns aus dem Tod.
		(6) Und er machte ihr den Schmerz Israels bekannt.
(9) Und Hatach kam und teilte Esther die Worte Mordechais mit.	(9) Als aber Achrataios hineingegangen war, sagte er ihr alle diese Worte.	
(10) Und Esther sagte zu Hatach und trug ihm für Mordechai auf:	(10) Esther aber sprach zu Achrataios: "Geh zu Mardochai und sprich,	(7) Und sie sandte zu ihm, indem sie dies sagte:
(11) "Alle Knechte des Königs und das Volk der Provinzen des Königs wissen, daß für jeden Mann und jede Frau, die in den inneren Vorhof zum	(11) daß jedes Volk des Königreiches weiß, daß jeder Mann oder Frau, der zu dem König ungerufen in den inneren Hof hineingehen wird,	"Du weißt darüber, daß jeder, der ungerufen hineingeht zu dem König, dem nicht sein goldenes Zepter entgegengestreckt

König kommen, die nicht gerufen worden sind, ein Gesetz gilt: [denjenigen] zu töten, außer wenn der König ihm den goldenen Zepter entgegenstreckt—dann wird er leben.	dem geschieht keine Rettung. Wem der König aber den goldenen Zepter entgegenstreckt, der wird gerettet.	wurde, der wird dem Tod verfallen sein.
Und ich wurde seit 30 Tagen nicht mehr zum König gerufen, um zu ihm zu kommen."	Und ich wurde nicht zu dem König hineingerufen—es sind [schon] 30 Tage!"	(8) Und ich bin nicht zu ihm gerufen worden 30 Tage! Und wie soll ich nun hineingehen, wenn ich ungerufen bin?"
(12) Und man teilte Mordechai die Worte Esthers mit.	(12) Und Achrataios erzählte dem Mardochai alle Worte von Esther.	
(13) Und Mordechai sprach und ließ Esther antworten: "Bilde dir in deiner Seele nicht ein, daß du dich ins Haus des Königs retten kannst vor allen Juden.	(13) Und Mardochai sprach zu Achrataios: "Geh", und er sagte ihr: "Esther, sprich nicht zu dir selbst, daß du nur da gerettet wirst im Königreich, vorbei an allen Juden!	(9) Und Mardochai sandte zu ihr und sprach mit ihr:
(14) Denn wenn du in dieser Zeit stumm bleibst, wird Errettung und Rettung den Juden erstehen von einem anderen Ort, und du und das Haus deines Vaters werden umkommen;	(14) Wenn es so [sein sollte], daß du dieser Zeit weghörst, wird den Juden von anderswoher Hilfe und Schutz sein, aber du und das Haus deines Vaters werden vernichtet.	"Wenn du es verachtest, deinem Volk zu helfen, dann wird Gott ihnen hilfreich und Rettung sein, du aber und das Haus deines Vaters werdet getötet.
und wer weiß, ob du [nicht] um dieser Zeit willen zur Königinnenwürde gelangt bist?"	Und wer weiß, ob du nicht für diesen Zeitpunkt Königin geworden bist?"	(10) Und wer weiß, ob du nicht für diesen Zeitpunkt Königin geworden bist?"
(15) Und Esther sprach und ließ Mordechai antworten:	(15) Und Esther sandte den, der zu ihr gekommen war, hinaus zu Mardochai, indem sie sagte:	(11) Und die Königin sandte, indem sie sprach:
(16) "Geh, versammle alle Juden, die sich in Susa befinden und fastet um meinetwillen und eßt nicht und trinkt nicht drei Tage lang—Nacht und Tag.	(16) "Geh, rufe eine Volksversammlung unter den Juden, die in Susa leben, zusammen und eßt und trinkt nicht in den Tagen: drei Nächte und Tage.	"Befiehl einen Dienst und betet beharrlich zu Gott.
Auch ich und meine Dienerinnen fasten auf diese Weise. Dann werde ich zum König gehen, obwohl es nicht nach dem Gesetz ist. Und wie ich sterbe, werde ich sterben."	Ich aber und meine Zofen werden fasten und dann werde ich hineingehen zu dem König trotz des Gesetzes, und wenn ich sterben soll, dann werde es sein."	Ich aber und meine Dienerinnen werden ebenso tun, und [dann] werde ich hineingehen zum König— ungerufen wenn nötig— selbst wenn ich sterben muß."
(17) Da ging Mordechai weg und er tat, wie ihm Esther befohlen hatte.	(17) Und nachdem Mardochai gegangen war, machte er es so, wie Esther es ihm befohlen hatte.	(12) Und Mardochai tat es so.
	--- ADD C ---	--- ADD C ---

Dem Inhalt zufolge wendet sich Mordechai in diesem Kap, aufgrund der ihn verfolgenden Bedrohung durch Haman, an die Königin Esther. Im Verlauf seines Gespräches appelliert er an sie, nicht nur ihn, sondern auch das Volk zu retten, dem sie ja selbst (vgl. 2,5-7.10.20 (M-T./LXX-T.)) auch angehöre und folglich auch von Hamans Verfolgung bedroht sei. Bereits in dieser kurzen Zusammenfassung des Geschehens wird deutlich, daß das in Kap 3 eingeleitete literarische Element von der Ausweitung des Konfliktes auf das Jüdische Volk hier seine Weiterentwicklung erfährt. Doch dieser Beobachtung wollen wir in den einzelnen Versen auf den Grund gehen:

Die erste Frage, die sich stellt, ist, wo die Verbindung zwischen 3,5 (M-T./LXX-T.) bzw. 3,5a (A-T.) und dem Anfang von Kap 4 zu finden ist. Endet die HMK in Kap 3 mit der Entzündung von Hamans Zorn gegenüber Mordechai, so stößt man in 4,1 auf Mordechais Erkenntnis über das bisher "Geschehene". Das Augenmerk wird am Anfang eindeutig auf Hamans Anklage des Jüdischen Volkes beim König gerichtet. Er hatte in Kap 3 die Erlaubnis vom König zu einer landesweiten Verschickung der Edikte bekommen, zur Verfolgung der Juden und Jüdinnen an einem von ihm ausgelosten Tag. Darauf wird nun in 4,1 anhand des textlichen Plus des A-T., dem Bericht über den Schrecken, der allen Juden in jeder Stadt aufgrund der Geschehnisse befallen hatte, Bezug genommen. Der Inhalt dieses textlichen Plus in 4,1 wird im M-T. und dem LXX-T. erst in 4,3 aufgeführt. Der deutliche Rückbezug auf Vorher-Erzähltes in V.1 einerseits und die Unterschiede im Erzählablauf andererseits machen deutlich, daß es sich hier allem Anschein nach um einen redaktionellen Zusatz handelt, der bei den einzelnen Versionen je unterschiedlich in den Text eingearbeitet wurde. In jedem Fall bezieht sich 4,1 (A-T.) auf den Teil, den wir der JüdRed zugeschrieben haben. Wir mutmaßen deshalb, daß er den Übergang von dem redaktionellen Teil zur HMK darstellt. Die Erzählung der HMK beginnt erst in V.2. Unterstützt wird diese Annahme dadurch, daß im Vergleich der Versionen für den M-T. und den LXX-T. nur ein Anfang, für den A-T. jedoch zwei Anfänge angedeutet werden. So haben der M-T. und der LXX-T. die entsprechenden V.1.2 im A-T. zu einer Handlung verbunden, in der Mordechai aufgrund des bisher Geschehenen seine Kleider zerreißt und klagt. Im A-T. wird dagegen Mordechais Erkenntnis über die aufkommende Bedrohung und die Klage der Stadt in V.1 von seiner Trauer und dem in Sack-und-Asche-Gehen in V.2 getrennt. Zudem beginnen im A-T. beide Verse mit "ὁ δε Μαρδοχαῖος ...", was deutlichen Auftaktcharakter aufweist.

Ein weiterer Hinweis auf den doppelten Anfang zeichnet sich auch in der Aussage des zweiten Verses ab, der besagt, Mordechai habe, "ἐλθων εἰς τὸν οἶκον αὐτοῦ" (*als er in sein Haus kam*), seine Kleider ausgezogen und einen Sack angezogen. Die Information über Mordechais Haus ist erstaunlich. Sie findet sich nirgends im M-T. oder dem LXX-T. Dagegen liest man in 6,20

(A-T.) noch einmal, daß er in sein Haus geht. Doch gehörte 6,20, wie oben zu sehen war, zum Abschluß der HM. Trotzdem muß dieses Motiv nicht ausschließlich der HM-Erzählung zugeschrieben werden. Ein Szenenwechsel innerhalb einer Erzählung durch die Heimkehr ist ein häufig verwendetes Element und kann deshalb durchaus sowohl der HM als auch der HMK zugehören.

Zu klären ist jedoch, welche Bedeutung dieses Motiv im A-T., wo es gleich zweimal vorkommt, hat, während der M-T. und der LXX-T. hiervon nichts berichten. Sie wird deutlicher, wenn man bedenkt, daß Mordechai im Esth des M-T. durchgängig die Rolle des Dieners des Königs spielt, der am Tor bzw. im Hof des Königs sitzt (2,19.21;3,2;5,13;6,10.12 (M-T.)). Diese Rolle wird ihm im A-T. so nicht zugeschrieben. Sie wechselt und wird weitaus weniger betont als im M-T. So wird Mordechai de facto nur zweimal am Tor des Königs sitzend (A11;6,12) und zweimal als Besitzer eines Hauses (4,2;6,20) beschrieben. Die beiden Stellen, in denen Mordechai als Diener des Königs geschildert wird, konzentrieren sich nun auf die HM. In der HMK wurde dagegen kein Hinweis auf die Dienerschaft Mordechais gegeben. Er tritt vielmehr in der Rolle eines vom Königshof unabhängigen Mannes in Erscheinung. Wenn sich Mordechai in 3,1ff. weigert, vor Haman zu huldigen, so tut er das nämlich im Gegensatz zu allen anderen Personen im Königreich, und nicht, wie im M-T., im Gegensatz zu den Dienern des Königs, denen dies vom König geboten worden war.

Es ist sogar anzunehmen, daß Mordechais Rolle als Diener redaktionell ins Esth hineingekommen ist. Denn, wenn der hebräische Text wie der LXX-T. in 2,19.21 zweimal auf Mordechais Verbleib im Tor des Königs hinweist, so betont er dies nachdrücklich, um auf diese Weise Mordechais Rolle als Diener am Königshof im Esth festzuschreiben. Diese redaktionellen Einschübe des M-T. vereinheitlichen das Bild von Mordechais Aufstieg vom Diener am Anfang des Buches zum Stellvertreter des Königs an dessen Ende. Im A-T. scheinen dagegen noch die beiden alten Figuren, aus der HM der Höfling und aus der HMK der Bürger Mordechai, durch. Wenn dem so ist, dann können wir davon ausgehen, daß sich in dem Konflikt der HMK nicht wie in der HM zwei Höflinge, die miteinander konkurrieren, gegenüberstehen, sondern ein hoher Staatsbeamter und ein nicht näher beschriebener Bürger des Landes.

Wurde in 3,1ff. (A-T.) der Konflikt zwischen diesem Mann und dem hohen Staatsbeamten aufgeworfen, der ersteren zweifellos in Lebensgefahr gebracht hat, so leitet 4,2 (A-T.) die Bemühung Mordechais ein, vor dem nun drohenden Unglück gerettet zu werden. Erneut fällt das textliche Plus des M-T. und des LXX-T. in V.2 auf, deren Inhalte sich jedoch voneinander unterscheiden. Während der M-T. Mordechai in der Stadt lautes Geschrei

und Klage rufen läßt, füllt der LXX-T. in 4,1 dies noch mit Inhalt, der sich
erneut auf Hamans Verfolgung des Jüdischen Volkes bezieht: "Ἅιρεται
ἔθνος μηδὲν ἠδικηδός" (*Ein Volk wird umgebracht, das kein Unrecht getan
hat*). Die verschiedenen Inhalte vom M-T. und dem LXX-T., die jedoch
beide wiederum Bezug auf 3,6ff. nehmen, und das Fehlen dieses Zusatzes im
A-T. zeigen, daß wir es hier mit einem redaktionellen Zusatz der JüdRed zu
tun haben. Alle drei Versionen (4,1b (M-T./LXX-T.);4,2 (A-T.)) berichten
dagegen gemeinsam von Mordechais Kleidertausch mit Sack und Asche. In
diesem Aufzug geht er nun bis vor den königlichen Hof, da es ihm nicht
gestattet war, so im Palast selbst aufzutreten (4,2 (M-T./LXX-T.);4,2b (A-
T.)). In 4,3 weisen der M-T. und der LXX-T. gegenüber dem A-T. (4,3)
abermals Textausschmückungen auf. Sie erzählen von Esthers emotionaler
Verfassung, nachdem sie von ihren Bediensteten, den Zofen und Eunuchen,
von Mordechais Auftreten vor dem Palast gehört hat. Sie ist entsetzt und
gerät in Angst. Die literarische Gestaltung des Esth erhöht durch diese
Passage die nun stets ansteigende Spannung, ob und wie Mordechai—und
mit ihm sein ganzes Volk—von der sie verfolgenden Bedrohung gerettet
werden kann. Es ist für den A-T., an dem wir nach wie vor die Grundzüge
des ursprünglichen Textes wiedererkennen können, bezeichnend, daß er
diese Bearbeitung nicht aufweist. In ihm stellt sich die Situation erneut
anders dar als in den beiden anderen Versionen. Denn in 4,3 (A-T.) geht die
Initiative, um auf sich aufmerksam zu machen, von Mordechai aus, nicht von
der Dienerschaft Esthers. Mordechai ruft einen Eunuchen und schickt ihn zu
Esther. Die Königin reagiert mit der Bedingung, daß Mordechai erst den
Sack ausziehen möge, dann solle er zu ihr gebracht werden. Mordechai will
jedoch nicht gehorchen (4,4 (A-T.)). Auch in beiden anderen Versionen soll
Mordechai dazu gebracht werden, seine Kleidung wieder einzutauschen (4,4
(M-T./LXX-T.)). Er geht auch hier nicht auf Esthers Aufforderung ein.
Hierin gleichen sich die Versionen wieder. Allerdings kennt nur der A-T.
Esthers Aufforderung, Mordechai solle persönlich zu ihr gebracht werden,
statt dessen erfolgt in den anderen Versionen der sich anschließende Dialog
durch einen Mittelsmann, den Eunuchen.

Bevor wir auf den nun eintretenden Dialog—aufgrund des Mittelsmannes
müssen wir wohl eher von einem Trialog sprechen—eingehen, der den
restlichen Teil des Kap 4 ausfüllt, soll die erste Begegnung zwischen
Mordechai und der Königin Esther ein wenig genauer unter die Lupe
genommen werden. Wenn der Text in allen drei Versionen mit
Selbstverständlichkeit von "Esther" redet, mit der natürlich die persische
Königin gemeint ist, so kann diese Benennung der Königin nur für das Esth
als Ganzes hingenommen werden, nicht separat aber für die HMK. Für sie
bedeutet diese Begegnung zwischen den beiden Protagonisten nämlich deren
allerersten Kontakt. Esther kann in ihr mithin noch gar nicht mit der

persischen Königin identifiziert werden. Wer, so lautet unsere Frage dann, ist Esther für die HMK? Für diese Fragestellung wollen wir uns anhand der folgenden Tabelle einmal den Gebrauch des "Esther"-Namens (ohne Titel) im Gesamt des Esth ansehen und ihn dem Titel der Königin gegenüberstellen:

Die Nennungen des Esther-Namens

אֶסְתֵּר—Εσθηρ									
Kap	eins	zwei	drei	vier	fünf	sechs	sieben	acht	neun	zehn
M-T.	---	13x	---	9x	11x	1x	8x	8x	5x	---
LXX-T.	---	12x	---	7x	5x	1x	2x	8x	5x	---
A-T.	---	4x	---	1x	6x[162]	---	4x	3x	2x	---[163]

An dieser Tabelle läßt sich ablesen, daß der A-T. den Namen Esthers viel weniger als die beiden anderen Versionen gebraucht. Problematisch ist an dieser Auflistung, daß ihr Name sehr häufig in den textlichen Plus der Versionen genannt wird, so daß wir nicht von derselben Textgrundlage ausgehen können. Dadurch wird das Bild ein wenig verfälscht. Nichtsdestotrotz ist für unseren Zusammenhang von Bedeutung, daß Esther im Kap 4 vom A-T. nur ein einziges Mal genannt wird. Gemeint ist die oben aufgeführte Stelle in 4,3.

Neben ihrem Namen wird die persische Königin im Esth noch mit drei anderen Bezeichnungen belegt. Wir wollen diese in der folgenden Tabelle aufführen und anschließend im Verhältnis zur Nennung ihres Namens in den einzelnen Kap betrachten:

Die Bezeichnungen Esthers

הַמַּלְכָּה ἡ βασίλισσα			אֶסְתֵּר הַמַּלְכָּה Εσθηρ ἡ βασίλισσα			βασίλισσα Εσθηρ		
M-T.	LXX-T.	A-T.	M-T.	LXX-T.	A-T.	M-T.	LXX-T.	A-T.
			2,22					
4,4	4,4	4,3						
		4,11						
				5,2				
				5,3				
							5,6	
				5,12				
		5,17						
	5,21	5,21						

---

[162] Bei der Zählung wurden die V.1-12 nicht mitgezählt, da sie der Add D zuzurechnen sind.

[163] Im A-T. umfaßt Kap 7 entsprechend der Ausgabe Hanharts (ders., Ester, a.a.O.) auch die Verse (V.1-52), die in den beiden anderen Versionen Kap 8-10 zugerechnet werden.

7,1		7,1							
		7,2	7,2						
7,6	7,6	7,3							
7,7		7,5							
7,8		7,7							
				7,10					
	7,21							7,19	
		8,1							
		8,7							
		9,12							
		9,29	9,29						
		9,31	9,30						

Zu beobachten ist an dieser Tabelle erstens das fast völlige Fehlen des bloßen Titels "הַמַּלְכָּה" für Esther im M-T. Dagegen findet sich diese Bezeichnung im LXX-T. (sechsmal) und im A-T. (achtmal) viel häufiger. Zweitens zeigt sich, daß der M-T. den Titel Esthers bis auf ein einziges Mal immer mit ihrem Namen verbindet. Der LXX-T. folgt ihm darin nur an drei Stellen und der A-T. nur an einer.

Zusammenfassend ergibt sich aus den beiden Tabellen das folgende Bild: Für den A-T. ist auf der einen Seite der relativ geringe Gebrauch des "Esther"-Namens kennzeichnend und auf der anderen Seite der vergleichbar häufige Gebrauch des bloßen Titels "Königin" anstelle von "Esther, die Königin". Der M-T. betont dagegen die Rolle Esthers, wie sie in 2,7 eingeleitet wird, indem er nicht nur ihren Namen häufig erwähnt, sondern zugleich auch die Funktion Esthers als Königin herausstreicht, wenn er mit dem Namen auch den Titel aufführt. Der LXX-T. nimmt die für ihn charakteristische Mittelstellung zwischen dem M-T. und dem A-T. ein, denn einerseits nennt auch er Esthers Namen wie der M-T. relativ häufig, wogegen er sich bei der Nennung des Titels der Königin ohne Beinamen an den A-T. anlehnt.

Wir wagen uns auf dem Hintergrund dieses Ergebnisses einen weiteren Schritt vor: Es ist offensichtlich, daß der M-T. die Rolle Esthers betont. Der A-T. stellt dagegen die "Königin" heraus. Letzterer, den wir grundsätzlich für den älteren der beiden Texte halten, könnte somit auch für Texteinheiten zeugen, die noch keineswegs auf die Person Esthers, der Tochter Mordechais, sondern vielmehr auf eine—wohl persische—Königin zugeschrieben waren. Da Esther bzw. die Königin in der HM aber noch keine Rolle spielte, müssen diese Texteinheiten zur HMK gezählt werden. Wenn Esther in 4,3 erwähnt wird, in der HMK vorher jedoch noch gar nicht als Königin vorgestellt wurde, dann kann ihr Name in 4,3 (A-T.) nicht ursprünglich sein. Anzunehmen ist vielmehr, daß im originären Text nur ihr Titel genannt wurde, wie in 4,3b. Der LXX-T. nennt in 4,3, tatsächlich anders als der M-T. und der A-T., nur die Königin. Allerdings könnte der

LXX-T. nur dann als Zeuge für den ursprünglichen Text genannt werden, wenn er die Nennung des Titels aus der noch nicht bearbeiteten Version des A-T. entnommen hätte. Als Argument für die Ursprünglichkeit des Titels der Königin als der Frau des Herrschers in der HMK, spricht, daß das Motiv von einem Bittgesuch, das zuerst der Königin als der Ehefrau des Herrschers und dann erst dem König vorgelegt wurde, häufiger verwendet wurde.[164]

Wie dem auch sei, wir müssen uns die bisher gemachten Beobachtungen vor Augen halten, um auch die noch folgenden Textstellen hinsichtlich unserer hier aufgestellten These kritisch zu überprüfen.

Oben wurde bereits erwähnt, daß der Rest des Kap 4 nun von dem Gespräch zwischen Mordechai und Esther, der Königin, eingenommen wird. Im M-T. und dem LXX-T. wird dieser Dialog durch einen Mittelsmann geführt. Im M-T. übermittelt Esthers Eunuch Hatach und im LXX-T. ihr Eunuch Achrataios die jeweilige Nachricht von Esther zu Mordechai und umgekehrt. Im A-T. wird der die Botschaft überbringende Mittelsmann nicht benannt. Daß es sich jedoch auch um ein indirektes Gespräch zwischen den beiden Protagonisten handelt, wird anhand der Einleitung der vier Redeteile (4.3.7.9.11) deutlich.[165] Sie beginnen jeweils mit dem Verb "ἀποστέλλω", dem dann das entsprechende verbum dicendi, hier "λέγω", nachgestellt wird. In den breit ausgeschmückten textlichen Plus im M-T. und dem LXX-T. (4,5-8a) wird dieses Element vom vermittelnden Eunuchen dazu verwandt, noch einmal das ganze Ausmaß der Bedrohung Mordechais und seines Volkes nachzuerzählen. Denn zunächst muß Mordechai dem Eunuchen das berichten, was dieser dann erst Esther wiedererzählen kann. Dieser gesamte Teil fehlt im A-T. und ist ein erneuter Hinweis auf den redaktionellen Charakter der Ausweitung des Konfliktes auf das ganze Jüdische Volk.

Doch stehen wir ab V.8b (M-T./LXX-T.) bzw. V.4b (A-T.), wo die Versionen wieder einen gemeinsamen Text—wenn auch nicht gleichen Inhalts—aufweisen, vor einem Problem. Ab hier beginnt Mordechais Bittgesuch bei der Königin. Dieses umfaßt die Bitte um Rettung für sich selbst und für sein Volk. Daß der nun folgende Teil einen immensen Umfang an Bearbeitung aufweist, wird allein schon an der religiösen Sprache in den beiden griechischen Versionen deutlich. Fraglich ist, ob allein die Vernachlässigung dieser Teile behilflich sein können, einige ursprüngliche Gedanken aus diesem Erzählteil herauszufiltern. De facto wird aufgrund der starken Bearbeitungsschicht nur noch wenig vom ursprünglichen Text zu erkennen sein. Führen wir uns jedoch V.8b (M-T./LXX-T.) bzw. V.4b im überlieferten Text genauer vor Augen:

---

[164] Vgl. hierzu J.Bremmer, Wife, a.a.O., 366-368.
[165] Nur der Redeteil in 4,4b wird mit der direkten Aufforderung der Eunuchen—seltsamer Weise in pluraler Form—"Οὕτως ἐρεῖτε αὐτῇ" (*so redet zu ihr*) eingeleitet.

M-T. 4,8b	LXX-T. 4,8b[166]	A-T. 4,4b
וּלְצַוּוֹת עָלֶיהָ לָבוֹא אֶל־הַמֶּלֶךְ לְהִתְחַנֶּן־לוֹ וּלְבַקֵּשׁ מִלְּפָנָיו עַל־עַמָּהּ	ἐντείλασθαι αὐτῇ εἰσελθούσῃ παραιτήσασθαι τὸν βασιλέα καὶ ἀξιῶσαι αὐτὸν περὶ τοῦ λαοῦ μνησθεῖσα ἡμερῶν ταπεινώσεώς σου ὡς ἐτράφης ἐν χειρί μου, διότι Αμαν ὁ δευτερεύων τῷ βασιλεῖ ἐλάλησεν καθ' ἡμῶν εἰς θάνατον·	ἀλλ' εἶπεν Οὕτως ἐρεῖτε αὐτῇ Μὴ ἀποστρέψῃς τοῦ εἰσελθεῖν πρὸς τὸν βασιλέα καὶ κολακεῦσαι τὸ πρόσωπον αὐτοῦ ὑπὲρ ἐμοῦ καὶ τοῦ λαοῦ μνησθεῖσα ἡμερῶν ταπεινώσεώς σου ὧν ἐτράφης ἐν τῇ χειρί μου, ὅτι Αμαν ὁ δευτερεύων λελάληκε τῷ βασιλεῖ καθ' ἡμῶν εἰς θάνατον.

Die formalen und inhaltlichen Unterschiede des vorliegenden Textes sind in den verschiedenen Versionen beträchtlich. Wir sehen bereits, ohne auf den Inhalt einzugehen, daß die LXX-T.- und die A-T.-Version gegenüber dem M-T. wesentlich ausführlicher gestaltet sind. Dieses textliche Plus ist im A-T. Teil der direkten Rede Mordechais gestaltet; im LXX-T. wird die indirekte Rede dagegen mit dem Einsatz dieses textlichen Plus plötzlich zur direkten Rede. Den Übergang kennzeichnet die unmittelbare Anrede Esthers mit "σου", die bis zum Ende des Verses fortgeführt wird. Dieser plötzliche Übergang von indirekter zu direkter Rede ist nur damit zu erklären, daß das textliche Plus des LXX-T. von dem des A-T. abhängig ist. Inhaltlich geht es hier wiederholt um eine Reflexion des vorher Geschehenen, denn Mordechai erinnert Esther zunächst an die Zeit, als sie noch bei ihm lebte und von ihm aufgezogen wurde (vgl. 2,5-7), um sie dann mit der Bedrohung durch Haman zu konfrontieren (Kap 3). Diese Wiederholung des Geschehens findet sich im M-T. nicht und hat als textliches Plus der griechischen Texte sicherlich als später Zusatz zu gelten. Natürlich sind beide Inhalte auch der HMK nicht zuzurechnen, da sie textliche Bestandteile aufweisen, die in einem Zusammenhang mit ihrem Inhalt stehen.

Gehen wir zur genaueren Untersuchung zum Anfang des aufgezeichneten Textteils zurück: Kleine, kaum auffällige Unterschiede charakterisieren die drei Versionen. Doch gerade diese Unterschiede geben Auskunft über die literarischen Verhältnisse in diesem Stück. Gebietet Mordechai Esther im M-T. und im LXX-T. vor den König zu treten und ihn um Erbarmen anzuflehen, so beinhaltet Mordechais Rede im A-T. vielmehr seine flehende Bitte, daß Esther dies tun möge. Der Grund des Bittgesuches Mordechais ist im M-T., Esther dazu anzuhalten vor dem König für ihr Volk zu bitten. Im A-T. soll die Königin jedoch zuerst um Mordechais willen ("ὑπὲρ ἐμοῦ") zum König

---

[166] Wir führen hier nicht mehr den Schlußsatz dieses Verses im LXX-T. auf, da dieser wieder mit V.5 des A-T. identisch ist. Für unsere Beobachtungen ist jedoch vorläufig nur der vorliegende Text von Bedeutung.

hineingehen und dann, fügt Mordechai hinzu, um des Volkes willen ("καὶ τοῦ λαοῦ"). Letzteres schreiben wir eindeutig der JüdRed zu.

Aus dieser Trennung zwischen der Bitte Mordechais für sich selbst und für das Volk, wird ersichtlich, daß der A-T. durchaus noch den Konflikt zwischen Haman und Mordechai, wie er ihm in der HMK vorlag, im Auge hatte. Der M-T. und der LXX-T. haben diesen vielmehr zu einem großen Konflikt zwischen Haman und dem Jüdischen Volk werden lassen, hinter den der Affront Mordechais gegenüber Haman völlig zurückgetreten ist. Wir rechnen daher Mordechais Appell an die Königin, bei dem König, allein für ihn einzutreten, der HMK zu—die Bitte für das Volk dagegen nicht mehr. Auch die nun folgenden Verse V.5.6[167] gehören wegen ihres religiösen Inhalts nicht zur HMK und wurden auch im A-T. sekundär hinzugefügt.

Die Königin sendet daraufhin in V.10 (M-T./LXX-T.) und V.7 (A-T.) ihren Boten zu Mordechai und läßt ihm bekanntgeben, daß ihr Gesuch bei dem König mit Problemen verbunden sei (V.10.11 (M-T./LXX-T.) bzw. V.7b-8 (A-T.)). Hier überliefern alle drei Versionen denselben Inhalt. De facto spricht nichts gegen die Zugehörigkeit dieser Verse zum ursprünglichen Text und zur HMK. Doch die nachfolgenden Verse (V.13-17 (M-T./LXX-T.) bzw. V.9b-12 (A-T.)) stellen für unsere Textrekonstruktion der HMK eine große Schwierigkeit dar. Ihrem Inhalt nach sind sie ganz auf die Bedrohung des Jüdischen Volkes und der jüdischen Herkunft Esthers ausgerichtet, also auf die Elemente des Esth, die wir der JüdRed zugeschrieben haben. V.13 bestätigt zunächst unsere These. Dieser Vers ist im M-T. und im LXX-T. ein textliches Plus. Der Inhalt bezieht sich auf eben jene beiden Elemente der JüdRed, wenn Mordechai zu Esther spricht, sie solle nicht dem Irrtum verfallen, als ob sie sich im Haus des Königs der Verfolgung des Jüdischen Volkes entziehen könne. Tatsächlich fehlt dieser Vers auch im A-T. und unterstützt damit unsere Vermutung von dem sekundären Charakter des Verses.

Der vieldiskutierte V.14 gibt einen ähnlichen Inhalt in V.9b des A-T. wieder. Tatsächlich weist der A-T. an dieser Stelle jedoch religiöse Sprache auf: "Ἐὰν ὑπερίδῃς τὸ ἔθνος σου τοῦ μὴ βοηθῆσαι αὐτοῖς, ἀλλ᾽ ὁ θεὸς ἔσται αὐτοῖς βοηθὸς καὶ σωτηρία σὺ δὲ καὶ ὁ οἶκος τοῦ πατρός σου ἀπολεῖσθε" (*Wenn du es verachtest, deinem Volk zu helfen, dann wird Gott ihnen hilfreich und Rettung sein, du aber und das Haus deines Vaters werdet getötet*). Der Inhalt dieses Verses entspricht durchaus dem des hebräischen Textes, in dem jedoch kein Wort von Gottes Eingreifen in das Geschehen überliefert ist, sondern vielmehr die Hoffnung auf eine Hilfe von "einem anderen Ort": "כִּי אִם־הַחֲרֵשׁ תַּחֲרִישִׁי בָּעֵת הַזֹּאת רֶוַח וְהַצָּלָה יַעֲמוֹד לַיְּהוּדִים מִמָּקוֹם אַחֵר וְאַתְּ וּבֵית־אָבִיךְ תֹּאבֵדוּ" (*Denn wenn du in dieser Zeit*

---

[167] Hinsichtlich des Gebrauches des Namens "Israel" für das Jüdische Volk vgl. Kapitel 4.2.2.1.

*stumm bleibst, wird Errettung und Rettung den Juden erstehen von einem
anderen Ort, und du und das Haus deines Vaters werden umkommen).* Eine
Konkretisierung, wer der Retter sei bzw. woher diese Rettung kommen
werde, ist aus dem Zusammenhang heraus nicht zu entdecken und wird auch
im weitergehenden Geschehen nicht deutlich. Wir müssen jedoch anmerken,
daß dieser Vers gerne in der Richtung interpretiert wurde, daß hier der
theologische Dreh- und Angelpunkt des Esth liege.[168] So ist HAUPT der
Ansicht, "אחר מקום ממקום ... is a veiled allusion to God". Und die Phrase
"הצלה יעמד ממקום אחר" is a reverential allusion to intervention on the part
of the Supreme Being"[169]. In nachbiblischer Zeit sei "הַמָּקוֹם" für die
Benennung Gottes gebraucht worden.[170] Damit stimmt auch TALMON
überein, wenn er meint, es sei "plausible that the term put into Mordecai's
mouth—אחר ממקום (Esth. iv 14)—actually is a substitute for the divine
name"[171]. MORRIS vermutet in 4,14 sogar einen Zug des sadduzäischen
Fatalismus.[172] ACKROYD entdeckt dagegen, daß eine Substitution des
Begriffs "מָקוֹם" mit "Gott" auf Probleme stoßen würde. Denn das Adjektiv
"אַחֵר" modifiziere "מָקוֹם", wodurch bei einer Wortsubstitution die
Konstruktion "ein anderer Gott" entstünde. In dem Begriff "anderer Ort" sei
vielmehr eine andersweitige Hilfe impliziert.[173] Daß Mordechai diese Hilfe
entweder von anderen einflußreichen Juden im Persischen Reich erwartete
oder mittels eines Aufstandes oder gar durch persische Sympathisanten der
Juden erhoffte, vermutet CLINES.[174] In eine ähnliche Richtung gehen die
Kommentatoren, die annehmen, in der Formulierung "von einem anderen
Ort" sei eine Anspielung auf politische Kräfte außerhalb des Reiches zu
sehen. Ähnlich riefen auch die makkabäischen Juden in ihrem Kampf das
römische Reich um Hilfe an (vgl. 1Makk 8,17;12,1).[175] WIEBE stellt dieser
Diskussion um die Frage, wer mit diesem "anderen Ort" gemeint sei, seine

---

[168]   So v.a. A.Meinhold, Aufbau, a.a.O., 435-445.

[169]   P.Haupt, Notes, a.a.O., 136f (unvollständige Punktation im Text).

[170]   P.Haupt, Notes, a.a.O., 137. G.Gerleman erweitert diese Aussage Haupts durch die
Erklärung, schon in der LXX sei Ex 24,10 (MT): "sie sahen den Gott Israels" in "sie sahen den
Ort, wo der Gott Israels stand" abgeändert worden. Die häufige Verwendung des Wortes als
Gottesbezeichnung könne auch in der rabbinischen Literatur nachgewiesen werden. Gerleman
selbst gibt zur Unterstützung dieser These an, es scheine ihm entscheidend, "daß in der
Exodusgeschichte ein plausibles Vorbild des Ausdrucks nachweisbar ist und zwar in der
Erzählung vom Gotteserscheinungsort an der Wüste (Ex. 3,5). Mose wird befohlen, seine
Sandalen von seinen Füßen zu ziehen, »denn der Ort, auf dem du stehst, ist heiliger Boden«.
Was die Übereinstimmungen besonders eindrücklich macht, ist, daß die betreffenden Szenen
einander architektonisch genau entsprechen. Hier wie dort handelt es sich um die Gelegenheit,
wo der künftige Retter den Auftrag erhält, zur Hilfe Israels einzuschreiten" (ders., Studien,
a.a.O., 22).

[171]   S.Talmon, 'Wisdom', a.a.O., 429.

[172]   A.E.Morris, Purpose, a.a.O., 127.

[173]   P.R.Ackroyd, Notes, a.a.O., 82-84.

[174]   D.J.A.Clines, Ezra, a.a.O., 302.

[175]   Vgl. L.B.Paton, Commentary, a.a.O., 223 und C.A.Moore, Esther, a.a.O., 50.

Analyse der Rhetorik dieses Verses entgegen.[176] Er erwägt, ob 4,14 (M-T.) nicht auch als "interrogative apodosis" gelesen werden könne. Anstatt Esther nur mit den Auswirkungen ihres Nicht-Eingreifens zu konfrontieren, frage Mordechai Esther dann vielmehr: "Denn wenn du in dieser Zeit stumm bleibst, wird den Juden dann Errettung und Rettung von einem anderen Ort erstehen? Dann werden du und das Haus deines Vaters umkommen." Mordechai brächte damit zum Ausdruck, daß es neben Esther keine andere Hilfe für das Jüdische Volk geben könne.[177] WIEBE fügt hinzu, daß eine rhetorische Frage in der hebräischen Syntax meistens mit einem Fragepartikel eingeleitet werde, der hier jedoch fehle. Doch zeige das auch im Esth aufzufindende späte Hebräisch eine Tendenz, "to omit such an introductory particle on an interrogative apodosis of a conditional statement"[178]. Aus diesem Grunde könne man davon ausgehen, daß 4,14 durchaus als rhetorische Frage Mordechais zu verstehen sei. WIEBES interessanter Analyse ist die Frage entgegenzuhalten, ob er in seine Schlußfolgerungen mit einbezogen hat, daß im selben V.14 eine zweite rhetorische Frage gestellt wird, die sehr wohl mit einem Fragepartikel ("מִי") eingeleitet wird. Es scheint uns wenig wahrscheinlich, daß in einem Vers sowohl der frühere als auch der ältere Stil der rhetorischen Formulierung aufzufinden sind.

Vielleicht kann die Lösung dieses Problems von einer ganz anderer Seite angegangen werden. Wir selbst finden auffällig, daß die beiden in 4,14 des M-T. verwendeten Begriffe "רֶוַח" und "הַצָּלָה" im AT sonst kaum noch vorkommen. Der erste findet sich neben Esth 4,14 nur noch in Gen 32,17. Während er in Gen mit "Raum; Weite" sinnvoll übersetzt werden muß, bedeutet er in Esth 4,14 "Erleichterung; Errettung". Der zweite Begriff wird nur einmal im AT gebraucht, nämlich in Esth 4,14. Im LXX-T. steht an gleicher Stelle das Wort "σκέπη", das insgesamt 12mal in der LXX gebraucht wird[179] und "βοήθεια" findet sich noch 69mal. Der A-T. gebraucht nicht minder häufige Begriffe: "βοηθός" (59mal) und "σωτηρία" (158mal). Nun zeigt sich, daß Rettung—vor allem die Rettung durch JHWH—im M-T. ansonsten mit anderen, viel häufiger gebrauchten Begriffen zum Ausdruck gebracht wird. So wäre für diesen Sinnzusammenhang zu erwarten gewesen,

---

[176]   J.M.Wiebe, Esther 4:14, a.a.O., 409-415.

[177]   J.M.Wiebe, Esther 4:14, a.a.O., 413.

[178]   J.M.Wiebe, Esther 4:14, a.a.O., 414. Als Beweis für seine These gibt er die Textstellen Hiob 34,32 und Mal 1,8 an. Außerdem sei dieses Phänomen auch im späten Mischna-Hebräisch zu finden.

[179]   Gen 19,8; Ex 26,7; Hiob 21,28;24,8;37,8; Hos 4,13;14,8; 2Makk 5,9;13,17; JesSir 34,16 (zweimal). Interessant ist allerdings auch hier der Bedeutungsunterschied in den einzelnen Versen: Gebälk (Gen), Zelt (Ex), Zelt/Zufluchtsort (Hiob), Schatten (Hos), Schutz (2Makk und JesSir). Im Gegensatz zu den Pentateuchstellen, Hiob und Hosea ist der Gebrauch des Begriffes in 2Makk und JesSir von diesen abgeleitet und im übertragenen Sinne verwendet worden.

daß beispielsweise die Ausdrücke "יֵשַׁע" (36mal) und "יְשׁוּעָה" (78mal) für "Rettung", "Hilfe" und "Befreiung" zu lesen wären. Wenn in 4,14 (M-T.) diese eher fremd anmutenden Begriffe verwendet wurden, dann ist wohl weniger die Rettung durch JHWH im biblischen Sinne gemeint. Wäre aber in dem Ausdruck "ein anderer Ort" wirklich JHWH intendiert, dann wäre zudem kaum verständlich, warum dies die einzige Stelle im Esth sein sollte, in der Gottes Gegenwart und Hilfe verbalisiert worden wäre. Doch, weder im nachfolgenden Geschehen, noch am Ende des Buches, wo die Errettung des Jüdischen Volkes gefeiert wird, fällt über Gott ein weiteres Wort.

Insgesamt gesehen, enthält der M-T. in 4,14 die Elemente, von denen wir annehmen, daß sie nicht ursprünglich zur HMK dazugehört haben können. Gemeint ist die Verfolgung des gesamten Jüdischen Volkes und die Zugehörigkeit der Königin Esthers zu diesem Volk, wodurch auch sie von Hamans Plan betroffen ist. Leider kann uns der A-T. an dieser Stelle keinen Hinweis auf den ursprünglichen Text bieten, da hier nur die redaktionelle Hand vorzufinden ist, die die religiöse Sprache in die griechischen Texte eingefügt hat. Ob sie einen alten Text überlagert oder verdrängt hat, ist nicht auszumachen.

Sollte dies jedoch der Fall sein, dann müssen wir davon ausgehen, daß er entfernt verwandt sein könnte mit dem, was der M-T. in der jetzigen Form des Esth überliefert hat, denn, sollte 4,14 keine Eigenkomposition der JüdRed sein, dann birgt der M-T. doch meistens den ursprünglichen Gedanken in seinem Text. Doch wollen wir über den ursprünglichen Wortlaut keine weiteren Spekulationen anführen. Allein, die Schwierigkeit 4,14 im Zusammenhang des Kontextes zu verstehen, könnte einen Hinweis darauf sein, daß der ursprüngliche Inhalt ganz anderer Art war als wir ihn an dieser Stelle im M-T. lesen können.

Nicht weniger problematisch als V.9 ist auch V.10 des A-T., denn dem Inhalt nach gehört dieser Vers noch zu dem Vorhergehenden. Und auch die rhetorische Frage Mordechais, "wer weiß, ob du nicht um dieser Sache willen zur Königinnenwürde gelangt bist?" am Ende von V.10 (A-T.) findet sich auch in V.14 des M-T. und des LXX-T. Sie bezieht sich eindeutig auf Esthers Zugehörigkeit zum Jüdischen Volk, und so impliziert die offene Frage Mordechais den Gedanken, daß die Jüdin Esther deshalb zur Königinnenwürde gelangt sei, um ihr Volk in dieser Situation zu retten. Wir beziehen uns auf unsere bereits oben dargelegte These, wenn wir diesen Vers der JüdRed zuordnen. Ein weiteres Argument stützt unsere Überlegung: Das rhetorische Element des Satzes, die Wendung, "מִי־יוֹדֵעַ", wie wir sie in Esth 4,14 vorfinden, kommt nämlich auch in anderen Büchern des AT vor.

Von den 14 Stellen, an denen die Verbindung von dem Fragepartikel מִי mit dem Verb ידע im AT gebraucht wurde, haben sechs Stellen eine ähnlich rhetorische Aussage wie in Esth 4,14. Zu diesen gehören 2Sam 12,22; Joel 2,14; Jona 3,9; Koh 2,19;3,21 und 6,12. Diese rhetorische Satzbildung bezweckt an den aufgeführten Stellen je eine von zwei verschiedenen Aussagen. An den drei ersten Stellen ist eine Bußhaltung ableitbar, in der erhofft wird, daß Gott das ausstehende Geschehen zum Guten abändern wird ("Wer weiß, vielleicht läßt Gott es sich gereuen?" (Jona 3,9)). Dagegen sind die drei Stellen in Koh weder auf eine Bußsituation hin ausgerichtet, noch auf Gott. Für sie ist eher die Nichteinschätzbareit einer offenen, undeterminierten Zukunft charakteristisch ("Denn wer weiß, was dem Menschen nützlich ist im Leben, in seinen kurzen, eitlen Tagen, die er verbringt wie einen Schatten?" (Koh 6,12)). Interessanterweise ist 4,14 weder der einen noch der anderen Ausgangslage zuzuordnen, sondern befindet sich zwischen Bußsituation und Zukunftsungewißheit. So ist die Situation, in die hinein Mordechai diese Frage stellt, zwar auf keine Bußsituation hin ausgerichtet, doch schon zwei Verse später (V.16f) wird deutlich, daß eine Fastenzeit oder eine Bußzeit eingeleitet wird, die die unsichere Lage Esthers und ihres Volkes in hoffnungsvollere Bahnen lenken soll. Da das ganze Esth aber nirgends Gottes erhofftes Handeln zum Ausdruck bringt, ist die Frage Mordechais auch im Sinne einer rein rhetorischen Frage zu verstehen, die keinen Glaubensbezug hat. In ihr schwingt eine erwartungslose Haltung gegenüber einer unbestimmbaren Zukunft deutlich mit, die auch in Koh zu hören ist. Hier liegt ein Sprachgebrauch vor, der dem des AT durchaus bekannt ist und sich allem Anschein nach sogar auf ihn stützt. Dies deutet aber erneut auf die späte Hand der JüdRed hin. Festzuhalten ist, daß auch V.10 des A-T. von dieser Redaktion bearbeitet worden ist. Der ursprüngliche Text ist jedoch auch hier nicht mehr zu ermitteln.

V.11a weist im A-T. erneut religiöse Sprache auf. V.16a des M-T. und des LXX-T. sind dagegen mit ihrer Thematik des Aufrufes zum Fasten gegenüber dem A-T. als textliches Plus anzusehen, ebenso wie V.17 (M-T./LXX-T.) bzw. V.12 (A-T.). Die zweite Hälfte dieses Verses spiegelt dann in allen Versionen den gleichen Inhalt wieder: Auch Esther will mit ihren Dienerinnen fasten (M-T./LXX-T.) bzw. mit ihren Dienerinnen wiederholen, was sie Mordechai aufgetragen hat (A-T.). Dann, so beschließt sie, will sie ungerufen zum König hineingehen, auch wenn dies gegen das Gesetz sei und sie dadurch von der Ungnade des Königs und damit vom Tode bedroht sein werde. Gehört Esthers Bezeugung, selbst mit ihren Dienerinnen kultische Handlungen zu vollziehen, sicherlich noch nicht zum ursprünglichen Text, so zeigt sich, daß im letzten Teil dieses Verses keines der beiden Elemente der JüdRed (Verfolgung und Esthers ethnische Herkunft) eingefügt wurde. Der Plan der Königin, auch ungerufen zum König zu gehen, könnte somit durchaus zur HMK gehören. Im letzten Satz ihrer Rede, so meint man, kommt nun Esthers selbstaufopfernde Hingabe zum Ausdruck. Wir wollen die Formulierung von 4,16 "וְכַאֲשֶׁר אָבַדְתִּי אָבָדְתִּי" im hebräischen Text nun noch genauer betrachten. Man findet die grammatische Konstruktion zweier gleicher, unmittelbar aufeinanderfolgender Verben in der Flexion der 1.Pers.sgl.Perf., mit der der hebräische Text formuliert, noch zweimal im AT wieder. In Gen 43,14 lautet Jakobs Ausspruch: "וַאֲנִי כַּאֲשֶׁר שָׁכֹלְתִּי שָׁכָלְתִּי" (*Und ich, wie ich kinderlos war, werde ich kinderlos sein*) und in Jer 23,25 in der Formulierung "חָלַמְתִּי חָלָמְתִּי". Letzteres ist—so ist es wenigstens aus dem Zusammenhang her zu verstehen—jedoch eher als nachdrückliches und verstärkendes, zweimaliges "ich träumte, ich träumte" zu lesen, während die Texte aus Esth und Gen mit dem vorangestellten "וְכַאֲשֶׁר" als Vergleich zu verstehen sind. Insofern ist Esthers Ausspruch ganz illusionslos zu verstehen: "wie ich umkomme, so komme ich um". In diesem Zusammenhang kommt jedoch zum Ausdruck, daß der Hintergrund ihrer Aussage die Verfolgung des Jüdischen Volkes ist, dem Esther angehört, denn, wie immer sie auch sterbe, sie müsse sowieso sterben aufgrund der Bedrohung durch Haman. Die kausale Version dieses Satzes findet man auch in den griechischen Texten wieder. Hier wird die Konjunktion "ἐάν" (4,16 (LXX-T.)) bzw. "εἰ" (4,11 (A-T.)) (*wenn*) gebraucht. Der M-T. weist hier also erneut auf die beiden Element der JüdRed von der Verfolgung des gesamten Volkes und Esthers Zugehörigkeit zu ihm.

Es fragt sich allerdings nun, am Ende des Kap 4, ob sich aus dem zweiten Teil dieses Kap ein HMK-Text rekonstruieren läßt. Zu viele Verse mußten von der Rekonstruktion des ursprünglichen Textes ausgeschlossen werden. Doch erstaunlicherweise ist die Situation des übriggebliebenen Textbestandes nach unserer Analyse gar nicht so undurchsichtig und wirr, wie es zunächst vielleicht scheinen mag. Von den Versen, deren Inhalt in allen drei Versionen wiedergegeben und die beide Elemente der JüdRed nicht eingearbeitet haben, bleiben letztlich V.4a.7.8.11b (A-T.) übrig. Setzen wir die Verse zusammen, so entsteht das folgende Bild:

> (V.4) Als die Königin Mordechai befiehlt, er solle den Sack ausziehen und zu ihr hineinkommen, wollte er nicht. (V.7) Statt dessen läßt er ihr übermitteln, daß sie für ihn beim König um seine Rettung bitten solle. Die Königin berichtet ihm, daß es ihr nicht gestattet sei, ohne des Königs Aufforderung zu ihm zu kommen und (V.8) fügt hinzu, sie sei bereits 30 Tage nicht mehr gerufen worden. (V.11b) Dennoch ist sie bereit das Wagnis einzugehen, auch wenn sie sich dabei selbst äußerst gefährdet.

Diese Verszusammenstellung zeigt, daß sich nach unserer Textanalyse de facto doch ein zusammenhängender Inhalt rekonstruieren läßt. Wir können nicht mit Bestimmtheit festlegen, daß darin nun ein erster Teil des Textes der HMK zu sehen sei, denn es kann durchaus sein, daß einige Elemente mit der Überarbeitung des Textes durch die JüdRed verlorengegangen sind.

Andererseits ist es eher unwahrscheinlich, daß der Text der HMK sehr viel länger war, als soeben dargestellt, da die HMK, als eine von drei Erzählungen, die im Esth verarbeitet wurden, einen sehr viel kleineren Umfang haben muß als das die Esthererzählung insgesamt. Die ausgesprochene Länge des Kap 4, dem Dialog zwischen Esther und Mordechai, kann daher mit der Einfügung der beiden Elemente erklärt werden. Insgesamt erscheint es uns berechtigt anzunehmen, daß der soeben aufgeführte Text dem der HMK sehr nahe kommt, da er sowohl zu dem Vorhergehenden paßt, als auch in sich schlüssig und aussagekräftig ist. Daß er außerdem gut in den Zusammenhang der gesamten HMK paßt, wird im folgenden zu sehen sein.

4.5.5. *Der geschickte Plan der Königin: Die Einladung zum Bankett*

M-T. Kap 5	LXX-T. Kap 5	A-T. Kap 5
(1) Und es war am dritten Tag, da zog Esther sich königlich an und stellte sich in den inneren Vorhof des Hauses des Königs gegenüber dem Haus des Königs. Und der König saß auf seinem königlichen Thron im königlichen Haus gegenüber der Türöffnung des Hauses.	--- ADD D ---	--- ADD D ---
(2) Und als der König Esther, die Königin, sah, wie sie im Vorhof stand, genoß sie Gunst in seinen Augen. Und der König streckte Esther das goldene Zepter, das in seiner Hand war, entgegen. Und Esther näherte sich und berührte die Spitze des Zepters.		
(3) Und der König sprach zu ihr: "Was ist mit dir, Esther, Königin? Und was ist dein Verlangen? Bis zur Hälfte des Königreiches werde dir gegeben."	(3) Und der König sprach: "Was willst du, Esther und was ist dein Wunsch? Bis zur Hälfte meines Königreiches—und es ist deines!"	(13) Und der König sagte: "Was ist, Esther? Sag es mir und ich werde es für dich tun—bis zur Hälfte meines Königreiches".
(4) Und Esther sprach: "Wenn es dem König gefällt, komme der König und Haman heute zu dem Gastmahl, das ich ihm machen will."	(4) Esther aber sprach: "Heute ist ein besonderer Tag für mich. Wenn es dem König nun gefällt, dann komme sowohl er, als auch Haman zu dem Festmahl, daß ich heute machen werde."	(14) Und Esther sprach: "Morgen ist ein besonderer Tag für mich. Wenn es nun dem König gefällt, dann komme du und Haman, dein Freund, zu dem Trinkgelage, das ich morgen machen werde."
(5) Und der König sprach: "Bringt mir schnell den Haman, um Esthers Vorhaben zu entsprechen." Und der König und Haman	(5) Und der König sprach: "Holt den Haman, damit wir es so machen, wie Esther es sagte." Und es kamen beide zu dem	(15) Und der König sagte: "Holt schnell den Haman, damit wir es so machen, wie Esther es sagte." (16) Und es kamen beide zu

kamen zu dem Gastmahl, das Esther gemacht hatte.	Gastmahl, von dem Esther gesprochen hatte.	dem Gastmahl, das Esther gemacht hatte, ein sehr kostbares Mahl.
(6) Und der König sprach zu Esther beim Weingelage: "Was ist deine Bitte und ich gebe es dir! Und was ist dein Verlangen—bis zur Hälfte des Königreichs—und es werde (dir) gegeben!"	(6) Beim Trinken aber sagte der König zu Esther: "Was ist, Königin Esther? Und was ist es, was immer du forderst?"	(17) Und der König sagte zu Esther: "Oh Königin, was ist dein Wille? Erbitte dir bis zur Hälfte des Königreiches und was immer du willst."
(7) Und Esther antwortete und sprach: "Meine Bitte und mein Verlangen:	(7) Und sie sprach: "Meine Bitte und der Wunsch:	(18) Und Esther sprach: "Meine Bitte und mein Wunsch:
(8) Wenn ich Gnade in den Augen des Königs gefunden habe und wenn der König es für gut befindet meine Bitte zu gewähren und meinen Wunsch zu erfüllen,	(8) Wenn ich Gnade gefunden habe vor dem König,	wenn ich Gnade gefunden habe vor dir, oh König, und wenn es dem König gefällt, meine Bitte zu erfüllen und meinen Wunsch zu tun,
so komme der König und Haman zu dem Gastmahl, daß ich ihnen bereiten werde, und morgen will ich dann nach dem Wort des Königs tun."	so komme der König und Haman noch einmal morgen zu dem Gastmahl, das ich ihnen machen werde: Und morgen werde ich dieselben Dinge tun.	so komme der König und Haman zu dem Gastmahl, das ich ihnen morgen machen werde. Denn auch morgen will ich es auf dieselbe Weise machen". (19) Und der König sagte: "Mach es so, wie du willst".
(9) Und Haman ging an diesem Tag fröhlich und guten Mutes fort. Doch als Haman Mordechai im Tor des Königs sah, und er sich nicht erhob und keine Furcht zeigte vor ihm, da wurde Haman von Zorn erfüllt.	(9) Und Haman ging übermäßig erfreut aus dem Palast, (und) gut gelaunt. Als Haman aber Mardochai, den Juden, im Hof sah, wurde er sehr zornig.	
		(20) Und es wurde dem Haman genauso gesagt, und er war überrascht, und der König, nachdem er zurückgekehrt war, begab sich zur Ruhe.

Mit Kap 5[180] werden Leser und Leserinnen des Esth in die erste Phase der Lösung des Konfliktes eingeführt. Sie wird mit einer überaus spannenden Szene im royalen Milieu des persischen Hofes eingeleitet. Diese Szene können wir in der A-T.-Version des Esth jedoch nicht in der originalgetreueren Fassung lesen, denn die beiden griechischen Versionen unterliegen hier der späten Bearbeitung der Hand, die die Texte mit religiöser Sprache überarbeitet hat. Es handelt sich hier um die Add D, die unmittelbar an die Add C anschließt. Add C beinhaltet ihrerseits das Gebet

---

[180] Die Fortführung des übersetzten Textes (5,10-14 (M-T./LXX-T.) bzw. 5,20-24 (A-T.)) wurde in Kapitel 4.5.3.1. bereits aufgeführt.

Mordechais und Esthers, das auf die nun eingetretene Krisensituation, in der sich das Jüdische Volk und die Königin Esther befinden, bezieht. D.h. auch an dieser Stelle wurde also noch einmal eine breite Ausarbeitung der beiden Elemente der JüdRed vorgenommen. Wir müssen uns am Anfang des Kap 5 daher an den M-T. halten. Doch bereitet dies keine großen Probleme, denn die beiden Elemente, die wir im vorigen Kapitel der JüdRed zuschreiben mußten, finden sich hier nicht. Auch inhaltlich schließen die V.1.2 (M-T.) an den rekonstruierten Teil aus Kap 4 nahtlos an.

Die Königin wagt nun, vor den König zu treten, muß jedoch damit rechnen, daß seine Wut entflammt, da sie diesen Schritt, ohne von ihm gerufen worden zu sein, unternimmt. Das Wagnis lohnt sich: Sie findet Gunst in den Augen des Königs, und er fragt sie nach ihrem Wunsch (V.3).

Bereits in V.4 macht sich jedoch wieder ein gravierender Unterschied zwischen dem A-T. auf der einen und dem M-T. bzw. dem LXX-T. auf der anderen Seite bemerkbar! Im M-T. beginnt Esther ihre Rede nun konditional: Wenn es dem König gefalle, solle er heute mit Haman zu dem Gastmahl kommen, das sie für sie vorbereiten werde. Der A-T. leitet dagegen die Rede der Königin in zweierlei Hinsicht unterschieden von der des M-T. ein. Erstens beginnt die Königin ihre Rede mit einem textlichen Plus gegenüber dem M-T., das nicht konditional, sondern thetisch formuliert wurde: "Morgen ist ein besonderer Tag für mich!"; erst dann beginnt der auch im M-T. vorzufindenden Konditionalsatz. Und zweitens beziehen sich sowohl Aussage- als auch Konditionalsatz auf das Trinkgelage, daß sie "morgen" bereiten will. Die M-T.- und die A-T.-Version zeigen also Zeitunterschiede im Hinblick auf das nachfolgende Geschehen an. Der LXX-T. nimmt hier die bekannte Mittelstellung ein. Hat er vom A-T. das textliche Plus übernommen, so gibt er vom M-T. den Inhalt wieder, daß Esthers Festmahl "heute" stattfinden werde. An sich wäre der Zeitunterschied von geringer Bedeutung, würden im nachfolgenden Geschehen nicht *zwei* Bankette beschrieben, wovon das eine noch am gleichen Tag stattfindet (V.5b-8 (M-T./LXX-T.) bzw. V.16-18), während das zweite erst in Kap 7 beschrieben wird. Im Gesamtzusammenhang des Esth ist die Aussage des M-T. stimmig, denn tatsächlich findet ein Bankett am gleichen Tag und eines am folgenden Tag statt. Im A-T. liegt hier im Hinblick auf den Gesamtzusammenhang scheinbar ein Fehler vor. Doch, im Hinblick auf die ursprüngliche HMK bedeutet der angegebene Zeitpunkt keinesfalls einen Fehler, sondern hier scheint durch, daß die HMK nur *ein* Bankett kannte!
Die V.15-18 (A-T.) gehören deshalb zur literarischen Gestaltung des Esth, nicht aber zur HMK.[181] Dieses erste Bankett erfüllt die Aufgabe, die Spannung des Gesamtzusammenhangs zu erhöhen und die Lösung des

---

[181]   Sie gehören auch nicht zur Komposition des Pre-Esth (vgl. Kapitel 5.1.2.1.).

Konfliktes hinauszuzögern. V.14 findet seinen Anschluß vielmehr in V.19.
Einen deutlichen Hinweis darauf gibt der V.8b (M-T./LXX-T.) bzw. V.18b
(A-T.). Hier nun lädt Esther in allen drei Versionen zu dem Gastmahl ein,
das sie "morgen" machen werde. Diese Aussage weist der A-T., wie gesagt,
bereits in 5,14 auf. Daraufhin folgt im A-T. nun ein textliches Plus, in dem
der König der Königin gewährt, es so zu machen, wie sie es wolle. In den
beiden anderen Versionen ist Haman bereits beim ersten Bankett zugegen. Er
braucht keine Einladung mehr, sondern kehrt fröhlich nach Hause (V.9). Im
A-T. wird Haman die Nachricht nun überbracht (V.20). Er reagiert
überrascht—eine Reaktion, die nur auf dem Hintergrund einer einmaligen
Einladung verständlich wird. 5,21 (A-T.) führt dann auch den Grund für
diese Überraschung an, denn Haman erzählt seiner Frau, daß er zu dem
ausgewählten Tag der Königin eingeladen ist. Und nun folgt in beiden
Szenen das Gespräch Hamans mit seiner Familie und seinen Freunden.

Bevor wir dieses Gespräch im folgenden Abschnitt genauer untersuchen, soll
noch kurz auf zwei textliche Plus im M-T. und dem LXX-T. einerseits und
im A-T. andererseits hingewiesen werden. Sie finden sich für den M-T. und
den LXX-T. in V.9b und im A-T. in V.20b. Allem Anschein nach gehört
letzteres einer den Text überarbeitenden Hand an, denn es leitet mit seiner
Nachricht über den sich zur Nachtruhe begebenden König sehr schön zu der
Szene in Kap 6, der schlaflosen Nacht des Herrschers und den daraus
entstehenden Folgen, über. D.h. hier wird impliziert, daß der König vom
ersten Bankett aus in sein Haus "zurückkehrt", während Haman sein
Gespräch mit seiner Familie führt. Nach diesem Gespräch beginnt nun die
Nachtszene. Doch, bedenkt man, daß Kap 6 zur HM gehört, die Einladung
zum Bankett und das erste Gespräch jedoch zur HMK, dann wird deutlich,
daß der Komponist des Esth oder eine redaktionelle Hand an dieser Stelle die
Verbindung zwischen Kap 5 und 6 und damit zwischen HMK und HM
hergestellt haben muß.
    Eine ähnliche Funktion übernimmt auch das textliche Plus des M-T. und
des LXX-T., wenn auch mit ganz anderem Inhalt. Es beschreibt Hamans
'fröhlichen Fortgang'. Wie in V.20b (A-T.), ist hier wohl gemeint, daß er das
erste Bankett der Königin verließ. Als er aber Mordechai im Tor des Königs
sieht und wie er sich weigert aufzustehen oder Furcht zu zeigen, wird Haman
von Zorn erfüllt. Sofort wird klar, daß es sich hierbei um den in 3,1ff.
aufgeworfenen Konflikt zwischen Haman und Mordechai dreht, den wir der
HMK als Einleitung zugeordnet haben. Doch hier wird die Szene anders
dargestellt als in 3,1ff., denn 5,9 (M-T.) weist einen neuen Grund dafür auf,
daß Haman zornig wird. Plötzlich ist es nicht die verweigerte Proskynese
Mordechais, die ihn zum Zorn reizt, sondern, daß er sich vor Haman *nicht
erhebt* und *keine Furcht* vor ihm zeigt. Die von Mordechai beschriebene

Handlungsverweigerung, die der M-T. hier anzeigt, ist genau das Gegenteil von der in 3,5: Statt über den verweigerten Kniefall, ärgert sich Haman nun über Mordechais Ablehnung aufzustehen.

Der LXX-T. weist diese Widersprüchlichkeit seltsamerweise nicht auf. In ihm wird Haman allein von der Gegenwart Mordechais im Hof gereizt. Tatsächlich wird dieses Argument im M-T. und im LXX-T. ein paar Verse weiter, in 5,13, noch einmal angeführt, nicht dagegen seine Verweigerung vor Haman aufzustehen oder gar Furcht zu zeigen. Wie dieser krasse Unterschied zwischen den beiden Stellen zu erklären ist, wurde bereits im vorigen Kapitel besprochen.[182] Dort wurde festgestellt, daß das Element von Hamans Zorn gegen Mordechai sich vielmehr auf den HM-Konflikt, den Neid Hamans auf Mordechai, bezieht, statt auf den der HMK, Mordechais Ehrverweigerung. 5,9b des M-T. hat dagegen beide Konfliktinhalte übernommen, wobei er den der HMK interpretierend von 3,5 übernahm, denn Haman ärgert sich sowohl über Mordechais Gegenwart am königlichen Hof, als auch über seine Weigerung, Furcht zu zeigen. Der Zweck des Verses ist u.E. deshalb redaktioneller Art. Er soll noch einmal auf die eigentlichen Konflikte hinweisen, die es nun, in den folgenden Kap 6 und 7, zu lösen gilt. Da die Konflikte im Esth aufgrund des angewachsenen Textumfangs gegenüber den ursprünglichen Erzählungen jedoch nur noch in lockerem Zusammenhang mit ihrer Auflösung stehen, hat der Autor bzw. Redaktor des Esth sie im M-T. noch einmal den nun folgenden Kapiteln vorangestellt.

4.5.6. Die familiäre Beratung Hamans und die Ausarbeitung eines Mordplanes gegen Mordechai

Der neue Abschnitt in unserer Rekonstruktion der HMK beginnt in V.10 (M-T./LXX-T.) bzw. V.21 (A-T.). Nachdem Haman von der Einladung gehört hat, geht er nach Hause und ruft seine Freunde, seine Söhne (nur A-T.) und seine Frau Seresch (M-T.) bzw. Zosara (LXX-T./A-T.) zusammen. Er beginnt zu prahlen. Dies wird uns vom A-T. berichtet. Die inhaltlichen Ausführungen zu dieser Prahlrede (5,11 (M-T./LXX-T.)), Hamans Bericht "von der Herrlichkeit seines Reichtums und der Vielzahl seiner Kinder und alles, womit der König ihn groß gemacht habe und über die Fürsten und Knechte des Königs erhoben habe", finden sich so im A-T. nicht. Er beschränkt sich hier vielmehr darauf, daß niemand außer Haman zum Bankett der Königin kommen dürfe. Diesen Inhalt weisen der M-T. und der LXX-T. dann in V.12 auf.

Doch nehmen beide vorher, in V.11, mit Hamans Darstellung, wie der König ihn geehrt hat, noch einmal Bezug auf 3,1, dem Anfang unserer HMK. Dies spricht für die Ursprünglichkeit dieses Verses in der HMK. Es ist

---

[182] Vgl. Kapitel 4.2.2.1.

andererseits zu fragen, ob für diesen Rückbezug eine Notwendigkeit bestand. U.E. nimmt er die gleiche Funktion ein wie V.9 (M-T./LXX-T.), nämlich, aufgrund des großen Abstandes zu Kap 3 noch einmal auf das Geschehene zu verweisen. Es zeigt sich nun, daß Josephus den Inhalt von V.11 (M-T./LXX-T.) tatsächlich nicht wiedergibt. Er könnte den ursprünglichen Text allerdings auch gekürzt haben: "καὶ παρελθὼν πρὸς αὐτὸν τὴν γυναῖκα Ζάρασαν ἐκάλεσε καὶ τοὺς φίλους. ὧν παρόντων διηγεῖτο τὴν τιμὴν ἧς οὐ παρὰ τοῦ βασιλέως ἀπολαύοι μόνον, ἀλλὰ καὶ παρὰ τῆς βασιλίσσης· Καὶ γὰρ σήμερον ὡς δειπνήσειε παρ᾽ αὐτῇ μόνος σὺν τῷ βασιλεῖ, καὶ κληθείη πάλιν εἰς τὴν ἐπιοῦσαν"[183] (*Und als er nach Hause kam rief er seine Frau Zarasan und seine Freunde: als sie dort waren erzählte er von der Ehre, die er nicht nur durch den König genoß, sondern auch durch die Königin, denn heute speiste er bei ihr nur zusammen mit dem König und würde auch für den folgenden Tag gerufen*).

Einen anderen Hinweis auf den redaktionellen Charakter von 5,11 gibt CLINES an. Hamans Worte zu seiner Frau und seinen Freunden in V.11 seien in indirekter Rede aufgeführt worden, während sie in V.12 in direkter Rede niedergeschrieben wären. Aus diesem Grund sei der M-T. in V.11 als sekundär zu bewerten.[184] Daß V.11 zudem ein textliches Plus gegenüber der A-T.-Version darstellt, spricht zusammen mit den aufgeführten Argumenten gegen die Ursprünglichkeit von V.11 (M-T./LXX-T.).

In V.12 (M-T./LXX-T.) bzw. V.21b (A-T.) begegnen wir noch einmal dem Problem des doppelten Banketts der Königin, denn alle drei Versionen bekunden Hamans zweimalige Einladung. Daß die drei Wörter am Ende von 5,21 (A-T.) "καὶ αὔριον κέκλημαι" (*auch morgen werde ich gerufen*) sekundär sein müssen, wird daran deutlich, daß in V.21bα erneut von dem "ἐπισήμῳ ἡμέρᾳ" (*besonderen Tag*) der Königin gesprochen wird. Dieser war jedoch in 5,14 erst für den folgenden Morgen angesetzt: "Ἡμέρα ἐπίσημός μοι αὔριον" (*Morgen ist ein besonderer Tag für mich*). Der Schlußsatz von V.21b muß daher in Anlehnung an die beiden anderen Versionen bzw. an die beiden Bankette des Esth hinzugefügt worden sein. Er ist daher als sekundär einzustufen.

Der Text geht nun in allen drei Versionen gleich weiter, doch natürlich nicht ohne kleine Unterschiede im A-T., die für uns die Hinweise sind, an denen wir unsere Suche nach der HMK orientieren. So hat der A-T. in V.22b eine Variante gegenüber dem M-T. aufzuweisen, auf die insbesondere eingegangen werden muß. Die Begründung Hamans für seinen Zorn auf Mordechai, daß er ihn am Hof des Königs sehen müsse, teilt der A-T. mit den beiden anderen Versionen. Doch der A-T. fügt am Ende des V.22 hinzu: "... und er kniet vor mir nicht nieder". Der A-T. gibt somit an, daß der Grund

---

[183]   Josephus, Antiquitates, a.a.O., XI/6, 245.
[184]   D.J.A.Clines, Scroll, a.a.O., 195, Anm. 15.

für Hamans Ärger über Mordechai die verweigerte Proskynese sei.[185] Im M-T. steht vielmehr die Position Mordechais am königlichen Hof in Frage, denn Hamans Zorn bezieht sich auf dessen "Sitzen im Tor des Königs" (V.13). Wie bereits oben vermerkt, kennzeichnet dieser kleine Unterschied die jeweiligen Konflikte der HM und der HMK. Während der A-T. eindeutig auf die verweigerte Proskynese, den Konflikt der HMK eingeht, bezieht sich der M-T. auf die Pagenverschwörung, den Konflikt der HM, durch deren Aufdeckung Mordechai in den Dienst am königlichen Hof trat und so Hamans Neid erregte. Die verweigerte Proskynese spielt darum keine Rolle mehr. Der A-T. hat hier also den ursprünglichen Text der HMK erhalten können. Interessant ist auch die charakteristische Mittelstellung des LXX-T., der weder den einen noch den anderen Inhalt wiedergibt. Er bringt in Anlehnung an den M-T einfach zum Ausdruck, daß Haman sich darüber ärgert, Mordechai am Hof zu sehen—nicht dagegen, daß er dort sitze oder Haman keine Ehre erweise.

In dem folgenden V.14 (M-T./LXX-T.) bzw. V.23 (A-T.) ist auffallend, daß nun gerade der A-T. ein textliches Plus mit dem Inhalt aufzuweisen hat, den wir eigentlich der JüdRed zuschreiben müßten. Diese war bisher jedoch meist im Text des M-T. verwurzelt. Doch neben Zosaras Hinweis auf Mordechais jüdische Herkunft erinnert sie ihn auch an den Tag des Pogroms am Jüdischen Volk, der Haman durch die Götter gegeben worden sei. Daß das Pogrom am Jüdischen Volk nicht ursprünglich zur HMK gehörte, wurde oben mehrfach herausgestellt. Was den Tag betrifft, so muß hier hinzugefügt werden, daß dies in 3,7 als textliches Plus des A-T. gegenüber den beiden anderen Versionen berichtet wird. Da wir erst in einem späteren Kapitel auf 3,6ff. eingehen wollen,[186] sei hier vorangestellt, daß es sich bei diesem Vers um eine redaktionelle Bearbeitung handelt. Wir schlußfolgern deswegen und wegen der Anführung der beiden redaktionellen Elemente auch für das textliche Plus in V.23 auf eine Bearbeitung des Textes. In V.23b zieht der A-T. inhaltlich wieder mit dem M-T. und dem LXX-T. (V.11) gleich, wenn Zosara (Seresch) Haman suggeriert, er könne Mordechai beseitigen, indem er für ihn ein 50 Ellen hohes Holz aufstellen lasse. Ohne Zweifel ist es Hamans Frau, die den boshaften Plan gegen Mordechai ausgearbeitet hat. Doch fällt er bei Haman auf nahrhaften Boden, denn nun weiß er, wie er für seine Wut und die Ehrverletzung Genugtuung erfährt. Wir haben es hier mit einem in der Weltliteratur stets wiederkehrenden Motiv zu tun.

---

[185]   Hier fehlt gegenüber 3,1ff neben Mordechais Verweigerung, Haman zu huldigen, seine Weigerung vor ihm niederzuknien, also ein Hinweis auf die Zeremonie, die im Verdacht steht, konspirativ zu sein. Tatsächlich geht es an dieser Stelle jedoch nicht um Hamans Offenbarung seiner Machtbestrebungen, sondern v.a. um Mordechais Weigerung, ihm Ehre anzutun, die schließlich zu den Mordplänen Zosaras führen. Vielleicht ist ein Hinweis auf die verweigerte Prostration aber auch der redaktionellen Bearbeitung zum Opfer gefallen.

[186]   Vgl. Kapitel 7. dieser Arbeit.

Exkurs: Das Motiv der 'suggestiv vermittelten Lösung eines Konfliktes durch die Frau'

Situativer Hintergrund für dieses Motiv ist eine wie auch immer geartete äußerliche oder innere angespannte Situation (vgl. Krieg, Armut, Machtstreben, Ehrgeiz), in der ein Mann psychisch stark unter Druck gerät. Als Ausweg aus dieser Lage suggeriert die Ehefrau ihm, er müsse die Person beseitigen, die als Urheber der gespannten Lage in Erscheinung trete. Der Ehemann meint, in der vorgeschlagenen Lösung den einzigen und letztendlich notwendigen Ausweg aus seiner Misere erkannt zu haben und führt den Plan schließlich eigenhändig aus. Berühmte Beispiele für die Verarbeitung dieses Motivs in verschieden literarischen Gattungen sind das Drama Macbeth von William Shakespeare aber auch das Märchen Hänsel und Gretel von den Gebrüdern Grimm. In ersterem ist es Lady Macbeth, die ihren Gatten dazu anstiftet, den König zu ermorden, um selbst König zu werden. Hintergrund ist Macbeths Erfolg im Krieg. Man prognostiziert ihm eine Zukunft als neuem König. Der erstaunte Macbeth berichtet seiner Frau brieflich von dieser Begebenheit. Als Duncan, der regierende König, Macbeth in seiner Burg besucht, stiftet Lady Macbeth ihren Mann an, ihn zu ermorden, um dem vorhergesagten Schicksal auf die Sprünge zu helfen. Macbeth gehorcht und begeht in der darauffolgenden Nacht den Mord. In dem Märchen von Hänsel und Gretel stiftet die Ehefrau (die Stiefmutter der Kinder) ihren Mann dazu an, die Kinder in den Wald zu schicken, um sie dort verhungern zu lassen. Hintergrund ist hier die materielle Armut der Familie. Aber auch in der Bibel findet man das Motiv in vergleichbarer Form wieder. In Gen 27 stiftet Rebekka ihren Sohn Jakob an, er solle sich doch anstelle seines Bruders Esau das Erstgeburtsrecht erlisten. Sie leitet alles in die Wege, um ihm zu diesem Recht zu verhelfen. Abgewandelt ist das Motiv insofern, als sich der Plan nicht zwischen den Ehepartnern entwickelt, sondern zwischen Mutter und Sohn. Auch geht es hierbei nicht um Tötung, sondern um eine Täuschung. Allerdings suggeriert auch hier die Mutter Jakobs ihrem Sohn, er solle die begehrte Position anstelle seines Bruders für sich gewinnen. Jakob selbst hatte keine Möglichkeit für einen solchen Betrug gesehen (vgl. V.12). Schließlich bereitet sie alles vor, und Jakob führt den Plan aus.[187] Auch die Erzählung in 1.Kön 21,1-16, wird von dem Motiv der '(suggestiv) vermittelten Lösung eines Konfliktes durch die Frau' getragen. Hier steht jedoch nicht die Suggestion im Vordergrund, sondern die vielmehr listig eingefädelte Beseitigung des Problem im Vordergrund. In dieser Erzählung ergattert Ahabs Frau Isebel nämlich mittels Lug und Trug Nabots Weinberg, den sich der König Ahab als Gemüsegarten erwünscht: Ahabs Machtlosigkeit gegebenüber Nabots Weigerung, ihm diesen zu verkaufen, begegnet sie, indem sie Nabot durch die Anheuerung zweier ruchloser Männer der Gottes- und Königslästerung angeklagt und gesteinigen läßt. Nach der Beseitung Nabots durch Isebels List, nimmt er von dem ersehnten Grundstück Besitz.

Die Darlegung der Vielfalt der Verarbeitung ließe sich ausweiten. Der Querschnitt durch die oben angegebenen Beispiele zeigen jedoch schon die scheinbar weitverbreitete literarische Verarbeitung dieses Motivs.

---

[187] Ähnlich findet man das Motiv auch in Mt 14,6-11 und Mk 6,14-29, wobei hier jedoch das Eigeninteresse der Herodias hinsichtlich des Mordes an Johannes dem Täufer im Vordergrund steht. Wie in Gen 27, stiftet die Mutter ihr Kind an, nicht ihren Ehemann.

Kehren wir nun zum fortlaufenden Text zurück. Zosara fügt ihrem bösen Plan einen zweiten Rat hinzu: Haman solle früh aufstehen und mit dem König über sein Vorhaben reden. Diese Aufforderung bindet das Ende des Kap 5 an das nun unmittelbar folgende Kap 6. Daß dieser Versteil sekundär sein muß, wird bei genauerem Hinsehen aus dem Zusammenhang des A-T. deutlich, denn der nächste Satz (V.23b) "καὶ νῦν εἰσελθὼν εὐφραίνου πρὸς τὸν βασιλέα" (*Und nun geh hinein zum König und erfreue dich*) sagt aus, daß Haman nun zum König, und mit diesem dann gemeinsam zum Bankett der Königin, gehen solle, um sich dort zu erfreuen. In zeitlicher Abfolge beinhaltet der V.23b zunächst Hamans Besuch beim Bankett zusammen mit dem König und, am nächsten Morgen, ein Gespräch mit ihm wegen Mordechais Erhängung.

De facto findet das Bankett aber erst "morgen" statt, also nachdem Haman mit dem König geredet hat. Diese Schwierigkeit wurde in den beiden Versionen, dem M-T. und dem LXX-T., überwunden, indem dort, in 5,14, hintereinander zuerst Hamans Gesuch beim König und dann der gemeinsame Gang zum Bankett der Königin erwähnt wird. Doch deutet eben der problematischere Text des A-T. darauf hin, daß der ursprüngliche Text anders aussah.

Noch einmal: Zosaras Hinweis, Haman solle mit dem König über sein Vorhaben reden, knüpft an das folgende Kap 6 an, das jedoch nicht zur HMK, sondern zur HM gehört. Indem der Redaktor des Esth ihr diesen Rat in den Mund gelegt hat, wird es möglich, Haman tatsächlich am folgenden Morgen im Hof des Königs erscheinen zu lassen, wo er schließlich und unerwarteterweise seine Bestrafung für seinen Neid gegenüber Mordechai erleiden muß (vgl. 6,4 (M-T./LXX-T.) bzw. 6,7 (A-T.)). An dieser Stelle wird sogar angeführt, warum Haman eigentlich zum König kommen wollte: "... daß Mordechai gehängt werden solle an dem Holzpfahl, den er ihm hatte aufstellen lassen" (vgl. 6,4 (M-T.)). Wir haben bereits im vorigen Kapitel, in dem die HM-Erzählung analysiert wurde, erklärt, warum diese Information nicht zum ursprünglichen Bestand der HM gehören kann. Hier sei noch einmal wiederholt, daß er der Redaktion des Esth dazu diente, die Verbindung zwischen Kap 5 und 6, die ursprünglich zwei verschiedenen Quellen angehörten, aneinander zu binden.

Fragen wir nun, was von 5,23 (A-T.), der Rede Zosaras, für die HMK übrigbleibt, so zeigt sich, daß der böse Plan, für Mordechai ein Holz aufzustellen, an dem Haman ihn als Bestrafung für seine verweigerte Proskynese aufhängen soll, zur HMK gehören muß. Haman gefällt dieser Plan und führt ihn aus (V.24 (A-T.)). Auch Zosaras Aufforderung an Haman, nun zum Bankett zu gehen, war Bestandteil dieser Erzählung. Diese Aufforderung in der HMK findet nach dem Teil der HM-Erzählung in 6,1-22 eine sehr schöne Fortführung in 6,23 (A-T.) (vgl. 6,14 (M-T./LXX-T.)):

"Und während sie noch redeten, kam jemand, um ihn eilig zum Trinkgelage zu holen". Insofern können wir aus V.23 den ursprünglichen Text rekonstruieren, wenn wir Zosaras Anordnung gegenüber Haman, morgen früh zum König zu gehen, als redaktionellen Vers weglassen. Er sollte an dieser Schnittstelle zwischen HMK (dem Gespräch zwischen Zosara und Haman am Ende von Kap 5) und der HM (der Szene mit der schlaflosen Nacht des Königs in Kap 6) eine innertextliche Verbindung herstellen.

Nun kann man dem möglichen Einwand, daß Hamans erstes Gespräch mit seiner Familie nicht von dem zweiten Gespräch am Ende des Kap 6 getrennt werden könne, nicht aus dem Wege gehen. Doch meinen wir nachweisen zu können, daß der Inhalt des ersten Gespräches gar nichts mit dem des zweiten zu tun hat. Die Frau Hamans hat zusammen mit den Weisen (A-T.), denen Haman sein erfahrenes Leid klagt, anders als im ersten Gespräch die Aufgabe, ein weisheitliches Fazit über Hamans Ergehen auszusprechen.[188]

In der HMK übernimmt dieses Gespräch die Funktion, Haman einen bösen Plan gegen Mordechai zu suggerieren. Letztendlich nimmt hier die Bedrohung Mordechais—seine Ermordung—als Bestrafung für seine Ehrverweigerung erste Formen an. Es hat in der HMK insofern die Aufgabe, die Spannung zu erhöhen und den Konflikt zwischen Haman und Mordechai auf den Höhepunkt zu treiben. In jedem Fall wird deutlich, daß beide Gespräche grundverschiedene Funktionen in ihren Textzusammenhängen übernehmen. Gemeinsam ist beiden Gesprächen jedoch ihre hohe Bedeutung für den Duktus der einzelnen Erzählungen: Ist es in der HM die des Bilanz-ziehens, so bedeutet es in der HMK, den Konflikt auf den Höhepunkt zu treiben. Trotz der Struktur schaffenden Rolle, die beide Gespräche in der Komposition der Esthererzählung als Rahmung des Kap 6 übernehmen, ist u.E. ihre je ursprüngliche Aufgabe in den Erzählungen der HM und der HMK unübersehbar. Insofern gehen wir davon aus, daß die beiden Gespräche in keiner der beiden Einzelerzählungen ursprünglich zusammengehörten.

4.5.7. Das Bankett der Königin

Für die Analyse des Banketts der Königin müssen wir noch einmal kurz zum letzten Vers von Kap 6 zurückgehen. Der Übergang von Kap 6 zu Kap 7 ist in 6,23 (A-T.) dadurch gekennzeichnet, daß ein Gastmahl vorbereitet wurde,

---

[188] Vgl. Kapitel 4.2.3.1. Der Abschluß der HM: "Hochmut kommt vor dem Fall". Daß eventuell im ursprünglichen Text nur die Weisen, nicht aber Hamans Frau zugegen war, kann nur hypothetisch behauptet werden. Wäre dies tatsächlich der Fall gewesen, dann ist die Einfügung Zosaras in das Gespräch nur mit dem redaktionellen Bestreben zu erklären, dem Textgefüge eine Einheit zu geben, d.h. die beiden ursprünglich selbständigen Teile Kap 5 und 6 aneinander zu binden.

zu dem Haman geholt werden soll. Während der M-T. und der LXX-T. beschreiben, daß Esther dieses Gastmahl veranstaltete, schweigt sich der A-T. über den Gastgeber aus. Da 6,23 jedoch unmittelbar an 5,23 anschließt, ist diese Anmerkung auch gar nicht nötig, da Haman noch kurz zuvor erwähnt hatte, daß nur er neben dem König zu dem (einzigen) Gastmahl der Königin eingeladen wurde (vgl. 5,21). Der A-T. läßt die ursprüngliche Zusammengehörigkeit beider Teile noch durchscheinen. Der M-T. und der LXX-T. haben im vergleichsweise späten Stadium ihres Entstehens diese Anmerkung der Deutlichkeit halber noch einmal eingefügt.

Wir finden hier wieder eine von redaktioneller Hand oder dem Autoren der Esthererzählung selbst eingefügte Erinnerung an vorher erzählte Inhalte.

M-T. Kap 7	LXX-T. Kap 7	A-T. Kap 7 (+6,23b)
(1) Und es kam der König und Haman, um bei Esther, der Königin, zu trinken.	(1) Der König aber und Haman gingen hinein, um mit der Königin gemeinsam zu trinken.	(6,23b) Und so wurde er heiter, und als er gekommen war, ließ er sich nieder mit ihnen zu guter Zeit.
(2) Und der Königs sprach zu Esther auch am zweiten Tag beim Weintrinken: "Was ist deine Bitte, Esther, Königin, und es werde dir gegeben. Und was ist dein Verlangen—bis zur Hälfte des Königreiches und du bekommst es."	(2) Der König aber sprach zu Esther am zweiten Tag beim Trinkgelage: "Was ist, Esther, Königin, und was ist deine Bitte und was dein Verlangen? Und es soll dir sein, bis zur Hälfte meines Königreiches."	**Kap 7:** (1) Als aber das Trinkgelage fortgeschritten war, sagte der König zu Esther: "Was ist die Gefahr und was ist dein Wunsch—bis zur Hälfte meines Königreiches." (2) Und Esther fürchtete sich bei ihrem Bericht, denn der Gegner saß vor ihren Augen, und Gott gab ihr Mut als sie ihn benannte.
(3) Und Esther, die Königin, antwortete und sprach: "Wenn ich Gnade gefunden habe in deinen Augen, oh König, und wenn es dem König recht ist,	(3) Und indem sie antwortete, sprach sie: "Wenn ich Gnade gegenüber dem König gefunden habe,	(3) Und Esther sprach: "Wenn es dem König gefällt, und er findet das Urteil gut in seinem Herzen,
werde mir meine Seele als meine Bitte und mein Volk als mein Verlangen gegeben. (4) Denn wir wurden verkauft, ich und mein Volk, um umgebracht, getötet und ausgerottet zu werden. Und wenn wir als Sklaven und Sklavinnen verkauft worden wären, hätte ich geschwiegen, denn keine Bedrängnis ist es wert, den König zu belästigen."	dann gebe er mir die Seele als meine Bitte und mein Volk als mein Verlangen, (4) denn ich und auch mein Volk wurden verkauft zum Verderben und Beute und Sklaverei, und wir und unsere Kinder als Knechte und Mägde, und ich [über]hörte [es], denn der Verleumder ist nicht wert für den Hof des Königs!"	so gib mein Volk für meine Bitte und meine Nation für meine Seele (4) Denn ich und mein Volk wurden in Sklaverei verkauft und unsere Kinder zur Beute, und ich wollte es nicht erzählen, damit mein Herr nicht betrübt wird. Denn es wird geschehen, daß der Mensch, der uns übel will, umstürzt."
(5) Und der König	(5) Der König aber sprach:	(5) Und der König wurde

Achaschwerosch redete und sprach zu Esther, der Königin:		zornig und sagte:
"Wer ist es und wo ist der, dessen Herz es wagte, so zu handeln?"	"Wer ist dieser, der es wagt, diese Sache zu tun?"	"Wer ist dieser, der es wagt, das Zeichen meines Königtums zu erniedrigen, so daß deine Furcht kommt?" (6) Als aber die Königin sah, daß der König Schreckliches befürchtete und er den Feind haßte, sagte sie: "Erzürne nicht, Herr. Denn es ist genug, daß ich deine Versöhnung finde. Sei wohlgemut, König. Morgen werde ich nach deinem Wort handeln." (7) Und der König beschwor sie, ihm den zu nennen, der so verächtlich ist, daß er dies tun will, und mit Eid unterstrich er an ihm das zu tun, was immer sie wolle.
(6) Und Esther sprach: "Ein Mann der Bedrängnis und ein Feind; dieser böse Haman ist es." Und Haman wurde von Schrecken erfüllt vor dem König und der Königin.	(6) Esther aber sprach: "Ein Mann ist der Feind: Haman ist dieser Böse." Haman aber erregte sich [sehr] vor dem König und der Königin.	(8) Und Esther wurde mutig und sagte: "Haman, dein Freund ist dieser, der lügt; dieser ist der böse Mensch."
(7) Und der König stand in seinem Zorn auf von dem Weingelage [und ging] in den Garten des Palastes. Und Haman blieb, um für seine Seele vor Esther, der Königin, zu bitten, denn er sah, daß das Unglück gegen ihn beim König unvermeidlich war.	(7) Der König aber richtete sich auf [und ging] aus dem Speisesaal in den Garten. Haman aber erbat sich bei der Königin aus, denn er hatte gehört, daß er sich selbst im Unglück befand.	(9) Und der König wurde leidenschaftlich und voll Zorn, sprang auf und ging umher. (10) Und Haman fürchtete sich und fiel zu Füßen Esthers, der Königin, auf das Lager, auf dem sie lag.
(8) Und der König kehrte zurück vom Garten des Palastes zu dem Haus des Weingelages, und Haman fiel gerade auf die Kline, auf der Esther war. Und der König sprach: "Will man jetzt auch noch der Königin bei mir im Hause Gewalt antun?" Das Wort war kaum aus dem Mund des Königs ergangen, da verhüllte man Hamans Gesicht.	(8) Der König aber kehrte um aus dem Garten. Haman aber fiel über das Lager her, indem er die Königin anflehte. Aber der König sagte: "Notzüchtigst du zugleich auch die Frau in meinem Haus?" Als Haman das aber hörte, war er vom Angesicht her bestürzt.	(11) Und der König kam zurück zu dem Bankett und sah und sprach: "Ist dir nicht die Verfehlung gegen das Königtum genug, sondern du bedrängst auch noch meine Frau vor mir? Laßt Haman wegbringen und keine [Gnade] suchen."
(9) Und Charvonah, einer von	(9) Bougatan, einer der	(12) Und so wurde er

den Eunuchen vor dem König, sprach: "Siehe, da steht auch der Holzpfahl bei Hamans Haus, 50 Ellen hoch, den Haman dem Mordechai, der gut über den König geredet hat, aufstellen ließ."	Eunuchen, aber sprach zu dem König: "Siehe, auch ein Holz bereitete Haman dem Mardochai, von dem er bei dem König gesprochen hat, und Haman hat dafür ein Holz von 50 Ellen aufrichten lassen."	weggebracht. Und Agathas, einer seiner Diener, sagte: "Siehe, ein Holz steht in seinem Hof von 50 Ellen, den Haman schlug, damit Mardochai, der gut von dir sprach, gehängt würde. Befiehl doch, Herr, daß man ihn an ihm aufhänge."
Da sagte der König: "Hängt ihn an ihm auf!"	Und der König sprach: "Kreuzigt ihn an ihm!"	(13) Und der König sprach: "Laßt ihn an ihm aufhängen!" Und der König zog den Siegelring von seiner Hand und mit ihm besiegelte er sein Leben.
(10) Und sie hängten Haman an den Holzpfahl, den er für Mordechai aufstellen ließ, und der Zorn des Königs senkte sich.	(10) Und Haman wurde an das Holz gehängt, das er dem Mardochai bereitet hatte. Und dann wurde der König müde [im] Herzen.	

Kap 7 beginnt im A-T. anders als im M-T. und im LXX-T. Der letzte Vers von Kap 6 des A-T. findet sich in einer etwas anderen Form in dem M-T. und dem LXX-T. in V.1 des Kap 7 wieder. Man möchte meinen, daß dieser Vers 23 des A-T. zum alten HMK-Bestand gehörte, denn die Aussage "καὶ οὕτως ἱλαρώθη καὶ πορευθεὶς ἀνέπεσε μετ' αὐτῶν ἐν ὥρᾳ" (Und so wurde er heiter, und als er gekommen war, ließ er sich nieder mit ihnen zu guter Zeit) kann sich nur auf das Ende des Kap 6 beziehen. Aus dem Zusammenhang dieses Verses allein wird nicht bekannt, wer denn mit "μετ' αὐτῶν" gemeint sind. Fraglich bleibt, ob sich Hamans Gemütsaufhellung ("καὶ οὕτως ἱλαρώθη") auf seine frustrierenden Erfahrungen, wie sie in Kap 6 beschrieben wurden, oder auf Zosaras Rat beziehen. Auffällig ist zudem die Begrifflichkeit des ersten Verses von Kap 7 bzw. dem entsprechenden Vers 6,23b des A-T. Sie scheint in dieser Version im Gegensatz zur der Sprache der HMK eher formelhaft und umständlich. Hier ist einerseits das für den inhaltlichen Zusammenhang unnötige Partizip "πορευθεὶς" (als er gekommen war) und andererseits die formelhafte Formulierung "ἐν ὥρᾳ", die sich auch noch in JesSir 11,22;18,20;32,11;39,33 wiederfindet, zu nennen.

Der breiten Beschreibung der Zusammenkunft steht die kurze, aber präzisere Version in 7,1 des M-T. und des LXX-T. gegenüber: "וַיָּבֹא הַמֶּלֶךְ וְהָמָן לִשְׁתּוֹת עִם־אֶסְתֵּר הַמַּלְכָּה" (Und es kam der König und Haman, um bei Esther, der Königin, zu trinken). Da die HMK bis hierher einen wenig ausgeschmückten Text aufwies, tendieren wir dazu, in diesem Vers des A-T. ein redaktionelles Plus anzunehmen.

In 7,1 nehmen der M-T. und der LXX-T. Bezug auf das Bankett, zu dem Esther, die Königin, in 5,4-8 (M-T./LXX-T.) bzw. 5,14-19 (A-T.) eingeladen hatte. Der A-T. führt das Geschehen mit der Einleitung "ὡς δὲ προῆγεν ἡ πρόποσις" (*Als das Bankett fortgeschritten war*) unmittelbar zu dem Eigentlichen hin, er hat jedoch hierin ein textliches Plus. Ein solches finden wir im M-T. und im LXX-T. in 7,2 nicht am Anfang, sondern inmitten des Verses, wenn der König "בַּמִּשְׁתֶּה הַיַּיִן הַשֵּׁנִי בַּיּוֹם גַּם" (*auch am zweiten Tag beim Weintrinken*) nach dem Wunsch der Königin fragt. Die Gründe für den sekundären Charakter dieses Zusatzes liegen auf der Hand: Der A-T. läßt nichts darüber verlauten, daß es sich bei diesem Bankett um das zweite handelt, da die HMK ursprünglich nur eines aufzuweisen hatte. Wenn der M-T. und der LXX-T. die Anmerkung über das zweite Bankett explizit verlauten lassen, dann tun sie das, um das bereits stattgefundene, erste Bankett in 5,5-8 (M-T./LXX-T.) als zum Text gehörig zu erklären. Nun stellt der König die Frage, was die Königin sich wünsche. Im M-T. und im LXX-T. bringt der König seine Frage in einem "parallelismus membrorum" zum Ausdruck. Er fragt einmal nach der Bitte Esthers und ein weiteres Mal nach ihrem Verlangen. Im A-T. wird dieser Parallelismus aufgelöst, indem sich der König zunächst nach der "κίνδυνος" (*Gefahr*) und dann erst nach ihrem Wunsch erkundigt. Was ist hier mit Gefahr gemeint?

Wir meinen, "κίνδυνος" bezieht sich auf die Bedrohung, von der Mordechai betroffen ist. Wenn der König nun fragt "Was ist die Gefahr", so zeigt sich an dem nachfolgenden "und was ist dein Wunsch?"—zwei nicht zueinander passende Fragen—, daß eine der beiden Fragen nachträglich in den Text eingefügt worden ist. Doch welche?

Die Frage des Königs nach dem Wunsch des Bittstellers ist als Formel bekannt. Die Frage des persischen Königs Artaxerxes an Nehemia lautet in Neh 2,4: "עַל־מַה־זֶּה אַתָּה מְבַקֵּשׁ" bzw. "Περὶ τίνος τοῦτο σὺ ζητεῖς;" (*Um was bittest du?*). Eine noch kürzere Wendung im Gespräch zwischen König[189] und Bittsteller(in) im AT finden wir noch in 2Sam 14,5; 1Kön 1,16 und 2Kön 6,28. Sie lautet: "מַה־לָּךְ" bzw. "Τί ἐστιν σοι;" (*Was ist dir? oder: Was hast du?*). Dies läßt vermuten, daß es sich bei des Königs Frage nach der Gefahr im A-T. wohl eher um eine nachträgliche Interpretation der Szene handelt. Um dieser Vermutung zu untermauern, wollen wir im folgenden eine Auflistung aller Stellen vornehmen, die eine ähnliche Formel enthalten wie 7,2 (M-T./LXX-T.) bzw. 7,1 (A-T.):

---

[189] In Gen 21,17 wurde die gleiche Wendung auch in dem Gespräch zwischen dem Engel Gottes und Hagar verwendet: "מַה־לָּךְ הָגָר" bzw."Τί ἐστιν, Αγαρ"; in 2Kön 4,2 zwischen Elisa und der Witwe: "מַה אֶעֱשֶׂה־לָּךְ" bzw. "Τί ποιήσω σοι".

Einleitungsformeln zur Gewähr einer Bitte vor dem König

	M-T.	LXX-T.	A-T.
M-T./ LXX-T. 5,3 A-T. 5,13	מַה־לָּךְ אֶסְתֵּר הַמַּלְכָּה וּמַה־בַּקָּשָׁתֵךְ עַד־חֲצִי הַמַּלְכוּת וְיִנָּתֵן לָךְ	Τί θέλεις, Εσθηρ, καὶ τί σού ἐστιν τὸ ἀξίωμα; ἕως τοῦ ἡμίσους τῆς βασιλείας μου, καὶ ἔσται σοι.	Τί ἐστιν, Εσθηρ; ἀνάγγειλόν μοι, καὶ ποιήσω σοι· ἕως ἡμίσους τῆς βασιλείας μου.
M-T./ LXX-T. 5,6 A-T. 5,17	מַה־שְּׁאֵלָתֵךְ וְיִנָּתֵן לָךְ וּמַה־בַּקָּשָׁתֵךְ עַד־חֲצִי הַמַּלְכוּת וְתֵעָשׂ:	Τί ἐστιν, βασίλισσα Εσθηρ; καὶ ἔσται ὅσα ἀξιοῖς.	Ἡ βασίλισσα, τί τὸ θέλημά σου; αἴτησαι ἕως ἡμίσους τῆς βασιλείας μου, καὶ ἔσται σοι ὅσα ἀξιοῖς.
M-T./ LXX-T. 7,2 A-T. 7,1	מַה־שְּׁאֵלָתֵךְ אֶסְתֵּר הַמַּלְכָּה וְתִנָּתֵן לָךְ וּמַה־בַּקָּשָׁתֵךְ עַד־חֲצִי הַמַּלְכוּת וְתֵעָשׂ:	Τί ἐστιν, Εσθηρ βασίλισσα, καὶ τί τὸ αἴτημά σου καὶ τί τὸ ἀξίωμά σου; καὶ ἔστω σοι ἕως τοῦ ἡμίσους τῆς βασιλείας μου.	Τί ἐστιν ὁ κίνδυνος καὶ τί τὸ αἴτημά σου; ἕως τοῦ ἡμίσους τῆς βασιλείας μου.
A-T. 7,16			Τί θέλεις; καὶ ποιήσω σοι.
M-T./ LXX-T. 9,12	וּמַה־שְּׁאֵלָתֵךְ וְיִנָּתֵן לָךְ וּמַה־בַּקָּשָׁתֵךְ עוֹד וְתֵעָשׂ:	τί οὖν ἀξιοῖς ἔτι; καὶ ἔσται σοι.	

Die Wendung "מַה־" bzw. "Τί ἐστιν (Τί θέλεις)" ist das erste und kürzeste Element dieser Formel. Daß es in dieser Kurzform, d.h. ohne Objekt verwendet werden kann, zeigen Esth 5,3 (alle Versionen); 5,6;7,2 (LXX-T.) und 7,16 (A-T.). Auf "מַה־לָּךְ" bzw. "Τί ἐστιν" oder "Τί θέλεις;" folgt sogleich die Anrede. Zweites Element ist eine Beschreibung oder der Umfang dessen, was der Bittsteller zu erwarten hat. Der volle Umfang des Erbetenen wird garantiert (vgl. die einfachste Form in 7,16 (A-T.)). Daneben findet man die Wendung "bis zur Hälfte des Königreiches".[190] Tatsächlich taucht diese fast überall in den angegebenen Stellen der Versionen auf (außer in 5,6 (LXX-T.); 7,16 (A-T.) sowie in 9,12 (M-T./LXX-T.)). Mag sie deshalb auch ursprünglich zur Erzählung dazugehört haben, so fällt doch auf,

---

[190] Diese Wendung aus der Version des Esth hat auch Josephus (ders., Antiquitates, XI/6, 243) in TarR 5,2;7,2 und TarS 5,3.6;7,2. G.Gerleman kommentiert zu Esth 5,3: "Das freigebige Versprechen eines Königs, jede Bitte einer Person zu gewähren, ist ein verbreitetes erzählerisches Motiv, das u.a. in Herodots Schilderungen vom Perserhof erscheint (IX 109,110f.)" (ders., Esther, a.a.O., 109f.). Die im Esth gebrauchte Wendung "bis zur Hälfte des Königreiches" taucht dort jedoch nicht auf.

daß dieses Element dem Zweck dient, Macht, Reichtum und wohlgemeinte Großzügigkeit des persischen Herrschers hervorzuheben und ihn dadurch in einem besonderen Licht erscheinen zu lassen. Diesem Bestreben dienen auch die weiteren literarischen Ausgestaltungen zwischen dem ersten und dem zweiten Element. Sie sind in Form und Inhalt parallel gestaltete Wiederholungen der genannten Elemente. Allerdings finden sich diese poetischen Bearbeitungen der königlichen Rede nur im M-T. des Esth (vgl. 5,6;7,2;9,12)!

Der A-T. und der LXX-T. weisen dagegen nur die Wiederholung des ersten Elementes auf (dem nun ein Objekt "θέλημα", "αἴτημά", "ἀξίωμα" oder "κίνδυνος" beigefügt wurde; vgl. 5,3;7,2). Ohne diese Ausschmückungen der Fragestellung des Königs bleibt in etwa die Grundform "מַה־לָּךְ וְיִנָּתֵן לָךְ" bzw. "Τί ἐστιν (θέλεις), καὶ ἔσται (ποιήσω σοι)" übrig. Alles andere muß eher als individuelle Bearbeitungsformen in den verschiedenen Versionen angesehen werden. Wir schlußfolgern hinsichtlich des Begriffes "κίνδυνος" als Ergebnis dieser Gegenüberstellung auf eine eben solche Bearbeitung.

Im A-T. folgt nun in 7,2 eine weitere Ausgestaltung des Textes in Form eines textlichen Plus. Deutlich wird dies nicht nur an der Emotionsbeschreibung, daß Esther sich bei ihrem Bericht fürchtete, weil der Gegner vor ihren Augen saß, sondern auch wegen der anschließenden religiösen Sprache in der Darstellung, Gott habe ihr Mut gegeben, den Feind zu benennen. Auch, daß erst jetzt die Antwort der Königin auf die Frage des Königs erfolgt, zeigt, daß es sich hier um einen redaktionellen Einschub handelt, der die Spannung der Situation hinauszuzögern versucht. Die Königin antwortet nun in allen drei Versionen (7,3) mit ihrem Wunsch. Im M-T. wird er formelhaft eingeleitet: "אִם־מָצָאתִי חֵן בְּעֵינֶיךָ הַמֶּלֶךְ וְאִם־עַל־ הַמֶּלֶךְ טוֹב" (*Wenn ich Gnade gefunden habe in deinen Augen, oh König, und wenn es dem König gut erscheint*). Ähnlich eingeleitete Formeln finden sich auch im restlichen Esth:

Einleitungsformeln für eine Bitte vor dem König

	M-T.	LXX-T.	A-T.
M-T./LXX-T. 1,19 A-T. 1,18	אִם־עַל־הַמֶּלֶךְ טוֹב	εἰ οὖν δοκεῖ τῷ βασιλεῖ	εἰ δοκεῖ οὖν τῷ κυρίῳ
M-T./LXX-T. 5,4 A-T. 5,14	אִם־עַל־הַמֶּלֶךְ טוֹב	εἰ οὖν δοκεῖ τῷ βασιλεῖ	εἰ δοκεῖ οὖν τῷ βασιλεῖ
M-T./LXX-T. 5,8 A-T. 5,18	אִם־מָצָאתִי חֵן בְּעֵינֵי הַמֶּלֶךְ וְאִם־עַל־הַמֶּלֶךְ טוֹב	εἰ εὗρον χάριν ἐνώπιον τοῦ βασιλέως	εἰ εὗρον χάριν ἐναντίον σου, βασιλεῦ
M-T./LXX-T./ A-T. 7,3	אִם־מָצָאתִי חֵן בְּעֵינֶיךָ הַמֶּלֶךְ וְאִם־עַל־הַמֶּלֶךְ טוֹב	Εἰ εὗρον χάριν ἐνώπιον τοῦ βασιλέως	Εἰ δοκεῖ τῷ βασιλεῖ, καὶ ἀγαθὴ ἡ κρίσις ἐν καρδίᾳ αὐτου

LXX-T. 8,5		Εἰ δοκεῖ σοι, καὶ εὗρον χάριν	
M-T. 9,13	אִם־עַל־הַמֶּלֶךְ טוֹב		

Aus der Tabelle wird ersichtlich, daß es auch für die Antwort auf die Frage des Königs eine kürzere Formel, die wir im Kap 5 antreffen, und eine längere, ausgeschmückte Formel in Kap 7 (A-T./M-T.) gibt. Die kürzere hebräische Formel "אִם־עַל־הַמֶּלֶךְ טוֹב" hat ein Pendant im griechischen "εἰ δοκεῖ οὖν τῷ βασιλεῖ". Neben diesem verwenden die griechischen Versionen jedoch auch eine Formulierung mit "εἰ εὗρον χάριν".

Interessanterweise wird die Formel "אִם ... טוֹב" als Einleitungsformel für einen Wunsch im AT sonst nirgends gebraucht. Dagegen ist "אִם־מָצָאתִי חֵן בְּעֵינֶי" neben den Stellen im Esth noch 14mal zu lesen (Gen 18,3;30,27;33,10;47,29;50,4; Ex 33,13;34,9; Num 11,15;32,5; Dtn 24,1[191]; Ri 6,17; 1Sam 20,29 und 27,5). Entsprechendes gilt für den griechischen Text: "εἰ δοκεῖ οὖν" taucht neben den Stellen im Esth in der LXX sonst nirgends auf. Dagegen kann man die Formel "εἰ εὗρον χάριν" noch siebenmal finden (Gen 30,27;33,10;47,29;50,4; Ex 34,9; Num 32,5 und 1Sam 20,29).[192]

Dieses Ergebnis zeigt uns zumindest, daß wir es bei der Sprachformel "אִם־מָצָאתִי חֵן בְּעֵינֶי" und ihrem griechischen Äquivalent wohl eher mit einer von biblischem Sprachgebrauch beeinflußten Formel zu tun haben. Im Zusammenhang der bisher erbrachten Analyse des Esth wagen wir sogar zu behaupten, daß es sich hierbei tatsächlich um ein Element handeln könnte, das durch die JüdRed, die, so vermuten wir, mit den in der Bibel

---

[191]   In Dtn 24,1 findet sich die Negation: "wenn sie [d.i. eine verheiratete Frau] *keine* Gunst in den Augen findet ...".

[192]   K.de Troyer (Einde, a.a.O., 79-81), widmet sich in ihrem Buch dieser Thematik auf ähnliche Weise, indem sie nämlich die Wendung "אִם־עַל־הַמֶּלֶךְ טוֹב" in 1,19;3,9;5,4;5,8;7,3 und 8,5 im M-T. nebeneinanderstellt und vergleicht. Sie kommt hierbei entsprechend der Fragestellung ihrer Untersuchung zu dem Ergebnis, daß es zu 8,5 keine Parallele gebe. Der Autor habe alle Elemente aus allen Bitten Esthers miteinander kombiniert und in Kap 8 "duidelijk naar een climax toe gewerkt" (dies., Einde, a.a.O., 81). Zu demselben Ergebnis kommt sie auch für die Bitte Esthers in 8,5 des LXX-T.: Esther spreche dort den König zum ersten Mal in der 2.Pers. an, während dies im M-T. bereits in 7,3 geschehen sei. In 9,13 dagegen fände sich sowohl im M-T. wie im LXX-T. die passivische Anrede des Königs. In 8,5 dagegen habe der LXX-T. entgegen dem M-T. die Anrede in der 2.Pers. gebraucht. Aus diesem Grunde sei zu folgern, "dat Esters aanspreken van de koning in de tweede persoon toch typisch is voor de LXX, en dat de inspiratiebron voor deze tweede persoon MT 7,3 is!" Zudem habe der Übersetzer in 8,5 keinen direkten Grund gehabt, die 2.Pers. zu gebrauchen. Dies verstärke den Eindruck, daß es sich hier also um eine Klimax handele (vgl. dies., a.a.O., 148-150). Hintergrund für diese Annahme ist, daß deTroyer für den M-T. und den LXX-T. von einem einheitlichen Text ausgeht, der die Kap 1-8 umfasst, während wir vielmehr meinen, daß Kap 8-10 einer redaktionellen Schicht des Esth angehört. Da unsere Fragestellung hier jedoch in eine andere Richtung geht, wollen wir deTroyers Ergebnis zunächst unkommentiert stehen lassen und unsere Kritik an ihrem Ansatz an anderer Stelle ausführlicher und grundlegender äußern.

überlieferten Texten vertraut gewesen ist,[193] in den Text gekommen sein könnte. Wenn dem so wäre, dann bliebe als ursprüngliche Formel die einfache Form "אִם־עַל־הַמֶּלֶךְ טוֹב" übrig. Für den griechischen Text wäre entsprechend auf "εἰ δοκεῖ οὖν" zu verweisen. Doch weniger die Einleitungsformel als der Inhalt des Wunsches selbst ist für den Verlauf der Erzählung von entscheidender Bedeutung. Ihm wollen wir uns im folgenden widmen.

Versionsvergleich in Kap 7,4

Zeile	M-T. 7,4	LXX-T 7,4	A-T. 7,4
(1)	כִּי נִמְכַּרְנוּ אֲנִי וְעַמִּי	ἐπράθημεν γὰρ ἐγώ τε καὶ ὁ λαός μου	ἐπράθημεν γὰρ ἐγώ καὶ ὁ λαός μου
(2)	לְהַשְׁמִיד לַהֲרוֹג וּלְאַבֵּד	εἰς ἀπώλειαν καὶ διαρπαγὴν καὶ δουλείαν,	εἰς δούλωσιν,
(3)	וְאִלּוּ לַעֲבָדִים וְלִשְׁפָחוֹת נִמְכַּרְנוּ	ἡμεῖς καὶ τὰ τέκνα ἡμῶν εἰς παῖδας καὶ παιδίσκας,	καὶ τὰ νήπια αὐτῶν εἰς διαρπαγήν,
(4)	הֶחֱרַשְׁתִּי	καὶ παρήκουσα·	καὶ οὐκ ἤθελον ἀπαγγεῖλαι, ἵνα μὴ λυπήσω τὸν κύριόν μου·
(5)	כִּי אֵין הַצָּר שֹׁוֶה בְּנֵזֶק הַמֶּלֶךְ׃	οὐ γὰρ ἄξιος ὁ διάβολος[194] τῆς αὐλῆς τοῦ βασιλέως.	ἐγένετο γὰρ μεταπεσεῖν τὸν ἄνθρωπον τὸν κακοποιήσαντα ἡμᾶς.
(1)	Denn wir wurden verkauft, ich und mein Volk,	Denn ich und auch mein Volk wurden verkauft	Denn ich und mein Volk wurden verkauft
(2)	um umgebracht, getötet und ausgerottet zu werden.	zum Verderben und Beute und Sklaverei,	in Sklaverei
(3)	Und wenn wir als Sklaven und Sklavinnen verkauft worden wären,	und wir und unsere Kinder als Knechte und Mägde.	und unsere Kinder zur Beute,
(4)	hätte ich geschwiegen,	und ich [über]hörte [es],	und ich wollte es nicht erzählen, damit mein Herr nicht betrübt wird,
(5)	denn keine Bedrängis ist es wert, den König zu belästigen.	denn der Verleumder ist nicht wert für den Hof des Königs.	denn es wird geschehen, daß der Mensch, der uns übel will, umstürzt.

Inhaltlich ereignet sich in Kap 7 des Esth die Wendung des Verlaufs der bisherigen Erzählung (Kap 1-6). Hier erfolgt die Lösung des Konfliktes: Der üble Plan Hamans, die Juden und Jüdinnen zu ermorden, wird dem König vor Augen geführt als eine schreckliche und zu verurteilende Tat. 7,4

---

[193] Vgl. die Erläuterung zur JüdRed Kapitel 7. unserer Arbeit.
[194] Vgl. die gleiche Begrifflichkeit in 8,1.

beinhaltet die Offenlegung dieses Vorhabens durch Esthers Rede vor dem König und stellt zugleich Esthers Rolle in diesem Komplott gegen die Juden dar. Sie vertritt hier genaugenommen vier Positionen: a) die Anklägerin Hamans; b) die Anwältin des Jüdischen Volkes; c) die Mitbedrohte durch Hamans Anschlag und d) die Begünstigte des Königs.

Die Aufgabe Esthers für die gesamte Esth wird an dieser Stelle festgeschrieben. Was in 4,14 noch in Frage stand ("Und wer weiß, ob du nicht gerade für einen Zeitpunkt wie diesen zur Königinnenwürde gelangt bist?") findet nun seine Antwort. Die jüdische Königin Esther erfüllt augenblicklich ihre Aufgabe, ihr Volk zu retten. Wir hören hier deutlich die Stimme der JüdRed, die sich v.a. im M-T. manifestiert. Anders die Version des A-T.: Er führt die Erzählung in 7,4 mit der Einführung des Elementes der Sklaverei als einzigen Anklagepunkt gegen Haman in eine andere Richtung. Es ist nun nicht mehr die Sprache von *einem* Tag, an dem das Jüdische Volk beseitigt werden soll, sondern von dem bereits geschehenen Verkauf des Volkes in die Sklaverei, dessen Haman angeklagt wird.

Zu fragen ist nun einerseits, was das Element der Sklaverei, wie es uns im A-T. vor Augen geführt wird, mit dem Anschlag Hamans, das Volk an einem Tag zu beseitigen (vgl. Kap 3), zu tun hat und zweitens, wie der ursprüngliche Text der HMK, die zu erwartende Rettung Mordechais, hieraus rekonstruiert werden kann.

Unsere Beobachtungen aus dem Versionsvergleich zeigen die übliche schematische Konstellation der Texte. Der Inhalt des M-T. als auch der des A-T. haben den des LXX-T. beeinflußt, denn er beinhaltet sowohl das Verderben des Volkes (M-T.) als auch ihre Sklaverei (A-T.). Während der M-T. im conjunctivus irrealis die Sklaverei als nicht eingetretenes, besser zu ertragendes Schicksal im Gegenüber zur drohenden Vernichtung proklamiert, verliert der A-T. kein Wort über das Verderben des Volkes, sondern klagt allein über die geschehene Versklavung (M-T. => LXX-T. <= A-T.).

Zunächst beginnt der Vers in allen drei Versionen mit der die Anklage einleitenden Konjunktion "כִּי"/"γάρ". Die folgende Aussage "wir wurden verkauft, ich und mein Volk" ist im M-T. und im A-T. gleich. Der LXX-T. verstärkt zwar Esthers Mitbetroffenheit von dem Anschlag durch ein "τε— καὶ" (*sowohl (ich), als auch (mein Volk)*), aber die Weiterführung, eingeleitet mit "לְ" und "εἰς", führt zu je anderen Aussagen, die wir in der Untersuchung der Einheitlichkeit der drei Versionen in 7,4 genauer betrachten wollen:

Die Einheitlichkeit von Esth 7,4 im A-T.
Der A-T. führt die Aussage von Zeile 1 der obigen Tabelle, daß Esther mit ihrem Jüdischen Volk zusammen verkauft wurde, unmittelbar und folgerichtig weiter. Der Verkauf des Volkes führt zu ihrer "Sklaverei" (Zeile 2). Weiter führte dieses Verfahren dazu, daß die Kinder der Versklavten von diesen

getrennt wurden (Zeile 3). Esther klagt Haman für beides an. Anders als im M-T. fällt hier nun auf, daß diese Anklage nicht zur Tötungsabsicht Hamans (3,7.9-11 (A-T.)) paßt. Die folgende Zeile 4 fügt sich dagegen wieder gut in den Zusammenhang ein. Das Widerfahrnis des Jüdischen Volkes wollte Esther nicht erzählen, damit der König nicht betrübt würde. Diese Erklärung fehlt im M-T. und im LXX-T. In der folgenden Zeile 5 wird für Esthers Stillschweigen eine weitere Begründung angegeben: Es werde geschehen, daß der Mensch, der dem Volk Böses wolle, umstürze. Allem Anschein nach wird hier die Prognose aufgestellt, daß Hamans Fall unweigerlich bevorstehe (vgl. "πεσὼν πεσῇ" in 6,13 (LXX-T.)). Diese Erklärung ist nur schwierig im Zusammenhang zu verstehen und wirkt zum Vorausgehenden wie ein Anhängsel.

Die Einheitlichkeit von Esth 7,4 im M-T.
Zeile 1 bringt in allen drei Versionen den Verkauf Esthers und ihres Volkes zum Ausdruck. Der M-T. fährt dann aber anders als der A-T. in einer unerwarteten Richtung fort. Der Verkauf führt hier zu Vernichtung, Tod und Ausrottung ("לְהַשְׁמִיד לַהֲרוֹג וּלְאַבֵּד") (Zeile 2). Inhaltlich bezieht sich der M-T. auf Kap 3. Haman hatte das Jüdische Volk beim König angeklagt und seine Ausrottung empfohlen. Als Erfolg aus dieser Greueltat hatte Haman dem König eine Aufbesserung des Guthabens in der Schatzkammer versprochen. Dieses hatte der König erstaunlicherweise abgelehnt und Haman die Summe überlassen. In 7,4 kehrt dieses Motiv jedoch wieder zurück, wenn Esther vom Verkauf ihres Volkes redet. Man gewinnt den Eindruck, als habe Haman das Volk nun doch verkauft. Der Text wertet diesen Vorfall in Zeile 3 dann anders. Das Jüdische Volk wurde zwar verkauft, jedoch nicht als Sklaven und Sklavinnen. Zeile 4 und 5 formulieren im conjunctivus irrealis: als Sklaven verkauft zu werden, wäre keiner Rede wert gewesen, denn dann hätte Esther geschwiegen (Zeile 4). Die Königin beteuert, wegen anderer existentieller Bedrohungen wäre sie nicht an den König herangetreten, damit er nicht belästigt würde (Zeile 5). Es fällt auf, daß 7,4 im M-T. mit aller Vehemenz darauf hinweist, daß Tod und Ausrottung für das ganze Volk geplant worden seien, nicht aber ihre Sklaverei! Tatsächlich scheint die Aussage von 7,4 sehr geschlossen. Betrachtet man jedoch die beiden griechischen Texte, wo eben gerade die Sklaverei, die den Juden auferlegt wurde, angeklagt wird, so scheint es, als führe der M-T. in der Zeile 3-5 eine Gegenrede gegen diese Texte.

Die Einheitlichkeit von Esth 7,4 im LXX-T.
Wie oben bereits festgestellt wurde, fällt am LXX-T. auf, daß er sowohl mit dem A-T. als auch mit dem M-T. inhaltlich und formal Gemeinsamkeiten aufweist. Zeile 2 des A-T. wiederholt die triadische Formulierung des M-T. Von der Vernichtungs-, Todes- und Ausrottungsthematik des M-T. hat der griechische Text jedoch nur den ersten Begriff "ἀπώλειαν" (*Vernichtung*) übernommen. Die beiden anderen Begriffe der Trias im M-T. wurden im LXX-T. durch "διαρπαγὴν" und "δουλείαν" ersetzt, wie sie auch im A-T. (Zeile 2 und 3) vorkommen. Dann fährt der Text in Zeile 3 fort, das Jüdische Volk sei versklavt worden "εἰς παῖδας καὶ παιδίσκας". Das Faktum der Versklavung hat der LXX-T. mit dem A-T. gemeinsam, ebenso die Nennung der Kinder, wenn sie auch nicht geraubt, sondern ebenfalls versklavt wurden. Der LXX-T. formuliert hier aber nicht wie der M-T. konditional, sondern, wie der A-T., final über die Versklavung der Juden und Jüdinnen, sowie ihrer Kinder. In Zeile 4 schließt sich, wie bei dem M-T. und dem A-T., Esthers

Erklärung an, daß sie bisher nicht von diesem Vorfall geredet hat. Doch anders als der M-T. und der A-T. gibt sie im LXX-T. an, sie habe von Hamans Vorhaben gegen die Juden heimlich etwas gehört bzw. sie habe es überhört und nicht ernst genommen. Beide Erklärungen wären verständlich, würde die folgende Zeile 5 den Sinnzusammenhang nicht wieder durchbrechen. Zeile 5 wird hier, wie auch im M-T. und dem A-T. mit "γάρ" eingeleitet und erklärt zusammenhanglos, der "διάβολος" sei nicht wert für den Hof des Königs. Auffällig ist in jedem Fall, daß der Anschluß der Zeile 5 an das Vorangegangene in allen drei Versionen mit "כִּי" bzw. "γάρ" erfolgt. Während dieser Partikel im A-T. und dem M-T. eine Erklärung "denn" einleitet, ist er im LXX-T. vielmehr als Beteuerung zu verstehen: "Doch der Verleumder ist nicht wert für den Hof des Königs." Daß in allen drei Versionen nach der Anklage eine Begründung folgt, die mit "γάρ" eingeleitet wird, scheint nur eine formale Parallele zu den anderen Texten zu sein. Vom Inhalt her ist jedoch auffällig, daß die Terminologie "ἄξιος" (wert sein) "τοῦ βασιλέως" (für den König) mit dem M-T. "שָׁוֶה" und "הַמֶּלֶךְ" übereinstimmt. Daß es sich inhaltlich jedoch um Haman dreht, der hier wie in Esth 8,1 "Verleumder" genannt wird, hat der Text mit dem A-T. gemeinsam.

Zusammenfassender Vergleich:

Zeile 1: Der Beginn dieses Passus ist bei allen drei Versionen gleich.

Zeile 2: Der M-T. hat hier eine völlig andere Aussage als der A-T. Während der M-T. in einer triadischen Formulierung von einem Pogrom an den Juden redet, beklagt der A-T. ihre Versklavung. Der LXX-T. nimmt den A-T. (Zeile 2 u. 3) inhaltlich auf, und vom M-T. verwendet er v.a. formal die triadische Formulierung sowie den ersten Begriff dieser Formulierung.

Zeile 3: Auch hier hat der M-T. eine völlig andere Aussage als der A-T. Während der M-T. eine mögliche Sklaverei der Juden völlig ausschließt, erklärt der A-T., die Kinder der Versklavten seien zur Beute geworden. Der LXX-T. hat, wie in Zeile 2, sowohl den M-T. in der Begrifflichkeit als auch den A-T. mit dem Inhalt der Versklavung der Erwachsenen und Kinder aufgenommen.

Zeile 4: In den Versionen werden drei verschiedene Reaktionen Esthers zum Ausdruck gebracht: Ihr von den jeweiligen Bedingungen abhängiges Schweigen (M-T.), ihr Überhören bzw. heimliches Mithören (LXX-T.) und ihr bewußtes Nicht-erzählen (A-T.).

Zeile 5: Alle drei Versionen geben hier eine Erklärung für die Reaktion Esthers ab. Während die beiden griechischen Texte im Zusammenhang nur schwierig zu verstehen sind, fügt sich der M-T. an den vorhergehenden Text gut an. Dennoch läßt sich auch hier feststellen, daß der LXX-T. wie der A-T. inhaltlich von Haman spricht und formal die Begrifflichkeit des M-T. aufnimmt.

Schlußfolgerungen: Aus dem Textzusammenhang des A-T. ist wenig verständlich, warum er den Aspekt der Sklaverei in den Vordergrund stellt, der mit der Tötungsabsicht Hamans nicht in Verbindung zu bringen ist. Es wäre zu überlegen, ob der A-T. hier nicht eine sekundäre Bearbeitung des Textes aufweist. Doch aus mehreren Gründen ist dem zu widersprechen. Die Thematik der Versklavung weicht von der des gesamten Esth eher ab, als daß sie ihn ausschmückt oder erklärt. Sie ist auch nicht mit den Elementen der JüdRed oder mit einer Überarbeitung der griechischen Versionen mit der religiösen Sprache in Verbindung zu bringen. Selbst die späten Additionen[195] des Esth geben keinen Hinweis auf den Aspekt der Versklavung.

Betrachtet man dagegen den M-T., so zeigt sich, daß er mit dem Inhalt von 7,4 auf den Gesamtzusammenhang des Esth eingeht. Auffällig ist jedoch, mit welcher Vehemenz er die Versklavung des Volkes abstreitet. Wir können uns daher des Eindrucks nicht erwehren, daß das Motiv der Versklavung zwar nicht zur ursprünglichen HMK gehört haben kann, vielleicht aber zu einer Vorlage des M-T., die auch der A-T. kannte. Allerdings spricht ein gewichtiges Argument gegen diese These. Es zeigt sich nämlich, daß der A-T. in Zeile 4 einen Sprachgebrauch vorweist, der zwar noch 25mal im Esth vorkommt, jedoch fast immer nur in den Add. Es handelt sich um das Wort "κυριὸς", mit dem Esther den König anspricht. 24mal gebrauchen die Add "κυριὸς" zur Bezeichnung JHWHS. Nur noch einmal, in D13, spricht Esther den König mit "κυριὸς" an. Doch, daß dies in Add D geschieht, muß uns gegenüber der soeben aufgestellten These sehr kritisch werden lassen. Wir wollen an dieser Stelle nicht ausführlicher auf diese Beobachtung eingehen. Dies wird vielmehr Thema des folgenden Kapitels sein. Hier sei nur in Kürze angedeutet, daß die Todesbedrohung des Jüdischen Volkes eng mit der ganzen Purimthematik in Verbindung steht. Die Versklavungsthematik dagegen muß einem anderen erzählerischen Hintergrund zugeordnet werden. Es könnte möglich sein, daß sich hier zwei verschiedene Redaktionen mit unterschiedlichen Schwerpunkten entpuppen. Es ist anzunehmen, daß die Purim-Redaktion dabei die spätere von beiden ist. Doch ist mit aller Deutlichkeit festzuhalten, daß wir uns auf rein spekulativem Boden befinden. Grund für unsere hypothetischen Vorüberlegungen ist, daß wir im folgenden Kapitel nicht unvermittelt neue Beobachtungen an den Text herantragen wollen.

Wenden wir uns nun der zweiten Fragestellung zu, die 7,4 im Hinblick auf die Rekonstruktion der HMK betrachtet. Ist aus dem für die Thematik des Esth so zentralen Vers 7,4 der ursprüngliche Text der HMK zu rekonstruieren? De facto gibt es hierauf nur einen einzigen Hinweis. Oben wurde festgestellt, daß in Zeile 5 des A-T. und des LXX-T. ein inhaltlicher

---

[195]   Add C22 (A-T.) bzw. C19 (LXX-T.) geben an, daß die Feinde des Jüdischen Volkes nicht zufrieden seien mit ihrer Versklavung ("δουλείας"), sondern sie hätten vielmehr geschworen, sie zu töten.

Bruch bemerkbar ist und zwar in der zweiten Begründung Esthers für ihr bisheriges Schweigen. Der Text kommt mit einem Mal auf den Sturz des Täters zu sprechen, von dem bisher noch keine Rede war. Ebenso plötzlich kommt der LXX-T. auf Haman zu sprechen, wenn er schreibt, der Verleumder sei nicht wert für den Hof des Königs. Der M-T. erwähnt gemäß der obigen Textübersetzung den Übeltäter erst gar nicht, sondern spricht verallgemeinernd, keine Bedrängnis sei es wert, den König zu belästigen. Der Textapparat der BHS schlägt an dieser Stelle vor, "הַצָּלָה שֹׁוֶה" statt "הַצָּר שֹׁוֶה" zu lesen. Damit würde der Text "keine Rettung ist gleich an Wert, daß der König belästigt würde" lauten. Doch scheint uns diese Alternative nicht überzeugend. Sie würde im Wortgebrauch zwar auf 4,14 zurückgreifen, verändert die Aussage des nur schwer verständlichen Textes jedoch nicht; außerdem kommt der Begriff "צָר" gleich zwei Verse weiter noch einmal vor. Doch ist die Übersetzung "אֵין הַצָּר שֹׁוֶה" mit "keine Bedrängnis ist es wert" nur eine mögliche. "הַצָּר" kann durchaus auch mit "Bedränger" übersetzt werden. Josephus zeigt an dieser Stelle einen glatten einheitlichen Text: "οὐ γὰρ ἂν ἠνωχληκέναι αὐτῷ, εἰ πρὸς δουλείαν πικρὰν ἐκέλευσεν αὐτοὺς ἀπεμπολnθῆναι· μέτριον γὰρ τοῦτο τὸ κακόν· παρεκάλει τε τούτων ἀπαλλαγῆναι."[196] (*denn sie [gemeint ist Esther] hätte ihn nicht belästigt, wenn er sie zur bitteren Sklaverei geführt hätte, indem er sie verkauft hätte. Denn dies sei ein mäßiges Übel. Und sie bat ihn dringend, sie von diesem zu befreien*). Inhaltlich lehnt er sich wohl eher an unsere obige Übersetzung an, daß die Bedrängnis—bei Josephus "das Übel"—ein zu mäßiges gewesen wäre, den König zu belästigen. Josephus nimmt keine Personifikation für dieses Übel vor, wie in den griechischen Texten zu finden ist und für den hebräischen Text möglich wäre. D.h. auch Josephus kann uns hier keine Antwort auf die Frage nach dem ursprünglichen Text geben. Festzuhalten ist, daß der Bruch im A-T. und im LXX-T. einen Hinweis darauf gibt, daß in 7,4 der Täter des Vergehens von der Königin angezeigt wurde. Dies erfolgte durch Esthers Warnung an den König, daß ein falschzüngiger Mann am Hof beschäftigt sei, der deshalb zu stürzen sei. Die Version des M-T. wäre damit zu erklären, daß er statt der Personifizierung des Übeltäters verallgemeinernd von "der Bedrängnis" redet, um den Text zu glätten. Es bleiben an dieser These sicherlich Zweifel bestehen, denn der A-T. erwähnt in dem Pronomen "ἡμᾶς", dem Objekt des Relativsatzes, das Jüdische Volk. Doch dieses könnte mit der Beeinflussung durch die JüdRed erklärt werden. Dann bleibt jedoch die Frage im Raum stehen, wessen die Königin Haman in der ursprünglichen HMK-Version bezichtigte.

---

[196]   Josephus, Antiquitates, a.a.O., XI/6, 263.

Im nachfolgenden V.5 fragt der König nun in allen drei Versionen nach der Identifikation des Übeltäters, der diese Tat beging. Zweifellos bezieht sich diese Fragestellung wieder auf 7,4, die Bedrohung des Jüdischen Volkes. Interessanterweise befindet sich am Ende von 7,4 und vor 7,5, also zwischen Esthers Bericht und der nun folgenden Frage des Königs, wer der Übeltäter sei, im M-T. ein Setuma-Zeichen, ein aus dem Zusammenhang wenig erklärbares Trennungszeichen zwischen der Rede Esthers und der Antwort des Königs.[197] Ausgehend von der auch von OESCH vertretenen These, daß "es sich bei den Petuchot- und Setumotübergängen um Sinneinschnitte des Textes handelt"[198], ist es erstaunlich, daß ein solches mitten in einem Sinnzusammenhang steht.[199] Die Trennung zwischen der Rede Esthers und dem Anschluß in 7,5 wird durch eine weitere Auffälligkeit im Text selbst deutlich:

7,5 beginnt mit "וַיֹּאמֶר הַמֶּלֶךְ אֲחַשְׁוֵרוֹשׁ וַיֹּאמֶר לְאֶסְתֵּר הַמַּלְכָּה". Die Herausgeber der BHS schlagen vor, das erste "וַיֹּאמֶר" als "וַיְמַהֵר" (und es eilte ...) zu lesen oder aber das zweite "וַיֹּאמֶר" nach "לְאֶסְתֵּר" wegzulassen. Wie immer diese Doppelung von "וַיֹּאמֶר" zustande gekommen sein mag, so weist sie doch auf Überreste einer Textbearbeitung hin. Eine erste mögliche Erklärung wäre, daß "וַיֹּאמֶר הַמֶּלֶךְ אֲחַשְׁוֵרוֹשׁ" als ursprünglicher Bestandteil zu sehen ist, der an 7,3 oder aber an eine ursprüngliche Form von 7,4 anschloß. Was der König im ersten Satz zu sagen hatte, wäre demnach gestrichen worden. "וַיֹּאמֶר לְאֶסְתֵּר הַמַּלְכָּה" könnte den ursprünglichen Text nach den bearbeiteten Textpartien fortgesetzt haben.

Um welches Vergehen Hamans es sich handelte, dessen er in der ursprünglichen HMK an dieser Stelle bezichtigt wurde, wissen wir nicht. Uns bleibt allein die Erklärung, daß der Text in 7,4 in allen drei Versionen zu stark überarbeitet wurde, um die Anklage aus dem Inhalt heraus

---

[197] Vgl. zu diesem Thema J.M.Oesch, Petucha, a.a.O.

[198] J.M.Oesch, Petucha, a.a.O., 365. Weiter schreibt Oesch: "Eine der Niederschrift eines Textes mitgegebene Sinneinteilung kann aber nicht anders als im Dienste der Aussage und der Intention eines Textes stehend gedacht werden. Das heißt, daß nicht über die Sachgemäßheit einzelner Gliederungszeichen diskutiert werden kann, sondern daß es gilt, die Logik einer—kritisch rekonstruierten—Gliederung als ganzer in ihrer Funktion zur Aussage und Intention eines Textes zu erheben ... Auch wenn sich ein solches Unternehmen wegen zu vieler Unsicherheitsfaktoren als undurchführbar erweisen sollte, wäre doch das Zeugnis einzelner gut überlieferter Gliederungszeichen wertvoll genug, daß es von der kritischen Exegese bei der Abgrenzung redaktioneller Einheiten nicht übergangen werden sollte" (ders., a.a.O.). Auch wenn wir das geforderte "Unternehmen" an dieser Stelle nicht leisten können, machen wir uns Oeschs letzteren Hinweis zu eigen und erwägen, daß das Setumazeichen zwischen 7,4 und 7,5 einen Hinweis auf die überarbeitende Hand in 7,4 und die Fortsetzung des ursprünglichen Textes in 7,5 gibt.

[199] Die Parascheneinteilung des Esth wurde auch von Bardtke (Esther, a.a.O., 268-270) untersucht. Er hält fest, daß die "Entstehungszeit dieses Systems der kleinen Paraschen ... sich heute noch nicht bestimmen [läßt]. Nur so viel kann gesagt werden, daß in diesem System der graphischen Abschnittsgliederung, die nicht auf liturgischen Voraussetzungen beruht, sich ein erstes exegetisches Verständnis des Textes abzeichnet" (ders., Esther, a.a.O., 268).

rekonstruieren zu können. Es läßt sich aber vielleicht rückblickend aus der Betrachtung der Fragestellung des Königs in 7,5 des A-T. erschließen; denn hier fragt der König, wer es wagt, das Zeichen seines Königtums zu erniedrigen, während die anderen beiden Texte nur auf Esthers Anklage Bezug nehmen. Da sich aber der verwendete Wortgebrauch v.a. in Add C27 und in F6 wiederholt, ist Vorsicht geboten. Die Parallelen in der Formulierung von Add C27 "τὸ σημεῖον τῆς ὑπερηφανίας (μου)" (LXX-T. und A-T. (letzerer ohne "μου")) (*das Zeichen (meines) Stolzes*) und 7,5 des A-T. "τὸ σημεῖον τῆς βασιλείας μου" (*das Zeichen meiner Königinnenschaft*) sind unübersehbar. Auch der Hinweis auf Esthers Furcht in diesem Vers, der wohl auf das textliche Plus in 7,2 (A-T.) zurückgeht und bereits als sekundärer Zusatz gekennzeichnet wurde, ist ein deutlicher Hinweis dafür, daß 7,5 nicht zur ursprünglichen HMK dazugezählt werden kann. Daß Gleiches auch für die V.6.7 gilt, wird nicht nur daran deutlich, daß diese Verse des A-T. textliche Plus sind, sondern auch am ausgesprochen emotionalen und breit erzählenden Sprachgebrauch, der sehr an Add D erinnert.[200]

Wenn wir die Ergebnisse aus diesem Abschnitt nun zusammenfassen, dann läßt sich hinsichtlich der Rekonstruktion des HMK-Textes feststellen, daß sich nur die Bedingungen für die Lösung des Konfliktes, nämlich das Bankett Esthers, bei dem sie Haman anklagt, nicht aber ihr Inhalt in seiner originären Form darstellen läßt. Denn zu beobachten war, daß sich die Anklage der Königin ausschließlich auf die Bedrohung des Jüdischen Volkes bezieht, ein Element, daß nicht zur HMK gehört, sondern von der JüdRed in den Text des Esth hineingebracht worden ist.

Doch wenden wir uns von dem Problem nicht vorzeitig ab! Die Frage bleibt: Wegen welchem Vergehen hätte die Königin Haman denn überführen können? Hierfür kehren wir noch einmal zurück zu dem anfänglichen Abschnitt, wo wir uns mit der Frage nach dem Hintergrund der Befehlsverweigerung Mordechais beschäftigt haben.[201] Hierbei haben wir ein besonderes Augenmerk auf den Befehl des Königs, vor Haman Proskynese zu üben, gehabt. Fragen wir nun danach, wessen die Königin Haman anklagen kann, dann ist aus dem Text von Esth 3,1ff heraus zu schließen, daß sie ihn nicht wegen einer illoyalen Handlung bezichtigen konnte, denn der

---

[200]   Man bekommt fast den Eindruck eines "Zuviel des Guten", wenn die Königin in 7,7 (A-T.) den König zum dritten Mal auf ein späteres Datum vertrösten möchte, an dem sie eine vollständige Aussage über den Angeklagten machen werde. Wie in Kap 5 will sie ihm am folgenden Tag "αὔριον" ihre Botschaft mitteilen. Daß es sich hier um eine sekundäre Hinzufügung zum Text handelt, steht außer Frage. Diese bezweckt noch einmal im Duktus des Textes, die Spannung zu verzögern. Zudem zeigt dies auf, daß die Doppelung des Banketts in Kap 5 auch eben diesem Ziel diente.
[201]   Vgl. Kapitel 4.5.3.1.

König hatte den Befehl zur Proskynese selbst erteilt. Sie könnte Haman wohl deswegen überführen, daß er Mordechai an ein Holz hängen wollte. Doch auch hier zeigt sich, daß die Königin davon noch gar nichts wissen kann, denn Zosaras Plan kommt erst nach dem Gespräch zwischen Mordechai und Esther über seine Bedrohung durch Haman zur Sprache. Wenn Esther Haman vor dem König als "Feind" darstellt, so kann sich dies auf nichts anderes als auf 3,1ff. beziehen. Wir hatten oben bereits überlegt, ob der Befehl des Königs, vor Haman Proskynese zu üben, ursprünglich oder erst in der Redaktion des Esth in den Text eingefügt worden sei. Wir waren zu dem Ergebnis gelangt, daß der Text der HMK—v.a. in dem Gespräch zwischen Haman und Zosara—auf das Fehlen des königlichen Befehls hindeutet.

Wenn dem nun so ist, dann hätte die Königin eine einzige Anklage vor Augen, mit der sie Haman überführen könnte. Sie bestünde darin, daß Haman einen Ehrerweis einforderte, der ihm auf Kosten des Königs hohe Ehren einbrächte. Zwar müssen wir davon ausgehen, daß die Proskynese vor Haman—im Gegensatz zum griechischen Habitus—nach persischen Vorstellungen kein Verbrechen war. Doch deutet sich in der Beschreibung von 3,1ff. an, der Huldigung aller vor Haman und wie die Verweigerung ihn zu heftigen Reaktionen bis hin zu Mordabsichten trieben, daß der König hinter diesem Verhalten Komplottabsichten seitens Hamans befürchten mußte.[202] Wir greifen kurz vor, wenn wir hier bereits auf die Begebenheit beim Bankett der Königin hinweisen, bei denen Hamans Gnadengesuch vor ihr vom König als Vergewaltigungsakt verstanden wurde und insofern als ein weiteres Zeichen seiner beabsichtigten Machtübernahme gesehen werden mußte.[203]

Mit dieser Darstellung wird nun auch deutlich, daß Mordechai keineswegs der Verweigerer gegenüber dem königlichen Befehl zu sehen ist, sondern eben als der, der ihm gegenüber loyal handelt, indem er sich Hamans Machtbestreben verweigert. Seine Klage vor Esther betrifft also nicht nur die Bitte um die eigene Rettung, sondern einen Hinweis auf Hamans Machenschaften, die dem König überbracht werden müssen. Wenn Mordechai dann schließlich und endlich Hamans Position im Reich einnimmt, dann basiert dies auf seinem königstreuen Handeln. In dieser

---

[202] K.H.Jobes weist auf die Nähe zwischen dem Namen "Bougaios" und "Bagoses", dem persischen General Artaxerxes III hin, der diesen König nicht nur ermordete, sondern auch— nach Josephus—als Feind der Juden in nachexilischer Zeit aufgetreten sei. "Because of the notoriety of this assassin of a Persian king, if βουγαῖος is a variant transliteration of the name of the Persian general, Haman could anachronistically be labeled a »Bougaion« to characterize in one word both his political ambitions against the king and his hostility toward the Jews" (dies., Assassination, a.a.O., 77). Diese These von Jobes unterstützt unsere Überlegungen zu den Komplottabsichten Hamans gegenüber dem König. Wir meinen jedoch, daß sich die Identität von Bougaios und Bagoses nicht nachweisen läßt, weshalb Jobes Argument als Beweis für unsere Überlegungen nicht gelten kann.
[203] Vgl. den Exkurs zu diesem Thema in Kapitel 4.5.7.1.

Hinsicht wird Mordechais Rolle im Esth als Retter und loyaler Untergebener des Königs in der HMK bestätigt und, anders als in der HM, noch einmal wiederholt.

Wir halten somit fest: Die Anklage, die die Königin beim Bankett in der ursprünglichen HMK vorgebracht haben muß, kann sich auf nichts anderes als auf die Proskynese vor Haman am Anfang dieser Erzählung beziehen.

4.5.7.1. Der Höhepunkt der Erzählung: die Entlarvung und die Bestrafung des Übeltäters

Nach der Problematik bei den Untersuchungen, die den vorhergehenden Abschnitt bestimmten, kommen wir in 7,6 (M-T./LXX-T.) bzw. 7,8 (A-T.) nun endlich zu einer handfesten Aussage, die sowohl in allen drei Versionen zu finden ist, als auch inhaltlich ohne Zweifel der HMK zuzurechnen ist: Es ist die Entlarvung des Täters Haman. Dennoch, wie in den vorhergehenden Versen, so muß der A-T. sowohl hier als auch in den folgenden Versen mit Vorsicht betrachtet werden, denn seine Sprache verrät, daß er stark überarbeitet wurde. Die ausschmückende Beschreibung Esthers "θαρσήσασα" (sie wurde mutig) ist nur im A-T. zu finden und entspricht ihrem emotionalen Charakter nach der Sprache der Additionen. Nun kennzeichnet der A-T. Haman beinahe zynisch als einen Freund des Königs, der lüge, während der M-T. und der LXX-T. in 7,6 genau das Gegenteil aussagen: Haman sei ein Feind. Der M-T. fügt den Begriff "צַר" hinzu und verweist so auf 7,4, wo von der Bedrängung der Juden die Rede ist. Er identifiziert Haman an dieser Stelle mit dem gesamten Tatbestand der Bedrohung, was zur Geschlossenheit des Esth beiträgt und den Text insgesamt glättet. Trotz der Verschiedenheit im M-T. und im A-T. bleibt die Aussage, daß Haman der böse Mensch sei, in allen Texten im Zentrum bestehen. Von daher nehmen wir hier ursprüngliches Material an. Hamans Schrecken über die Offenlegung seiner Machenschaften, der nur im M-T. und im LXX-T. zum Ausdruck gebracht wird, muß wohl auch sekundär sein, da er bei beiden ein textliches Plus gegenüber dem A-T. ist.[204] Dem schließt sich eine kleine dramatische Anekdote an, die die V.7-8 (M-T./LXX-T.) bzw. V.9-11 (A-T.) umfasst und sich zwischen die Aufdeckung des Täters und seine Bestrafung schiebt. Wir haben es wohl mit einer weiteren Textausschmückung zu tun, die sich in allen drei Versionen wiederfindet.

Exkurs: Die Zwischenszene—Gnadengesuch oder Vergewaltigung?
Die nun einsetzende Szene zeigt die Reaktion des Königs auf die Aufdeckung des Täters. Er wird wütend und tritt dann von der Bühne des Hauptgeschehens ab. Zurück bleiben Haman und Esther. Haman stürzt sich auf Esther, um bei

---

[204] Wir wollen das Kriterium, daß die textlichen Plus des M-T. und des LXX-T. gegenüber dem A-T. als sekundär zu bewerten sind trotz der sichtlichen Bearbeitung des A-T. für die Beurteilung der Textteile nicht fallen lassen.

ihr um Gnade zu flehen, denn er merkt, daß sein Ende nun eingeläutet wurde. Eben in dieser Situation kommt der König wieder zurück zum Bankett und sieht, daß sich Haman Esther—seiner Ansicht nach—gefährlich genähert hat. Er interpretiert Hamans Tun als Vergewaltigungsversuch.

DOBLHOFER beurteilt die Bedeutung der Vergewaltigung einer Frau in der Antike folgendermaßen: "Nicht, daß man außerstande gewesen wäre, erzwungenen Geschlechtsverkehr als solchen wahrzunehmen, man verwendete dafür aber nicht einen Ausdruck, sondern viele, auf verschiedene Wurzeln zurückgehende, die eine Fülle von Aspekten zum Ausdruck bringen, etwa: αἰσχύειν (in Schande bringen, schänden), ἁρπαγή (Raub), ἁρπάζειν (rauben), βιάζεσθαι (zwingen, vergewaltigen), βιασμός (Gewalt, Vergewaltigung), διαφθείρειν (verderben, beflecken), φθορά (Verderben), ὑβρίζειν (verhöhnen), ὕβρις (Hohn und Spott, Geringschätzung, Verhöhnung) ..."[205]. Tatsächlich verwenden der LXX-T. und der A-T. eben diese Begriffe: "βιάθη" (7,8 (LXX-T.)) und "ἐξβιαζη" (7,11 (A-T.)). Nun legt DOBLHOFER in dem Abschnitt "Der Anspruch auf den sozialen Rang und die Schönheit der Opfer" dar, daß die Vergewaltigung auch eine symbolische Bedeutung haben kann, insofern sie einen Angriff auf das Machtverhältnis zwischen dem Vergewaltiger und den Angehörigen eines Opfers bedeuten kann. "In vielen Fällen dagegen ist er als demonstrativer Anspruch zu verstehen, als Anspruch auf eine soziale Stellung, die solches Verhalten legitimieren würde, und kann daher auch als Form des Protests verstanden werden ... ."[206] Der Aspekt der Schönheit der Frauen, die vergewaltigt werden, ist von einiger Bedeutung. Schönheit ist oft Grund für den erzwungenen Geschlechtsverkehr. In "der überwältigenden Mehrheit der Fälle" wird eine so begründete Vergewaltigung in den Zusammenhang des hohen Ranges der Männer gestellt. "Dahinter steht die Vorstellung, daß schöne Frauen als wertvoller Besitz den Mächtigen und Vornehmen gebühren und ihre Zuerkennung an sie ihren Rang unterstreicht oder in Erinnerung ruft ... ."[207] Im Gegensatz hierzu sei nun erwähnt, daß die Vergewaltigung einer Sklavin durch ihren Herrn nicht als Unrecht angesehen wurde. Die Vergewaltigung einer fremden Sklavin wird dagegen als Delikt verurteilt, da sich hier an einem fremden Eigentum vergriffen wurde.[208] Bezogen auf das Geschehen in unserer Zwischenszene in Kap 7 des Esth wird deutlich, daß sie Haman auf mehrere Arten und Weisen diskreditiert. Hinter der offenkundigen Absicht, sich an seiner Frau zu vergehen, muß der König Hamans Verhalten als Angriff auf seine eigene Position verstehen, die Haman selbst zu erlangen wünscht. Dies macht ihn jedoch in den Augen des Königs zu einem sehr gefährlichen Gegner. Um so verständlicher ist des Königs Reaktion. Er läßt Haman wegbringen und keine Gnade suchen (A-T.).

Der Exkurs führt uns vor Augen, daß diese Szene zur Verschärfung der ganzen Situation dient. Sie läßt Hamans kompromittierende Handlungen, die seinem eigenen Streben nach Macht und Ansehen dienlich sind, durch die Augen des Königs noch deutlicher in den Vordergrund treten.

---

[205]   G.Doblhofer, Vergewaltigung, a.a.O., 6.
[206]   G.Doblhofer, Vergewaltigung, a.a.O., 41.
[207]   G.Doblhofer, Vergewaltigung a.a.O., 44. Vgl. hierzu auch 1Kön 2,13-25.
[208]   G.Doblhofer, Vergewaltigung a.a.O., 18.

Interessanterweise zeigt es sich jedoch, daß der König die Situation des Gnadengesuchs Hamans vor Esther falsch interpretiert. Aber gerade in dieser Überinterpretation des Verhaltens Hamans spiegelt sie Hamans drastische Reaktion auf Mordechais Ehrverweigerung wieder, die ihn dazu veranlaßte, einen Plan zur Tötung Mordechais zu erstellen. Wir meinen deshalb, daß diese Zwischenszene zur ursprünglichen HMK dazugehörte.

7,12 des A-T. erwähnt in einem textlichen Plus, daß Haman nun weggebracht wurde. In V.9 (M-T./LXX-T.) leitet der Text an gleicher Stelle dagegen zu dem Vorschlag des Eunuchen über, wie man Haman bestrafen könne. Tatsächlich bedeutet Hamans Verhaftung im A-T. eine Art Abschluß des Erzählteils, in dem die Bestrafung Hamans berichtet wird. Danach wirkt der Einwand des Eunuchen wie ein Anhängsel. Gleichzeitig bringt er die Erzählung noch einmal auf das Thema des Holzes, das Haman für Mordechai aufstellen ließ zurück. Dieses Thema gehört, entsprechend unserer Analyse, zur HMK. Andererseits fragt sich, worauf sich die Beschreibung Mordechais als derjenige, der "λαλήσαντα ἀγαθὰ περὶ τοῦ βασιλέως" (der gut über den König sprach), bezieht. Interessant ist hier der Vergleich mit dem LXX-T. Dort ist nämlich zu lesen, Haman habe ein Holz aufstellen lassen, wegen dessen er beim König vorgesprochen habe. Der M-T. stimmt dagegen wieder mit der Aussage des A-T. "דִּבֶּר־טוֹב עַל־הַמֶּלֶךְ" (der gut über den König geredet hat) überein. Diese Passage bezieht sich nicht auf unsere HMK-Erzählung, denn dort kommt dieses Element der Rede über den König entsprechend unserer Analyse nicht vor. Aber auch in der HM ist dieses Element nicht wiederzufinden, und selbst im Esth paßt diese Aussage über Haman nirgends hinein. Man wird als Gegenstück zu diesem Element sicherlich als erstes Mordechais Rettung des Königs vor dem Anschlag der Eunuchen assoziieren, doch hat diese Tat nichts mit einer Rede Mordechais über den König zu tun. Allerdings nimmt der LXX-T. Bezug auf ein im Esth wiederzufindendes Geschehen. Tatsächlich geht er auf Hamans Frühaufstehen, um mit dem König über den Plan zu sprechen in 6,4 (M-T./LXX-T.), ein. Doch gehört die Vorsprache vor dem König entgegen Zosaras Plan, das Holz aufstellen zu lassen, nicht zur HMK. Er ist, wie wir in der Untersuchung zur Rekonstruktion der HM festgestellt haben, nicht einmal Teil dieser Erzählung. Hamans Frühaufstehen haben wir vielmehr als redaktionellen Verbindungsvers zwischen Kap 5 und Kap 6—und also zwischen der HMK und der HM—feststellen müssen. Wenn der LXX-T. nun auf diese Szene Bezug nimmt, dann können wir schlußfolgern, daß er sich auf einen redaktionellen Vers des Esth bezieht. Ob die Rede Mordechais eventuell vor der Überarbeitung des Kap 4 Teil des Gespräches zwischen ihm und der Königin war, ist für uns schlicht nicht mehr festzustellen.

Ein weiteres Argument gegen die Ursprünglichkeit des Vorschlages des Eunuchen soll nicht unerwähnt bleiben. Die Nennung des Eunuchen mit seinem Namen "Αγαθας" ist für den A-T. im Gegensatz zum M-T. und dem LXX-T. eher ungewöhnlich. Er hat in der Sicht des ganzen Esth einen eher sparsamen Gebrauch in der Namensgebung. Neben den Protagonisten des Buches erhalten nur noch die beiden komplottierenden Eunuchen (Add A), der Ratgeber des Königs "Bougaios" und der Wächter des Frauenhauses "Gogaios" (Kap 2) einen Namen. In der HMK selbst findet sich kein Name, außer denen der Hauptpersonen, obwohl auch hier, wie in 7,12, ein Eunuch auftritt. Dagegen benennen der M-T. und der LXX-T. neben den angegebenen auch die sieben Eunuchen des Königs (1,10), die sieben Fürsten der Perser und Meder (1,14), Esthers Eunuchen (4,5) und die zehn Söhne Hamans (9,7-9) beim Namen. Es ist anzunehmen, daß die Benennung "Αγαθας" wohl eher sekundär ist. Allerdings stehen wir nach dieser Analyse vor dem Dilemma, daß das Motiv des Holzes sehr wohl zur HMK gehört und nicht einfach gestrichen werden kann. Tatsächlich stellt die Bestrafung Hamans durch des Königs Befehl, ihn an dem Holz, das er für Mordechai bestimmt hat, aufzuhängen[209] (7,9 (M-T./LXX-T)) bzw. 7,13a (A-T.) einen krönenden Abschluß der Bestrafung Hamans dar. Wir können diesen Text nicht einfach aufgrund einer eventuellen Hinzufügung eines Elementes für sekundär erklären. Wir mutmaßen an dieser Stelle—unter Vorbehalt— deshalb, daß der Text zwar sekundär bearbeitet wurde, der Urbestand aber zur HMK gehörte.

Kommen wir nun zum Ende der Verurteilung Hamans. Der A-T. vermeldet in V.13b, der König habe seinen Siegelring von seiner Hand genommen und so Hamans Leben besiegelt. Diese metaphorische Ausdrucksweise, die für den Tod Hamans das Bild vom "Leben besiegeln" gebraucht, ist recht untypisch für den sonst eher auf Sachlichkeit und Kürze drängenden, ursprünglichen Text. Nun gehört auch das Motiv des Versiegelns mit dem königlichen Siegelring in den Zusammenhang der Bedrohung des Jüdischen Volkes im Esth (vgl. 4,12 (M-T./LXX-T.) und 4,10 (A-T.)), nicht aber zur HMK. Da dieser Vers zudem noch ein textliches Plus im A-T. darstellt, ist er als sekundär zu bewerten. Auch in 7,10 (M-T./LXX-T.) liegt ein textliches Plus gegenüber dem A-T. vor. Hier wird der Vollzug der Bestrafung Hamans und der sich daraufhin senkende Zorn des Königs berichtet. Die Urteilsvollstreckung und die Senkung des königlichen Zorns bringt den Spannungsbogen erzählerisch zu einem das Ganze abrundenden Ende. Sie paßt durchaus in den Gesamtzusammenhang der HMK. Dennoch fragt sich, warum dieser Vers im A-T. fehlt. Wurde er durch das soeben dargestellte, sekundäre textliche Plus des A-T. ersetzt? Nun zeigt

---

[209]   Die sich von A-T. und M-T. unterscheidende Begrifflichkeit des LXX-T. "Σταυρωθήτω" in 7,9 ist wohl auf diejenige in Add E18 zurückzuführen, da er sonst immer, wie der A-T., eine Form von "κρεμάζω" (insgesamt neunmal) gebraucht. Sie ist an dieser Stelle damit sekundär.

sich, daß die Senkung des Zorns des Königs, nach seiner Entbrennung wegen Vastis Ungehorsam, bereits schon einmal im Esth zu finden war, und zwar in 2,1. Auch hier findet sich dieses Motiv nur im M-T. und dem LXX-T., nicht aber im A-T. Die Formulierung "שָׁכַךְ חֲמָה" findet sich in der Bedeutung des sich senkenden Zorns im gesamten AT nur im Esth an den beiden Stellen in 2,1 und 7,10. Beides deutet darauf hin, daß es sich hier um eine spezifische Wendung des M-T. handelt. Es ist deshalb zu vermuten, daß 7,10 nicht zum ursprünglichen Textbestand der HMK gehörte.

4.5.8. Der Abschluß der Erzählung: Mordechais Erhöhung

Noch ist die HMK nicht beendet. Zu ihr gehört die Erhöhung Mordechais. Sie ist in dem nun folgenden Kap 8 (M-T./LXX-T.) bzw. Kap 7,14ff. (A-T.) mehr eingestreut wiederzufinden als zusammenhängend dargestellt. Der Abschluß der HMK findet sich innerhalb von 7,14-17 des A-T.[210] Wir beschränken uns auf die Darstellung dieser Verse, da der Rest dieses Kap des A-T. die Themen der verwandtschaftlichen Beziehung zwischen Mordechai und Esther, die Ausweitung des Konfliktes auf das ganze Jüdische Volk sowie die Purimthematik in den Mittelpunkt stellt, die alle nicht zur HMK gehören.

M-T. 8,1-3	LXX-T. 8,1-3	A-T. 7,14-20
		(14) Und der König sprach mit Esther: "Und wollte er den Mardochai hängen, der mich gerettet hat aus der Hand der Eunuchen? Wußte er nicht, daß Esther aus dem Geschlecht seiner Väter ist?"
(1) An diesem Tag schenkte der König Achaschwerosch Esther, der Königin, das Haus Hamans, dem Bedränger der Juden. Und Mordechai kam vor den König, denn Esther hatte berichtet, was er für sie war.	(1) Und an diesem Tag schenkte Artaxerxes Esther das, was Haman, dieser Teufel, hatte, und Mardochai wurde zum König gerufen, denn Esther zeigte, daß er mit ihr verwandt war.	
(2) Und der König entfernte seinen Siegelring, den er Haman abgenommen hatte, und gab ihn Mordechai. Und Esther stellte Mordechai über das Haus Hamans.	(2) Der König aber nahm den Ring, den Haman trug, und gab ihn dem Mardochai, und Esther stellte Mardochai über alles, was Haman gehört hatte.	(15) Und der König rief den Mardochai und [gab] ihm alles, was Haman gehörte.
		(16) Und er sprach zu ihm: "Was willst du? Und ich werde es für dich tun." Und Mardochai sagte: "Daß man

---

[210] Vgl. dagegen den recht unterschiedlichen Text von M-T. und LXX-T. in 8,1-3.

		den Brief des Haman zurücknehme." (17) Und der König gab ihm alle Dinge des Königreiches in seine Hand. (18) Weiterhin sprach Esther zu dem König:
(3) Und Esther fügte hinzu und sprach vor dem König; und sie warf sich aufs Angesicht vor seinen Füßen. Und sie weinte und flehte um Erbarmen bei ihm,	(3) Und nachdem sie [zu ihm] gelaufen war, sagte sie zu dem König—und fiel [dabei] vor seine Füße—und forderte,	
das Unheil Hamans, des Agagiters und seinen Plan abzuwenden, den er gegen die Juden ersonnen hatte.	den schlechten Haman wegzunehmen, und zwar für das, was er den Juden angetan hatte.	"Gib mir [die Erlaubnis], meine Feinde mit dem Tod zu bestrafen." (19) Aber die Königin Esther besprach sich mit dem König auch über die Kinder des Haman, wie auch sie getötet würden mit ihrem Vater. Und der König sagte: "Es soll geschehen!" (20) Und man schlug die Feinde mit großer Menge.

Des Königs Hinweis auf seine Rettung vor dem Anschlag der Eunuchen durch Mordechai und auf die Verwandtschaft zwischen Mordechai und Esther, die Haman anscheinend nicht gekannt habe, in 7,14 des A.-T., gibt an, daß dieser Vers nicht zur ursprünglichen HMK gehören kann. Hier versuchte eine Redaktion oder der Autor des Pre-Esth[211], die HM und die HMK mit der Zusammenstellung jeweils eines Elementes aus den beiden Erzählungen— "Anschlag" (HM) und "Verwandtschaft" (HMK)—miteinander zu verbinden. Zudem stellt der Vers ein textliches Plus gegenüber den beiden anderen Versionen dar, auch wenn diese in 8,1 ebenso die Offenlegung der Verwandtschaftsbeziehung aufführen, sich ansonsten aber inhaltlich von 7,14 (A.-T.) stark unterscheiden. Sie beschreiben nun nämlich das Belohnungshandeln des Königs gegenüber Mordechai. Dieses findet im M-T. und im LXX-T. seinen Anfang darin, daß der König das Eigentum Hamans zunächst Esther schenkt. Und erst als er erfährt, daß Esther mit Mordechai verwandt ist, läßt er diesen rufen. In dem nachfolgenden Vers entfernt der König seinen Siegelring und gibt diesen Mordechai. Daraufhin stellt Esther ihn über das Haus Hamans, das sie soeben vom König erhalten hatte. Stellt man nun 7,15 (A.-T.) neben diesen Text, dann erkennt man sofort die komplizierte und umständliche Beschreibung dieses Belohnungsverfahrens, das dazu dient, Esther in das Geschehen mit

---

[211] Vgl. hierzu Kapitel 5.

einzubeziehen. Der Vers beschreibt nämlich sehr kurz, daß der König Mordechai rief und ihm alles, was Haman gehörte, übergab. Daß hier der ursprüngliche Text anzutreffen ist, zeigt sich an mehreren Gesichtspunkten. Der eine, den wir als zur JüdRed gehörend bereits erwähnt haben, ist der der Verwandtschaftsbeziehung zwischen den beiden Protagonisten. Der zweite ist der, daß in 8,2 (M-T./LXX-T.) das Motiv des Siegelrings aufgeführt wird. Am Ende des vorigen Abschnittes ist bereits deutlich geworden, daß dieses mit dem von der Ausweitung des Konfliktes auf das Jüdische Volk in Verbindung zu sehen ist und also auch als sekundär zu bewerten ist.

Nun wird die Figur Esthers, die in der HMK die Rolle einer Vermittlerin bzw. Botschafterin spielt, die Mordechais Beobachtungen vor den König bringt, im Text des Esth im M-T. und dem LXX-T. deutlich hervorgehoben. Denn hier hat ja letztendlich sie die Rolle der Retterin des Jüdischen Volkes inne. In dieser Rolle wird sie vom König geehrt und spielt sie im gesamten nachfolgenden Text (Kap 8-9) eine herausragende Rolle in der Verfolgung und Bestrafung der Feinde des Jüdischen Volkes. Diesen tragenden Charakter hat ihre Rolle in der HMK nicht. Zwar leitet sie alles für die Bestrafung des bösen Haman in die Wege, doch Gerechtigkeit soll an dem loyalen Mordechai vollzogen werden und die Belohnung hierfür trifft nur ihn. So folgern wir, daß der V.15 (A-T.)—die Kurzfassung von 8,1-2 (M-T./LXX-T.)—traditionsgeschichtlich ein ursprünglicher Vers der HMK gewesen sein muß. Es ergibt sich von selbst, daß V.16 (A-T.) dagegen nicht zur HMK gehörte. Auf des Königs Frage, was Mordechai sich nun noch erbitte, antwortet dieser, der Brief des Haman solle zurückgenommen werden. Es handelt sich dabei natürlich um den Brief, der das Pogrom an den Juden beinhaltete. Wie in den vorhergehenden Versen stellen der M-T. und der LXX-T. Esther in den Mittelpunkt des Geschehens. Es ist Esther, die vor dem König auf ihr Angesicht fällt und ihn darum bittet, das Unheil abzuwenden, das Haman am Jüdischen Volk zu vollziehen geplant habe. Auch hier zeigt sich, wie in den vorhergehenden Versen, daß der Redaktor des Esth Esthers Rettungshandeln bzw. Esther als Retterin des Jüdischen Volkes hervortreten lassen will. Betrachten wir daneben Mordechais Rolle, so fällt auf, daß er der Position Esthers im Esth untergeordnet ist. Doch kann dies am Ende unserer Textrekonstruktion der HMK traditionsgeschichtlich erklärt werden. Die HM und die HMK kennen Mordechai als den Retter des Königs. Für seine Tat wird er belohnt. Dort jedoch, wo der Konflikt, aus dem sein Widersacher Mordechai als der wahre Retter des Königs und der gerechte Mensch herausgetreten ist, in einer Überarbeitung des Textes auf das ganze Volk übertragen wird, verschiebt sich die Rolle Mordechais von dem Loyalisten und dem Lebensretter des König zu dem, der das Unrecht zwar aufzeigt, jedoch nicht mehr selbst als Retter gegenüber dem Volk auftritt. Diese Rolle übernimmt vielmehr die jüdische Königin Esther selbst.

Nur als ihr Verwandter dient er ihr als Verbündeter und Mithelfer bei der
Abwendung des Pogroms. Der Redaktor konnte ihm diese Rolle neben der
Begründung ihrer verwandtschaftlichen Beziehung aber nur dadurch
zuschreiben, weil er selbst zu Amt und Würden gelangt war, als er sich als
Protektor des Königs erwies—eine Rolle, die der Redaktor für Mordechai
traditionsgeschichtlich auf der Basis der HM und der HMK nachweisen
konnte. So schließt die HMK denn auch mit dem textlichen Plus des A-T. in
V.17 ab, wenn der König alle Dinge des Königreiches in Mordechais Hand
gibt. Diese Tat haben der M-T. und der LXX-T. mit der Übergabe des
Siegelringes in 8,2 symbolisch und mit Bezug zum Edikt gegen das Jüdische
Volk zum Ausdruck gebracht. Dadurch wird das nun folgende Geschehen in
Kap 8-9, die Abwendung des Pogroms, eingeleitet. Da dieses jedoch nicht
zur HMK gehört, zeigt sich in des Königs vertrauensvoller Machtvergabe an
Mordechai, daß er ihn ausschließlich für seine Loyalität belohnt.

Abschließende Bemerkung: Wie es für die VE und die HM der Fall war,
konnte eine vergleichbare Erzählung aus der altorientalischen Umwelt für die
HMK nicht gefunden werden. Es hat sich zudem gezeigt, daß einige Teile
der HMK nicht mehr rekonstruierbar waren, da sie von zwei oder mehreren
bearbeitenden Schichten überlagert wurde. Trotzdem reichen die
aufgezeigten Textpartien und -rekonstruktionen aus, eine
zusammenhängende Erzählung wiederzugeben. Ihr Inhalt läßt darauf
schließen, daß wir es bei der HMK nicht, wie bei der HM, mit einer
weisheitlichen Hoferzählung zu tun haben, sondern eher mit einer lehrhaften,
die beispielhaft die negativen Auswirkungen zu Unrecht erworbener Macht
zum Ausdruck bringen will. Sie folgert nach dem Sprichwort "Wer andern
eine Grube gräbt, fällt selbst hinein", daß Machtgier (Haman), die
Despotismus und Ungerechtigkeit herbeiführe, letztendlich dem Untergang
bestimmt sei, während Loyalität gegenüber dem rechtmäßigen Herrscher
(Mordechai) als tugendhaft und ehrbar zu gelten habe. Eine Machtposition
gebühre dem- oder derjenigen zu Recht, die sich durch loyales Verhalten
gegenüber dem rechtmäßigen Herrscher auszeichne. Findet sich auch keine
der Gattung der Hoferzählung entsprechende Parallele, so zeigen doch die
historischen Rankeleien um die Macht im Persischen Reich, daß eine solche
Thematik stets aktuell und brisant gewesen ist.[212] Daß Beispielerzählungen
dieser Art in der Gesellschaft im Umlauf gewesen sein müssen, ist deshalb
sehr wahrscheinlich.

---

[212] Vgl. hierzu z.B. Usurpation Gaumatas, auf die in Kapitel 6.1.2.2. hingewiesen wird.

4.6. Die Ehrverweigerung (HMK): Ein Versuch der Textrekonstruktion

3,1-4b.5 (A-T.): (1) Und es geschah nach diesen Dingen, da erhob der König Assyros Haman, den des Ammadatos, den Bougaios und verherrlichte ihn und setzte seinen Thron über seine Freunde, so daß sich alle bis zur Erde beugten und ihm huldigten. (2) Als nun alle vor ihm huldigten, gemäß dem Befehl des Königs, huldigte Mardochai nicht vor ihm. (3) Und der Diener des Königs sahen, daß der Mardochai nicht huldigte vor Haman, und die Diener des Königs sprachen zu Mardochai: "Was überhörst du den König und huldigst dem Haman nicht?" (4b) Und sie machten einen Bericht über ihn bei Haman. (5) Als Haman das aber hörte, wurde er zornig gegenüber Mardochai, und Zorn entbrannte in ihm, und er suchte Mardochai [...] zu vernichten.

4,2-4a.7-8.11b: (2) Mardochai aber, als er in sein Haus kam, zog seine Kleider aus und warf sich einen Sack über, und, nachdem er sich mit Asche bestreut hatte, ging er so bis in den äußeren Hof und blieb da. Denn er konnte nicht in den Palast hineingehen in dem Sackgewand. (3) Und [...] [sie, die Königin] rief einen Eunuchen [...] und die Königin sprach: "Zieht den Sack aus und bringt ihn hinein!" (4a) Aber dieser wollte nicht, sondern sprach: "So redet zu ihr: Verweigere nicht, zu dem König hineinzugehen und seinem Angesicht zu schmeicheln um meinetwillen [...] (7) Und sie [...] sagte: "Du weißt darüber, daß jeder, der ungerufen hineingeht zu dem König, dem nicht sein goldenes Zepter entgegengestreckt wurde, der wird dem Tod verfallen sein. (8) Und ich bin nicht zu ihm gerufen worden 30 Tage! Und wie soll ich nun hineingehen, wenn ich ungerufen bin?" (11b) "[...] ich werde hineingehen zum König— ungerufen wenn nötig—selbst wenn ich sterben muß."

[5,1-2 (M-T.): (1) Und es war am dritten Tag, da zog Esther sich königlich an und stellte sich in den inneren Vorhof des Hauses des Königs gegenüber dem Haus des Königs. Und der König saß auf seinem königlichen Thron im königlichen Haus gegenüber der Türöffnung des Hauses. (2) Und als der König Esther, die Königin, sah, wie sie im Vorhof stand, genoß sie Gunst in seinen Augen. Und der König streckte Esther das goldene Zepter, das in seiner Hand war, entgegen. Und Esther näherte sich und berührte die Spitze des Zepters.]

5,13-14.19-20a.21a.b-23a.c.24 (A-T.): (13) Und der König sagte: "Was ist Esther? Sag es mir und ich werde es für dich tun—bis zur Hälfte meines Königreiches. (14) Und Esther sprach: "Morgen ist ein besonderer Tag für mich. Wenn es nun dem König gefällt, dann komme du und Haman, dein Freund, zu dem Trinkgelage, das ich morgen machen werde." (19) Und der König sagte: "Mach es so, wie du willst." (20a) Und es wurde dem Haman genauso gesagt, und er war überrascht [...] (21a.b) Haman aber ging in sein Haus und führte seine Freunde und seine Söhne und Zosara, seine Frau, zusammen, und er rühmte sich, indem er sagte: "Die Königin hat niemanden zu ihrem ausgewählten Tag gerufen außer den König und mich allein [...]. (22) Aber nur das betrübt mich, daß ich diesen Mardochai, den Juden, in dem Hof des Königs sehe, und er huldigt mir nicht." (23a.c) Und Zosara, seine Frau, sagte zu ihm: "[...] man schlage dir ein Holz von 50 Ellen, stelle es auf, hänge ihn an das Holz [...] Und nun geh hinein zu dem König und erfreue dich." (24) Und es gefiel dem Haman und er tat es so.

6,23a (A-T.): (23a) Und während sie noch redeten, kam jemand, um ihn eilig zum Trinkgelage zu holen.

7,1.3a.8-13a.15.17 (A-T.): (7,1) Als aber das Trinkgelage fortgeschritten war, sagte der König zu Esther: "Was ist die Gefahr und was ist dein Wunsch—bis zur Hälfte meines Königreiches." (3) Und Esther sprach: "Wenn es dem König gefällt, und er findet das Urteil gut in seinem Herzen, so gib [...] [vielleicht: ... das Leben Mardochais, denn er wurde zu Unrecht dafür bestraft, daß er den Thron des Königs gegenüber einem Feind verteidigte, der ihn beanspruchte ...] (8) Und Esther [...] sagte: "Haman, dein Freund ist dieser, der lügt; dieser ist der böse Mensch." (9) Und der König wurde leidenschaftlich und voll Zorn, sprang auf und ging umher. (10) Und Haman fürchtete sich und fiel zu Füßen Esthers, der Königin, auf das Lager auf dem sie lag. (11) Und der König kam zurück zu dem Bankett und sah und sprach: "Ist dir nicht die Verfehlung gegen das Königtum genug, sondern du bedrängst auch noch meine Frau vor mir? Laßt Haman wegbringen und keine [Gnade] suchen." (12) Und so wurde er weggebracht. Und Agathas, einer seiner Diener, sagte: "Siehe, ein Holz steht in seinem Hof von 50 Ellen, den Haman schlug, damit Mardochai, der gut von dir sprach, gehängt würde. Befiehl doch, Herr, daß man ihn daran aufhänge." (13a) Und der König sprach: "Laßt ihn an ihm aufhängen." (15) Und der König rief den Mardochai und [gab] ihm alles, was Haman gehörte. (17) Und der König gab ihm alle Dinge des Königreiches in seine Hand.

KAPITEL FÜNF

DIE KOMPOSITION DER ESTHERERZÄHLUNG (PRE-ESTH)

Nachdem wir in den vorausgehenden Kapiteln dieser Arbeit drei Erzählungen herausgearbeitet haben, für die wir zeigen konnten, daß sie die literarische Grundlage des Esth bildeten, stellt sich die Frage nach Form und Inhalt der kompositorischen Elemente, die die Einzelerzählungen zu einem Gesamtgebilde, der Esthererzählung,[1] verbunden haben. Wir suchen damit nach der Pre-Esth-Version.

Bei unseren Untersuchungen sind wir immer wieder auf Texteinheiten gestoßen, die sich nur als Bearbeitungsschicht des Esth erklären ließen, da sie sich nach Sprache und Inhalt deutlich von den Grunderzählungen unterschieden, jedoch für sich genommen keine durchlaufende Erzählung ergaben.[2] In diesem Kapitel wollen wir uns im Einzelnen damit auseinandersetzen, ob es sich bei diesen Versen oder Verstmilen um eine redaktionelle Arbeit am bereits aus den drei Grunderzählungen zusammengesetzten Text (sekundäre Bearbeitung) handelt oder vielmehr um Bestandteile der Komposition des Pre-Esth.[3] Wir suchen deshalb nach

---

[1]   Unter der "Esthererzählung" verstehen wir nicht eine der Figur der Esther zuzuordnende Quelle, sondern die aus VE, HM und HMK komponierte Erzählung, die dem Esth als Erzählung zugrunde lag. Sie beinhaltet die Kap 1-7 (M-T./LXX-T.) bzw. Kap 1-7,13 (A-T.).

[2]   Daß es sich bei dieser Untersuchung nicht um den Nachweis und die Charakterisierung einer Redaktion des Esth handeln kann, machte bereits Fox im Zusammenhang seiner Arbeit über "The Redaction of the Books of Esther" deutlich, wenn er die Unmöglichkeit eines solchen Vorhabens wie folgt begründet: "Even if sources such as described by Clines and others did exist, they were too distant from both the proto-AT and the MT to bear directly on the interpretation of either version. The Esther story (or, strictly speaking, the proto-Esther story) would still be a literary innovation, no more constrained by its sources than, say Shakespeare's *King Lear* was by *The True Chronicle History of King Leir*, to which it owed its plot line, or by Sidney's *Arcadia*, to which it owed its subplot and concept of tragedy. Construction of a narrative from earlier plots is clearly authorship, not redaction" (ders., Redaction, a.a.O., 99). Da wir Fox Darstellung zustimmen, definieren wir unsere Aufgabe für diesen Abschnitt als die Frage nach dem Kompositionsinhalt des Pre-Esth.

[3]   In unserer traditionsgeschichtlichen Untersuchung unterscheiden wir zwischen Kompositions- und Redaktionsschicht im Esth nach der folgenden Überlegung: Die Kombination der drei Grunderzählungen zur Esthererzählung, aus dem das Pre-Esth entstanden ist, kennzeichnen wir als Komposition. Diese ist textliche Grundlage für die beiden redaktionellen Schichten, die wir unter der JüdRed zusammengefaßt haben (vgl. Kapitel 7.). D.h. wir ordnen, wie in gesamten Kapitel 7.4. zu zeigen sein wird, beispielsweise Kap 8-10 einer redaktionellen Überarbeitung des Esth zu, obwohl es sich bei diesen Kap um eine Text-Neuschöpfung handelt. Uns interessiert an der Kompositionsschicht des Esth jedoch v.a. die Verknüpfungsarbeit, die auf der Basis dreier Einzeltexte vorgenommen wurde.

kompositorischen Elementen, die dazu dienten, die einzelnen Motive und
Erzählstränge der drei Erzählungen aufeinander abzustimmen und aus ihrer
Verbindung die ursprüngliche Esthererzählung werden zu lassen. Von diesen
primären Elementen wollen wir die sekundären als redaktionelle Zusätze
abheben.

Letztere zeichnen sich dadurch aus, daß sie bestimmte Akzente der
Erzählungen besonders betonen und ausarbeiten. Mit ihnen konnte die
Endredaktion der Esthererzählung noch tiefer in den Text eingreifen, indem
sie durch Abänderung oder Umwandlung bestimmter Motive und Elemente
auch neue Akzente gesetzt und so den Duktus der Erzählung verändert hat.
Schließlich können textfremde Motive und Elemente eingefügt worden sein,
die mit dem ursprünglichen Inhalt der Grunderzählungen in keinem
Zusammenhang mehr stehen. Es wird im folgenden also unsere Aufgabe sein,
hier eine möglichst genaue Unterscheidung zwischen Kompositions- und
Redaktionselementen zu versuchen, um so die Intention und Arbeitsweise
der primären Redaktion beschreiben zu können.

5.1. Textbearbeitungen an den Einzelerzählungen und an Pre-Esth

Wir fragen, ob es ein nicht-jüdisches Pre-Esth gab; oder war das Element,
das wir bisher der JüdRed zugeschrieben haben, bereits im Pre-Esth
vorhanden? Wir müssen zunächst der zweiten Frage nachgehen, um die erste
beantworten zu können.

5.1.1. Erste Hypothese: Es gab eine Bearbeitung der HMK vor der Pre-Esth-Version

Führt man sich vor Augen, in welche Kap des Esth das Element der JüdRed[4],
die Ausweitung des Konfliktes auf das Jüdische Volk, eingearbeitet wurde,
so wird man gewahr, daß hierfür hauptsächlich die Kap 3-5;7 sowie Kap 8
und 9 zu betrachten sind. In Kap 1;2 und 6 ist der Aspekt des Judentums nur
am Rande von Belang, nämlich in der Darstellung Mordechais als Jude. Die
Ausweitung des Konfliktes auf das Jüdische Volk kommt hier überhaupt
nicht zur Sprache. Auch in Add A zeigt sich die Handschrift der JüdRed nur
insofern, als daß Mordechai als Jude vorgestellt wird. Die angegebenen Kap
verteilen sich allein auf die VE und die HMK. Jedoch ist die VE nur am
Rande von der JüdRed betroffen, denn nur in 2,5 (A-T.) findet sich die
Darstellung der jüdischen Herkunft Mordechais. In den Kap der HM ist das

---

[4]   Zu dem Element der JüdRed zählen wir hauptsächlich die Ausweitung des Konfliktes
auf das Jüdische Volk. Dies setzt jedoch voraus, daß Mordechai eine jüdische Herkunft
zugeschrieben wird. Wir werden letzteres im folgenden nicht als eigenes Element von dem der
Konfliktausweitung unterscheiden, sondern als einen Aspekt dessen betrachten.

Element der JüdRed scheinbar gar nicht anzutreffen. Übrig bleibt ansonsten, neben dem Purimgeschehen in Kap 8 und 9, die HMK als Textbasis, in der die JüdRed kenntlich wird. Das macht stutzig. Sollte es tatsächlich so gewesen sein, daß noch in einem Stadium vor der Entstehung des Pre-Esth an der HMK eine Bearbeitung durch die JüdRed durchgeführt wurde? Wie hätten wir uns das vorzustellen?

Verlauf der Entstehung der Pre-Esth-Version

1. Stadium	2. Stadium	3. Stadium
VE	-	Zusammenfügung der drei
HM	-	Erzählungen
HMK	Ausweitung des Konflikts	zum Pre-Esth
		+ Ausweitung des Konflikts

Die Skizze veranschaulicht, wie der Werdegang der Esthererzählung von den unabhängig voneinander existierenden Grunderzählungen zu dem geschlossenen Ganzen zu denken ist. Im ersten Stadium haben VE, HM und HMK weitestgehendst in der Form, wie wir sie im vorherigen Kapitel rekonstruiert haben, nebeneinander existiert. Im zweiten Stadium ist nur die HMK von einer Bearbeitungsschicht hinsichtlich der Ausweitung des Konfliktes verändert worden. Im dritten Stadium hat jene Bearbeitungsschicht oder aber eine Redaktion mit ähnlichem Interesse VE und HM zur HMK hinzugenommen und zu einer einheitlichen Erzählung geformt. Das Element wurde auch auf die anderen Erzählungen übertragen, indem ihren jeweiligen Protagonisten, Esther und Mordechai, eine jüdische Abstammung zugeschrieben wurde und nun entsprechend gemeinsam von der Bedrohung des Konfliktes betroffen sind.

Wie können wir das Element und die zu ihm gehörigen Inhalte beschreiben? Der Inhalt betrifft, wie wir in den vorhergehenden Kapiteln dieser Arbeit herausgestellt haben, v.a. die Ausweitung des Konfliktes auf das Volk Mordechais.

Exkurs: Mordechais Volk, die Anhänger Marduks?
In seinem Aufsatz "The religious Policy of Xerxes and the Book of Esther"[5] vertritt LITTMAN die These, daß es sich bei dem Konflikt zwischen Haman-Bougaios und den Juden ursprünglich um einen religiösen Kampf der Anhänger Marduks gegen die von Xerxes einzig tolerierte Religion des Zoroastrianismus handelte. So nimmt LITTMAN zunächst Bezug auf die Korrespondenz zwischen den Namen der beiden Protagonisten Mordechai und Esther mit denen der Götter Marduk und Ischtar. Wie diese stünden auch Mordechai und Esther in dem verwandtschaftlichen Verhältnis eines Cousins zu seiner Cousine. Die jüdischen Elemente in der Erzählung, wie

---

[5] R.J.Littman, Policy, a.a.O., 145-155.

beispielsweise der hebräische Zweitname Esthers, Hadassa, sei auf die bereits schon von LEWY[6] vertretene These von der Judaisierung der Erzählung zurückzuführen. Auch dieser war der Überzeugung, daß die im Esth genannten Verfolgten ursprünglich Anhänger des Marduk gewesen seien, nicht Juden. Denn das in 3,6 (M-T.) so benannte Volk Mordechais "עַם מָרְדֳּכָי" könne auch als "die Mardukiten" gelesen werden. LEWY sah im Fehlen des Namens JHWHS im Esth den Beweis dafür gegeben, daß das Volk in Esther und Mordechai eigentlich Ischtar und Marduk verehrte. Auch sei Susa als Standort der Tempel und des Kultes von beiden Göttern keineswegs unbekannt. Er identifizierte Haman schließlich mit einem Mithra-Anhänger und schlußfolgert für den Konflikt im Esth auf einen Konkurrenzstreit zwischen Mardukiten und Mithraiten, der zur Zeit Artaxerxes II in Susa stattgefunden haben könnte. LEWY hatte diese These auf die Identifikation des Beinamens von Haman "βουγαῖος", mit einem "baga", dem persischen Ausdruck für "Gott", gestützt.[7] Als solcher bezeichnete er in den Inschriften des Königs Darius den größten unter den "bagas", nämlich Ahuramazda oder den "Gott par excellence", Mithra. In der Gegenüberstellung zu Mordechai und seinem Volk der Mardukanhänger, könne der "baga"-haltige Name "βουγαῖος" aber nur auf einen Anhänger des Mithra hinweisen, denn so, wie die Bezeichnung "Agagiter" für Haman im hebräischen Text auf die Feindschaft zwischen Juden und Agagitern—bzw. Amalekitern[8]—hinweise, so würde Marduk der Gott Mithra gegenübergestellt. LITTMAN nimmt LEWYS Überlegung auf, meint aber, daß seine These mit dem fehlenden Nachweis, daß zur Zeit Artaxerxes II zwischen den Anhängern des Mithra und des Marduk Streit herrschte, hinfällig sei: "What we are left with then, from Lewy's extensive and ingenious case is that there was some sort of persecution of the followers of Marduk and Ishtar, and, according to the Book of Esther, this occurred in the reign of Xerxes I."[9] Damit transferiert er die These in die Zeit der achämenidischen Herrscher, die zwar selbst Zoroastrianer waren, sich gegenüber den verschiedenen Religionen ihrer untergebenen Völker jedoch extrem tolerant verhielten und sie sogar förderten.

Unter diesen Herrschern galt allein Xerxes als intolerant. In einer Inschrift aus Persepolis, der sogenannten Daeva Inschrift, bezeugt er die Beseitigung der "daevas" (falschen Götter) und die alleinige Verehrung von Ahuramazda und der heiligen "Arta" (Rechtschaffenheit).[10] Im ersten Dokument seiner Regierung vom 1. Dez 486 v.Chr. wird Xerxes "König von Babylon, König der Länder" genannt. Nachdem er jedoch in das "Grab des Belitanes", das zu Esagila, dem Zentralheiligtum von Marduk gehörte, gegangen war, änderte er seinen Titel in "König von Parsa (Persien) und Mada (Medien), König von Babylon, König der Länder".[11] Während eines Machtkampfes nahm Xerxes Schwiegersohn Megabazus Babylon ein. Die Festungsanlagen, die Nebukadnezzar gebaut hatte, wurden zerstört und mit ihnen auch Esagila,

---

[6]   J.Lewy, Feast, a.a.O.

[7]   J.Lewy, Feast, a.a.O., 134.

[8]   Auf die Feindschaft zwischen Juden und Amalekitern weist Josephus in seinen Antiquitates (a.a.O., XI/6, 209ff.) hin.

[9]   R.J.Littman, Policy, a.a.O., 152.

[10]   Man beachte den im Namen des Königs "Arta-Xerxes" wiederzufindenden Begriff.

[11]   Eine ausführliche Darstellung der politischen Agitation des Xerxes und der religiösen Untermauerung seiner Macht findet sich bei P.Briant, Histoire, a.a.O., 559-571.

andere Tempel und Heiligtümer. Xerxes nahm das Hauptbildnis Marduks, eine goldene Statue, mit sich, durch deren Berührung die Herrscher über Babylon in ihrem Amt legitimiert und göttliche Bestätigung erwarten durften. Durch die Zerstörung des Tempels Marduks wurde die Verehrung des Gottes praktisch unmöglich gemacht. Gleiches hatten die Juden bei der Zerstörung ihres Tempels in Jerusalem durch Nebukadnezzar erfahren und, wie LEWY behauptet, in Entsprechung miteinander gebracht, was anhand der Tobiterzählung in der Identifizierung "᾿Ασύηρος" (Xerxes) mit dem Zerstörer Ninives und der Zerstörung des Bildnisses von Bel durch den König von Babylon im Dan zum Ausdruck komme. LITTMAN schlußfolgert, Xerxes zerstörerisches Handeln am Kult und Heiligtum Marduks einerseits sowie die Voraussetzung, daß zu jener Zeit sowohl dessen Anhänger als auch ein Heiligtum der Ischtar in Susa befindlich waren, andererseits, ließe vermuten, daß es sich bei der religiösen Verfolgung der Juden im Esth ursprünglich um das Verbot des Marduk- und Ischtarkultes handelte.[12]

Übertragen wir diese interessante These von LITTMAN auf unsere Überlegungen zum Element der Ausweitung des Konfliktes auf das Jüdische Volk, dann wäre davon auszugehen, daß dieses nicht durch eine jüdische Redaktionsarbeit in den Text eingearbeitet worden wäre, sondern daß das Pre-Esth von vornherein als nicht-jüdische Erzählung komponiert wurde. Die Ausweitung des Konfliktes wäre vielmehr auf dem Hintergrund der historischen Erinnerung oder aber der aktuellen politischen Situation an das Verbot des paganen Marduk- und Ischtarkultes unter Xerxes I gestaltet worden. Erst in einem zweiten Schritt hätte die Esthererzählung eine "Judaisierung" erfahren. Die Identifizierung des Volkes Mordechais mit den von Xerxes verfolgten Marduk-Anhängern halten wir jedoch für problematisch, da dieser historische Hintergrund nur wenig zu dem im Esth dargestellten Geschehen paßt. Ist es doch Haman und nicht der König, der in aller Heimlichkeit und Hinterlist plant, gegen das Volk Mordechais vorzugehen. Eine Gleichsetzung Xerxes I mit Haman paßt nicht in den Zusammenhang und den Duktus der Erzählung. Auch die Figur Esthers erfährt in der Rolle Ischtars, so wie LITTMAN sie sieht, keine Verehrung und kann als Gattin des Königs nicht als dessen Gegnerin betrachtet werden. Haman kehrt sich zudem nicht bewußt gegen die Königin, sondern, aus Unwissenheit über ihre Herkunft, nur gegen Mordechai. Dies stimmt wiederum nicht mit LITTMANS These überein, der in der Erzählung doch sowohl den Kult Marduks als auch den von Ischtar bedroht sieht. Dennoch ist die Überlegung LEWYS und LITTMANS hinsichtlich der Namensähnlichkeit zwischen den Gottheiten und den Protagonisten des Esth wohl nicht zufällig. De facto meinen auch wir, daß die Namen Mordechai und Esther auf die Gottheiten Marduk und Ischtar hinweisen sollen. Da die Esthererzählung einen paganen Ursprung hat, ist dies keineswegs abwegig. Doch kommen in der Rolle der beiden Protagonisten der Esthererzählung nicht kultische Inhalte oder die säkulare Geschichte ihrer Verehrung zum Tragen, sondern vielmehr die Charaktere, die mit diesen Gottheiten verbunden sind. So unterstreicht Ischtar als Göttin des Krieges und der Liebe die aktive wie kämpferische und zugleich gegenüber dem König verführerische Rolle Esthers, während Marduk als mächtiger und siegreicher Gott das letztlich erfolgreiche Handeln Mordechais betont.

Wir vertreten mit LEWY und LITTMAN jedoch die Überzeugung, daß die

---

[12]   R.J.Littman, Policy, a.a.O., 152.

Esth-Erzählung eine jüdische Bearbeitung erfuhr, wie wir im folgenden in umfassender Form darstellen wollen.

De facto ist in den drei Versionen des Esth mit dem Volk Mordechais das Jüdische Volk gemeint. Nicht nur Mordechai, sondern seinem ganzen Volk sagt Haman die Feindschaft an. (Dieses Element der Ausweitung des Konfliktes wird im folgenden mit *Element A* gekennzeichnet.) Die Feindschaft manifestiert sich einerseits in der gesetzlichen Festschreibung des Planes Hamans und andererseits in der Datierung eines Tages, an dem das Jüdische Volk einem Pogrom ausgeliefert werden soll. (Wir kennzeichnen im folgenden das Motiv der gesetzlichen Festschreibung mit *Element B* und das der Datierung mit *Element C*.) Da die beiden letzteren Aspekte jedoch ganz auf das Purimgeschehen ausgerichtet sind und deshalb sicherlich nicht zum Pre-Esth gehören, werden wir die Elemente B und C, wenn sie im Zusammenhang mit der Purimthematik stehen, von der Rekonstruktion der ursprünglichen Esthererzählung ausschließen. Anders als der Aspekt der Ausweitung des Konfliktes auf eine größere Gruppe, kam die Purimthematik erst in einer späteren Überarbeitung der Esthererzählung in das Esth.[13] Zu diesen Stellen sind 3,7.12-15;4,3.8a und 8,1b des M-T. bzw. 3,7.10.13.15;5,23bβ des A-T. zu zählen.

Die HMK in der Bearbeitung von Element A:
Fügt man Element A zum Text der HMK, den wir aus dem A-T. zu rekonstruieren versucht haben, hinzu, dann muß ihr notwendigerweise auch 3,4a, die Mitteilung Mordechais an die Diener, daß er Jude sei zugeordnet werden. In 3,5 ist Hamans Plan zur Vernichtung des Volkes dazuzuzählen. 3,8-9.11, Hamans Anklage des Volkes bei dem König sowie 4,1 mit der landesweiten Trauer des Volkes hinsichtlich des Planes Hamans gegen das Jüdische Volk, gehören nun auch zur HMK. Mordechai ermahnte die Königin in 4,9a.10, sie solle sich für das Volk einsetzen. 5,23a.c—ohne Element B (V.23b)—wäre mit dem Hinweis auf das Pogrom an den Juden zur Rede Zosaras ebenfalls hinzuzuzählen. Und schließlich gehören auch 7,3b-5, Esthers Bitte um ihr Volk während des Banketts, zur HMK. Doch tritt damit eine Unstimmigkeit im Text auf, da 7,4 nicht das Pogrom an dem Volk beinhaltet, wie in den anderen Versen, sondern seine Sklaverei. Dies wäre jedoch eine Abänderung des Inhalts von Element A, die nicht mit dem Rest der Erzählung harmonierte. Zum zweiten steht einer solchen Rekonstruktion der HMK unter Hinzunahme von Element A im Wege, daß für die Königin Esther eine jüdische Herkunft vorausgesetzt werden muß. Diese kann jedoch nur im Zusammenhang von 2,5-7 (M-T.), also außerhalb des Textes der HMK, geschlußfolgert werden.

Die beiden Probleme, die bei der Einfügung von Element A in den Zusammenhang der HMK entstehen, müssen wir näher untersuchen. Tatsächlich kann auch das Verwandtschaftsverhältnis zwischen Esther und Mordechai wegen der Verse in Kap 2,6.7, die nicht zur HMK gehören, kein

---

[13] Vgl. hierzu Kapitel 7.4.

Inhalt der erweiterten HMK sein. Damit fällt jedoch auch des Aspekt der Bedrohung Esthers in 4,13.14 (M-T.) bzw. 4,9.10 (A-T.) sowie in 7,4, der Bitte Esthers um *ihr Volk,* weg.

Gehen wir nun auf die bereits in Kapitel 4.5.7. angesprochenen Differenzen in 7,4 bei den drei Versionen ein, dann liegt hier u.E. die Hauptursache für die Unstimmigkeiten, denen wir in der oben aufgeführten HMK-Rekonstruktion unter Hinzunahme von Element A begegnen.

Die Umsetzung des Tötungsplanes Hamans beginnt in 3,9 (A-T.), dort, wo Haman beim König um das Volk bittet. Er will es für sich haben. Haman verspricht, er werde für das Volk zahllose Silbertalente in der Schatzkammer des Königs aufschreiben. Der M-T. beschreibt den gleichen Inhalt im Zusammenhang des Ediktes: Es solle geschrieben werden, daß man das Jüdische Volk ausrotte, dann werde er 10000 Talente Silber in die Schatzkammer des Königs bringen. Hier beansprucht Haman das Volk nicht für sich, sondern er will es v.a. beseitigen.

In 7,4 nun erfolgt mit Bezugnahme auf die Bitte Hamans beim König die Anklage Esthers wegen Hamans niederträchtigem Plan. Dieser beinhaltete folglich, was Esther *im M-T.* verlauten läßt, den *Verkauf zur Tötung* des Jüdischen Volkes. Im *A-T.* klagt Esther Haman dagegen für seinen Plan, ihr Volk *in die Sklaverei verkauft* zu haben, an—nicht jedoch, daß er sie getötet hätte oder töten wollte. Im A-T. liegt gegenüber dem M-T. deshalb eine deutliche Unstimmigkeit vor. Wir haben in dem oben erwähnten Abschnitt bereits darauf hingewiesen, daß die komplizierte Formulierung des conjunctivus irrealis im M-T. die Aussage des A-T. negiert wiedergibt.

Da wir oben noch keine Antwort auf die Frage, welcher von beiden Texten der ursprünglichere ist, geben konnten, stellen wir sie hier nun erneut. Tatsächlich paßt der Inhalt von 4,9 im A-T. nicht zu 7,4, denn Haman hatte den Tod beschlossen und nicht die Sklaverei des Volkes. Andererseits finden wir in 4,9 sehr wohl einen Hinweis auf Sklaverei, nämlich in Hamans Vorschlag, für das Volk zahllose Silbertalente zu bezahlen. Könnte man hier nicht folgern, daß das Motiv der Tötung erst nachträglich in den Text hineingekommen ist? Wie steht es diesbezüglich mit dem M-T.? Er läßt keinen Zweifel an der Mordabsicht des Haman. Verstärkt wird dies mit der Verschriftlichung dieses Plans (Element B). Erst dann kommt er auf die Summe zu sprechen, die dem König für diese Tat zustatten kommen wird. Im Zusammenhang gesehen wirkt die Zahlungsabsicht jedoch, als ob ein Teil der Beute aus dem Massaker an den König abgeliefert werde, nicht aber, als sei die Zahlung auf einen Menschenhandel zurückzuführen. Wie in 4,9, so bekräftigt die Aussage von 7,4 noch einmal, daß es sich nicht um die Versklavung des Volkes handelt, sondern um ein Pogrom an ihm.

Gehen wir nun einmal davon aus, daß Element A und Element B nicht voneinander zu trennen sind, sondern nur in Kombination miteinander erst

viel später in den Text eingearbeitet wurden, so hat die HMK zwar eine
Bearbeitung erfahren, jedoch nicht mit dem Element A und B, sondern mit
dem Inhalt, daß Hamans Racheplan an dem Volk Mordechais nicht dessen
Tötung, sondern seine Versklavung herbeiführte. Erst in der späten
Überarbeitung des Textes auf dem Hintergrund von Purim, wäre der
Tötungsaspekt in den Text eingebracht worden. Auf diesem Hintergrund
wäre die HMK zu einer Erzählung erneut ausgeweitet worden, die eine
drohende Versklavung der Familie des einen Protagonisten zum Ausdruck
gebracht hätte. Für die Umarbeitung des Textes mit Element A und B wäre
dann von der Hand der JüdRed auszugehen. Sie hätte jedoch nicht die HMK
als Vorlage gehabt, sondern die Esthererzählung insgesamt, in die sie die
beiden Elemente—einschließlich Element C—eingearbeitet hätte. Auch die
Unstimmigkeiten bezüglich der jüdischen Herkunft Esthers, die sich jedoch
nur auf 2,15 zurückführen ließ, nicht aber auf den Text der HMK, wären
damit gelöst, denn die Elemente A-C hätten ja Kap 1-7 zur Grundlage
gehabt. Führen wir uns die aufgeführten Überlegungen schematisch vor
Augen:

Zusammenhang von Tötung und Sklaverei in A-T. und M-T.

Esth 4,9	Esth 7,4	
Verkauf	Sklaverei	=> HMK
Tötung	Tötung	=> JüdRed
Verkauf/Tötung	Sklaverei	=> A-T.
Verkauf/Tötung	Tötung	=> M-T.

Wir behaupten also, daß während der A-T. noch die ursprüngliche
Ausweitung des Konfliktes, wie sie in der HMK als Versklavungsthematik
zum Ausdruck gekommen ist, wiedergibt, der M-T. den Verkauf des Volkes
mit seiner Tötung in Verbindung gebracht und den Aspekt der Sklaverei in
negierter Form (7,4) übernommen hat. Für diese Abänderung der Thematik
war die JüdRed verantwortlich. Sie fügte in 4,9 und 7,4 den Tötungsaspekt
im Hinblick auf das Purimgeschehen in Kap 8-10 ein. Auffallend ist nun, daß
der M-T. hierbei scheinbar stärker bearbeitet wurde als der A-T. Dem Grund
hierfür werden wir in Kapitel 7. nachgehen. Hier sei nur kurz erwähnt, daß
die JüdRed die Abänderung der Thematik am M-T. vorgenommen hat. Der
A-T. wurde dann im Nachhinein dem M-T. angeglichen.

Gehen wir zur Verifizierung unserer These noch einmal einen Schritt zurück
und fragen, ob die Ausweitung des Versklavungsplanes Hamans auf
Mordechais Volk denn auch auf das Jüdische Volk bezogen wurde oder ob
es sich hier ursprünglich allgemeiner um irgendein Volk handelte. Oder
anders gesagt, sind Element A und Element B von Anfang an mit dem

Aspekt von Mordechais Volk als dem Jüdischen verbunden gewesen? De facto befragen wir mit dieser Themenstellung nicht nur den literarischen, sondern auch den sozialpolitischen und historischen Hintergrund der Erzählung. D.h. erstens, wie kann unsere Annahme von einer ursprünglichen Versklavungsthematik in der HMK nachgewiesen werden und zweitens, welche politische Maßnahme bzw. historische Erfahrung liegt dieser Aussage zugrunde? Wir wollen uns diesen Fragen in einem Exkurs anzunähern versuchen.

Exkurs: Sozialpolitische Überlegungen zur Sklaverei im Alten Orient
Es ist vorweg festzuhalten, daß zu den Sklaven sowohl die im Land selbst in Abhängigkeit gefallenen Bewohner, als auch z.B. in Kriegszeiten durch Verschleppungen ins Land gebrachte Menschen, die Deportierten, zählten. Letzere hatten nicht alle denselben Status und lebten nicht unter gleichen Bedingungen. In assyrischer Zeit lebten die meisten unter Bedingungen, die ihnen gewisse Pflichten auferlegten, doch genossen sie auch Rechte. Ein anderer Teil aber lebte in völliger Abhängigkeit von dem Besitzer unter sklavischen Bedingungen.[14] Der Hintergrund hierfür war der folgende:
Je mehr sich das Assyrische Reich ausdehnte, um so nötiger wurden billige Arbeitskräfte für die Dienste am wirtschaftlichen und militärischen Aufbau des Landes gebraucht. Die assyrischen Könige Assarhaddon, Assurbanipal und Sanherib verzeichneten in ihren Inschriften, daß sie die Menschen aus den eroberten Gebieten zum Tragen der Körbe und Formen der Ziegelsteine benötigten. "The effective employment of manpower ... was connected with the creation of mobile units of workers available for any task, which were at the disposal of the king and his officials. These workers were really but little different from slaves"[15], erklärt Oded. Ähnliches ist auch für achämenidische Zeit belegt. DANDAMAYEV[16] stellt anschaulich dar, daß die "Achämeniden ... die Bevölkerung einer Reihe von Gebieten und Städten, die sich gegen die persische Herrschaft erhoben hatten, zu Sklaven" machten. "Manchmal widerfuhr dies sogar ganzen Stämmen. Einen bedeutenden Teil dieser Sklaven brachten sie auf die Güter der persischen Fürsten und Würdenträger. Die übrigen wurden auf dem Land angesiedelt. Sie wirtschafteten selbständig und entrichteten dem Großkönig Abgaben."[17] Wie die Beschaffung von Sklaven konkret aussah, zeigt DANDAMAYEV anhand eines Briefes des ägyptischen Satrapen Arsames an den Verwalter seiner Güter: "Anläßlich der Unterdrückung eines Aufstandes in Ägypten hatte sich der damalige Verwalter viele 'garda'—Handwerker—und anderes Gut angeeignet und all dies dem Besitz des Arsames einverleibt. Nun, zur Zeit eines neuen Aufstandes in Unterägypten, halten die Verwalter die garda und das Gut ihrer Herren zusammen und gewinnen dazu von anderswo neue Sklaven und neuen Besitz. Daher muß auch der Verwalter der Güter des Arsames auf garda-Handwerker ausgehen, sie mit dem Brandmal des Arsames zeichnen und auf dessen Güter bringen, wie dies die früheren Verwalter getan hatten."[18]

---

[14]   B.Oded, Deportations, a.a.O., 91.
[15]   B.Oded, Deportations, a.a.O., 90f.
[16]   M.A.Dandamayev, Geschichte, a.a.O., 16-58.
[17]   M.A.Dandamayev, Geschichte, a.a.O., 41.
[18]   M.A.Dandamayev, Geschichte, a.a.O., 41; vgl. G.R.Driver, Documents, a.a.O., Nr. VII.

DANDAMAYEV/LUKONIN nennen neben den oben angegebenen Gründen für die Versklavung, daß die Achämeniden auch Provinzen und Städte versklavten, wenn sie gegen die persische Oberherrschaft rebellierten.[19]. Zu diesen gehörten de facto auch die Juden: "The Jews who had risen up in rebellion against Artaxerxes III were resettled in Hyrcania."[20] Nun wurden die Deportierten nicht nur zu Arbeitsdiensten bestellt, sondern konnten im neuen Land früher oder später (a) zu Grundbesitzern oder einfachen, landwirtschaftlichen Arbeitern, (b) Handwerkern, Gelehrten, Experten und Kaufmännern und (c) zu Hofangestellten oder staatlichen Beamten avancieren. Tatsächlich ist aber auch die völlige Versklavung von Deportierten (d), wenn auch für die neuassyrische und neubabylonische Zeit kaum belegt, nachweisbar und in unserem Zusammenhang besonders zu beachten.

(a) Die ökonomische Basis der großen Reiche Mesopotamiens war die Agrarwirtschaft. Daher fand eine Ansiedlung vieler Deportierten in dem landwirtschaftlichen Sektor statt. Der Rabschake versprach den Bewohnern von Jerusalem im Namen des assyrischen Königs ein Land von "Korn, Wein, Brot, Weinberge, Ölbäume und Honig" (2Kön 18,32). "From the so-called 'Assyrian Doomsday Book' we can learn that plots of land were distributed among deportees."[21] Unklar bleibt jedoch der Status, den diese Landarbeiter hatten. Er war höchstwahrscheinlich an den Status des Landes selbst gebunden. Das bedeutete, daß es entweder Privatland und dementsprechend freier Besitz war, oder es gehörte einschließlich des Bauern einem Grundbesitzer oder Adligen. Möglich war auch, daß das Land als Teil des königlichen Grundbesitzes zu betrachten war. Hierbei hing der Status des Landarbeiters von dem jeweiligen Grad der Abhängigkeit vom König ab. Unter den Achämeniden bezeichnete man die Sklaven dieses Status "*garda*".[22] Wurde ein Teil der Deportierten als Sklaven ausgebeutet, so erhielt doch ein Großteil von ihnen, wie in früherer Zeit einen halb-freien Status. Sie siedelten auf königlichem Land.[23]

ODED beschreibt in einem Dreischritt die Stadien, die für die Situation der Deportierten kennzeichnend waren. Dieser Dreischritt ist zugleich ein Merkmal für die stufenweise Assimilierung der Deportierten im Land. So kennzeichnet das erste Stadium, daß die Deportierten vor und nach ihrer Ansiedlung unter der Oberaufsicht eines assyrischen Beamten ("mušarkisu"[24]) standen. Sie erhielten Land und Güter zur Produktion. Im zweiten Stadium gingen diese Felder in ihren Dauerbesitz über. Dafür zahlten sie zwar Steuern, doch war ihnen höchstwahrscheinlich nicht erlaubt, sich frei im Land zu bewegen. Nach ihrem Tod konnten sie das Land an die Nachkommen

---

[19]   M.A.Dandamayev/V.G.Lukonin, culture, a.a.O., 170.

[20]   M.A.Dandamayev/V.G.Lukonin, culture, a.a.O., 171.

[21]   B.Oded, Deportations, a.a.O., 92.

[22]   So berichtet ein Brief "Nehtihur unmercifully beat up *garda* who belonged to the Persian noble Warfish, took away their property, and also appropriated the wine and harvest yield from the estates of Warfish, which were situated in Papremis. Arshama orders his manager to make restitution immediately for all the damage done and to return to the *garda* their property" (M.A.Dandamayev/V.G.Lukonin, culture, a.a.O., 172; vgl. G.R.Driver, Dokuments, a.a.O.).

[23]   M.A.Dandamayev/V.G.Lukonin, culture, a.a.O., 172.

[24]   Die Aufgabe eines "mušarkisu" ist nach Oded schwer zu beschreiben. Er scheint jedoch dafür verantwortlich gewesen zu sein, die Deportierten aus den Herkunftsorten in das Gebiet zu führen, wo sie sich niederlassen sollten (ders., Deportations, a.a.O., 39; a.a.O., Anm. 54).

vererben, wodurch die dauerhafte Niederlassung im Exilsland begünstigt und unterstützt wurde. Schließlich wurde das Land zum Privateigentum der ehemals deportierten Familie. All dies, schränkt ODED ein, habe stattfinden können unter der Bedingung, daß der Status des Landes oder des Deportierten sich nicht auf einen königlichen Beschluß hin änderte.[25]

(b) In den Listen, in denen die Deportierten verzeichnet wurden, war auch die jeweilige Beschäftigung eingezeichnet. Grund dafür scheint das Interesse der Assyrer gewesen zu sein, maximalen Nutzen aus der Arbeitskraft der Deportierten zu schöpfen. Nun war Assyrien auch stark am Aufbau des Handels interessiert. Kaufleute kamen von allerorten nach Mesopotamien. Sie galten als freie Bürger. So hielt man auch Deportierte keineswegs davon ab, sich auf diesem Gebiet zu betätigen, sondern hielt sie, wie ODED vermutet, dazu sogar an.[26]

(c) Staats- und Rechtsdokumente lassen erkennen, daß viele Ausländer, unter ihnen auch Deportierte oder ihre Nachkommenschaft, am königlichen Hof als Beamte dienten. Sie hatten ihren Dienst in der Hauptstadt oder aber in den Provinzen zu verrichten. In diesen Stellungen kamen sie oft in hohe Positionen in der Beamtenhierarchie. Welchen rechtlichen oder sozialen Status sie damit bekamen—"whether they were really free or royal/state dependants"[27]—, ist nach ODED nur schwer zu bestimmen.

(d) ODED weist darauf hin, daß nur wenige Dokumente vorhanden seien, die die Versklavung von Deportierten nachwiesen. Die vorhandenen gäben diesbezüglich nur vereinzelte Hinweise. So beschrieben die Inschriften Asarhaddons beispielsweise, daß Sanherib nach der Zerstörung Babylons viele Babylonier versklavt, als Sklaven verkauft oder in Sklaverei verstreut hatte. Nun behauptet MENDELSOHN sogar, einer der Hauptgründe für die Sklaverei im Alten Orient sei gemeinhin die Politik der *Ver*sklavung von Gefangenen gewesen.[28] Doch paßt diese Einschätzung nicht zu den wenigen schriftlichen Belegen.[29] In jedem Fall bedeutete die Versklavung der Gefangenen zugleich ihre "*Verstreuung*". So wurden ethnische Gruppen auseinandergerissen und an einzelne Soldaten, Offiziere und Funktionäre sowie an die Bevölkerung der Städte Assyriens gegeben.

Schließlich ist zu erwähnen, daß Gefangene auch dem Tempel als Geschenk gegeben werden konnten. Die billigen Arbeitskräfte trugen dazu bei, die ökonomischen Tätigkeiten im Rahmen des Tempels aufrecht zu erhalten. ODED bemerkt abschließend, daß die Dokumente und Informationen über die Versklavung von Deportierten nur in dürftiger Zahl vorhanden sind. Daher sei zumindest für die assyrische Zeit davon auszugehen, daß die Versklavung von Deportierten eine sehr wenig angewandte Praxis erfuhr.[30]

---

[25]   B.Oded, Deportations, a.a.O., 98f.

[26]   B.Oded, Deportations, a.a.O., 104.

[27]   B.Oded, Deportations, a.a.O., 104. Insofern ist das gewählte Umfeld der Esthererzählung—der königliche Hof—durchaus nicht als märchenhaft zu bewerten.

[28]   I.Mendelsohn, Slavery, a.a.O., 1-3 u. 92-99.

[29]   Zu fragen wäre jedoch, ob die Versklavung Deportierter nicht ein so unwerter Akt war und dem jeweiligen König so wenig Ansehen einbrachte, daß eine solche Maßnahme erst gar nicht verzeichnet wurde.

[30]   B.Oded, Deportations, a.a.O., 115.

Stellen wir nun diesem Bild von der Sklaverei im Alten Orient die bloße
Aussage des Esth über die Versklavung des Volkes von Mordechai entgegen
und fragen noch einmal danach, ob sich die Versklavungsthematik in der
HMK auf irgendeine persische Volksgruppe oder das Jüdische Volk bezogen
haben könnte.

Die Dramatik der Versklavung in der HMK besteht darin, daß es sich um
ein vormalig freies Volk handelt, das in Sklaverei verfällt, nicht aber um
deportierte Unfreie, zu denen die in Persien lebenden Juden zu zählen wären
oder um Deportierte, die zu Freien wurden und dann wieder in Sklaverei
verfielen. Nur die Aussage in 2,6 (M-T./LXX-T.), in der Mordechai als
Deportierter beschrieben wird, gibt einen Hinweis darauf, daß Hamans Plan
sich gegen eine "abhängige" Volksgruppe richtete. Im A-T. wird dies jedoch
nicht erwähnt. Zudem ist dieser Vers wiederum kein Bestandteil der HMK.
Insofern gehen wir wohl besser davon aus, daß die Versklavungsthematik in
der HMK eine persische Volksgruppe, wenn nicht sogar nur die Angehörigen
des Widersachers Hamans, die Familie Mordechais betroffen hat.

Die historischen Quellen zeigen, daß der Hintergrund der HMK mit der
Versklavungsthematik kein fiktives Motiv ist, sondern es entspricht durchaus
dem gängigen persischen Habitus zur Bestrafung eines aufwieglerischen
Volkes oder eines den persischen Gesetzen zuwiderhandelnden Stammes.
Daß mit dem Familienvorstand—hier ist es Mordechai—auch dessen ganze
Familie von der Bestrafung bedroht war, scheint aus den obigen
Überlegungen heraus ersichtlich.

Wir wenden uns nun den textlichen Gegebenheiten zu und überprüfen nun
die literarische Grundlage unserer außertextlichen Befunde.

Exkurs: Textkritische Studie zu Esth 7,4
In diesem Exkurs steht der M-T. im Mittelpunkt der Betrachtung, da sich an
ihm nachweisen läßt, daß der Versklavungsaspekt ursprünglicher Bestandteil
der HMK, die Tötungsthematik dagegen späterer Nachtrag ist. Erst der
Nachweis, daß der M-T. die überarbeitete Form darstellt, zeigt, daß der A-T. in
7,4 die ursprüngliche Form der HMK aufgeführt hat.

Zur Betrachtung der Tötungsthematik, die zusammen mit Element A und B in
den Text eingearbeitet wurde, sei der Passus "לְהַשְׁמִיד לַהֲרוֹג וּלְאַבֵּד" aus 7,4
des M-T. nun aus dem Zusammenhang herausgenommen und gesondert in den
Mittelpunkt gestellt. Die lexikalische Bedeutung der drei verwendeten Verben
ist die des Tötens: "שׁמד" (Hi) (gänzlich ausrotten, vernichten); "הרג" (Kal)
(töten); "אבד" (Pi) (verloren gehen lassen, zu Grunde richten, ausrotten). Die
genannten   Verben,   die   als   grammatische   Konstruktion   dreier
aufeinanderfolgender Infinitive (constr.) komponiert wurden, finden sich an
drei Stellen im Esth: 3,13;7,4 und 8,11. Die dreifache Wiederholung dieser
recht ungewöhnlichen, triadischen Formulierung deutet darauf hin, daß wir es

hier mit einem strukturierenden Element des M-T. zu tun haben.[31] Die Begriffe selbst, die in ihrer Aufreihung einen besonderen Nachdruck auf die drohende Zerstörung und Vernichtung des Jüdischen Volkes legen, finden sich nicht nur in der triadischen Formulierung, sondern im ganzen Text verteilt: "שמד" fünfmal (3,6.13;4,8;7,4;8,11); "הרג" neunmal (3,13;7,4;8,11;9,6.10.11.12.15. 16) und "אבד" 14mal (3,9.13;4,7.14.16 (2x);7,4;8,5.6.11;9,6.12.24 (2x)). Schematisch dargestellt sieht dies folgendermaßen aus:

Der Gebrauch von "שמד", "הרג" und "אבד" im M-T.

אבד	3,9	3,13	4,7		4,14.16	7,4	8,5f	8,11	9,6		9,12		9,24
הרג		3,13				7,4		8,11	9,6	9,10f	9,12	9,15f	
שמד	3,6	3,13		4,8		7,4		8,11					

(Die kursiven Stellenangaben kennzeichnen die Bedrohung der Juden bzw. Esthers. Die nicht-kursiven Stellenangaben beziehen sich auf die Rache an den Feinden.)

Zunächst fällt auf, daß die aufgeführten Stellen bis auf 7,4 alle zu den Kap und Versen unserer HMK-Rekonstruktion gehören. Ab 8,5-9,24 gehören die Begriffe zur Purimthematik. Von den aufgeführten Stellen sind einige im Vergleich mit dem älteren A-T. und einige wegen ihres Element B-haltigem Inhalts von vornherein als sekundär zu streichen. Dazu gehört 4,7 als textliches Plus und inhaltliche Ausschmückung des M-T., 4,8 mit dem Element B und 4,16, wo Esthers Todesgefahr beim Auftritt vor dem König beschrieben wird. Die Verse 8,5ff. weisen, wie gesagt, in der Purimthematik Element B auf. Insgesamt ist festzustellen, daß der häufige Gebrauch dieser Begriffe destruktiven Inhalts im M-T. nicht ungewöhnlich ist, geht es in der kanonischen Esth doch um die Bedrohung des Jüdischen Volkes einerseits (Kap 1-7) und der Rache an ihren Feinden andererseits (Kap 8-9). Betrachtet man jedoch die Verteilung der Begriffe auf den gesamten Text, so fällt ins Auge, daß "הרג" eigentlich *erst mit Kap 9* ins Spiel kommt. An den drei anderen Stellen, 3,13;7,4 und 8,11, ist dieses Wort Teil der Trias. "שמד" taucht außerhalb der Trias nur noch zweimal auf, in 3,6 und 4,8. "אבד" ist der häufigste Begriff. Doch tritt er in Kap 9 deutlich zurück. Was aber bedeutet diese Feststellung für unseren Zusammenhang?

Die gemachte Beobachtung, daß der Begriff "הרג" außerhalb der triadischen Formulierung nur in Kap 9 Verwendung findet, führt zu dem Schluß, daß auch er mit der JüdRed der HMK bzw. dem Pre-Esth-Text in das Gesamt des Esth eingearbeitet wurde. Mit dieser Überlegung geht die Vermutung einher, daß diese Schicht insgesamt für die triadischen Formulierungen in 3,13;7,4 und 8,11 verantwortlich ist.

Zur Untermauerung unserer These soll nun noch einmal insbesondere auf die Verwendung der Begriffe "שמד" und "אבד" eingegangen werden. Es läßt sich beobachten, daß "שמד" im Gegensatz zum häufigen Gebrauch von "אבד" deutlich zurücktritt. "אבד" ist der meistverwendete Begriff im Esth, der die tödliche Bedrohung des jüdischen Volkes bezeichnet. Wir wagen hier eine wenig gebräuchliche Begründung, wollen jedoch zumindest versuchen, uns auf diesem Wege dem Problem zu nähern. Für "שמד"(Hi) und noch deutlicher für "אבד" (Pi) lassen sich nämlich symphone Parallelbegriffe ausmachen. Das zu "שמד" symphone Verb "שמט" (Hi) bedeutet "machen, daß die Hand etwas

---

[31] Vgl. hierzu Kapitel 7.4.5.3.

losläßt". Das Verb ist im Hifil nur noch in Dtn 15,3 belegt. Doch an dieser Stelle ist der Bezug dieses Verbs hinsichtlich des Besitztums von Ackerland deutlich. "Machen, daß die Hand loslässt" bedeutet, daß das Land brach liegen bleibt. Noch eindeutiger sind die Belegstellen im Kal in Ex 23,11 und Dtn 15,2. Auch hier wird von Ackerbrache gesprochen. Jer 17,4 erbringt zudem den Nachweis, daß dieses Verb in dieser Bedeutung auch zum Ausdruck von Versklavung gebraucht wurde:

וְשָׁמַטְתָּה וּבְךָ מִנַּחֲלָתְךָ אֲשֶׁר נָתַתִּי לָךְ
וְהַעֲבַדְתִּיךָ אֶת־אֹיְבֶיךָ בָּאָרֶץ אֲשֶׁר לֹא־יָדָעְתָּ
כִּי־אֵשׁ קְדַחְתֶּם בְּאַפִּי עַד־עוֹלָם תּוּקָד

(*Und du wirst dein Erbteil loslassen, das ich dir gegeben habe, und ich werde dich zum Sklaven deiner Feinde machen in dem Land, das du nicht kennst. Denn ihr habt ein Feuer angezündet in meinem Zorn, bis in Ewigkeit wird ewig brennen*). Die Bedeutung von "שׁמט" im Zusammenhang der Versklavung wird im Aramäischen fast noch deutlicher. Hier bedeutet "שְׁמֵיט/שְׁמַט" "lösen, losmachen und wegnehmen"[32]. "עבד" (Pi)[33] bedeutet gemäß der Grundbedeutung im Kal im Hebräischen und Aramäischen "dienstbar machen" und "als Sklave/Knecht dienen" (vgl. z.B. Gen 15,13f.;25,23; Ex 14,12; 2Sam 16,19; 1Kön 5,1; Jer 25,11; u.a.). Eine solche symphone Parallele für das Verb "הרג" gibt es nicht.

Übertragen wir diese Ergebnisse auf unsere Textrekonstruktion der HMK, so können wir feststellen, daß deren Inhalt—bis auf die triadischen Formulierungen—nun durchaus auf den der Versklavung eines Volkes zurückgeführt werden kann. Sowohl die Symphonik von "אבד" und "עבד" sowie von "שׁמד" und "שׁמט", als auch der Bedeutungsinhalt der beiden symphonen Begriffe hinsichtlich der Sklaverei, läßt unsere These auf sprachlicher Ebene möglich erscheinen.

Der Ersatz von Wörtern gleich*lautender* Begriffe kann dadurch erklärt werden, daß ein Redaktor bestrebt war, dem gesamten Text des Esth nicht nur einen neuen Charakter, sondern insgesamt eine neue Richtung zu geben. Der Bearbeiter, der die Purimthematik in den Zusammenhang hineinbrachte, hat mit der Einführung des Verbes des Tötens "הרג" seiner Intention einen klaren Ausdruck verliehen. Statt die vorhandenen Begriffe der Sklaverei auszutauschen, hat er die entsprechenden symphonen Begriffe eingesetzt. Was die Trias der Begriffe in 3,13;7,4 und 8,11 betrifft, so vermuten wir, daß der Redaktor die von ihm umgeprägten Begriffe "אבד" und "עבד" mit dem unverkennbaren Inhalt von "הרג" in ihrer Mitte zusammenstellte, um in diesem Konglomerat die Heftigkeit der tödlichen Bedrohung des Jüdischen Volkes Ausdruck zu verleihen. Die Häufigkeit von "אבד" im Esth, sowie seine breite Verstreuung im gesamten Esth, verstärkt die Annahme, daß ursprünglich "עבד" (*dienstbar machen*) den Text beherrschte.

Übertragen wir unsere Überlegungen nun auf die drei Versionen des Esth, dann ist davon auszugehen, daß der M-T. eine Vorlage hatte, die die Thematik der Versklavung beinhaltete. Diese findet sich de facto im A-T. Nun muß diese Vorlage jedoch in hebräischer oder aramäischer Sprache

---

[32] Vgl. M.Jastrow, Art.: "שְׁמֵיט ,שְׁמַט", a.a.O., 1594.
[33] Im AT findet sich dieses Verb im Piel jedoch nicht.

verfaßt worden sein. Auch das widerspricht keineswegs unserer These, da der A.-T. in der überlieferten Form tatsächlich auch dann der Zeuge für den ursprünglichen Text gewesen sein kann, wenn er seine Vorlage in griechischer Übersetzung wiedergibt. An dieser Stelle läßt das Hebräische des M.-T. den aramäischen Wortlaut des ursprünglichen Textes jedoch noch durchscheinen. Diesen Erkenntnissen entsprechend, beinhaltete der ursprüngliche Text die HMK in der folgenden Form:

> Haman wird in Kap 3 von dem König zum Zweiten im Lande erhöht. Alle Diener im Tor des Königs fallen vor Haman nieder, doch Mordechai verweigert sich gegenüber dieser unloyalen Gebärde vor Haman. Diese Respektlosigkeit wird Haman berichtet, und er plant, nicht allein Mordechai, sondern seinem ganzen Volk (oder seiner Familie?) Böses anzutun. In 3,6 will er, daß dieses Volk um seinen Besitz gebracht wird ("שׁמם"). Dazu braucht er des Königs Zustimmung. Er berichtet ihm, im Land lebe ein unloyales Volk, daß die Gesetze des Königs nicht befolge. Da es für den König nicht angemessen sei, sie frei leben zu lassen ("לְהַנִּיחָם" s.o.) empfiehlt Haman ihm in 3,9, dieses Volk zu versklaven ("עבד"). Dadurch bekäme der König viel Silber in seine Schatzkammern. (Der Befehl dazu wird in 3,13 noch einmal in der oben genannten Trias aufgeführt.) Daraufhin eilt Mordechai zur Königin und erzählt ihr von Hamans Plan (4,7) und bittet sie um Hilfe. Die Königin wagt für Mordechai und sein Volk (Familie) ihr Leben und tritt vor den König, um ihn zu einem Bankett einzuladen. In 7,4 wird Hamans Plan von der Königin aufgedeckt, und hier klagt die Königin vor dem König, Haman habe Mordechais Volk (oder Familie?) als Sklaven verkauft. Der König wird zornig über Hamans hinterlistigen Plan gegenüber seinem treuen Diener Mordechai und bestraft ihn mit der Erhängung am Galgen. Mordechai erhält den Besitz Hamans.

Was aber bedeutet nun dieses Ergebnis der Überarbeitung der HMK mit der Sklaventhematik für die Rekonstruktion des gesamten Pre-Esth?

Wir versuchen nun in einem weiteren Schritt dieser Überlegungen zu zeigen, daß das Pre-Esth zugleich mit der Überarbeitung der "Sklaven"-Schicht komponiert wurde. D.h. der Text des Pre-Esth stellte zwar die Ausweitung des Konfliktes auf die Familie und Volk Mordechais dar, dieses wäre jedoch nicht mit dem Jüdischen Volk zu identifizieren, sondern es handelte sich um ein nicht näher bestimmtes Volk, das sich für den Erzählinhalt dadurch auszeichnet, daß ihm sowohl Mordechai als auch die Königin Esther angehörten. Gerade dadurch wäre ein neues Spannungsmoment des Pre-Esth offengelegt. Haman hätte sich nämlich mit der Anfeindung gegenüber seinem Konkurrenten Mordechai ohne es zu wissen auch das Königshaus zum Gegner gemacht, was seinen Absichten ganz zuwider gelaufen wäre. Diesbezüglich findet sich im Text ein interessanter Hinweis. So stellt 7,14 im A.-T. das Erstaunen des Königs über Hamans Unwissenheit dar: "Und der König sprach mit Esther: 'Und wollte er

den Mordechai hängen, der mich gerettet hat aus der Hand der Eunuchen?
Wußte er nicht, daß Esther aus dem Geschlecht seines Vaters ist?'"[34] Wir
haben bei der Betrachtung des Textes in der HMK-Rekonstruktion
festgestellt, daß in diesem Vers je ein Element aus der HM und der HMK
zusammengestellt wurden und daß dieser Vers aus diesem Grunde einer
redaktionellen Schicht angehören muß.[35] Sollte sich unsere These bestätigen,
so können wir ihn tatsächlich dem Pre-Esth in der "Sklaven"-Schicht
zuordnen. Neben dieser Nachdrücklichkeit, mit der die Verwandtschaft
Esthers mit Mordechai in 7,14 zum Ausdruck gebracht wird, scheint
deutlich, daß diese für den Zusammenhang des Pre-Esth auf der Basis der
"Sklaven"-Schicht sowieso von einiger Bedeutung ist, denn nun zieht sich
Verwandtschaft und Leidensgenossenschaft zwischen Esther und Mordechai
wie ein rotes Band durch die Erzählung. Dieses Band ist es, so vermuten wir,
das von der JüdRed aufgenommen und zur Festlegende für das
Purimgeschehen auf das Jüdische Volk umgeschrieben wurde. Nun waren es
nur kleine Textveränderungen, die das Element der in Sklaverei verfallenen
Familie Mordechais durch das eines vom Pogrom bedrohten Volkes
(Element B) austauschte und dem Ganzen wurden die Elemente B und C
hinzugefügt. Doch damit diente die Erzählung auch einem ganz anderen
Zweck. Sie endete nicht allein mit der Aufdeckung des Plans Hamans und
der Verurteilung des einen Bösewichts, sondern zielte auf die Verteidigung
des gesamten Volkes und der Rache an allen ihren Widersachern und
Feinden hin—eine Erzählung über und für Hörer des Jüdischen Volkes,
deren Inhalt Anlaß zu einer jährlichen Feier wurde. Doch wollen wir diesen
hypothetischen Vorgaben im nächsten Abschnitt und in Kapitel 7. dieses
Buches eine inhaltliche Fundierung folgen lassen. Zunächst müssen wir noch
auf das Pre-Esth im Einzelnen eingehen und noch einmal der Frage
nachgehen, ob es eine nicht-jüdische Komposition der Esthererzählung
gab—und wenn ja, ob sie zu rekonstruieren ist.

5.1.2. Zweite Hypothese: Es gab eine nicht-jüdische Pre-Esth-Version

Unsere zweite Hypothese geht von der Voraussetzung aus, daß der Autor der
Esthererzählung die drei Einzelerzählungen[36] zu einem Werk
zusammenfügte. Dabei schließen wir aus, daß es die JüdRed selbst war, die
für die Zusammenfügung der drei Erzählungen zum Pre-Esth verantwortlich
war. Wir meinen vielmehr, daß ihr das Pre-Esth bereits vorlag, denn die

---

[34]   Ähnliches wird in 8,1 (M-T./LXX-T.) allerdings nur angedeutet. Dies muß unserer
Hypothese entsprechend nicht verwundern, da nur der Pre-Esth in Bearbeitung der "Sklaven"-
Schicht, den uns der A-T. liefert, hierin ein besonderes Spannungsmoment aufwies.

[35]   Vgl. Kapitel 4.5.8.

[36]   Wir gehen davon aus, daß der Autor der Esthererzählung—sollten wir mit unseren
Überlegungen zur "Sklaven"-Schicht in der HMK recht haben—die HMK in ihrer spätesten
Form aufgenommen und verarbeitet hat.

Verschiedenheit der Versionen deutet darauf hin, daß die JüdRed der Esthererzählung nicht zugleich mit der literarischen Grundgestaltung ein jüdisches Gepräge verlieh. Die folgende Rekonstruktion der Esthererzählung soll dagegen zeigen, daß ein Autor zunächst eine nicht-jüdische Esthererzählung komponierte; diese wurde dann von der JüdRed aufgenommen und zu einer jüdischen Erzählung umgearbeitet. Wir vernachlässigen bei den Untersuchungen zur nicht-jüdischen Pre-Esth-Version die Ergebnisse unserer ersten Hypothese, die Bearbeitung der HMK durch die "Sklaven"-Schicht. Erst in dem darauffolgenden Kapitel sollen die Ergebnisse beider Hypothesen einander gegenübergestellt werden.

Wenn wir uns jedoch die Frage stellen, welche Elemente und literarische Bearbeitungsformen es nun sind, die für die Verknüpfung der drei Erzählungen zur Formung einer solchen nicht-jüdischen Erzählkomposition im Pre-Esth in Frage kämen, können wir zunächst eine Reihe von offensichtlichen und zum Teil bereits beobachteten Bearbeitungsmöglichkeiten aufführen:

Formale Elemente

a) Die Angleichung der Namen aus den drei verschiedenen Erzählungen: So wären die jeweiligen Gegner aus der HM und HMK zu "Haman" und "Mordechai" der Esth geworden. Die Königinnenanwärterin der VE und die Königin der HMK wäre in beiden Erzählungen mit dem Namen "Esther" und der König der drei Einzelerzählungen mit dem Namen "Ahasveros" belegt worden. Die weisheitliche Rede am Ende der HM und der Ratschlag der Ehefrau (HMK) wären den Freunden, Weisen und Zosara (A-T./LXX-T.) bzw. Seresch (M-T.), Hamans Frau, in den Mund gelegt worden.

b) Der Ort des Geschehens wäre für alle drei Erzählungen nun Susa.

c) Eine einheitliche Datierung verlegte die "zeitlosen" bzw. unterschiedlich datierten Erzählungen in einen festgesetzten Zeitraum.

d) Durch die Globalisierung des Geschehens der drei Einzelerzählungen (vgl. z.B.: "im ganzen Königreich" (1,20;3,6) bzw. "alle Provinzen" (1,16.22;2,3;3,8.12 etc.), "in allen Sprachen und Schriften" (vgl. 1,22)) wäre der Rahmen des Esth vereinheitlicht worden.

e) Stark strukturierend und verbindend wirken zudem die Bankette in den Kap 1;2;5 und 7.

Einfügung und Veränderung von Inhalten

a) Der Zorn des einen Kontrahenten (Haman) auf den anderen (Mordechai) in HM und HMK wäre zum Anlaß für den Konflikt zwischen den beiden männlichen Akteuren in der Esth geworden. Die jeweiligen Hintergründe für diesen Zorn (Neid (HM) und Ehrverletzung (HMK)) blieben jedoch, wie am Esth ersichtlich ist, erhalten.

b) Aus der schönen Waisen (Esther) und ihrem Adoptivvater (Mordechai) in der VE einerseits und dem vom Bittstellertum geprägtem Verhältnis zwischen Esther und Mordechai in der HMK andererseits, wäre nun das Verwandtschaftsverhältnis zwischen der Königin Esther und ihrem am Hofe dienenden Oheim Mordechai geworden, ohne jedoch die gemeinsamen ethnischen Wurzeln zu definieren.

c) Die Ausweitung des Konfliktes zwischen Haman und Mordechai auf sein Volk bzw. seine Familie ("Sklaven"-Schicht der HMK) verbindet in einem großen Spannungsbogen die Kap 3-10 miteinander.

d) Die Vielzahl der Dekrete könnten als verbindendes Element zwischen den drei Erzählungen eingefügt worden sein (Element B).

Ausschmückungen
Literarische Bearbeitungen wie textliche Umschreibungen und Ausschmückungen (Emotionsbeschreibungen) sowie Motivwiederholungen (Bankette; Gespräch Zosaras mit Haman etc.) könnten als textliche Verbindungsstücke zwischen die Erzählteile plaziert worden sein.

Zur literarkritischen Analyse wollen wir die oben aufgeführten Bearbeitungsmöglichkeiten nicht aus dem Textzusammenhang herausstellen, sondern sie umgekehrt, in ihrem kontextuellen Zusammenhang auf ihre literarische Funktion hin untersuchen und ihre Intention hinsichtlich der Aussage des gesamten Esth beleuchten.

5.1.2.1. Literarkritische Untersuchung der Motive und Elemente im Textzusammenhang des Esth
Die oben aufgeführten Bearbeitungsformen wurden als mögliche Kompositionselemente und -motive aufgeführt. Es gilt nun, diese auf ihre redaktionelle oder kompositionelle Funktion im Text, auf ihre Intention im Gesamt des Esth sowie auf ihre mögliche Zugehörigkeit zur JüdRed hin zu untersuchen. Wir stützen uns bei dieser Suche noch einmal auf den Versionsvergleich. Er wird vornehmlich zwischen dem M-T. und dem A-T. vorgenommen, da wir in diesen beiden Texten die den ursprünglichen Erzählungen nahestehenden Texte vorfinden. Nur in den gesonderten Fällen, in denen der LXX-T. einen vom M-T. und dem A-T. abweichende Version aufweist, soll auf ihn eingegangen werden.

Ad Add A:
  Add A: Vgl. hierzu unsere Textuntersuchungen in Kapitel 4.2.1.1.

Erläuterungen: In der Textrekonstruktion der HM wurde für Add A der Aspekt von Mordechais jüdischer Herkunft weggelassen. Auch den Traum sowie Hamans abschließende Rachepläne an Mordechai und seinem Volk haben wir nicht zur HM gezählt, da wir annahmen, daß diese Elemente der JüdRed angehören. Wir werden diese These auch bei der Rekonstruktion des Pre-Esth vertreten.

Ad Kap 1:

> *M-T.:* Der M-T. und der A-T. weisen in Kap 1 zwar einen gleichen Handlungsverlauf auf, doch finden sich im M-T. gegenüber dem A-T. 1.) einige zusätzliche Elemente und Ausschmückungen und 2.) andere inhaltliche Akzentuierungen. Zu 1.) gehören a) *Susa* als Ort des Geschehens (V.2), b) die *Datierung* (V.3) und c) die *namentliche Aufführung der Eunuchen* (V.10.14.21). Zu 2.) gehören a) der Aspekt der *Schönheit Vastis,* die sie den Gästen des Königs nicht präsentieren will (V.11), b) der *Gesetzesentwurf* über das Verbot für Vasti, noch einmal zum König zu kommen (V.13.15.19.20) und c) die Verschickung des Edikts mit der Ermahnung, daß die *Männer in ihren Häusern herrschen* sollen und daß die *Sprache seines Volkes geredet* werden solle (V.17.18.20[37].22).

> *A-T.:* 1.) Der A-T. akzentuiert, daß *Vasti den Willen des Königs außer Geltung setzt* und damit der Ungerechtigkeit bezichtigt wird (V.12.13.16), während der M-T. Vastis Verstoß gegen das Gesetz in den Vordergrund rückt. (Anzumerken ist, daß die Feier des Königs im A-T. mit der Feier seiner Rettung begründet wird).

Erläuterungen: Vor der Betrachtung der oben aufgeführten Beobachtung, soll noch eine Beobachtung mit einbezogen werden, die wir in Kapitel 4.2.1.1. bereits gemacht haben und die hier nun wieder aufgenommen werden muß. Es hatte sich nämlich gezeigt, daß die Add A mit Hilfe der Überleitungsformel "Καὶ ἐγένετο μετὰ τοὺς λόγους τούτους" in 1,1 der griechischen Versionen an den kanonischen Text angebunden wurde. Dieser Formel folgt in V.1b die Nachricht über die Eroberungen der 127 Provinzen durch den König. Sie wurde dem Text—wie am M-T. und am LXX-T. besonders deutlich wird—als erklärende Apposition beigefügt. Die Formel übernimmt die Funktion der Historisierung des Geschehens. Sie gibt den Namen des persischen Herrschers an und zeichnet mit der Darstellung seiner

---

[37] Dieser Aspekt von der Herrschaft der Männer in ihren Häusern findet sich im A-T. in V.20 nur angedeutet. Im Gegensatz zum M-T. und dem LXX-T. bestimmt er jedoch nicht den Duktus von Kap 1. Auffällig ist in 1,20 des A-T. die Wendung "ἀπὸ πτωχῶν ἕως πλουσίων" (*vom Ärmsten bis zum Reichsten*), die im AT sonst an keiner anderen Stelle zu finden ist. Dies spricht für den primären Charakter dieses Verses. Vergleicht man aber V.5 mit V.20 im M-T. und im A-T., so fällt auf, daß beide an erster Stelle gegenüber der zweiten die gleiche Formulierung "וְעַד־קָטָן וְעַד־גָּדוֹל לְמִגָּדוֹל" bzw. "ἀπὸ μεγάλου ἕως μικροῦ" (*vom Größten bis zum Kleinsten*) haben. Seltsamerweise fehlt diese Wendung aber im LXX-T. in V.5. Dies ist um so erstaunlicher, als wir bisher immer wieder die Abhängigkeit des LXX-T. vom M-T. bzw. vom A-T. feststellen konnten. Die einzige Erklärung für diesen Zusammenhang ist, daß der LXX-T. in V.5 wahrscheinlich den ursprünglichen Text des A-T. überliefert. Dem A-T. wurde in einer späten Überarbeitung vom M-T. her der Ort "Susa" sowie die Wendung "vom Größten bis zum Kleinsten" beigefügt.

imperialen Machtentfaltung ein prächtiges Bild von Zeit und Raum, in dem die Erzählung spielt. Insgesamt paßt dies hervorragend zu der Einleitung des Esth (1,1-4), die die Aufgabe zu erfüllen hat, die Kulisse des Geschehens zu entwerfen. Wir nehmen daher auch an, daß es sich bei diesem Element der Eroberung der 127 Provinzen um ein kompositorisches handelt. Es wurde als Überleitung von der Erzählung in Add A zu Kap 1 entworfen.

Nun tauchen in dieser Einleitung des M-T. zwei weitere Elemente auf, die im gesamten Esth der hebräischen Version immer wieder aufzufinden sind. Zu ihnen gehören die Plazierung des Geschehens in *Susa* und eine auf die Regierungszeit des Königs ausgerichtete *Datierung*. D.h. der Rahmen für das nun folgende Geschehen wurde in Kap 1 mittels Einführung des Ortes und der Datierung ausgestaltet. Die Datierung des Gastmahls dient natürlich dazu, das Geschehen in einen geschichtlichen Rahmen hineinzustellen. Doch sind weder Ort noch Zeit in der Ein- bzw. Überleitung des A-T. zu finden. Es ist daher anzunehmen, daß beides einer Redaktion des M-T., nicht jedoch zur Komposition des Pre-Esth gehörte. Diese beinhaltete allein die Vorstellung des Königs mit der Ausdehnung seines Machtbereiches sowie die Präsentation seiner Macht vor den Oberen seines Volkes mittels eines Banketts, wie wir sie in den V.1-4 finden.

Eine weitere Ausgestaltung des Textes zeigt sich im M-T. an den *Aufführungen der Namen*. Die umfassende Vorstellung der sieben Eunuchen mit ihren persischen Namen schmücken den Text atmosphärisch so aus, daß sich Leser und Leserinnen bei ihrem Klang in eben dieses Umfeld versetzt fühlen.[38] Neben Kap 1 weist der M-T. dieses Merkmal auch an anderen Stellen auf. Hierzu gehören 2,7 (Esther wird mit einem hebräischen Zweitnamen belegt); 2,21 (vgl. 6,2) (der M-T. nennt gegenüber dem LXX-T. die Namen der Eunuchen; im A-T. fehlt dieser Vers jedoch ganz); 4,5 (der Eunuch der Königin Esther wird mit Namen genannt; im A-T. trägt er jedoch keinen Namen) und 9,6-9 (die zehn Söhne Hamans werden namentlich aufgeführt, während der A-T. in 7,44 nur die Anzahl der Söhne angibt). Somit handelt es sich bei den Namensnennungen im M-T. um ein redaktionelles, nicht aber um ein kompositorisches Element.

Desweiteren findet man im *M-T.* zwei zusätzliche *weisheitliche Aspekte*, die sich als Ermahnungen auf den Ethos des Volkes beziehen. Hierbei wird

---

[38] Vgl. hierzu den Aufsatz von A.R.Millard, in dem er darstellt, daß der M-T. in seiner hebräischen Sprache eine durchaus getreue Wiedergabe der ursprünglichen persischen Namen aufweist: "Thus we conclude the Hebrew text of Esther can be trusted to give non-Hebrew names accurately ..." (ders., Persian Names, a.a.O., 485). "Where no originals are available to compare with the Hebrew, we can rely confidently upon the Hebrew forms, and not treat them with unjustified scepticism simply because the versions differ" (ders., a.a.O., 487). Tatsächlich ist für unser Anliegen hierbei weniger von Belang, ob der M-T. gegenüber dem A-T. die Namen originalgetreuer wiedergegeben hat, als vielmehr die Ausführlichkeit, mit der er diese gegenüber dem A-T. aufführt. Sie bringt uns zu dem oben dargelegten Schluß, daß der M-T. die Namensnennungen zur Schaffung einer persischen Atmosphäre im Text benutzt.

der Akzent auf die Beibehaltung der Identität im Sprechen der Sprache des eigenen Volkes gelegt. Scheinbar handelt es sich bei dieser Ermahnung weniger um einen Aufruf an die multikulturelle Bevölkerung des Persischen Reiches, als vielmehr um das Interesse, angesichts der Vielsprachigkeit der multikulturellen Gesellschaft im Persischen Reich, die eigene, jüdische Identität nicht untergehen zu lassen. Diese soll im Sprechen der jüdischen Sprache und Aufrechterhalten der jüdischen Familienstruktur bewahrt werden.[39]

Der *Duktus des A-T. und der des M-T. unterscheiden sich* darin, daß bei ersterem mit *Vastis Widerstand gegen den Willen des Königs* einher geht, daß *der Wille des Königs außer Geltung gesetzt wird* und damit die ganze Gesetzgebung des Reiches einen Angriff erleidet.[40] Im M-T. kommt dagegen nur zur Sprache, daß Vasti sich weigerte, den Befehl des Königs auszuführen. Im Handlungsablauf des *M-T.* liegt der Akzent vielmehr darauf, ein legislatives Verfahren gegen sie und die *Ediktschreibung als exekutives Mittel* zur Durchsetzung des königlichen Willens (Element B) einzuleiten. Weil dieses Element für den Verlauf des Esth im M-T. aber so konstitutiv ist, erfährt es dort eine umfassendere Darstellung: Neben dem Anlaß für den königlichen Befehl (Vastis Schönheit), werden die Begründung (Vastis Weigerung gegenüber dem König und folglich Weigerung der Frauen gegenüber ihren Ehemännern (V.17)), die Konsequenzen aus dem Verhalten Vastis (Verbot vor den König zu kommen (V.19)[41] und Suche einer neuen Königin) sowie die Ausführung des Ediktes mit zusätzlichem Inhalt dargelegt. Die beiden anderen Edikte in 3,9-15 (M-T.) (vgl. 3,10.13 (A-T.)) und in 8,10-14 (M-T.) (vgl. 7,33-36 (A-T.)) bestimmen den Duktus des Esth, da sie dort Höhepunkt (Edikt zur Einleitung des Pogroms an den Juden) und Lösung des Konfliktes (Abwendung des Pogroms durch ein Gegenedikt) markieren. Letzteres führt uns noch einmal zu der Erkenntnis, daß das Element der Ediktschreibung und die sonst stark gesetzlich orientierte Sprache, wie sie v.a. im M-T. zu finden ist, vom Purimgeschehen her zu betrachten sind. Zusammen mit der Datierung ist Element B in Kap 8-9 (M-T.) für die Konstituierung des Purimgeschehens unablässig. Zum Pre-Esth gehört jedoch die Purimthematik nicht. Aus diesem Grund findet man im A-T. Element B auch kaum. Dort, wo es auftaucht, ist es, so vermuten wir, in Überarbeitung durch die JüdRed eingefügt worden.

---

[39] Vgl. hierzu auch 3,12 (M-T.).

[40] Vgl. hierzu in Kapitel 4.5.3.1. die Bedeutung der Verweigerung gegenüber dem königlichen Willen. Im Persischen Reich war dieser mit der Gesetzgebung faktisch identisch.

[41] Auch dieses Element vom Erscheinen vor dem König, das mit Bestrafung einhergehen kann, kehrt in der Gesamtkomposition des Esth erst in 4,11 wieder und könnte bereits hier zur Einführung und Ausschmückung aufgeführt worden sein.

Komponiert wurde das erste Kap des Esth also aus der von uns oben
beschriebenen VE und einigen textformenden Elementen. Zu diesen gehört
die Einleitung (1,1-4) mit ihren historisierenden und ausschmückenden
Inhalten, jedoch ohne Susa als Ort des Geschehens und der Datierung. Ein
tragendes kompositorisches Mittel für das gesamte Esth ist desweiteren das
Motiv des Widerstandes gegen den königlichen Willen, das in Kap 1
angelegt wird. Es ist konstitutiv für die Komposition des Esth, denn wir
finden es als Umformung der HMK-Erzählung wieder, wenn Mordechai sich
gegenüber dem königlichen Befehl verweigert, vor Haman niederzuknien
und so den zentralen Konflikt der Erzählung anzettelt.

Ad Kap 2:

    M-T.: 1.) Folgende Elemente werden im M-T. aufgeführt, die sich im A-T.
    nicht wiederfinden: a) die *Suche* nach den Jungfrauen *in allen Provinzen des*
    Königreiches (V.3), b) *Susa* als Versammlungsort der Jungfrauen (V.3.8), c)
    die *jüdische Geschichtsdarstellung* (V.6), d) *Esthers Status als Waise* (V.7.15)
    und ihr *Zweitname* (V.7), e) der *Verweis auf einen Gesetzesentwurf* zur
    Versammlung der Jungfrauen (V.8) f) die *Versorgung der Jungfrauen* (V.9,11-
    15), g) das *Verschweigen der jüdischen Herkunft* Esthers (V.10.20), h) die
    tägliche *Fürsorge Mordechais für Esther* (V.11), i) die *Datierung* (V.16), j)
    das *Gastmahl* für die Fürsten (V.18), k) die *zweite Versammlung* der
    Jungfrauen während die Mordechais im Hof sitzt (V.19). Desweiteren sind hier
    2.) Erzählelemente anzutreffen, die im M-T. gegenüber dem A-T. noch einmal
    aufgeführt worden sind: a) die *familiäre Situation Esthers* (V.15 vgl. V.7), b)
    das *Wohlgefallen Esthers vor dem Wächter* des Frauenhauses (V.15 vgl. V.9).
    3.) Der Erzählteil *2,21-23 findet sich nur im M-T.*, nicht im A-T.

Erläuterungen: Zunächst fällt auf, daß wir einigen der oben aufgeführten
Elemente aus Kap 1 des M-T. in Kap 2 wiederbegegnen. So ist die
Zentralstellung Susas als Ort der Handlung hier wie dort zu finden. Zwar
wird Susa auch im A-T. (2,5) erwähnt, doch dort gehört diese Anmerkung
zur Darstellung Mordechais, wie wir sie auch in der Add A des LXX-T.
wiederfinden, weniger zur Plazierung des Geschehens an diesem Ort.[42] Es ist
auch aus Kap 2 zu folgern, daß die Angabe des Ortes des Geschehens mit

---

[42] Josephus verlegt den Wohnort Mordechais erst an dieser Stelle von Babylon nach Susa:
"μεταβὰς δὲ καὶ ὁ θεῖος αὐτῆς ἐκ τῆς Βαβυλῶνος εἰς Σοῦσα τῆς Περσίδος
αὐτόθι διῆγεν" (*Danach ging ihr Onkel von Babylon hinüber nach Susa in Persien und
wohnte dort*) (ders., Antiquitates, a.a.O., XI/6, 204). Dies mag darauf zurückzuführen sein, daß
Mordechai im M-T. (2,6) als Gefangener der Golah unter Nebukadnezzar, dem König von
Babylonien, vorgestellt wurde. Insofern kann Josephus auch schreiben, in *Babylon* habe man
ein Mädchen gefunden, das seine Eltern verloren hatte und von ihrem Onkel aufgezogen wurde,
dessen Name Mordechai sei (vgl. ders., a.a.O., XI/6, 198). Erst mit Esthers Heirat zieht
Mordechai nach Susa, um dort zu wohnen. Das Targum Rishon erklärt die inhaltliche
Diskrepanz zwischen den Informationen in 2,5 und 2,6 (M-T.) damit, daß Mordechai und die
ganze Gemeinde Israels nach der Eroberung Babyloniens durch Kyros und Darius mit auf die
Burg Susa zogen (B.Grossfeld, Targums, a.a.O., 42).

seiner Hervorhebung und Zentralstellung im M-T. nicht nur zur Komposition des Rahmens zu rechnen ist, sondern an anderen Stellen redaktioneller Art ist. Darauf weist v.a. der Gebrauch des Städtenamens im A-T. hin. Dort wird er nämlich außer in Esth 1,5 (vgl. 2,5) nur im Schlußkapitel (ab 7,14-52) genannt.[43] Wir schlußfolgern daher, daß außer 1,5 alle genannten Stellen der JüdRed zuzuordnen sind. Im M-T. kommt diese redaktionelle Bearbeitung verstärkt zum Ausdruck, da hier das Geschehen auch in den anderen Kap auf Susa als dessen Zentrum konzentriert wurde.

Gleiches läßt sich auch über die *genaue Datierung* des Geschehens sagen. Sie bezieht sich im Kap 2 auf die Begegnung zwischen Esther und dem König und dient wie auch in Kap 1 der Historisierung des Geschehens. Sie will den Aufstieg Esthers real erscheinen lassen. Sie ist im A-T. nicht vorzufinden, weshalb die Datierung auch nicht zum Pre-Esth gehört.

Der Verweis auf einen *Gesetzesentwurf* in V.8, nach dem die Jungfrauen in Susa versammelt werden sollen, zeigt, wie in Kap 1, daß die Beschlüsse des Königs im M-T. durch die Erstellung und Verteilung eines Gesetzes vermittelt und ausgeführt werden. Der A-T. kennt dieses Motiv weder aus Kap 1 noch wird an dieser Stelle davon berichtet. Diese Darstellung dient jedoch ein weiteres Mal dazu, die beiden Hauptedikte in Kap 3 und 8 vorzubereiten.

Neben diesen M-T.-spezifischen Elementen, die uns bereits aus Kap 1 bekannt sind, tauchen in Kap 2 nun noch einige andere Akzente auf. Ein eher am Rande zu erwähnendes Element stellt hierbei die Ausweitung des Handlungsrahmens auf das *ganze Persische Reich* dar (V.3). Eine Vorstellung von den Ausmaßen dieses Reiches wurde bereits am Anfang der Esth-Komposition in 1,1 gegeben: Es umfaßt, wie alle drei Versionen übereinstimmend berichten, 127 Provinzen. Ähnlich wie die Benennung der Eunuchen mit ihren persischen Namen in Kap 1, wird auch hier noch einmal vor Augen geführt, daß die Esth im Zeitalter der größten Machtausbreitung der Perser und Meder spielt. Zugleich wird hier ein großartiges Bild vom Reichtum und der Pracht des persischen Königs gezeichnet.[44]

Dem gleichen Zweck dient die Erwähnung des *Gastmahls für die Fürsten* aus Anlaß der Hochzeit des Königs mit Esther (V.18). Sie verweist vornehmlich auf das pompöse Gastmahl aus Kap 1, demonstriert aber erneut

---

[43] Von den neun Stellen, an denen Susa im A-T. genannt wird, gehören sieben zum redaktionellen Schlußteil der A-T.-Version.

[44] P.Briant führt Esth 2,2-3 (M-T.) als eine der verschiedenen paradiesischen Beschreibungen des persischen Reiches auf: "Table et paradis participent donc de l'exaltation de la splendeur royale. Il en est de même des prestations humaines, comme le montre le text de l'édit (certainement apocryphe) transmis par le rédacteur du *Livre d'Esther*." Die Verse 2-3 kommentiert Briant so: "Les plus belles femmes de l'Empire doivent venir charmer les nuits du Grand Roi, au même titre que les productions les plus renommées des différents pays venir rehausser le luxe de la table royale, et les senteurs des plantes exotiques accompagner le Grand Roi dans ses promenades paradisiaques!" (ders., Histoire, a.a.O., 216).

den Prunk des Reiches. Auch der im A-T. nicht ausgeführte, im M-T. dagegen eindrücklich ausgestaltete Bericht von der *Versorgung der Jungfrauen,* dient nicht nur der Ausschmückung des Textes, sondern eben dieser Glorifizierung des Reichtums im Persischen Reich. Wir haben es bei den aufgeführten Elementen ausschließlich mit dem Werk einer Redaktion zu tun, die nur im M-T. zu finden ist. Sie gehören daher nicht zur Komposition des Pre-Esth.

Einen starken Akzent legt der M-T. auf die Einführung Esthers. Er legt ihren Status als Waise und das Adoptionsverhältnis gegenüber Mordechai offen. Unter diesen Umständen ist eine Verwandtschaft zwischen Mordechai und Esther, die für die JüdRed von besonderer Bedeutung ist, erst möglich. Esther und Mordechai gehören nun der gleichen Familie und dem gleichen Volk an. Tatsächlich findet sich dieses Verwandtschaftsverhältnis auch im A-T. Die *Darstellung Esthers als Waise* kennt jedoch nur der M-T. und gehört daher nicht zum Pre-Esth. Sie ist an sich nicht nötig, dramatisiert aber die Figur der Esther, weil der steile soziale Aufstieg vom Waisenkind zur Königin nun in einem besonders auffallendem Licht erscheint. Sie festigt zugleich das Verhältnis zwischen Esther und Mordechai, das für den Verlauf der Esth von hohem Belang ist. Diesem Zweck dient auch die Anmerkung des M-T. über *Mordechais tägliche Fürsorge* für Esther. Hinzuzufügen ist jedoch, daß Mordechai in der Esth-Komposition in V.5 nicht mehr vorgestellt werden muß, da er bereits in Add A eingeführt wurde. D.h., de facto fiele dieser ganze Vers der JüdRed zu. Wir können hier nur spekulieren, daß Mordechais Name ursprünglich im Pre-Esth im Zusammenhang von V.7 auftauchte.

Bei der *Namensnennung Esthers* war nun sehr deutlich die JüdRed am Werk. Sie verdeutlicht im Zusammenhang dessen, daß sowohl Mordechai als auch Esthers Vorfahren Juden sind, Esthers Zugehörigkeit zu diesem Volk. Esther trägt entsprechend einen jüdischen Namen. In dem gleichen Zusammenhang steht der zweimalige Bericht im M-T. (V.10.20), daß Esther ihre jüdische Herkunft nicht erwähnte. Dieses *Schweigegebot* erscheint im Zusammenhang zunächst wenig einsichtig. Betrachten wir dieses Element im M-T., dann zeigt sich, daß erst in 8,1 (M-T.), bei der Erhöhung Mordechais an Hamans Stelle, das Verwandtschaftsverhältnis zwischen ihm und Esther und damit Esthers Zugehörigkeit zum Jüdischen Volk, aufgedeckt wird. Aus diesem Blickwinkel erscheint das Schweigegebot in Kap 2 und die Aufdeckung des Verhältnisses in Kap 8 wie ein komponierter Spannungsbogen, der Anfang und Ende der Erzählung (vor den Ausführungen zu Purim in Kap 8-10) miteinander verbindet. Doch zweierlei ist im Vergleich der Versionen auffällig: Erstens handelt das Schweigegebot in 2,10.20 davon, daß Esther nicht erzählen solle von welchem Volk sie abstamme; in 8,1 dagegen wird nur die Verwandtschaftsbeziehung zwischen

Esther und Mordechai offengelegt, nicht aber, daß Esther durch diese Beziehung auch zum Jüdischen Volk gehört. Zweitens ist anzumerken, daß wir beides nur im M-T. vorfinden. Der A-T. kennt diese Motive nicht. Dieser hat als textliches Plus allein die rhetorische Frage des Königs in 7,14, ob Haman denn nicht gewußt habe, daß Esther aus dem Geschlecht Mordechais stamme. Nun ist 7,14 als sekundär einzustufen[45] und so kann diese Motivkette, die wir oben als Spannungsbogen gekennzeichnet haben, grundsätzlich nicht zum Pre-Esth gerechnet werden.

Auf der Basis dieser beiden Einwände können wir davon ausgehen, daß die Beziehung zwischen Esther und Mordechai zwar zur Pre-Esth-Komposition gehört, dort aber eine untergeordnete Rolle spielt. Sie wird in Kap 2 eben nur als Erziehungs- und Versorgungsverhältnis angedeutet, nicht aber auf die ethnische Zusammengehörigkeit ausgeweitet, und ist für den inhaltlichen Zusammenhang der Erzählung nur insofern von Bedeutung, als daß Mordechais Bitte bei Esther, ein Veto vor dem König für ihn einzulegen, verständlich wird. Sie wurde folgerichtig in die Komposition eingepaßt und harmonisiert deshalb gut mit dem Kontext. Sie schafft, wie oben bereits erwähnt, außerdem eine inhaltliche Verbindung zwischen VE und HMK.[46] Doch der M-T., an dem wir die JüdRed erkennen können, geht hier noch einen Schritt weiter. Er legt im kontextuellen Zusammenhang der *jüdischen Geschichtsdarstellung* in V.6, wo deutlich wird, daß Mordechai Jude ist, und in der umfassenderen Darstellung von Mordechais Sorge um Esther, eine starke Betonung darauf, daß diese Umstände zugleich auch existentielle Konsequenzen für Esthers Position am Hof sowie auf ihr Leben haben, denn die Ausweitung des Konfliktes mit Haman betrifft auch sie als Jüdin. Dieser zweite Aspekt des Verwandtschaftverhältnisses, wie er im M-T. zum Vorschein kommt, findet in Kap 4 eine breite Ausarbeitung. Da der M-T. und der A-T. die Darstellung dieses Verwandtschaftsverhältnisses miteinander teilen, handelt es sich bei diesem höchstwahrscheinlich um ein kompositorisches, bei der Betonung des ethnischen Verhältnisses Esthers zu ihrem Volk, um ein redaktionelles Element, das wir der JüdRed zuordnen. Wir werden anhand der Untersuchung des Kap 4 noch besser die redaktionellen Verbindungslinien, die hier ihren Anfang finden, aufzeigen können.

Wenig durchsichtig erscheint uns schließlich 2,19 mit seiner Aussage über das erneute *Versammeln von Jungfrauen*, da Esther doch bereits zur Königin gekrönt worden ist. Weder der LXX-T. noch der A-T. führen diesen Inhalt auf.[47] Nun schlägt der kritische Apparat des M-T. an dieser Stelle vor,

---

[45] Vgl. hierzu Kapitel 4.5.8.
[46] Vgl. hierzu Kapitel 4.5.2.
[47] Das Targum Scheni führt als Erklärung für diesen Vers die Eifersucht der Frauen an: "Warum wurden sie zum zweiten Mal versammelt? Wegen Ester, die im Palast des Königs saß,

"מִשְׁנֶה הַנָּשִׁים בֵּית־אֶל 'הַבְּ בֶל—" ((*es wurden*) *die Jungfrauen in dem zweiten Frauenhaus (versammelt)*[48]) zu lesen. In dem Fall, daß Esther zusammen mit allen anderen Frauen in das zweite Frauenhaus gebracht worden wäre, würde dies in der Tat Sinn machen, denn mit Blick auf 4,11, wo Esther der Bitte Mordechais zum König zu gehen entgegenhält, daß sie bereits 30 Tage nicht mehr zu ihm gerufen wurde, zeigte sich der Hintergrund für diese Aussage. Man vergleiche hierzu auch 2,14, ein textliches Plus des M-T., in dem erklärt wird, daß der Verbleib im zweiten Frauenhaus nach sich zog, daß der König das Mädchen nicht mehr zu sich kommen ließ. Gegen diese Theorie spricht jedoch, daß Esther noch im Vers zuvor (2,18) zur Königin gemacht worden war. Daß sie nun im darauffolgenden gleich mit den nicht-erwählten Frauen ins zweite Frauenhaus gebracht wurde, wirkt eher so, als sei mit der Hochzeit eine lästige, aber notwendige Angelegenheit erledigt worden. De facto tritt Esther, die Königin, bis zu Kap 4 aber nicht mehr auf den Plan. Und, wie gesagt, ihr Handeln wird dann, als sie von Mordechai darum gebeten wird, dadurch erschwert, daß sie schon einen Monat lang nicht mehr zum König gerufen wurde. Wir können daher nur die folgenden Schlußfolgerungen ziehen: V.19, so, wie er im M-T. zu finden ist, macht wenig Sinn. Wir vermuten mit dem kritischen Apparat zum M-T., daß der Inhalt des Verses die Versammlung der Frauen im zweiten Frauenhaus zum Ausdruck bringen wollte. Damit hätte der M-T. gegenüber dem A-T. wiederum ein den Textzusammenhang verdichtendes Element eingeflochten, denn er hätte die Information in 2,14 über 2,19 mit 4,11 in Bezug gesetzt und so eine inhaltliche Verbindung zwischen den Kap untereinander geschaffen, der dem A-T. nicht vorliegt. Er gehört demnach auch nicht zum Pre-Esth.

Mit der Komposition des Erzählteils in 2,21-23, wie sie sich nur im M-T. (und auf dessen Vorlage im LXX-T.) findet, haben wir uns bereits ausführlich im Kapitel 4.2.1.1. auseinandergesetzt. Unsere These besagte dort, daß der M-T.-Redaktor den Inhalt der Add A geschickt in den Verlauf des Textes eingegliedert hat. Nun wirkt der Ablauf der Erzählung viel

---

und der König liebte sie mehr als alle Frauen, und er setzte die Krone der Königsherrschaft auf ihr Haupt. Und nur deshalb wurden diese Jungfrauen zum zweiten Mal versammelt, weil die Fürsten des Königs sprachen: 'Wenn du willst, [daß] Ester uns ihr Volk und ihre Familie offenbart, dann mache sie eifersüchtig wie andere Frauen, und sie wird dir ihr Volk und ihre Familie offenbaren.' Deshalb ist geschrieben: zum zweiten Male" (zit. n. B.Ego, Targum, a.a.O., 91). osephus hat in seinem Text wohl Mordechais täglichen Aufenthalt vor dem Palast und damit seine Besorgnis um Esther beschrieben, doch er überliefert die zweite Versammlung der Jungfrauen nicht (ders., Antiquitates, a.a.O., XI/6, 204).

[48]   Unverständlich bleibt bei dem Vorschlag des textkritischen Apparates der BHS, woraus er die Endung "בֶל-" ableitet. Es handelt sich hier wohl um einen Schreibfehler, denn entsprechend dem ersten Wort aus V.19 müßte die Endung "בֵּיץ-" lauten. Eine Ableitung von "יבל" ist inhaltlich zwar möglich, doch bedeutet "יבל" nur im Hophal "geführt werden/gebracht werden". Die Endung "בֶל-" ist im Hophal jedoch nicht möglich. Die Niphalform des Verbs könnte wohl eine solche Endung haben, doch kommt sie im AT nirgends vor.

flüssiger und in Kap 6 kann auf diese Zwischenszene hervorragend Bezug genommen werden. Doch müssen wir diese Zwischenszene de facto wiederum von der Erzählung des Pre-Esth ausschließen, da sie im A-T., dem Zeugen für das Pre-Esth, nicht vorliegt und erst im M-T. auf dessen Basis eingearbeitet wurde.

Ad Kap 3:

> *M-T.:* Wiederum weist der M-T. 1.) literarische Besonderheiten auf, die der A-T. nicht kennt oder nur am Rande erwähnt. Hierzu gehören: a) das Element B, die *schriftliche Anordnung des Königs* in V.9.12.13.14, b) Element C, die *Datierungen* (V.7.12.13), c) der Hinweis auf die Veröffentlichung der Anordnungen in den *volkseigenen Sprachen und Schriften* (V.12; vgl. Kap 1,22) und d) die Verbreitung des Dekrets per "Eilbrief" *im ganzen Persischen Reich* (V.12.13). 2.) In V.4.6.15. finden sich kleine erzählerische *Ausschmückungen.* 3.) Gegenüber dem A-T. verschiedene inhaltliche Akzentuierungen setzt der M-T. a) in V.6, *Hamans Motivation zur Ausweitung seines Plans auf alle Juden,* und b) in V.8, die Beschreibung des *Jüdischen Volkes als eines abgesonderten* von den anderen Völkern.
>
> *A-T.:* Der A-T. weist 1.) ein textliches Plus a) in V.10 über die *Unmöglichkeit, die Versiegelung zurückzunehmen* und b) in V.7 über *Hamans Götterbefragung* hinsichtlich der Datierung des Pogroms auf. 2.) Eine erzählerische Ausschmückung findet sich in V.6 (vgl. M-T.). Er hat 3.) im Vergleich mit dem M-T. mehrere *Vers- und Satzteilumstellungen* a) in V.4 und b) V.7.10 werden in umgekehrter Reihenfolge an V.11 angehängt. 4.) Zwei andere inhaltliche *Akzentuierungen* setzt der A-T. a) in V.8 mit Hamans Anschuldigung das Jüdische Volk sei *feindlich gesinnt,* werde *schlecht angesehen* und habe die Absicht, die *Herrschaft des Königs zu vermindern.*

Erläuterungen: Am M-T. fällt ins Auge, daß die *königliche Legislative,* hier in Form der Ediktschreibung, im M-T. erneut besonders hervorgehoben wird. Im Zusammenhang der Betonung der königlichen Legislative ist nun auch der Befehl des Königs, vor Haman niederzuknien, zu sehen. Wir haben dieses Motiv bereits in Kapitel 4.5.3.1. diskutiert und festgestellt, daß es in dem dortigen Textzusammenhang allem Anschein nach als sekundär zu gelten hat. Gehört es jedoch zum Pre-Esth? Tatsächlich ist es auch für dessen inhaltlichen Zusammenhang nicht zwingend notwendig. Im Gegenteil, wie in der HMK, so widerspricht es auch im Gesamttext der loyalen Haltung der Mordechai-Figur gegenüber dem König. Was also soll diese Bemerkung bezwecken? Es ist durchaus möglich, daß der Redaktor sie weniger in einer auf Mordechais Loyalität gerichtete Perspektive eingefügt hat, als vielmehr in der bloßen Absicht, die Weigerung Mordechais noch schärfer hervorzuheben: Mordechai tut dies nicht nur aus eigenem Interesse, sondern sogar entgegen der Vorschrift des Königs, er handelt damit gegen das Gesetz. Um so kontrastreicher tritt die mutige Haltung Mordechais in den Vordergrund. Man wird bei dieser Szene an Daniels Haltung gegenüber dem

Aufruf Nebukadnezzars an alle Völker und Oberen des Landes erinnert (Dan 3), vor dem Bildnis, das dieser hatte aufstellen lassen, niederzuknien. Die drei Juden, Daniel mitsamt seinen beiden Mitstreitern, weigern sich jedoch und werden dafür in den Feuerofen geworfen. Es ist nun zu überlegen, ob die Weigerung der Juden gegenüber einem für sie nicht zu befürwortenden Gesetz des Königs als ethische Weisung im Esth formuliert wurde. Daß das Esth solche ethischen Weisungen zu geben scheint, haben wir bereits in Kap 1 feststellen können. Denken wir diese Überlegung jedoch zu Ende, so wäre in einem zweiten Schritt zu folgern, daß der A-T. auf der Basis des M-T. an dieser Stelle in 3,2 bearbeitet wurde, denn auch er führt dieses Element auf.

Die *Datierung* des Geschehens (Element C) in V.7.12.13 hat in diesem Kap und für die noch folgenden Kap eine ganz besondere Bedeutung. Sowohl der Tag des Pogroms an dem Jüdischen Volk als auch die Verteilung des Ediktes wird zeitlich festgeschrieben. Auf dieser Basis baut am Ende des Esth das Purimgeschehen auf. Es ist nicht verwunderlich, daß die drei Datierungen im A-T. nicht anzutreffen sind, denn das Element C gehört ganz eindeutig der JüdRed an, die im A-T. viel weniger anzutreffen ist, als in den beiden anderen Versionen. Die Betonung der *ethnischen Eigenheiten* in Schrift und Sprache, in denen die Edikte verfaßt werden sollen, kennen wir bereits aus Kap 1 ebenso, wie die Darstellung des Geschehens auf dem Hintergrund des ganzen Persischen Reiches. Sinn und Zweck dieser Textelemente haben wir schon für die vorhergehenden Kap herausgestellt. Daß sie sich auch in den nachfolgenden Kap wiederholen, bestätigt unsere These, daß es sich hier um Elemente handelt, die für die Version des M-T. von besonderer Wichtigkeit sind, jedoch nicht zur Komposition des Pre-Esth gehören.

Allerdings weist nun auch der A-T. zwei Verse auf, die von dem Auftrag des Königs handeln, versiegelte Briefe an alle Länder zu schicken. Läge uns hier der Text des M-T. nicht vor, dann ergäben sich hinsichtlich der Rekonstruierung des Inhalts dieser Briefe einige Probleme, denn die *V.11.10.7 stehen* (in eben dieser Reihenfolge) *recht zusammenhanglos nebeneinander*. Während der König Haman in V.11 noch gegenüber der Behandlung des Volkes freie Hand läßt, befiehlt er Haman im darauffolgenden Vers—anders als im M-T.—selbst an alle Länder Briefe zu schreiben, mit der Erklärung, daß der Inhalt durch ihre Versiegelung zwingend wäre. Erst dann *befragt Haman seine Götter*, um seinen Plan gegen das Jüdische Volk zu konkretisieren.[49] Die Frage, was denn in den Briefen geschrieben stand, läßt sich mehr oder weniger nur durch logische Schlußfolgerungen erkennen. Ganz anders dagegen der M-T., der in aller

---

[49] Auf diesen redaktionellen Zusatz wird der Redaktor des A-T. an späterer Stelle (vgl. 5,23) noch einmal eingehen, wenn Zosara Haman den Rat gibt, wie er sich an Mordechai rächen könne.

Ausführlichkeit von dem Vorgang berichtet, wie sich Hamans Wut gegen Mordechai auf dessen Volk ausweitet (V.6), wie sein Plan zu reifen beginnt (V.7) und wie er dann sehr taktisch vorgeht, indem er zuerst mit dem König spricht (V.8.9) und, nach dessen positiver Reaktion (V.10.11), seinen ersonnenen Plan in die Tat umsetzt (V.12-15). Hier zeigt der M-T. eine sehr viel durchdachtere und glattere Version als der A-T. Daß die V.10.7 einer Überarbeitungsschicht angehören müssen, wird zudem dadurch bestätigt, daß in beiden Versen Elemente verarbeitet wurden, die bisher spezifisch für die JüdRed waren. Gemeint ist die Betonung der legislativen Macht des Königs (V.10)[50], die er Haman überträgt und durch die die Pogrombedrohung überhaupt erst eingeleitet werden kann, die Erlaubnis der Ediktschreibung (Element B) zur Verbreitung des Plans und den an eine Datierung (Element C) gebundenen Beschluß (V.7).

Neben diesen Elementen, deren redaktionelle Verarbeitung wir bereits aus den vorhergehenden Kap her kannten, findet man im M-T. und dem A-T. jeweils *unterschiedliche inhaltliche Akzentuierungen* vor. Sie betreffen jedoch beide wiederum das Element A. Hier nun handelt es sich um die Anklage gegen das Jüdische Volk. Alle drei Versionen führen diese Anklage auf, doch unterscheiden sich die jeweiligen Inhalte. So gehört zur Beschreibung des Volkes in allen drei Versionen das Verstreut-Sein des Volkes, die Verschiedenheit ihrer Gesetze sowie die Verweigerung gegenüber den Gesetzen des Königs. Doch den Vorwurf der *Abgesondertheit* findet sich nur *im M-T.* Wie eine Konkretion der Anklage der Abgesondertheit wirkt im *A-T.* an dieser Stelle die Beschreibung, es sei ein *feindliches und ungehorsames Volk.* Und auch die Erkenntnis über ihre Schlechtigkeit, die sich am Willen zeige, die Herrschaft des Königs abzusetzen, ist ein deutlich massiverer Vorwurf als der, der im M-T. zu finden ist. Auf diese Weise wird ein klarer Verdacht auf Machenschaften, die die Regierung bedrohen, ausgesprochen, während im M-T. allein darauf aufmerksam gemacht wird, daß es für den König nicht angemessen sei, sich gegenüber dem Ungehorsam des Volkes tolerant zu zeigen. Alles in allem weist der A-T. aber eine aggressivere Sprache auf als der M-T. Nun steht V.8 inmitten eines Abschnittes (V.6-7.9-15), dessen Erzählelemente von der Ausweitung der Rache Hamans an Mordechai auf das Jüdische Volk bestimmt werden. Auch V.8 bezieht sich auf dieses von uns als redaktionell bewertete Element. Von daher ist eine Schlußfolgerung hinsichtlich des redaktionellen Charakters der soeben dargestellten Akzente und die Entscheidung, daß diese Verse nicht zum Pre-Esth gehören können, nur folgerichtig.

---

[50]   Die Information über die Unveränderlichkeit des königlichen Gesetzes, wie sie hier in V.10 des A-T. zum Ausdruck kommt, findet sich auch in 1,19 des M-T. wieder.

Im Text sind drei *erzählerische Ausschmückungen* zu finden. Die erste zeigt sich im M-T. gegenüber dem A-T. in 3,4, wo von der täglichen Warnung der Dienstkollegen Mordechais, er solle doch endlich vor Haman niederknien, die Rede ist. Der vom Redaktor dargestellte Nachdruck, mit dem die Diener auf Mordechai einreden, verstärkt noch einmal das Bild von Mordechais Widerstand gegen Haman und den Befehl des Königs. Es handelt sich im M-T. also nicht um eine einfache Denunziation von Mordechais nachlässigem Benehmen gegenüber Haman, wie es im A-T. erscheinen mag, sondern sehr viel deutlicher um eine bewußte Haltung Mordechais, die einen Konflikt geradezu provoziert. Die zweite Textausgestaltung findet sich im nachfolgenden V.6 (M-T.), wo nun Hamans drastische Reaktion auf Mordechais Provokation ausgemalt wird. Da es sich hier um den Dreh- und Angelpunkt handelt, der die Ausweitung des Konfliktes auf das Jüdische Volk erklären soll, reicht die bloße Darstellung seines Zorns von V.5 nicht mehr aus. Die Unzufriedenheit, die Haman dabei empfand, allein an Mordechai Hand anzulegen und der daher entschied, mit ihm gleich dessen ganzes Volk zu vernichten, wird durch das Bild von Haman, der in seinem Stolz schwer gekränkt ist und auf blutrünstige Rache sinnt, besonders drastisch ausgemalt. In V.15 des M-T. werden schließlich die ersten Schritte der sich anbahnenden Katastrophe in der eine starke Spannung erzeugenden Gegenüberstellung von der schnellen Ausbreitung des Pogrom-Ediktes einerseits, und dem sich in Harmonie und Einigkeit zeigenden Trinkgelage von Haman und dem König andererseits, aufgezeigt. Besonders betont wird der nun stärker ansteigende Spannungsbogen durch die dazwischenstehende und in Verwirrung gebrachte Bewohnerschaft der Stadt Susa. Wir finden dieses Element jedoch auch an entsprechender Stelle zwei Verse weiter in 4,1 des A-T. angedeutet. Die drei aufgeführten, als literarische Ausgestaltungen des Textes anzusehenden Passagen, müssen als redaktionell angesehen werden; sie gehören nicht zur ursprünglichen Komposition des Buches.

Zum Schluß sei noch die Satzteilumstellung in V.4 des A-T. erwähnt. So führt der A-T. zuerst an, daß Mordechai Jude sei, während die Diener im M-T. und dem LXX-T. bei Haman einen Bericht abgeben, aus dem hervorgeht, daß Mordechai Jude ist. Der A-T., so scheint es hier, gibt als Erklärung für Mordechais Weigerung sich niederzuknien unmittelbar die Antwort, Mordechai sei Jude. Der M-T. kommt zu dieser Erklärung erst am Ende des Verses. Sie wirkt vielmehr nachgeschoben.

Was bleibt nun von Kap 3 als Komposition? Folgen wir unseren bisher aufgestellten Kriterien, daß das Element der Ausweitung des Konfliktes auf das ganze Jüdische Volk der JüdRed angehört, so bedeutet das für Kap 3, daß wir ab V.5, Hamans Zorn über Mordechais Ehrverweigerung, keinen

Text des Pre-Esth mehr vorliegen haben. De facto können wir hier der Rekonstruktion der HMK folgen, die ihren Fortgang in 4,1 hat, nämlich in Mordechais Suche nach einer Lösung für die gefährliche Situation, in der er sich befindet. Im Folgenden werden wir sehen, daß das Pre-Esth ohne die zweite Hälfte des Kap 3 einen durchtragenden inhaltlichen Bogen aufzeichnet.

Ad Kap 4:

> *M-T.:* 1.) Im M-T. finden sich 1.) folgende textlichen Plus: a) das *Geschrei Mordechais* in den Straßen (V.1)[51], b) die Formulierung *"in allen Provinzen"* (V.3), c) der *Bericht der Zofen und Diener* vor der Königin und ihre *Angst* (V.4), d) der *Bericht Mordechais* über das, was geschah (V.5-7), e) die Übergabe der *Abschrift* an Esther, die *in Susa* erlassen wurde (V.8), f) Mordechais Warnung an Esther, *sie könne sich nicht vorbei an allen Juden retten,* (V.13), g) Esthers *Aufruf zum Fasten der Juden in Susa* (V.16) und h) daß *Mordechai ausführt, was Esther befiehlt* (V.17).
>
> *A-T.:* 1.) Neben dem Fehlen der oben aufgeführten Elemente im M-T., fällt in diesem Kap eine *Versumstellung* in V.1 des A-T. gegenüber V.3 im M-T. auf. 2.) Als *textliches Plus* hat der A-T. die Ermahnung *Mordechais an Esther*, sie solle sich ihrer Niedrigkeit erinnern (V.4). 3.) Es wird eine *religiöse Sprache* gesprochen, die der M-T. nicht kennt: a) *Esther solle zu Gott beten* (V.5). b) *Mordechai macht Esther den Schmerz Israels bekannt* (V.6).

Erläuterungen: Gleich am Anfang des Kap ist das textliche Plus des M-T. von *Mordechais Klagegeschrei* in der Stadt als eine literarische Ausgestaltung des Textes zu lesen, die eine noch ausführlichere Variante im LXX-T. hat. Auch der *Bericht der Zofen und Diener* sowie *Mordechais Darstellung von dem bisher Geschehenen*, das er Esther durch einen Vermittler vermelden läßt, zeigt sich als umfassende erzählerische Ausschmückung des M-T., der im A-T. die schlichte Darstellung von Mordechais Weigerung gegenüber der Aufforderung der Königin, Sack und Asche abzulegen, entgegensteht.

Auch in diesem Kap treffen wir wiederum auf die redaktionelle *Gesetzesthematik* des M-T. Sie zeigt sich in dem Anlaß für die Trauer der Juden im M-T. (V.3), der darin bestand, daß das Gesetz des Königs bekannt gemacht wurde und nun in alle Provinzen gelangt ist. In dem entsprechend *umgestellten V.1* des A-T. trauert ganz Susa und die Juden in jeder Stadt, in einer verallgemeinernden Zusammenfassung, wegen des bisher Geschehenen. Die Gesetzesterminologie wird hier, anders als im M-T., nicht gebraucht. Wie vordem ist auch die *landesweite Verbreitung* des Briefes sowie die *Ausgabe der Abschrift des Ediktes in Susa* (Element B) nur im M-T. zu

---

[51] Im LXX-T. findet sich an dieser Stelle eine noch ausführlichere Variante, die als sekundär zu bewerten ist.

finden, nicht aber im A-T. Da sie jedoch für den Gesamtzusammenhang des kanonischen Esth, d.h. vor allem für den zur JüdRed gehörigen Schlußteil, nötig ist, wurde sie hier nachträglich eingefügt. Am A-T., der den ursprünglicheren Text bezeugt, ist ersichtlich, daß es sich hier um einen nicht zum Pre-Esth gehörenden Zusatz handelt, denn er hat diesen Aspekt nicht aufgeführt.

Wie wir an anderer Stelle[52] deutlich zu machen versucht haben, finden wir im A-T. eine redaktionelle Ausgestaltung des Textes, die auf keine bekannte literarische Grundlage zurückzuführen ist: So *ermahnt Mordechai Esther* in 4,4, sie solle sich ihrer Niedrigkeit in der Zeit ihrer Erziehung durch ihn erinnern, um umgekehrt nun für ihn etwas zu tun, indem sie für ihn und ihrer beider Volk vor dem König bittet. Hier hat der Redaktor einen textimmanenten Bezug zu Kap 2,7 herstellen wollen, wo die Verwandtschaft zwischen Mordechai und Esther dargestellt wird. Mit diesem zusätzlichen Verweis auf eine vorhergehende Information stärkt er erneut den inhaltlichen Zusammenhang der Erzählung. Die Königin Esther, die in der HMK gnädig auf Mordechais Bitte um seine Rettung eingeht, tut dies im Pre-Esth auf dem Hintergrund ihres verwandtschaftlichen Verhältnisses zu ihm. Jeglicher Bezug zur Verfolgung ihrer beider Volk muß jedoch nach unserer hier vertretenen These als redaktionell eingestuft werden.

Als sekundär gegenüber dem Text des Pre-Esth sind ebenso die beiden anschließenden Verse mit *religiösem Inhalt* zu bewerten. Während der gleiche Redaktor im A-T. die Königin schließlich zu einem religiösen Dienst aufrufen läßt, findet sich im M-T. die Aufforderung Esthers, Mordechai solle alle Juden in Susa zum Fasten anhalten. Da wir es hier mit einem Zusatz der JüdRed zu tun haben, fällt auch dieser Vers für das Pre-Esth weg.

In diesem Kap geht es, wie in dem vorausgehenden, hauptsächlich um die Thematik der Verfolgung des Jüdischen Volkes. Daher stellt sich nun natürlich die Frage, was denn von dem Inhalt dieses Kap für den Text des Pre-Esth übrig bleibt. Tatsächlich müssen wir auf die HMK verweisen und daher, statt der Bedrohung des Volkes, die Rache Hamans an Mordechai als den eigentlichen Mittelpunkt des Kap konstatieren. Dies birgt an sich keine Schwierigkeiten, denn im Zusammenhang mit Kap 3 wird hier die Konfliktsituation des Pre-Esth aufgezeigt. Wie sind aber Kap 3 und 4 an die vorhergehenden Kap geknüpft worden? Tatsächlich konnte dies nur dadurch geschehen, daß die beiden Hauptthemen, die Erwählung der neuen Königin (Kap 1 und 2) und der Konflikt aus Kap 3 und 4, miteinander in Verbindung gebracht wurden. Der Text des Pre-Esth löst dies dadurch, daß er Mordechai und Esther in einem engen Vertrauensverhältnis stehend darstellt. Bei seiner Cousine Esther, die zugleich die Königin ist, kann er nun für seine Rettung

---

[52]   Vgl. Kapitel 4.5.4.

bitten. Esther dagegen kann das prognostizierte Wohl, das die neue Königin nach 1,20 über alle Königtümer bringen werde, wahr machen. Der gutherzige Charakter der neuen Königin zeigt sich daran, daß sie sich selbstlos für das Leben des Mannes einsetzt, der sie großgezogen hat. Dieses Motiv von Esthers Wagemut und Einsatz ihrer hohen Position bietet der JüdRed die Möglichkeit, die Erzählung auf die Rettung des verfolgten Jüdischen Volkes hin umzuarbeiten, worin ihr eigentliches Interesse besteht. Denn durch ihre Sorge für das Wohl eines ganzen Volkes im Persischen Reich ist die gute und richtige Wahl Esthers als Königin um so deutlicher. Ein starkes Moment im kanonischen Text ist dann natürlich, daß Esther selbst als Jüdin von dem Mordplan Hamans bedroht ist. Hierbei tritt dieser Aspekt zwar auf Kosten des Bildes Esthers als moralisch einwandfreiem Charakter, wie er in der Esthererzählung (= Pre-Esth) dargestellt wird, in den Vordergrund, doch bindet er gleichzeitig die beiden Hauptfiguren um so fester aneinander und stärkt so den inneren Zusammenhang des Erzählten.

Ad Kap 5:

> *M-T.:* 1.) Die V.1-2 stellen eine erzählte *Kurzform der Add D* (A-T./LXX-T.) dar. 2.) V.5-8 (M-T.) bzw. V.15-18 (A-T.) gleichen sich im M-T. und im A-T. in den Textausschmückungen, während der LXX-T. die kürzere Ausgabe darstellt. Ab V.9 hat der M-T. wieder textliche Plus aufzuweisen: a) *Hamans erneute Wut* auf Mordechai (V.9) und b) *Hamans Prahlrede vor seiner Frau und seinen Freunden* (V.11).
>
> *A-T.:* 1.) Der A-T. hat mehrere Plus in a) V.14 in der Aussage Esthers, *morgen sei für sie ein besonderer Tag*, b) V.16, in der Beschreibung, daß Esthers *Gastmahl ein besonderes* sei, c) V.19 mit der *Erlaubnis des Königs*, d) V.20: *Haman bekommt Nachricht* von seiner Einladung zum Gastmahl, e) Hamans Wut über *Mordechais Verweigerung, sich hinzuknien* (V.22) und in f) V.23: *Zosaras Begründung für Hamans Tat.* 2.) Der A-T. weist in V.15 (V.5a (M-T.)), V.17b (V.6b (M-T.)) und V.18 (V.8 (M-T.)) *denselben Text* auf *wie der M-T.*

Erläuterungen: *Add D (A-T./LXX-T.) hat eine sekundäre Ausarbeitung und Ausschmückung des Textes*, wo im M-T. nur die V.1-2 stehen. Sie beinhaltet die Szene, in der Esther vor den König tritt. Da sich zwischen dem Ende von Kap 4 und 5,13 (A-T.) eine inhaltliche Lücke auftut, ist anzunehmen, daß der kurze Text des M-T. die ursprüngliche Überleitung aufwies. Da der M-T. gegenüber dem A-T. und dem LXX-T. den wohl noch nicht bearbeiteten Text bezeugt, rechnen wir diese Verse zum Pre-Esth. Sie nehmen inhaltlich Bezug auf 4,11 (M-T.) bzw. 4,7 (A-T.), führen das Geschehen linear weiter und führen in 5,13 und den entsprechenden Stellen schließlich hinüber zur Frage des Königs, was Esther sich wünsche.

Oben haben wir bereits überlegt, ob V.15-18, Esthers erstes Gastmahl, nicht zur HMK, wohl aber zur textlichen Ausgestaltung des Esth gehören könnte.[53] Auffällig ist, daß der *M-T. und der A-T. in* V.15.17.18 *gegenüber dem LXX-T. einen sehr ähnlichen Text haben.* Dieses für den A-T. recht untypische Merkmal weist darauf hin, daß es sich um eine A-T.-Bearbeitung auf der Basis des M-T. handeln muß. Ein Zweites ist hierzu anzumerken: Der A-T. bringt in dem textlichen Plus von V.14 zum Ausdruck, daß "morgen" ein besonderer Tag für Esther sei, an dem sie Gastmahl veranstalten wolle. Da sich dieses Gastmahl aber auf dasjenige, das im M-T. als das zweite gezählt wird, bezieht, ist anzunehmen, daß die Verse weniger Komposition, als eine redaktionelle Angleichung an den ausgestalteten Text des M-T. darstellen, die im LXX-T. wesentlich stimmiger ausgestaltet wurde. Sie gehören deshalb wohl nicht zur Komposition des Pre-Esth, sondern zur redaktionellen Ausarbeitung des Esth.

Während im M-T. nun das Augenmerk auf den Konflikt zwischen Haman und Mordechai gelenkt wird, indem der *Grund für Hamans Zorn (V.9)* in einem textlichen Plus noch einmal erklärt wird, schließt der A-T. die Vorbereitung des Gastmahls Esthers mit der *Erlaubnis des Königs (V.19)*, dem *Erstaunen Hamans über die Einladung* und dem *Rückzug des Königs in seine Gemächer (V.20)* ab. Welcher der beiden Versionen aber weist den komponierten Text auf? Beide können je einen eigenen überleitenden Vers zum Gespräch Hamans mit seiner Frau vorweisen. Gegenüber dem A-T. erzeugt der Inhalt des M-T. eine Verschärfung des Konfliktes, denn Hamans Zorn steigt durch diesen wiederholten Zwischenfall immer weiter an. Zugleich nimmt er noch einmal Rückbezug auf 3,5 und bindet so Kap 3 und 5 aneinander. Der A-T. verweist dagegen über Kap 5 hinaus auf Kap 6, wo wir den König in seinen Gemächern antreffen. Ausgehend von unserer HMK-Rekonstruktion gehört das Kap 6 zu einer anderen Erzählung und mußte also in den Esth-Zusammenhang erst eingebunden werden. Eine solche nach vorne ausgerichtete Anbindung fände sich in V.20b des A-T. Wenn hier tatsächlich ein kompositorischer Angelpunkt des Pre-Esth läge, wäre allerdings fraglich, warum der M-T. diesen nicht übernommen hat, sondern das Augenmerk wieder ganz auf den Konflikt lenkte. Eine Antwort dafür fände sich sicherlich wiederum in dem für den M-T. charakteristischen Merkmal von der auf Purim ausgerichteten Erzähllinie. Diese basiert eben auf dem Konflikt Hamans und Mordechais. Kann dies als Erklärung genügen, um V.20 des A-T. den Vorzug zu geben? Da sich dies nicht sicher entscheiden läßt, wollen wir nur festhalten, daß es sich bei V.9 (M-T.) oder V.20 (A-T.) um ein kompositorisches Bindeglied handelt, die HM und HMK miteinander verknüpfen.

Bevor der Text aber in die "Nachtszene" der HM in Kap 6 einmündet, findet man in beiden Versionen das erste Gespräch Hamans mit seiner Frau,

---

[53] Vgl. Kapitel 4.5.5.

das am Ende von Kap 6 eine Fortsetzung hat. Beide Versionen weisen hier textliche Plus in Form von sekundären Ausschmückungen auf. Im M-T. gehört hierzu V.11, die *Prahlrede Hamans gegenüber seiner Frau und seinen Freunden* und im A-T. ist es *Zosaras Begründung für die Rache Hamans* an dem Jüdischen Volk in V.23. Während ersteres tatsächlich nur eine erzählerische Ausarbeitung der Szene beinhaltet, bezieht sich das Plus des A-T. wieder auf den für die JüdRed maßgeblichen Bearbeitungsinhalt, das Element A. Hier ist besonders deutlich zu erkennen, daß es sich dabei um eine Überarbeitung des Textes handelt, denn die in V.23a als Zosaras Begründung ausgestaltete Rede bezieht sich auf das Pogrom an den Juden, während es doch inhaltlich in V.23b konkret nur um Hamans Rache an Mordechais Weigerung zu knien geht. Beides paßt nicht zueinander, würde man nicht den Gesamtzusammenhang des Esth kennen. Bezeichnend ist, daß selbst der M-T. und der LXX-T. diese Begründung Zosaras an dieser Stelle nicht anführen. Dennoch, so nehmen wir an, war dieses Plus ein Produkt der JüdRed, die auch 3,7 in den Text eingefügt hat. Beide Texte nehmen Bezug auf den Tag des Verderbens, den "die Götter" Haman gegeben haben. Es ist wahrscheinlich, daß die Redaktion mit dieser Aussage den Monotheismus des Judentums verfechten wollte, indem sie sich gegenüber der zu verdammenden Vielgötterei der sie umgebenden heidnischen Umwelt abzugrenzen versuchte.

In V.23bβ und dem entsprechenden Vers in den beiden anderen Versionen, finden wir ein Kompositionselement, das HM und HMK miteinander verbindet. Hierbei handelt es sich um den Verweis Zosaras, Haman solle morgen früh aufstehen und mit dem König über sein Vorhaben, die Erhängung Mordechais, reden.[54] Durch diese Anmerkung schließt sich die nächste Szene wie selbstverständlich an: Just in dem Moment, wo Haman zum König geht, fragt dieser seine Diener, wer im Hof steht. Verstärkt wird die Verbindung beider Erzählungen dadurch, daß in 6,4 (M-T.) und 6,7 (A-T.) noch einmal ein Rückbezug auf Zosaras Rede in Kap 5 genommen wird.

Ad Kap 6

M-T.: 1.) Der M-T. weist erneut einige textliche Plus auf. Er fügt a) eine *Nacherzählung* der Pagenverschwörung (vgl. 2,21-23) ein (V.2b) und b) *Sereschs zweite Rede über die Juden* (V.13)[55]. 2.) Kürzere erzählerische Ausführungen sind a) die Hamans *Vorbereitung des Pfahls* (V.4c), b) die Auskunft der *Diener über Hamans Erscheinen im Hof* (V.5a), c) die *Beschreibung des Pferdeschmuckes* (V.8), d) die *Trauer Hamans* (V.12b) und schließlich e) die Bemerkung über *Esthers vorbereitetes Gastmahl* (V.14).

---

[54] Vgl. Kapitel 4.5.6.
[55] Im LXX-T. wurde die religiöse Komponente "denn Gott lebt mit ihm" als Begründung für Mordechais Begünstigung durch den König als textliches Plus aufgeführt.

A-T.: 1.) Den religiösen Aspekt, den die Version des LXX-T. und des A-T. aufweisen, findet man auch in diesem Kap: a) in der *Gottesbenennung* "der Gewaltige" (V.1), b) in *Mordechais kurzem Gebet* in der Not (V.17) und c) in *Zosaras Mahnung* an Haman, Gott sei mit dem Volk Mordechais (V.22). 2.) Zudem weist der A-T. einiger längere ausschmückende Passagen auf: a) die *Reflexion des Königs* über Mordechais loyale Haltung (V.4), b) die *Furcht der Diener vor Haman* (V.5) mit der *Zeitangabe* des anbrechenden Morgens (V.6) und c) die *breite Ausschmückung* in V.13-17 nach Art der Add D.

Erläuterungen: Kap 6 verweist in V.2 (M-T.) bzw. V.3 (A-T.) auf die Pagenverschwörung. Diese hatte in der HM direkt vor der Nachtszene des Kap 6 ihren Platz. Im Pre-Esth ist sie jedoch an den Anfang des Esth gerutscht, während die umfangreiche Nachtszene am Ende des Mittelteils zu finden ist. Zwischen die beiden HM-Teile wurden mit der Verknüpfung der drei Einzelerzählungen viele unterschiedliche Szenen eingeflochten, so daß der Bezug der beiden Teile verloren zu gehen drohte. Im Gegensatz zum A-T., bietet der Redaktor des M-T. den Lesern mit der kurzen *Nacherzählung der Pagenverschwörung* eine Erinnerungs- und Lesehilfe an. Dagegen hat der Redaktor des A-T. in V.4 diese Lücke mit einer Reflexion des Königs über seine Situation gefüllt. Er liefert hier keinen Verweis auf nur eine einzige Szene, sondern möchte statt dessen einen umfassenden Gesamteindruck über Mordechais Funktion am Hof des Königs aufzeichnen. Damit gibt er einen kurzen Rückblick auf die gesamte Rolle Mordechais im Esth und knüpft so die einzelnen Szenen noch besser aneinander an. De facto ist weder der Verweis des M-T. noch die Reflexion des A-T. nötig. Sie haben vielmehr den Charakter von erzählerischen Ausschmückungen. Daß sie im Esth jeweils nur als textliche Plus zu lesen sind, bestätigt unsere Annahme, daß wir es hier mit redaktionellen Teilen zu tun haben.

Der nun folgende V.3 des M-T. erklärt in einem Zwiegespräch zwischen dem König und seinen Dienern, ob Mordechai für sein Verhalten bereits eine Belohnung erhielt. Im A-T. hatte der König sich diese Frage in V.4 bereits selbst negativ beantwortet. Entsprechend fragt er seine Diener in V.5a *was* man Haman tun solle und nicht, *womit* Mordechai bereits belohnt wurde. In einer redaktionellen Zwischenszene, die die *Mißgunst der Diener* gegenüber Mordechais begünstigter Stellung und ihre Hochachtung vor dem bösen Haman beschreibt, wird die Nachtszene in einer Verzögerung des Handlungsablaufes noch stärker dramatisiert. Eine Antwort auf die Frage des Königs bleibt jedoch aus. Der *Anbruch des Morgens in V.6a,* deutet aber dann im A-T. das Ende dieser nächtlichen Krise an und das eigentliche Geschehen kann seinen Lauf nehmen.

Nichtsdestotrotz meinen wir, daß V.3 (M-T.) als ein redaktionelles Verbindungsglied zu lesen ist. Es ermöglicht mit der Frage des Königs nach der Belohnung Mordechais und der Antwort der Diener, ihm sei nichts gegeben worden, einen Rückblick auf den Ausgang der Pagenerzählung und eine nun folgende Weiterführung des Geschehens. Der M-T. bezieht sich dabei jedoch auf das eingearbeitete Erzählteil in 2,21-23, denn hier hatte Mordechai tatsächlich keinen Lohn erhalten, während der A-T. sehr wohl von Mordechais erworbener Stellung am Hof (Add A16) weiß. Auf diese nimmt der Redaktor des A-T. in V.4 mit der Bemerkung, Mordechai habe dafür gesorgt, daß der König bis heute unbeschadet auf seinem Thron sitze, dann auch Bezug. Der M-T. zeigt hierbei eindeutig einen "reiferen" und geschlosseneren Textzusammenhang.

Darüber hinaus weist der M-T. zwei kleine redaktionellen Ausschmückungen auf, die den königlichen Schmuck des Pferdes und die Trauer des enttäuschten und glücklosen Hamans erwähnen. Sehr viel *ausführlichere Textbearbeitungen bietet der A-T. in V.13-17*. Wir haben bereits darauf hingewiesen, daß dieser Abschnitt sprachlich der Add D sehr nahe steht und daher als späte Bearbeitung des Textes anzusehen ist.[56] Das gleiche gilt auch für die religiösen Anmerkungen des A-T., die wir in V.1, mit der *Erwähnung des "Gewaltigen"*, dem *Gebet Mordechais in V.17 und in V.22, der Ermahnung Zosaras*, Gott sei mit dem Jüdischen Volk, vorfinden. Letzteres hat ein Pendant in V.13 des M-T. Inhaltlich unterscheiden sich beide Verse jedoch darin, daß *Zosaras Rede* im M-T. keinerlei religiösen Bezug nimmt. Sie betrifft dort allein Aufstieg und Fall Hamans vor Mordechai. Hatte Zosaras erstes Gespräch mit Haman den Konflikt der vorausgehenden Kap noch mit der Nachtszene verbunden, so rundet das zweite Gespräch nun die Nachtszene ab und gibt den Weg frei für die endgültige Lösung des Konfliktes in der zweiten Bankettszene.

Bei der Verbindung der HM und der HMK zeigt sich gerade in der Folge von Kap 6 auf Kap 5 ein geschickter und erzählerisch schön ausgestalteter Kompositionsbogen. Dort nämlich, wo Zosaras Rat und Hamans Plan gegen Mordechai zunächst wie ein erfolgversprechendes Unternehmen aussehen (HMK), da kehrt sich in Kap 6 das Ganze komplett um und wendet sich in einem ersten vernichtenden Schritt gegen Haman (HM), der seine endgültig totbringende Konsequenz in Kap 7 hat (HMK). Wie ein Rahmen gestalten sich hierbei die beiden Gespräche zwischen Zosara und ihrem Mann um die Nachtszene. Und zugleich leiten sie jeweils zu den beiden Vernichtungsschlägen gegen Haman über. Was jedoch einerseits als Schlußfolgerung in der HM und andererseits als heimtückischer Ratschlag in der HMK fungierte, wurde nun, in der Komposition des Pre-Esth, zu zwei überleitenden Szenen. Sie verbinden die vorausgehenden Szenen mit dem Höhepunkt des Geschehens in Kap 7 und dienen zugleich als Rahmung für die spannende Zwischenszene in Kap 6.

---

[56] Vgl. Kapitel 4.2.3.

Als konkreter Überleitungsvers vom Gespräch zwischen Haman und seiner Frau zum Abschlußkapitel ist V.14 (M-T.) bzw. V.23a (A-T.) komponiert worden.

Ad Kap 7:

> *M-T.:* Im Kap 7 findet sich 1.) als textliches Plus a) die Kennzeichnung des *Gastmahls als das Zweite*, b) *Hamans Erschrecken* vor dem König und der Königin (V.6), c) der *Garten des Palastes* (V.7.8), d) *Hamans Einsicht über sein beschlossenes Unglück* (V.7) und e) *Hamans Erhängung* (V.10). 2.) Eine entscheidende inhaltliche Textvariante liegt vor a) in V.4, *Esthers Anklage* gegen Haman, und b) in V.6, der Anzeige des Übeltäters Haman.
>
> *A-T.:* 1.) Der A-T. weist mehrere textliche Plus auf. Zu diesen zählt a) die *Überleitung* von Kap 6 zu V.1 des Kap 7, b) die Ausschmückungen (V.2.6-7) mit *religiösen Elementen*, c) *Hamans Wegführung* (V.12a) und d) die *Besiegelung des Todes Hamans* durch den königlichen Ring. 2.) Inhaltliche Textvarianten finden sich in V.4 und V.8 (s.o.). 3.) Eine *Versumstellung* befindet sich gegenüber dem M-T. in V.9-11 (vgl. V.7a.8 (M-T.)).

Erläuterungen: Als Übergang von Kap 6 zu Kap 7 wurde in V.1 (M-T.) in Anschluß an 6,14 die Beschreibung der Zusammenkunft von Haman und dem König beim Gastmahl Esthers komponiert. Sie leitet die nun folgende Szene ein. Der Verbindungsvers in 6,14 (M-T.) bzw. 6,14a (A-T.) sowie 7,1 (M-T.) verknüpft die ursprüngliche HM mit der HMK. Der M-T. zeigt sich hier sehr nüchtern in der Beschreibung der Zusammenkunft. Er erinnert noch einmal an Kap 5, wo Esther nur den König und Haman zu ihrem Fest einlud. Es wird nun auf diese besondere Konstellation erneut hingewiesen. Im A-T. fehlt dieser Rückverweis. Er geht vielmehr von Bekanntem aus, wenn er beschreibt, daß sich Haman mit "ihnen" zur Tafel setzt. Der M-T. hat mit V.1 den inneren Zusammenhang der Erzählung gestärkt, während in den A-T. in Überarbeitung eine Ausschmückung eingefügt wurde, die wahrscheinlich ihre textliche Basis im M-T. hatte. Der eigentliche Text des Pre-Esth wird dann aber in 7,1 (A-T.) fortgeführt. Dort wird das Geschehen auf der Basis des bereits fortgeschrittenen Gastmahles weiterentwickelt. Erneut zeigt sich der M-T. als der ausgereiftere Text. Er weist korrekterweise darauf hin, daß es sich um *das zweite Gastmahl* handelt. Der A-T., der vielmehr noch den Text der ursprünglichen HMK mit nur einem Gastmahl durchscheinen läßt, hat diesen Hinweis nicht vorzuweisen. Er gibt deshalb an dieser Stelle die Pre-Esth-Version wieder. In V.2 jedoch hat sich bereits ein später Redaktor des Textes wieder in das Geschehen eingeschaltet. Die Emotionsbeschreibung Esthers sowie die *Nennung Gottes* weist auf diesen Sachverhalt hin. Erst mit der Einleitungsformel zu Esthers Wunschäußerung in V.3a (M-T./A-T.) wird der Text des Pre-Esth fortgesetzt.

In V.3b entdecken wir die Wiederaufnahme des Elementes der Verfolgung des Jüdischen Volkes aus Kap 4. Interessant ist hier noch einmal, wie ausführlich der M-T. gegenüber dem A-T. auf die korrekte Aufnahme früherer Inhalte bedacht ist. So erwähnt er neben der Bitte um Rettung des Volkes Esthers Wunsch, auch ihre eigene "Seele" zu retten. Damit nimmt er Bezug auf 4,14 (M-T.), wo Mordechai Esther darlegt, daß sie sich nicht vorbei an allen Juden vor der Todesbedrohung schützen könne.[57] Auch hier zeigt der A-T. eine weniger ausgefeilte Version, da er Esther nur für ihr Volk bitten läßt. Nun haben wir diese Aussage der JüdRed zugeschrieben. Wir meinen, daß sie auch an dieser Stelle nicht zum Pre-Esth gehört. Führen wir uns nämlich den bis hierher rekonstruierten Text vor Augen, so ist zu ersehen, daß der ganze Text des Pre-Esth nur den Konflikt zwischen Haman und Mordechai zum Inhalt hat, nicht aber die Ausweitung des Konfliktes auf das Volk Mordechais. So ist auch für 7,3 sowie für den nachfolgenden V.4 zu folgern, daß sie redaktionelle Überarbeitungen des JüdRed darstellen. Auch die *verschiedenen Inhalte im M-T. und im A-T. in V.4* deuten darauf hin.

Wie für die HMK können wir schlußfolgernd aus Vorhergehendem nur vermuten, welchen Inhalt das Pre-Esth an dieser Stelle bot. Da sich das Gastmahl allem Anschein nach auf das Geschehen in Kap 4 und 5 bezieht, der Hilfesuche Mordechais bei der Königin Esther, muß Esther jetzt im abschließenden Kap 7 die Situation zwischen dem bösen Haman und dem gerechten Mordechai aufdecken. Wie wir in der Rekonstruktion der HMK bereits angemerkt haben, paßt auch der nachfolgende Text gut zu dieser Aussage. Außer *V.6-7 des A-T., einem den Text ausschmückenden redaktionellen Einschub,* gehört dieser zum Pre-Esth. Auch im entsprechenden M-T.-Teil finden sich kleine, eingestreute Textpartien, die die spannende letzte Szene des Pre-Esth verzieren: Dazu gehört *Hamans Erschrecken* vor dem König und der Königin in V.6, die Erwähnung, daß der König vom Gastmahl aufstand und in den *Garten des Palastes* ging (V.7.8) und *Hamans Einsicht über sein beschlossenes Unglück* in V.7. *V.13b des A-T., die Versiegelung von Hamans Leben,* sowie *V.10 des M-T., seine Erhängung,* wurden als vorläufiges Ende der Bankettszene von der Redaktion entworfen. Das ursprüngliche Ende des Pre-Esth, V.15.17 (A-T.), wurden von dieser Szene abgetrennt und in die nun einsetzende Purimerzählung eingeflochten.

Stellen wir unsere bisher gemachten Beobachtungen schließlich in einer Skizze zusammen, so können wird daraus die Struktur des Pre-Esth wiedererkennen:

---

[57] Auffällig ist auch, daß im M-T. und im LXX-T. sowohl in 4,14 und entsprechend 7,4 das gleiche Wort für "Schweigen", nämlich "שׁחרֵשׁ" bzw. "παρακούω" aufzufinden ist. Im A-T. kommt diese Parallele nicht vor.

Die Struktur des Pre-Esth

- Kurze Einleitung I: Add A 1c (Vorstellung Mordechais)
- Kurze Konfliktaufbau I: Add A11b-17 (Pagenverschwörung)
Einleitung II: Kap 1 und 2
Konfliktaufbau II: Kap 3-4
    Bankettszene I: Kap 5
                Zwischenszene II/a: 5,21-24 (Zosara/Haman)
          Nachtszene: Kap 6
                Zwischenszene II/b: 6,21-23 (Zosara/Haman)
    Bankettszene II: Kap 7
Schlußteil und Lösung des Konflikts: Kap 7 Ende

Der Rekonstruktion des Inhalts des Pre-Esth wollen wir im folgenden unter Berücksichtigung unserer anfänglichen Überlegungen zur "Sklaven"-Schicht nachgehen.

5.2. Traditionsgeschichtliche Entscheidung hinsichtlich der Entstehung der Pre-Esth-Version

Fassen wir nun unsere Beobachtungen zusammen und diskutieren die aus ihnen entstandenen Hypothesen. Zwei Modelle zur Erklärung des Pre-Esth stehen uns zur Verfügung. Das erste Modell versuchte eine vor dem Pre-Esth-Text entstandene Textbearbeitung der Einzelerzählungen nachzuweisen, während das andere, vom Gesamttext ausgehend, die für den kanonischen Esth maßgebliche Bearbeitungsschicht (JüdRed) vom Erzählganzen abzuheben und so das Pre-Esth zu rekonstruieren suchte. Bei beiden Vorgehensweisen lag das vornehmliche Interesse darin, den Inhalt der Einzelerzählungen, der sich jeweils auf einen Konflikt zwischen Einzelpersonen bezog, von dem des Esth zu unterscheiden, der ganz auf das Purimgeschehen ausgerichtet ist. Hierbei war uns v.a. eine Betrachtung der Einzelelemente in ihren jeweiligen Kontexten hilfreich.

Aus der Nebeneinanderstellung beider Hypothesen ergeben sich die folgenden Schemata:

Zwei Hypothesen zur Entstehung des Pre-Esth

Erste Hypothese		
VE	HM	HMK
---	---	Bearbeitung mit der "Sklaven"-Schicht
Komposition des Pre-Esth + "Sklaven"-Schicht		
Umarbeitung des Pre-Esth durch die JüdRed		

Zweite Hypothese		
VE	HM	HMK
Komposition des Pre-Esth		
Bearbeitung des Pre-Esth durch die JüdRed		

Überlegen wir, ob sich unsere beiden Hypothesen vereinen lassen, so stoßen wir auf die Schwierigkeit, daß sie sich in dem von uns ausgearbeiteten Zwischenschritt der Komposition des Pre-Esth mit der HMK in Bearbeitung durch die "Sklaven"-Schicht unterscheiden. Sie, die Bearbeitung des Elementes A, wurde nicht durch die JüdRed in den Text eingearbeitet, sondern von dieser umgeformt und durch Element B ergänzt. Die zweite Hypothese geht von einer nicht-jüdischen Version des Pre-Esth aus, in die dann die Elemente A und B eingefügt wurden.

Was wir fraglos nicht in unsere Überlegung mit einbezogen haben ist, daß die JüdRed selbst für das Pre-Esth verantwortlich gewesen sein könnte. In diesem Fall wäre davon auszugehen, daß sie die literarische Grundgestaltung der Esth vornahm und ihm *zugleich* ein jüdisches Gepräge verlieh. Doch ist hier ein überlieferungsgeschichtlicher Zwischenschritt sehr viel wahrscheinlicher, denn, wie wir am Text des A-T. sehen konnten, ist die Purimthematik bei diesem weitaus weniger ausgeprägt als beim M-T. und dem LXX-T. Sie ist deshalb als redaktionelle Bearbeitungsschicht, nicht jedoch als zur Komposition der Esthererzählung zugehörig zu betrachten.

De facto müssen wir für die Differenzen in der JüdRed annehmen, daß einer der beiden Texte dem anderen als Vorlage diente. In welchem Verhältnis der Texte zueinander dies geschah, wird in den nächsten Kapiteln zu diskutieren sein.

Als Konklusion aus diesem Kapitel halten wir an einer vorgeformten, nicht-jüdischen Erzählung fest, die einem der darauffolgenden redaktionellen Schritten von der JüdRed zu einer Erzählung umgeformt und auf die Situation und das Leben des (Diaspora-)Judentums unmittelbar zugeschnitten wurde. Daß diese nicht-jüdische Erzählung den zuvor beschriebenen Zwischenschritt in der HMK vollzogen hatte, scheint uns insofern einsichtig, als daß der A-T. hierfür als Zeuge dient.

Traditionsgeschichtlich lassen sich demnach

1.) zunächst drei Grunderzählungen (VE/HM/HMK),

2.) bei der HMK eine Überarbeitung mit der "Sklaven"-Schicht (vgl. A-T.-Version),

3.) im Pre-Esth eine Komposition der drei Grunderzählungen zu einer nicht-jüdischen Erzählung annehmen. Ferner zeigen erste Beobachtungen, daß

4.) im Proto-M-T. eine Überarbeitung des Pre-Esth durch die JüdRed und

5.) im A-T. eine Überarbeitung des Pre-Esth auf der Grundlage des M-T. vorliegen könnte.

Ob dem so ist, wird in den folgenden Kapiteln dieser Arbeit zu untersuchen sein.

5.3. Versuch der Rekonstruktion der Pre-Esth-Version

Add A1.11-17 (A-T.): (A1) ... [Mardochai] ... war ein angesehener Mann. (11) ... [Es war an] dem Tag, an dem Mardochai in dem Hof des Königs schlafen würde bei Astaos und Tedeutes, den zwei Eunuchen des Königs. (12) Und er hörte ihre Worte und Verleumdungen, wie sie planten Hand anzulegen an Assyros, den König, um ihn zu töten. (13) Mardochai aber war gut gesinnt, und er berichtete von ihnen. (14) Und der König untersuchte die zwei Eunuchen und befand die Worte Mardochais [als wahr]. Und als die Eunuchen bekannt hatten, wurden sie abgeführt. (15) Und Assyros, der König, schrieb alle diese Dinge auf, und Mardochai wurde in dem Buch des Königs zur Erinnerung an diese Dinge verzeichnet. (16) Und der König befahl wegen Mardochai, daß er im Hof des Königs diene, und die Türen augenscheinlich bewache. (17) Und er gab ihn (!), wegen dieser Dinge, Haman, den des Ammadatos, einem Makedonier, der vor dem König stand.

1,1-21 (A-T.): (1) Und es geschah nach diesen Dingen, in den Tagen Assyros des großen Königs, daß ihm 127 Provinzen untergeordnet wurden von Indien bis Äthiopien. (2) Als Assyros auf dem Thron seines Königreiches saß, (3) da machte der König ein Fest für alle Oberhäupter des Hofes der Perser und Meder und die Herrscher der Provinzen vor ihm, (4) um den Reichtum der Herrlichkeit des Königreiches und die Ehre seines Ruhmes an 180 Tagen zu zeigen, (5) bis die Tage vollendet wären, an denen der König für alle, die gefunden wurden, [...] vom Größten bis zum Kleinsten, ein Bankett machte, an sieben Tagen, innen im Hof des Königs, um seine Rettung zu feiern. (6) Da waren aber Gehänge von Leinen und Bast und hyazinthene und rote Geflechte mit Blüten, und ein Zelt war aufgespannt mit Stricken aus Byssos und Purpur an silbernen Blöcken und marmornen und vergoldeten Säulen und goldene Couches auf smaragdenem Mosaikfußboden und ein Kreis von Rosen (7) und Trinkgefäße aus Gold, verschieden voneinander und königlicher Wein, den der König trank, (8) und Trinken geschah nach dem Gesetz—denn so hatte es der König angeordnet—den Willen der Menschen zu tun. (9) Auch Vasti, die Königin, machte ein großes Gastmahl für alle Frauen am Hof des Königs. (10) Aber am siebten Tag geschah es, als sich der König am Wein erfreute, da befahl der König seinen Dienern (11) Vasti, die Königin, in dem königlichen Diadem zu dem vorangeschrittenen Trinkgelage vor sein Heer zu holen. (12) Vasti wollte das, was der König durch die Hand der Eunuchen vorhatte, nicht tun. Als aber der König hörte, daß Vasti seinen Willen außer Geltung setzte, wurde er sehr traurig und Zorn entbrannte in ihm. (13) Und der König sprach zu allen Weisen, [...] was zu tun sei mit der Königin, weil sie den Willen des Königs nicht vollbringen wollte. (14) Und die Fürsten der Perser und Meder kamen vor ihn und die das Angesicht des Königs sehen und die Beamten in den Palästen. (15) ... (16) Und Bougaios riet ihm, indem er sagte: "Nicht nur dem König gegenüber verfehlte sich Vasti, die Königin, sondern auch den Fürsten der Perser und Meder gegenüber. An alle Völker erging ihr Unrecht, nämlich, daß sie sich weigerte gegenüber der Anordnung des Königs. (17) ... (18) Wenn es nun unserem Herrn gefällt und es seinen Gedanken erfreut, dann werde [...] die Königinnenwürde einer anderen gegeben, die besser ist als sie. (19) ... (20) Und sie soll gehorsam erscheinen gegenüber der Stimme des Königs und [sie] wird allen Königtümern Gutes tun. Und alle Frauen werden ihre Ehemännern Ehre und Respekt erweisen—von den Armen bis zu den Reichen." (21) Und das Wort war gut im Herzen des Königs, und er handelte bereitwillig nach diesem Wort.

2,1-5αα.6-18 (A-T.): (1) Und so hörte er auf, an Vasti zu denken und was sie Assyros, dem König, antat. (2) Und es sprachen die Diener des Königs: "Laß uns von Angesicht schöne Jungfrauen suchen, und laß sie unter die Hand des Gogaios, dem Eunuchen, dem Wächter der Frauengemächer geben, um [dort] umsorgt zu werden. (3) ... (4) Und das Kind, das immer auch dem König gefalle, soll die Stelle von Vasti einnehmen." Und sie taten bereitwillig danach. (5) Und es war ein Mann [...] (6) ... (7) Und er zog Esther, die Tochter des Bruders seines Vaters, vertrauensvoll auf. Und das Kind war sehr schön von Angesicht und hübsch von Antlitz. (8) Und das Mädchen wurde in das Haus des Königs gebracht. Und Bougaios, der Eunuch, der Wächter, sah das Mädchen, und sie gefiel ihm mehr als alle Frauen. (9) Und Esther fand Gnade und Gunst vor ihm, und er eiferte, sie an die Spitze zu stellen und gab ihr, außer den sieben

Mädchen, ihre eigenen Sklavinnen. Als sie aber zum König hineingeführt wurde, gefiel sie ihm sehr. (10-13) ... (14) Und wenn der Abend käme, würde sie hineingebracht, und am morgen verließe sie ihn. (15-16) ... (17) Als aber der König die Jungfrauen alle kennengelernt hatte, erwies sich, daß Esther am meisten hervorleuchtete, und sie fand Gnade und Wohlgefallen vor seinem Angesicht, und er legte das königliche Diadem auf ihren Kopf. (18) Und der König beging die Hochzeit mit Esther in allem Glanz und machte Loslassungen in allen Provinzen.

3,1-3.4b-5a (A-T.): (1) Und es geschah nach diesen Dingen, da erhob der König Assyros, Haman, den des Ammadatos, den Bougaios und verherrlichte ihn und setzte seinen Thron über seine Freunde, so daß sich alle vor ihm bis zur Erde beugen und ihm huldigten. (2) Als nun alle vor ihm huldigten, gemäß dem Befehl des Königs, huldigte Mardochai nicht vor ihm. (3) Und die Diener des Königs sahen, daß der Mardochai nicht huldigte vor Haman, und die Diener des Königs sprachen zu Mardochai: "Was überhörst du den König und huldigst dem Haman nicht?" (4) [...] Und sie machten einen Bericht über ihn bei Haman. (5) Als Haman das aber hörte, wurde er zornig gegenüber Mardochai, und Zorn entbrannte in ihm, [...].

4,1a.2-9a.10-11 (A-T.): (1) Mardochai aber erkannte alles, was geschehen war, [...]. (2) Mardochai aber, als er in sein Haus kam, zog seine Kleider aus und warf sich einen Sack über, und, nachdem er sich mit Asche bestreut hatte, ging er so bis in den äußeren Hof und blieb da, denn er konnte nicht in den Palast hineingehen in dem Sackgewand. (3) Und er rief einen Eunuchen und sandte zu Esther, und die Königin sprach: "Zieht den Sack aus und bringt ihn hinein!" (4) Aber dieser wollte nicht, sondern er sprach: "So rede zu ihr: Verweigere nicht, zu dem König hineinzugehen und seinem Angesicht zu schmeicheln um meinetwillen und des Volkes " (5)-(6) [...] (7) Und sie sandte zu ihm, indem sie dies sagte: "Du weißt darüber, daß jeder, der ungerufen hineingeht zu dem König, dem nicht sein goldenes Zepter entgegengestreckt wurde, der wird dem Tod verfallen sein. (8) Und ich bin nicht zu ihm gerufen worden 30 Tage! Und wie soll ich nun hineingehen, wenn ich ungerufen bin?" (9) Und Mardochai sandte zu ihr und sprach mit ihr: [...] (10) "Und wer weiß, ob du nicht für diesen Zeitpunkt Königin geworden bist?" (11) Und die Königin sandte, indem sie sprach: "[...] und ich werde hineingehen zum König—ungerufen wenn nötig—dann werde ich sterben".

[5,1-2 (M.-T.):] (1) Und es war am dritten Tag, da zog Esther sich königlich an und stellte sich in den inneren Vorhof des Hauses des Königs gegenüber dem Haus des Königs. Und der König saß auf seinem königlichen Thron im königlichen Haus gegenüber der Türöffnung des Hauses. (2) Und als der König Esther, die Königin, sah, wie sie im Vorhof stand, genoß sie Gunst in seinen Augen. Und der König streckte Esther das goldene Zepter, das er in seiner Hand hielt, entgegen. Und Esther näherte sich und berührte die Spitze des Zepters.

5,13-14.19-23a.c.24 (A-T.): (13) Und der König sagte: "Was ist, Esther? Sag es mir und ich werde es für dich tun—bis zur Hälfte meines Königreiches." (14) Und Esther sprach: "Morgen ist ein besonderer Tag für mich. Wenn es nun dem König gefällt, dann komme du und Haman, dein Freund, zu dem Trinkgelage, das ich morgen machen werde." (19) Und der König sagte: "Mach es so, wie du willst!" (20) Und es wurde dem Haman genauso gesagt, und er war überrascht, *und der König, nachdem er zurückgekehrt war, begab sich zur Ruhe.*[58] (21) Haman aber ging in sein Haus und führte seine Freunde und seine Söhne und Zosara, seine Frau, zusammen, und er rühmte sich, indem er sagte: "Die Königin hat niemanden zu ihrem ausgewählten Tag gerufen, außer den König und mich allein. Und [auch für] morgen bin ich gerufen worden. (22) Aber nur das betrübt mich, daß ich diesen Mardochai, [...] in dem Hof des Königs sehe und er kniet vor mir nicht nieder." (23) Und Zosara, seine Frau sagte zu ihm: "[...] man schlage dir ein Holz von 50 Ellen, stelle es auf, hänge ihn an das Holz, indem du aber früh bei dem König bist und mit ihm redest. Und nun geh hinein und erfreue dich mit dem König." (24) Und es gefiel dem Haman und er tat es so.

6,1-3.6b-12.14a.18-22a.b.23 (A-T.): (1) Aber der Gewaltige nahm den Schlaf des Königs in jener Nacht, und er war wach. (2) Und es wurden die Vorleser herbeigerufen, und das Buch der Erinnerungen wurde ihm vorgelesen. (3) Und da war eine Verschwörung der Eunuchen und die Wohltat, die Mardochai dem König tat. (6) ...Und der König fragte: "Wer ist draußen?" Und es war Haman. (7) *Haman war früh aufgestanden, um mit dem König zu sprechen, damit er*

---

[58] Die kursiv gedruckten Verse kennzeichnen die komponierten Übergänge zwischen den ursprünglich selbständigen Erzählungen, wie sie im A-T. zu finden sind.

Mardochai hängen konnte. (8) Und der König befahl, ihn hineinzuführen. (9) Als er hineingekommen war, sagte der König zu ihm: "Was sollen wir an einem Mann, der den König fürchtet, geben, den der König zu ehren wünscht?" (10) Und Haman berechnete, indem er [zu sich] sagte: "Wen immer will der König ehren, wenn nicht mich?" (11) Und Haman sprach: "Ein Mensch, den der König ehren will, dem soll ein königlicher Mantel gegeben werden und ein königliches Pferd, auf dem der König reitet, und einer der Ruhmvollen, der Freunde des Königs, nehme es und bekleide ihn und setze ihn auf das Pferd und gehe vor ihm in der Stadt herum, während er verkündigt: 'Dies wird demjenigen zuteil, der den König fürchtet, als dem, den der König ehren will.'" (12) Und der König sprach zu Haman: "Lauf schnell und nimm das Pferd und den Mantel, wie du gesagt hast, und tue dies für Mardochai, den Juden, der am Tor sitzt, und laß nicht [eines] deiner Worte fallen." (14) Und Haman nahm den Mantel und das Pferd, [...] (18) Und Haman eilte, um ihn auf das Pferd zu heben. (19) Und Haman brachte das Pferd hinaus und führte es vor sich her, indem er verkündete: "Dies wird demjenigen zuteil, der den König fürchtet, als dem, den der König ehren will." (20) Haman ging aber finster blickend zu sich nach Hause, Mardochai aber ging in sein Haus. (21) Und Haman erzählte seiner Frau alles, was ihm zugestoßen war, (22) und seine Frau und seine Weisen sagten zu ihm: "Seit du von ihm schlecht redetest, seitdem folgt dir das Schlechte [...]" (23) *Und während sie noch redeten, kam jemand, um ihn eilig zum Trinkgelage zu holen. Und so wurde er heiter, und als er gekommen war, ließ er sich nieder mit ihnen zu guter Zeit.*

7,1.3-5.8-15.17 (A-T.): (1) *Als aber das Trinkgelage fortgeschritten war,* sagte der König zu Esther: "Was ist die Gefahr und was ist dein Wunsch—bis zur Hälfte meines Königreiches." (3) Und Esther sprach: "Wenn es dem König gefällt, und er findet das Urteil gut in seinem Herzen, *so gib mein Volk für meine Bitte und meine Nation für meine Seele.* (4) *Denn ich und mein Volk wurden in Sklaverei verkauft und unsere Kinder zur Beute, und ich wollte es nicht erzählen, damit mein Herr nicht betrübt wird. Denn es wird geschehen, daß der Mensch, der uns übel will, umstürzt.*" (5) Und der König wurde zornig und sagte: "Wer ist dieser, der es wagt, das Zeichen meines Königtums zu erniedrigen, so daß deine Furcht kommt?" (8) Und Esther [...] sagte: "Haman, dein Freund ist dieser, der lügt; dieser ist der böse Mensch." (9) Und der König wurde leidenschaftlich und voll Zorn, sprang auf und ging umher. (10) Und Haman fürchtete sich und fiel zu Füßen Esthers, der Königin, auf das Lager, auf dem sie lag. (11) Und der König kam zurück zu dem Bankett und sah und sprach: "Ist dir nicht die Verfehlung gegen das Königtum genug, sondern du bedrängst auch noch meine Frau vor mir? Laßt Haman wegbringen und keine [Gnade] suchen." (12) Und so wurde er weggebracht. Und Agathas, einer seiner Diener, sagte: "Siehe, ein Holz steht in seinem Hof von 50 Ellen, den Haman schlug, damit Mardochai, der gut von dir sprach, gehängt würde. Befiehl doch, Herr, daß man ihn an ihm aufhänge." (13) Und der König sprach: "Laßt ihn an ihm aufhängen!" Und der König zog den Siegelring von seiner Hand und mit ihm besiegelte er sein Leben. (14) Und der König sprach mit Esther: "Und wollte er den Mardochai hängen, der mich gerettet hat aus der Hand der Eunuchen? Wußte er denn nicht, daß Esther aus dem Geschlecht seiner Väter ist? (15) Und der König rief den Mardochai und [gab] ihm alles, was Haman gehörte. (17) *Und der König gab ihm alle Dinge des Königreiches in seine Hand.*

KAPITEL SECHS

MILIKS THESE VON DEN PROTO-ESTH-FRAGMENTEN 4Q550^{a-f}

Gibt es einen Bezug zwischen unserem rekonstruierten Proto-Esth-Text und sechs, in Qumran gefundenen Textstücken, 4Q550^{a-f}, von denen einige Forscher, u.a. MILIK, annehmen, daß sie zum Proto-Esth gehören?

Zuvor einige einführende Bemerkungen: Als man in Qumran zwischen 1947 - 1956 Höhlen mit zahlreichem, bruchstückhaftem Textmaterial entdeckte, von dem angenommen wurde, daß es die Vorlagen der kanonischen Texte des MT bezeugen könne, setzte eine bis in heutige Tage andauernde Zeit der fieberhaften Erforschung der gefundenen Schriften ein. Die systematische Untersuchung der Texte brachte zu Tage, daß in der Qumranliteratur zu jedem der biblischen Bücher mindestens eine Handschrift vorhanden ist. Nur das Buch Esther bleibt davon ausgeschlossen.[1] Da an der Fundstelle verschiedene Münzen gefunden wurden, die etwa zwischen 125 v.Chr. und 68 n.Chr. zu datieren sind, kam man zu dem Ergebnis, daß das Esth zu jener Zeit wohl noch nicht zu den kanonischen Schriften gehörte und ihm daher eine späte Entstehung zuzuschreiben wäre.[2] Doch dann äußerte STARCKY 1955 hinsichtlich einiger, ihm vorliegenden aramäischen Manuskripte, deren Inhalt pseudo-historisch in der persischen Zeit situiert wären, daß sie an das Esth oder das Dan erinnerten.[3] Bei diesen Schriften handelt es sich nach MILIK um sechs Fragmente (4Q550^{a-f})[4]. Da die Fragmente a, b und d je einen oberen und einen unteren Rand einer Seite darstellen, konnte man relativ leicht die kleine Größe der einzelnen Rolle, sozusagen ihre antike "Taschenbuchausgabe"[5], ermitteln.[6] MILIK bestimmte drei der sechs Fragmente als zu einem Werk gehörig, nämlich a, am Anfang der Rolle sowie b und c an deren Ende. Fragment d einerseits und f-e andererseits

---

[1]   Vgl. G.L.Harding, Illustr. London News 3.9.55; 379.

[2]   Vgl. hierzu beispielsweise R.Stiehl, Esther, a.a.O., 9.

[3]   J.Starcky, travail, a.a.O., 66. Vgl. auch K.Beyer, Texte, a.a.O., 113.

[4]   J.T.Milik führt als Signatur für die Fragmente das Siglum 4QprEsthar$^{a\cdots}$ (4Q pr(oto-) Esth(er) ar(améen)^{a}) ein (vgl. ders., modèles, a.a.O.). Wir richten uns jedoch nach der offiziellen Bezeichnung 4Q550. Ihr gegenüber weist Miliks Bezeichnung bereits eine inhärente Entscheidung hinsichtlich der Zugehörigkeit der Fragmente zur Esthererzählung auf.

[5]   Vgl. hierzu Miliks Darstellung über Sinn und Zweck der in Qumran gefundenen 'Minirollen' (ders., modèles, a.a.O., 364f).

[6]   Ms. a weist in der Höhe 5,8 cm, ms. b 6,5cm und ms. d 6 cm auf, während sie alle einen Umfang von sieben Zeilen (ms. d vielleicht acht Zeilen) besitzen (J.T.Milik, modèles, a.a.O., 363).

seien dagegen Teile von zwei weiteren Erzählungen. Nach MILIK handelt es sich bei allen drei Erzählungen höchstwahrscheinlich um "«proto-Esther», de «modèles», d'«archétypes», de «sources»"[7] von den uns überlieferten Esth-Versionen in hebräischer, griechischer und lateinischer Sprache. MILIKS These basiert auf der Überzeugung, daß der Text der Vetus Latina auf die aramäische Erzählung—4Q550[a-f]—zurückgehe. Übersetzt worden sei er auf der Basis der ältesten griechischen Version. Ihm folge, dem Alter nach, der A-T., während der M-T. als hebräische Übersetzung (nach 70 n.Chr.[8]) der griechischen Version anzusehen sei. Den LXX-T. bestimmte er als Rezension des A-T.

1994 betitelte BEYER 4Q550 als "Die Urkunde des Dareios" und datierte die drei Handschriften in die zweite Hälfte des 1.Jh.v.Chr. Inhaltlich überlieferten sie "eine legendäre Erzählung, die unter den Achämeniden Dareios I. (522-486 v.Chr.) und Xerxes (486-465 v.Chr.) spielt und wie Daniel 1-6 und das Gebet Nabonids die heidnischen Könige die Überlegenheit des jüdischen Gottes verkünden läßt"[9].

Wir haben erstens eine Diskussion der These MILIKS durchzuführen und die Texteinheiten auf ihre traditionsgeschichtliche Zugehörigkeit zur Esthererzählung zu untersuchen. Sollte sich die Zugehörigkeit der Stücke zum Esth nachweisen lassen, so bedeutet dies für unsere eigenen Textrekonstruktionen zweitens eine Überprüfung der ihnen zugrundeliegenden Thesen sowie ihrer Inhalte.

6.1. Die erste Erzählung, 4Q550[a-c]

6.1.1. Text und Übersetzung nach Milik

Der Text des Fragmentes a:

[	[°] אבוך לפתריזא חמעין [ומש]
	[ ] °[ ]
ל[מעבד] ° [ ]	[לל]]בן מלכותא לבוש ובעברי
[עין בה בש<ע>חא	עבידת מלכא ככול די קב]לת
ס[פרי אב]ו[]הי התקריו קדמוהי ובין	ארכת רוחה די מלכא אע]ירה אלהא
ספריא אשתכח מגלה ח[תימה פו]למה חתמין שבעה בעזקתה די דריוש אבוהי עניניה	
] °°[ ] דר]יוש מלצא לעבדי שלטנא שלם פתיחת קרית השתכח כתיב בה דריוש מלכא	
[למלכין די י]םלכון בתרי ולעבדי שלטנא ש]ל[ם ידיע להוא לכון די כול אנוס ושקר	

[7]   J.T.Milik, modèles, a.a.O., 321.
[8]   J.T.Milik argumentiert, daß das Purimfest, das zuvor mehr in der Diaspora gefeiert worden sei als im Land, nun mit dem ersten jüdischen Krieg eine schmerzliche Aktualität erreicht habe: "Ils imposèrent la lecture d'un écrit qu'il leur fallut chercher en grec et traduire en hébreu. Le traité *Megillah*, dans la Mishna, montre, à sa manière juridique, la grande valeur qu'ils attribuaient à la fête du 14 et 15 Adar" (ders., modèles, a.a.O., 399).
[9]   K.Beyer, Texte, a.a.O., 113.

Übersetzung:[10]

Zeile 1: [und sie hö]rten auf deinen Vater Patirêzâ [...]

Zeile 2: *und* [unt]er den Beamten der königlichen Kleidung ... [um] auszuüben

Zeile 3: den Dienst bei dem König gemäß allen (Befehlen), die *[du]* empf[ingst ...] ... Zu derselben Stunde

Zeile 4: verweilte der Zorn des Königs, *[Gott hatte ihn]* w[*ach gehalten und (der König) ordnete an, daß* ... die Do]kumente seines Vaters vor ihm gelesen würden. Und unter

Zeile 5: den Dokumenten fand sich eine Buchrolle, an der [Öff]nung ver[siegelt] mit sieben Siegeln durch den Siegelring des Darius, seinem Vater, deren Überschrift (war):

Zeile 6: "[Die Sch]ri[ft von Dar]ius, König über die Minister des Reiches der gan[zen] [E]rde, Friede!" Man öffnete sie und las und fand dort geschrieben: Darius, der König,

Zeile 7: [an die Könige, die re]gieren werden nach mir und an die Minister des Reiches, Frie[de]! Es sei euch dies kundgetan, daß alle Bedrängung und Lüge [...].

Der Text des Fragmentes b:

```
אנש להן יד[ע] מלכא הן איתי ]
ולא יבד שמה מבא [ו]היטמנו[תה
מלכא איתי לפתריזא בר יא]יר
נפלת עלוהי אימת בית ספרא]
אושי מלכא די תמ[ר] ותתיהב]
ביתי ונכסי לכול מה די יתי]הב
התכיל ותקבל עבידת אבו[ד]
```

Übersetzung:[11]

Zeile 1: Mensch, außer der König wei[ß], ob es gibt [...]

Zeile 2: und nicht wird untergehen sein guter Ruf [und seine] Treu[e ...]

Zeile 3: des Königs ist (gegeben) dem Patirêzâ, Sohn des **Ya`[îr** ...]

Zeile 4: es fiel auf ihn der Schrecken des Hauses **SPR'**[12]

Zeile 5: **Der Bote**[13] des Königs [sagt]: 'Gib den Befe[hl], daß man bestimme [...' ...' und daß man hinzufüge ...

Zeile 6: meinem Haus und meinen Reichtümern von allem, was er mit [ihm/dir] vereinba[ren wird ... ohne]

Zeile 7: gemessen zu sein. Und du wirst die Arbeit deines Vaters erhalten.

---

[10]   Wir geben hier eine an Miliks französischer Textübertragung orientierte Übersetzung wieder, um diese als Textgrundlage für die nachfolgende Diskussion der These Miliks vorliegen zu haben. Die kursiv gedruckten Satzteile geben einen unsicheren und einen von Milik eher vermuteten, als rekonstruierten Textinhalt wieder.

[11]   K.Beyer hat für das Ende von Zeile 2 "[תה לא תעדא ... עבידת]" ([wird nicht vergehen ... die Verwaltung]) rekonstruiert. Die Verwaltung wurde im Zusammenhang von Zeile 2 und 3 demnach Patirêzâ anvertraut. Beyer identifiziert Patirêzâ nicht als Sohn des Yair, sondern liest nur "[...]יר" (J [...]). Anders als Milik führt Beyer "בית ספרא" am Ende von Ziele 4 auf das "Volk von Sephar/Saphar ('Haus des Buches/Schreibers')" zurück und liest in "אושי מלכא די" "תמ[ר]" am Anfang von Zeile 5 den Namen des Königs Ušay von Tamar (vgl. ders., Texte, a.a.O., 114).

[12]   Wir übernehmen von Milik hier die Umschrift des aramäischen Wortes; seine Bedeutung wird im folgenden zu diskutieren sein. F.García Martínez übernimmt an dieser Stelle den Namen des Hauses und übersetzt "house of Safra" (F.García Martínez, Dead Sea, a.a.O., 291).

[13]   Die Etymologie des Begriffes `wšy (MLK`), der auch noch in Fragment c Zeile 1 und 4 vorkommt, ist nach J.T.Milik unklar (vgl. ders., modèles, a.a.O.,332).

Der Text des Fragmentes c:

```
[ או]י[שי מלכא די תמר לשרתא א[נ]חתה ול... בנ[ת]ה נדי[ה
]° [פתריזא אב]ן[ך ]מן חטא די קם על עבידת] מלכותא ]קדם מלכא
צדק[ה עמ[ה ו]ה[ו]ה עבד מן קשוט ומן הי[מנו ק]דמיהה]
[א ואמר אושי]ן
[נה ארנ]ונא
[לן]°[לת ש °]
```

Übersetzung:[14]

Zeile 1: "[... Es sagt] **der Bo[te]** des Königs: Ordne an wegen Šarahâ *[seiner] Eh[efrau und wegen] seinen [... Töch]tern, daß sie ... geban[nt] ...]*

Zeile 2: ...] Patirêzâ, *[dein]* Vater, von dem Teil von **Hamâ**, der über die Dinge [des Königreiches] vor den König gestellt wurde [...

Zeile 3: ... *die Gerechtig]keit* mit [*ihm;* und] er arbeitete gewissenhaft und mit Tr[eue v]or ihr. [...

Zeile 4: ...] Und **der Bote** [des Königs] spricht: ['...

Zeile 5: ...] ihm, aus Purp[ur ...

Zeile 6: ...] ... [...]".

6.1.2. Darstellung der These

Wir wollen in der Darstellung MILIKS zunächst die handelnden Personen vorstellen und uns anschließend seiner Auseinandersetzung mit dem Inhalt der Fragmente zuwenden.

6.1.2.1. Die Personen

Gleich am Anfang von Fragment a findet man einen persischen Namen, "Patirêzâ", der uns als der "Vater" vorgestellt wird. MILIK argumentiert, daß Patirêzâ Jude sei, wäre aus Fragment b, Zeile 3[15] zu folgern, denn dort trage Patirêzâ, "בר יא]יר[", den gleichen hebräischen Familiennamen wie "MRDKY BN Y`YR, *Mardochaios ho tou Iaïrou, 2,5 et A1.*"[16] Patirêzâ dient—wie auch sein Sohn—als "[BY]N `BDY LBWŠ MLKWT`" (a2) als Hüter der königlichen Kleidung am Hof (vgl. 2Kön 22,14 und 2Chr 34,22). Dieser Sohn wird nicht mit Namen benannt. Von dem verstümmelten Wort "B[B]L" in a2 sei jedoch anzunehmen, daß es eine Präzisierung seines Herkunftsortes, aller Wahrscheinlichkeit nach Babylon, angebe.[17] Dies stimme zudem mit der

---

[14]   Wie in Fragment b identifiziert K.Beyer in Zeile 1 und 4 "אושי" nicht mit dem "Boten", sondern mit dem König Ušay von Tamar und in Zeile 3 rekonstruiert Beyer nicht wie Milik das Wort "חמה", das er als den Namen Hamâ übersetzt, sondern vielmehr "יומא" (*der Tag*) (ders., Texte, a.a.O., 114f).

[15]   Im folgenden wird der Verweis auf den Text der Fragmente nur mit dem Buchstaben des Fragmentes und der Ziffer der Zeile, hier also z.B. "b3" angegeben.

[16]   J.T.Milik, modèles, a.a.O., 332.

[17]   "Restituer peut-être B[B]L, à comprendre BBBL, «à Babylone», d'après la graphie bien connue de BYT = BBYT", kommentiert J.T.Milik (ders. Modèles, a.a.O., 327). Diese Rekonstruktion ist jedoch nicht so unproblematisch zu sehen wie Milik vorgibt, da bei "B[B]L" auch die Präposition "ב" wegfallen müßte.

Information von Josephus überein, der in seinen Antiquitates[18] von Mordechais Aufenthalt in Babylon berichte.[19] In c4, erhalte dieser Sohn seine Ernennung zum "Zweiten nach dem König". Vorgeschlagen würde dies von "אושי", den MILIK mit dem königlichen "Boten" identifiziert.[20] Er sei es auch, der dem König im Namen des königlichen Rates deren Vorschläge und Beschlüsse über Dekrete und Gesetze darbringe und als solcher mit Mouchaios in Esth 1,16-21 zu vergleichen sei.[21] Der Autor der aramäischen Erzählung habe, so MILIK, jede Entscheidung des Rates durch die einleitende Phrase des Boten "W` MR `WŠY MLK` DY TMR" hervorgehoben (vgl. b5, c1.4). Dem Vorschlag des Rates folge dann jedesmal die Reaktion des Königs (vgl. b7).[22] Dieser sei mit Xerxes, dem Sohn von Darius, zu identifizieren. Überraschend findet sich in c3 die Auskunft von dem Dienst Patirêzâs "ק[דמיה" (*vor ihr*). Gemeint ist hier nach MILIK Atossa, eine der fünf Hauptfrauen des Darius, die Xerxes gebar.

In c2 taucht nun der Gegner Patirêzâs auf. MILIK meint, in dem Begriff "חמאי" dessen Namen gefunden zu haben und identifiziert ihn mit Haman.[23] In c1 wird dann von ŠRH` berichtet, deren Namen MILIK mit Seresch bzw. Zosara, der Frau von Haman (Esth 5,10.14;6,13) in Verbindung bringt.[24] Allerdings sei ŠRH`die Ehefrau des Gegners von Patirêzâs Sohn, nicht von H[.]M`![25]

6.1.2.2. Die Inhalte

MILIK entdeckte in der aramäischen Erzählung zwei auf das Hofleben bezogene, märchenhafte Motive. Das erste Motiv beinhalte eine Wohltat am Herrscher, die nach ihrem Vergessen wieder zum Vorschein komme und großzügig belohnt werde. Das zweite betreffe die Rivalität zwischen zwei, in ihrem Rang unterschiedenen Hofbeamten; auf Dauer kommt der niedrigere Beamte gegenüber dem höhergestellten zu Ehren.[26] Eingebettet seien diese

---

[18] Vgl. Josephus, Antiquitates, a.a.O., XI/6, 198.

[19] Auch hier schließt J.T.Milik auf einen jüdischen Hintergrund des Textes, wenn er schlußfolgert: "La résidence babylonienne est d'ailleurs normale pour quelqu'un qui «était du nombre des déportés que, de Jérusalem, le roi de Babylone, Nabuchodonosor, avait emmenés en captivité avec le roi de Juda, Jéchonias», A3;2,6" (ders., modèles, a.a.O., 327).

[20] "Le dérivé morphologique de ce dernier terme, `WŠY des fragments *b* et *c* de *4QprEsth* désignera par conséquent: «crieur (public), héraut, messager, huissier», synonyme du pan-araméen KRWZ qui prévaudra à la suite, et, pour ses fonctions, correspondant à celles du grec *kêrux*", kommentiert Milik (ders., modèles, a.a.O., 372).

[21] J.T.Milik, modèles, a.a.O., 373.

[22] J.T.Milik, modèles, a.a.O., 374.

[23] J.T.Milik, modèles, a.a.O., 335.

[24] J.T.Milik, modèles, a.a.O., 334.

[25] J.T.Milik, modèles, a.a.O., 335.

[26] J.T.Milik, modèles, a.a.O., 366. Daß noch ein weiteres, drittes Motiv—das von einer schönen Fremden, die Königin wird (vgl. Esth 1-2)—im Text verarbeitet wurde, ist nach Milik wegen des kleinen Rollenformats eher unwahrscheinlich.

beiden Motive in die Erzählung von Patirêzâ, dem Benjaminiten, der eine
Wohltat zu Anfang der Regierung von Darius dem Großen vollzog. Die
Bedeutung dieses Geschehens sei jedoch erst während der Regierung von
Xerxes bei der Durchsicht der königlichen Archive deutlich geworden.
Belohnt werde deshalb auch nicht Patirêzâ, sondern sein Sohn. So bekomme
das erste Thema, verglichen mit dem gleichen Motiv im Esth in Kap 6, durch
die Verlängerung der Periode des Vergessens, einen dramatisierenden Effekt.
Von dem Inhalt der Schrift des Darius ist in Fragment a nur noch ein kleiner
Rest überliefert, nämlich nur noch der Anfang "alle Bedrängung und Lüge
..." übrig. Die Fortsetzung des Memorandums des Darius sei dann in b4
("`YMT BYT SPR`") zu finden. In dieser Phrase spiegele sich die Gemeinschaft
der Magier, das "Haus der Sferdi'" wieder, das die Opposition "der sieben
Häuser der Perser" darstelle. Historisch überliefert ist in der Tat, daß der
Usurpator Gaumata, mit Hilfe seines Bruders Patizeithês, dem Kambyses in
Kriegszeiten "sein Haus" anvertraute, den Thron einnahm, indem er sich als
Kambyses Bruder ausgab. MILIK nimmt an, daß dieses historische Geschehen
den Hintergrund des Briefes von Darius ausmache und als solches mit dem
im Esth und seinen Versionen mehrfach erwähnten—jedoch stark
vereinfachten—Motiv von dem Komplott-Versuch der beiden Eunuchen zu
vergleichen sei. So wäre beispielsweise der Titel "Wächter des königlichen
Hauses" in dem von Patizeithês als dem "Verwalter des Hauses"
wiederzufinden. Und die Namen der beiden Widersacher des Königs, wie sie
in den Esth-Versionen als "Gabat(h)a" und "-t(h)edeut-/-t(h)e(o)dest-" (vgl.
A-T. (Add A), Jos und VL) überliefert seien, wären mit dem von "Gaumata"
und "Patizeithês" verwandt.[27] Während Gaumata in der offiziellen Version
sein Ende in der Burg Sikayahuvati, einem Ort in Medien, findet, verlegt
Herodot ihn nach Susa in den königlichen Palast. Der griechische Historiker
Ktesias beschreibt zudem die Wohltat des Wächters der Schlüssel, der alle
Waffen aus dem Zimmer, in dem sich die Brüder befanden, hatte entfernen
lassen. Auf diese Weise konnten Gaumata und sein Bruder überwunden
werden. MILIK folgert: "C'est au niveau d'une telle intervention, subalterne
mais importante, que devait se situer le «bienfait» du héros judéen dans
l'écrit qui nous intéresse."[28] In dieser so beschriebenen Hilfestellung also,
wäre die Wohltat des jüdischen Protagonisten in der Erzählung der
Fragmente zu suchen.

Vom zweiten Motiv sind, so MILIK, in der aramäischen Erzählung nur
wenige Elemente erhalten geblieben. Als Patirêzâs Gegner wäre aus c2 Hamâ
und seine hohe Funktion im Königreich zu ermitteln; er wäre in dieser
Funktion wiederum vergleichbar mit dem Gegner Mordechais im Esth.
Daneben ergebe sich der Gegner des Sohnes Patirêzâs aus dem Bericht von

---

27   J.T.Milik, modèles, a.a.O., 367f.
28   J.T.Milik, modèles, a.a.O., 368.

der Verbannung ŠRH`, der Ehefrau des Gegners, da seine Todesstrafe vorauszusetzen sei.[29]

6.1.2.3. Die Erzählung

Zur Beleuchtung des gesamten Textes rekonstruiert MILIK auf der Basis der Esthererzählung nun das folgende Bild:

Von Patirêzâ wird berichtet, daß er als Hüter der königlichen Kleider vor der Königin diente (a1-2). Sein Sohn hat dieses Amt von ihm übernommen (a3).[30] Nun hat der Protagonist der Erzählung, der Sohn Patirêzâs, einen Fehler begangen und—in Ungnade gefallen—den Zorn des Königs Xerxes provoziert (a4). Zur gleichen Stunde hat jemand den Unglücklichen zu trösten versucht (a1-3). Währenddessen wurde der König von Schlaflosigkeit geplagt und durch Gott zum Lesen der Rollen im Archiv veranlaßt, die von der Wohltat seines Vaters berichteten (a4-7).[31] Diese Wohltat bestand darin, daß Patirêzâ den Bösewicht als Lügner enttarnen und das ganze Haus SPR` (= die falschen Smerdi) (b4) zu beseitigen geholfen hatte. Nachdem der König in der Nacht die archivierte Schriftrolle mit dem Bericht über die Wohltat gelesen hatte, mußte er die Frage, ähnlich derjenigen in Esth 6,3, gestellt haben, was dem Wohltäter Gutes zugekommen wäre. Leider, meint MILIK, sei die Entscheidung des Königs in den Fragmenten b und c nicht erhalten geblieben. Dennoch werde deutlich, daß der König den Beamtenapparat am folgenden morgen hinsichtlich eines Ratschlages in dieser Frage in Gang gesetzt habe. Daraufhin trat der Bote auf den Plan und stellte die gesamte Situation samt den an ihr beteiligten Parteien (b1-4) dar. In b5 dann komme der Vorschlag des Rates durch ihn zum Ausdruck. Der König fügte zu dem in b6-7 noch immensen Reichtum und das Amt seines Vaters[32] zur Belohnung des Wohltäters hinzu. c1 behandelt schließlich die Verbannung der Ehefrau und der Töchter, nachdem ihr Ehemann, der Gegner des Sohnes Patirêzâs und seine zehn Söhne, exekutiert worden sind. Dem Ganzen folgt in c2-3 die Lobrede des jüdischen Protagonisten in der Fortsetzung des Lobes über Patirêzâ, seinen Vater, wobei H[.]M` als der Gegner Patirêzâs namentlich genannt wird. Und in diesem Zusammenhang machte der königliche Ratgeber den Vorschlag, Patirêzâs Sohn in die Position des "Zweiten nach dem König" zu heben (c4).[33] Das Stichwort "Purpur" in c5 könnte seine Funktion als "Zweiter" bestätigen (vgl. Esth 7,39 (A-T.)).

---

[29] J.T.Milik, modèles, a.a.O., 368.
[30] Milik zieht diese Information aus a3: "Patirêzâ et, à titre héréditaire, son fils (voir la ligne 3) exercent à la cour royale la fonction de «gardien de la garde-robe royale»" (ders., modèles, a.a.O., 326).
[31] J.T.Milik, modèles, a.a.O., 366.
[32] Wenn diese Aussage, wie Milik meint, an Patirêzâ gerichtet ist, dann wäre hier also von einer dritten Generation neben Patirêzâ und seinem Sohn die Rede.
[33] J.T.Milik, modèles, a.a.O., 336.

MILIK schlußfolgert, insgesamt läge hier eine persische Erzählung vor, die im
Prinzip wahrheitsgetreu sei, jedoch mehrere fiktive Elemente enthalte, zu
denen das Motiv von einer Wohltat komme, die zunächst bescheiden belohnt
und nach einiger Zeit des Vergessens schließlich überschwenglich vergolten
worden sei.[34]

6.1.3. Versuch einer Kritik

Es sind zwei Punkte aufzuführen, anhand derer wir MILIKS These einer
Kritik unterziehen wollen.

1.) Vorrangig und an erster Stelle ist MILIKS Erklärung der Namen in den
Fragmenten   zu   hinterfragen,   denn   er   versucht   anhand   eines
Namensvergleichs die aramäische Erzählung auf das Esth zurückzuführen.
Doch wir meinen, daß diese Methode als Beweis für seine These nicht
standhält. MILIKS Überlegung, daß Patirêzâ neben seinem persischen Namen
auch Mordechai heiße, und wie Esther und Daniel einen Doppelnamen trage,
muß nämlich daran scheitern, daß sowohl Esther als auch Daniel neben
ihrem hebräischen Namen einen fremden Namen tragen. "Mordechai" ist
jedoch kein hebräischer, sondern ein babylonischer Name, der seiner
Bedeutung nach mit der Gottheit "Marduk" in Verbindung zu bringen ist.[35]
Das hieße aber, daß der jüdische Protagonist zwei nicht-hebräische Namen
trage. Ein Vergleich mit anderen Protagonisten kanonischer Bücher ist
deshalb   nicht   überzeugend.   U.E.   hält   dieser   These   auch   MILIKS
Rekonstruktion des Wortes "יא[יר" (b3) als Name "Ya`îr" und damit der
Beweis für die Identität der Person Patirêzâs und Mordechais nicht stand.
Allein die Bibel benennt noch drei weitere Namen, die mit "יא‾" beginnen,[36]
im Aramäischen werden derer noch einige mehr vorhanden gewesen sein.

Daneben ist auch MILIKS Überlegung hinsichtlich der Identität des
Namens "H[.]M`" mit "Haman" und "ŠRH`" mit "Seresch/Zosara" fragwürdig.
So übersetzt GARCÍA MARTÍNEZ für letzteren aus dem schlecht lesbaren
Leder der Rolle wortgetreu ein ת als dritten Radikal, so daß der Text an
dieser Stelle von der "Prinzessin" erzählt,[37] während MILIK vielmehr
annimmt, derjenige, der den Text abgeschrieben habe, sei hier einem
ausländischen Eigennamen begegnet und habe ihn durch eine vertraute
Formulierung mit der Nennung der Prinzessin ersetzt.[38] Mit GARCÍA
MARTÍNEZ Übersetzung wäre die dreifache Schlußfolgerung, mit der MILIK
schließlich den Gegner des Sohnes Patirêzâs ausfindig macht, durchbrochen.

---

[34]   J.T.Milik, modèles, a.a.O., 374.
[35]   Vgl. hierzu J.Lewy, Feast, a.a.O., 127-151; vgl. auch P.Haupt, Notes, a.a.O., 114.
[36]   "יַאֲזַנְיָה" (Jer 25,3; Ez 11,1 u.ä.); "יֹאשִׁיָּה" (vgl. Sach 6,10 u.ä.); "יְאָתְרַי" (1Chr 6,6).
[37]   F.García Martínez, Dead Sea, a.a.O., 291.
[38]   J.T.Milik, modèles, a.a.O., 334.

Folgt man der Übersetzung MILIKS, so zeigt sich jedoch eine wenig überzeugende Argumentation, denn er schließt mit der Identifizierung ŠRH` als dem Namen "Seresch/Zosara" auf deren—nicht benannten—Ehemann, der wiederum wie Haman—Sereschs/Zosaras Ehemann—der Gegner des Sohnes Patirêzâs sei. Daneben zieht MILIK auch eine Verbindung zwischen H[.]M`[39] (alias Haman) und dem Gegner Patirêzâs und begründet dies mit einer auf zwei Generationen ausgeweiteten Gegnerschaft. U.E. vollzieht MILIK hier eine doppelte Schlußfolgerung, die auf einem einfachen Namensvergleich beruht. Doch läßt der inhaltlich sehr lückenhafte Text ein so gewagtes Fazit nicht zu.

Als drittes wollen wir uns MILIKS Überlegungen zu der Wendung am Ende von b3 "ספראן[בית" kritisch vor Augen führen, denn er vollzieht auch hier eine doppelte Schlußfolgerung, um den Inhalt der aramäischen Erzählung mit der des Esth in Verbindung zu bringen. Durch die von MILIK vorgenommene Emendation wird der fragmentarische Inhalt der Erzählung in einen Kontext hineingestellt, in den sich auch der Rest einfügen muß. Dies kann aufgrund seiner Lückenhaftigkeit wohl gelingen, basiert aber grundsätzlich nur auf der Identifikation des von "SPR`" zu "SPRD`" oder "SPRZ`" abgeänderten Wortes mit den falschen Smerdi. Naheliegender wäre die wortgetreue Übersetzung "Haus des Schreibers" oder einfach "Haus des Saphra", auch wenn dadurch der Hintergrund für das auch im Esth verarbeitete Motiv von der nicht-entlohnten Rettungstat des Protagonisten verloren ginge.

2.) Sehen wir uns den Aufbau der Erzählung, wenn auch nur auf der Basis von wenigen stichwortartigen Resten erstellbar, an, so findet sich schon allein wegen der auf zwei Generationen verteilten Handlung und der zum Esth so andersartig gestalteten Abfolge des Erzählfadens nur wenig Parallelität. Dieser kann wie folgt skizziert werden:

> Die Oberfunktion Patirêzâs—sein Amt im Dienst des Königs—des Königs Durchsicht der archivierten Dokumente und die Botschaft des Darius—der gute Ruf und die Treue von ...?—des Königs Zuwendung gegenüber Patirêzâ—der Schrecken des Hauses SPR'—der Rat des Boten—ein Geschenk an Gütern und die Erhebung in das Amt des Vaters—der erneute Rat des

---

[39] S.White Crawford merkt an, daß die Ähnlichkeit zwischen HM' und Haman Miliks Überzeugung von dem MT als späte Übersetzung der griechischen Esth-Version, die ihrerseits eine Übersetzung eines aramäischen Proto-Esth sei, wohl unterstütze. Doch sei dem folgenden entgegenzuhalten: "the name Hama' in line 2 of Fragment C begins with het. Het, of course, makes a one-to-one transference from Aramaic to Hebrew, but not in Greek, where it is lost (...). Therefore, if the person in line 2 is the same as the Haman of the Esther writings, then the translation process must have moved from Aramaic to Greek to Hebrew, with het being lost in the Greek, then returning as he in Hebrew (i.e., h > _ > h). This is compelling, but it is very difficult to draw sound conclusions from the transference of names from language to language" (dies., *Esther*, a.a.O., 315f).

Boten—Patirêzâ und Hama, der hohe Beamte—seine (?) Treue vor "ihr"—der
dritte Rat des Boten

Sowohl im Esth als auch in der HM und HMK steht der Konflikt
zwischen Haman und Mordechai im Mittelpunkt des Geschehens. Aus ihr
entwickelt sich das ganze Geschehen und führt zum Aufstieg des zunächst
unbedeutenden Mannes Mordechai; Während in der aramäischen Erzählung
ein Konflikt erahnt werden kann, der jedoch in die Darstellung von Patirêzâs
Karriere am königlichen eingeflochten ist. An ihr scheint auch sein Sohn teil
zu haben. Dies erinnert im Ganzen an die Erzählung von Achikar, wo das
Geschehen im Rahmen der Laufbahn Achikars am königlichen Hof
stattfindet und auch das Element von der auf zwei Generationen verteilten
Handlung eine bedeutende Rolle spielt. Dagegen finden wir dort jedoch nicht
das Motiv von der vergessenen Entlohnung für eine Rettungstat, in die
dasjenige von der Schlaflosigkeit des Königs eingeflochten ist. Dieses ist
vielmehr   konstitutiver   Bestandteil   des   Esth   bzw.   der   von   uns
herausgearbeiteten HM. Doch wie steht es um die Rettungstat des
Protagonisten in der oben skizzierten Erzählung? Auffallend ist, daß MILIK
für seine Beweisführung, d.h. den Vergleich der einzelnen Elemente der
Erzählung mit denen des Esth, jeweils unterschiedliche Historiker
heranziehen muß. So erscheint vor allem seine Argumentation, die
Wohltat—ein zentrales Motiv in der aramäischen Erzählung—sei auf die
Erwähnung des Historikers Ktesias zurückzuführen, nicht überzeugend und
zwar deshalb, weil Patirêzâs Vater erstens Wächter der königlichen Kleidung
war und nicht der der Schlüssel, so daß er das Eindringen der Überwältiger
der Usurpatoren begünstigt haben könnte, und zweitens diente er der
Königin, was mit Ktesias Bericht nicht in Verbindung zu bringen ist.
Überhaupt erscheint die Erklärung für die Wohltat von weither geholt. Der
fragmentarische Text betont vielmehr zweimal die Loyalität und den
Gehorsam von Patirêzâ bzw. den seines Vaters (a3 und c3). Eine Rettungstat
ist hier nicht zu vermuten. Dagegen wirkt MILIKS Vergleich zwischen der
historischen Machtübernahme des falschen Smerdis mit der Erzählung von
der Verschwörung der beiden Eunuchen im Esth tatsächlich überzeugender.
Doch auch hier tun sich Zweifel hinsichtlich einer Abhängigkeit beider
Berichte voneinander auf, denn MILIKS Überlegungen können wiederum nur
auf der Basis einiger Textkorrekturen Bestand haben. Dies zeigt sich in
seiner These, die Nähe zwischen den beiden Namen der Eunuchen im
Gegenüber zu den Usurpatoren zu suchen.[40]

---

[40] "La chute de la syllabe initiale du deuxième nom s'explique, je pense, par la réduction
de *wapa*-, «et P.», où un scribe aurait vu la dittographie de la conjonction «et», qui était soit
wa- soit *pa*- ... Dans la premier nom, la première voyelle «aramaïse» la forme babylonienne *gô*-,
qui devient donc *gâ*-" (J.T.Milik, modèles, a.a.O., 368).

So fällt insgesamt also auf, daß die aramäische Erzählung Motive verarbeitet hat, die auch anderen, alten Erzählungen bekannt sind.[41] Dafür, daß sie als Vorläufer der Esth verstanden werden könnte, im Sinne eines Proto-Esth-Textes, beinhaltet die aramäische Erzählung jedoch zu viele fremde Elemente, die dem Inhalt des Esth zuwiderlaufen.[42]

6.1.4. Gegenüberstellung von Miliks These zu 4Q550[a-c] und HM/HMK

Wenn MILIK behauptet, in der von ihm rekonstruierten Erzählung einen Proto-Typ des Esth gefunden zu haben, so müssen wir seiner These nun unsere eigenen, angeführten Überlegungen hierzu gegenüberstellen. Konkret wollen wir versuchen, unsere eigene These, die wir in der Darstellung der HM und HMK niedergelegt haben, gegenüber MILIKS Textrekonstruktion zu verteidigen.

Trotz des auf zwei Generationen bezogenen Inhalts, erinnert die Personenkonstellation dieser Fragmente sowie der von MILIK aufgedeckte Konflikt tatsächlich an unsere HM-Rekonstruktion. Auch sie besteht aus der Verwebung der beiden Motive, die MILIK für die drei Fragmente a-c ausgemachte: Einerseits die Wohltat am Herrscher, die nach einiger Zeit des Vergessens in Erinnerung gebracht und nachträglich belohnt wird (Kap 6 des Esth) und andererseits die Rivalität zwischen den beiden Höflingen Haman und Mordechai. Auch hier kommt der angesehene Haman aufgrund seines Neides gegenüber dem rechtschaffenen Mordechai zu Fall.

Es ergeben sich historische und inhaltliche Parallelen, wenn wir MILIKS These konsequent folgen. Wenn nämlich der Vater des Königs Darius (521-486 v.Chr.) genannt wird, so können wir davon ausgehen, daß der König der aramäischen Erzählung mit Xerxes (486-465) zu identifizieren ist, der auch

---

[41]   Neben Milik hat auch García Martínez in den fragmentarischen Stücken folkloristische Motive differenziert, die im Esth wiederzufinden seien. Doch unterscheidet er anders als Milik kleinere motivische Einheiten zu denen a) das Motiv vom König, der nicht schlafen kann und sich deshalb die Analen vorlesen läßt, b) das Motiv von einem Funktionär, dessen Wohltat nicht entlohnt wurde, doch zu späterer Zeit desto größere Ehre empfängt und c) das Motiv von Machtkampf zwischen zwei Höflingen, der durch die Bevorzugung des einen von beiden hervorgerufen wird und zu unerfreulichen Konsequenzen für den Verlierer führt, gehören. Letzteres stelle im Grunde den Konflikt zwischen zwei religiösen Gruppen dar. Tatsächlich wären diese Motive überall in der orientalischen Literatur wiederzufinden. Und so habe auch der Autor des Esth diese gekannt und im Esth verarbeitet. Doch fände sich ihre Verarbeitung eben auch in der Erzählung vom Weisen Achikar und den unzähligen im Kern unterschiedenen Versionen (F.García Martínez, Manuscrits, a.a.O., 73).

[42]   Nach K.Beyer erinnert "der Brief des Königs (1,6ff.) [d.i. a6ff.] an Dan 3,31;6,26, der Übergang der Reichsverwaltung an den Sohn des Amtsinhabers (2,7) [d.i. b7] an Ahiqar ..., die Rivalität zwischen dem Perser Bagosi und dem schließlich obsiegenden Juden (der gleichfalls einen iranischen Namen trägt) Bagasrau an das Buch Esther ..." (ders., Texte, a.a.O., 113). Daß die aufgeführten Elemente, wie Beyer meint, an das Dan und das Esth erinnern, soll dabei nicht bestritten werden: Doch meinen wir, daß sie als Kennzeichen für eine Identifizierung des Proto-Esth nicht überzeugen.

im Esth (M-T./A-T.) genannt wird.[43] Und das Motiv des von Ruhelosigkeit
heimgesuchten Königs, der sich Dokumente aus vergangenen
Regierungstagen vorlesen läßt, ist ebenso ein zentraler Bestandteil der HM.
Die Aussage in c2, daß Hamâ ein Amt in der Gegenwart des Königs
bekleidete, läßt an Inhalte der HM sowie der HMK erinnern. In dieser
Funktion gleicht er nämlich Mordechais Konkurrent und Gegenspieler. Auf
welche Weise er Patirêzâ zum Gegner wurde, wird aus dem bruchstückhaften
Zusammenhang heraus jedoch nicht klar. Neben Hamâ gehört auch das "BYT
SPR`" zur gegnerischen Partei der Erzählung, wobei MILIK letzteres doch mit
den Usurpatoren, also eigentlich mit Feinden des Königs identifiziert.
Tatsächlich könnte mit "עלוהי" in b4 durchaus das Königshaus statt Patirêzâ
gemeint sein, v.a. dann, wenn wir "BYT SPR'" mit MILIK auf die Smerdi
beziehen. In diesem Fall fände sich in der Pagenverschwörung der HM (Add
A1-17) eine weitere Parallele. Man könnte dann eine—allerdings nicht
erhalten gebliebene—Beschreibung von der Rettungstat Patirêzâs annehmen
und die in b6f. beschriebene Belohnung auf Patirêzâs Sohn beziehen. Diese
finden wir in der HM in Kap 6.

Lassen wir schließlich unsere Zweifel hinsichtlich der Identifikation der
Namen in der aramäischen Erzählung und dem Esth einmal beiseite, so kann
selbst Zosaras (bzw. Sereschs) Rolle im Konkurrenzstreit, wie sie von uns in
der HM dargestellt wurde, mit MILIKS Beobachtungen in Verbindung
gebracht werden.

Könnte die aramäische Erzählung unter den genannten Umständen also
wirklich als Vorläufer der Esth oder mit MILIK als eine Art Proto-Esth
gelten? U.E. wäre diese Schlußfolgerung jedoch zu hoch gegriffen. Die
thematische Nähe zwischen 4Q550[a-c] und unserer HM könnte vielmehr
darauf hinweisen, daß beide Texte ähnliche Erzählinhalte aufführten, die zur
damaligen Zeit beliebt waren und deshalb eine häufige Verwendung erfuhren
und daß diese häufig verwendeten Motive und Figuren auf ähnliche Weise
miteinander verbunden wurden (vgl. die vielen Versionen der Achikar-
Erzählung). Wir könnten zudem für unsere eigenen Überlegungen
hinsichtlich der Traditionsgeschichte des Esth feststellen, daß sich die
Esthererzählung von der Thematik dieser kurzen Erzählung inspirieren ließ
und sie bei der Verknüpfung der Einzelerzählungen zu einem größeren
Zusammenhang genutzt haben könnte. Dies zeigte uns dann nicht nur, daß
wir traditionsgeschichtlich mit der Aufsplittung des Esth in drei Erzählungen
(VE, HM und HMK) richtig liegen, sondern gäbe uns zugleich einen
Einblick in die Entstehung des novellistischen Gesamtwerkes des Esth,
dessen Komposition im Grunde als Anreicherung verschiedener
Erzähleinheiten und Motive zu verstehen ist.[44]

---

[43]   Vgl. hierzu die ausführlichen Erläuterungen von R.Stiehl, Esther, a.a.O., 9-13.
[44]   Vgl. hierzu die Arbeit von L.M.Wills (Novel, a.a.O).

Doch trotz dieser, unsere eigene These unterstützenden Überlegungen darf man die Kritik an MILIKS These nicht aus den Augen verlieren. Zu viele Argumente sprechen gegen den vom Autor rekonstruierten Inhalt, mit dem er unserer HM nahestehen würde. Wir sind deshalb dagegen, in 4Q550[a-c] einen von drei "écrits estériens"[45] zu sehen, sondern sprechen vielmehr dafür, dieses Fragment als eine der Hoferzählungen—eventuell mit jüdischem Protagonisten—zu lesen, wie sie in ihrer Gattung in damaliger Zeit sehr beliebt waren und in einer ganzen Reihe von verschiedenen Erzählungen mit immer wiederkehrenden Motiven in der Bevölkerung erzählt und niedergeschrieben wurden.

6.2. Das zweite Fragment, 4Q550[d]

4Q550[d] besteht aus drei Kolumnen.[46] MILIK kennzeichnet sie mit den Ziffern -IV, -II und -I. Es handelt sich hierbei um Stücke, die sich am Ende der Schriftrolle befinden. Wieviele Kolumnen den übriggebliebenen Stücken vorausgingen ist—daher auch die rückwärtige Zählung—nicht auszumachen. Die Zählung legt zudem offen, daß zwischen den Kolumnen -IV und -II eine textliche Lücke klafft. Doch vor der Darstellung und Diskussion des von MILIK konstruierten Inhalts wollen wir zunächst MILIKS Übersetzung wiedergeben.

6.2.1. Text und Übersetzung nach Milik

Der Text des Fragmentes d Kol. -IV:

בחובת[י ובחובי אבדתי	[לי]ן [°ת[ארו ידע אנתה]
איתי בין עבד]יך גבר	די חטו קדמיך ו[שתקת מתכ]שפאא לרח[מ]נ[א וננדד °]
פרו[ן]רא מב[א]	יהודי מן דבר בני[ם]ין...] מגלה קאם לקבלה ובא]נ[א]
לא איתי אפש]ר[	גברא מבא עבד [עבי]דת מלכו[ת]א מה מה אעבד לכה ואנתה ידע]
א[נה אס]רת[	לגבר כותי להתהבה] מלי מל]כותך קאם באתר די אנחה קאם]
[	ב[ר]ם מה די אנתה צ[ב]א פקרני וכדי [תמ]ות אקברנך ב]
[	עמר בכול אפשר די תעלית עבידתי ק[דמיך כ]ול דין]

Übersetzung:[47]

Zeile 1: Siehe, Du kennst, [Herr ...] *von mir* [... wegen] meinen [Schulden] und wegen

---

[45] J.T.Milik, modèles, a.a.O., 384.

[46] Da Milik den Begriff "colonne" mit "Col." abkürzt, geben wir entsprechend der deutschen Übersetzung "Kol." wieder.

[47] Am Anfang von Zeile 3 rekonstruiert Beyer den Text anders als Milik mit "יהודי מן רברבני מ]לכא ... [.. לה קאם לקבלה וב].[א" und übersetzt dies mit "jüdischer Mann von den Großen des [Königs ...] ihn ihm gegenüber stehend und". D.h. er führt die Genealogie des jüdischen Mannes nicht auf Benjamin zurück und beschreibt ihn nicht als Exulanten. Der Rest dieser Zeile ist für Beyer nicht rekonstruierbar bzw. beruht auf Vermutungen. In Zeile 5 übersetzt Beyer "לגבר כות[י]", anders als Milik, mit "für einen Mann wie [mich]" (vgl. ders., Texte, a.a.O., 115).

der Schulden meiner Väter,

Zeile 2: die vor Dir gesündigt haben. Und [sie schwieg als sie aufhörte an]zuflehen den Bar[mherzig]en. Und sie ging weg [...'... da war unter] deinen [Dienern] ein Mann[48],

Zeile 3: ein Jude, einer der Angesehenen von Benjam[in, ...] ein Exulant. Er stand auf, um eine Klage einzureichen[49] und zu er[bit]ten. [... Das ist ein *Vorzeich]en* guter Art,

Zeile 4: ein guter Mann, der arbeitete [in seinem Amt für das Wohl des Königrei]ches. Was kann ich für Dich tun? Du weißt, [... es ist nicht] zuläss[ig],

Zeile 5: daß ein Kutäer verantwortlich ist[50] [für die Dinge] Deines [Reic]hes, die Macht innehabend[51], seit Du selbst die Macht innehattest. [... Was *m]ich betrifft, Es[ther]*,

Zeile 6: G[u]t, was du wü[nsch]st befiehl mir, und wenn [du stirb]st, begrabe ich Dich in [...]

Zeile 7: behandelte alle brutal[52]. Es ist möglich, daß mein Aufstieg in den Dienst v[or Dir ... a]lles was [...].

Der Text des Fragmentes d Kol. -II:

```
]                    ]°[        ]° נזרת שא[      ו]תנ[יני]א אזל°ו[
]                              [ °] בלבוש מלכותא    [מכחש]יא ות[ל]°[חיא אזל]ו
]                                      [כ]ליל דה[ב]א על רי[שה וחמש שנ]י[ן אזל]ה
]                              ש[תיתיא אזלו אכ]ומין    ]בלחודוהי ר[ן
.                              כל    ]כ[ל°    כל
]° למ                  כ]סף ודהב] ונכס[ון די [אי]ן[תי לבגושי בכפל]
]° ושב[יעיא                  אדי]ן על בש[ל[ם בגסרו לדרת מלכא °[
בגושי ת[ב ל]  ר]יבה ר]יב ודינא ]גזי]ר וק[טיל אדין על] ב[גסרו לד]ר[ת מלכא שב]יעיתא
] מן בגסרו ]°[°בן ואמר ונשקה ענה סרבט[ה] על רי[ש]ה וסמך] בי]דה ואחרה
```

Übersetzung:

Zeile 1: [...] .. der Entschluß. [.. Und] die Zw[eite]n gehen vorbei [...

Zeile 2: ... die] Plagen[53]. [Und die d]ritten gehen [vorbei ...]. Von der Kleidung [(die) königlich (war) ...

---

48 Ganz anders rekonstruiert F.García Martínez Zeile 2: "who had sinned before you, and [...] peaceful [...] and left [... of his at]tendants, a ..." (ders., Dead Sea, a.a.O., 291). Im Vergleich zwischen dieser und der Übersetzung Miliks zeigt sich, daß letzterer bereits in der Übertragung des Textes eine Basis legt, auf der er seinen Vergleich mit dem Esth stützen kann. Doch hat man hier zugleich ein Beispiel dafür, daß die Entzifferung eines Textes immer schon einen Teil seiner Interpretation ausmacht.

49 "לקבלה" läßt sich als Infinitiv von "קבל" auch mit "empfangen" übersetzen. Doch Milik (modèles, a.a.O., 343) geht vielmehr davon aus, daß es sich hier um den jüdischen Protagonisten handelt, der vor dem äußeren Hof wartet, um eine Anklage über das verderbliche Handeln seines Gegners einzureichen. Milik setzt den Zusammenhang einer Gegnerschaft mit dem in Zeile 5 genannten "כוחי" auf der Basis des im Esth verarbeiteten Motives voraus. Gegen ihn richte sich dieser Zusammenhang nicht gegen den Text hergestellt werden. U.E. sollte die naheliegendere Übersetzung mit "empfangen" wäre hier trotz des geringeren kontextuellen Verständnisses vorzuziehen.

50 Anders gesagt, kann "להתבה" auch mit "(den König) informieren über ..." übersetzt werden (vgl. J.T.Milik, modèles, a.a.O., 345f.).

51 Die eigentliche Bedeutung von "קום" bringt J.T.Milik mit der Terminologie der Macht in Verbindung. So beziehe sich das erste "קום" auf den Leutnant des Königs in Fragment c2 (gemeint ist wohl Hâma). Das zweite "קום" betreffe die Macht des Königs, als er sie anstelle seines Vater übernahm (vgl. ders., modèles, a.a.O., 346).

52 F.García Martínez (Dead Sea, a.a.O., 291) ist bei der Entzifferung dieses Wortes vorsichtiger und fragt, ob hier nicht "ravaging (?)" (= Verwüstung) gemeint sei.

Zeile 3: ...] die Krone[54] aus G[old auf]ihrem[55] [Ko]pf. Und fünf Jah[r]e gehen [vorbei ...
Zeile 4: ...] nur . [... Und die s]echsten gehen vorbei, schw[arz ...]
Zeile 5: für . [... Si]lber und Gold [und ... Reich]tümer, die [gehör]en dem Bagôšê,
Doppeltes, [...]
Zeile 6: Und die sieb[ten gehen vorüber ... Darau]f tritt Bagasraw in Frie[d]en ein in den
Hof[56] des Königs,.[...]
Zeile 7: Bagôš[ê kehrt zu]rück zu [...], sein Rechtsstreit wird ge[führt, das Recht]
gesproc[hen und er wird ge]tötet. Daraufhin tritt [Ba]gasraw in den H[o]f des Königs,
[den] sieb[ten (Hof) ...]
Zeile 8: Er ergriff ihn bei [seiner] H[and, legte] auf [seinen] Kopf sein [Zepter] und küßte
ihn, wandte sich (an ihn) und sagte: " ... Bagasraw, der [...]".

Der Text des Fragmentes d Kol. -I:

```
[ן]°[ל ה[ת]יב בורק אבצי יד לוכ [רא לוכ]ב טילש וה ןיחלל[פ]ו ןילחד ןותנא יד איל[ע]
[ל]כ ן[י]חתיא אל יד ליד[ב לטקי אהלא איב[נ ]אש[יאב ]הלמ רמי יד שנא לוכ[
[ה                                                                              ׃
ב[]חכי אכלמ רמאו ןיחרת[ ايليל תוזח]ב הח יד א[מ לוכ        ]°[ םל[ע]ל הפג ט[
[אתברק] א[]כלמ תיב תרדב ןינאו[]תמשנ          [°] ן[טל]ש          ]°[וזע[
ה[נד אבתכב ןירק ]ו[נ]רסגנ רחב ו[נ]ר]ס[ו[ק]י
[כ ה[שיר  ]לע הבאת התשיאב[]°
ה[ערז
```

Übersetzung:

Zeile 1: [...] der Höchste, den ihr fürchtet und [v]erehrt, er ist mächtig über die [ganze]
[Wel]t. Alles, was der Priester[57] Seines Hau[s]es wollte, das man *i[hm]*[58] [...
Zeile 2: ...] Jeder Mensch, der ein [bö]ses Wort gegen Bagasraw spricht, den Pr[opheten
Gottes,] wird getötet, denn es gibt kein [...
Zeile 3: ...] von Seinem Innern[59] in Ewigkeit *[... sich vollendet habend durch* alles, w]as
er gesehen hat in den zwei [Visionen der Nacht]. Und der König befahl
niederzu[schreiben ...

---

[53] J.T.Milik meint, es handele sich hierbei um kollektive Heimsuchungen wie Krieg,
Gefangenschaft und Deportation (vgl. ders., modèles, a.a.O., 349).
[54] Für die Übersetzung des Begriffes "כליל" stellt Milik den Kontext der Krönung Esthers
in den Hintergrund, wie dies im A-T. 2,17 zum Ausdruck gebracht werde (vgl. ders., modèles,
a.a.O. 349).
[55] Anders wiederum F.García Martínez (Dead Sea, a.a.O., 292), der annimmt, der
verdorbene Text sei an dieser Stelle mit "crown of g[old upon his h]ead" zu übersetzen. D.h.
gekrönt wird hier, im Gegensatz zu Milik, keine Frau (= Esther), sondern ein Mann.
[56] J.T.Milik verweist hinsichtlich dieses Begriffes "דרת" auf seine Erklärung in Zeile 7.
Dort führt er den Inhalt auf Herodot I 89f zurück: Hier werden die sieben Mauern der
Palastfestung der Könige der Meder von Ekbatana in ihren verschiedenen Farben beschrieben.
Dementsprechend befinden sich auch sieben Höfe innerhalb des Palastes (vgl. ders., modèles,
a.a.O., 351).
[57] Der "terme QRWB revient en judéo-araméen, «Vorbeter», et en syriaque, «communiant»;
ici, plutôt «sacrifiant», et QRWB BYT` doit être le titre du grand prêtre d'un sanctuaire", meint
J.T.Milik (modèles, a.a.O., 353).
[58] F.García Martínez kommt hier ohne Begriffsklärung aus und übersetzt einfacher und
u.E. textgemäßer: "All that one who approaches should wish [...]" (ders., Dead Sea, a.a.O.,
292).
[59] Milik erläutert, das Wort "נגפה" sei im Sinne von "«de Ses bras, de Son sein»" plutôt que
«de Son aile»" zu verstehen. Ihm ginge ein Begriff voraus, der "Ort der Zuflucht" (MPLT[.])
oder "Zuflucht, Asyl" (MQLT[.]) bedeute (vgl. ders., modèles, a.a.O., 356).

Zeile 4: ... *seine* Her]rsch[aft. Und man verwahrte] die [Doku]mente[60] in dem inneren Hof des
königlichen Palastes [...

Zeile 5: ... die] auftrete[n] werden nach Bagasra[w], um zu lesen in der Schrift dies[es ...

Zeile 6: ... Bo]sheit, seine Bosheit wendet sich (und fällt zurück) auf seinen [Kopf] .. [...

Zeile 7: ...] seine *[Nachkommen]schaft*[61].

6.2.2. Miliks Überlegungen zu Fragment d

Gleich zu Anfang seines Aufsatzes merkt MILIK an, daß ihm vor einigen
Jahren, bei der Durchsicht der Photographien der Manuskripte mss a-d in
Fragment d Kol. -IV,5, eine textimmanente Angabe aufgefallen war, die eine
bisher nicht deutbare Nennung in den griechischen Versionen des Esth zu
erklären versprach. Es handelt sich hierbei um die Identifizierung Hamans
als den des Ammadatos, Bougaios. Bei unserer folgenden Untersuchung
müssen wir also wiederum MILIKS These von dem Proto-Charakter der
Fragmente gegenüber der Esth voraussetzen.[62]

Zur Annäherung an den Text wollen wir nach der Darstellung der These
MILIKS zur Überlieferungsgeschichte, wie zuvor, zunächst die Personen des
Textes, die Inhalte und die von MILIK rekonstruierten Erzählung darstellten.
Sodann fügen wir unsere Kritik an, um schließlich unsere eigenen
Überlegungen dem gegenüberzustellen.

6.2.2.1. Die Personen

Das Geschehen findet wie auch in den Fragmenten a-c am königlichen Hof
statt. Dementsprechend treten sowohl ein nicht näher benannter König und,
in einer tragenden Rolle, die Königin auf. Von ersterem weiß man nicht wer
gemeint ist,[63] doch die Königin identifiziert MILIK erneut mit Esther, wenn er
in Kol. -IV,5 den Namen "[רתא]סא" herstellt. Sie tritt als Fürsprecherin für das

---

[60]   Hier wird, nach J.T.Milik, eine Information über den Verwahrungsort der Schriften im
königlichen Archiv geliefert. Da er das Pronomen "ʾNWN" im gegebenen Kontext für
unwahrscheinlich hält, rekonstruiert er "NŠT]WʾNYN", "«documents écrits, lettres, rescrits et
décrets»" (ders., modèles, a.a.O., 356).

[61]   Milik rekonstruiert [... ZR]ʾH auf der Basis von Esth 10,3, dem Porträt Mordechais, das
ähnlich "ZRʾW" endet. So könne es sein, daß Fragment d mit einem "«souhait final»", einem
letzten Wunsch, schließe. Damit gleiche es einigen alten, christlichen Schriften und dem Ende
von Dan in der Ausgabe des Papyrus Chester Beatty-Princeton Scheide-Cologne sowie dem des
Protoevangelisten aus der Ausgabe des pap. Bodmer 5 (31). Auch nabatäische Inschriften wiesen
einen solchen Schluß in der Widmung und der Signatur auf, die Wünsche beinhalteten: "ŠLM
QRʾʾ, ŠLM QRʾʾ WKTBʾ, ŠLM KTBʾ WQRʾʾ; ŠLM QRYʾ" (CIS II 170 (im Jahre 47 vor Chr.)). Milik
schließt, daß auch 4Q550[d] Kol. I mit [...ŠLM LQRʾʾ WLZR]ʾH geendet haben könnte (vgl. ders.,
modèles, a.a.O., 358).

[62]   J.T.Milik, modèles, a.a.O., 321.

[63]   Da eine nähere, chronologische Angabe im Text nirgends zu finden sei, geht J.T.Milik
davon aus, daß "Quel qu'y soit le roi perse, rappelons que pour un compositeur de ce genre
littéraire l'encadrement de son récit dans la Grande histoire pouvait s'avérer assez arbitraire, la
chronologie ne constituant pas pour lui un élément essentiel de la narration" (ders., modèles,
a.a.O., 377).

Jüdische Volk auf, dem sie selbst angehört.[64] Von ihm ist, so MILIK, im Gebet der Königin in Kol. -IV,1 als "meine Väter" die Rede. Dieses Gebet richtet sich an JHWH, der hier der "LRH[.][MN]`" (*der Barmherzige*) genannt wird. Im Mittelpunkt des Geschehens stehen wiederum zwei einander feindlich gesinnte Parteien. Bei der ersten handelt es sich um einen angesehenen Juden, der dem Stamm Benjamin angehört, jedoch im Exil lebt (Kol. -IV,3) und mit Namen Bagasraw heißt (Kol. -I,2 und -II,7). Er hat zudem auch die Rolle eines Propheten inne (Kol. -I,2). Sein und der Königin Feind Bagôsê ist, wie diese, ausländischer Herkunft. In Kol. -IV,2 wird er als "Kutäer" bezeichnet, d.h. ein Samaritaner, der mit dieser Herkunft einen Typus der Gegnerschaft des Judentums darstellt. Schließlich folgert MILIK aus dem Textzusammenhang des rekonstruierten Textes, daß er als der "Zweite nach dem König" bezeichnet wäre, womit er ein weiteres Merkmal mit der Person Hamans im Esth teile.

6.2.2.2. Die Inhalte

Ausgehend von der Identität der Protagonisten in allen drei Kolumnen—auch wenn dies in Kol. -IV kaum explizit wird—gelingt es MILIK einen Textzusammenhang zwischen den einzelnen Erzählteilen herzustellen. Er bedient sich hierbei, wie zuvor auch für Fragment a-c, der Grundlage der Esthererzählung. Allerdings zieht er zur Verdeutlichung der Textinhalte auch das Danielbuch und die Josephsgeschichte heran. Im Einzelnen stützt sich MILIK auf den Text der Vetus Latina, in der er die gemeinsame Rezension der vier Versionen des Esth wiedererkennt. Sie stünde als älteste Version v.a. 4Q550[d] nahe.[65]

Motivlich verarbeitet und miteinander verflochten worden seien in 4Q550[d] einerseits der Aufstieg eines ausländischen Favoriten vor dem persischen König sowie die, die Karriere betreffenden, rivalisierenden Machenschaften des anderen, fremden Funktionärs am königlichen Hof.[66] MILIK sieht nun hinter dieser motivlichen Verknüpfung von einer historischen mit einer literarisch verarbeiteten Thematik die Wegbereitung für die Erzählung überhaupt. Es handele sich hierbei nämlich um die problematische Beziehung zwischen den beiden Brudervölkern der Juden und Samaritaner, die nun, in einer Übertragung, von einem unbekannten Ort der Erde an den prachtvollen Hof eines großen Reiches verlegt worden

---

[64]   Die Königin trete nämlich vor dem König für einen "Juden" ein, einem ihrer Landsleute, der eine Klage gegen seinen Gegner eingereicht hat (vgl. J.T.Milik, modèles, a.a.O., 378).
[65]   Vgl. z.B. die Parallelität in der Stellung des Gebetes Esthers in der VL und 4Q550[d] Kol. IV. Dies zeige, meint J.T.Milik, "une fois plus l'archaïsme textuel de la version Vieille Latine du livre d'*Esther*" (ders., modèles, a.a.O., 339).
[66]   J.T.Milik, modèles, a.a.O., 375.

wäre.[67] Hin und wieder scheine jedoch die eigentliche Quelle des Geschehens durch. Zu ersterem vergleiche man beispielsweise Kol. -I,1, wo von dem "Priester seines Hauses"—dem Tempel in Jerusalem—die Rede sei. Einen Hinweis auf die im Hintergrund stehende Feindschaft findet MILIK zudem in der Namensgebung des einen Protagonisten. Und gerade hierin meint er einen wichtigen Aspekt gefunden zu haben, der die Verwandtschaft zwischen den Qumranfragmenten und dem Esth offenlegen könne. So sei in Kol. -IV,5 mit dem Begriff "Kutäer" eine pejorative Form für "Samaritaner".[68] Eben in jenem ethnischen Begriff "KWTY" des Qumranfragmentes sei der Schlüssel zur Erklärung der vielen Namen verborgen, die das Heidentum, in Form des Gegners der Juden, im Esth zum Ausdruck brächten.[69] MILIK führt entsprechend die Namensbezeichnungen Hamans—von Βουγαιος (Add A17 (LXX-T.)) und Μακεδονα (A-T.) zu του γωγαιον (ms. 93) etc.—in den Versionen des Esth auf und erklärt den Grund für deren Verschiedenheit: Der erste griechische Bearbeiter der aramäischen Proto-Esthererzählung habe "KYTY(`)" einfach mit "(der) Makedonier" übersetzt. In der wohl semitischen Vorlage konnte der Schreiber nur schlecht zwischen "kaph" und "beth" unterscheiden. Wenn er also "BWTY(`)" las, übersetzte er entsprechend "βουταιος". Aus diesem Namen sei, so MILIK,—möglicherweise während einer Niederschrift mittels Diktat—der intervokalische, stimmlose Konsonant "t" durch das entsprechende stimmhafte "d" ersetzt worden. Das hieße, aus "βουταιος" wäre "βουδαιος" geworden.[70] Nun weisen die griechischen Unzialbuchstaben Τ und Γ graphisch eine so starke Ähnlichkeit auf, daß ein Abschreiber des griechischen Esth beide Formen, "βουταιος" und "βουγαιος", vorgefunden und für den eigenen Text einheitlich die zweite Variante gewählt habe.[71] Schließlich führt MILIK die seltene Form "Γωγαιος" (vgl. ms. 93 des LXX)[72] auf "Gog", den mythischen Feind

---

[67] J.T.Milik ist der Meinung, der Autor des Textes habe sich bei dieser geographischen Auswechslung mehr an den ursprünglichen Ort des Geschehens geträumt, als daß er seiner Konstruktion konsequent gefolgt wäre. Spätere Redaktionen des Textes hätten dann dafür gesorgt, daß Widersprüche und Fehler aus dem Text verschwanden. Von ihnen seien daher nur noch Spuren zu finden (vgl. ders., modèles, a.a.O., 376). Was im einzelnen damit gemeint ist, werden wir im folgenden darlegen.

[68] Nach Josephus (Antiquitates, a.a.O., XI/7, 302) stammen die Samaritaner von den Kutäern ab.

[69] J.T.Milik, modèles, a.a.O., 344.

[70] "Esth 9,10: boudeou de la 1re main dans le Sinaïticus et boudaiou dans le ms. 74" (J.T.Milik, modèles, a.a.O., 345).

[71] In seiner Begründung führt Milik auch an, daß der Name Bougaios die Bedeutung "Aufschneider, Prahler" habe, die zur Figur des Haman paßt.

[72] J.T.Milik hält diese Form für den Archetyp von "bagogeus"—lectio conflata von "bageus" und "gogeus"—in der VL und bei Josephus. Letzterer habe die Midrasch-Erzählungen des Esth, die unter den römischen Juden zirkulierten, gekannt und dementsprechend Hamans Herkunft den Amalekitern zugeschrieben. Als Amalekit aber, schreibt Josephus, habe er die

Israels, zurück: "Pour souligner l'aspect diabolique de l'adversaire des Juifs (cf. *Esth* 7,4, ...), on le fait descendre du mythique et maléfique Gôg. L'auteur du texte hébreu d'*Esther* devait connaître cette forme, en consultant un exemplaire grec du livre, et à partir de *ho Gôgaios*, ou bien *Egôgaios* (cf. *Ebougaios*), il créa H`GGY qui renvoyait opportunément à un roi du passé biblique, un ennemi d'Israël."[73] Wegen der Gleichheit der Namen weist MILIK auf eine kleine Teilerzählung in Josephus (Antiquitates, XI 297-301) hin, die sich dort an das Ende des Esth anschließt. Der hierin auftauchende Bagôsês sei mit BGWŠY des Fragmentes d vergleichbar.[74] Dies bedeute aber, daß die Erzählung eine große Popularität erfuhr und der Name Bagôsês für die jüdischen Schreiber eine Bezeichnung für den "samaritanischen Feind" war.[75]

6.2.2.3. Die Erzählung der Kolumnen -IV,-II und -I

Hier sei zunächst eine Inhaltsangabe MILIKS von Kol. -IV vorangestellt, damit wir uns den von ihm entwickelten Zusammenhang besser vor Augen führen können.[76] Nachdem die Protagonistin der Erzählung, die Königin oder eine der Konkubinen am Königshof, ihr Gebet beendete (Zeile 1), kehrte sie zur Residenz des Königs zurück und trat—entgegen den Ausführungen im Esth—ohne Restriktionen vor den König. Sie erbat von ihm, einen Juden, einen ihrer Landsleute, anzuhören, der mit einer Klage wegen eines gewaltsamen Übergriffs vor den Palast gekommen wäre (Zeile 2-4), den ein hoher Funktionär des Hofes, der "Zweite nach dem König", vorgenommen hätte. Nun wandte sich auch die Königin gegen ihn (Zeile 5-6). Doch steckte er nicht zurück und wandte sich mit Vorwürfen—so ganz anders als im Esth—seinerseits gegen die Königin (Zeile 7).

Es klafft mit dem Fehlen von Kol. -III eine große inhaltliche Lücke. Um ihren Inhalt nachvollziehen zu können, bedient sich MILIK eines geschickten Vergleiches zwischen der in Fragment d dargestellten Intrige und einer ähnlichen Episode im Dan. Dabei geht er zunächst von Kol. -I, der feierlichen Erklärung des Königs hinsichtlich des Tempels in Jerusalem, aus. Dem schließe sich nämlich in Zeile 2 ein königliches Dekret zum Schutz Bagasraws, dem Propheten Gottes, an. Und in Zeile 3 ende der Bericht dann mit dem Hinweis auf zwei Visionen. Doch weder der Inhalt von Kol. -II noch

---

Juden gehaßt, weil sie sein Volk vernichtet hatten (ders., modèles, a.a.O., 345; vgl. Josephus, Antiquitates, a.a.O., XI/6, 211).

[73]   J.T.Milik, modèles, a.a.O., 345.

[74]   Inhalt der Erzählung ist, daß Bagôsês, Kommandant des königlichen Heeres von Artaxerxes, sich am Jüdischen Volk rächte, weil er das versprochene Hohepriesteramt nicht erhielt. Er entweihte den Tempel und legte dem Volk eine hohe steuerliche Abgabe auf bzw. versklavte sie.

[75]   J.T.Milik, modèles, a.a.O., 376.

[76]   Vgl. J.T.Milik, modèles, a.a.O., 378.

von dem, was in Zeile 3-7 folgt, rechtfertige die pro-jüdische Haltung des Königs. MILIK folgert, daß das, was in Kol. -III beschrieben wurde, nicht-öffentlichen Charakter besaß. Und zwar habe es sich hier um religiöse Manifestationen gehandelt, die zutiefst das Leben des Großkönigs betroffen hätten. Nun sei der Ablauf eines solchen Geschehens ähnlichen Inhalts auch in Dan 5 zu lesen: Bei den Feierlichkeiten Belsazzars erschien, ungeladen, die Königin und empfiehlt diesem einen Juden vorzuladen, der im Dienste Gottes stand. Das Motiv von der Intervention der Königin, sowie die Rolle des "deus ex machina" dürfe zwar nicht als literarische Anleihe von 4Q550 zu verstehen sein, doch sei eine gewisse Parallelität im Ablauf des Geschehens nicht zu leugnen.

MILIK kehrt nun zurück zur Frage nach dem Inhalt von Kol. -III und folgert, daß dort zunächst eine weitere (nach Kol. -IV,2-4) Intervention der Königin zugunsten Bagasraws abgegeben worden sein muß und zwar hinsichtlich seines Amtes als Prophet, Visionär und Deuter von Träumen, die für den König von großem Interesse sein konnten. Dennoch erlangte der Prophet erst in Kol. -II,7-8 Zugang zum König. Dieser billigte jedoch nur Geschriebenes, das ihm durch Vermittlung eines Schreibers von den beiden Träumen Bagasraws und ihrer Deutung zu berichten sei (vgl. Dan 7,1).[77] Kol. -II habe schließlich die Aufgabe gehabt, den Lesern die Biographie des göttlichen Juden verständlich zu machen, in der der Wechsel zwischen hellen und dunklen Zeiten seines Lebens symbolisiert zum Ausdruck gebracht werde. De facto handele es sich bei dieser Biographie, nach der fehlenden Kol. -III als der ersten, um die zweite Vision Bagasraws.[78] MILIK schlägt nun mittels der in den Text hineingelegten Wassersymbolik einen Bogen zur Vision Mordechais in Add A und F, in der die selbe Symbolik gebraucht werde. Wir greifen vor, wenn wir bereits hier darauf hinweisen, daß das noch zu behandelnde Fragment f nach Meinung MILIKS hinsichtlich dieses Vergleiches von Bedeutung sei, da es zu den Visionen Bagasraws gehöre.[79]

In dem Vergleich zwischen der Esth und 4Q550[d] kommt MILIK schließlich zu dem Ergebnis, daß der Schlußteil des ms. d mit der Josephserzählung und den Erzählungen des Danielbuches die glänzende Karriere eines Juden, Visionärs und Traumdeuters am königlichen Hof gemeinsam habe. Dagegen biete 4Q550[d] keinen Raum für den blutigen Konflikt zwischen einer Mehrheit und einer Minderheit und einer entsprechenden Proklamation eines Festes zur Erinnerung an jenes Massaker.

---

[77]   J.T.Milik, modèles, a.a.O., 378f.
[78]   Milik kommt zu diesem Ergebnis, indem er das Verb `ZLH auf das Vorübergehen von Zeiten bezieht. Außerdem erinnere ihn das Adjektiv "schwarz" (Zeile 4) an Veränderungen und Perioden innerhalb eines Menschenlebens: Gutes und Schlechtes lösten sich beizeiten ab und wechselten wie das Auf und Ab der Wellen des Wassers.
[79]   J.T.Milik, modèles, a.a.O., 348f.

"Le colophon du ms. *d* ne cite que le personnage de Bagasraw et la leçon à tirer de la lecture du rouleau: le mal se retourne contre celui qui l'ourdit."[80]

Dieses Fazit MILKS läßt uns aufmerken, da wir uns an die Konklusio der HM erinnern. Wir werden zu diesem Sachverhalt an späterer Stelle noch äußern müssen.

6.2.2.4. Gibt es einen Bezug zwischen Fragment a-c und Fragment d?

Ein Bezug zwischen Fragment a-c und d ließe sich, so MILIK, schwer nachweisen, da außer den Vornamen der rivalisierenden Protagonisten Bagasraw und Bagôšê von Kol. -IV,5 faktisch wenig überliefert sei. Daß Bagasraw der namentlich nicht benannte Sohn Patirêzâs und Bagôšê ein Sohn oder Nachfolger von Hamâ wäre, hätte zwar einiges für sich, doch reichten die Aussagen des Textes nicht, um diese These genügend untermauern zu können.[81]

6.2.3. Versuch einer Kritik an der These Miliks zu Fragment d als der Proto-Erzählung des Esth

Ohne Zweifel können mit dem Esth-Text vertraute Leser und Leserinnen in Fragment d—durch die hervorragende Rekonstruktionsarbeit MILIKS— bekannte Elemente wiedererkennen. Diese sind v.a. in Kol. -IV,1-5 zu entdecken. Wie MILIK bereits feststellte, erinnert Zeile 1-2b an das Gebet Esthers in Add C. Zeile 3, die Beschreibung der Herkunft des jüdischen Protagonisten, ist dieselbe wie die von Mordechai im Esth. Und sein Dienst vor dem König zu dessen und des Reiches Wohl ist hier wie dort zu finden. Schließlich erscheinen uns die Ausführungen MILIKS zu Rolle und Person des Kutäers in seinem hohen Amt so überzeugend, daß sie tatsächlich eine gewisse Nähe zu Haman erkennen lassen. In Kol. -I ist die Konklusio am Ende der Erzählung mit der, die aus dem Streit zwischen Haman und Mordechai gezogen werden kann (vgl. 6,22a (A-T.)), durchaus vergleichbar. Doch finden sich des öfteren so große Abweichungen vom Esth-Text, daß man geneigt ist, einen Zusammenhang zwischen beiden Erzählungen doch eher auszuschließen. Dazu gehört die auch für MILIK zusammenhanglose Aussage von Kol. -IV,6, die Bitte um Befehle und die Zusage eines guten Begräbnisses.[82] Die interessanten Ausführungen MILIKS zu Kol. -II legen tatsächlich nahe, diese Kolumne als Biographie zu lesen. Als solche hätte sie den Sinn, als "visionäre" Darstellung am Ende der Erzählung, sozusagen eine Inhaltsangabe des Vorhergeschehenen zusammenzufassen. Die jede neue

---

[80] J.T.Milik, modèles, a.a.O., 379.
[81] J.T.Milik, modèles, a.a.O., 376.
[82] Abgesehen davon, hat die Rekonstruktion des Namens Esthers am Ende von Zeile 5 eine nur sehr geringe textliche Basis.

Sinneinheit einleitende Zählung in Zeile 1-6 weist zudem darauf hin, daß hier
keine Prosa geschrieben wurde. Als Biographie Mordechais scheint sie uns
jedoch nicht vergleichbar mit dem Esth. Weder die "Plagen", noch die
"königliche Kleidung" (Zeile 2), die Reichtümer (Bagasraws?) (Zeile 5) und
die Beschreibung von Bagasraws "friedlichem" Auftritt vor dem König
(Zeile 6) können mit dem Inhalt der Esthererzählung in Verbindung gebracht
werden.

Als weiterer Punkt gegen MILIKS These ist aufzuführen, daß vieles von
seinen Erläuterungen zum Text auf dem der Additionen der Esth-Versionen
basiert, wie etwa, daß Kol. -IV,1-2b auf Add C, die Visionen Bagasraws in
Anlehnung an Add A und F, das Hintreten der Protagonistin von den König
auf Add D[83], die Aussage von Kol. -IV,7 auf E3 und C27 u.v.m.
zurückzuführen sei. Da diese Additionen aber nicht nur nicht von einer
Hand, sondern zudem auch noch viel später zum Esth-Text hinzugekommen
sind, würde eine Rückführung des 4Q550^d auf diese die Konsequenz nach
sich ziehen, daß das Fragment nicht ein Proto-Text zum Esth, sondern
allenfalls in Anlehnung an dieses, eine spätere Erzählung wäre. Dies läßt sich
auch hinsichtlich des theologischen Elementes in Kol. -I,1, der Rede von
"dem Höchsten" und seinem Tempel, behaupten, die u.E. kein Aspekt der
Proto-Version des Esth war.

Wir wiederholen deshalb noch einmal unsere Vermutung, die wir bereits
in der Kritik zu Fragment a-c ausgesprochen haben, daß die Fragmente a-d
eine Variante der Gattung darstellen, die sich mit Erzählungen von Juden
und Jüdinnen am ausländischen Königshof beschäftigt. Als solche steht sie
neben der Achikar-, Daniel-, Josephs- und schließlich auch neben der
Esthererzählung.

6.2.4. Gegenüberstellung von Miliks These zu 4Q550^{a-c} und HM/HMK

Trotz der Schlußfolgerung in unserer Kritik, beschleicht uns ein leiser
Zweifel, wenn wir uns die Konklusio des Fragmentes d ansehen. MILIK
beschreibt, wie oben zitiert: Das Kolophon des Fragmentes d nenne nur die
Person Bagasraws und die Lehre, die aus der Erzählung zu ziehen sei, und
zwar, daß das Böse sich gegen den wende, der er ausspreche (Kol. -I,6). So
in etwa lautete auch der weisheitliche Schlußsatz unserer HM-
Rekonstruktion: "Seit du von ihm schlecht redetest, seitdem folgt dir das
Schlechte." D.h., die Aussage beider Erzählungen ist dieselbe. Doch der
Inhalt der Erzählung ist weder mit der HM noch mit der HMK in Verbindung
zu bringen. Es ist daher anzunehmen, daß die gemeinschaftliche
Schlußfolgerung eher auf ein beliebtes Thema für Hofgeschichten hinweist,
die von Konkurrenzstreitigkeiten handeln. Für unsere These spricht, daß aus

---

[83]   J.T.Milik, modèles, a.a.O., 342.

der Ahikar-Erzählung und den Danielerzählungen[84] eine ähnliche Schlußfolgerung gezogen werden kann. Während bei letzterem hinzugefügt werden muß, daß sie v.a. die weltumfassende Macht JHWHS zum Ausdruck bringen. Doch gehören sie letztendlich auch zu der Gattung der Hoferzählungen, die das Konkurrenzmotiv verarbeiten und in ihrer Konfliktlösung der der HM und der 4Q550^d gleichen. Gleiches läßt sich auch für die HMK sagen.

6.2.5. Die Überlieferungsgeschichte: Von den Fragmenten 4Q550^{a-d} zur Esthererzählung

Die Darstellung der These MILIKS zur Überlieferungsgeschichte führen wir erst an dieser Stelle auf, weil er erst in seinen Untersuchungen zu Fragment d ausführlicher und exemplarisch auf diese Thematik eingeht. Sie geht, wie eingangs dargestellt, davon aus, daß der 4Q550 die textliche Grundlage des Textes der VL gewesen sei. Übersetzt wurde er jedoch auf der Basis der ältesten griechischen Version. Jünger als er seien der A-T. und der M-T., während letztere nach 70 n.Chr. entstanden sei und auf die griechische Version zurückginge:

MILIK führt für seine These die Stellen der VL auf, die ihre Verwandtschaft mit dem aramäischen Text zeigen. Wir wollen diese in der Kommentierung MILIKS näher betrachten und sehen, ob seine Argumentation schlüssig ist. Unser Augenmerk liegt hierbei besonders auf den Stellen, an denen er neben der VL auch den A-T. als Textzeugen für den Qumrantext heranzieht. Erst am Ende dieses Kapitels sollen MILIKS Überlegungen zur Traditionsgeschichte des Esth im Ganzen dargestellt werden, um von dort aus in unser Hauptkapitel (7.) überzuleiten. Hier versuchen wir mittels Textuntersuchungen an den Fragmenten a-d eine erste Stellungnahme.

Parallelen

An drei Textstellen versucht MILIK nachzuweisen, daß die VL als einzige Esth-Ausgabe mit dem aramäischen Text korrespondiere. So fände sich zwischen 6,1-2 (VL) und Frag a4-6 eine Entsprechung. MILIK führt hierfür zwei Handschriften der VL (ms. V[85] und ms. Ma[86]) und merkt zur Zweiten an, daß die Passage "reuoluto libro aperuit ..." (*nachdem das Dokument entrollt wurde, öffnete man es ...*) pleonastisch sei und wohl eher "resoluto libro aperuit ..." (*nachdem das Dokument entsiegelt wurde, öffnete man es*

---

[84] Vgl. v.a. Dan 6. In diesem Kap suchen Minister und Satrapen einen Anklagegrund gegen Daniel und sorgen deshalb dafür, daß er sich gegenüber dem Königtum vergeht. Als Daniels Unschuld bewiesen ist, werden sie statt seiner in die Löwengrube geworfen (Dan 6,25). Ähnliches findet sich auch in Dan 3.

[85] Vercelli, Archivio capitolare Eusebiano XXII (76), fol. 90v II-97v II.XIE Jh.

[86] Madrid, Biblioteca de la Universidad Central 31, fol. 238r I-240v III. X^E Jh.

...) zu lesen sei. In der umfassenderen Formulierung "Et resoluto libro aperuit ubi scriptum erat ..." (*Und nachdem das Dokument entsiegelt wurde, öffnete man es, wo geschrieben stand* ...) gleiche sich der Text an den von a5-6 an.[87]

MILIKS zweites Argument betrifft die Stellung des gemeinsamen Bekenntnisses im Gebet der Protagonistin in der VL und dem Qumrantext. Er setzt voraus, daß es sich bei Kol. -IV,1-2 um das Ende eines Gebetes der jüdischen Königin als Fürsprecherin ihres Volkes handelt. In C14-30 der griechischen Versionen, wird dagegen inmitten der persönlichen Bitte Esthers ein gemeinschaftliches Bekenntnis gesprochen (V.17-22). Erstaunlicherweise ist in der VL an entsprechender Stelle keine dieser Passagen wiederzufinden. Dagegen erkennt man ein kollektives Gebet dort nur am Ende des Gebetes Esthers vor dem ultimativen Appell an Gott "appare domine, cognoscere domine" (*zeige dich, Herr, offenbare dich, Herr!*) (vgl. C23 des A-T (!)): "Surgentem autem supra partem tuam deus palam facito." MILIK deutet dies als Entscheidung des Autors der lateinischen Rezension gegen zwei nebeneinanderstehende Bekenntnisformen. Neben diesem zeige sich außerdem der archaische Charakter der VL daran, daß sowohl in der ursprünglichen VL als auch in Kol. -IV das Bekenntnis an gleicher Stelle, nämlich am Ende des Gebetes der Protagonistin, stehe.[88]

Schließlich weist MILIK darauf hin, daß die VL drei Präsentationen des jüdischen Protagonisten vorzuweisen habe, während die griechischen Versionen nur zwei (A1-3 und 2,5-6) aufführen. Im VL stehe die dritte gleich am Anfang von Kap 4. Dort wird der namenlose Jude in einem ähnlichen Kontext wie der von Kol. -IV,2-4 mit den Angaben seiner Herkunft vorgestellt. Diese Präsentation gehöre zu einem der ältesten Stücke der VL.[89]

Den drei Argumenten, die MILIK zur Beweisführung für 4Q550 als Proto-Text des Esth aufführt, sind folgende Überlegungen entgegenzuhalten: Die Öffnung eine Dokumentes, wie sie in 6,1-2 und a4-6 beschrieben wird, ist keineswegs als Darstellung eines einzigartigen Vorganges zu bewerten. Die Beschreibung der Entsiegelung vor der Öffnung scheint uns nur logisch und unterliegt keinem besonderen Ritual. Was zudem in Frag a4-6 in einem breiten Zusammenhang über drei Verse geschildert wird, findet in der VL nur eine kurze Anmerkung von drei Worten und ist deshalb u.E. nicht vergleichbar. Daß die VL in 6,1-2 als einzige Esth-Version von der Versiegelung der archivierten Dokumente berichtet, kann auch darauf

---

[87]   J.T.Milik, modèles, a.a.O., 330.
[88]   J.T.Milik, modèles, a.a.O., 338f.
[89]   Als solche sei sie auf dem Pergament von Antinoopolis aus dem 5.Jh. zu finden: Dann, sieben "siècles plus tard, dans l'abbaye de Saint-Pierre de Corbie en France on copia une Bible, dont le livre d'*Esther* en VL, qui est remarquablement proche, sinon mot à mot identique, tout au moins dans cette section, au texte du fragment égyptien: Paris, Bibliothèque Nationale, lat. 11549, fol. 167 r II (ms. P de VL)" (J.T.Milik, modèles, a.a.O., 342).

zurückgeführt werden, daß sie dieses Motiv, das im Esth an anderer Stelle
(3,12;8,8.10) verwendet wird, konsequent auch in Kap 6 aufführt. Zudem
wird durch diesen Zusatz die Spannung des Geschehens erhöht. Trotz der
interessanten Ausführungen MILIKS zu den beiden Gebetsformen in dem
Gebet der Protagonistin, hat sein zweites Argument u.E. wenig
Überzeugungskraft, da die Additionen des Esth als sekundär zu betrachten
sind. Daß die Präsentation Mordechais jedoch dreimal in VL zu finden ist
und an dritter Stelle mit dem Text des Frag -IV,2-4 korrespondiert, scheint
uns tatsächlich bemerkenswert. Doch auch hier handelt es sich, wie in MILIKS
erstem Argument, um die Wiederholung eines Elementes, das im Esth bereits
verarbeitet worden ist. Daß eine dritte Erwähnung von der Herkunft
Mordechais in der VL vielmehr dazu beitragen sollte, das Element des
Judentums im Esth nachträglich noch zu verstärken, ist für uns einsichtiger,
als daß sie das Alter der VL beweise.

VL als Textzeuge
An einigen Stellen verweist MILIK auf die VL als den ausführlicheren Text
oder erklärt den Text 4Q550 durch ihn. So zeigt er an Kol. -I,1, daß,
verglichen mit Esth 9,3, nur die VL die Aussage über die Ehrfurcht der Juden
vor Gott habe, während die anderen Versionen stattdessen von der Ehrfurcht
der Fürsten und Satrapen vor den Juden redeten. Die ursprüngliche
Bezeichnung sei jedoch die Ehrfurcht vor "dem Gott der Juden" gewesen, da
diese sogar dreimal (D8; 6,1.2) in der VL aufgeführt werde.[90]
   Für die Rekonstruktion des Epithetons Bagasraws ("בנסרו נ]ביא אלהא")
in Kol. -I,2 nimmt MILIK nun ganz bewußt den Text der VL zur Grundlage.[91]
So folge dieser in 6,13 zwar zunächst dem A-T. (6,22b), dann aber dem
LXX-T. (6,13b) in der Aussage über Gottes Mit-Sein mit Mordechai ("ὅτι
θεὸς ζῶν μετ᾽ αὐτοῦ"), während die VL Mordechai ganz bewußt ein
Prophetenamt ("propheta Dei est"[92]) zuschreibe. Dennoch, die eigentliche
Aussage sei in allen Versionen die Gleiche: 'Wer die Sünde begeht, *schlecht
zu reden* über einen Propheten Gottes, spricht über sich selbst das
Todesurteil'. MILIK folgert aufgrund des lateinischen Textes schließlich, daß
der jüdische Protagonist als charismatischer Führer seines Volkes vorgestellt
würde, ja, als heilige Person im Sinne eines "«serviteur de Dieu», «Prophète
de Dieu», visionnaire".[93]

---

[90]   J.T.Milik, modèles, a.a.O., 353.
[91]   Milik schreibt: "... sans la version VL la restitution de l'epithète de Bagasraw et une
meilleure intelligence de cette Loi royale singulière ne seraient guère possibles" (ders., modèles,
a.a.O., 354).
[92]   Vgl. die Ausgabe der VL: ms Verceil.
[93]   J.T.Milik, modèles, a.a.O., 355. Aus diesem Grunde sei das Esth in der Darstellung
Josephus über die heiligen Bücher der Juden wohl sicher auf den letzten Platz der Kategorie "13
prophetische Bücher" nach dem Buch Daniel plaziert worden (vgl. Josephus, Apion. I 37-43).

Wir halten MILIKS Argumentationen entgegen, daß sie keineswegs zwingend
sind: Daß in 9,3 vielmehr von dem Gott der Juden als von den Juden selbst
die Rede sei, vor dem die Fürsten des Reiches Ehrfurcht hätten, kann
durchaus mit einer späten Bearbeitung des Textes erklärt werden, in den der
religiöse Aspekt verstärkt hineingearbeitet wurde. Wir hoffen mit unserer
Arbeit deutlich machen zu können, daß die Rede von Gott im Esth einer
Überarbeitung des Esth durch die Purimschicht zuzurechnen ist. MILIKS
zweiter Punkt ist hinsichtlich der Schlußfolgerung zu befragen. Tatsächlich
gibt es nur zwei Möglichkeiten: Sollte die VL tatsächlich auf 4Q
zurückgehen, so ist MILIKS Rekonstruktion damit gut begründet. Stammt sie
jedoch, wie wir glauben, aus viel jüngerer Zeit, so läßt sich seine Erklärung
für das Epitheton Bagasraws, das die Rolle Mordechais im Esth begründe
und widerspiegele, nicht nachweisen.

Die VL und der A-T. als Textzeugen
Kol. -IV,3 beschreibt, die jüdische Hauptperson gehöre zur "führenden
Klasse seines Volkes". MILIK erklärt, der erste griechische Übersetzer habe,
als er den biblischen Ausdruck "Stamm der Benjaminiter" in den Text
brachte, die Bedeutung von "דבר" durch die Beschreibung "groß, nobel"
ausweiten wollen. Auf ähnliche Art und Weise wird Mordechai im A-T. und
in der VL, nämlich in A2, eingeführt. MILIK meint, dies sei die ursprüngliche
Sequenz und wäre als solche auch in Jos IX, §198 wiederzufinden.[94]
      Daneben fände sich für Kol. -II,5 in der VL (ms Madrid) eine Parallele.
Beide Texte berichteten nämlich zuerst vom Konfiszieren der Güter des
Feindschaft suchenden Protagonisten und dann erst von seiner Exekution.
Die gleiche Abfolge fände sich in 7,13 (A-T.), in einem Vers, in dem von der
Besiegelung des "βιος" von Haman durch König berichtet wird, wenn man
"βιος" mit "Eigentum, Reichtum" übersetzte. Andererseits räumt MILIK ein,
bedeute der Begriff auch "Leben". Ansonsten folge "le recenseur ... ici, à une
phrase près, le texte Lucianique, comme il le fait souvent ..."[95], womit MILIK
eine für unsere grundlegende These interessante Nähe zwischen der VL und
dem A-T. feststellt.
      Wir können MILIK jedoch auch in diesen Punkten nicht ganz zustimmen,
denn, anstatt daß die Beschreibung "groß, nobel" zu "Stamm der
Benjaminiter" hinzugekommen ist, behaupten wir das Gegenteil, daß der
biblische Ausdruck erst nachträglich der einfachen Beschreibung Mordechais
als angesehenem Mann beigefügt worden ist. Doch hier steht Hypothese
gegen Hypothese. Wir können unsere, in diesem Buch vertretene These
natürlich nur im Gesamtrahmen dieser Arbeit belegen. Für seine zweite
Anmerkung zu Kol. -II,5 gilt festzuhalten, daß die logischere Form nicht

---

[94]   J.T.Milik, modèles, a.a.O., 342f.
[95]   J.T.Milik, modèles, a.a.O., 350.

unbedingt für den ursprünglichen Text spricht, sondern eher auf eine Berichtigung hinweist. Wichtiger erscheint uns hierbei jedoch, daß MILIK eine Nähe zwischen dem A-T. und der VL beobachtet, die u.E. nicht auf den Rezensenten des VL zurückgeht, sondern vielmehr das Alter des A-T. und seine Funktion als eine der Vorlagen der VL belegt.

Wir kommen zu dem Schluß, daß uns MILIKS Argumente für das hohe Alter der VL nicht überzeugen. Wir meinen dagegen, daß die religiöse Sprache der VL auf ein jüngeres Datum zurückzuführen ist. Die Parallelen mit dem A-T. widersprechen nicht unserer Ausgangsthese von ihm als ursprünglichstem Text, sondern weisen vielmehr auf ihn als einem der wichtigsten, weil ältesten, Textgrundlagen der VL hin.

6.3. Die beiden Fragmente 4q550[e und f] im Vergleich

6.3.1. Text und Übersetzung

Der Text des Fragmentes e:

```
[קדם מלכא אס]ר
[הלך בקוריא]ן
ע[ל אנפיכ]ון
ב[נסרו כד]ב
```

Übersetzung und Kommentar:

MILIK stellt diese beiden[96] Stücke der ms e in den kontextlichen Rahmen von Esth 2,21-3,3, dem Komplot der beiden Eunuchen (M-T./LXX-T.) einerseits und Mordechais Weigerung seinem Feind Ehrfurcht zu zeigen andererseits.

Entsprechend sei Zeile 1 mit "[... Und sie zeigte] vor dem König die Konspi[ration ...] auf" zu übersetzen. MILIK orientiert sich hierbei folglich an dem Inhalt von 2,22 des LXX-T. So sei kurz nach dem letzten Wort der ersten Zeile "SRYSY` TRYN" zu lesen und als solches mit der Bezeichnung zweier hoher Offizieren und ihren Namen zu verstehen (vgl. 2,21 (LXX-T.)).

Zeile 2 bedeute "[... Und der König] ließ die Untersuchungskommissionen in Gang setzen [...]" (vgl. 2,23 (LXX-T.) und A14 (LXX-T./A-T.).

Zeile 3 bringe den entsprechenden Inhalt von 3,1 zum Ausdruck "[... werft euch nieder a]uf eu[er] Angesicht [...]".

Das Verb in Zeile 4 "K . [...]" kann einerseits "KD[B]" gelesen werden und bedeutet "der Lüge überführt werden." Doch MILIK meint "dans notre contexte «désobéir, refuser d'obéir», au décret du Roi, ce qui est le sens du grec *parakoueis* ...". Entsprechend rekonstruiert er: "[B]agasraw we[igerte sich ...]" (vgl. 3,3 (LXX-T.)).

---

[96] Dem zweiten Teil von ms e ist keinerlei Inhalt zu entnehmen. Milik führt ihn auf, kommentiert ihn jedoch nicht:

```
עבד ע[
] ° דכרון [
]ל[
```

Der Text des Fragmentes f:

> [ת]ן באישתא אתיה צפונא מן [ארו
> [ה]עמ עניי כל יסחרון ובה ציון מבנה סיד[י
> [
> ולימא ואתור לפרס מדי בין כריפו עלוהי [מרו
> [

Übersetzung:

Zeile 1: Siehe, von Norden kommt das Böse, R[auch]
Zeile 2: [... es wird ge]gründet der Bau Zions und in ihm werden sich verbergen alle Armen
[seines] Volkes.[97]
Zeile 3: [...]
Zeile 4: [... die Wasser[98]] erheben sich über ihm. Sie schwellen an zwischen Medien und
Persien und Assyrien und hin zu dem [großen]
Zeile 5: Meer [...]

6.3.2. Die Texte und ihr Kontext im Rahmen von 4Q550 und dem Esth

Wie zuvor führt MILIK den Inhalt beider Fragmente auch dieses Mal auf die
Esthererzählung zurück. Wie in der Kommentierung von Fragment e bereits
erwähnt, handele es sich hierbei inhaltlich um den geplanten Anschlag der
Eunuchen und der in Kap 3 folgenden Weigerung der Prostration vor Haman
(M-T./LXX-T.). MILIK kommentiert, der Autor der Esthererzählung kritisiere
nicht nur die Griechen, sondern zugleich und vor allem ihre Könige, als diese
Ende 4.Jh. und Anfang 3.Jh. immer mehr dazu übergingen, sich als göttlich
verehren zu lassen. Zwar behandelten die Esthererzählungen dieses Problem
nicht direkt, doch da der medo-persische König gegenüber der Gemeinschaft
der Sterblichen für unsichtbar und unnahbar gehalten wurde, seien die
äußeren Zeichen der religiösen Verehrung auf sein "anderes Ich", den
"Zweiten nach dem König", übergegangen, der im Esth bekanntlich mit
Haman zu identifizieren ist.[99]

Fragment f bringt MILIK dagegen mit dem Traum Mordechais aus Add A in
Verbindung. Zunächst stellt er aber die Parallele zwischen Zeile 1-2 und Jes
14,31f. heraus. Der nachfolgende Text behandele dann die nähere Zukunft
der verstreuten Juden. Beschrieben werde dies mit dem Bild einer Sintflut,
die sich über die Juden des Persischen Reiches ausgieße. Damit gleiche es
dem Traum Mordechais: In A9-10 (LXX-T.) bzw. A7-8 (A-T.) und den
entsprechenden Interpretationen in F3 (LXX-T.) und 7,54 (A-T.) stehe

---

[97]   J.T.Milik (modèles, a.a.O., 361) weist darauf hin, daß in den beiden ersten Zeilen eine
mit Jes 14,31b-32 (1QJesᵃ) vergleichbare Aussage gemacht werde (hinsichtlich des Feindes aus
dem Norden erinnert er an Jer 4,6;6,1;47,2; Ez 26,7 und Joel 2,20).
[98]   F.García Martínez zeigt sich hier zurückhaltender und rekonstruiert statt des für Miliks
These wichtigen Substantivs "Wasser" vielmehr nur "[they]" (ders., Dead Sea, a.a.O., 292).
[99]   J.T.Milik, modèles, a.a.O., 382.

Esther für das Israel, das in seinem Traum die kleine Quelle symbolisiert, die später zu einem großen Fluß anschwillt. MILIK übersetzt nun das dem "ποταμὸς μέγας" folgende Wörtchen "φῶς" im A-T. (A8) als nähere Beschreibung dieses Flusses "der leuchtend war"[100]. Der darauffolgende Sonnenaufgang bedeute Gegenwart und Handeln Gottes (vgl. 7,54 (A-T.) und F5-6 (LXX-T.)). Durch ihn werde Gutes von Bösem getrennt und die Fluten verschlängen die Bösen, die als die Renommierten bezeichnet werden. So kommt MILIK zu dem Schluß, dadurch, daß die Adjektive "leuchtend" oder "schwarz" aus dem aramäischen Text herausgenommen und in der Add des Esth nicht mehr wiederzufinden seien, wäre letzterem das ursprünglich apokalyptische Bild genommen worden. Der theologische Hintergedanke der Vision sei in jedem Fall der der neuen Schöpfung gewesen, die dem Kampf der Urtiere folgte.[101]

6.3.3. Kritische Betrachtung zu Miliks Rekonstruktion der Fragmente e - f

Ohne MILIKS immer wieder tiefgreifende Fundierung seiner Argumente abzuwerten, ist einzuwenden, daß seine Rekonstruktion u.E. gewagt erscheint. Wir meinen, daß die textliche Basis zu gering ist, um hier eine dritte Proto-Erzählung des Esth anzunehmen. Nur mit 2,21-3,3 als Kulisse und Vorstellungshintergrund des Fragmentes e kann er die wenigen und unvollständigen Wort- und Satzteile so deuten und in einen Sinnzusammenhang bringen, daß eine Ähnlichkeit zwischen beiden Erzählungen offensichtlich werden kann. Z.T. ist es auch hier vonnöten, etymologische Erklärungen für die Begriffe heranzuziehen.[102] Wie aus der obigen Darstellung des Textes ersichtlich, ist der Begriff durch den fehlenden dritten Radikal zudem unsicher. Dagegen läßt sich das zwar nirgendwo sonst belegte "בקוריא" (Zeile 2) in der Tat auf "בקר" (*genau untersuchen, betrachten*) zurückführen. Problematisch ist dagegen wieder die Rekonstruierung des Wortteils "K . [...]" in Zeile 4, das MILIK "כדב" lesen möchte. Im Pa'el oder Pu'al bedeute es "der Lüge wegen angeklagt sein", doch im von ihm angenommenen Zusammenhang sei es als "sich weigern zu gehorchen" zu übersetzen.[103] MILIKS Übersetzungsversuch ist hier zu unsicher, um dem Autor fraglos zuzustimmen. Nun findet sich in Zeile 4 auch der Name Bagasraws, den MILIK—als dessen Zweitnamen—mit Mordechai identifiziert. Entgegen der These, Fragment e sei eine dritte Proto-Ausgabe des Esth, könnte es logischerweise vielmehr zu Fragment d gehören, in dem auch von Bagasraw die Rede ist, viel weniger aber zu einem

---

[100]   Vgl. unseren Text, der "φῶς" attributivisch zu "ἥλιος ανετειλε" rechnet.
[101]   J.T.Milik, modèles, a.a.O., 381.
[102]   Vgl. "אסֺ[ר]" (Zeile 1) als die syrische Form für das hebräische ʼissâr/ʼesâr, das später eine eingeschränkte Bedeutung bekommen habe.
[103]   J.T.Milik, modèles, a.a.O., 361.

Proto-Text des Esth. Im Gegensatz zu MILIK zeigt die Rekonstruktion
GARCÍA MARTÍNEZ, wie wenig von dem Text inhaltlich wirklich rekonstruiert
und auf eine sich dem Esth angleichende Erzählung zurückgeführt werden
kann: "*1* [...] before the King [...] *2* walk in the area [...] *3* [...] upon
[your] faces [...] *4* [... Ba]gasro [...]".[104]

Anzumerken ist in jedem Fall, daß Fragment e, wie d, Bagasraw erwähnt.
Er wäre deshalb zu überlegen, inwieweit beide inhaltlich in Zusammenhang
zu bringen wären. Tatsächlich ist Fragment e inhaltlich zu kurz, um es im
Kontext von Fragment d unterbringen zu können und äußerlich zu
bruchstückhaft, um es an irgendeiner Stelle des Fragmentes d plazieren zu
können.

Auch Fragment f läßt sich in keines der anderen Fragmente einordnen, doch
ist von ihm ein besserer Sinnzusammenhang erhalten geblieben, der sich in
seiner Thematik und seinem Stil von dem des Fragmentes e völlig
unterscheidet. Ihm läßt sich tatsächlich ein apokalyptischer Inhalt
entnehmen. Doch abgesehen davon, daß hier schon auf den ersten Blick
keine Beziehung zu Add A oder F des Esth herzustellen ist, ist das fehlende
Stichwort "Wasser", anhand dessen MILIK diesen Vergleich anstellt, de facto
nur als Symbol für die drohende Katastrophe zu verstehen. Der Kontext von
Jes 14,31f. und der von Add A ist dabei aber jeweils ein ganz anderer.

Im folgenden Abschnitt werden wir MILIKS umfassende These zur
Traditionsgeschichte des Esth darstellen. Darin findet sich auch eine
Erklärung, inwieweit die apokalyptische Schau von Jes 14,31f. mit
Mordechais Traum in Add A in überlieferungsgeschichtlichem
Zusammenhang stehen könnte. Daß diese Beziehung der Texte untereinander
u.E. jedoch nicht nachweisbar ist, sei hier schon erwähnt. Wir meinen
nämlich, daß das in beiden Darstellungen verwendete Wasser-Symbol als
archetypisches Sinnbild für globales Chaos und für eine Volk und Land
umfassende Bedrohungen gebraucht wurde.[105] Insofern hat der Gebrauch
dieses Symbols in beiden Erzählungen den Zweck, eine drohende Gefahr
aufzuzeigen, muß aber nicht unbedingt als Verwandtschaft beider Texte
miteinander ausgelegt werden.

6.4. Die Traditionsgeschichte des Esth nach Milik

Der Abschluß dieses Kapitels wird zugleich die Überleitung zu unserem
Hauptkapitel sein. In ihm wollen wir die jüdische Bearbeitungsschicht

---

[104]   F.García Martínez, Dead Sea, a.a.O., 292.
[105]   Vgl. die weiterführende Literatur von P.Reymond (L'eau, a.a.O.) und J.J.McGovern
(Waters, a.a.O., 350-258).

darstellen, durch die das Esth die Form erhielt, mit der es uns im Kanon überliefert wurde. Als Sprungbrett dazu benutzen wir MILIKS These von der Traditionsgeschichte des Esth, die der unsrigen gegenüber, wie der obige Vergleich zwischen den Fragmenten und der HM sowie der HMK gezeigt hat, völlig verschieden ist. Diese Gegenüberstellung ermöglicht, sowohl die Akzente in der These MILIKS als auch unsere eigenen schärfer hervortreten zu lassen. Zunächst also MILIKS traditionsgeschichtliche Darlegung:

Er betitelt diesen Teil seines Aufsatzes "Cinq siècles de littérature estérienne":[106] Ausgehend von seiner Überzeugung, daß die Fragmente a-c, d und e,f je verschiedene Proto-Erzählungen des Esth seien, stellt MILIK bei allen drei einen Reichtum an verschiedenen Themen, Intrigen und verbindenden Momenten fest. Diese dreifache Ausgabe der Erzählung deutet nach MILIK hin auf eine anwachsende Komplexität eines mündlich oder schriftlich weitergetragenen Motivs, das zu jener Zeit eine große Popularität genoß. Als solches hätten die Proto-Esth Fragmente ein ganz ähnliches Beispiel in der Ahikar-Erzählung: "A une échelle forcément plus réduite, les écrits proto-esthériens de la Grotte 4 de Qumrân reflètent une dynamique et une évolution littéraires analogues à celles du Roman d'Aḥîqar."[107]

Was aber ist nach MILIK der gemeinsame Grundstock der Erzählungen?

1.) Fragment a-c: Kennzeichnend sei in dieser Erzählung die Rivalität zwischen einem hohen Beamten am Hof und einem kleinem Bediensteten im Amt für königliche Kleidung und die ausländische Herkunft der beiden Hauptpersonen. Das Interesse der Erzählung bestehe in der Darstellung von der Wohltäterschaft eines Juden gegenüber dem König. Verkompliziert werde dieses Motiv durch das Vergessen der Wohltat. Die Handlung sei auf die ersten Monate der Regierung Darius I zugeschrieben, in denen die Rebellion der Sferdi (521 v.Chr.) das politische Geschehen bestimmte. MILIK datiert die Erzählung in der Zeit von Xerxes I (486-465).

2.) Fragment d: Hier werden nach MILIK die beiden Karrieren zweier Juden aus Jerusalem beschrieben, wobei der eine der Protagonisten zu hohen Ehren gelange, während sich der andere eine Strafe für sein Verhalten einhandele. Neben diesen beiden werde zudem die Karriere einer weiblichen Person beschrieben. Alle drei Personen seien als Emigranten an den persischen Hof gekommen und deshalb ausländischer Herkunft. Der erste der beiden gelangt an den Hof wegen seiner prophetischen Fähigkeiten, d.h. er überzeugte den König von der Unvergleichbarkeit seines Gottes (und hierin gleicht die Erzählung der Geschichte von Josephs Aufenthalt am Hof des Pharaos). Zwar deute zeitlich nichts auf eine bestimmte persische Periode hin, doch der antisamaritanische Charakter einerseits und der Patriotismus

---

[106] Dieser Teil umfasst die Seiten 384-399 (J.T.Milik, modèles, a.a.O.).
[107] J.T.Milik, modèles, a.a.O., 387.

andererseits ließe, so MILIK, auf ihren Ursprung in Judäa, in der Zeit
Nehemias 445 v.Chr. oder einige Jahrzehnte danach schließen.

3.) Fragment e: Es enthalte eine Passage, die nicht nur wie das Esth die
Aufdeckung eines Komplotts gegen den persischen König anzeige, sondern
auch die Thematik der Rivalität zwischen zwei Funktionären am persischen
Hof andeute, für die der Beweggrund in der zeremonialen Prostration zu
suchen sei. Der Kontext dieser Passagen ist nach MILIK in dem
Erzählabschnitt 2,22-3,3 der Textzeugen des Esth zu suchen.[108] Da es sich
inhaltlich allem Anschein nach um eine Reflexion der Diskussion zu diesem
Thema unter den griechischen Intellektuellen handele, datiert MILIK diese
Erzählung um 300 v.Chr.

Zusammenfassend zeigt sich das folgende Bild: MILIK zeichnet in allen drei
Erzählungen den gemeinsamen Grundstock in der Rivalität zweier Männer
auf. Bei allen dreien hat zumindest einer der Protagonisten eine ausländische
Herkunft. Der Schwerpunkt der Erzählung liegt in jedem Fall auf von
Konkurrenz geleitetem Handeln oder, anders gesagt, in der Rivalität um die
Gunst des Königs. Und schließlich spielt die Handlung bei allen drei
Erzählungen am persischen Hof. Noch einmal: In dieser Skizzierung treffen
sie de facto den Grundstock der Esthererzählung. Doch können die
Interpretationen MILIKS aufgrund der geringen Textbasis nur als
Mutmaßungen zu bewerten sein.

MILIK beschreibt anschließend den Weg von der Textvielfalt der proto-
Esthererzählungen hin zu Entstehung und Datierung des VL-Textes vom
Esth: Unter Beibehaltung ihrer Grundidee, haben sich nach Meinung MILIKS
die drei Texte innerhalb von eineinhalb Jahrhunderten, ähnlich wie die
Ahikar-Erzählung, mit neuen Motiven angereichert und die in ihnen
verarbeiteten Intrigen abgeändert. Doch ein liturgischer, heortologischer
Gebrauch der Texte wäre zunächst nicht abzusehen gewesen.

MILIK führt nun in einem großen Bogen einen recht komplizierten
Erklärungsversuch zur Entwicklung der aramäischen Einzelerzählungen hin
zur einen Esthererzählung. Die Geschichte der griechischen Versionen des
Esth wäre nämlich durch die altlateinischen Texte, westafrikanischen
Ursprungs, weitergetragen worden. Dieser Text habe einen alten Bestandteil
der ursprünglichen, griechischen Komposition überliefert, die ihm zugrunde
läge. Es handele sich um einen Teil des Gebetes Esthers, von dem der A-T
und der LXX-T. nur C16 (LXX) und C20 (A-T.) aufbewahrt hätten. In
diesem Teil der VL werden mit der auch in Add C aufgeführten Einleitung
"Ich habe aus dem Buch meines Vaters gehört ..." zehn Helden aus uralter

---

[108] Zu diesen Zeugen zählt Milik nicht den A-T., da dieser ja 2,21-23 nicht aufzuweisen
hat (vgl. ders., modèles, a.a.O., 381).

Zeit beschrieben. Auffällig sei hieran, daß dort neben Henoch, Noah, Abraham, Jona, Ezechiel, Hanna, "Daniel in der Löwengrube" auch "die drei Männern im Feuerofen" aufgeführt würden. Letztere werden mit ihren jüdischen Namen Ananias, Azarias und Misahel genannt, nicht mit ihren babylonischen, wie im M-T. und den griechischen Texten. Das semitische Dan wurde aber 163 v.Chr. komponiert und für die LXX-Version sei als terminus ante quem 145 v.Chr. zu nennen. Aus dieser Darlegung MILIKS ist also folglich das Datum für den VL-Text des Esth zwischen 163 und 145 v.Chr. zu nennen. Neben dieser Feststellung führt MILIK zweitens an, der Autor des ersten Esth habe sich von der Komposition des semitischen oder griechischen Dan inspirieren lassen, das er als Folge von Episoden gekannt habe. Er unternahm den Versuch, für das Paar Esther und Mordechai aus den verschiedenen Erzählungen um diese beiden Figuren einen kohärenten Text zu erstellen, in den er jedoch zugleich allerlei Höhepunkte, Widersprüche und Wiederholungen hineingeflochten habe. Überhaupt habe er bei seiner Arbeit an den Quellentexten Gegensätzliches zum Ausdruck gebracht. Dazu gehöre das Unscheinbarmachen der spirituellen Macht des Protagonisten einerseits und das Aufbauschen des religiösen Momentes im Buch—wie die Gebete von Esther und Mordechai—andererseits, die später im M-T. und den griechischen Versionen wieder mehr in den Hintergrund traten. Doch auch mit dem heiligen Charakter Mordechais und seiner Apotheose in der Proklamation des Königs wäre eine ätiologische Erklärung für das dem Esth zugeschriebene Fest nicht möglich gewesen. Insofern habe er auch die Konversion des Königs beiseite gelassen. Die beiden Visionen seien zu einer einzigen zusammengeschrieben worden, deren Darstellung am Anfang der Erzählung, und deren Erklärung an ihrem Ende plaziert wurden. Er habe eine Rivalität zwischen einem jüdischen Bediensteten und dem Premierminister am persischen Hof entwickelt und das Motiv von der Proskynese in den Konflikt hineingearbeitet und schließlich die Ausarbeitung einer graduellen Steigerung der Todesdrohung vorgenommen, die erst Mordechai, dann aber alle Juden in Susa und im Reich betraf. Sie hätten ihr nur entkommen können in dem Moment als der Mächtige selbst entmachtet worden sei. Und daher schlußfolgert MILIK: "En somme, un triomphe religieux, bien irréel, se transforme en un drame politique et ethnique, à l'issue heureuse, apte à être commémoré par une fête anniversaire: «le jour de Mardochée» ou« les jours de Mardochée et d'Esther», les 14 et 15 Adar."[109]

Für MILIK steht fest, daß der Autor auf der Basis eines semitischen Textes arbeitete: Er schrieb griechisch "«grec de traduction»" (Übersetzungsgriechisch), doch die Dekrete B und E seien guter,

---

[109]   J.T.Milik, modèles, a.a.O., 393.

hellenistischer Stil. Auffallend sei das Fehlen von Zitaten, was jedoch mit dem erzählerischen und fiktiven Charakter des Werkes zu tun habe.[110]

Aus MILIKS Vergleich zwischen der VL und den griechischen Textausgaben von Esth ergaben sich für ihn folgende Beobachtungen: Der Schlußteil des LXX-T. falle länger aus als derjenige der VL. Es zeige sich dagegen, daß die Erwähnung des Festes in der VL und dem A-T. (E 20, 9,21.26 (A-T.) = 9,28 (VL); F10) sehr schlicht gehalten worden sei. Überhaupt weise Kap 9 im A-T. und der VL gegenüber den anderen Versionen eine reduzierte Form auf und entspräche damit dem Originaltext der ersten griechischen Version. Diese sei für Juden in der Diaspora in Alexandria und für die "Verstreuten" in ganz Ägypten bestimmt gewesen.[111] Insgesamt gesehen habe der A-T. die VL gänzlich überarbeitet und substantielle Kürzungen im Text vorgenommen: "Il semble qu'à l'époque chrétienne elle avait subi des réductions poussées sans qu'on en puisse détecter le critère"[112].

Doch sei der A-T. vom Umfang her mit der VL grundsätzlich zu vergleichen. MILIK verweist dann jedoch auf 7,44-46, die Zahlen der Getöteten (vgl. 9,6-16 (M-T./LXX-T.)), an der der A-T. ein wichtiges Plus gegenüber der VL zeigt. Sie repräsentiere alle existierenden 75 Nationen. Zu diesen werden die drei Söhne Noahs und die 72 Nationen auf der Tafel von Gen 10 gezählt. Mit der Zahl 1000 multipliziert, fände sich diese (oder eine ähnliche) Angabe (M-T. = 75000; Jos = 75000 und A-T = 70100)[113] in den anderen Esth-Versionen wieder. Die Tötung an einem Tag, dem 13. Adar, sei zwar geographisch weit entfernt und zeitlich in der persischen Epoche situiert, meine aber eigentlich die hellenistische und hasmonäische Periode und stelle deshalb eine Skizze des allumfassenden Krieges dar, wie er in der "Règle de la Guerre des fils de lumière contre les fils de ténèbres" beschrieben wurde. Die Dauer des Krieges beträgt dort 40 Jahre. Diese Vorstellung gehört in die Zeit um 100 v.Chr., in die Zeit Johannes Hyrkans I und Alexander Jannäus, in die MILIK auch den gesamten A-T. datieren möchte.

---

[110] De facto hat nur die VL in 4,16- C2 auf Joel 2,15b-16 und Jona 3,4b-8a Bezug genommen.

[111] Milik hat eine vermeintlich frühe Spur für die Existenz des Esth in Ägypten gefunden: So sei 3Makk (100 v.Chr.) durch den Esth-Text inspiriert. Zwei sich gegenseitig aufhebende Dekrete behandeln die Verfolgung und Rehabilitation der Juden in Kap 3 und 7 (vgl. v.a. Esth E16 mit 3Makk 6,28). Das Ende des ersten Dekrets von Ptolomäus IV Philopator bestätigt das Ende des persischen Dekrets (vgl. E 24), wie es nur in der VL zu finden ist. Ein weiterer Einfluß des Esth in ägyptischen Werken sei auch in der Erzählung von der Verfolgung der Juden unter Ptolomäus VIII Euergetes (Physcon 145-116) zu finden: Die favorisierte Konkubine des Königs legt bei diesem ein Wort für die Juden ein. Nach dem glücklichen Ausgang der Geschehnisse wird schließlich ein Fest etabliert (vgl. Josephus, Apion II, 51-55).

[112] J.T.Milik, a.a.O., 396.

[113] Der LXX-T. gibt hier (9,6-16) eine nicht anders als Abschreibe- oder Lesefehler zu erklärende Zahl von 15000 an.

Der LXX-T weise in seinem Kolophon F11 auf das Jahr 78/77 hin. Es beträfe jedoch v.a. den Purimbrief Mordechais (9,20). Dieser stelle, wie der ganze LXX-T., eine Revision vom A-T. dar. Das Verb "ἑρμηνευκένει" im Kolophon könne so auch als das "Interpretieren eines vorausgehenden Textes" verstanden werden. Doch die Autoren des Kolophons hätten, um der Polemik der ägyptischen Synagogen vorzugreifen, auf die Authentizität ihres Briefes insistieren wollen, indem sie behaupteten, der Text sei auf der Basis eines semitischen Textes überliefert worden, und daher als *ipsissima verba* von Mordechai und Esther zu verstehen. Doch hat es, folgt man MILIKS These, einen ursprünglich aramäischen oder hebräischen Esth-Text nie gegeben.

Einen solchen gab es erst mit der M-T.-Version des Esth. Er präsentiere jedoch den Text der LXX-T., denn er sei auf der Basis des griechischen Textes übersetzt worden. Zwar weise er eigene Partien und Varianten auf, doch erklärt MILIK diese damit, daß der LXX-T. des 1.Jh.v.Chr. selbst starke Unterschiede zu dem LXX-T. des 3.-4.Jh.n.Chr. aufwies. Er sei erst nach der Katastrophe des ersten jüdischen Krieges entstanden, denn das Purimfest, das vorher nurmehr in der Diaspora gefeiert worden sei, wäre nun schmerzlich aktuell geworden, so daß die Rabbiner ihn als Lektüre einer griechischen Erzählung ins Hebräische übersetzen ließen, da sie großen Wert auf die Feier des 14. und 15. Adar legten (wie die juristische Art und Weise der Behandlung der Megillah in der Mischna zeige). Ohne Zweifel sei die Erinnerung an dieses für sie erst kürzlich zurückliegende Datum der hebräischen Esth-Version Schuld daran gewesen, daß es bei der Kanonbildung noch nicht mit aufgenommen worden sei.

KAPITEL SIEBEN

DIE REDAKTIONEN DES PRE-ESTH:
"יְהוּדִים"- UND "PURIM"-SCHICHT

7.1. Die "יְהוּדִים" im Esth

7.1.1. Die Bedeutung der Begriffe "יְהוּדָאִין"; "יְהוּדָיָא" (aram.); "יְהוּדָּה"; "יְהוּדִי" und "יְהוּדִים" (hebr.) im AT

Vor der Untersuchung der JüdRed im Esth (Kapitel 7.2.), sollen in einem vorausgehenden Schritt die Begriffe "יְהוּדָּה" bzw. "יְהוּדִי" in ihrer Bedeutung vor Augen geführt werden. Wer wurde im Esth mit "יְהוּדָּה" bzw. "יְהוּדִי" bezeichnet, und welchen Inhalt verband die JüdRed im Esth mit diesen Begriffen?

7.1.1.1. Die Bezeichnung "יְהוּדִים" als Fremdbezeichnung

Zu den Bezeichnungen für das nachexilische Volk Judas gehören auch die Bezeichnungen "יְהוּדָּה"; "יְהוּדִי" und "יְהוּדִים". Doch sind sie als solche nicht grundlegend, sondern werden nur neben anderen Begriffen wie "גּוֹלָה" (vgl. z.B. Esr 9,4;19,6), "יִשְׂרָאֵל" (z.B. Esr 2,70), "יְהוּדָה" (z.B. Neh 4,4.11) bzw. "יְהוּדָה וּבְנְיָמִן" (z.B. Esr 10,9; Neh 11,4), "עַם" (z.B. Esr 3,1.11) und "קָהָל" (z.B. Neh 5,13;7,66) für das nachexilische Volk gebraucht. Allerdings sind es gerade jene Begriffe, die sich zur Bezeichnung des Jüdischen Volkes in nachexilischer Zeit durchgesetzt haben.

Von insgesamt 74 Stellen, in denen "יְהוּדָּה"; "יְהוּדִי" und "יְהוּדִים" in nur fünf Büchern des AT vorkommt, findet man die Bezeichnung "יְהוּדִים" 42mal im Esth, d.h. das vergleichsweise kurze Esth hat diese Bezeichnung am weitaus häufigsten gebraucht, denn der Plural kommt neben dem Esth nur noch in 2Kön zweimal, in Jer ab Kap 32 neunmal und bei Neh zehnmal vor. Der Singular wird insgesamt zehnmal gebraucht: in Jer, Sach, 1Chr (fem.!) jeweils einmal und bei Esth achtmal. Die aramäische Version "יְהוּדָאִין" und "יְהוּדָיָא" findet sich 11mal[1] (Esr 4,12.23;5,1.5;6,7 (2x).8.14; Dan 3,8.12) im AT.

---

[1] Im neunmal vorkommenden status determinatus bezeichnet er also "die Juden". Einmal (Dan3,12) findet sich der Terminus im status absolutus.

Nun fällt bei der inhaltlichen Betrachtung der oben angegebenen Texte auf, daß von den "יְהוּדִים" stets in einem bestimmten Zusammenhang gesprochen wird. Die Bezeichnung "יְהוּדִים" wird dann verwendet, wenn von den Juden im Gegenüber zu den außerhalb Judas und Israels Grenzen lebenden Bewohnern gesprochen wird. So vertrieb der König die "יְהוּדִים" aus Elat, nachdem der König aus Aram Elat eroberte. An ihrer Stelle siedelten dort Edomiter (2Kön 16,6). Mehrere Male ist von den "יְהוּדִים" neben und in Konfrontation mit den Chaldäern die Rede (2Kön 25,25;38,19;41,3). Jeremia wendet sich an die in der Diaspora—also an die im ausländischen Umfeld—lebenden "יְהוּדִים" (vgl. Jer 40,11 (Moab, Ammon, Edom); 40,12 (alle Orte, wohin die Juden vertrieben worden waren); 43,9 und 44,1 (Ägypten)). Jer 32,1.2 erzählt von Jeremias Gefangenschaft im Wachhof von Jerusalem durch das Heer Nebukadnezzars, des Königs von Babel. Dort, in der Gegenwart der Ausländer und der "יְהוּדִים", übergibt er Baruch seinen Kaufbrief über den Acker von Anatot (Jer 32,12). Schließlich nennen zwei Verse im geschichtlichen Anhang des Jer (52,28.30) die Anzahl der "יְהוּדִים", die Nebukadnezzar aus Juda gefangen wegführte. Diese Stellen sind die einzigen im Jer, in denen die Gefangenen "יְהוּדִים" genannt werden, dagegen wurden sie in 52,27 noch mit "יְהוּדָה" bezeichnet.[2]

Weiter läßt sich feststellen, daß das im ausländischen Umfeld lebende Volk Judas v.a. bei öffentlichen Angelegenheiten stets als "יְהוּדִים" bekannt gemacht wird. In Dan 3,8.12 sind es Chaldäer, die die "יְהוּדִים" vor König Nebukadnezzar verklagen. In Esr 4,12 sind es die "Gegner Judas und Benjamins" (vgl. Esr 4,1), die dem König Artaxerxes in einem Brief das Vorgehen der "יְהוּדִים" kundtun und ihnen mit dem Wiederaufbau Jerusalems Aufruhr ankreiden. Entsprechend wurde der Antwortbrief des Artaxerxes vom persischen Hof aus an die "יְהוּדִים" in Jerusalem zurückaddressiert. Und während Nehemia am Hof von Susa verweilt, fragt er die Männer aus Juda nach den Entronnenen "יְהוּדִים" (Neh 1,2).

In Esr 5,1.5, dem aramäischen Fremdbericht über die "יְהוּדִים", wird davon geredet, daß das Auge "ihres" Gottes über ihnen war. In V.1 wird explizit darauf hingewiesen, daß die Propheten Haggai und Sacharja über die "יְהוּדִים" weissagten, die in Juda und Jerusalem waren. Wenn wir es hier nicht mit einem Pleonasmus (Juden in Juda und Jerusalem) zu tun haben, dann ist der Hintergrund entweder der, daß außerhalb von Juda und Jerusalem Juden lebten, weshalb eben nur die in Juda und Jerusalem lebenden explizit angesprochen werden sollen, oder die Betonung wird hier auf das Jude-Sein der Bewohnern von Juda und Jerusalem gelegt, wobei

---

[2]   Auch wenn Jer 52 als ein Anhang deuteronomistischer Geschichtsschreibung anzusehen ist, dessen Paralleltext in 2Kön 25 zu finden ist, so sind doch gerade die Verse in Jer 52,28-30, in den die "יְהוּדִים" benannt werden, in jenem Paralleltext nicht zu finden.

letzteres eigentlich nur aus dem Blickwinkel ausländischer Betrachter ein logischer und verständlicher Schluß wäre.

Fassen wir unsere Beobachtungen bis hierher zusammen, dann scheint offensichtlich, daß das Jüdische Volk v.a. im Gegenüber zu ausländischen Personen und Völkern mit "יְהוּדִים" bezeichnet wurden. Es handelt sich bei dieser Bezeichnung allem Anschein nach nicht um eine selbst beigefügte, sondern um eine von außen an das Volk Judas herangetragene Bezeichnung. Wir möchten hier deshalb von einer "Fremdbezeichnung" sprechen. Tatsächlich kommt in diesem von "יְהוּדָה" abgeleiteten Begriff zunächst die ethnische Komponente bzw. die Volkszugehörigkeit zum Ausdruck. Insofern ist unser Fazit durchaus logisch.

Gehen wir nun einen Schritt weiter und untersuchen den Gebrauch des Begriffes im Neh. Wir treffen hier auf eine Bedeutungsverschiebung für die Bezeichnung "יְהוּדִים".

7.1.1.2. "יְהוּדִים" im Neh

Das Neh verbindet mit der Bezeichnung "יְהוּדִים" einen besonderen Aspekt, den wir in diesem Abschnitt herausstellen wollen.[3] Zu beobachten ist in diesem Buch nämlich, daß das Jüdische Volk in Konfrontation mit den *Gegnern* "יְהוּדִים" genannt wird. In Neh 4,6 wohnen die Juden Seite an Seite mit ihren Gegnern. An anderer Stelle spottet Sanballat, der Horoniter (vgl. Neh 2,10.19), über die "יְהוּדִים", die die Mauer Jerusalems wieder aufbauen (Neh 3,33.34;6,6). Und in 5,17 erklärt Nehemia schließlich selbst, wer die "יְהוּדִים" sind: "... sowohl die Vorsteher—150 Mann—als auch die, die von den Nationen rings um uns herum zu uns kamen". Daneben, d.h. also, als nicht zu den "יְהוּדִים" gehörend, zählt Neh 2,16 die Priester, Edlen, Vorsteher und den Rest, der an dem Bau mitarbeiten sollte, auf. Diese Unterscheidung macht v.a. deshalb stutzig, weil die Vorsteher in 5,17 mit den Juden identifiziert und in 2,16 neben diesen aufgezählt werden. Außerdem verwundert es, daß die Priester nicht als "יְהוּדִים" bezeichnet werden.

Die Nebeneinanderstellung dieser Texte aus dem Neh läßt vermuten, daß es eine eindeutige Begriffsdefinition für die "יְהוּדִים" anscheinend nicht gab. Doch wollen wir versuchen, die Bandbreite der Bedeutungen dieses Begriffes, wie er im Neh vorkommt, zu umreißen. In Neh 5,7.17 werden die "יְהוּדִים" mit den "הַסְּגָנִים" (*Ratsherren*) gleichgesetzt. Sie hatten "אֶת־אַחֵינוּ הַיְּהוּדִים" (*unsere Brüder, die Juden*) (5,8) aus den Nationen freigekauft. Anders gesagt, handelt es sich bei ersteren also um wohlhabende

---

[3] U.E. vereinfacht A.H.J.Gunneweg das Problem, wenn er schreibt: "Mit dem Jüdischen [Neh 13,24] ist hier das Hebräische gemeint ... Entsprechend werden in der ND [d.i. Nehemiadenkschrift] die Bewohner von Juda und Jerusalem 'Juden' genannt (1,2f.;2,16;3,33f.;4,6;5,1.8.17;6,6f.;13,23), und das wiederum entspricht dem Sprachgebrauch der aramäischen Erzählung (E4,12.23; vgl. 5,1.5;6,8.8.14)" (ders., Nehemia, a.a.O., 173).

"יְהוּדִים", die die an die Nationen verkauften "יְהוּדִים", also die Armen ihrer Volksgenossen, aus der Abhängigkeit gegenüber ihrem Schuldner auslösten. Interessanterweise stehen wir hierbei vor einem textkritischen Problem. Denn die Formulierung "וְהַיְּהוּדִים וְהַסְּגָנִים" könnte auch mit "und die Juden und die Vorsteher" übersetzt werden, so, als wären neben den Vorstehern auch die Juden angesprochen und nicht miteinander zu identifizieren. Dagegen schlägt der Textapparat an dieser Stelle vor, anstatt "וְהַיְּהוּדִים" vielmehr "וְהַחֹרִים" (*und die Edlen*), gemäß Neh 5,7 und der Syriaca, bzw. "וְהָיוּ הַחֹרִים" (*und es waren die Edlen*) zu lesen. Die alternative Lesart "אֶת־הַחֹרִים וְאֶת־הַסְּגָנִים" weise jedoch darauf hin, daß die Bezeichnung "יְהוּדִים" vielleicht erst sekundär in den Text eingefügt wurde.

Ob die Edlen mit den "יְהוּדִים" zu identifizieren sind oder nicht, es steht fest, daß die "verkauften Juden" nun von ihren Lösern ökonomisch abhängig waren. Beide Gruppen, Löser und Abhängige, nennen sich gegenseitig Brüder, wodurch trotz aller Verschiedenheit die Zusammengehörigkeit betont wird. Diese kommt auch in der Rede Nehemias an die Edlen und Vorsteher (Neh 5,7f) vom Frei- und Loskaufen der Brüder aus den Nationen zum Ausdruck.[4]

Nun betont BLENKINSOPP: "Since 'nobles, officials and the rest of the people' [d.i. Neh 2,16] is a routine listing in the memoir (Neh. 4.8, 13; 7.5), 'the Jews' cannot in this case be equated with the common people."[5] So wäre auch in Neh 5,1, wo das Volk und ihre Frauen gegen ihre jüdischen Brüder ein großes Geschrei erheben, weil sie sich in existentieller Abhängigkeit von ihnen befinden, offensichtlich, daß "ihre Brüder, die Juden" (Neh 5,1) dem Kontext nach eine soziale und ökonomische Elite in der Provinz konstituierten.[6] Allerdings, so folgert BLENKINSOPP, habe diese politische und ökonomische Elite vorherrschend aus "resettled Babylonian Jews"[7] bestanden. Dies bedeutete aber, daß die "יְהוּדִים" in Neh 5 ausschließlich mit der fest umgrenzten, sozial hochstehenden Gruppe, nämlich der der Rückkehrer aus der Golah, identifiziert werden müßten.[8] Zu einem gegenteiligen Ergebnis kommt VOGT. Er meint nämlich, daß "כָּל־יְהוּדָה" gemäß Neh 13,12 und die "בְּנֵי יְהוּדָה" in Neh 13,16 mit den in Neh 13,23 angesprochenen "יְהוּדִים" gleichzusetzen seien, doch fügt er hinzu, die "יְהוּדִים" wären nicht grundsätzlich mit "Judäern" zu identifizieren. In Neh 5,8 bezeichneten die "יְהוּדִים" nämlich die Armenschicht. Gemeint seien hier

---

[4] Vgl. Lev 25,47f; die gleiche Problematik taucht außerdem auch in Jer 34,9 auf.
[5] J.Blenkinsopp, Temple, a.a.O., 47.
[6] J.Blenkinsopp, Temple, a.a.O., 47.
[7] J.Blenkinsopp, Temple, a.a.O., 47.
[8] Neh 1,2 wäre demnach so zu verstehen, daß die, die Entkommen sind, nicht die sind, die von den der Deportation verschont geblieben sind, sondern die, die von den Gefangenen wieder zurückgekehrt sind. "Entronnen sein", wäre dann als "Entronnen aus der Gefangenschaft des Exils" zu verstehen.

diejenigen, die nicht in Juda geboren worden sind, aber auch nicht zur Rückkehrergruppe aus dem Exil gehörten, sondern jetzt erst losgekauft wurden. VOGT führt nicht weiter aus, warum und wie diese Armenschicht denn zu der Bezeichnung "יְהוּדִים" kam. So kommt er schließlich zu dem Ergebnis: "Der Begriff [d.i. "יְהוּדִים"] ist also losgelöst von dem Begriff יהודה als terminus technicus für die politische Perserprovinz Juda zu betrachten. Der Begriff bedeutet in N 5,8 sicher nicht 'Judäer', sondern eindeutig 'Juden'. Wo auch immer die Brüder, die Volksangehörigen wohnen, sie sind 'יהודים = Juden'"[9]. Doch dann spezifiziert VOGT sein Ergebnis noch einmal dahingehend, daß die Juden v.a. in Neh 5,8 und später im weiteren Kontext im Zusammenhang der "גּוֹיִם" auftauchen. So sei in Neh 13,23.27, in der Frage der Mischehen, eben jener Gegensatz zwischen Juden und Heiden, und damit der religiöse Unterschied angesprochen.[10] Mit dieser Aussage nähert sich sein Ergebnis unseren eigenen Überlegungen zur Bedeutung von "יְהוּדִים" an.

Aus der Gegenüberstellung der Positionen von BLENKINSOPP und VOGT läßt sich jedoch nur schwerlich eine deutliche Definition für das Verständnis der Bezeichnung "יְהוּדִים" erkennen. Beide finden nur voneinander unterschiedene Erklärungen für den Begriff. Doch lassen sich aus den in beiden Positionen gewonnenen Erkenntnissen für uns einige wichtige Schlußfolgerungen herausfiltern, die einander nicht widersprechen: Die "יְהוּדִים" bezeichnen sowohl die politisch und ökonomisch hochstehende Rückkehrergruppe aus der Golah (BLENKINSOPP), als auch ihre Brüder, die Armenschicht, die von dort durch Loskauf zurückgekehrt war (VOGT). Der Begriff ist dagegen nicht auf die Bewohner der Perserprovinz Juda anwendbar, sondern nennt sie so v.a. im Gegenüber zu den Heiden. Zudem akzentuiert er die gemeinsame, religiöse Basis der Gruppe. Die Verbundenheit unter den "יְהוּדִים", die sich nicht an sozialen Unterschieden orientiert, macht sich vornehmlich an der gegenseitigen Bezeichnung als "Brüder" fest. Allen Beobachtungen gemeinsam ist, daß die Bezeichnung "יְהוּדִים" jeweils dort auftaucht, wo die Gruppe der Juden den Heiden oder Fremden gegenübergestellt wird.

Wir greifen an dieser Stelle noch einmal unsere oben gemachte Beobachtung auf und vermuten nun, daß es sich bei dem Begriff "יְהוּדִים" um eine Fremdbezeichnung handelt, nach der die jüdische Bevölkerung im Fremdland benannt wurde. Bei diesem Namen wurde sie, wie das Neh belegt, auch im nachexilischen Juda genannt; er bekam hier jedoch eine

---

[9] H.C.M.Vogt, Studie, a.a.O., 73.
[10] Wir gehen nicht so weit wie Vogt, nach dem in Esra 5,1 die Juden mit Israel gleichgesetzt würden: "Denn die Propheten verkünden ihnen die Botschaft 'im Namen des Gottes Israels'. Der Begriff 'Juden' nimmt somit Züge des so stark religiös gefärbten Ehrennamens Israel an" (ders., Studie, a.a.O., 74).

religiöse Nuance.[11] Wäre sie, wie man vielleicht zunächst annehmen möchte, von seiten der Anhänger des JHWH-Glaubens in Abgrenzung zu allen heidnischen und fremden Bewohnern des Landes als *Selbstbezeichnung* eingeführt und dazu gebraucht worden, sich als rechtmäßige Bewohner des Landes zu kennzeichnen, dann wäre zu erwarten, daß sie im Neh eindeutiger und nachdrücklicher und auf ihre Bedeutung hinweisend benutzt worden wäre. Im Esr wäre ihr Fehlen völlig unverständlich. Es scheint uns auf der Basis des Befundes aus dem Neh glaubwürdiger, für ihren Ursprung vielmehr von einer *Fremdbezeichnung* auszugehen.

Obwohl alle nach Jehud Zurückgekehrten mit "יְהוּדִים" bezeichnet wurden, so ist doch nachdrücklich darauf hinzuweisen, daß ein Großteil der Gruppe der "יְהוּדִים" im Exilsland blieb, wo sie sich eine Existenz aufgebaut hatten.

Anhand der folgenden Untersuchung wird sich zeigen, daß das an diese Erzählung herangetragene Verständnis von den "יְהוּדִים" eben genau jenes ist, daß auch der Bezeichnung der "יְהוּדִים" im Neh zugrunde liegt: Es ist eine von außen an geographischen Vorgaben orientierte Bezeichnung einer Gruppe von Deportierten. De facto wird jedoch an der im Esth aufgeführten Kennzeichnung dieser Gruppe evident, daß sich diese Gruppe im fremden Land v.a. durch an eigenen Gesetzen orientierte Verhaltensmuster auszeichnete.

---

[11]   Man bedenke, daß die von uns als "יְהוּדִים" identifizierte Gruppe faktisch die "גּוֹלָה"-Gruppe war. An der Bezeichnung haftete jedoch eine theologische Implikation. So meint Vogt, ursprünglich meine "גּוֹלָה" Gefangenschaft, später sei die gesamte Gefangenschaftsthematik—wie auch in Esth 2,5ff zu lesen ist—mit "גּוֹלָה" umschrieben und in Esr 9-10 auf die aus der babylonischen Gefangenschaft kommende Menschengruppe angewandt worden. Inhaltliche Bezüge seien oft auch mit Aussagen zum Strafcharakter der Gefangenschaft, aber auch mit dem positiven Aspekt der Heimkehr aus ihr aufgezeigt worden. Auch der Restgedanke (Esr 9,8-15; vgl. Neh 1,2f) fände sich im Zusammenhang des letzteren immer wieder. In Esr 9,8-15 tauche zudem der mit dem Restgedanken verbundene Gedanke vom "Sündennachlaß" auf. Die Kollektivität im Begriff der "גּוֹלָה" mache sich außerdem fest an dem im Kap 9-10 häufig erscheinenden "Wir" als Ausdruck der Gemeinschaft, einer Gemeinschaft, in der der Einzelne und die ganze Gemeinde vor Gott stehe. Die "גּוֹלָה" "kehrte in das den Vätern zum ewigen Erbe verheißene Land (E 9,11f) heim. E 10,7 bringt klar zum Ausdruck, wo sich dieses verheißene Land der 'בְּנֵי הַגּוֹלָה' findet; sie wohnen nämlich 'בִּיהוּדָה וִירוּשָׁלַם' = in Juda und Jerusalem". Schließlich umfasse "גּוֹלָה" Gesamtisrael in der Eigenschaft Heimkehrergemeinde der Angehörigen der Stämme Juda und Benjamin zu sein (Esr 10,9). Negativ hänge ihr der Aspekt der Treulosigkeit gegenüber Gott an (Esr 10,2.10). Dennoch verstehe sie sich als Volk Israel im umfassenden Sinne, die den Gott Israels anruft (Esr 9,4.15). Diesem Anspruch wolle und werde sie gerecht durch die eigene Absonderung alles Fremden (ders., Studie, a.a.O., 39) (vgl. Esr 9,1 mit dem wichtigen Motiv des Vorwurfes Hamans gegen das jüdische Volk, das sich selbst abgesondert hat von den übrigen Völkern (Esth 3,8). Hier wird jedoch nicht "בדל" verwandt, sondern das Part.Pu. von "פרד").

7.1.2. "יְהוּדִי" und "יְהוּדִים" im Esth

Im Babylonischen Talmud zum Esth (Meg Esth 12b Abschnitt b und 13a) findet sich eine Diskussion um die Bezeichnung "יהוּדִי" für Mordechai. Zur Frage steht die Textstelle Esth 2,5, in der Mordechai sowohl "אִישׁ יְהוּדִי" als auch "אִישׁ יְמִינִי" genannt wird:

"Man nennt ihn Judäer [im Text 'יְהוּדִי], also stammt er aus Juda.
Man nennt ihn Benjaminit, also stammt er aus Benjamin.
Rab Nachman sagte:
Mordechai war gekrönt durch sein Gesetz.
Rabba bar Bar Chana sagte,
Rabbi Jehoschua ben Levi habe gesagt:
Sein Vater war aus Benjamin und seine Mutter aus Juda.
Und die Rabbanan sagen:
Die Stämme begannen, sich untereinander zu bekriegen.
Der Stamm Juda sagte:
Ich habe verursacht, daß Mordechai geboren wurde,
indem David Schimi ben Gera nicht den Tod gab.
Aber der Stamm Benjamin sagte, er kommt von mir.
Raba sagte:
Die Gemeinde Israels deutete es in eine andere Richtung:
Siehe, was tut mir ein Judäer
und was vergilt mir ein Benjaminite!
'Was tut mir ein Judäer'—
daß David Schimi nicht den Tod gab, aus dem Mordechai hervorging,
der gegen Haman eiferte
'und was vergilt mir ein Benjaminite' -
daß Saul Agag nicht den Tod gab, aus dem Haman
hervorging, der Israel drängte.
Rabbi Jochanan sagte:
Auf jeden Fall kam er aus Benjamin.
Warum nennt man ihn 'jüdisch' [im Text 'יְהוּדִי]?[12]
Weil er dem Götzendienst ableugnete,
denn jeder, der dem Götzendienst ableugnet,
wird jüdisch [im Text 'יְהוּדִי] genannt,
so wie es geschrieben steht:
'Jüdische Männer sind gekommen'. (Dan 3,12)"[13]

Diese talmudische Textauslegung zeigt zweierlei Verständnis von dem, was es heißt "יְהוּדִי" genannt zu werden. Einerseits wird Mordechais Bezeichnung "יְהוּדִי" als Stammeszugehörigkeit diskutiert: Als Hinweis darauf, daß Mordechai aus Juda stamme. Andererseits ist Mordechai jedoch auch

---

[12] D.Börner-Klein übersetzt "יְהוּדִי" an dieser Stelle mit "jüdisch" und erklärt, der Begriff werde "—gemäß dem jeweiligen Kontext—mit 'Judäer', 'Jude' und mit 'jüdisch' wiedergegeben" (dies., Auslegung, a.a.O., 36, Anm.70). Wir wollen uns an dieser Stelle jedoch noch keiner Übersetzung anschließen, sondern erst eigene Untersuchungen zu der Bedeutung dieses Begriffes anstellen.
[13] Zit.n. D.Börner-Klein, Auslegung, a.a.O., 35f. Der bei Dan gebrauchte aramäische Begriff für "jüdisch" ist "יְהוּדָאִין".

Benjaminit. Hier wird von den jüdischen Gelehrten ein Widerspruch gesehen. Schließlich zeigt sich, daß der Bezeichnung "יְהוּדִי" auch religiös verstanden werden kann. In diesem Fall bedeutet "יְהוּדִי"-Sein, dem Götzendienst abzuleugnen bzw. JHWH zu dienen. Diesem "zweideutigen" Verständnis des Begriffes "יְהוּדִי" sollen sich die Überlegungen in diesem Abschnittes widmen. Wir haben zu untersuchen, wie die Kennzeichnung Mordechais, Esthers und ihres Volkes als "יְהוּדִים" zu verstehen sind: ethnisch, religiös oder beides?

7.1.2.1. Esther und Mordechai als Jüdin und Jude und Teil des Jüdischen Volkes im Esth

Von den 50 Stellen im Esth, in denen vom Jüdischen Volk die Rede ist, wird 42mal der Plural "יְהוּדִים" verwandt, achtmal wird im Singular vom "יְהוּדִי" (Esth 2,5;3,4;5,13;6,10;8,7; 9,29.31;10,3), nämlich Mordechai, gesprochen. Insgesamt nennt das Esth Mordechai jedoch an 58 Stellen, so daß der Hinweis auf sein Judentum nur am Rande erwähnt scheint, doch tatsächlich verteilt sich diese Kennzeichnung über das ganze Buch. Fast in jedem Kapitel wird einmal darauf hingewiesen, daß Mordechai Jude war. Nur in den Kap 1;4 und 7 entfällt dieser Hinweis. Spielt Mordechai in Kap 1 und 7 tatsächlich keine Rolle, so ist er für Kap 4 außerordentlich wichtig. Inhaltlich besteht Kap 4 aus dem Dialog zwischen Esther und Mordechai; hier scheint ein Verweis auf sein Judentum nicht nötig gewesen zu sein.

Die erste Angabe über Mordechais Judentum wird in Kap 2,5.6 (M-T./LXX-T.) anhand der Darstellung seiner genealogischen Abstammung vom Stamm Benjamin gemacht und durch die seiner Verschleppung aus Jerusalem mit den Gefangenen, die Nebukadnezzar ins Exil nach Babylonien führte, noch einmal unterstützt. Er ist also eigentlich Benjaminit. Dennoch wird der aus dem Stamm Benjamin stammende und mit der Golah nach Babylonien verschleppte Mordechai "יְהוּדִי" genannt. Hier ist ein erster Anhaltspunkt dafür zu finden, daß es sich bei der Bezeichnung "יְהוּדִי" und "יְהוּדִים" im Esth nicht um eine genealogische Zuordnung handeln kann.

Auch Esther ist Jüdin. Doch nirgends wird Esthers jüdische Abstammung explizit Ausdruck verliehen, sondern kann nur aus Andeutungen wie 2,7 (vgl. 2,20;4,13f.) gefolgert werden, wo berichtet wird, daß Mordechai die Tochter seines Onkels, "אֶת־הֲדַסָּה הִיא אֶסְתֵּר" (*Hadassa, das ist Esther*) (2,7), nach dem Tod ihrer Eltern aufzieht.

Neben der bloßen Kennzeichnung der beiden Protagonisten als Jüdin und Jude, werden wir im Esth in der Folge der Szene zwischen Mordechai und den Torhütern am Palasttor (Esth 3,1-6 (M-T.)) über die Kennzeichen des Judentums informiert. So hatte Mordechai keinerlei religiöse Begründung für die Ehrverweigerung angeführt, sondern allein seine Zugehörigkeit zum Judentum angegeben. Nun nimmt Hamans Anklage gegen Mordechai und sein Volk in 3,8 auf diesen Tatbestand Bezug. Gleichzeitig wird in diesem Vers ein Bild des Judentums, wie es sich in den Augen eines Nicht-Juden darstellt, aufgezeichnet: "וַיֹּאמֶר הָמָן לַמֶּלֶךְ אֲחַשְׁוֵרוֹשׁ יֶשְׁנוֹ עַם־אֶחָד מְפֻזָּר וּמְפֹרָד בֵּין הָעַמִּים בְּכֹל מְדִינוֹת מַלְכוּתֶךָ וְדָתֵיהֶם שֹׁנוֹת מִכָּל־עָם וְאֶת־דָּתֵי הַמֶּלֶךְ אֵינָם עֹשִׂים וְלַמֶּלֶךְ אֵין־שֹׁוֶה לְהַנִּיחָם" (*Und Haman sprach zum König Achaschverosch: "Da gibt es ein Volk, verstreut und abgesondert unter den Völkern in allen Provinzen deines Königreiches. Und ihre Gesetze sind von denen jeden Volkes verschieden, und die Gesetze des Königs befolgen sie nicht, und es ist dem König nicht angemessen, sie gewähren zu lassen.*)

In Hamans Darstellung werden also drei verschiedene Kennzeichen für das Judentum angegeben. Er bezichtigt das Jüdische Volk erstens, daß sie *verstreut* im ganzen Persischen Reich lebten, zweitens, daß sie *abgesondert* lebten, daß sie *andere Gesetze* hätten und die Gesetze des Königs nicht befolgten.

7.1.2.2. Hamans Kennzeichnung des Jüdischen Volkes: Die Absonderung und die Fremdgesetzlichkeit

Die Beschreibung des Verstreutseins des Jüdischen Volkes im ganzen Persischen Reich bestätigt die These, daß ein Großteil der "יְהוּדִים" aus dem Exil nicht nach Jehud zurückkehrten. Sie erläutert zudem, daß die "יְהוּדִים" im Exilsland nicht an einem Ort, sondern überall im immens großen persischen Herrschaftsgebiet "von Indien bis Kusch" (Esth 1,1) lebten. Innerhalb der sich an den jeweiligen Orten niedergelassenen Familien und Gruppen führten sie, so Haman, ein "abgesondertes" Leben. Es bleibt zunächst offen, wie diese Abgesondertheit zu verstehen ist. Nahe liegt, sie im Zusammenhang des dritten Vorwurfes Hamans, daß die "יְהוּדִים" nach "דָּתֵיהֶם" (*ihren Gesetzen*) (3,8) lebten, zu stellen und daß sie die Gesetze des Königs nicht befolgten.

Kennzeichen der jüdischen Gesetzgebung ist, daß sie hauptsächlich mit den religiösen Gesetzen der Thora (Ex-Dtn) verwurzelt ist. Weltliche Gesetzgebung ist von dieser weitgehendst unterschieden. Die ethische Ausrichtung auf nur eine der beiden Gesetzgebungen konnte deshalb oft als nicht vereinbar mit der anderen erfahren werden. So war für Juden ein kultisch reines Leben zu führen nur dann möglich, wenn sie abgesondert lebten. DELLING führt in seiner "Studie zur Bewältigung der Diasporasituation des hellenistischen Judentums"[14] Josephus mit einem Text

---

[14] G.Dellings Untersuchungen betreffen "im Ganzen die Griechisch sprechende Diaspora bis in die Anfänge des 2. nachexilischen Jahrhunderts", (ders., Bewältigung, a.a.O., 9, Anm.1). Auch wenn uns eine zeitliche Festlegung der Esth noch nicht möglich ist, können wir davon ausgehen, daß Dellings grundlegenden Erkenntnisse über das Diasporajudentum auch auf das im Esth genannte Diasporajudentum insofern angewandt werden dürfen, als daß in der Zeit der persischen Diaspora zumindest die Vorgeschichte für die Charakteristika des späteren hellenistischen Diasporajudentum angedeutet sind. Der früheste in Frage kommende Zeitraum

an, wo er dies in einer Beschreibung des Verhaltens der Juden in der Konfrontation mit ihrer Umwelt bestätigt: "Daß es der Judenschaft unmöglich ist, sich der Lebensweise ihrer Umgebung unter Preisgabe bestimmter Vorschriften der tradierten Gesetze anzupassen, ist zunächst darin begründet, daß das 'Gesetz', die Tora, als ganze die Urkunde der jüdischen Religion ist. Von ihr ist die allen Juden gemeinsame Gottesauffassung ebenso bestimmt wie ihre Lebensführung (Jos Ap 2,179-181.183)."[15] DELLING zitiert desweiteren mehrere Quellen, die die Absonderung der Juden von der heidnischen Umwelt v.a. wegen ihrer Reinheitsgesetze (vgl. Lev 13-15; Num 19,11-22) erklären. Diese Reinheit in der Absonderung betrifft hauptsächlich die Vermeidung der Begegnung mit den Göttern anderer Völkern (vgl. Aristeasbrief 139). Sie soll auch körperlich, durch die Meidung des Kontaktes mit unreinen Speisen und Getränken, von visuellen und akustischen Fremdreizen aufrecht erhalten werden (Aristeasbrief 142). Philo benennt Voraussetzungen für die Gemeinschaft mit den Juden, deren Konsens letztlich das Sichunterstellen der Fremden unter dieselben jüdischen Gesetze ist: "Nicht dürfen an allen Worten und Taten, und besonders an heiligen, alle teilhaben; denn Vielfältiges muß zuvor da sein bei denen, die die Teilnahme an diesen begehren: erstens, das Größte und Notwendigste, die Verehrung und Frömmigkeit gegenüber dem einen, wirklich seienden Gott ...; zweitens, sich reinigen mit den heiligenden Reinigungen an Leib und Seele auf Grund der Gesetze und Bräuche der Väter ...".[16] Und Philo legt Num 23,9 ("Denn vom Gipfel der Felsen sehe ich es, von den Höhen aus erblicke ich es: Dort, ein Volk, es wohnt für sich, es zählt sich nicht zu den Völkern") im Bileamspruch entsprechend so aus, daß Gott dem Volk nicht schaden wolle, "das allein wohnen wird, sich nicht zu anderen Völkern zählend, (d.h.) nicht auf Grund besonderer Wohnsitze und räumlicher Trennung, auf Grund der Besonderheit auserlesener Bräuche, nicht sich mit anderen einlassend, so daß es zur Preisgabe der Ordnungen der Väter käme"[17]. DELLING zeigt nun auf, welche Verbindung zwischen dem gesellschaftspolitischen Handeln des einzelnen Juden oder der einzelnen Jüdin und der sie als solchen definierenden Religion, dem Judentum, besteht. So könne der im vorigen Zitat genannte und auch sonst "häufig begegnende Ausdruck »Bräuche

---

für die Entstehung des Esth liegt allenfalls 100 bis 150 Jahre vor der griechischen Eroberung durch Alexander (331), da Artaxerxes (M-T.)—sollte wirklich der erste gemeint sein—bzw. Ahasveros (Xerxes), genannt wird.

[15]   G.Delling, Bewältigung, a.a.O., 20.

[16]   Philo, Quaestiones in Exodum, frg 20, zit. n. R.Marcus, Philo, a.a.O., 262; vgl. G.Delling (Bewältigung, a.a.O., 11) meint, auch wenn das Stück nicht philonisch sein sollte, es doch deutlich jüdischen Ursprungs sei (vgl. G.Delling, Bewältigung, a.a.O., Anm. 20). S.a. Josephus, Contra Apionem 2,209f.

[17]   Vgl. Philo, Alexandrinus, De Vita Mosis 1,278, zit.n. G.Delling, Bewältigung, a.a.O., 12.

(Sitten)« die in der Tora begründete Lebensordnung umfassen"[18]. Dies werde von Josephus bestätigt, wenn er berichtet, daß Tiberius Alexander nicht bei den Bräuchen der Väter blieb und damit vom Judentum abfiel.[19]

Stellen wir der Darstellung DELLINGS einige grundlegende Überlegungen zur persischen Gesetzgebung gegenüber, um das Konfliktpotential zu verdeutlichen, dem das Jüdische Volk unter dieser Fremdherrschaft—und in verschärfter Form im Exilsland—ausgesetzt war.

Exkurs: Die allumfassende Gesetzgebung im Persischen Reich
Die persische Gesetzgebung ist im Bereich der Reichsadministration einzigartig und im literarischen Werk des Esth für den Verlauf der Erzählung überaus wichtig. Sie ist ein konstitutives Element in der Entwicklung des Basiskonfliktes des Esth sowie seiner Lösung am Ende des Buches. So war das Schreiben eines Erlasses, wie es uns in Kap 3 und 8 begegnet, faktisch mit der Erstellung eines Gesetzes gleichzusetzen.

Die Verschriftlichung von königlichen Beschlüssen im allgemeinen und hinsichtlich der Verwaltung der königlichen Güter im besonderen hatten in der königlichen Administration eine große Bedeutung. Die Autorisierung zur Ausführung dieser Gesetze wurde durch ihre Besiegelung mit dem königlichen Siegel bestätigt. Einmal beschlossene Bestimmungen und Gesetze konnten nun nicht mehr zurückgenommen werden. Zweck dieser Praxis war, ihnen Dauerhaftigkeit zu verleihen.[20] Die Autorisierung zur Inkraftsetzung der Beschlüsse unterlag der legislativen Amtshierarchie. Ein von FREI durchgeführter Vergleich zwischen drei Texten, der Trilingue vom Letoon[21] aus dem 6. oder 5. Jh., in dem ein Kultgesetz eines lokalen Kultraumes beschlossen werden sollte, bestätigt eine festgelegte Gesetzgebungspraxis, die FREI als "Reichsautorisation" bezeichnet[22]:

Der König besitzt Gesetzgebungskompetenz. Ein Vorschlag für eine Norm, die eine Gesellschaft, ein Volk oder die königlichen Berater formuliert haben, wird auf bürokratischem Weg zur Entscheidung vorgelegt. Über den nächsthöheren Beamten erreichen die Gesetzesvorschläge den Satrapen bzw. direkt den König, der das Gesetz mit seinen Beratern diskutiert (vgl. Esth 2,13-22).[23] Beschließt der König das Gesetz letztendlich, dann wird es dem Volk als schriftlicher Erlaß übergeben. Von besonderer Bedeutung ist hierbei die orientalische Auffassung von der göttlichen Legitimation des Rechts, d.h. es war religiös gebunden.[24] Auf umgekehrtem Weg ergab sich durch dieses Verfahren die Möglichkeit des Rechtsschutzes: "Da die Autorisation Zustimmung der Zentrale [d.i. die königliche Zentralgewalt] zur lokalen Norm notwendigerweise implizierte, ergab sich aus dem Verfahren eine Möglichkeit

---

[18]   G.Delling, Bewältigung, a.a.O., 12, Anm. 29.
[19]   Josephus, Antiquitates, a.a.O., XX, 100.
[20]   P.Frei, Zentralgewalt, a.a.O., 24f.
[21]   Publiziert wurde sie nach P.Frei von L.Robert, CRAI 1975, 306ff.
[22]   P.Frei meint hierbei, "die im Esther- und im Danielbuch geschilderten Praktiken der Gesetzesfindung und der Gesetzesgebung für authentisch" halten zu können. Er "möchte in ihnen den Ursprung der Reichsautorisation sehen" (ders., Zentralgewalt, a.a.O., 25).
[23]   Zum Verhältnis zwischen dem König und seinen Beratern (vgl. Esth 1,13-14) vgl. die Ausführungen von P.Briant zu diesem Thema "Darius et les Six" (ders., Histoire, a.a.O., 140-142).
[24]   P.Frei, Zentralgewalt, a.a.O., 22.

der Kontrolle der Selbstverwaltungskörper durch die Zentrale, und zwar in einer eigentlich rechtsstaatlichen Form. Den Untertanen wurde Rechtsschutz in Aussicht gestellt unter der Voraussetzung, dass ihre Absichten den Reichsinteressen nicht widersprachen"[25] (vgl. Esth 8,8). FREI zieht daraus den Schluß, daß "in der persischen Verwaltung Elemente der Rechtsstaatlichkeit wenigstens der Intention nach vorhanden waren. Ebenso hat sich gezeigt, dass die Zentrale dem Phänomen der Lokalautonomie ... Beachtung schenkte"[26].

Aus den im Exkurs dargelegten Untersuchungen geht hervor, daß spezielle Gesetze für bestimmte Völker, ethnische Gruppen oder einzelne Gesellschaften, sollten sie vom König durch einen Erlaß legalisiert worden sein, gültig werden konnten. Wenn das Jüdische Volk im Esth nun hinsichtlich ihrer "anderen Gesetzen" von Haman denunziert werden, dann liegt dem anscheinend zu Grunde, daß diese Gesetze keine legale Gültigkeit hatten. Haman bezichtigt sie jedoch außerdem ihrer Verweigerung gegenüber den landesweit gültigen Gesetzen des Königs. Dies reicht durchaus zu einer Anklage aus, die den König zu einer Strafmaßnahme zwingt, denn die Verweigerung konnte als Mißachtung der Oberherrschaft der Perser verstanden und mit einem Volksaufstand gleichgesetzt werden.

Die radikale Maßnahme, die Haman nun mit Hilfe des Königs zu ihrer Bestrafung unternimmt, erscheint jedoch nach wie vor vielmehr als ein persönlicher Racheakt Hamans. Ein Beispiel aus der Geschichte des Diasporajudentums zeigt nämlich, daß das abgesonderte Leben des Jüdischen Volkes durchaus Akzeptanz erfuhr. Allerdings ist die Darstellung des Geschehens aus der Sicht des Josephus mit Vorsicht zu genießen. Was hier einerseits als Toleranz gegenüber der Abgesondertheit des Jüdischen Volkes wertgeschätzt wird, darf andererseits nicht als Zwangsmaßnahme einer politisch klug taktierenden Umsiedelungspolitik verkannt werden.

Exkurs: Das Abgesondert-werden des Jüdischen Volkes z.Z. des Antiochus III
Josephus berichtet von der Absonderung der Juden, die durch die 'Ansiedelungspolitik' Antiochus III herbeigeführt bzw. unterstützt wurde. Um das 3.Jh. ließ er zweitausend jüdische Familien nach Lydien und Phrygien bringen, die in Mesopotamien und Babylonien angesiedelt waren. Die durchaus positive Begründung für diese Maßnahme war Antiochus Überzeugung, "daß sie treue Verwalter unserer Interessen sein werden wegen ihrer Gottesfurcht"[27], eine Überzeugung, die durch die Erfahrung seiner

---

[25] P.Frei, Zentralgewalt, a.a.O., 23. R.Zadok, benennt einen Fall, in dem die Mitglieder des jüdischen Clans Hannani, Zabina, Banayama, Zabadyma, Bibiya, Minahhemu, Baliyama und Mikayama im Jahr 417/6 "applied directly to 'Darius the king' (BE 10, 118;2). However, it is not known whether they applied to Darius personally or sent to him a written message. It is not impossible that Darius II visited Nippur in the spring en route from Babylon to Susa or vice versa, as both cities were his winter residences. Some officials, ... signed the documents ..." (ders., Jews, a.a.O., 62f.).
[26] P.Frei, Zentralgewalt, a.a.O., 27; vgl. zum Thema des Exkurses auch die Ausführungen "Loi royale et lois des pays" von P.Briant (Histoire, a.a.O., 526-528).
[27] Vgl. Josephus, Antiquitates, a.a.O., XII, 148-153.

Vorfahren mit den Juden befestigt wurde. Die Juden sollten als durch die Umsiedlung entstehende Militärkolonie den ausgebrochenen Aufstand befrieden helfen.[28] Antiochus hatte ihnen im Gegenzug versprochen, daß sie dort nach ihren eigenen Gesetzen leben konnten; das Dokument endet mit der Aufforderung, es solle dafür gesorgt werden, daß niemand die Juden ärgere.[29] D.h., die auch in Alexandria bekannte Maßnahme der Absonderung geschah, "damit sie ihre Lebensweise reiner durchführen könnten, weniger vermischt mit Fremden"[30]. Kann Antiochus Beschluß als Indiz für eine stets mehr akzeptierte Absonderung des Judentums im Verlauf ihrer Diasporaexistenz betrachtet werden?[31] Ohne Zweifel zog Antiochus aus diesem Verhalten der jüdischen Gruppen einen Vorteil zur Festigung der seleukidischen Herrschaft. Diesem Bestreben wird er seine Toleranzpolitik untergeordnet haben. In jedem Fall ist festzustellen, daß die Absonderung des Jüdischen Volkes hier, anders als im Esth, vorangetrieben wurde, statt zum politischen Vorwand für einen gewaltsamen Übergriff auf das sich abgrenzende Judentum zu werten. Dieser Charakterzug des Diasporajudentums wurde vielmehr politisch für eigene Interessen des Reiches ausgenutzt.

   Halten wir uns nun am Schluß dieses Abschnittes das folgende vor Augen: Zwar könnten die Vorwürfe Hamans eine aus der Luft gegriffene Argumentation vorgeben, um "seine Feinde" vor dem König zu denunzieren, Haman könnte jedoch auch unbestreitbare Charakteristika des Jüdischen Volkes in seine Anklagerede so aufgenommen und formuliert haben, daß sie beim König einen völlig negativen Eindruck erweckten, so daß eine

---

[28] Vgl. G.Delling, Bewältigung, a.a.O., 11f.

[29] "Es ist charakteristisch", meint A.Schalit, "daß die Stelle, die von der Religion der Juden (ihrer χρεια) spricht, nahe bei dem Befehl, sie nicht zu ärgern (οπως υπο μηδενος ενοχληται, sc. το εθνος) steht. Diese Religion, in erster Linie charakterisiert durch ihr Abgesondertsein und ihre Zurückweisung der Religionen der anderen Soldaten, hat zweifellos Erstaunen und Ärger hervorgerufen; infolgedessen pflegten die Nichtjuden die Diener jenes sonderbaren Gottes zu ärgern, der sich weigerte, die Existenz anderer Götter anzuerkennen, und seinen Dienern befahl, sich von den Anbetern der anderen Götter fernzuhalten. Im hellenistischen Orient geschah es vor allem unter der römischen Herrschaft, daß die Privilegien, die die Juden aufgrund ihrer Religion genossen, eine Ursache für Aggression wurden. Aber der Judenhaß hatte zweifellos schon in der frühen und mittleren hellenistischen Zeit begonnen, d.h. im 3.Jahrhundert v.Chr., sowohl im zivilen als auch im militärischen Leben. Antiochos' Verfügung, die jüdischen Kolonisten aus Babylonien nicht zu belästigen, scheint der früheste Beweis zu sein für eine Spannung, die sich zwischen Juden und Heiden entwickelte" (vgl. ders., Errichtung, a.a.O., 365f.).

[30] Josephus, De bello Judaico, 2,488.

[31] Bringt Daniel sowohl sich, als auch den Oberkämmerer, der sich vor der Reaktion des Königs fürchtet, in die einführende Erzählung des Dan (Kap 1) noch in eine kritische Situation, wenn er die Speisen des Königs ablehnt, um sich nicht zu verunreinigen (Dan 1,8ff.), so wissen spätere Quellen davon zu berichten, daß diese Speisevorschrift der Juden bis hin zum königlichen Hofe zumindest akzeptiert wurde: Die Jerusalemer Schriftgelehrten nahmen am Mahl des Ptolemaios II. Philadelphos täglich teil, doch ihre Speisen wurden gesondert zubereitet (Epistola Aristeae 181-183.186). Auch in der Bevölkerung fand der mit den Worten Tacitus "Separati epulis, discreti cubilibus" (Tacitus historiae 5,5,2) zum Ausdruck gebrachte separate Speisehabitus der Juden Akzeptanz. So berichtet der Historiker Diodor "es ist bei den Juden Regel, 'mit keinem anderen Volk am Tisch, d.h. am Mahl, teilzuhaben', bibl 34,1,2" (G.Delling, Bewältigung, a.a.O., 12).

Maßnahme gegen ihr Verhalten unumgänglich war. Dies bedeutete aber, daß Hamans Anklagepunkte nicht von vornherein als Verleumdung zu interpretieren wären, sondern als Anhaltspunkte für eine tatsächliche Kennzeichnung des damaligen Judentums. Damit besteht zugleich die Möglichkeit, daß die Absonderung, die Eigengesetzlichkeit und die Ablehnung von Fremdgesetzlichkeit gelebte Verhaltensmuster des Judentums in nachexilischer Zeit vorgeben.

Das gemeinsame Element beider Konflikte, dem zwischen Haman und Mordechai (Ehrverweigerung) und dem zwischen Haman und dem Jüdischen Volk (das von allen Völkern geforderte Leben nach den königlichen Gesetzen), ist der Vorwurf der Verweigerung gegenüber vorgeschriebener Gesetzlichkeiten. Auf den Punkt gebracht zeigt sich, daß es sich v.a. bei Mordechais Verweigerung niederzuknien und bei der Befolgung eigener Gesetze durch das Jüdische Volk um ein emanzipatorisches, den gesellschaftlichen Normen nicht entsprechendes Verhalten handelt, das sich nicht an öffentlicher Akzeptanz orientiert, sondern vielmehr darauf ausgerichtet ist, der eigenen Identität zu entsprechen. Was aber machte diese eigene Identität des Judentums aus?

7.1.2.3. Die Jüdische Sprache

Das auch aus dem Wortstamm "יְהוּדָה" gebildete Wort "יְהוּדִית" (*die jüdische Sprache*) darf als eines der Kennzeichen gewertet werden, die dem Judentum eine eigene Identität verlieh. Das AT benennt an sechs Stellen die jüdische Sprache (Jes 36,11.13; 2Kön 18,26.28; Neh 13,24 und 2Chr 32,18). Wenn Esth 8,9 die eigene Schrift und Sprache der Juden neben den Schriften und Sprachen anderer Völker in Persien erwähnt, ohne jedoch zum Ausdruck zu bringen, welche Sprache hier gemeint ist, dann gehen wir zunächst davon aus, daß es sich dabei um diejenige handelt, durch die sich das Volk auch an den anderen AT-Stellen von den anderssprachigen Völkern unterschied, dem Hebräischen. Das bedeutete, daß die in Susa und in den Provinzen des Persischen Reiches lebenden Juden diese Sprache aus ihrem Heimatland mitgenommen und im Exilsland weiter gesprochen haben. Sie darf daher auch als eines der Merkmale des Absonderungsverhaltens der Juden angesehen werden. Dabei sollte die Fremdsprachlichkeit nicht als ein Grund des Haman zugeschriebenen Vorwurfs gegen die Absonderung des Jüdischen Volkes verstanden werden, da die Vielsprachigkeit im Persischen Reich durch das Vielvölkergemisch als eine Selbstverständlichkeit angesehen wurde.

COGAN/TADMOR erklären 2Kön 18,26.28 dahingehend, daß Hebräisch im Gegensatz zu dem im Norden gesprochenen Dialekt zu verstehen sei, wobei das Hebräische als Ganzes "die Sprache Kanaans" genannt werde (vgl.

Jes 19,18).[32] D.h. daß die Sprache Judas, Hebräisch, eine ethnische und gesellschaftliche Eigenart des Volkes war, auch wenn ihr Ursprung kanaanäischer Art ist.[33] So kommt nach GUNNEWEG in Neh 13,24 zum Ausdruck, daß das "Indiz für die eigene Identität ... die Beherrschung der eigenen Sprache" ist, "und eben diese war ernsthaft gefährdet (V.24)"[34]. GUNNEWEG definiert die "hebräische Sprache als die Sprache Judas und der Judäer bzw. Juden im Gegensatz zu allen Nichtjuden"[35]. Daß das nachexilische Juda die eigene Sprache nun nicht mehr beherrsche, sei für Nehemia ein Symptom der Überfremdung der Nation und der Religion. Die Sprache "יְהוּדִית" ist somit nicht allein die Sprache des Volkes, es ist die Sprache seiner Religion, seiner Rede von Gott. Gerade dadurch sollten die Juden in Jerusalem von den Knechten Sanheribs erschreckt werden (2Chr 32,18f), "denn sie redeten in jüdischer Sprache von dem Gott Jerusalem wie von den Göttern der Völker der Erde, die doch Machwerk von Menschenhänden sind" (V.19). Für die Juden und Jüdinnen, die dies hörten, wurde dieses Ereignis, daß auf "יְהוּדִית" von Gott geredet wird, wie von den Göttern der Völker, also als Blasphemie empfunden.

7.1.2.4. "מִתְיַהֲדִים"—der Übertritt zum Judentum durch Fremde

Das allein im Esth auftauchende Verb "מִתְיַהֲדִים" (zum Judentum übertreten; sich zum Judentum bekennen), das die Konversion zum Judentum beschreibt, ist als ein weiteres Merkmal jüdischer Identität anzusehen. Doch leider ist der Text in Esth 8,17 wenig konkret: "וּבְכָל־מְדִינָה וּמְדִינָה וּבְכָל־עִיר וָעִיר מְקוֹם אֲשֶׁר דְּבַר־הַמֶּלֶךְ וְדָתוֹ מַגִּיעַ שִׂמְחָה וְשָׂשׂוֹן לַיְּהוּדִים מִשְׁתֶּה וְיוֹם טוֹב וְרַבִּים מֵעַמֵּי הָאָרֶץ מִתְיַהֲדִים כִּי־נָפַל פַּחַד־הַיְּהוּדִים עֲלֵיהֶם" (Und in allen Provinzen und in jeder Stadt, dort, wo das Wort des Königs und sein Gesetz hingelangt waren, war Freude und Wonne unter den Juden, Gastmahl und

---

[32]   M.Cogan/H.Tadmor, II Kings, a.a.O., 232.
[33]   "Das Hebräische ist wie das Amoritische, das Ugaritische, das Phönizisch-Punische, das Ammonitische, das Moabitische und das Edomitische ein kanaanäischer Dialekt" (K.Beyer, Grammatik, 12; vgl. C.Brockelmann, Grundriß, a.a.O., 8f. Einen anderen Ursprung des Hebräischen wird von E.Y.Kutscher angenommen: "We may assume that the language of the inhabitants were very penetrated Canaan. The hypothesis that Hebrew arose through a mixture of this language and the language spoken by the Israelites has not been proven (see § 33). This assumption is the more plausible since, according to the tradition of the Israelites, which most Jewish scholars do not doubt, their forefathers, Abraham, Isaac and Jacob roamed Canaan already several hundred years previously" (ders., History, a.a.O., 1). A.Demsky und M.Bar-Ilan vertreten dagegen das zuerst skizzierte Forschungsergebnis. Sie differenzieren dieses jedoch dahingehend, daß das Hebräische als eine Entwicklung aus dem Proto-Kanaanäischen anzusehen sei (dies., Writing, a.a.O., 1-38). "During the first half of the first millennium B.C.E., three national scripts developed in Syria-Palestine from Proto-Canaanite: Phoenician, Hebrew and Aramaic" (A.Demsky, a.a.O., (Part One: The Biblical Period), 9).
[34]   A.H.J.Gunneweg, Nehemia, a.a.O., 172.
[35]   A.H.J.Gunneweg, Nehemia, a.a.O., 173.

Festtag, und viele Völker der Erde traten zum Judentum über, denn es war
ein Schrecken vor den Juden auf sie gefallen.)

Wir fragen nun: Welche Konsequenzen zog die Konversion zum
Judentum nach sich? Handelt es sich hierbei allein um einen
Religionswechsel oder beinhaltet diese Konversion auch einen ethnischen
Aspekt? Ziehen wir zur Erläuterung dieser Fragen eine Textstelle im Esth
heran, die einen ähnlichen Inhalt mit anderen Begriffen zum Ausdruck
bringt. In 9,27 ist die Rede von "כָּל־הַנִּלְוִים עֲלֵיהֶם", all jenen, die sich den
Juden anschließen würden und wie das Jüdische Volk selbst, die
Purimfesttage begehen, d.h. "diese beiden Tage Jahr für Jahr zu feiern nach
der für sie [geltenden] Vorschrift und der ihnen festgesetzten Zeit". Alle
Vorschriften, die für die Juden gelten, treten dann auch für die Konvertierten
in Kraft. Aus dem hier verwendeten Verb "לוה" (Ni) ergeben sich für die
Beschreibung des "יְהוּדִי"-Seins einige Merkmale. Denn führt das einmalig zu
findende "מִתְיַהֲדִים" des Esth auch nicht weiter auf der Suche nach der
Bedeutung und der Art und Weise der Konversion, so taucht der zweite
Begriff außer im Esth noch an zehn anderen Stellen im AT auf (Gen 29,34;
Num 18,2.4; Jes 14,1;56,3.6; Jer 50,5; Sach 2,15; Ps 83,9; Dan 11,34), die
recht deutlich erklären können, was mit einer Konversion zum Judentum
gemeint ist. Außer in Gen 29,34, wo Lea nach der Geburt der drei Söhne
hofft, ihr Mann werde ihr nun "יִלָּוֶה" (*anhängen*), beziehen sich alle Texte
auf eine neue Gruppenzugehörigkeit:

Die in Gen 29,34 gegebene Namenserklärung Levis will zum Ausdruck
bringen, daß der Name des Stammes "לוה" (*sich an jemanden anschließen*)
abgeleitet sei. Doch falle hier besonders auf, schreibt WESTERMANN[36], "daß
es sich bei den Begründungen der Namensgebung in Gen 29/30 nicht um
Volksetymologie handelt, wie oft gesagt wird, sondern um literarische
Bildungen, in denen der vorgegebene Name durch eine Etymologie künstlich
dem Zusammenhang angepaßt wird." WESTERMANN nimmt für diese Stelle
daher eine redaktionelle Überarbeitung an.

Num 18,2-4 erklärt jedoch ähnlich wie Gen 29,34, der Stamm Levi sei
von Gott dazu bestimmt, sich der Familie des Aaron anzuschließen und ihm
zu dienen. Aarons Familie solle vor dem Zelt der Offenbarungen Gottes tätig
sein, während sich "die Angeschlossenen", die Leviten, nach Aarons
Anordnungen und nach den Ordnungen, die im Bereich des Zeltes gelten, zu
richten haben. Diese Textstelle zeigt sehr deutlich, daß das Sichanschließen
an eine Gruppe, eine Pflicht mit einschließt, die die Zugehörigkeit zum
Ausdruck bringt. Anordnungen und Ordnungen kennzeichnen die
Gemeinsamkeit der Aufgabe von Aarons Familie und den Leviten. In V.4
wird betont, ihre gemeinsame Aufgabe dürfe niemand stören: "Kein

---

[36]   C.Westermann, Genesis, a.a.O., 577.

Unbefugter darf in eure Nähe kommen", wobei dies nicht als Charakteristikum des "Sichanschließens" genannt werden darf, sondern spezifisch ist für die Aufgaben am Zelt und später am Tempel.

Jes 14,1 redet als Nachtrag der Worte Jesajas über den Sturz Babels (Kap 13) bereits von Fremden, die sich Israel anschließen. Die in V.1-2 ausgesprochenen Heilsworte über das Haus Jakob gehören zeitlich der exilischen oder nachexilischen Zeit an.[37] Innerhalb der Darstellung von JHWHS Erbarmen mit dem Haus Jakob, durch das Israel am Ende des Exils in seiner Heimat Ruhe erfahren wird, folgt der diesen Ruhegedanken verstärkende Satz von den Fremden, die sich dem Haus Jakob zugesellen werden. Die Verdeutlichung des "נִלְוָה" fände durch das nebenstehende "נִסְפַּח", "das doch letztlich von מִשְׁפָּחָה 'Sippe' nicht zu trennen ist", statt, meint WILDBERGER. "Allerdings braucht נספח nicht geradezu 'sich versippen' im Sinne eines Connubiums zu meinen, aber doch, wie das Sach 8 23 nahelegt, die Aufnahme in das soziale Gefüge Israels, was zugleich *Anschluß an die Jahwegemeinde* bedeutet (vgl. das hitp. in 1 S 26 19). LXX hat גוים mit γιωραι 'die Eingewanderten', statt des üblichen προσηλυτοι übersetzt, worin sich bereits eine gewisse Abneigung gegen die Assimilierung Fremder geltend machen dürfte."[38] Die Fremden sind dagegen nicht zu identifizieren mit den in V.2 genannten Völkern, die Israel in seine Heimat zurückführen werde, und die Israel im Lande dann zu Knechten und Mägden mache, die sie gefangenhielten und unterdrückten, so wie sie es selbst erfahren hätten.[39]

Auch Sach 2,15 verkündet eine Heilszeit: "An jenem Tag werden sich viele Völker dem Herrn anschließen, und sie werden mein Volk sein, und ich werde in deiner Mitte wohnen." Dieses Sichanschließen muß als durchaus positiver und vielleicht sogar als pazifizierender Aspekt angesehen werden, der hier jedenfalls nicht mit Unterdrückung in Verbindung zu bringen ist. Dies kommt auch in der eschatologischen Aussicht in 8,23 gut zum Ausdruck: "In jenen Tagen, da werden zehn Männer aus Nationen mit ganz verschiedenen Sprachen zugreifen, ja, sie werden den Rockzipfel eines jüdischen Mannes ergreifen und sagen: Wir wollen mit euch gehen, denn wir haben gehört, daß Gott mit euch ist."

Auch an dem tritojesajanischen Text aus nachexilischer Zeit, Jes 56,3ff, wird dies deutlich. In Jesajas Verheißung an die Fremden wird die Furcht vor der Minderwertigkeit ihres Glaubens bzw. der Gedanke vom religiösen Außenseitertum und einer Gotteszugehörigkeit zweiten Ranges ausgeschlossen. Der Fremde, der sich JHWH angeschlossen hat, soll keinen

---

[37]   Vgl. E.Erlandsson, Burden, a.a.O., 119. Nach H.Wildberger gehören die Verse noch in die Zeit des Exils, "zumal wenn 13,2-22 der frühen Exilszeit zuzuordnen ist" (ders., Jesaja, a.a.O., 525).

[38]   H.Wildberger, Jesaja, a.a.O., 526.

[39]   H.Wildberger meint, der zweite Nachtrag, V.2, werde "man vom Hintergrund einer schweren Bedrängnis des Diasporajudentums verstehen müssen" (ders., Jesaja, a.a.O., 525).

Ausschluß aus Gottes Volk fürchten und sich, bildlich gesprochen, nicht als dürren Baum bezeichnen. Die Sichanschließenden werden mit "סָרִיסִים" (*Verschnittene*) (V.3) bezeichnet,[40] die gerne tun, was JHWH gefällt und an seinem Bund festhalten (V.4.6), die JHWH dienen und seinen Namen lieben (vgl. 2.Gebot) (V.6) und die seinen Sabbat halten (vgl. 4.Gebot) (V.6). Sie erhalten ein Denkmal im Haus des Herrn und werden einen Namen bekommen, der mehr wert ist als Söhne und Töchter (V.5). Dieser Zuspruch JHWHS gipfelt in der Öffnung seines Hauses für alle Völker (V.7): "Ihre Brandopfer und Schlachtoper finden Gefallen auf meinem Altar, denn mein Haus wird ein Haus des Gebets für alle Völker genannt." Integration Fremder in die Gemeinschaft der Angehörigen JHWHS ist insofern kein Hindernis, wenn sie bereit sind, nach den Geboten JHWHS zu leben.

Diesen Gedanken des Sichanschließens durch das Beachten der Gesetze kennt auch Jeremia (Jer 50,5). Hier spricht der Text allerdings nicht von den Fremden, sondern den Söhnen Israels und den Söhnen Judas, die nach dem Sturz Babels auf dem Weg sind, den Herrn zu suchen. "Nach Zion fragen sie, dorthin ist ihr Blick gerichtet. Sie kommen und verbünden sich mit dem Herrn zu einem ewigen, unvergeßlichen Bund" (V.5). Kennzeichen des Bundes ist das Halten der Gesetze. Aber auch im Anschluß an ein kriegerisches Bündnis kommt dieser Gedanke vor (Ps 83,9). Er ist an dieser Stelle insofern von Bedeutung, als daß die Bedingtheit von Zugehörigkeit und Akzeptanz der inneren Ordnung der Gemeinschaft hierin zum Ausdruck kommt.

Esth 9,27 erwähnt als Bedingung für die Konversion weder, den mosaischen Gesetzen zu folgen, noch, andere Ordnungen des Jüdischen Glaubens zu befolgen. Hier wird nur ein einziger Aspekt dieses Übertritts zum Judentum betont, und zwar, das Purimfest zu einer festgesetzten Zeit alljährlich zu begehen. Allen, den Juden, ihren Nachkommen und denen, die sich ihnen anschließen "כְּכָתָבָם וְכִזְמַנָּם" soll diese Feier als eine Vorschrift und als Festzeiten auferlegt werden. De facto beinhaltet diese einzelne Vorschrift das Fazit des Esth. Sie kann in unserem Zusammenhang als Beispiel für die Übernahme religiöser Regeln und Gesetze, die auch von den Konvertiten zu beachten sind, angesehen werden.

Wenn in Esth 8,17 nun davon gesprochen wird, daß sich in allen Völkern der Erde Viele zum Judentum bekannten, weil sie ein Schrecken vor den Juden befallen hatte, dann sind, aus dem obigen folgernd, grundsätzlich zwei Dinge

---

[40]   B.Kedar-Kopfstein erklärt den Begriff folgendermaßen: "sārîs bezeichnet den Angehörigen einer von zwei sozial gegensätzlich bewerteten Menschenklassen, einerseits diejenige vornehmer Beamter am Königshof (1Chr 28,1), andererseits die der von der Volksgemeinschaft ausgeschlossenen Kastraten (Jes 56,3)" (ders., Art.: "סָרִיס/sārîs", a.a.O., 949); vgl. dazu auch Dtn 23,1-3.

gemeint: Der aus dem Wortstamm "יְהוּדָה" abgeleitete Begriff für die Konversion zum Judentum "מִתְיַהֲדִים" legt die Vermutung nahe, daß in der persischen Diaspora bereits eine sich durch religiöse Gesetze, Regeln und Ordnungen definierende Volksgemeinschaft gebildet wurde. Dieses Diasporajudentum, das im Exilsland zu einer festen gesellschaftlichen, religiös bestimmten Gemeinschaft angewachsen ist, erfuhr, anders als bisher, auch außerhalb Palästinas Zuwachs. Diesem Prozeß wurde mit dem Begriff "מִתְיַהֲדִים" Ausdruck verliehen. Die Formung dieses Begriffes muß sich wegen seiner "יהוד"-haltigen Wurzel nach der Bezeichnung der Träger dieser Religion gerichtet haben, da dieser Vorgang im AT sonst mit dem Verb "לוה" im Nifal beschrieben wird. Die zum Judentum Übergetretenen sind diejenigen Fremden, die sich den Ordnungen des Jüdischen Volkes unterziehen und nach ihren religiösen Geboten leben. Im Fall der Esth sind hiermit Nicht-Juden gemeint, die sich der Diasporagemeinschaft, d.h. also im Umfeld des Diasporalandes dem Judentum anschließen. In Ausweitung der oben genannten These ist nun also hinzuzufügen, daß die Identifizierung mit dem von außen an sie herangetragen Benennung "יְהוּדִים" eine Ausweitung auf das ganze religiöse Leben innerhalb des Judentums stattfand.

7.1.2.5. Zusammenfassung: Die drei Aspekte des Judentums im Esth

Wir fassen unsere bisherigen Beobachtungen in der Unterscheidung zwischen ethnischer Kennzeichnung, gesellschaftspolitischem Wirken sowie der kultisch-religiösen Reaktion des Volkes zusammen.

Die drei Aspekte des Judentums im Esth

Ethnische Kennzeichnung	Gesellschaftspolitische Verhaltensweisen	Kultisch-religiöse Verhaltensweisen und Reaktionen
3,6: alle Juden, das *Volk* Mordechais	3,13: alle Juden, jung und alt, Kinder und Frauen ...	3,8: *ihre Gesetze*[41] sind von denen jedes Volkes verschieden.
3,8: *ein Volk*, verstreut und abgesondert unter den Völkern.	4,3: in allen Provinzen, in denen die Juden den Erlaß des Königs hörten, war Trauer, Fasten, Weinen und Wehklage.	3,8: *ein Volk*, verstreut und abgesondert unter den Völkern.
4,14: den Juden würde andersworher Befreiung und Rettung kommen, wenn Esther ihnen nicht helfen werde.	4,7: Haman versprach viel Silber für die Schatzkammern des Königs, wenn er die Juden ausgerottet hätte.	4,15f: die Juden in Susa sollen um Esthers willen *fasten*.
6,13: Hamans Freunde und Frau erkannten, daß wenn Mordechai, vor dem Haman begonnen hatte zu fallen, von	4,13: Esther kann sich nicht als einzige von den Juden retten, weil sie im Haus des Königs lebt. Auch *sie gehört*	8,17: viele Menschen *bekannten sich zum Judentum* aus Angst vor den Juden.

---

[41] Gemeint sind hier die "דָתֵיהֶם", die wir oben als *religiöse* Gesetze identifiziert haben.

den Nachkommen der Juden sei, so werde er nichts gegen sie ausrichten können, sondern er werde vollends vor ihm zu Fall kommen.	zu den Juden.	
8,9: *jedes Volk bekam den Erlaß in seiner Schrift und seiner Sprache zugesandt. Dieser Erlaß erging auch an die Juden in ihrer Schrift und ihrer Sprache.*	4,14: *Esther und das Haus ihres Vaters.*	9,19: zur Erinnerung an die Rettung vor der Vernichtung feiern die Juden einen Festtag mit Freude und Festmahl. (vgl.9,23.28)
9,2f: die Furcht vor den Juden fiel auf alle Völker.		
	8,8f: ein königlicher Erlaß wurde zu Gunsten der Juden befohlen.	9,27: das Feiern des Festes zur Erinnerung an den Sieg über die Feinde legten sich die Juden als *Pflicht* auf und nahmen es *als unveränderlichen Brauch* an für sich und ihre Nachkommen und für *alle, die sich ihnen anschlössen.*
	8,11: der König gestattet allen Juden in allen Städten und Provinzen, *sich zu versammeln* und *für das eigene Leben einzustehen* gegen die, die sie, ihre Kinder und Frauen, umbringen und ihre Habe erbeuten wollen (vgl. 8,13).	
10,3: in seiner hohen Position als Zweiter nach dem König suchte Mordechai *das Wohl seines Volkes* und redete *zum Wohl seines ganzen Geschlechtes...*		

Die drei aufgeführten Kategorien führen uns die Betrachtungsweisen vor Augen, unter denen wir das Esth hinsichtlich der Aussage zum Judentum untersucht haben. Die Möglichkeit dieser Unterscheidung besagt zunächst, daß es sich bei dem Volk der "יְהוּדִים" in der Diaspora tatsächlich um eine eigenständige ethnische Größe im Miteinander des unter persischer Regierung verwalteten Vielvölkerstaates handelt. Doch spielt der kultische Bereich bei diesem Volk eine besondere Rolle. Dies birgt jedoch ein hohes Konfliktpotential, da die es konstituierenden religiösen Gesetze mit denen des Reiches kollidieren können. Von eben diesem Fall ist im Esth die Rede. Die kultisch-religöse Orientierung des Volkes bestimmt das Zentrum seiner Identifikation. Ihm steht das Interesse des Persischen Reiches insofern entgegen, als daß dieses die kultische Gesetzlichkeit durch Hamans Anklage fälschlicherweise mit einer oppositionellen Fremdgesetzlichkeit identifiziert. Diese Identifikation ist jedoch nur auf der Ebene möglich, wo die "יְהוּדִים" politisch als ethnische Größe behandelt werden, nicht aber von ihrem

Selbstverständnis her. Haman zeichnet sich, so betrachtet, als Feind der Juden aus, indem er diese beiden Aspekte, politische Identität und Selbstverständnis des Jüdischen Volkes, zum Kern des Konfliktes heranwachsen läßt. De facto handelt es sich bei beiden Aspekten um zwei Brennpunkte jüdischen Diasporalebens an sich. In dem Spannungsverhältnis lebend, zwischen der Zugehörigkeit zu einer ethnischen Größe im Persischen Reich einerseits, durch die man von außen mit der persischen Gesetzgebung konfrontiert wurde und dem kultisch-religiös geprägten Selbstverständnis andererseits, durch das die eigene Identität überhaupt entwickelt wurde, war das Jüdische Volk im Diasporaland darauf angewiesen, beides miteinander in Einklang zu bringen. Tatsächlich konnte dies nicht immer gelingen und trug dazu bei, daß eben solche, wie im Esth erzählte Feindseligkeiten gegenüber dem Jüdischen Volk in seiner Geschichte immer wieder aufflammten und zu verheerenden Auswirkungen für seine Existenz führten.

Kehren wir nun abschließend noch einmal zu dem oben aufgeführten Zitat aus dem Babylonischen Talmud zurück. Die Diskussion um die Bedeutung der Kennzeichnung "יְהוּדִי" für Mordechai im Babylonischen Talmud reflektiert genau diese von zwei Seiten her zu betrachtende Existenz des Judentums in der Diaspora. So schwenkt der Text von einer ethnischen Beschreibung zweimal hinüber zu einer religiösen. Die Bezeichnung "יְהוּדִי" wird erst einmal auf Mordechais Stammesherkunft bezogen. Doch, so die talmudischen Gelehrten, er werde zugleich auch Benjaminit genannt. Rab Nachman stellt dem nun unvermittelt entgegen, Mordechai wäre durch sein Gesetz gekrönt, und fügt somit eine kultisch-religiöse Erklärung ein. Doch der Text führt die bereits begonnene Linie weiter, die die Stammesherkunft Mordechais diskutiert. Letztendlich kommt man zu dem Ergebnis, daß Mordechai Benjaminit war. Doch die alte Frage, *warum* man ihn "יְהוּדִי" nannte, ist damit noch nicht beantwortet. Erst jetzt folgt die endgültige Antwort: Mordechai sei "יְהוּדִי", weil ein so Benannter dem Götzendienst ableugne. Diese rabbinische Auslegung des Begriffes ist also wiederum eine rein kultisch-religiöse.[42] Wenn wir sie auch als Beweis für unsere eigenen

---

[42]   B.Ego erläutert den targumimischen Text zu Esth 2,5, der sich ganz ähnlich wie der talmudische Text die Frage nach der wahren Herkunft Mordechais stellt, so: "Der erste Abschnitt behandelt die Frage, warum Mordechai, der als ימיני איש, d.h. als Benjaminit vorgestellt wird, zudem als יהודי איש, als 'jüdischer Mann', bezeichnet werden kann. Die erste Erklärung des Targums macht deutlich, daß 'jüdisch' hier nicht als Stammesbezeichnung im Sinne von 'jüdäisch' verstanden werden will, sondern eine religiöse Eigenschaft meint, die mit der Furcht vor der Sünde gleichzusetzen ist ... Das sich anschließende Zitat von II Sam 19,23 wirkt in diesem Kontext recht unvermittelt und kann nur auf dem Hintergrund der gesamten sich um Mordechai rankenden Aggada verstanden werden: Da Mordechai ein Nachfahre des Benjaminiten Schimi ist, den David trotz seines feindseligen Verhaltens ihm gegenüber am Leben gelassen hatte, verdankt auch Mordechai sein Leben

Beobachtungen nicht nutzen können, so bestätigt sie doch die Wahrscheinlichkeit eines frühen kultisch-religiösen Verständnisses des Begriffes "יְהוּדִי".

So stellen wir an den Schluß dieses Kapitels noch einmal unsere These, daß das Jüdische Diasporavolk des Esth von außen als ethnische Einheit behandelt wurde. Von innen her jedoch zeichnet es sich durch ein stark kultisch-religiös geprägtes Selbstverständnis aus. Beide Aspekte sind ausschlaggebend für die Bedeutung der Bezeichnung "יְהוּדִים". Im Exilsland entstanden, benannte sie die aus Juda stammenden Exulanten hinsichtlich ihrer ethnisch Abstammung. Doch mit der Übernahme dieses Namens durch das Jüdische Volk selbst, wird sie sowohl im nachexilischen Jehud, als auch im Diasporaland nach dem inneren Selbstverständnis des Volkes kultisch-religiös gefüllt. Während dieses Selbstverständnis in der Provinz Jehud zur Abgrenzung der Juden von ihren heidnischen Volksgenossen führte, bedeutete es in der "Zerstreuung" des Persischen Reiches einen Schritt auf dem Wege der Konstituierung des Diasporajudentums.

7.2. Darstellung des Forschungsstandes zur Thematik der Redaktionen im Esth

Nachdem wir in Kapitel 1.-6. dieser Arbeit versucht haben, die dem Esth zugrundeliegenden Einzelerzählungen zu rekonstruieren, soll in diesem Kapitel 7.2. die Jüdische Bearbeitungsschicht des Esth Gegenstand der Betrachtung sein. Auf der Basis dieser Untersuchungen sollen nun die konkreten Inhalte und Bearbeitungsformen der JüdRed beleuchtet werden. Dabei wird sich zeigen, daß sie sich in zwei Bearbeitungsschichten unterteilen läßt.

Grundlage für unsere Behauptung ist die redaktionsgeschichtliche Trennung des Schlußteils (Kap 8,3-9,32 (M-T./LXX-T.) bzw. bzw. 7,18-49 (A-T.)) vom Anfangsteil (Kap 1,1-8,2 (M-T./LXX-T.) bzw. 1,1-7,17 (A-T.)), denn, wie schon angedeutet, sind die Elemente A und B nicht mit Blick auf den überlieferten Inhalt der Erzählung, sondern von einem neukomponierten Ende her in den Erzählteil des Pre-Esth (die Esthererzählung) hineingearbeitet worden sind.[43]

---

indirekt David, einem Judäer. Aus diesem Grund kann Mordechai, eigentlich ein Benjaminit, als איש יהודי bezeichnet werden" (dies., Targum, a.a.O., 212).

[43]   Mit dieser Argumentation können wir uns übrigens eine weitere Begründung für das von uns bestimmte Ende des Pre-Esth sparen, da ja der Themenwechsel von dem Ende Hamans zu Esthers Bitte um Rache an den Feinden mit einem literarkritisch erkennbaren Bruch zwischen 8,2 und 8,3 (M-T. (vgl. LXX-T.)) "וַתּוֹסֶף אֶסְתֵּר וַתְּדַבֵּר" (Und Esther fügte hinzu und sprach ...) zusammenfällt, der zudem durch einen das Ende des Abschnitts kennzeichnendes Petucha-Zeichen versehen ist.

Es ist hierbei noch einmal die Frage aufzuwerfen, ob der A-T. in diesem Schlußteil jünger oder älter ist als M-T., denn dieser Teil des Esth, und mit ihm die beiden Elemente A und B, stammen, wie ihre Inhalte erkennen lassen, von einem jüdischen Redaktor. Erst die Überarbeitung der Esthererzählung durch die Einfügung von Element A und B und mit der Purim-Thematik machte ihn zu dem Text, der uns heute überliefert ist. Das bedeutet aber, daß wenn wir beim A-T. auch stets von dem Zeugen für den ursprünglichen Text ausgegangen sind, seine Endfassung durchaus jünger sein könnte als die des M-T. Wir gehen mit diesen vorerst hypothetischen Überlegungen über CLINES These zum Ende des Pre-A-T. hinaus. Wir teilen mit ihm jedoch grundsätzlich die dafür erforderliche Voraussetzung, daß Kap 9-10 im M-T. und LXX-T. als sekundär anzusehen sind.

Zu diesem Ergebnis kam CLINES mittels literarkritischer und auf die Narrativik des Textes gerichteter Beobachtungen.[44] Er unterscheidet beim M-T. zwar zwischen Kap 1-8 als einem kohärenten Text[45] und Kap 9-10 als dessen Anhang,[46] stellt aber das Ende des ursprünglichen A-T. bereits für 7,16 (= 8,5 (M-T.)) fest.[47] Esth 1,1-7,16 gebe eine eigene Erzählung wieder, die im Grunde einen Konflikt zwischen zwei Höflingen beschreibe, der sich letztendlich als Bedrohung für das ganze Jüdische Volk erweise.[48] Daß der Rest des Esth-Textes im A-T. nicht mehr zur ursprünglichen Erzählung gehöre, ließe sich anhand von 16 Punkten nachweisen. Wir wollen diese kurz darstellen, da wir CLINES in seinem Urteil über den sekundären Charakter von Kap 8-10 folgen[49]:

---

[44]   K.H.Jobes würdigt Clines Arbeit (ders., Scroll, a.a.O.), dahingehend, daß "Clines' literary criticism of the versions of Esther is of great value, and there is no scholar more qualified to bring this methodology to bear on the versions of Esther". Clines Überzeugung jedoch, daß die Beziehung der Esth-Versionen am besten durch einen Vergleich der Erzähllinien, weniger jedoch mittels Beschränkung auf Wort- und Einzelversanalyse stattfinden könne (vgl. ders, Scroll, a.a.O., 114), stellt Jobes entgegen, daß Clines selbst festgestellt habe, daß viele Lesarten des A-T. nicht notwendigerweise auf den pre-masoretischen Text zurückgeführt werden müßten. Damit gebe er zu, daß andere Faktoren neben den literarischen die Rekonstruktion der Vorlage des A-T. verkomplizierten. Zu diesen gehörten die hinter der ursprünglichen Produktion des A-T. liegende Übersetzungstechnik und die Textveränderungen. Diese aber beträfen die Studien der Septuaginta-Forschung. So sei beides, eine literarische Analyse sowie eine genaue Untersuchung der feinen Probleme am Text, nötig, um den A-T. akkurat zu charakterisieren und seinen Ursprung und seine Geschichte rekonstruieren zu können (K.H.Jobes, Alpha-Text, a.a.O., 204).
[45]   Esth 8,15-17 bezeichnet Clines als das Ende des proto-masoretischen Textes des Esth (ders., Scroll, a.a.O., 64-68).
[46]   D.J.A.Clines, Scroll, a.a.O., 39-49. Ausgehend vom M-T. unterscheidet Clines zwischen mehreren Appendizes des Esth und zwar in 9,1-19 und in 9,21-32, wobei V.24-26a darin als sekundär angesehen werden müßten (ders., a.a.O., 54). V.29-32 sei eine Addition zu V.20-28 (ders., a.a.O., 55 und 57). Zum dritten Schlußteil zählt Clines schließlich 10,1-3 (ders., a.a.O., 57-60).
[47]   D.J.A.Clines, Scroll, a.a.O., 84.
[48]   D.J.A.Clines, Scroll, a.a.O., 78.
[49]   Vgl. die deutsche Übersetzung zu diesem Teil des Esth in Kapitel 7.3.2.

1.) In 7,17 antwortet der König auf Mordechais Bitte, das Dekret zurückzunehmen, einfach mit der Übergabe der königlichen Angelegenheiten in seine Hände. Hier werde ignoriert, so CLINES, daß Hamans Edikt bereits veröffentlicht worden sei. 2.) Der Übergang zu Esthers recht dürftig motivierter Bitte an den König, werde mit dem literarisch deutlich als Überleitung zu entlarvenden "τῇ ἑξῆς" (*weiterhin*) zum Ausdruck gebracht. Esthers ohne die bisher stets mit der einleitenden Formel "wenn es dir gefällt" vorgebrachte Forderung "Gib mir ...!" einerseits und die fehlende Logik, daß Esther diese Bitte vortrage und nicht Mordechai, dem doch eigentlich alle Dinge des Reiches vom König übertragen worden wären, sprächen gegen eine Zusammengehörigkeit von 7,17f. zum Vorhergehenden. 3.) In V.19 führen Esther und der König ein erneutes Gespräch hinsichtlich der Tötung Hamans und seiner Söhne. Fraglich sei, warum die Söhne Hamans nicht zu den Feinden zählten, für die Esther zuvor die Erlaubnis erhielt, sie zu töten. 4.) Die Nebeneinanderstellung von Esthers Frage in indirekter Rede und des Königs Antwort in direkter Rede in V.19 wirkt nach CLINES in Inhalt und Form unbeholfen. 5.) V.20 bliebe äußerst vage, v.a. weil undeutlich sei, wer die Feinde schlug. 6.) V.21 sei bedeutungslos, weil er die Aussagen von V.18.20 einfach nur wiederhole. 7.) Die V.33-38 seien als Einleitung zum Inhalt eines Briefes von Mordechai (= V.36-38) zu lesen. Dieser enthalte jedoch einige Seltsamkeiten. Eigentlich an die Provinz-Gouverneure gerichtet (vgl. 8,9 (M-T.) und Add E) spräche er im Zusammenhang von Add E vielmehr die Juden an. Zudem versäume er es, das Dekret Hamans faktisch außer Kraft zu setzen. In Add E und dem M-T. würde dagegen nachdrücklich darauf hingewiesen, daß die Juden sich verteidigen dürften. Als weiterer Punkt sei zu erwähnen, daß der Brief Mordechais nicht im Einklang mit der Aussage der Esthererzählung über die Erhängung Hamans stehe: Während er in dem Brief an den Toren von Susa hängend beschrieben werde (7,37), wäre er in 7,12f. (7,9f. (M-T.)) an dem Galgen in seinem eigenen Hof erhängt worden. 8.) Der A-T. stelle in 7,41 das zusammen, was der M-T. und der LXX-T. in 8,17b und 9,2 in je verschiedenen Kontexten beschrieben haben. 9.) Esth 7,43 ist nach CLINES praktisch unverständlich. Der Hintergrund für diese Aussage könnte jedoch sein, daß die Feinde der Juden in Mordechais Brief bereits genannt worden seien. 10.) Im Gegensatz zum M-T. und dem LXX-T., die die Namen der zehn Söhne Hamans nennen (9,7-9), führt der A-T. sechs Namen zusätzlich zu dem Bericht über die zehn Söhne Hamans auf. Zudem zeige sich eine bereits von TOV[50] entdeckte Textkorruption im Vergleich der beiden griechischen Texte, wenn der A-T. die beiden Namen "Φαρσαννεσταιν καὶ Δελφων" des LXX-T. als "Φαρσαν καὶ τὸν ἀδελφὸν αὐτοῦ"

---

[50]   E.Tov, "Lucianic" Text, a.a.O., 5.

(*Pharsan und sein Bruder*) wiedergebe. 11.) Für die Frage des Königs in
7,45 zeige sich nirgends eine Motivation, da dem König kein Anlaß zur
Sorge um die Juden gegeben wäre.[51] 12.) In 7,46 fehle die Aufforderung des
Königs, an Esther eine Bitte zu stellen, wie dies im M-T. und dem LXX-T.
zu lesen sei. 13.) Wenn Mordechai in V.47 schreibt "diese Tage" sollten mit
Hymnen und Freude gefeiert werden, so bliebe offen, welche Tage gemeint
seien, da im A-T. von diesen, anders als im M-T. und im LXX-T., vorher
nicht gesprochen werde. Zwar sei aus 4,7 (A-T.) ersichtlich, was Haman für
diesen Tag beschlossen hatte, doch in der Position ganz am Ende des Verses
vermittle dies eher den Eindruck eines glossenhaften Anhangs. Ein Grund
dafür, warum man zwei Tage feiern solle (vgl. M-T./LXX-T.), läge im A-T.
nicht vor. CLINES folgert: "The AT here seems to be a rather unintelligent
abbreviation of a longer account of the institution of the festival."[52] 14.) In
V.48 wird der Bericht über den Inhalt des Briefes damit fortgesetzt, daß
Mordechai den Armen Nahrung zusende. Hier zeige sich die Unwissenheit
des Autors hinsichtlich der Feiergewohnheiten, wie sie im M-T. 9,19 für
Purim beschrieben werden. 15.) Vorhergehendes treffe, so CLINES, auch für
V.49 zu. Der Grund dafür, daß die Tage "Phouraia" genannt werden, liege
mit dem Anschluß des Verses an den Inhalt von V.48 in der Abgabe an die
Armen. Sie beziehen sich aber de facto auf Hamans Werfen von Losen,
woran erinnert werden solle. CLINES letzter Punkt beruht auf der
Textausgabe von mss 19' und 93. Dort wird in V.52 von Mordechais
Nachfolge auf Xerxes Thron berichtet, während ms 319 den König wie zuvor
(2,1.2;3,1;4,1) mit "Ασουῆρος" bezeichnet. In jedem Fall sei die plötzliche
Nennung Xerxes auffallend und widersprüchlich zum Vorhergehenden.

CLINES zieht die Schlußfolgerung, daß Esth 7,17-21.33-52 "are poorly
written narrative, almost unintelligible at places, that cannot be attributed to
the same author or level of redaction as the principal part of the book, and
can only be regarded as secondary to it. Apparently the original form of AT
ended at the point in the narrative reached by the time of 8.17 [d.i. 7,17
(d.Verf.)] (whether or not 8,17 was itself the original conclusion)"[53]. Zu
fragen sei, warum noch ein anderer, untergeordneter Text an das Ende der
Erzählung gestellt wurde, wo er doch überhaupt nicht dazu diene, die
Esthererzählung an Purim zu binden, da das Fest nur in V.47 eine Rolle
spiele und Purim für den A-T. gar nicht bekannt wäre. Doch antwortet
CLINES, da das Ende keine inhaltliche "Tendenz" aufweise, sei es sehr

---

[51] Wir halten Clines hier entgegen, daß die Frage des Königs verständlich wird, wenn man
die Aussage auf die Rache der Juden an ihren Feinden als auf eine Gefahrensituation, die sie
bedrohen könnte, bezöge. Nun gilt seine Sorge nicht mehr ausschließlich den Juden, sondern
der Anzahl seiner getöteten Untertanen im Reich. In diesem Zusammenhang steht auch V.46,
den Clines als 12. Punkt anführt.

[52] D.J.A.Clines, Scroll, a.a.O., 83.

[53] D.J.A.Clines, Scroll, a.a.O., 84.

wahrscheinlich, daß sein Ursprung in einem erzählerischen Mangel liege. Denn, so ungeschickt die Erzählung auch ergänzt worden sei, sie müsse ohne einen das Ganze abrundenden Abschluß als zu friedlich oder zu undramatisch empfunden worden sein.

Bevor wir uns mit CLINES These auseinandersetzen und ihr unsere eigene entgegenstellen, wollen wir noch zwei weitere Exegeten zu Wort kommen lassen, die sich mit ihren Forschungsergebnissen u.a. konkret gegen CLINES wenden: JOBES steht mit ihrer grundlegenden Überzeugung, daß der A-T. ursprünglich als Übersetzung einer hebräischen Vorlage gesehen werden kann und nicht als eine Rezension des LXX-T., forschungsgeschichtlich auf der Linie von CLINES und dem im folgenden zu referierenden FOX. Doch weisen sowohl JOBES als auch FOX in ihren unterschiedlichen Herangehensweisen deutlich inhaltliche Differenzen zu CLINES Position auf—v.a. in ihren Beobachtungen zum Ende des Esth.

JOBES führt in ihrem Buch hinsichtlich unserer Fragestellung einen auf Sprach- und Syntaxanalyse ausgerichteten Vergleich zwischen dem A-T. und dem M-T. durch.[54] Basierend auf der Erkenntnis, daß die Vorlage des A-T. auch die Kap 9-10 umfaßte, zeigt sie, daß, obwohl die Kap 8-10 im A-T. und im M-T. stark voneinander differieren, sie letztendlich doch die gleichen 13 Geschehnisse in der selben Reihenfolge aufwiesen. Zudem sei eine hohe semantische und formale Übereinstimmung zwischen den wenigen Texteinheiten festzustellen, die der A-T. und der M-T. in Kap 8-10 gemeinsam hätten. Dies zeige, so JOBES, daß der A-T. ursprünglich einen Text übersetzte, der dem von Kap 8-10 des M-T. sehr ähnlich sei. Die dennoch bestehenden Unterschiede in den Kap 8-10 seien vor allem in den textlichen Plus und mehr noch in ihren Minus des A-T. begründet. Insgesamt seien drei Besonderheiten am A-T. festzustellen:

Erstens werde Esthers Rolle gegenüber der von Mordechai minimalisiert, zweitens zeige er viel weniger Interesse an Ursprung und Feier des Purimfestes als der M-T. und der LXX-T. und drittens hebe der A-T. die Rolle der Juden in der politischen Intrige am heidnischen Hof hervor und richte hierbei den Blick v.a. auf das Thema des politischen Mordes. Diese letztgenannte Tendenz, die verstärkt in den Kap 8-10 wiederzufinden sei, wäre aber auch sonst im restlichen Text des A-T. zu finden und auf vor-makkabäische, ptolomäische Gegebenheiten zurückzuführen. Die textlichen Plus und Minus am Ende der griechischen Texte ausgenommen, entspräche die Übereinstimmung zwischen dem A-T. und dem M-T. insgesamt derjenigen, die auch zwischen dem LXX-T. und dem A-T. zu beobachten sei. Wenn der M-T. die Vorlage des LXX-T. gewesen sei, so zeige dieser Vergleich, daß er auch der des A-T. habe sein können. Da jedoch das Ende

---

[54]   Vgl K.H.Jobes, Alpha-Text, a.a.O., 49-145.

vom A-T. und dem LXX-T. so verschieden sei, könne die Übereinstimmung
am besten mit CLINES eigener Argumentation hinsichtlich der
Verwandtschaft der Texte im übrigen Teil des Esth erklärt werden, nämlich
mit der Ähnlichkeit ihrer jeweiligen Vorlagen. JOBES schlußfolgert, die
Übereinstimmung des A-T. mit dem M-T. und dem LXX-T. sei deshalb
gegeben, weil beide griechischen Versionen unabhängige Übersetzungen der
selben Vorlage gewesen seien.[55] Der A-T. habe sich jedoch eigenständig
entwickelt und grundlegende Veränderungen v.a. am Ende des Textes
eingefügt. Nachdem die Add E in den Schlußteil beider griechischen Texte
eingefügt worden war, wäre der Versuch gemacht worden, den A-T. in
Richtung des LXX-T. zu korrigieren. Da beide Versionen inzwischen jedoch
so unterschiedlich ausfielen, hätten nur wenige Übereinstimmungen
geschaffen werden können.

FOX, der den Esth-Text wie JOBES v.a. mittels lexikalischem,
grammatikalischem und syntaktischem Vergleich untersucht hat, kommt zu
dem Ergebnis, daß das Ende des A-T. vielmehr Teil einer umfassenderen
Redaktion sei, die ihre eigenen Ziele, Methoden und eine eigene Logik
aufweise.[56] Für FOX ist diese redaktionelle Bearbeitung ansonsten
hauptsächlich in den Zusätzen (Add A-F) anzutreffen.[57] Er rechnet hierbei
allerdings die kleineren Stücke 7,19-21 und 7,33-38 zum ursprünglichen
Ende des Proto-A-T. Während 7,19-21 an das Vorhergehende anschlösse,

---

[55] K.H.Jobes, Alpha-Text, a.a.O., 211.

[56] M.V.Fox, Redaction, a.a.O., 36f.

[57] Welcher Art der Text der LXX gewesen sei, den der Redaktor des A-T. gebrauchte,
wäre nur wenig sicher einzuschätzen. Doch zeige der A-T. stellenweise eine Übereinstimmung
mit hexaplarischen LXX-Manuskripten—"hexaplaric," fügt Fox hinzu, "that is, in the canonical
sections" (ders., Redaction, a.a.O., 37). Fox erläutert diese Beobachtung dahingehend, daß die
Übereinstimmungen an sich jedoch nicht als hexaplarisch zu bewerten seien, weil sie in
deuterokanonischen Teilen auftauchten. Es läge dann jedenfalls keine Berichtigung nach dem
M-T. vor. Vielleicht seien diese hexaplarischen Stücke in den redaktionellen Additionen des A-
T. ein späterer Eingriff in den Text. Selbst wenn die Übereinstimmungen zwischen dem A-T.
und den hexaplarischen Manuskripten in diesen Teilen tatsächlich in dem Text der LXX
präsent wären, den der A-T.-Redaktor gebrauchte, so würde dies allerdings nur für eine
spezielle Variante in der LXX-Tradition sprechen, die Origines verwendete. Es beweise jedoch
nicht, daß die Redaktion post-hexaplarisch sei. Ein weiteres Indiz für das Alter der A-T.-
Redaktion sei, daß der A-T. Charakteristika aufweise, die auch in der altlateinischen Version
des Esth zu finden seien, sowohl in redaktionellen als auch in Proto-A-T.-Stücken. Es sei
hierbei unwahrscheinlich, daß die angegebenen Stellen ursprünglich LXX-Stücke gewesen
wären, die zuerst in die altlateinische Übersetzung übernommen wurden und dann in der LXX-
Tradition verloren gingen. Fox konkludiert, die Existenz von Übereinstimmungen im A-T. und
der altlateinischen Version ließen vermuten, daß der A-T. in seiner Gesamtheit durch die
griechische Tradition am Ende des dritten oder vierten Jahrhunderts beeinflußt wurde (ders.,
Redaction, a.a.O., 37). Eine Eigentümlichkeit der Redaktion, die Erwähnung in 8,41a bzw.
8,17b, daß sich die Juden beschneiden ließen, reflektiere die hellenistisch-römische Periode, in
der viele hellenistische Juden noch nicht beschnitten waren. Der Redaktor zeige hier die
Vorstellung, daß jüdische Selbstbeschneidung eine Begleiterscheinung der jüdischen Reue sei.
Andere Erklärungen sind hier allerdings nach Fox möglich, und daher sei diese nicht als Indiz
für eine Datierung zu gebrauchen (ders., Redaction, a.a.O., 38).

führe 7,33-38 den Text als kurze Zusammenfassung eines Briefes Mordechais zur Aufhebung des Ediktes von Haman und zur Stiftung eines jüdischen Festes zu seinem Ende.[58] Er begründet dies gegen CLINES, der ja 7,17 für den Abschluß des Proto-A-T. hält, damit, daß von dem 7,17 folgenden Material nur diese Verse nicht auf dem LXX-T. basierten.[59] Zudem zeigten diese Passagen keinen Hinweis auf eine spätere Addition. Sie stammten aber auch nicht vom M-T. oder einem späteren Autoren. Sie verstärkten weder die religiöse Dimension (außer am Ende von V.34), noch versuchten sie die Brutalität, die zur Ätiologie des Purimfestes beitrüge, abzumildern oder trügen zu den liturgischen Instruktionen für die Feier bei. Es lägen daher keine Gründe vor, sie als sekundär einzustufen. Der Rest des Endes von A-T. ginge schließlich auf den LXX-T. zurück, dem er entnommen wurde. Gegen CLINES Argumentation, einige Stellen wiesen stilistische oder literarische Fehler auf, wendet FOX ein, solche Defekte könnten sowohl vom Autor als vom Redaktor stammen: "Even a single-author narrative may not maintain its excellence from beginning to the end."[60]

Die Position DE TROYERS[61] soll als vierte Position stellvertretend für eine ganze Forschungsrichtung neben die drei oben aufgeführten Autoren gestellt werden. Gingen letztere gemeinsam von dem A-T. (Kap 1-7) als einem von LXX-T. unabhängigen Text aus, so sind die Verfechter der zweiten Gruppe der Meinung, der A-T. sei in Abhängigkeit vom bzw. in

---

[58]   Zwar wirkt dieses Stück, nach Fox, gegenüber dem langen Dekret (Add E) überflüssig, doch sei es nötig, um sicherzustellen, daß das Dekret vom König stamme und nicht von Mordechai. Im M-T. würde dagegen deutlich, daß es Mordechais Anweisungen enthalte (9,8). Außerdem sei das Dekret an die persischen Fürsten gerichtet und schlösse anders als im M-T. (9,11) die Juden nicht ein.

[59]   Fox hat in seinem Buch "The Redaction of the Books of Esther" (a.a.O.) sowohl eine Redaktion des A-T. als auch des M-T. herausgearbeitet. Der Redaktor des Proto-A-T. ist entsprechend seiner These mit einem Autor zu identifizieren, der für seine redaktionelle Bearbeitung den LXX-T. und zudem das Vokabular der LXX gebrauchte. Grundsätzlich geht Fox davon aus, daß der Proto-A-T. vor dem M-T. entstanden sein muß und also von diesem unabhängig sei. Er begründet dies damit, daß "the proto-AT ignores some of the Massoretic version's central concerns that were also important to Jewish practice", schränkt jedoch ein, der "MT and the proto-AT are too similar to be construed as two unrelated compositions, yet the proto-AT does not derive from the MT" (ders., Redaction, a.a.O., 97). Der A-T. habe dagegen zwei Entwicklungsstufen durchgemacht; die Komposition des Proto-A-T. einerseits und einer redaktionellen Bearbeitung des Proto-A-T. So sei der Proto-A-T. eine Übersetzung von einer hebräischen Vorlage, die vom M-T. unabhängig sei (ders., a.a.O., 17). Wenn Fox dann schreibt: "The AT arose in two distinct stages: first the original composition of the proto-AT, unrelated to the LXX ..." (ders., a.a.O., 34), dann meint er mit "composition" wohl die vordem erwähnte Übersetzung des hebräischen Originals. In dieser Form wäre der Proto-A-T. als ein jüdisches Werk anzusehen (ders., a.a.O., 97). Die zweite Stufe sei eine redaktionelle Bearbeitung, die auf der Basis LXX-T. vorgenommen worden sei oder auf einen Text zurückgehe, der Teile seines eigenen Bestandes in den Proto-A-T. eingearbeitet habe (ders., a.a.O., 34).

[60]   M.V.Fox., Redaction, a.a.O., 42.

[61]   K.de Troyer, Einde, a.a.O.

einer Art "Neugestaltung" des LXX-T. entstanden.[62] Die traditionsgeschichtlichen Schlußfolgerungen aus DE TROYERS Untersuchung, die auf der Methode des "close-reading"[63] basieren, besagen, daß der M-T. in Kap 1-8 als homogener Text eines Autors angesehen werden müsse. Dieser sei die Vorlage des LXX-T. gewesen, den er nicht nur übersetzt, sondern auch bearbeitet habe. Der Autor des A-T. habe den LXX-T. jedoch abgeändert und ihn, wie vor DE TROYER schon HANHART[64] behauptete, in einer "Neugestaltung" wiedergegeben. Daraus folge, daß wenn der A-T. auch keinen hebräischen Text verwendet habe, so sei doch die hier und dort zu findende hebräische Beeinflussung durch die Vorlage des LXX-T., den M-T., zu erklären.[65] Da der LXX-T. der Autorin nach nur mit Add E, dem königlichen Dekret, vorhanden war, habe auch der A-T. nie ohne diese bestanden. Insofern sei Kap 7 des A-T. als ein Stück anzusehen,[66] das, wie vordem, auf dem LXX-T. als dessen Vorlage basiere. Er verhalte sich jedoch zu dieser Vorlage in der Art und Weise der "rewritten Bible", indem er das Textmaterial zwar beibehalte, es aber umstelle, ohne dabei die Struktur der Erzählung zu zerstören. Er habe zudem auf Wort-, Stil- und Syntaxniveau einen eigenen Charakter entwickelt.[67] Alle Passagen, die sich nur im A-T. wiederfänden, bezögen sich auf den Text in Esth 1,1-7,13, der ja von LXX-T. her stamme und sei insofern vielmehr als Entwicklung und Bearbeitung des LXX-T. anzusehen und nicht als eigenständiges Werk.

Fassen wir vorläufig die vier Einzelanalysen zusammen und vergleichen sie miteinander: In der Feststellung, daß das Ende des A-T. auf eine hebräische Vorlage zurückgehe, stimmen die ersten drei Autoren gegenüber der vierten überein. Ihre Unterschiede liegen in den folgenden Punkten:

Vier Thesen zu redaktionellen Bearbeitungen in den Schlußkapiteln des Esth

Clines	Jobes	Fox	De Troyer
7,(17?)18-52 des A-T. ist eine Überarbeitung des Proto-A-T. zur Zusammenfassung des vorhergehenden Geschehens und war in der Vorlage noch nicht vorhanden. Ursprünglich endete der Proto-A-T. bereits in 7,17.	Kap 8-10 (= 7,14-52) des Proto-A-T. weisen sowohl große Parallelen zu Kap 8-10 des M-T. als auch eigene Akzente auf.	Kap 8 (= 7,14-41) des Proto-A-T. gleicht dem M-T., während Kap 9-10 (7,42-52) auf einen LXX-T.-Redaktor zurückzuführen sind.	Kap 1,1-7,41 des A-T. ist das Werk eines Autors. Er basiert in der Art einer "Neugestaltung" auf dem LXX-T. Der hebräische Charakter des A-T. ist auf die M-T.-Vorlage des LXX-T. zurückzuführen.

---

[62] Vgl. hierzu oben Kapitel 1.3.1.
[63] K.de Troyer, Einde, a.a.O.,61.
[64] Vgl. hierzu oben Kapitel 1.3.1.
[65] K.de Troyer, Einde, a.a.O., 262.
[66] K.de Troyer, Einde, a.a.O., 258.
[67] K.de Troyer, Einde, a.a.O., 261.

Zunächst gehen wir kurz auf JOBES Kritik an CLINES und FOX ein, um anschließend unsere eigene These auf der Basis dieser Auseinandersetzung und unter Hinzunahme der in Kapitel 1.-6. gemachten Beobachtungen zu entfalten.

Hatte CLINES über das Ende des A-T. geäußert, es sei ärmlich gestaltet, so möchte sich JOBES eines Urteils darüber enthalten und vielmehr CLINES Beobachtungen anders zu deuten versuchen. So stimme sie zwar zu, daß das Ende des A-T. eine andere Beziehung zum M-T. habe als der Rest der Erzählung, doch würden die semantischen und formalen Übereinstimmungen zwischen A-T. und M-T. weitaus vor Kap 8 abnehmen. Ihre Reduzierung wäre nämlich schon für Kap 5 zu beobachten. Zudem könne 7,17 deshalb nicht als Ende angesehen werden, weil er de facto keine Lösung für das Problem liefere, sondern, im Gegenteil, nicht einmal aufzeige, daß Hamans Edikt gegen das Jüdische Volk abgewendet worden sei. Schließlich sei CLINES Beobachtung der Dissonanzen[68] für das Ende des Esth auch in Kap 1-7 anzutreffen. Hierzu gehöre beispielsweise 3,13, wo das Verb "ἔδωκεν" nicht das erforderliche Objekt "den Brief" mit sich führe, und in 4,3 werde zwar *ein* Eunuch zu Esther gesandt, doch in 4,4 spräche Mordechai diesen im Plural ("so redet zu ihr") an, was keinen Sinn ergebe. Diese erzählerischen Dissonanzen sind nach JOBES auf die tiefgehenden Bearbeitungen des griechischen Textes zurückzuführen, v.a. als die Additionen hinzugefügt wurden.[69] In jedem Fall zeige der Vergleich des Textmaterials, daß das Ende des A-T. weder auf den LXX-T. zurückzuführen sei, wie CLINES behaupte[70], noch der Art und Weise der Additionen entspräche, da die Gemeinsamkeiten des A-T. und des LXX-T. in den Additionen viel größer seien als in Kap 7-10.[71] JOBES stellt fest, daß ihre Forschungsergebnisse denen von FOX zuzustimmen scheinen. Doch, obwohl sie, wie FOX, in Kap 9-10 zwischen dem LXX-T. und dem A-T. tatsächlich ein hohes Maß an Übereinstimmungen analysierte, bezögen diese sich v.a. auf wenige, korrespondierende Texteinheiten, nicht aber auf den Rest am Ende des Buches. Dies spräche gegen FOX Position, daß der A-T. den LXX-T. abgeschrieben hätte. Tatsächlich bestünde die literarische Abhängigkeit nur für einige wenige Texteinheiten.[72] Diese aber seien vielmehr so zu erklären, daß ein Redaktor die ähnlichen Elemente beider Versionen einander angeglichen habe. Außer den relativ wenigen Stellen gemeinsamen Materials am Ende habe der Redaktor keinen korrespondierenden Text gefunden und konnte deshalb keine weiteren Angleichungen vornehmen.

---

[68]   Vgl. die oben aufgeführten, von Clines zusammengestellten 16 Punkte.
[69]   K.H.Jobes, Alpha-Text, a.a.O., 208.
[70]   Vgl. D.J.A.Clines, Scroll, a.a.O., 87.
[71]   K.H.Jobes, Alpha-Text, a.a.O., 210f.
[72]   K.H.Jobes, Alpha-Text, a.a.O., 218.

7.3. Eine neue These

Hat uns JOBES mit ihrer kritischen Betrachtung die Unterschiede der Autoren
vor Augen gebracht, so wollen wir daneben nun die unübersehbare
Gemeinsamkeit ihrer Beobachtungen stellen. Es zeigt sich nämlich, daß alle
vier Exegeten für das Ende des A-T. eine starke Nähe zum M-T. feststellen
können. Sie wird von den aufgeführten Autoren zwar verschieden erklärt, ist
jedoch für alle scheinbar unübersehbar und wird v.a. durch JOBES
Forschungen stark in den Vordergrund gerückt. Nun scheint die
Eindeutigkeit dieses beobachteten Sachverhaltes dadurch erschwert, daß
neben dem M-T. auch andere Einflüsse auf den Text gewirkt haben müssen.
Über den Ursprung dieser Einflüsse streiten die Positionen untereinander.
Trotzdem ist man sich über die autonome Nuance des A-T. einig. Lassen wir
die Frage nach seiner Beziehung zum LXX-T. wegen der Uneinigkeit der
Forscher zunächst außen vor, so befinden wir uns demnach in einem
Spannungsfeld zwischen der Abhängigkeit des A-T. vom M-T. einerseits und
seiner freien Gestaltung andererseits. Fügen wir zu diesem Ergebnis unsere
inhaltlichen Beobachtungen hinzu, so wagen wir nun eine These zu
formulieren,   die   u.E.   eine   mögliche   Erklärung   für   dieses
Spannungsverhältnis liefern kann:

Entsprechend der ersten Forschungslinie, vertreten wir mit CLINES, FOX und
JOBES, daß der A-T. mit dem Proto-M-T. eine gemeinsame, wahrscheinlich
semitische, Vorlage hatte.[73] Wir nennen diese Vorlage den "Proto-A-T.". Er
basiert auf dem Pre-Esth:
    D.h. der Proto-A-T. wurde in einem ersten Schritt zu einer jüdischen
Erzählung geformt, indem Element A (die Ausweitung des Konfliktes) und
Element B (die gesetzliche Festschreibung) von einem neukomponierten
Ende her (Kap 8 bzw. 7,14-41) im Pre-Esth verankert wurden.
Vorgenommen wurde diese Einarbeitung der Elemente durch die im ganzen
Text deutlich nach vorne tretenden Adressaten des Esth, die "יְהוּדִים" bzw.
"'Ιουδαῖοι", auf die wir in den vorausgehenden Kapiteln unsere JüdRed
bezogen haben. Wir nennen diese erste Bearbeitung des Textes im folgenden
deshalb "יְהוּדִים"-Schicht[74].
    Nun zeigen unsere Beobachtungen, daß der M-T. eine weitere
Umgestaltung des Proto-A-T. vorgenommen hat, indem er dem Proto-A-T.
mit Einarbeitung der Purimthematik sowohl einen zweiten Abschluß (Kap 9)

---

[73]   In unserem Schema erklären wir diese mit dem Proto-A-T., auf den wir im folgenden
eingehen werden; vgl. die unten aufgeführte Skizze in Kapitel 7.4.4.
[74]   Wir entscheiden uns hier entsprechend der biblischen Grundlage für den hebräischen
Begriff.

als auch einen neuen Skopus verlieh. D.h. in einem zweiten Schritt wurde der Erzählung (Kap 1-8) das Kap 9 angehängt und zur Ätiologie (Kap 9) für das Purimfest geformt. Neben dem Pur-Begriff wurden nun alle weiteren Elemente, Motive und Textausschmückungen, die mit der Purimthematik in Verbindung stehen, in den Proto-A.T. hineingearbeitet. Hierzu gehörte v.a. die an Kap 9 orientierte Datierung des Geschehens (Element C) (3,7.12.13;8,9.12), auf die sich das Esth als Purimlegende letztlich stützt. Vorgenommen wurde dies durch eine Redaktion, die wir im folgenden *"Purim"-Schicht* nennen. Diese Bearbeitungsschicht ist zuerst und vornehmlich im M-T. aufzufinden, da die Textbearbeitung bei diesem vor dem LXX-T. und dem A-T. vorgenommen wurde.

Auf der Basis des durch die "יְהוּדִים"-Schicht und die "Purim"-Schicht bearbeiteten M-T., wurde die Purimthematik (Kap 9) auch in den Proto-A.T. eingearbeitet, der uns im A-T. vorliegt. Doch geschah diese Bearbeitung nicht unmittelbar vom M-T. her, sondern auf der Basis des LXX-T., der auf den M-T. zurückgeht. In Abhängigkeit zu diesem wurde dem A-T. die Purimthematik mit einem gekürzten, den Inhalt von Kap 9 (M-T. bzw. LXX-T) zusammenfassenden, zweiten Schlußteil (7,42-49) angehängt und Element C in den Text eingefügt. Die Beweisführung für unsere These wollen wir in den weiteren Abschnitten dieses Kapitels vornehmen.

Der Deutlichkeit halber ist hinzuzufügen, daß die beiden Bearbeitungen der Esthererzählung von Kap 8 und Kap 9 her nicht so verstanden werden dürfen, daß jeweils zuerst der Appendix an die Esthererzählung angehängt und daß sie dann, auf deren textlicher Basis, bearbeitet wurde. Vielmehr wollen wir die beiden Redaktionen so verstanden wissen, daß in Kap 8 und Kap 9 die thematische Basis zu erkennen ist, durch die die Esthererzählung in allen drei Versionen als Ganzes ein neues Gepräge bekam.[75]

---

[75] Dies bedeutet für die weiter unten vorzunehmende Textarbeit, daß in Kap 8 und Kap 9 nicht die Grundform einer Aussage und in Kap 1-7 deren sekundäre Ausführung zu finden wäre, sondern, wie z.B. an 3,13 und 8,12 im Gegenüber zu 9,1 festzustellen sein wird, daß durchaus auch in Kap 1-7 eine älter erscheinende Grundform einer Aussage vorliegen kann, die in den Appendizes in variierter Form wieder auftaucht. Wir nähern uns mit unserer These den Untersuchungsergebnissen von Fox. Dieser meinte nämlich, daß "A single redactor shaped the entire MT by adapting and supplementing the Hebrew proto-AT, or—to be cautious—proto-Esther, their common forerunner. In chs. 1-7 this author-redactor is closely reworking an older story, most of it ready to hand. In ch. 8 he continues the narrative, but now treats his source much more expansively. In ch. 9 he is composing a new ending with a liturgical purpose, building upon only a few hints supplied by his source. The MT is a unity insofar as a single redactor has imposed his will and his intentions on an earlier text" (ders., Redaction, a.a.O., 115). Fox fügt hinzu, daß der M-T. bis zu Kap 8 seiner Proto-A-T.-Vorlage folge. "At this point R-MT more actively expands, reshapes, and reorganizes the underlying text" (ders., a.a.O.). Der M-T.-Redaktor habe die folgenden neuen Themen in den Textzusammenhang gebracht: "(1) the assumption of the inalterability of Persian law; (2) the expansion of the battle reports; (3) the Purim etiology; (4) the second day of fighting and celebration; and (5) the epilogue (10:1-3)" (ders., a.a.O., 118). Wir stimmen in den meisten Punkten mit Fox überein, unterscheiden jedoch seinen M-T.-Redaktor in zwei redaktionelle Überarbeitungen am Text, der "יְהוּדִים"-

7.4. Einführung von Element A, B und C

In den Rekonstruktionen der HM und der HMK stellten wir für Kap 3 und 4 eine starke Bearbeitung des Textes durch die JüdRed fest. Wir fragen nun, ob die Bearbeitung des ursprünglichen Textes mit der Einfügung der drei Elemente A, B und C sowie von der in Kap 8,3-10 festgeschriebenen Purimthematik identisch ist. Für die folgende Untersuchung können wir uns einige der Forschungsergebnisse von JOBES zu nutze machen.[76] Sie untersuchte unter Betrachtung verschiedener syntaktischer Aspekte[77] die prozentuale Gleichheit der Syntax zwischen dem M-T. und den griechischen Texten in den einzelnen Kap des Esth. Hierbei wurde die größte Ähnlichkeit zwischen dem M-T. und dem A-T. in den Kap 1 und 5 festgestellt:[78]

Der A-T. weist unter Einschluß der textlichen Plus und Minus in Kap 1 eine semantische Übereinstimmung von 58% und in Kap 5 von 49% mit dem M-T. auf, während alle anderen Kap nur zwischen 6% (Kap 8) bis 36% (Kap 6) liegen.[79] Auch hinsichtlich der formalen Übereinstimmungen (Wortfolge, Syntax und verwendetes Vokabular[80]) zeigt der A-T.—wiederum einschließlich der textlichen Plus und Minus—in Kap 1 (37%) und Kap 5 (35%), aber auch in Kap 6 (24%) die größte Nähe zum M-T., während alle anderen Kap nur zwischen 4,5% (Kap 8) und 17% (Kap 10) liegen.[81]

Semantische Parallelen finden sich neben Kap 1 (89%), Kap 5 (94%) und Kap 6 (92%) auch in Kap 3 (96%), wenn die textlichen Plus und Minus von der Berechnung ausgeschlossen werden. Die in den anderen Kap reichen unter Berücksichtigung dieses Kriteriums nur von 64 % (Kap 10) bis 81% (Kap 2)[82]. Daneben zeigt JOBES auf, daß in "terms of equivalence, the Greek of the AT most closely follows the Hebrew of the MT in chapter 1 and most

---

Schicht und der "Purim"-Schicht, da wir davon ausgehen, daß es eine jüdische Esthererzählung mit der Ausweitung des Konfliktes auf das Jüdische Volk als Diasporaerzählung schon *vor* dem Esth als Festlegende des Purimfestes gegeben haben muß.

[76] Dem Titel ihres Buches zufolge geht Jobes mit ihrer Untersuchung der Frage nach dem Charakter und der Beziehung des A-T. zum M-T. auf den Grund. Ihre Zwischenergebnisse nutzen wir als Beleg für unsere eigene These, auch wenn Jobes letztendlich eine andere Schlußfolgerung zieht.

[77] Zu den Kriterien für den Vergleich zwischen der griechischen und der hebräischen Version des Esth zählt Jobes "(1) lexical *consistency,* defined as whether a given Hebrew word is consistently translated by the same Greek word, (2) *equivalence* between units of Hebrew and units of Greek, (3) the preservation of Hebrew *word order* in the Greek, (4) the extent of *correspondence* between individual elements of the Greek, (5) the *linguistic adequacy* of the corresponding Greek expression" (dies., Alpha-Text, a.a.O., 53).

[78] K.H.Jobes, Alpha-Text, a.a.O., 72.

[79] K.H.Jobes, Alpha-Text, a.a.O., 65.

[80] Zu Jobes Unterscheidung zwischen semantischen und formalen Kriterien vgl. dies., Alpha-Text, a.a.O., 51f.

[81] K.H.Jobes, Alpha-Text, a.a.O., 66.

[82] K.H.Jobes, Alpha-Text, a.a.O., 67.

deviates from it in chapter 8."[83] Die zweithöchste Äquivalenz läßt sich auch hier in Kap 5 feststellen. Dann ist anzuführen, "that the word order of the AT most faithfully follows the MT in chapter 1 and 5 and most deviates from it in chapters 7 and 9."[84] Die Korrespondenz der Elemente ist am höchsten in Kap 1;5 und 10.[85] Und schließlich weisen Kap 1 und 5 des A-T. die größte, Kap 4 und 8 dagegen die niedrigste lexikalische Ähnlichkeit zum M-T. auf.

JOBES untersuchte zudem den prozentualen Anteil von Textmaterial des M-T. im A-T. und fand heraus, daß "more than half of the Hebrew text is missing from the AT in five of the ten chapters! Chapters 8 and 9 have the least material in common with the MT, chapters 5 and 6 the most."[86]

Graphisch dargestellt ergibt sich unter Einschluß aller Vergleichszahlen nach JOBES das folgende Bild:[87]

M-T.-Textmaterial, das nicht im A-T. zu finden ist

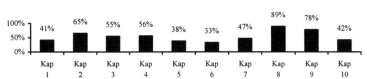

JOBES Ergebnisse stellen allesamt heraus, daß in Kap 1;5 (und 6) des A-T. die größte Übereinstimmung mit dem M-T. aufweist. Wir meinen, dies habe seinen Grund darin, daß sich in Kap 1;5 (und 6) die sekundäre Überarbeitung des Buches durch die "יְהוּדִים"-Schicht am wenigsten ausgewirkt hat, da sich in diesen Kap die wenigsten oder gar keine Elemente, die das Judentum betreffen, finden. Wir machen eine Gegenprobe anhand eines für die "יְהוּדִים"-Schicht entscheidenden Aspektes und stellen die Verse des Esth zusammen, in denen Bezeichnungen für das Jüdische Volk oder Bezugnahmen auf es aufgeführt werden.

---

[83] K.H.Jobes, Alpha-Text, a.a.O., 74.
[84] K.H.Jobes, Alpha-Text, a.a.O., 75.
[85] K.H.Jobes, Alpha-Text, a.a.O., 78.
[86] K.H.Jobes, Alpha-Text, a.a.O., 104f.
[87] Wir geben hier die Graphik von K.H.Jobes (Alpha-Text, a.a.O., 105) wieder. Die errechneten Prozentzahlen ergeben sich aus einem Vergleich der Unterschiede zwischen dem A-T. und dem M-T. (dies., Alpha-Text, a.a.O., 97-102). Zu diesen gehören 1.) die textlichen Minus ("syntactic units present in the MT but not in the AT (MT versification)", 2.) die textlichen Plus ("syntatcitc units present in the AT but not in the MT (AT versification, with the MT chapter numbers given in parentheses)", 3.) Subsitutionen ("syntatctic units in the AT that correspond to the MT, but with some significant difference (AT versification unless otherwise noted)", 4.) mögliche Schreibfehler im Hebräischen und Griechischen u.a., 5.) Textumstellungen ("corresponding syntactic units found in different places in the AT and MT"), 6.) textliche Plus, die mehr als eine syntaktische Einheit umfassen ("AT versification"), 7.) textliche Minus, die mehr als eine syntaktische Einheit umfassen ("MT versification") und 8.) Substitutionen, die mehr als eine syntaktische Einheit umfassen.

Bezeichnungen und Beschreibungen für das Jüdische Volk im M-T.

יְהוּדִי	2,5;3,4
מָרְדֳּכַי הַיְּהוּדִי	5,13;6,10;8,7;9,29.31;10,3
יְהוּדִים	3,10 (vgl. 7,6);4,3.7.14;8,1.3.5.7(2x). 8.9(2x).10.11.13.16.17.24;9,1(2x).2. 3.5.6.10.12.13.15.16.18.19.20.22.23.24.25.2 7.28;10,3
מִתְיַהֲדִים	8,17
כָּל־הַיְּהוּדִים	3,6.13;4,13.16;9,24.30
הַיְּהוּדִים הַפְּרוֹזִים הַיֹּשְׁבִים בְּעָרֵי הַפְּרָזוֹת עֹשִׂים	9,19
הָעָם	3,11
עַמּוֹ/עַמָּהּ	4,8;7,3.4;8,6;10,3 (עַמּוֹ)
עַם מָרְדֳּכָי	3,6
יֶשְׁנוֹ עַם־אֶחָד מְפֻזָּר וּמְפֹרָד בֵּין הָעַמִּים ... שֹׁנוֹת מִכָּל־עָם וְאֶת־דָּתֵי הַמֶּלֶךְ אֵינָם עֹשִׂים וְדָתֵיהֶם	3,8
מוֹלַדְתִּי	8,6
אֶת־עַמָּהּ וְאֶת־מוֹלַדְתָּהּ	2,10;2,20 (vgl. 8,7)
בֶּן יָאִיר בֶּן־שִׁמְעִי בֶּן־קִישׁ אִישׁ יְמִינִי	2,5
בַּת־אֲבִיחַיִל דֹּד מָרְדֳּכַי	2,15;9,29
אֶסְתֵּר בַּת־דֹּדוֹ	2,7
וּבֵית־אָבִיךְ	4,14
מֹדַעַת	6,13;9,27 (עַל־זַרְעָם).28.31;10,3 (לְכָל־זֶרַע)
נִמְכַּרְנוּ	7,4
בְּכָל־דּוֹר וָדוֹר / מִשְׁפָּחָה וּמִשְׁפָּחָה / מְדִינָה וּמְדִינָה / וְעִיר וָעִיר	9,28
הַגֹּלָה מִירוּשָׁלַיִם עִם־הַגֹּלָה	2,6
וְעַל כָּל־הַנִּלְוִים עֲלֵיהֶם	9,27

Tabellarisch dargestellt ergibt sich daraus das folgende Bild:

Häufigkeit der Bezeichnungen für das Jüdische Volk im M-T.

Esth	Kap 1	Kap 2	Kap 3	Kap 4	Kap 5	Kap 6	Kap 7	Kap 8	Kap 9	K. 10
Anzahl	0	7	7	7	1	2	3	16	29	4

In der Tabelle korrespondiert die jeweilige Quantität der Bezüge zum Jüdischen Volk in den einzelnen Kap des M-T. mit den sprachanalytischen Ergebnissen von JOBES, die sich mit den Übereinstimmungen zwischen der A-T.- und der M-T.-Version beschäftigen. De facto konnte JOBES dort, wo wir den kleinsten Bezug zur Thematik des Judentums festgestellt haben, die größte Übereinstimmung zwischen dem M-T. und dem A-T. ausmachen. Und die Kap mit der umfassendsten Bezugnahme auf das Jüdische Volk, zeigen die größte Differenz zwischen beiden Texten. U.E. läßt sich dieser Sachverhalt mit unserer These von der sekundären Bearbeitung des M-T. durch die "יְהוּדִים"-Schicht, also v.a. mit der Einfügung von Element A, der

Ausweitung des Konfliktes auf das Jüdische Volk, erklären. A-T. und M-T. nähern sich dort aneinander an, wo sie beide ihre gemeinsame Vorlage, den Proto-A-T., wiedergeben. Wo die Bearbeitungsschicht zugange war, differieren sie voneinander, da M-T. und A-T. auf verschiedene Art und Weise und nacheinander umgearbeitet wurden: Während der M-T. eine tiefgreifende Umarbeitung seiner Vorlage vornahm, wurde der A-T. später, auf dessen Grundlage, vielmehr überarbeitet. So zeigt sich im A-T. eine geringere, aber dennoch gleichmäßigere Verteilung:

Bezeichnungen und Beschreibungen für Jüdische Volk im A-T. (ohne Additionen)

ἀνὴρ Ἰουδαῖος	2,5;3,4;5,22; 6,12
ὁ τοῦ Ἰαείρου ... τῆς φυλῆς Βενιαμιν	2,5
Ἰουδαῖοι	5,23;7,36.40.41.42.44 (2x).46. 47
πάντες οἱ Ἰουδαῖοι	4,1;7,52
ἐκ γένους Ἰουδαίων	5,23
πατρῷον αὐτοῦ γένος	7,14
ὁ οἶκος τοῦ πατρός σου	4,9
Μαρδοχαῖος καὶ πᾶς ὁ λαὸς αὐτοῦ	3,5;7,34
λαὸς διεσπαρμένος/ λαὸς πολέμου καὶ ἀπειθής/ ἔξαλλα νόμιμα ἔχων	3,8
λαὸς (μου)	4,4;7,3.4
τὸ ἔθνος	3,9.11;4,9;7,3.52
Ἰσραηλ	3,6;4,3

Tabellarisch dargestellt ergibt sich daraus das folgende Bild:

Häufigkeit der Bezeichnungen für das Jüdische Volk im A-T.

Esth	Kap 1	Kap 2	Kap 3	Kap 4	Kap 5	Kap 6	7,1-13	7,14-41	7,42-49	7,50-52
Anzahl	0	2	6	4	3	1	3	4	3	1

Zur Festigung und Untermauerung unserer Behauptungen kehren wir nun zur Textanalyse zurück, um im Einzelnen zu fragen, wie sich der sekundäre Charakter von Element A, B und C belegen läßt.

7.4.1. Die "יְהוּדִים"- und die "Purim"-Schicht in den Kap 3-4 der drei Esth-Versionen und in Kap 5 des A-T.

Als grundsätzliche Beobachtung sei vorangestellt, daß die Einführung von Element A-C im Versionsvergleich von Kap 3,5-4,17 (M-T/LXX-T.) bzw. 3,5-4,12 (A-T.) jeweils mit starken Textveränderungen und einzelnen Versumstellungen verbunden ist[88]:

---

[88] Die Übersetzung des Textes von Kap 4 findet sich in Kapitel 4.5.4.

M-T. Kap 3,5-15	LXX-T. Kap 3,5-15	A-T. Kap 3,5-15
(5) Und Haman sah, daß Mordechai nicht kniete und nicht auf den Boden fiel vor ihm, da wurde Haman mit Zorn erfüllt,	(5) Und als Haman erkannte, daß Mardochai nicht vor ihm huldigen wollte, wurde er sehr zornig	(5) Als Haman das aber hörte, wurde er zornig gegenüber Mardochai, und Zorn entbrannte in ihm,
(6) schätzte es aber gering in seinen Augen, die Hand allein an Mordechai anzulegen, denn man berichtete ihm von dem Volk Mordechais, und Haman trachtete danach, alle Juden, die im ganzen Königreich Achaschwerosch lebten, das Volk Mordechais, zu vernichten.	(6) und wollte alle Juden auslöschen, die im Königreich des Artaxerxes [waren].	und er suchte Mardochai und sein ganzes Volk an einem Tag zu vernichten. (6) Und Haman wurde neidisch und bewegt in all seinem Zorn, wurde rot [im Gesicht], trieb ihn aus seinen Augen und redete übel mit schlechtem Herzen zum König über Israel,
(7) Im ersten Monat, das ist der Monat Nisan, im 12. Jahr des Königs Achaschwerosch, warf man [das] Pur, das ist das Los, vor Haman, von Tag zu Tag und von Monat zu Monat, der 12., das ist der Monat Adar.	(7) Und er faßte einen Beschluß, im 12. Jahr der Herrschaft des Artaxerxes und warf Lose Tag für Tag und Monat für Monat, damit das Geschlecht des Mardochai an einem Tag getötet wird, und es fiel das Los auf den 14. des Monats, der ist Adar.	(7 s.u.)
(8) Und Haman sprach zum König Achaschwerosch: "Da gibt es ein Volk, verstreut und abgesondert unter den Völkern in allen Provinzen deines Königreiches. Und ihre Gesetze sind von denen jeden Volkes verschieden, und die Gesetze des Königs befolgen sie nicht, und es ist dem König nicht angemessen, sie gewähren zu lassen.	(8) Und er sprach zum König Artaxerxes, indem er sagte: "Da ist ein Volk, zerstreut unter den Völkern in deinem ganzen Königreich, aber ihre Gesetze sind verschieden von allen denen der Völker, aber sie hören nicht auf die Gesetze des Königs, und es nützt dem König nicht, sie sich selbst zu überlassen.	(8) indem er sagte: "Da ist ein Volk, zerstreut in allen Königreichen, ein feindliches und ungehorsames Volk, die andere Gesetze haben, aber deine Gesetze, König, achten sie nicht. In allen Völkern wird erkannt, daß sie schlecht sind, und deine Befehle heben sie auf, um deine Herrschaft herabzusetzen.
(9) Wenn der König es für gut befindet, werde geschrieben, daß man sie ausrotte; ich will dann 10000 Talente Silber in die Hände der Beamten darwiegen, damit sie es in die Schatzkammern des Königs bringen."	(9) Wenn es dem König gefällt, werde ich die Satzung aufstellen, um sie zu töten, und ich werde für die Schatzkammer des Königs zahllose Silbertalente aufschreiben."	(9) Wenn es nun dem König gefällt, und die Entscheidung gut ist in seinem Herzen, gebe er mir das Volk, um es zu töten, und ich werde in der Schatzkammer zahllose Silbertalente aufschreiben."
(10) Da streifte der König seinen Siegelring von seiner Hand und gab ihn Haman, dem Sohn Hammedatas, dem Agagiter, dem Feind der	(10) Und der König gab den Ring, nachdem er ihn abgelöst hatte, dem Haman in die Hand, um das, was über die Juden geschrieben worden	(10 s.u.)

Juden.	ist, zu versiegeln.	
(11) Da sprach der König zu Haman: "Das Silber werde dir gegeben und das Volk behandle so, wie es gut ist in deinen Augen."	(11) Und der König sprach zu Haman: "Die Silbermünzen behalte, aber mit dem Volk verfahre, wie du willst."	(11) Und es sprach zu ihm der König: "Das Geld behalte, aber mit dem Volk verfahre, wie es immer es dir gefallen mag."
		(10) Und der König löste den Ring von seiner Hand und gab ihn Haman, indem er sagte: "Schreibe an alle Länder und versiegele [die Briefe] mit dem Siegel des Königs, denn es gibt niemanden, der die Versiegelung zurücknehmen kann."
		(7) Und Haman ging zu seinen Göttern, um den Tag ihres Todes zu erkennen, und er warf Lose auf den 13. des Monats Adar Nisan, um alle Juden zu ermorden, von den männlichen bis zu den weiblichen und um die Kinder auszuplündern.
(12) Und man rief die Schreiber des Königs im ersten Monat, am 13. desselben, und es wurde an die Satrapen des Königs geschrieben nach allem, was Haman befahl und an die Statthalter über jede Provinz und an die Obersten eines jeden Volkes, jeder einzelnen Provinz in ihrer Schrift und jedem einzelnen Volk in seiner Sprache. Im Namen des Königs Achaschwerosch wurde es geschrieben und mit dem Siegelring des Königs versiegelt.	(12) Und die Schreiber des Königs wurden gerufen im ersten Monat, am 13., und sie schrieben, so wie Haman es den Strategen und den Herrschern im ganzen Land von Indien bis Äthiopien, den 127 Ländern, den Herrschern der Völker befahl, in deren Redeweise durch Artaxerxes, dem König.	(12) ?
(13) Und die Briefe wurden durch die Eilboten in alle Provinzen des Königs gesandt, um alle Juden zu vernichten, umzubringen und auszurotten, vom Knaben bis zum Greis, Kinder und Frauen, an einem Tag, am 13. des 12. Monats, dem Monat Adar, und um ihre Beute zu erbeuten.	(13) Und er sandte durch Eilboten in das Königreich des Artaxerxes, um das Geschlecht der Juden am ersten Tag des 12. Monats, das ist Adar, unsichtbar zu machen und um ihre Besitztümer auszuplündern.	(13) Und er eilte und gab es (?) in die Hände der schnelllaufenden Reiter.
	--- ADD B ---	--- ADD B ---
(14) Die Abschrift des Schreibens sollte in jeder	(14) Die Abschriften der Briefe wurde in die Länder	(14) ?

einzelnen Provinz als Gesetz erlassen werden, damit sie allen Völkern kundgemacht werde, um an diesem Tag bereit zu sein.	geschickt, und alle Völker wurden beauftragt, damit sie bereit seien für diesen Tag.	
(15) Die Eilboten zogen auf das Wort des Königs eilig aus. Und das Gesetz wurde in der Burg Susa erlassen. Und der König und Haman setzten sich, um zu trinken, und die Stadt Susa war verwirrt.	(15) Die Sache eilte aber auch nach Susa. Aber der König und Haman saßen zusammen, die Stadt aber war aufgeregt.	(15) Und in Susa wurde dieser Befehl aufgezeigt.

Die Elemente A-C werden in den einzelnen Versen von Kap 3 und 4 in der M-T. und der A-T.-Version in dem folgenden Verhältnis aufgeführt:

Element A-C in Kap 3 und 4

	M-T.	A-T.
Element A:	3,5.6: inhaltliche Unterschiede	3,5.6: inhaltliche Unterschiede
		3,7: textliches Plus
	3,8-9: Parallele zum A-T.	*3,8-9: Parallele zum M-T.*
	4,7: textliches Plus	---
	---	4,4.5: textliches Plus
	4,13: textliches Plus	---
Element B:	3,8: textliches Plus	---
	3,10: Versumstellung und inhaltliche Unterschiede	3,10: Versumstellung und inhaltliche Unterschiede
	3,12-14: textliches Plus	---
	3,15: Parallele zum A-T.	*3,15: Parallele zum M-T.*
	4,3: (Versumstellung vgl. 4,1); textliches Plus	---
	4,8: textliches Plus	---
Element C:	3,7: Versumstellung und inhaltliche Unterschiede	3,7: Versumstellung und inhaltliche Unterschiede
	3,13: textliches Plus	---

Es zeigt sich nun, daß die drei Elemente innerhalb der Kap 3 und 4 jeweils ganz unterschiedlich in den Text hineingebracht wurden. Nur 3,8f. und 3,15 weisen Parallelen in der Darstellung auf. Liegt in 3,8a.9 in der Darstellung von Element A zwar eine inhaltliche Parallele vor, so lautet in V.8 die Bezeichnung des von Haman beschuldigten Volkes jedoch in beiden Versionen anders. Im M-T. wird es neben "מְפֻזָּר" (*zerstreut*) auch als "מְפֹרָד" (*abgesondert*) lebend bezeichnet, während die A-T. hinzufügend betont, es sei ein "λαὸς πολέμου καὶ ἀπειθής" (*feindliches und ungehorsames Volk*).[89] V.8b des A-T. verstärkt gegenüber der M-T.-Version die Absicht

---

[89] Die Charakterisierung des Volkes als "ἀπειθής", ein Begriff, der insgesamt nur achtmal in der LXX vorkommt, bezeichnet viermal die "Widerspenstigkeit" das Volkes Israel

Hamans, das Volk in Verruf zu bringen, wenn er davon redet, daß auch andere Völker ihre Schlechtigkeit und ihre oppositionelle Haltung gegenüber dem König erkannt hätten. Dagegen betont V.8bβ den dringenden politischen Handlungsbedarf angesichts ihres Ungehorsams, womit zu V.9, Hamans Vorschlag zur Bestrafung, übergeleitet wird. In 3,9 des A-T. dagegen fehlt gegenüber dem M-T. das Element B, das an dieser Stelle zum ersten Mal in der Esthererzählung erwähnt wird. Zu seiner Verstärkung wird in dem erst nach V.11 vorzufindenden V.10 im A-T. von der Übergabe des königlichen Siegelringes erzählt. Daneben findet sich auch in 3,15 zwischen dem M-T. und dem A-T. eine inhaltliche Parallele in der Darstellung von Element C, doch fehlt in 3,15 im A-T. der erklärende Textzusammenhang.

Im Ganzen betrachtet, zeigt sich also, daß die drei Elemente A-C in den M-T. und den A-T. sehr unterschiedlich eingearbeitet wurden. Unserer These entsprechend, nehmen wir als Grund hierfür die primäre Ausgestaltungen des M-T. mit den drei Elementen und die erst darauffolgende Textbearbeitung des A-T., die sich auf die M-T.-Version stützt, an. Der Anlaß und der dahinterstehende Gedanke für diese Bearbeitung liegt, so vermuten wir, in Kap 8,3 - 10,3 des M-T.

Hinzuzufügen ist nun noch, daß sich die Elemente A-C außerhalb dieser beiden Kap 3 und 4 im M-T. und im LXX-T. erst in Kap 8,3 - 9,32 im Zusammenhang der Purimthematik wiederfinden. Allein dem A-T. wurde in einem textlichen Plus in Kap 5 noch einmal Element A und C eingefügt: 5,23 läßt Zosara nochmals auf 3,7 Bezug nehmen, dem Vers, der gegenüber dem M-T. in Versumstellung in den Textzusammenhang gebracht wurde. Inhaltlich wird in diesem Zusatz versucht, aus dem Racheplan Hamans gegenüber Mordechais Ehrverweigerung einerseits und der Ausweitung der Rache auf das Jüdische Volk andererseits einen Zusammenhang herzustellen. Das verbindende Motiv liegt hier in Zosaras erster Aussage: "Ἐκ γένος Ἰουδαίων ἐστίν·" (*Aus dem Geschlecht der Juden ist er!*). Mit diesem Satz stellt der Bearbeiter des A-T. einen direkten Bezug zwischen dem Mordplan an Mordechai, dem Juden, und dem Plan des Pogroms an dem Jüdischen Volk her, zwei Elementen, die ursprünglich unabhängig voneinander waren und mit den Bearbeitungsschichten aneinander gebunden wurden. Er läßt nun das eine aus dem anderen folgen, wenn er dem A-T. hinzufügt: "Weil der König dir gestattet hat, die Juden zu vernichten ... schlage man dir ein Holz von 50 Ellen, stelle es auf, hänge ihn [Mordechai] an das Holz ...".

Daß diese Verknüpfung beider Elemente jedoch sekundär vorgenommen wurde, zeigt sich daran, daß die geplante Erhängung Mordechais im weiteren

---

(Num 20,10; Jes 30,9; Jer 5,23; Sach 7,12). Im Kontext von 3,8 (A-T.) ist von dem Ungehorsam des Jüdischen Volkes gegenüber den Gesetzen des Königs die Rede und will mit dem Gebrauch dieses Begriffes vielleicht an die biblische Begrifflichkeit und seine Bedeutung anschließen.

Verlauf der Erzählung weder mit der Rache an den Juden zu tun hat, noch das Datum des Pogroms mit Mordechais Tötung in Zusammenhang gebracht werden kann.

Ehe wir die weitere Beweisführung hierzu fortführen, soll zuvor die Version des LXX-T. im Hinblick auf unsere These betrachtet werden.

7.4.1.1. Die LXX-T.-Version im Vergleich zur M-T.- und A-T.-Version im Bezug auf die Elemente A-C

Der LXX-T. orientiert sich, wie auch sonst zu beobachten war, in Kap 3 und 4 jeweils am M-T. oder am A-T. oder an beiden Versionen. In 3,6 fügt er mit den Worten des M-T. den inhaltlichen Gehalt von 3,5b des A-T. ein. V.7 steht an gleicher Stelle wie beim M-T., benennt aber wie V.7 des A-T. beide Elemente A und C. V.8 orientiert sich dagegen ganz an 3,8 des M-T. V.9 beinhaltet wie beim M-T. Element A und B, hat aber wie der A-T. keine konkrete Summe für die Bezahlung genannt. V.10 entspricht ganz dem M-T. 3,12 enthält wie der M-T. die Elemente B und C, doch ist ihre Ausgestaltung je eine andere. Der M-T. greift hier nämlich ein Motiv und textliches Plus aus Kap 1,22 auf, das auch dort bereits mit dem Element der Versendung von Briefen zur Bekanntmachung eines neuen Gesetzes in allen Provinzen des Königs verbunden wurde. Dieses Motiv beinhaltet die Informationsübermittlung in Schrift und Sprache eines jeden Volkes, wird im LXX-T. an dieser Stelle jedoch nicht aufgeführt. Der LXX-T. hat dagegen ein vom Anfang und Ende des Esth her bekanntes Motiv von der Beschreibung des Persischen Reiches durch die 127 Provinzen aufgenommen, das an dieser Stelle weder im M-T. noch im A-T. zu finden ist. Neben 1,1 (M-T./LXX-T./A-T.) kommt es jedoch auch in 8,9 (M-T./LXX-T.) und 9,30 (M-T.) vor und ist u.E. auf diese zurückzuführen. 3,13.14 sowie 4,3 richten sich wieder nach dem M-T. An 4,7 fällt auf, daß der LXX-T. nun die Summe von 10000 Talenten nennt, die er in 3,9 noch wie der A-T. mit "zahllos" umschrieb, während der M-T. nun keine Angabe macht. Der LXX-T. kann den Betrag durchaus von 3,9 des M-T. her genommen haben. Den ersten Teil von 4,8 übernimmt der LXX-T. von seiner hebräischen Vorlage, während sich der zweite Teil mit dem plötzlichen Wechsel von indirekter zu direkter Rede an den A-T. anlehnt.

Die aufgeführten Versvergleiche zeigen, daß der LXX-T. an keiner Stelle eine unabhängige Version darstellt, da er fast immer Inhalte anteilig oder ganz aus dem M-T. oder dem A-T. für den eigenen adaptiert hat. An den Stellen, wo er einen vom M-T. verschiedenen Text aufweist und gegenüber dem A-T. ein textliches Plus vorliegt, finden wir die Aufnahme des Motivs von den 127 Provinzen des Persischen Reiches, das ihm jedoch bereits aus dem Anfang und Ende des Esth (M-T.) her bekannt ist. Der LXX-T. verwendet es hier, um die Aussage, die ihm im M-T. über die Verschickung der Briefe in *jede* Provinz vorliegt, zu verstärken. Das Element B, das im M-T. mit dem auch sonst überaus häufig benutzten Wendung "in jede Provinz" u.ä. (vgl. 1,16.22;2,3;3,8.13;8,5.9.12.17;9,2.3.4.16.20) verbunden ist (vgl. 3,12.13.14;4,3), wird im LXX-T. mit einem in seiner Vorlage bereits verankerten, aussagestärkeren Motiv verbunden. Es hat v.a. im entsprechenden Zusammenhang des Purimfestes in 8,9 (M-T.) seine Vorlage.

7.4.2. These: der M-T. ist in Kap 8-9 älter als der A-T.

Bevor wir nun dazu übergehen, Element A-C in den Schußkapiteln des Esth zu suchen, muß grundlegend geklärt werden, ob unsere These, daß der M-T. in Kap 8-9 die Vorlage von 7,14-49 war, stichhaltig ist.

M-T. Kap 8-10	LXX-T. Kap 8-10	A-T. Kap 7,14-52
		(7,14) Und der König sprach mit Esther: "Und wollte er den Mardochai hängen, der mich gerettet hat aus der Hand der Eunuchen? Wußte er nicht, daß Esther aus dem Geschlecht seiner Väter ist?"
(8,1) An diesem Tag schenkte der König Achaschwerosch Esther, der Königin, das Haus Hamans, dem Bedränger der Juden. Und Mordechai kam vor den König, denn Esther hatte berichtet, was er für sie war.	(8,1) Und an diesem Tag schenkte Artaxerxes Esther das, was Haman, dieser Teufel, besaß, und Mardochai wurde zum König gerufen. Denn Esther zeigte, daß er mit ihr verwandt war.	
(2) Und der König entfernte seinen Siegelring, den er Haman abgenommen hatte und gab ihn Mordechai. Und Esther stellte Mordechai über das Haus Hamans.	(2) Der König aber nahm den Ring, den Haman anhatte und gab ihn dem Mardochai, und Esther stellte Mardochai über alles, was Haman gehörte.	(15) Und der König rief den Mardochai und [gab] ihm alles, was Haman gehörte. (16) Und er sprach zu ihm: "Was willst du? Und ich werde es für dich tun." Und Mardochai sagte: "Daß man zurücknehme den Brief des Haman." (17) Und der König gab alle Dinge des Königreiches in seine Hand.
(3) Und Esther fügte hinzu und sprach vor dem König; und sie fiel aufs Angesicht zu seinen Füßen. Und sie weinte und erflehte Erbarmen bei ihm, um das Unheil Hamans, des Agagiters und seinen Plan abzuwenden, den er gegen die	(3) Und nachdem sie [zu ihm] gelaufen war, sagte sie zu dem König—und fiel [dabei] vor seine Füße—und forderte, den schlechten Haman wegzuschaffen und zwar für das, was er den Juden angetan hatte.	(18) Weiterhin sprach Esther zu dem König:

Juden ersonnen hatte.		"Gib mir [die Erlaubnis], meine Feinde mit dem Tod zu bestrafen."
		(19) Aber die Königin Esther besprach sich mit dem König auch über die Kinder des Haman, wie auch sie getötet würden mit ihrem Vater. Und der König sagte: "Es soll geschehen!"
		(20) Und man schlug die Feinde mit großer Menge.
(4) Und der König streckte Esther das goldene Zepter entgegen, und Esther stand auf und trat vor den König.	(4) Der König aber streckte Esther das goldene Zepter entgegen. Esther aber wurde aufgerufen, zum König hinzutreten.	
(5) Und sie sagte: "Wenn es dem König gefällt und wenn ich Gnade vor ihm finde und die Sache ist angemessen vor dem König und ich ihm wohlgefällig bin in seinen Augen,	(5) Und Esther sprach: "Wenn es dir gefällt, und ich habe Gnade gefunden,	
so werde schriftlich der Brief mit dem Plan Hamans, dem Sohn Hammedatas, dem Agagiter, rückgängig gemacht, den er geschrieben hat, um die Juden auszurotten, die in allen Provinzen des Königs leben.	so schicke, um die Schreiben, die von Haman abgesandt worden sind, abzuwenden, [nämlich] die Schriften, daß die Juden umkommen sollen, die in deinem Königreich sind.	
(6) Denn wie könnte ich das Unheil ansehen, das mein Volk treffen wird, und wie könnte ich den Untergang meines Geschlechtes mit ansehen?"	(6) Denn wie kann ich zusehen bei dem, was meinem Volk Schlechtes [getan wird] und wie kann ich [es] retten vor der Vernichtung meines Geschlechtes?"	
(7) Da sagte der König Achaschwerosch zu Esther, der Königin, und Mordechai, dem Juden: "Siehe, das Haus Hamans habe ich Esther gegeben und ihn hat man an den Holzpfahl aufgehängt, weil er seine Hand gegen die Juden ausgestreckt hat.	(7) Und der König sprach zu Esther: "Nachdem ich alles das, was ich dem Haman zum Besitz gegeben habe, dir schenkte und er an dem Holz aufgehängt wurde, so daß er in die Hände der Juden gegeben wurde, was willst du dann noch?	
		(21) Aber in Susa kam der König mit der Königin überein, Männer zu töten und sprach: "Siehe, ich gebe sie dir zum Hängen". Und so geschah es.
		--- ADD E ---

		(33) Aber es wurde auch in Susa das, was das Ausgestellte enthielt, ausgegeben.
(8) Ihr aber, schreibt wegen der Juden das, was gut ist in euren Augen im Namen des Königs und versiegelt ihn mit dem Siegel des Königs. Denn eine Schrift, die im Namen des Königs geschrieben wurde und versiegelt worden ist mit dem Siegel des Königs, ist unwiderruflich."	(8) Ihr sollt in meinem Namen schreiben, wie es euch gefällt und sollt [die Schriften] mit meinem Ring versiegeln; denn das, was vom König geschrieben wurde, wird zur Vorschrift und es wird mit meinem Ring versiegelt, nichts kann ihnen widersprechen."	Und der König gab Mardochai in die Hand zu schreiben, was er wollte.
(9) Und so wurden die Schreiber gerufen, zu dieser Zeit: d.i. der Monat Siwan, am 23. desselben. Und es wurde all das, was Mordechai befahl, an die Juden geschrieben und die Satrapen und die Statthalter und die Obersten der Provinzen von Indien bis Kusch, 127 Provinzen, und jeder Provinz in ihrer Schrift und jedem Volk in seiner Zunge und den Juden in ihrer Schrift und Zunge.	(9) Die Schriften aber wurden am 1. des Monats, das ist Nisan, dem 23. desselben Jahres, ausgerufen, und es wurde für die Juden das geschrieben, was den Verwaltern und den Herrschern der Provinzen von Indien bis Äthiopien, 127 Provinzen von Land zu Land, gemäß ihrer eigenen Sprache befohlen worden ist.	
(10) Und er schrieb im Namen des Königs Achaschwerosch und versiegelte sie mit dem Siegel des Königs und sandte die Briefe durch die Eilboten zu Pferd, die auf den königlichen Postpferden aus] den Gestüten ritten,	(10) Es wurde aber durch den König geschrieben und mit seinem Ring versiegelt und die Schriften wurden durch Eilboten verschickt,	(34) Und Mardochai schickte durch Schreiben und versiegelte mit dem Ring des Königs,
		daß sein Volk, jeder in seinem eigenen Land, bleiben solle und Gott ein Fest feiern solle.
		(35) Der Brief aber, den Mardochai sandte, enthielt diese Dinge:
		(36) "Haman schickte euch Schreiben, die folgendes enthielten: Eilt schnell, um mir das Volk der ungehorsamen Juden hinaus zu schicken zur Vernichtung.
		(37) Ich aber, Mardochai, tue euch kund, daß der, der das verursachte an den Toren von Susa aufgehängt wurde, und sein Haus wurde in andere Hände gegeben.

		(38) Denn dieser wollte uns töten am 13. des Monats, das ist Adar".
(11) worin der König den Juden gestattete, sich in allen Städten zu versammeln und einzustehen für ihr Leben und zu töten, zu vernichten und auszurotten [und] alle Macht eines Volkes und einer Provinz, die sie bedrängen [samt] Kindern und Frauen und ihre Beute zu erbeuten,	(11) so wurde ihnen befohlen, sich nach ihren Gesetzen in jeder Stadt beizustehen und diese auch zu gebrauchen, gegen ihre Gegner und die, die ihnen entgegengesetzt sind—wie sie es wollen,	
(12) und [zwar] an einem Tag in allen Provinzen des Königs Achaschwerosch, am 13. des 12. Monats, dem Monat Adar.	(12) an einem Tag, in jedem Königreich, dem 13. des 12. Monats, das ist Adar.	
	--- ADD E ---	
(13) Eine Abschrift des Briefes sollte als Gesetz in jeder Provinz erlassen werden, wozu man sie allen Völkern kundtat, damit die Juden an jenem Tag bereit wären, sich an ihren Feinden zu rächen.	(13) Die Abschriften aber wurden augenscheinlich veröffentlicht in jedem Königreich, und alle Juden waren bereit, um an diesem Tag ihre Feinde zu bekämpfen.	
(14) Die Eilboten, die auf den königlichen Postpferden ritten, zogen auf das Wort des Königs schnell in Eile aus, und das Gesetz wurde in Susa, der Burg, erlassen.	(14) Die Boten aber kamen [auf Postpferden] eilend herbei, um die Worte des Königs aufzuführen. Die Vorschrift aber wurde auch in Susa veröffentlicht.	
(15) Und Mordechai ging vor den König hinaus in einem königlichen Gewand aus violettem Purpur und weißem Linnen und einem großen silbernen Diadem und einem Mantel aus Byssus und violettem Purpur	(15) Mardochai aber kam herbei, das königliche Gewand und Krone ganz aus Gold und ein Diadem, ganz aus purpurnem Byssus tragend.	(39) Und Mardochai ging hinaus, bekleidet mit königlicher Kleidung und einem Diadem, ganz aus Purpur.
und die Stadt Susa jubelte und war fröhlich.	Als die, die in Susa waren [ihn] sahen, jubelten sie.	(40) Aber als die in Susa ihn sahen, freuten sie sich.
(16) Den Juden war Glück und Freude und Wonne und Ehre zuteil geworden.	(16) Es wurde aber [alles] glücklich und froh mit den Juden!	
(17) Und in allen Provinzen und in jeder Stadt, dort, wo das Wort des Königs und sein Gesetz hingelangt waren,	(17) In jeder Stadt und [jedem] Land da, wo der Befehl auch immer bekannt wurde, da, wo das öffentlich Gemachte hingebracht wurde,	
war Freude und Wonne unter den Juden, Gastmahl und Festtag,	war [man] froh und jauchzte mit den Juden, mit Trinkgelagen und Frohsinn.	Und die Juden hatten Lichter und Trinkgelage und ein Bankett.
und viele Völker der Erde traten zum Judentum über, denn es war ein Schrecken vor	Und viele der Völker beschnitten sich und lebten nach jüdischer Sitte wegen	(41) Und viele Juden beschnitten sich,

den Juden auf sie gefallen.	des Schreckens vor den Juden.	
(9,1) Und am 12. Monat, das ist der Monat Adar, am 13. Tag desselben, als das Wort des Königs und sein Gesetz zur Ausführung kommen sollte, an dem Tag, als die Feinde der Juden gehofft hatten, Herr zu werden über sie, es sich aber umkehrte und sie, die Juden, Herr wurden über ihre Hasser,	(9,1) Denn am 12. Monat am 13. des Monats, das ist Adar, kamen die Schriften, die geschrieben worden waren, vor den König.	
(2) versammelten sich die Juden in ihren Städten in allen Provinzen des Königs Achaschwerosch,		
um Hand anzulegen an die, die ihr Unglück verlangt hatten. Und niemand konnte vor ihnen bestehen, denn ein Schrecken war auf alle Völker gefallen.	(2) An diesem Tag kamen die, die den Juden Widersacher waren, um. Denn keiner stellte sich [ihnen] entgegen, denn sie wurden gefürchtet.	und keiner stand auf gegen sie, denn sie fürchteten sie.
(3) Und alle Fürsten der Provinzen und die Satrapen und die Statthalter und die die Geschäfte des Königs besorgten, unterstützten die Juden, denn ein Schrecken vor Mordechai war auf sie gefallen	(3) Denn die Herrscher der Provinzen und die Gebieter und die königlichen Schreiber ehrten die Juden. Denn die Furcht des Mardochai kam über sie,	(42) Die Fürsten und die Herrscher und die Satrapen und die königlichen Schreiber fürchteten die Juden. Denn die Furcht vor Mardochai fiel auf sie.
	(4) denn der Befehl des Königs traf ein, um in jedem Königreich bekannt zu werden.	
(4) Denn Mordechai war groß im Haus des Königs und die Nachricht von ihm ging in alle Provinzen, denn der Mann Mordechai wurde immer größer und größer.		
		(43) Und in Susa trug sich zu, daß Haman genannt wurde und auch die, die im ganzen Königreich aufgestanden waren.
(5) Und die Juden erschlugen alle ihre Feinde mit Schwertkampf, Töten, Ausrotten. Und sie handelten an ihren Feinden nach ihrem Wohlgefallen.	(5)?	
(6) Und in Susa, der Burg, erschlugen die Juden und rotteten aus 500 Mann:	(6) Und in Susa, der Stadt, töteten die Juden 500 Männer	(44) Und die Juden in Susa töteten 700 Männer und den Pharsan und seinen Bruder und den Pharna und den Gagaphardata und den

		Marmasaima und den Izatout
(7) Den Parschandata, den Dalpon, den Aspata,	(7) und den Pharsannestai und Delfon und Phasga	
(8) den Porata, den Adalja, den Aridata,	(8) und Phardata und Bargea und Sarbacha	
(9) den Parmaschta, den Arisai, den Aridai un den Jesata,	(9) und Marmasim und Arufaios und Arsaios und Zabutaios,	
(10) zehn Söhne Hamans, dem Sohn Hammedatas, dem Bedränger der Juden erschlugen sie. Und an die Beute legten sie ihre Hand nicht.	(10) die zehn Söhne von Haman, dem des Hammadata, des Bougaios, dem Feind der Juden und plünderten sie aus	und die zehn Söhne von Haman, dem Sohn des Hammadata, des Bougaios, dem Feind der Juden, und sie plünderten alles, was ihnen gehörte
(11) In diesen Tagen kam die Zahl der Getöteten in Susa, der Burg, vor den König.	(11) an einem Tag. Und die Zahl der Getöteten in Susa wurde dem König angegeben.	
(12) Und der König sagte zu Esther, der Königin: "In Susa, der Burg, haben die Juden 500 Mann und die zehn Söhne Hamans erschlagen und ausgerottet;	(12) Der König aber sprach zu Esther: "Die Juden haben in Susa, in der Stadt, 500 Männer getötet.	(45) Und der König sprach zu Esther:
was werden sie in den übrigen Provinzen des Königs getan haben! Was aber ist deine Bitte und ich erfülle sie dir! Und was ist dein Verlangen und es soll erfüllt werden."	Aber wie werden sie sich in dem Umland verhalten haben? Was forderst du jetzt noch? Und es wird dir gegeben."	"Wie haben sich (deine Leute) hier und wie die im Umland verhalten?"
(13) Und Esther sagte: "Wenn es gut ist vor dem König, möge er auch morgen den Juden, die in der Burg Susa sind, gestatten, nach dem heutigen Gesetz zu handeln und die zehn Söhne Hamans an einem Holzpfahl aufzuhängen."	(13) Und Esther sprach zum König: "Gib den Juden, daß sie sich am morgigen Tag genauso verhalten können, so daß die zehn Söhne des Haman aufgehängt werden."	(46) Und Esther sagte: "Gib den Juden, die Erlaubnis zu töten und auszuplündern.
(14) Und der König befahl, es so zu tun. Und so wurde ein Gesetz in Susa erlassen, und die zehn Söhne Hamans hängte man auf.	(14) Und er gestattete es, daß es auf diese Weise geschehe, und er gab den Juden der Stadt die Körper der Söhne Hamans, um sie aufzuhängen.	Und er erlaubte es.
(15) Und die Juden versammelten sich in Susa auch am 14. Tag des Monats Adar, und sie erschlugen in Susa 300 Mann, und an die Beute legten sie ihre Hand nicht.	(15) Und die Juden in Susa versammelten sich am 14. des Adar und töteten 300 Männer, aber sie plünderten nichts.	
(16) Und die übrigen Juden, die in den Provinzen des Königs lebten, versammelten sich und standen für ihr Leben ein und erhielten Ruhe vor	(16) Die übrigen der Juden aber, die im Königreich [lebten], versammelten sich und eilten ihnen selbst zu Hilfe und [dann] hörten sie	

ihren Feinden. Sie hatten unter ihren Hassern 75000 erschlagen. Aber an die Beute hatten sie ihre Hand nicht gelegt.	mit den Feindseligkeiten auf. Denn sie töteten von ihnen 15000	Und sie vernichteten 70000 und 100 Männer".
(17) Am 13. Tag des Monats Adar; am 14. des Monats aber ruhten sie und machten ihn zu einem Tag des Festmahls und der Freude.	am 13. des Adar, und sie plünderten nichts. (17) Und sie hörten am 14. des selben Monats auf und veranstalteten einen Tag der Ruhe mit Freude und Frohsinn.	
(18) Doch die Juden, die in Susa wohnten, hatten sich am 13. des Monats und am 14. des Monats versammelt. Und sie ruhten am 15. des Monats aus und machten ihn zu einem Tag des Festmahls und der Freude.	(18) Die Juden aber, die sich in Susa, der Stadt, versammelt hatten—auch am 14.—hörten nicht auf. Aber auch sie veranstalteten den 15. mit Freude und Frohsinn.	
(19) Darum feiern die Juden auf dem offenen Land, die in den offenen Landstädten wohnen, den 14. Tag des Monats Adar mit Freude und Festmahl und als Festtag und mit der Zusendung von Portionen—ein Mensch seinem Nächsten.	(19) Deshalb nun veranstalten die Juden, die zerstreut in allen außerhalb liegenden Ländern leben, am 14. des Adar einen herrlichen Tag mit Frohsinn, indem sie jedem Nachbarn etwas schicken. Die aber, die in den Hauptstädten wohnen veranstalten auch am 15. Adar einen fröhlichen [und] herrlichen Tag, indem sie den Nachbarn etwas zuschicken.	
(20) Und Mordechai schrieb diese Begebenheiten auf. Und er sandte Briefe zu allen Juden, die in allen Provinzen des Königs Achaschwerosch lebten, den nahen und den fernen,	(20) Mardochai aber schrieb diese Worte in ein Buch und sandte es zu den Juden, die in dem Königreich des Artaxerxes lebten, den nahen und den fernen,	(47) Aber Mardochai schrieb diese Worte in das Buch und sandte den Juden, die in dem Königreich des Assyros lebten, den weiten und den nahen,
(21) um sie zu verpflichten, daß sie den 14. Tag des Monats Adar und den 15. Tag desselben Jahr für Jahr feiern sollten	(21) um diesen schönen Tag festzusetzen, daß [er] veranstaltet [werde] und den 14. und den 15. des Adar—	diese Tage mit Hymnen und Freude zu halten gegen Leid und Schmerz—den 14. und 15.
(22)—als die Tage, an denen die Juden vor ihren Feinden zur Ruhe gekommen waren und als den Monat, der sich ihnen von Kummer zur Freude und von Trauer zum Festtag verwandelt hatte—, daß sie diese feiern sollten als Tage des Festmahls und der Freude und mit Zusenden von Portionen—ein Mensch	(22) denn an diesen Tagen ließen die Juden von ihren Feinden ab—und den Monat, an dem [sie] sich abwendeten von ihnen, das ist Adar, vom Leid zur Freude und von Qual zu einem herrlichen Tag, um einen ganzen schönen Tag der "Hoch"zeiten und des Frohsinns zu veranstalten, indem etwas den Freunden	

seinem   Nächsten   und
Geschenke an die Armen.

(23) Und die Juden nahmen
an, was sie zu tun angefangen
und was Mordechai ihnen
geschrieben hatte.

(24) Denn Haman, der Sohn
Hammedatas, der Agagiter,
der Bedränger aller Juden,
hatte gegen die Juden geplant,
sie umkommen zu lassen und
hatte das Pur, das ist das Los,
geworfen,   sie   in
Verwirrung zu bringen und sie
umkommen zu lassen.

(25) Und als es vor den König
kam, befahl er durch einen
Brief, sein böser Anschlag,
den er gegen die Juden geplant
hatte, solle auf seinen Kopf
zurückkommen.   So   hängte
man ihn und seine Söhne am
Holzpfahl auf.

(26) Deshalb nannte man diese
Tage Purim, nach dem Namen
Pur. Deshalb, wegen all der
Worte   dieses   Briefes   und
dessen, was sie in dieser
Hinsicht gesehen und erfahren
hatten,

(27) legten es sich die Juden
auf und nahmen es als
unveränderlichen Brauch an
für   sich   und   für   ihre
Nachkommen und für alle, die
sich ihnen anschlössen, diese
beiden Tage Jahr für Jahr zu
feiern   nach   der   für   sie
[geltenden] Vorschrift und der
ihnen festgesetzten Zeit.

(28) Und daß diese Tage in
Erinnerung   bleiben   und
gefeiert werden sollten in jeder
einzelnen Generation, in jeder
einzelnen   Familie,   in   jeder
einzelnen Provinz und in jeder
einzelnen Stadt,
und daß diese Purimtage bei
den Juden nicht untergehen
und die Erinnerung an sie bei
ihren Nachkommen kein Ende
finden sollten.

---

und den Armen geschickt
werde.

(23) Und die Juden nahmen
[es] an, so wie Mardochai [es]
ihnen geschrieben hatte,

(24) [nämlich] wie Haman,
der des Hammedata, der
Makedonier, sie töten wollte
und wie er den Beschluß faßte
und durch Los bestimmte, sie
zu vernichten,

(25) und wie er zu dem König
hineinging,   indem   er   ihm
sagte, daß Mardochai getötet
werden sollte. Daß er aber
Hand anlegte, um für die
Juden   Schlechtes
herbeizuführen, [es] aber ihm
geschah und er selbst und
seine   Kinder   aufgehängt
wurden.

(26) Deshalb nennt man diese
Tage Phrourai wegen der
Würfel—denn   in   der
Volkssprache   werden   sie
Phrourai genannt—wegen der
Worte dieses Briefs und das,
was durch sie passierte und
das, was ihnen widerfuhr.

(27) Und es wurde festgesetzt,
und die Juden nahmen es an
für sich selbst und für ihre
Nachkommenschaft und für
die, die zu ihnen hinzukamen,
und freilich machten sie nicht
auf andere Weise Gebrauch
davon.

Diese Tage wurden aber in
Erinnerung   gebracht   von
Geschlecht zu Geschlecht und
Stadt   und   Vaterhaus   und
Land.

(28) Diese Tage der Phrourai
wurden aber zu jeder Zeit
veranstaltet,   und   die
Erinnerung an sie hörte nicht
auf   in   der   Folge   der
Geschlechter.

---

(48) Und er sandte den
Armen Nahrung,
und sie nahmen es an.

(49) Deshalb werden diese
Tage   Phouraia   genannt,
wegen der Würfel, die
geworfen wurden in diesen
Tagen, zur Erinnerung.

(29) Und Esther, die Königin, die Tochter Avichails, und der Jude Mordechai, schrieben mit allem Nachdruck, um diesen zweiten Purimbrief festzulegen.	(29) Und Esther, die Königin, Tochter des Aminadab und Mardochai, der Jude, schrieben und bestätigten dies mit Nachdruck des Briefes des Phrourai.	
(30) Und er sandte Briefe an alle Juden, in die 127 Provinzen des Königreiches des Achaschwerosch, Worte des Friedens und der Wahrheit,		
(31) um diese Purimtage in ihren festgesetzten Zeiten festzulegen, so wie der Jude Mordechai und Esther, die Königin, es ihnen festgelegt hatten und wie sie es sich selbst und ihren Nachkommen festgelegt hatten, die Regelung des Fastens und ihrer Wehklage.	(30) Und Mardochai und Esther, die Königin, legten [ihn] für sie, wie für sich selbst fest, und sie taten dies gemäß ihrem Wohlempfinden und ihrem Willen.	
(32) Und der Befehl Esthers legte diese Purimvorschriften fest, und es wurde in einem Buch niedergeschrieben.	(31) Und Esther legte diese Worte für die Ewigkeit fest und schrieb es ins Gedächtnis.	
(10,1) Und der König Achaschwerosch legte dem Land und den Inseln des Meeres eine Steuer auf.		
(2) Und alle seine gewaltigen und seine mächtigen Taten und die Beschreibung der Größe Mordechais, zu der der König ihn erhob,	(10,1) Und der König schrieb an das Königreich zu Erde und zu Wasser	(50) Und der König schrieb zu den Enden der Erde und des Meeres
sind sie nicht geschrieben im Buch der Begebenheiten der Tage der Könige der Meder und Perser?	(2) über seine Stärke und Mannestugend, den Reichtum und die Ehre seines Königreiches. Siehe, es ist geschrieben in dem Buch der Könige der Perser und Meder zum Gedächtnis.	bezüglich seiner Kraft, Reichtum und Ehre seines Königreiches.
(3) Denn der Jude Mordechai war der Zweite nach dem König Achaschwerosch und groß bei den Juden und wohlgefällig bei der Menge seiner Brüder. Er suchte das Wohl seines Volkes und redete zum Wohl aller seiner Nachkommen.	(3) Mardochai aber löste den König Artaxerxes ab und wurde groß im Königreich und stand [in gutem] Ruf bei den Juden. Und weil er die Fürsorge trug, hatte er die Leitung seines ganzen Volkes inne.	(51) Und Mardochai verehrte ihn und schrieb in die Bücher der Perser und Meder zur Erinnerung.
		(52) Mardochai aber war Nachfolger des Königs Assyros, und er war groß im Königreich und beliebt bei allen Juden, und er herrschte

		über sie und legte auf sein ganzes Volk Ehre.

Eine erste Betrachtung des Textes zeigt, daß der A-T. faktisch sehr viel kürzer ist als der M-T. Der inhaltliche Zusammenhang, der Duktus des Textes, zeigt, daß der A-T. in diesen Kap des Esth gegenüber dem M-T. in einer Art Zusammenfassung des Inhalts dargestellt wird und nicht, wie für die Esthererzählung angenommen wurde, als Zeuge für den ursprünglicheren Text steht. Es erscheint oft, als habe er Textteile aus dem M-T. bis zur Unverständlichkeit gekürzt und unverbunden nebeneinander gestellt. Auch der Inhalt einzelner Verse bleibt manchmal kryptisch (vgl. 7,18-21.44-45).

Betrachtet man den Übergang von Kap 8 zu Kap 9 in M-T., so wird man dort einen deutlichen Bruch gewahr. Dieser ist durch einen Abschluß des bisherigen Geschehens mit Freudenfesten und Konversion der Völker zum Judentum am Ende von Kap 8 gekennzeichnet. In Kap 9, das mit einer Nacherzählung des bisher Geschehenen beginnt, wird nun die Beschreibung der Rache an den Feinden der Juden aufgerollt, wobei das Ganze noch einmal, wie am Ende von Kap 8, mit Freudenfeierlichkeiten endet. Dieser hier nur kurz skizzierte Bruch zwischen Kap 8 und 9 im M-T. ist im A-T. nicht aufzuspüren. Der Zusammenhang zwischen den beiden Kap wird durch die Furcht der Feinde in 7,41 und der Schrecken der Fürsten vor den Juden in 7,42 hergestellt.

Daß dieser Bruch nun weggefallen ist, spricht dafür, daß der Zusammenhang von Kap 8 und Kap 9 in der A-T.-Version in einer überarbeiteten Form eingefügt wurde. Auffällig ist, daß der A-T. die Datierung, Element C, nur am Rande erwähnt. Dies könnte auf ihre Bedeutungslosigkeit im Zusammenhang der Esthererzählung hindeuten, für die der A-T. der originäre Zeuge ist, doch können wir erst später, nach unserer redaktionsgeschichtlichen Untersuchung von Element A, B und C auf diese Besonderheit am A-T. eingehen.[90] Hier sei jedoch bereits darauf hingewiesen, daß Element C im M-T. dagegen entsprechend der in den Vordergrund stehenden Einführung und Anmahnung des Haltens der Purimfesttage überbetont wird.[91]

Stellen wir unserer Ausgangsthese in diesem Abschnitt nochmals einen Vergleich der Elemente A-C in den beiden Versionen gegenüber und ziehen in die Betrachtung nun auch die anderen Elemente von Kap 8-9 (M-T.) bzw. 7,14-50 (A-T.) ein:[92]

---

[90]   Vgl. Kapitel 7.4.3.1.
[91]   Auf den "Sitz im Leben" der Texte, den dieser Unterschied im A-T. und dem M-T. zum Vorschein bringt, werden wir in Kapitel 7.5. eingehen.
[92]   Wir kennzeichnen die Einführung eines neuen Elementes in den M-T. mit einer (kursiv aufgeführten) Ziffer, um ihre Verwendung im Ablauf des Geschehens in den Versionen besser verdeutlichen zu können. Wir gebrauchen diese Bezeichnung nur für die Darstellung in diesem

Elemente 1-13 in den Schlußkapiteln des M-T. und des A-T. im Vergleich

Element *1*: Bitte von Esther (Zurücknahme des Dekrets von Haman)
Element *2*: Bitte von Mordechai (Zurücknahme des Dekrets von Haman)
Element *3*: Erlaubnis zum Schreiben eines Dekrets
Element *4*: Schreiben und Verteilen des Gesetzes in den Provinzen
Element *5*: Inhalt des Schreibens
Element *6*: Schreiben und Verteilen des Gesetzes in Susa
Element *7*: Bestrafung der Feinde im ganzen Land
Element *8*: Bestrafung der Feinde in Susa
Element *9*: Erhängung der Söhne Hamans
Element *11*: Mordechais Ruhm und Ehre
Element *12*: Freude und Feierlichkeiten
Element *13*: Erklärung des Festnamens

Kap 8 (M-T.)	7,14-41 (A-T.)
1 (8,3-6)	*2* (7,16)
	1/7 (7,18)
	1/9 (7,19)
	7 (7,20)
	8 (7,21)
	6 (7,33a)
3 (8,7-8)	*3* (7,33b)
4 (8,9-10.13)	*4/5* (7,34)
5 (8,11-12)	*5* (7,35-38)
4/6 (8,14)	
10 (8,15a)	*10* (7,39)
11 (8,15b-17)	*11* (7,40)

Kap 9 (M-T.)	7,42-49 (A-T.)
7 (9,1-3a)	*7* (7,42)
10 (9,4)	
	8 (7,43)
7 (9,5)	
8 (9,6-9)	*8* (7,44a)
9 (9,10)	*9* (7,44b)
7/8 (9,11-12a)	*7* (7,45)
	1/7 (7,46a)
1/9 (9,12b-13)	
6/9 (9,14)	
8 (9,15)	
7 (9,16)	*7* (7,46b)
11 (9,17)	
8 (9,18a)	
11 (9,18b-19)	
4 (9,20-23)	*4* (7,47-48)
Rückblick (9,24-25)	
12 (9,26-28)	*11* (7,49)
4/11 (9,29-32)	

An dieser Darstellung ist zu erkennen, daß der A-T. Elemente, die der M-T. nur in Kap 9 führt, nämlich die Elemente *7-9,* bereits in Kap 7,14-41 aufführt. Die nachfolgenden Verse (fettgedruckt) zeichnen sich durch starke Abweichungen zwischen M-T. und A-T. in Textumfang und Darstellung der Inhalte aus. Die Gegenüberstellung zeigt außerdem, daß der A-T. den Teil der Bestrafung der Feinde des Jüdischen Volkes (Element *7/8*) und die Bestrafung der Söhne Hamans (*9*) bereits gleich hinter Esthers bzw. Mordechais anfänglicher Bitte vor dem König gestellt hat. Der M-T. hat für diese Aspekte der Erzählung vornehmlich Kap 9 vorbehalten, von dessen Inhalt im A-T. nur recht wenige Verse überliefert sind. Sie führen jedoch noch einmal Element *7-9* auf. Tatsächlich findet man in 7,42-49 auch kaum

Abschnitt. Im weiteren Verlauf des Textes halten wir die oben eingeführte Bezeichnung der Elemente A-C bei.

noch textliche Plus des A-T., sondern vielmehr auszugsweise Inhalte, die auch im M-T. anzutreffen sind. Alles in allem wird im M-T. und dem A-T. der Eindruck erweckt, als würde die Bestrafung der Feinde gleich zweimal erzählt.

Es ist offenkundig, daß der A-T. mit der Aufführung von Element A (d.s. die oben genannten Elemente *7-9*) in der Umkehrung des Geschehens, der Verfolgung der *Feinde* des Jüdischen Volkes, gleich hinter der Esthererzählung einen Abschluß des Geschehens gestaltete. Damit wurde die Gefahr nicht nur beseitigt, sondern es ist allen zudem Gerechtigkeit widerfahren. Die Feinde werden bestraft und nach der Feier und der Freude über diesen Ausgang (V.33b-41 (A-T.)) findet das Geschehen zu einem Ende. Doch anders als der A-T. zögert der M-T. den Abschluß des Dramas noch bis zu Kap 9 hinaus. Die Feinde werden nicht in Kap 8 bestraft, sondern dort wird der Erzählverlauf vielmehr durch die überaus breite Ausarbeitung von Element B (d.s. die Elemente *4-6*) gegenüber dem A-T., wiederum in seiner Umkehrung, als Schreiben eines *Gegen*dekrets, bestimmt. Erst in Kap 9 legt der M-T. die Bestrafung der Feinde in einer genauen und umfassenden Darstellung des Purimgeschehens dar ("Purim"-Schicht).

Wir schlußfolgern aus dieser Beobachtung, daß wenn der Proto-A-T. in der Einführung des Elementes A und B in den Text tatsächlich, wie angenommen, die Vorlage von M-T. war, so geht die zweite Ausweitung des Textes mit der nachdrücklichen Erklärung für die Feier des Purimfestes in Kap 9 und der starken Betonung des Datums (Element C) auf das Konto des M-T. Beides wird im A-T. dagegen nur schwach und in einer zusammenfassenden Darstellung präsentiert. Wie ist dieser Unterschied zwischen der Überbetonung auf der einen Seite (M-T.) und der fast nur beiläufig dargelegten Berichterstattung über das Purimgeschehen im A-T. zu verstehen?

Wir meinen, daß die Bestrafung der Feinde im Proto-A-T. in 7,18-33 vom M-T. aus dem Textzusammenhang herausgenommen und in Kap 9 in einer ausgeweiteten Darstellung des Purimgeschehens wieder eingefügt wurde. Auf der Basis dieser Textveränderung hat er nun wieder Einfluß auf den A-T. genommen, der den Proto-A-T. bezeugt, um auch diesen zu einer Festlegende für Purim werden zu lassen. Dies kann jedoch durchaus auch mittels des LXX-T. geschehen sein, der im Ablauf des Geschehens in Kap 8-9 nicht nur dem M-T. folgt, sondern, wie FOX feststellte,[93] v.a. in Kap 9 eine große Nähe zum A-T. aufweist.[94]

---

[93]   Vgl. M.V.Fox, Redaction, a.a.O., 48ff.152.
[94]   Vgl. hierzu auch die Untersuchungen von K.H.Jobes (Alpha-Text, a.a.O., 147-154). "The common core is evident in the fifty-nine units in chapters 8-19 (out of a total of 475) where AT = MT = LXX. All but two of these units exhibit both semantic and formal agreement among all three texts. There are an additional forty-five units where AT = LXX ≠ MT. The agreement of the AT with the MT might be explained as coming *via* the LXX, making these

Übertragen wir diese Beobachtungen auf unsere Überlegung zu den redaktionellen Bearbeitungsschichten im Esth, dann bedeutet dies also, daß die "יְהוּדִים"-Schicht Element A und B zuerst in den Proto-A-T. einarbeitete, so daß die Esthererzählung in Kap 7 mit den V.14-41 ausgeweitet wurde. In dieser Form war der Text die Vorlage für den M-T. Die "Purim"-Schicht des M-T. gestaltete seine Vorlage nun zur Festlegende für Purim um, indem er in Kap 8 das Element B in dem Gegenedikt ausweitete und aus dem Motiv der Rache an den Feinden das Kap 9 und der sich daraus ergebenden Purimfeier gestaltete. In dieser Fassung war die M-T.-Version neben dem Proto-A-T. die Textgrundlage für den LXX-T. Doch wurde der Proto-A-T. nun auch noch einmal mit der "Purim"-Schicht überarbeitet. Dies geschah auf der Basis des LXX-T., der diesen Text zu einer Festlegende umgearbeitet hatte, jedoch ohne den im M-T. zum Ausdruck kommenden, nachdrücklichen Aufruf zur Feier des Purimfestes. Vielmehr wurde die Purimthematik mit der Umkehrung und der Datierung des Geschehens in einer Kurzform in Kap 8 eingearbeitet und Kap 9 angehängt.

Den Grund für die kritische Aufnahme des Purimgedankens im A.T. haben wir in einem vom M-T. verschiedenen "Sitz im Leben" des A.T. zu suchen, doch wollen wir diese textliche Situation erst weiter unten erörtern. Um unsere in diesem Abschnitt dargestellte These zu verifizieren, sind zunächst die Elemente A-C in den Schlußkapiteln der Versionen in Gegenüberstellung zu betrachten.

7.4.3. Element A-C in Kap 8,3 - Kap 9 (M-T.) bzw. Kap 7,16-49 (A-T.)

Wenn wir in diesen Kap nach den Elementen A-C suchen, so werden wir, wie vordem zu bemerken war, vor die Tatsache gestellt, daß zuerst Element A und B und schließlich auch Element C inhaltlich in ihrer Umkehrung anzutreffen sind. Das heißt für Element A, daß es nicht mehr die Ausweitung des Racheplans Hamans von Mordechai auf das Jüdische Volk beinhaltet, sondern umgekehrt, die Rache nicht nur an Haman, sondern an allen Feinden des Jüdischen Volkes meint. Wir kennzeichnen letzteres nun nicht mehr mit den oben genannten Ziffern *7-8*, die die Chronologie der Elemente in den Kap 8-9 zum Ausdruck bringen sollte, sondern führen im folgenden die Bezeichnung ***"Element Aa"*** ein. Für Element B entsteht daraus die Bezeichnung ***"Element Bb"*** für das entsprechende Gegen-Edikt (vgl. Element *4-6* der Tabelle). Dreh- und Angelpunkt für beide stellt Element C dar, denn an dem von Haman festgelegten Datum findet nun die Rache an den Feinden statt. Doch auch dieses wird letztendlich zu dem Datum für die

readings in the AT depent on the LXX" (dies., a.a.O., 154). Jobes erklärt diese Übereinstimmung der beiden Versionen am Ende des Esth jedoch anders als Fox damit, daß "both Greek versions independently translated what was essentially the same *Vorlage*" (dies., a.a.O.).

Feierlichkeiten zum Gedenken an die Überwindung der Feinde des Jüdischen Volkes (*"Element Cc"*).

Der Aspekt der Umkehrung des Geschehens findet seinen entsprechenden Ausdruck in 9,1b des M-T.: "בַּיּוֹם אֲשֶׁר שִׂבְּרוּ אֹיְבֵי הַיְּהוּדִים לִשְׁלוֹט בָּהֶם וְנַהֲפוֹךְ הוּא אֲשֶׁר יִשְׁלְטוּ הַיְּהוּדִים הֵמָּה בְּשֹׂנְאֵיהֶם" (*als die Feinde der Juden gehofft hatten, Herr zu werden über sie, **es sich aber umkehrte**, und sie, die Juden, Herr wurden über ihre Hasser*).[95] Seltsamerweise liegt hier ein textliches Plus gegenüber dem LXX-T. und dem A-T. vor, ist es doch der zentrale Orientierungspunkt und Interpretationsrahmen für das Purimgeschehen im Esth.[96]

7.4.3.1. Redaktionsgeschichtliche Scheidung der Elemente A und B von Element C

In den vorausgehenden Abschnitten haben wir unserer These entsprechend festgestellt, daß der M-T. zwei redaktionelle Appendizes aufweist, d.h. Kap 8-9 können nicht als ein großer Schlußteil gelesen werden.[97] Diese Position wird auch von CLINES und FOX vertreten. Wir nehmen anders als JOBES an, daß der A-T. in Kap 7 als ein Endstück geschrieben wurde. Er wurde vor dem M-T. zunächst in Überarbeitung mit den Elementen A und B in Kap 7,14-41 ausgearbeitet. Was 7,42-50 betrifft, so meinen wir mit FOX, daß er von LXX-T. her bearbeitet wurde und zwar in der Form, daß er in einer zweiten Redaktion mit Element C und der Purimthematik ausgestaltet wurde, die der LXX-T. auf seiner textlichen Basis, dem M-T., in seinem Text mitführte, so daß auch der A-T. schließlich zur Legende für das Purimfest wurde.

Wir entfalten und konkretisieren unsere These nun dahingehend, daß die Elemente A und B für Kap 1-7,13 bereits schon im Proto-A-T. konstitutiv wurden. Wir meinen, daß die heidnische Esthererzählung von einem neuformulierten Ende her (7,14-41) zu einer jüdischen Diaspora-Erzählung umgeformt wurde. Diese Bearbeitung hat in Kap 7,14-41 ihre Wurzeln und

---

[95] Dieses Motiv der Umkehrung findet sich in einem textlichen Plus auch in 9,22.25 wieder.

[96] Interessant wäre es, für diese Stelle zu überlegen, ob der Purimbegriff vielleicht aufgrund einer Textkorruption zustande gekommen sein könnte, so daß ursprünglich statt "פּוּר" "פּוּךְ" bzw. "הפך" zu lesen war. Auffällig ist nämlich, daß der Text des Esth die Bedeutung des Begriffes nicht erläutert, sondern scheinbar voraussetzt, daß sie von 9,25f. her bekannt ist. In 9,1 nun hat der Schreiber für dasselbe Geschehen einen anderen Begriff verwendet: Anders als in 9,26, wo die Umkehrung des Geschehens mit "שוב" formuliert wird, verwendet 9,1 vielmehr "הפך" (Ni). Und auch in 9,22 wird das Verb "הפך" gebraucht. Hier wird besonders die Begründung für den Anlaß der Feier des Festes herausgehoben. Es kommt in der Feier des Purim aber nun genau auf letzteres an, nämlich, daß sich das Böse gegen die Angreifer richtet und damit umgekehrt wird zum Wohl des bis dahin der Bedrohung ausgesetzten Menschen. Für unsere These bedarf zuvor es jedoch einer umfassenden begrifflichen Analyse.

[97] Wir rechnen die Schlußverse von Kap 10 an dieser Stelle noch nicht hinzu.

wurde von dort in den Text eingebracht.[98] Sie hat das Ziel, die Problematik des Diasporajudentums inmitten eines heidnischen Umfeldes zum Ausdruck zu bringen. Die nun hinzugefügten Inhalte, die Akzeptanz des Volkes durch den König (Kap 7,33), des Juden Mordechais Machtposition (7,34a.39), der Aufruf, trotz Anfeindungen und den Problemen des Diasporadaseins im Exilsland zu bleiben (7,34b), die Freude der jüdischen Exulanten über die ihnen zuteil gewordenen Ehrungen (7,40), und die für das AT einzigartige Konversion zum Judentum, sowie die zum Ausdruck gebrachte allgemeine Akzeptanz des Jüdischen Volkes im fremden Land (7,41) machen dies deutlich.

Tatsächlich bedeutet V.41 das Ende der Esthererzählung. Ohne ein bestimmtes Datum zu nennen, wird bereits an dieser Stelle von der Freude und dem Feiern von Gastmählern und Festen des Volkes berichtet, die in keiner Weise mit Purim in Verbindung zu bringen sind. Die Bedrohung ist durch den Schrecken der Völker vor den Juden gebannt. Und Mordechais endgültiger Sieg über seinen Widersacher und die Ehrung seines Verhaltens zeichnet sich durch das Tragen königlicher Kleidung aus. Die Beschreibung

---

[98]   K.de Troyer hat die Verweise des Kap 8 auf Kap 1-7 des Esth aufgeführt:
"Vers 1: 6,10; 2,10.22; 3,4.4; 4,4; 6,2; 8,1
Vers 2: 3,10; 8,3; 2,17; 3,1; 10,1; 1,22
Vers 3: 5,4; 7,3; 7,7; 8,6; 9,2; 7,6; 9,25
Vers 4: 4,11; 5,2
Vers 5: 1,19; 5,4; 8,8; 7,3; 8,5; 3,9; 3,13; 4,7; 7,4
Vers 6: 2,19; 2,20; 4,13-14
Vers 7: 2,5; 3,4-6; 5,13; 6,10; 2,23; 5,14; 7,10; 9,13.14.25; 7,10
Vers 8: 2,5.14.22; 3,12; 8,8.10; 9,26
Vers 9: 3,12; 1,22; 3,12
Vers 10: 3,12-13
Vers 11: 3,13; 3,13; 7,4
Vers 13: 3,14; 4,8
Vers 14: 3,15
Vers 15: 5,2; 6,4; 8,2; 1,6; 3,15
Vers 16: 8,17
Vers 17: 3,14-15; 2,8; 8,16"
De Troyer schlußfolgert: "Het moge duidelijk zijn dat de auteur van hoofdstuk 8 dezelfde auteur is als de rest van hat boek Ester. Hoofdstuk 8 is echt geen Fremdkörper binnen het boek. De auteur maakt overvloedig gebruik van de vorige hoofdstukken en zet deze stijl verder in de rest van het boek. Wat de woordkeuze betreft, wijkt de auteur soms af van de verwachtingen en gebruikt hij ogenschijnlijk niet passende woorden. Dan moet men zich echter opnieuw de vraag stellen, waarom die woorden gekozen werden. Men kan dan concluderen dat de auteur de woorden wikt en weegt. Het resultaat is een boeiend 'tweede' niveau van interpretatie. De lezer wordt op een subtiele wijze herinnerd aan vorige passages, of wordt voorbereid op een belangrijke gebeurtenis" (dies., Einde, a.a.O., 129). Wir können De Troyer in ihren Schlußfolgerungen nicht zustimmen, denn, obwohl ihre Textbeobachtungen durchaus nachzuvollziehen sind, interpretieren wir diese dahingehend, daß der Autor des 8. Kap nicht auch der von Kap 1-7 war, sondern daß von Kap 8 her eine Bearbeitung der Kap 1-7 vorgenommen wurde. Auch die Stellen, an denen De Troyer einen Verweis auf den Inhalt von Kap 9 und 10 entdeckt, müssen u.E. vielmehr als zweite, von Kap 9 her bearbeitete Redaktion verstanden werden.

des nun folgenden Racheaktes (Kap 7,42-49) ist von hier aus gesehen überflüssig, würde aus dem Vergleich des Kap 9 des M-T. mit 7,42-49 des A-T. nicht deutlich, daß dieser Teil der Erzählung ein eigenes Interesse verfolgt. Zunächst ist das der Rettung des Jüdischen Volkes im heidnischen und feindlich gesinnten Umfeld jedoch abgeschlossen und mit V.41 beendet worden. Wir rechnen die Erzählung bis hierher deshalb der "יְהוּדִים"-Schicht zu, deren Ursprung im Diasporajudentum des Alten Orients und Ägyptens zu suchen ist.

Kap 9 beginnt im M-T. mit einer Datierung und einer kurzen Zusammenfassung des bisherigen Geschehens. Die Datierung, die in den Kap 1,1-7,13 im A-T. nur am Rande (vgl. den umgestellten V.7 in Kap 3) und im M-T. sogar ungenau (vgl. 3,7 (M-T.) gegenüber 3,7 (LXX-T.)) zum Ausdruck kommt, wird nun in Kap 9 (M-T.), der Begründung und Festlegung des Purimfestes, relevant. Das Thema dieses zweiten Textanhangs ist, in Wiederaufnahme des Erzählstranges, die Begründung für das Purimfest, wie sie in 9,1-2 des M-T zum Ausdruck kommt.

Der M-T. hat in diesen Versen ein textliches Plus. Der A-T. geht an dieser Stelle dagegen mit keinem Wort auf die Datierung ein, sondern führt in V.42 den Gedanken von V.41, dem Schlußvers des entsprechenden Kap 8 in M-T. und LXX-T., fort, der sich mit der Furcht der Bevölkerung vor den Juden befaßt. Die M-T.-Version legt also gegenüber dem A-T. einen starken Akzent auf die Datierung, die sie bereits in 8,12 einfügt und in 9,15-19 im Zusammenhang der Beschreibung des Geschehens noch einmal breit ausführt. In 9,21 dann wird die Verpflichtung zur Purimfeier am festgesetzten Datum zum Ausdruck gebracht. Der A-T. führt diesen Termin dagegen nur in 7,47b, in Anlehnung an den Text des LXX-T., auf.[99]

Wir nehmen nun an, daß die Autorin dieses Textteils, die "Purim"-Schicht, das Interesse verfolgte, die Esthererzählung (Kap 1,1-7,41 (A-T.)), die ihr als Diasporaliteratur vorlag, zu einer Festlegende für das in der palästinischen Heimat und in der Fremde zu feiernde Purimfest umzugestalten. Dazu stellt sie dar, warum das Fest gefeiert wird (9,1.2 und V.24-27) und beschreibt ausführlich das Rachegeschehen an den Feinden des Volkes (9,3-16), wann es gefeiert wird (9,17-19), wie es gefeiert wird (9,22) und inwiefern es nun als zum jüdischen Brauchtum gehörig anzusehen sei (Kap 9,20-21.26-27 u.v.a. V.28-32). Auf letzterem liegt ein überraschend starker Nachdruck, dem wir weiter unten nachgehen wollen.

Nun ist jedoch von Bedeutung, sich vor Augen zu halten, daß die beiden redaktionellen Schichten jeweils an verschiedenen Orten beheimatet waren.

---

[99] Anzumerken ist hierzu, daß wir im M-T. in diesem Abschnitt des Buches entgegen Clines nicht zwischen 9,1-19 und 9,20-32 unterscheiden, sondern das ganze Kap 9 zum zweiten Ende des Esth rechnen, da alle in diesem Kap auftauchenden Aspekte und Elemente durchweg zur Erklärung des Purimfest gehören und nicht voneinander getrennt werden können.

Während die "יְהוּדִים"-Schicht des Proto-A-T. in der Umwelt der Diaspora anzusiedeln war, gehört die "Purim"-Schicht nach Palästina. Dies ist mit der jeweiligen Intention der Überarbeitung der Texte zu begründen und soll hier zunächst als Hypothese vorangestellt werden. Hatten wir den Proto-A-T. hinsichtlich seines Inhaltes und des Aussagegehaltes als Diasporaerzählung gekennzeichnet, so liegt das Interesse der "Purim"-Schicht vielmehr in der Initiierung eines Festes zur *Befreiung* des Jüdischen Volkes von den Feinden. Als deren Hintergrund nehmen wir die politische Situation am Ende und nach den Makkabäischen Kriegen an, nicht aber eine Verfolgungssituation in der Diaspora.[100]

7.4.3.2. Element A und B bzw. Aa und Bb in Kap 7,14-41 des A-T. und Kap 8 des M-T.

Kommen wir nun zu der Betrachtung der Elemente A und B in Kap 7,14-41 des A-T. In 7,16 legt der A-T. anders als der M-T. den Akzent auf Element B statt auf Element A. Mordechais Bitte vor dem König ist eine formale, nämlich die Rücknahme des Dekrets von Haman gegen das Jüdische Volk. Er spricht nicht, wie im M-T., von der Abwendung des vernichtenden Plans gegen das Jüdische Volk (Element A). Auffällig ist, daß diese Bitte Mordechais in 7,16 nur von 3,10 her verstanden werden kann. Diese im Gegensatz zum M-T. eher oberflächliche Verankerung des Elementes B in der Esthererzählung unterstützt unsere These, daß die Erzählung erstens vom Ende her bearbeitet und daß dies zweitens traditionsgeschichtlich *vor* der Ausarbeitung des M-T. vorgenommen wurde.

Esthers Bitte, die mit der Wendung "καὶ εἶπεν Εσθηρ τῷ βασιλεῖ τῇ ἐξῆς" (*Und weiterhin sprach Esther zum König*) sehr deutlich als neuer Beginn oder spätere Fortführung des Textes zu erkennen ist, bringt dann zum ersten Mal Element Aa, die Umkehrung der Rache an der Familie Hamans und den Feinden der Juden (V.18-21), in sehr kurzer Fassung in den Zusammenhang ein. Doch bleibt der inhaltliche Zusammenhang der V.18-21 verschlüsselt: Esther bittet in V.18 darum, daß *ihre* Feinde mit dem Tod bestraft werden. In V.19 erfolgt die gleiche Bitte hinsichtlich der Tötung der Kinder Hamans. V.20 berichtet nun tatsächlich von den geschlagenen Feinden, doch in V.21 wird zum dritten Mal um die Erhängung nicht näher beschriebener "Männer" in Susa gebeten.

Esther übernimmt in diesem Teil die Aufgabe, sowohl für die Tötung der Feinde des Jüdischen Volkes, als auch für Mordechais persönliche Feinde, Haman und seine Familie, zu bitten. Mordechai kümmert sich um dieses Problem nicht. Er ist vielmehr mit der Verfassung eines Briefes an die Juden im Lande beschäftigt (7,16.33-38). D.h., die Rolle Mordechais ist im ersten

---

[100] Vgl. hierzu Abschnitt 7.4.2.

und auch im zweiten Schlußteil des A-T. ganz an Element B und Bb
gebunden, während Esther mit Element A und Aa in Zusammenhang steht.

Im M-T. sieht dies etwas anders aus. Dort ist es zwar auch die Königin,
die den König um die Abwendung des Pogroms bittet (8,3), doch in 8,5
erwähnt sie auch den Plan Hamans, den er ja schriftlich niedergelegt
(Element B) habe. Und in 8,7.8 wird ihr und Mordechai gestattet, das
Gegenedikt zu schreiben (Element Bb), das dann aber schließlich nur durch
die Hand Mordechais aufgesetzt wird. Die Aufteilung der Aufgaben im A-T.
erweckt den Anschein, als stünde mit einem Mal nur noch Mordechai im
Mittelpunkt des Geschehens, Esther dagegen spiele eine untergeordnete
Rolle.[101] De facto verdrängt Element B bzw. Bb, mit dem die Figur
Mordechais verbunden ist, Element A bzw. Aa und die Rolle Esthers aus
dem Geschehen, denn im ersten Schlußkapitel des A-T. findet Esther außer
in den oben genannten Versen keine Erwähnung mehr.

Wie kann dieser Sachverhalt erklärt werden, daß der M-T. allem
Anschein nach versucht hat, die Aufteilung der Rollen wieder auseinander zu
dividieren und neu aneinander anzugleichen? Betrachtet man die Inhalte der
Schreiben Mordechais, dann sieht man, daß Kap 7,14-41 des A-T. nicht, wie
im M-T., als Gegenedikt zur Abwehr gegen die Feinde gestaltet worden ist,
sondern vielmehr als Bekanntgabe, daß die Gefahr beseitigt sei und daß man
im eigenen Land bleiben und nun ein Fest feiern könne (vgl. 7,33-38). Im M-
T. beinhaltet das Schreiben dagegen den Aufruf zur Rache (8,11-13), die
jedoch erst in Kap 9, dem Purim-Kapitel, zur letztendlichen Ausführung
kommt. Fügen wir diese Beobachtungen zusammen, dann zeigt sich, daß sich
als Racheaspekt in 7,14-41 nur Element Aa, das verbunden ist mit der
Akteurin Esther und ihrer Bitte um Bestrafung der Feinde, finden läßt.

Mit der Aussage in 7,20f, daß die Feinde bestraft wurden, ist das
Geschehen jedoch abgeschlossen und Esthers Rolle, die Bedrohung des
Jüdischen Volkes durch die Feinde abzuwehren, wird nicht weitergeführt.
Vielmehr tritt Mordechai nun auf und gibt allen Juden die Beseitigung der
Gefahr bekannt. Unter allen Juden wird ein Fest gefeiert und damit hat die
Erzählung einen positiven Abschluß gefunden.

Nicht so im M-T.! Der M-T. hat den Aspekt von der Rache an den
Feinden der Juden in 8,11-13 in Verbindung mit Element Bb, dem Schreiben
eines Gegenediktes durch Mordechai, in den Text hineingebracht, da er an
der Erklärung und Einführung des Purim-Geschehens interessiert ist.
Insofern kommen wir nun zu dem Ergebnis, daß der Proto-A-T. das Element
A in der Bearbeitung durch die "יְהוּדִים"-Schicht zusammen mit der
Protagonistin Esther als der Aufklärerin des Planes Hamans sowie als
Verantwortliche für dessen Bestrafung eingeführt hat. Das Element B wurde

---

[101]   Vgl. z.B. die Ergebnisse von K.H.Jobes zum Unterschied zwischen dem A-T. und dem
M-T. (dies., Alpha-Text, a.a.O., 138 und K.de Troyer, Einde, a.a.O., 304).

ihm nur in der Form des Ediktes Hamans in Kap 1,1-7,13 und der Bitte um dessen Aufhebung vor dem König (7,16) sowie der Verkündung, daß es aufgehoben worden sei (7,33-37), eingefügt.

Der M-T., der diesen Text als Vorlage hatte, weitete mit der Intention, den Schluß des Esth in der Einführung des Purimfestes gipfeln zu lassen, die Inhalte des Elementes B so aus, daß er Mordechai ein Gegenedikt schreiben ließ, durch das die Feinde der Juden an eben dem festgesetzten Datum (Element C/Cc) des Pogroms am Jüdischen Volkes selbst vernichtet wurden. Der M-T. ist hier deshalb zweifelsohne jünger als der durch die "יְהוּדִים"-Schicht bearbeitete Proto-A-T.

7.4.3.3. Element C bzw. Cc in Kap 9 des M-T. und Kap 7,42-49 des A-T.

Anders als in den vorausgehenden Kap, wo das Element nur dreimal (3,7.13 (Element C);8,12 (Element Cc)) vorkommt, findet es sich in Kap 9 des M-T. gleich fünfmal (9,1.17.18.19.21). 3,7 hatte den Monat und das Jahr aufgeführt, an dem das Pur geworfen wurde. Da es sich hierbei scheinbar um ein längeres Verfahren gehandelt haben muß, gab der M-T. an der entsprechenden Stelle noch keinen Tag an, auf den das Los fiel. Er merkte wohl wie die anderen an, daß es sich bei dem Stichtag um einen Tag des Monats Adar handele, doch nicht, um welchen, während die LXX-T. den 14. und der A-T. den 13. Tag als solchen bereits nannten. Damit nahmen beide Versionen Bezug zu je einem Tag, an dem, wie wir aus Kap 9,15-19 erfahren, die Juden gegen ihre Feinde kämpften und ihren Sieg mit einem festlich gestalteten Ruhetag krönten. In 3,13 datiert dann auch der M-T. den Tag des Pogroms gegen das Jüdische Volk auf den 13. Adar. In 8,12 kehrt dieses Datum als der Tag wieder, an dem das Jüdische Volk gegen seine Feinde vorgehen solle. Hier scheint das Datum als Apposition zum Inhalt von V.11 angehängt worden zu sein, wird dort aber in einer etwas ausgeweiteten Form von 3,13 mit identischem Inhalt wiedergeben:

"בְּיוֹם אֶחָד בְּכָל־מְדִינוֹת הַמֶּלֶךְ אֲחַשְׁוֵרוֹשׁ) (8,12) בִּשְׁלוֹשָׁה עָשָׂר לְחֹדֶשׁ שְׁנֵים־עָשָׂר הוּא־חֹדֶשׁ אֲדָר" (... an einem Tag (in allen Provinzen des Königs Achaschwerosch), am 13. des 12. Monats, dem Monat Adar).

Im Zusammenhang der von uns aufgestellten These läßt sich die Aufnahme von Element C in Kap 3 und 8 mit der Einarbeitung des Element C in den M-T. durch die "Purim"-Schicht erklären. Element C wird in 9,1 im Gegenüber zu den beiden anderen Stellen in chiastischer Form wiedergegeben, und erweckt damit den Eindruck einer durchdachten Gestaltung des Textes:[102] "וּבִשְׁנֵים עָשָׂר חֹדֶשׁ הוּא־חֹדֶשׁ אֲדָר בִּשְׁלוֹשָׁה עָשָׂר

---

[102] Auch wenn wir meinen, daß die Esthererzählung von Kap 9 her bearbeitet wurde, ist nicht auszumachen, welche der Ausdrucksformen für das Datum, 9,1 oder 3,13 bzw. 8,12, die ursprüngliche war. Natürlich bedeutet die Bearbeitung von Kap 9 her, wie bereits oben

בּוֹ יוֹם "*(Und am 12. Monat, das ist der Monat Adar, am 13. Tag desselben)*. Die ausgesprochen ausführliche Darlegung der Daten in 9,15-19, die die jeweiligen Rache- und Ruhetage angeben, beinhalten zusätzlich die Unterscheidung für die Ruhetage in Susa und den Provinzen. Insgesamt laufen die Angaben über die Datierung auf die Verpflichtung in V.21 zu, an eben diesen Tagen ein Fest zu feiern. Dem schließt sich die Erklärung über Form und Inhalt sowie die Begründung und Benennung des Festes an.

Dies alles findet *kein* Pendant im A-T. Im Gegenteil, der griechische Text weist nur an drei Stellen des Esth eine Datierung auf, nämlich in 3,7 und 7,38.47.[103] Die drei Stellen kennzeichnen knapp die wichtigsten Ereignisse, aufgrund dessen das Purimfest gefeiert wird: Erstens die Planung des Pogroms für den 13. Adar (3,7), zweitens Mordechais Erinnerung an diesen Plan in seinem Dekret zur Abwehr der Gefahr (7,38) und drittens die Feier des Purimfestes für den 14. und 15. Adar (7,47). Der A-T. datiert den Verteidigungsschlag gegenüber den Feinden der Juden, anders als der M-T. und der LXX-T., nicht. Und auch den zweitägigen Kampf der Juden in Susa am 13. und 14. Adar (vgl. 9,18) erwähnt er nicht weiter. Wo das Element C vorkommt, scheint es dem jeweiligen Kontext nicht angepaßt zu sein, sondern vielmehr als Apposition in den Zusammenhang gebracht und den entsprechenden Versen angehängt worden zu sein. Dies zeigt sich, vom Ende des Buches her betrachtet v.a. in 7,47, wo einfach nur "der 14. und 15." genannt wird, ohne daß daraus hervorgeht, daß es sich um Tage des Monats Adar handelt. 7,38 bildet den kurzen Abschluß des Briefes Mordechais an seine Volksgenossen, in dem er noch einmal auf Hamans Tötungsabsicht für den 13. Adar Bezug nimmt, und in 3,7 zeigt sich in einer Versumstellung gegenüber dem M-T. der sekundäre Charakter dieser Einfügung von Element C ganz besonders deutlich.

Interessanterweise stehen hier, in Kap 3, die beiden umgestellten Verse, V.10 mit dem Element B und V.7 mit Element C (und A), als textliche Plus gegenüber dem M-T. so hintereinander, wie es unserer These, daß die Esthererzählung zuerst mit der "יְהוּדִים"-Schicht (V.10) und dann mit der "Purim"-Schicht (V.7) bearbeitet wurde, entspricht. Natürlich kann diese Beobachtung auch auf einem Zufall beruhen; es soll deshalb kein zu starkes Gewicht erhalten. Festzuhalten bleibt jedoch, daß die Datierung der Purimtage für die griechische Version von geringer Bedeutung zu sein scheint. Da sich der A-T. in Kap 9 inhaltlich auffällig am LXX-T. orientiert, ist allerdings anzunehmen, daß ihm von dort her die wichtigsten Aspekte des Purimgeschehens zugefügt wurden und nicht unmittelbar durch die M-T.-Version. So ist beispielsweise zu lesen, daß in 9,10 des LXX-T. und dem

---

erwähnt, daß dort die thematische Vorlage für die Bearbeitung zu finden ist, nicht ihre textliche.

[103] 5,23 nimmt nur Bezug auf das Datum, nennt es jedoch nicht.

entsprechenden Vers im A-T. (7,44) die Plünderung der Feinde beschrieben
wird, die im M-T. dagegen abgelehnt wird. Und 9,26 (LXX-T.) und 7,49 (A-
T.) geben beide als Begründung für die Benennung der Purimtage mit
"Φρουραι" (LXX-T.) bzw. "Φουραια" (A-T.) das Werfen der Würfel an.

7.4.3.4. Add E in Kap 7 des A-T. und Kap 8 des LXX-T.

Bisher haben wir die Frage nach Add E in Kap 7 des A-T. noch außen
vorgelassen, doch müssen wir uns nun die Frage stellen, in welchem
redaktionsgeschichtlichem Stadium dieser Zusatz mit dem Brief des Königs
an die Provinzen in den Text hineingearbeitet wurde. Vorausgehend sei
angemerkt, daß auch wir an der forschungsgeschichtlich einhellig vertretenen
Meinung, daß Add B und E ursprünglich in griechischer Sprache verfaßt
worden sind, festhalten.[104] Betrachtet man Add E von seinem Inhalt her, so
zeigt sich, daß er nur ungenügend in den Kontext der A-T.-Version (nach
7,21 und fortgeführt in 7,33) paßt. Geht es hier doch um eine Erklärung des
Königs an sein Volk angesichts der hinterhältigen Machenschaften Hamans.
Doch weder V.21 noch der Text vor V.21 weist darauf hin, daß der König
eine eigene Verlautbarung gegen Haman veröffentlichen wollte. Der an Add
E anschließende Text in 7,33ff. ist auf die Einwilligung des Königs gerichtet,
daß Mordechai mittels Gegenedikt die Abwehr der Feinde erlaube. Der
Verlauf des Textes hinter Add E wirkt mit dem zweiten Brief in 7,33-38, den
Mordechai an sein Volk schickt, überladen. Insofern fügt sich Add E nicht
harmonisch in den Textzusammenhang ein.

Ein anderes weist dagegen der LXX-T. auf. Hier verfaßt nun der König
den Brief, den im A-T. Mordechai zur Abwehr der Feinde geschrieben hat.
Außerdem wird hier der Grund und die Absicht für den Brief vor und die Art
und Weise der Bekanntmachung nach dem Brief in Add E aufgeführt. Add E
wurde in dieser Version viel flüssiger in den Zusammenhang hineingearbeitet
und zeigt am Anfang und Ende, in der Verbindung mit dem Rest des Textes,
keine Brüche. Doch, so analysiert DE TROYER u.E. richtig, "App. E past

---

[104]   Die Argumente hierfür stellt beispielsweise C.A.Moore überzeugend dar, wenn er
anführt, daß die Versionen, die auf dem hebräischen Text basieren (Talmud, Targumim,
Peschitta), die Additionen nicht haben, die Versionen, die auf dem griechischen Text basieren
(Vetus Latina, koptische und äthiopische Übersetzung) sie dagegen wohl aufführten. Außerdem
wiesen Origenes und Hieronymus ausdrücklich darauf hin, daß die beiden Briefe B und E in
den hebräischen Texten ihrer Zeit fehlten. Den Texten selbst sei zu entnehmen, daß ihr
literarischer Stil keine Hebraismen erkennen lasse und auch nicht den griechischen
Übersetzungen anderer semitischer Dekrete in der Bibel (vgl. z.B. Esr 1,2-4,4) gleiche. In Inhalt
und Stil unterschieden sie sich zudem von den zwei Briefen, die im Targum Scheni von Esther
zu finden sind. Anders als die anderen Additionen im Esth seien die beiden Briefe B und E in
"gutem" Griechisch verfaßt worden, denn hier träfe man auf Partizipial- und
Infinitivkonstruktionen, den genitivus absolutus, und die Trennung von Nomen und Artikel
durch Präpositionalgefüge. Was den literarischen Stil betreffe, so glichen Add B und E v.a.
dem Griechisch des 3 Makk, der als ein Produkt alexandrinischer Literatur charakterisiert
werden könne (ders., Additions, a.a.O., 383-385).

inhoudelijk noch bij LXX 8,11-12 en bij LXX 8,13, noch bij de slachtpartij' (le massacre) van hoofdstuk 9. App. E is immers meer vredelievend ('plus irénique') en gericht op de zelfverdediging van de Joden, dan LXX 8,11-12 waar de Joden met hun vijanden mogen doen wat ze willen, en dan LXX 8,13 waar sprake is van πολεμῆσαι"[105]. Dies zeige also, daß Add E in den LXX-T. eingeschoben wurde. DE TROYER folgert, der LXX-T. habe die Aussage von 8,9 des M-T., wo geschrieben steht, daß sowohl die Juden als auch die Vorsteher des Volkes angeschrieben wurden, wortwörtlich übernommen und entsprechend Add E eingefügt, da 8,10-12 bereits den Inhalt des Briefes an die Juden wiedergebe.[106] Nun habe der LXX-T. die Add E nicht nur eingefügt, sondern auch seine Übersetzung auf der Basis des M-T. so verändert, daß 8,11-12 sich dem Inhalt von E19, der Begründung für den Brief, nämlich die Erlaubnis, daß die Juden nach ihren eigenen Gesetzen leben dürften, annähere. Schließlich stellt die Autorin die Frage, ob der LXX-T. und die Add E aus einer Hand stammten oder ob Add E als unabhängiges Stück im Umlauf gewesen sei. DE TROYER schlußfolgert, es sei wohl ersterem zuzustimmen, da Add E nicht ohne Kontext stehen könne, auch wenn andere Dekrete von Antiochus IV Epiphanes und Antiochus V Eupator an anderer Stelle zitiert würden und beispielsweise 3Makk Dekrettexte aufführe, die keinen Kontext aufwiesen.[107] Wir schließen uns der Analyse und diesem Ergebnis von DE TROYER an, nicht jedoch ihren Ergebnissen für den A-T., denn sie meint, entsprechend ihrer grundlegenden These über die Neugestaltung des A-T. auf der Basis des LXX-T., der Autor des A-T. habe Add E in LXX-T. nicht als eingefügten sekundären Textteil betrachtet, sondern diesen als einheitliche Vorlage für den eigenen Text nur mit Add E gekannt und gebraucht. Sie folgert weiter, daß der A-T. das königliche Dekret als Reaktion des Königs auf Mordechais Bitte (7,16b) interpretiert und es deshalb an einer früheren Stelle in den Text eingefügt habe als es im LXX-T. zu finden ist. Der König bringe in diesem Kontext nämlich seine Zustimmung zum Ausdruck, daß die Juden nun nach ihren eigenen Gesetzen leben dürften. Das Verständnis, das Add E durch seine neue Stellung im Text erhalten habe, sei zu einem unverzichtbaren Element der Erzählung geworden. Der A-T. könne deshalb auch nicht ohne Add E betrachtet werden. DE TROYER sieht darin den Beweis, daß der A-T. nie ohne Add E bestanden habe.[108]

Wir halten DE TROYER jedoch entgegen, daß 7,16b, mit der Bitte Mordechais, daß Hamans Brief zurückgenommen werde, keineswegs den Inhalt von Add E fordert. Der nachfolgende V.17 erfüllt durchaus die

[105]   K.de Troyer, Einde, a.a.O., 272.
[106]   K.de Troyer, Einde, a.a.O., 288.
[107]   K.de Troyer, Einde, a.a.O., 299f.
[108]   K.de Troyer, Einde, a.a.O., 277f.

Funktion der Antwort des Königs auf Mordechais Bitte, denn er überläßt es—wie vordem Haman, mit dem Jüdischen Volk zu tun, was er wolle—nun Mordechai, für die prekäre Situation eine gute Lösung zu finden. Außerdem wäre doch anzunehmen, daß der A-T., wenn DE TROYER mit ihrer These recht hätte, Add E gleich hinter V.16b oder V.17 gestellt hätte und nicht erst hinter die Bitte Esthers bezüglich der Tötung der Feinde in V.18-21.

Zu anderen Ergebnissen kommt JOBES in ihrer Untersuchung, indem sie nicht nur nachweist, daß Add B und E vom selben Autor stammten und zur gleichen Zeit in den Text eingearbeitet wurden,[109] sondern auch, daß der A-T. letztendlich den ursprünglicheren Text von Add B und E bewahrt habe.[110] Das bedeute aber nicht, daß der LXX-T. den A-T. hier kopiert habe, sondern, daß die Add B und E beim A-T. weniger Veränderung erfahren hätten als beim LXX-T.[111] Während sich der Inhalt von Add E bei beiden Texten noch gleiche, werde der Rest des Textes in diesem Kap jeweils sehr unterschiedlich wiedergegeben. JOBES zieht deshalb den Schluß, daß beide Versionen ursprünglich die gleiche Vorlage übersetzt hätten, doch wären die Kap in jeder Version substantiell und unabhängig voneinander verändert worden als Add E in sie eingefügt wurde.[112]

Wir stimmen den Positionen von JOBES und DE TROYER hinsichtlich ihrer Analyse, daß Add E in den LXX-T. eingearbeitet wurde, zu. Mit JOBES und gegen DE TROYER gehen wir aber davon aus, daß sie auch in den A-T. sekundär eingearbeitet wurde. Doch gestaltete diese Hand den Kontext der Add E im A-T. literarisch viel weniger fließend als im LXX-T. und fügte zudem keine passenden Übergänge ein. Allein V.33a bereitet als textliches Plus des A-T. eine Überleitung vor. Doch schließt diese inhaltlich nur wenig an Add E an, wenn er zum Ausdruck bringt, daß der Inhalt des Briefes auch in Susa bekanntgemacht wurde. V.33b ist dagegen auf V.37 ausgerichtet, in dem von Mordechais Schreiben an sein Volk berichtet wird. Da Mordechai aber schon in V.17 alle Dinge des Königreiches in die Hand gegeben wurden, ist V.33 mit der Erklärung, daß der König Mordechai erlaube, alles zu schreiben, was er wolle, nicht nötig. V.33a scheint somit der einzige redaktionelle Verbindungsvers zu Add E zu sein. Damit zeigt sich aber, daß der A-T. zwischen die beiden Elemente A (7,18-21) und B (7,34-37) der "יְהוּדִים"-Schicht den Brief des Königs gestellt hat. Dieser Brief beinhaltet Element C, die Feier der erfahrenen Rettung und die Mahnung, sich nach diesen Feierlichkeiten zu richten (E30-32), und spricht von diesem als einem

---

[109] K.H.Jobes, Alpha-Text, a.a.O., 172ff.
[110] K.H.Jobes, Alpha-Text, a.a.O., 174.
[111] In der Darlegung ihrer These gibt K.H.Jobes an: "I would further argue that additions B and E in the AT are closer to their autographs than are the additions in the LXX. This conclusion is based on the high incidence of certain words found *only in the AT* text in *both* additions B and E" (dies., Alpha-Text, a.a.O., 172).
[112] K.H.Jobes, Alpha-Text, a.a.O., 175f.

bereits vom Jüdischen Volk angenommenen Fest, während der LXX-T. dies noch präsentisch ausdrückt. In jedem Fall steht Add E nicht mit der "יְהוּדִים"-Schicht in Verbindung, sondern wurde frühestens mit dem zweiten Schluß durch die Überarbeitung mit der "Purim"-Schicht in den Text hineingebracht.[113] Entsprechend des in 7,47 angehängten Datums, "dem 14. und 15.", an dem Festtage gefeiert werden sollen, sind auch in Add E nur diese Tage erwähnt.

Der LXX-T. hat den Text der Add E geschickter in den Zusammenhang eingebracht. Er hat sich bei den Versen in Kap 8,12.13, zwischen die Add E eingefügt wurde, an seiner Vorlage, dem M-T., orientiert, sie jedoch so umformuliert, daß sie an den Inhalt von Add E anschließen. So gibt er in 8,10 wohl den Inhalt des M-T. mit den Angaben, wer den Brief schrieb, daß er versiegelt wurde und daß die Schriften durch Eilboten verschickt wurde, wieder, er benennt aber als Schreiber des Briefes entsprechend der Add E den König. Der M-T. bringt dagegen nur zum Ausdruck, daß "im Namen des Königs" geschrieben wurde. In V.11 wird der wichtigste Inhalt von Add E noch einmal kurz zusammengefaßt, während der M-T. nur auf die Erlaubnis der Verteidigung für den 13. Adar eingeht. Im LXX-T. werden die Juden nur unpersönlich angesprochen, wenn sie die Erlaubnis bekommen "ihre" Gesetze gegen "ihre" Gegner zu gebrauchen. Entsprechend dem M-T., der die Juden in V.11 konkret benennt, wird deutlich, daß nur sie im LXX-T. gemeint sind, wenn von "ihnen" die Rede ist.[114]

Obwohl die Add E des LXX-T.- und die des A-T. inhaltlich nicht identisch sind, können wir bei ersterem kaum zusätzliche Gedanken oder Akzentverschiebungen ausmachen. So kann trotz der in V.21 erwähnten Zerstörung des auserwählten Geschlechtes, die durch Gott abgewehrt werden solle, von der Add E-Version im LXX-T. nicht auf einen stärker religions- und traditionsverhafteten Redaktor geschlossen werden als im A-T. Insgesamt ist vielmehr zu vermuten, daß die Add E in den A-T. in originärer Form, eventuell mit der Überarbeitung durch die "Purim"-Schicht, eingefügt wurde. Auf dieser Basis einerseits und in Abhängigkeit zum M-T. andererseits, übernahm auch der LXX-T. die Add E aus dem A-T., fügte sie jedoch harmonischer und in Abstimmung zum M-T. in den Text ein.

---

[113] Hingewiesen sei in diesem Zusammenhang auf die Position von C.V.Dorothy, der die beiden griechischen Additionen B und E einer redaktionellen Schicht zuordnet, die u.a. das Ziel der Monotheisierung des Esth verfolgt hätten (vgl. ders., Books, a.a.O., 347).

[114] In 8,9 werden als Adressaten der Schrift tatsächlich die Juden bereits genannt: Ihnen werde geschrieben, was die Gouverneuren der Provinzen befohlen worden sei. Im Paralleltext, dem M-T., werden dagegen als Adressaten Juden *und* Gouverneure der Provinzen genannt. Insofern könnte daraus für V.11 des LXX-T. schon ersichtlich geworden sein, daß mit "ihnen" die Juden gemeint sind. Doch die Eindeutigkeit, die der M-T. hier an den Tag legt, fehlt dem LXX-T. einfach.

7.4.4. Skizzierung der redaktionsgeschichtlichen Entwicklung des Esth

Die bis hierher entwickelten Überlegungen und Ergebnisse ermöglichen uns nun, die Traditionsgeschichte des Esth in einer Skizze aufzuzeichnen und schematisch darzustellen:

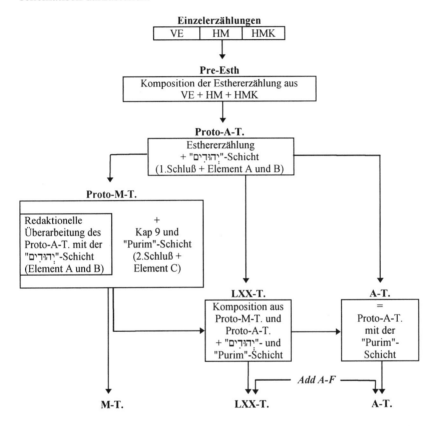

Hinsichtlich der Traditionsgeschichte verbleibt nun noch die Aufgabe, die restlichen Elemente der beiden Schichten der JüdRed im Esth herauszustellen.

7.4.5. Weitere Elemente der "יְהוּדִים"-Schicht und der "Purim"-Schicht im Esth

Neben den Elementen A-C, die wir zwei unterschiedlichen redaktionellen Schichten zugeordnet haben, können wir nun sowohl gemeinsame als auch die für die jeweilige Version spezifischen Elemente der JüdRed redaktionell bestimmen. Da bereits in Kapitel 5. eine Zuordnung der Elemente zur

JüdRed vorgenommen wurde, gehen wir hier v.a. auf weitere, im Text nach vorne tretende Elemente der beiden Bearbeitungsschichten neben A-C ein.

Zu bedenken ist, daß die "יְהוּדִים"-Schicht in M-T. auf der Basis des von der "יְהוּדִים"-Schicht bearbeiteten A-T. zusätzliche Elemente einfügte, durch die sie dem Text ein eigenes Gefüge und einen eigenen Charakter gab. Sie geben zugleich einen Hinweis auf den "Sitz im Leben" der einzelnen Versionen.

7.4.5.1. Hauptelemente der "יְהוּדִים"-Schicht neben Element A und B

In dieser Darstellung betrachten wir die Elemente, die inhaltlich der "יְהוּדִים"-Schicht zuzuordnen und die zudem im A-T. und im M-T. wiederzufinden sind. Zu diesen zählen v.a. zwei Aspekte: 1.) Mordechais Jude-Sein als Begründung für seine Ehrverweigerung vor Haman (3,4) (vgl. 5,9 im M-T.) und 2.) die Beschuldigung des Jüdischen Volkes vor dem König durch Haman (3,8). Sie sind neben Element A und B maßgeblich verantwortlich für die Umarbeitung der heidnischen zu einer jüdischen Erzählung. Erst nach Einarbeitung dieser Elemente konnte sie zur Purimlegende werden. Gehen wir unter diesem Gesichtspunkt noch einmal kurz auf die Inhalte ein.

1.) In 3,4 (M-T.) entscheidet sich, mit Mordechais Bekenntnis zum Judentum, warum auch das Jüdische Volk vom Tod bedroht wird: "וַיְהִי בְּאָמְרָם אֵלָיו יוֹם וָיוֹם וְלֹא שָׁמַע אֲלֵיהֶם וַיַּגִּידוּ לְהָמָן לִרְאוֹת הֲיַעַמְדוּ דִּבְרֵי מָרְדֳּכַי כִּי־הִגִּיד לָהֶם אֲשֶׁר־הוּא יְהוּדִי" (Und sie sprachen zu ihm Tag für Tag, aber er hörte nicht auf sie. Da berichteten sie [es] dem Haman, um zu sehen, ob die Sache Mordechais als gültig anerkannt würde, denn er hatte ihnen gesagt, daß er Jude sei). Daß Mordechai Jude ist, so möchte man den Text lesen, war sein Argument dafür, vor Haman nicht niederzuknien. Noch präziser gibt der A-T. auf die Frage in 3,3, warum Mardochai Haman nicht huldige, an: "καὶ ἀπήγγειλεν αὐτοῖς ὅτι Ἰουδαῖός ἐστιν. καὶ ἀπήγγειλαν περὶ αὐτοῦ τῷ Αμαν" (Und er berichtete ihnen, daß er Jude sei. Und sie machten einen Bericht über ihn bei Haman).

Hatten wir bisher zu verstehen versucht, welche textimmanente Bedeutung diese Verweigerung Mardochais vor Haman hat, so fragen wir nun danach, welche Intention die "יְהוּדִים"-Schicht mit dieser Begründung Mordechais bezweckt. Unsere bereits geäußerte Vermutung, als Heimat der "יְהוּדִים"-Schicht die Diasporasituation der jüdischen Gemeinden außerhalb von Palästina anzunehmen, läßt sich auch hier bestätigen. In diesem Element kommt eben das zum Ausdruck, was wir in unserer Untersuchung zur jüdischen Identität im fremden Land in Kapitel 7.1. festgestellt haben. Die oben aufgezeigte Polarität zwischen Loyalität gegenüber den Gesetzen des Königs einerseits und religiös geprägtem Selbstverständnis, der das Jüdische

Volk in der Diaspora ausgesetzt war andererseits, kommt in diesem Motiv der Weigerung Mordechais, vor Haman zu huldigen, besonders zum Ausdruck. Die Betonung der "יְהוּדִים"-Schicht, daß Mordechai gegen ein Gesetz des Königs verstößt, wenn er der Huldigung nicht nachkommt und so einen Konflikt heraufbeschwört, weist auf die Situation ständiger Auseinandersetzung hin, in der sich Juden und Jüdinnen im Diasporaland befanden. Wenn Mordechai, vor die Entscheidung gestellt, eine Person wie einen Gott zu verehren mit der Begründung ablehnt, er sei Jude, so kann dies tatsächlich nicht anders interpretiert werden, als daß er sich damit für seine religiöse Identität entschied. Doch auf eben diesen Entscheidungsmoment legt die "יְהוּדִים"-Schicht den Akzent. Trotz der Gefahr für einen Konflikt will er zum Ausdruck bringen, daß die jüdische Identität eines Menschen letztendlich keine Kompromisse zuläßt.

2.) Ähnliches, wie unter 1.) festgestellt wurde, kommt auch in dem Hinweis auf die unterschiedlichen Gesetzlichkeit des Jüdischen Volkes gegenüber dem der anderen Völker in 3,8 zum Ausdruck. (Daß sie die Gesetze des Königs nicht befolgen, wirkt in dem Zusammenhang der Anschuldigung vor dem König dagegen eher provozierend hinsichtlich des Handlungsbedarfs von seiten des Königs.) Insofern meinen wir, daß die "יְהוּדִים"-Schicht mit der Einfügung der genannten Elemente den Aspekt der Beibehaltung jüdischer Gesetzlichkeit und des darauf basierenden, spezifisch jüdischen Lebens im Umfeld der Diaspora betonen will.

7.4.5.1.1. Die "יְהוּדִים"-Schicht in der M-T.-Version

Als der M-T. die Proto-A-T.-Version bearbeitete, hat er die in ihr verarbeiteten Elemente der "יְהוּדִים"-Schicht noch einmal verstärkt und inhaltlich nuanciert. Der M-T. beschrieb diese Elemente auf der Basis der nachexilischen Situation in Palästina und verlagerte insofern die Intention, Diasporaleben darzustellen (Proto-A-T.), auf die religiös und politisch brisante Situation der Hellenisierungsversuche am Judentum. Dies soll im folgenden kurz anhand der oben (Kapitel 7.4.5.1.) angegebenen beiden Aspekte unter Hinzunahme von 7,4, der Anklage Hamans durch die Königin vor Augen geführt werden:

So scheint die Angabe für Mordechais Verweigerung in 3,4 zwar in seinem Jude-Sein religiös begründet zu sein, doch birgt sie zugleich eine politische Aussage: Mit dem Ausdruck seiner Zugehörigkeit zum Judentum wendet sich Mardochai gegen den Anspruch der Unterwerfung unter politische Interessen. Und eben dies wurde in der Zeit der Seleukiden von den Juden immer wieder gefordert und ist nicht auf eine konkrete politische Situation zu beschränken, denn das Jüdische Volk jener Zeit war stets dem Wechselbad zwischen Gunst und Mißgunst der jeweiligen Herrscher ausgeliefert. Auch das Machtspiel um die Herrschaft in Jerusalem und den

Tempel mußten sie über sich ergehen lassen. Schließlich konnten sie dem nachdrücklichen Hellenisierungversuch in Judäa v.a. durch Antiochus IV Epiphanes und Jason nicht entkommen,[115] wenn sich auch in den makkabäischen Kriegen eine Front des heftigen Widerstandes gegen die Vereinheitlichungstendenzen (vgl. 1Makk 1,43ff) regte, denen das Judentum zum Opfer zu fallen drohte.

Die Charakterisierung der Abgesondertheit für das Jüdische Volk, wie sie nur in 3,8 des M-T., nicht aber im LXX-T. und dem A-T. zum Ausdruck kommt—und im AT unter Verwendung des Begriffes "מְפֹרָד" im Pual nur einmal gebraucht wird—zeigt genau jene gegenläufige Tendenz des nachexilischen Judentums zu dem sie bedrängenden Hellenisierungsprozeß auf, in dem eine kulturelle und religiöse Vereinheitlichung der Völker bezweckt war (vgl. 1Makk 10-25.45-46). An die Intention der "יְהוּדִים"-Schicht im Proto-A-T., die die Beibehaltung des jüdischen Lebens in den Vordergrund rückt, anknüpfend, betont der M-T. dieses Element nun auf dem Hintergrund der Gefahr, die dem Judentum durch die Hellenisierung drohte. Insofern verstärkt er den oben angesprochenen Aspekt der Beibehaltung jüdischer Gesetzlichkeit und des darauf basierenden spezifisch jüdischen Lebens in Kap 3 des Esth.

Daß dies letztendlich katastrophale Konsequenzen mit sich ziehen konnte, zeigt dann auch 7,4, eine im Stil eines bereits in der Vergangenheit liegenden Erfahrungsberichts gestaltete Anschuldigung Hamans durch Esther beim König. Tatsächlich wird hier aus der Bedrohung, deren tatsächliche Umsetzung gemäß der Gesamterzählung noch nicht geschehen sein konnte, eine Beschuldigung des Anstifters dieser Gefahrensituation und deren ausführenden Organs, nämlich, daß er sie durch seine Hand dem Tode verkaufen wolle. Die Aussage des M-T. an dieser Stelle, verkauft worden zu sein, um getötet zu werden, erinnert tatsächlich an die Konsequenzen, die sich aus der Weigerung des Judentums gegenüber dem Hellenisierungsprozeß, in Form der makkabäischen Kriege ergaben.

Insofern erscheinen die beiden Elemente A-B und Kap 8 der "יְהוּדִים"-Schicht im M-T. wie die Handschrift eines Historikers makkabäischer Zeit. Er hat versucht, die immer wieder zum Krieg führende Auseinandersetzung zwischen dem politischen Machtinteresse der Herrscher über Palästina und der religiösen Identifikation seiner jüdischen Bewohner anhand einer aus dem Diasporajudentum stammenden fiktiven Erzählung auszugestalten, um damit dem Judentum in Heimat und Ferne jüdische Geschichte zugänglich werden zu lassen. Diese Intention, die der M-T. hier mit der Betonung der Elemente in der "יְהוּדִים"-Schicht zum Ausdruck bringt, überschneidet sich zugleich mit derjenigen der "Purim"-Schicht. So sind "יְהוּדִים"-Schicht und

---

[115] Zur Politik Antiochus IV Epiphanes sei v.a. auf die Monographie von K.Bringmann (Reform, a.a.O.) hingewiesen.

die "Purim"-Schicht im M-T. beide auf dem Hintergrund der makkabäischen Kriege zu lesen. Doch verfolgt die "יְהוּדִים"-Schicht im M-T. das gleiche Ziel wie die des Proto-A-T., nämlich, das Jüdische Volk am Festhalten an der jüdischen Identität im Angesicht der Beeinflussung oder Inanspruchnahme durch politische oder kulturelle Interessen zu bestärken. Hier könnte auch der Grund dafür liegen, warum die Erzählung tradiert wurde, ohne im Grunde von Gott zu sprechen. Es geht hier um den Glaubensvollzug und nicht um den Glaubensgrund der jüdischen Religion.

7.4.5.2. Weitere Elemente der "Purim"-Schicht neben Element C

Diese Darstellung betrifft die Elemente, die inhaltlich und im Wortgebrauch mit dem Aspekt des Purimgeschehens in Zusammenhang stehen:

Der "besondere Tag"

Als ein eher unauffälliges Element der "Purim"-Schicht ist die Formulierung "Ἡμέρα μοι/μου ἐπίσημος" (*ein besonderer Tag*) in 5,14 (A-T.) bzw. 5,4 (LXX-T.) zu nennen, die an entsprechender Stelle im M-T. fehlt. Es handelt sich hierbei um eine redaktionelle Bearbeitung der griechischen Texte. Die gleiche Formulierung findet sich noch in Add E22 des LXX-T.—während der A-T. in dem entsprechenden Vers in E30 das Datum und die Feier des Purimtages nennt—und in 2Makk 15,36. In letzterem wird die Institutionalisierung des Mordechaitages als ein "besonderer Tag", an dem der Sieg der Makkabäer über Nikanor gefeiert werden soll, beschrieben. Diese augenscheinliche Parallele kann u.E. als Kennzeichen für die Überarbeitung der griechischen Versionen mit der "Purim"-Schicht gesehen werden. Sie bezieht sich sicherlich vornehmlich auf die Purimfeiertage, hat aber zum Mordechaitag des 2Makk eine nicht nur namentliche, sondern auch inhaltliche Parallele. Ob beide Stellen auch in einem redaktionellen Verwandtschaftsverhältnis stehen, ist dagegen nicht auszumachen. Es sei jedoch darauf hingewiesen, daß auch 1Makk 13,52 den Aufruf zu einer jährlichen Feier in Erinnerung an die Besiegung des Feindes beinhaltet. In jedem Fall scheinen die Feiern des Sieges über die Feinde in den makkabäischen Freiheitskämpfen mit der Feier des Purimfestes im Esth in Beziehung zu stehen, weshalb wir das Element von dem "besonderen Tag" auch der "Purim"-Schicht zuordnen wollen.

Das "Beute-machen"

Zum Plan Hamans gegen das Jüdische Volk gehört neben ihrer Verfolgung auch ihre Ausplünderung (3,13 (M-T./LXX-T.);8,11 (M-T.)), durch die er einen Gewinn für die Schatzkammer des Königs zu erzielen sucht (4,7 (M-T./LXX-T.)). Selbst in der Anschuldigung Hamans in den griechischen Texten, er habe das Jüdische Volk versklavt, kommt dieser Aspekt zum Ausdruck (7,4 (A-T./LXX-T.)). Anders verhält es sich bei der Umkehrung dieses Elementes, der Rache an den Feinden, denn im M-T. wird die Tötung wohl vollzogen, doch es wird ausdrücklich beschrieben, daß an die Beute keine Hand gelegt wurde (vgl. 9,10.15.16). Dagegen gehört im A-T. das Beute-machen sowohl zum Plan der Feinde (vgl. 7,4), als auch zur Rache des Jüdischen Volkes (vgl. 7,44). Der LXX-T. geht im entsprechenden Vers (7,4;9,10) mit dem A-T. und nicht mit dem M-T. Erst in 9,15.16 folgt er diesem wieder darin, daß keine Beute gemacht wurde. Im LXX-T. liegen hier also sich widersprechende Aussagen vor. Wie ist der gesamte Sachverhalt zu erklären? Wie bereits an anderer Stelle erwähnt, wurde der Kampf Hamans gegen Mordechai immer wieder in Parallele zum Kampf zwischen Agag, dem König von Amalek, und Saul, dem König von Israel, gesehen. Diese Interpretation beruht auf der Identifizierung Hamans mit eben diesem Stamm, auf den sein Beiname "der Agagiter" im M-T. schließen läßt, und Mordechai, dem Benjaminiten, mit einem Nachkömmling des Stammes Sauls, da auch Saul Benjaminit war (1Sam 9,16). Nun scheiterte Sauls Königtum daran, daß er nach dem Vollzug des Bannes an allem Lebenden der Amalekiter, die Beute der Feinde, für sich und das Volk behielt (1Sam 15,9). Damit hatte er dem Willen JHWHS zuwider gehandelt (1Sam 15,19). Samuel beschuldigt ihn deshalb des Ungehorsams gegenüber Gott und erklärt ihm, daß Gott ihn verworfen habe (1Sam 15,22f.). Mit und neben der Parallelisierung der handelnden Personen in Esth und 1Sam 15[116] finden wir in beiden Büchern also auch das Element des Beute-Machens. Doch anders als im 1Sam scheitert in der Earthererzählung das Volk nicht mehr am Ungehorsam gegenüber Gott, weil es seine Hand *nicht* an die Beute legt, wie der M-T. in 9,10.15.16 dreimal betont. Die Rache an den Feinden wird also nicht als gänzliche Umkehrung des Planes Hamans vollzogen, sondern die Beute wird in Erinnerung an 1Sam 15 ausgespart. Betont werden soll hierbei also, daß das Jüdische Volk nun in Gehorsam gegenüber JHWH lebt, so wie in 1Sam 15,22.23a von Samuel gefordert wurde: "Hat der Herr [so viel] Lust an Brandopfern und Schlachtopfern wie daran, daß man der Stimme des Herrn gehorcht? Siehe, Gehorchen ist besser als Schlachtopfer, Aufmerken besser als das Fett der Widder. Denn Widerspenstigkeit ist eine Sünde [wie] Wahrsagerei, und Widerstreben ist wie Abgötterei und Götzendienst." Dieser Text spricht deutlich die Sprache des nachexilischen Judentums. In der Zeit des Exils geläutert, verpflichtet es sich nunmehr des Gehorsams gegenüber dem Willen Gottes und sieht sich als Gemeinde, die vor JHWH nicht mehr scheitern will, nachdem die Zeit des Verworfen-Seins im Exils vorbei ist. Dieser hier herausgestellte Aspekt findet sich, wie die auf 1Sam 15 verweisenden Benennungen der verfeindeten Protagonisten, nur im M-T. Er wurzelt in Kap 9 und wurde von dort in der Earthererzählung verankert.

---

[116]   Vgl. hierzu auch die Ausführungen von B.Ego, Targum, a.a.O., 41ff.

Entsprechend unserer These, daß die "יְהוּדִים"-Schicht im M-T. auf der Basis des Proto-A-T. noch eigene Aspekte in den Text hineinbrachte, ist zu verstehen, warum dieser im A-T. nicht vorzufinden ist. Nur der LXX-T. führt diesen Aspekt an, hat ihn aber nicht konsequent zu Ende gedacht, da er die Beinamen der Protagonisten vom M-T. nicht übernimmt, sondern dieselben, die der A-T. nennt, aufführt. Er scheint diese Parallele zum 1Sam nicht für relevant gehalten und die Namen, die ihm aus der Vorlage des M-T. (dem Proto-A-T.) bekannt waren, deshalb beibehalten zu haben. Insofern ist zu erklären, warum er das Beute-machen an den Feinden in 9,10 entsprechend des A-T. zum Ausdruck bringt. An allen anderen Stellen zu dieser Thematik hat er sich am M-T. orientiert.

Susa
Neben den oben genannten beiden Aspekten gehört auch die Ortsangabe Susa zu den zur "Purim"-Schicht zählenden Elementen. Betrachtet man Häufigkeit und Kontext der Nennung Susas im A-T., so zeigt sich, daß sie nur dreimal in dem Teil der Esthererzählung genannt wird, siebenmal (einschließlich Add E) dagegen in Kap 7 ab V.21, also in den beiden sekundären Anhängen, die wir den beiden Schichten zugeordnet haben. Von den drei ersten Stellen wird Susa einmal als Ort des Banketts des Königs genannt (1,5), einmal bei der Vorstellung Mordechais (2,5), dem in Susa wohnenden Juden, und schließlich in 4,1, dem textlichen Plus, wo die Trauer der Juden in Susa und in jeder Provinz zum Ausdruck gebracht wird. Die beiden letzten Stellen gehören zu der "Purim"-Schicht. Die sieben anderen Stellen beziehen sich ausschließlich auf die Elemente Aa und Bb, der Rache an den Feinden: (7,21 (Aa);E28 (Aa);7,33 (Bb);7,37 (Aa);7,43.44 (Aa)) und die Freude über Mordechais Ehrung am Ende des ersten Schlusses (7,40). Im M-T. wird Susa zweimal in Verbindung mit dem Bankett (1,2.5) und zweimal in der Beschreibung der Zusammenführung der Jungfrauen (2,3.8) gebraucht. Den Versen in 3,15;4,8;8,14 und 9,14 ist Element B zuzuordnen und 9,6.11.12.13.15 das Element Aa. 9,18 beinhaltet Element C. 8,15 gehört, wie 7,40 (A-T.) zum Ende des ersten Schlusses. Es kann also festgestellt werden, daß sich die Erwähnung Susas in allen Teilen des Esth wiederfindet.

In der Parallelstellung zwischen "den Provinzen" als Angabe einer umfassenden Landesgröße und Susa als einem kleinen Teil davon, die sich v.a. bei Element B, der Verschickung der Edikte in die Provinzen einerseits und nach Susa andererseits (3,15;4,8;8,14 (M-T./LXX-T.);7,33 (A-T.)), das Miteifern der Juden mit Mordechai in Susa (4,1.16;8,15[117] (M-T./LXX-T.) sowie zwischen dem Rachegeschehen (9,6-10.12-14 (M-T./LXX-T.);7,21;7,37.43f. (A-T.)) und den sich daran anschließenden Feiertagen in

---

[117] Vgl. auch den A-T. in 7,40.

den Provinzen (9,15.18 (M-T./LXX-T.)) und in Susa zeigt, ist u.E. das
Verhältnis zwischen dem Persischen Reich und Palästina bzw. Jerusalems zu
sehen. Die ungleich stärkere Betonung Susas im M-T. und dem LXX-T.,
kann auf das Interesse der "Purim"-Schicht in diesen Versionen
zurückgeführt werden. Sie möchte das Diasporageschehen auch in
verschlüsselter Form als relevant für Palästina beschreiben.

Kennzeichnend für diese Identifizierung Susas mit Palästina bzw.
Jerusalem ist, daß Susa im M-T. neben der Beschreibung als "עִיר" (*Stadt*)
die Apposition "בִּירָה" (*Burg*) mit sich führt.[118] Sie wurde ihr im Esth an zehn
der 19 Stellen (1,2.5;2,3.5.8;3,15;8,14;9,6.11.12) beigefügt. Nun wird im AT
neben Susa nur noch Jerusalem mit "בִּירָה" (Neh 2,8;7,2; 1Chr 29,1.19)
beschrieben, was auf eben diese Parallele zwischen Susa und Jerusalem
hinweist. In der LXX ist von Jerusalem als der Burg ("ἄκρα") mehr als
25mal die Rede.[119] Diesem Gedanken läuft jedoch zuwider, daß Susa in den
beiden griechischen Texten keineswegs als "ἄκρα" bezeichnet wird, sondern
vielmehr mit "πόλις". Im A-T. geschieht dies nur an zwei Stellen, von denen
zumindest die zweite eindeutig einer Redaktion zuzuordnen ist (2,5 und 4,1),
ansonsten erläutert er den Städtenamen nicht. Der LXX-T. nennt Susa an
zehn Stellen "Stadt". Dieser Akzent, den der M-T. auf den Begriff "בִּירָה"
legt, muß v.a. darauf zurückgeführt werden, daß der M-T. hier noch einmal
eine große Nähe zu dem in den vier Makkabäerbüchern berichteten
Geschehen legt, da v.a. dort die Bezeichnung Jerusalems als Burg gebraucht
wird. Dies wird auch dadurch untermauert, daß die Tötung Hamans und
seiner Kinder im M-T. verstärkt mit Susa verbunden wird (vgl. 9,6-14).[120]
Die aufgeführten Aspekte sprechen dafür, die Betonung Susas im M-T. und
im LXX-T. im Gegenüber zu den Provinzen der "Purim"-Schicht
zuzuordnen, die die Ortsbezeichnung Susa bei der Bearbeitung des Textes in
alle Teile ihrer Vorlage einstreute.

7.4.5.3. Weitere Elemente der "יְהוּדִים"-Schicht im M-T.

Diese Darstellung betrifft die Elemente, die der "יְהוּדִים"-Schicht
zuzuordnen, jedoch nur im M-T. anzutreffen sind, im A-T. dagegen fehlen.
Es handelt sich bei dieser sekundären Hand deshalb um die überarbeitete
"יְהוּדִים"-Schicht des Proto-A-T. im M-T.

---

[118]   A.Lemaire/H.Lozachmeur weisen darauf hin, daß die "בִּירָה", aramäisch "bîrtâ", im
achämenidischen Reich nicht nur eine Zitadelle, eine "'ville fortifiée' ou encore 'ville forte'" mit
der Bedeutung einer "'capitale'" kennzeichne, sondern daß Inschriften auch eine gewisse
Autonomie der Bewohner der "bîrtâ" von der königlichen Administration manifestierten (vgl.
dies., Birta, a.a.O., 75-79).
[119]   Außer einer Stelle im 2Sam befinden sich die restlichen in 1-4 Makk.
[120]   V.a. in Esth 9,12-14 zeigt sich dies im Gegenüber zum LXX-T. Die griechische
Version nennt Susa dort im Zusammenhang der Tötung Hamans und seiner Söhne nämlich
nicht. Ähnliches wird zudem in 7,37 des A-T. erwähnt.

Mordechai, der deportierte Benjaminit

Mordechais jüdische Herkunft wird in seiner Genealogie und dem Bericht über seine Exilierung in Add A1-2 (A-T.) bzw. A2-3 (LXX-T.) und Kap 2,5.6 (M-T./LXX-T. und A-T. (ohne V.6)) festgeschrieben. Er wird in 2,5 von allen drei Texten als jüdischer Mann vorgestellt. Außerdem nennen alle drei Benjamin als den Stamm seiner Abkunft. Schließlich berichten der M-T. und der LXX-T. im kanonischen Teil von *dem* zentralen Geschichtsdatum des Jüdischen Volkes, dem Untergang Judas und die Exilierung der Oberschicht der Bevölkerung.

In 2,6 (M-T.) werden die Deportierten, zu denen auch Mordechai gehörte, gleich auf vierfache Weise formuliert aufgeführt: Er wurde aus Jerusalem gefangen weggeführt (הָגְלָה), zusammen mit den Weggeführten (עִם־הַגֹּלָה), die mit Jechonja, dem König von Juda, gefangen weggeführt wurden (הָגְלְתָה), den Nebukadnezzar, der König von Babel gefangen weggeführt hatte (הֶגְלָה). Auch der LXX-T. geht auf dieses Geschehen ein, während der A-T. es nur am Anfang von Add A (V.2) erwähnt. Eine historische Anmerkung, die Bezug nimmt auf den Untergang Jerusalems durch Nebukadnezzar, ist in der Erzählung, die ansonsten ausschließlich auf ein persisches Umfeld und die persische Politik ausgerichtet scheint, völlig unerwartet. Für die Erzählung trägt sie zudem so gut wie nichts aus. Ihre Bedeutung liegt offensichtlich darin, das Geschehen zu historisieren. Doch stellt der hier geschaffene Bezug zur jüdischen Geschichte eine Verbindung zwischen Mordechai, dem Juden palästinischer Herkunft (M-T./LXX-T.), und Mordechai, dem Diasporajuden des A-T, her. Die Charakterisierung Mordechais als einer der Deportierten (M-T.), die der A-T. nicht hat, läßt sich so erklären, daß der ursprünglich nicht-jüdischen Figur Mordechais in der Diasporaerzählung (Proto-A-T.) durch die "יְהוּדִים"-Schicht zuerst eine jüdische Genealogie zugeschrieben wurde. Erst in Überarbeitung durch die "Purim"-Schicht wurde er mit der aus Palästina stammenden Golah in Verbindung gebracht.

(2,6) "הָגְלָה אֲשֶׁר הָגְלְתָה עִם יְכָנְיָה מֶלֶךְ־יְהוּדָה"

Mit Bezug auf den oben angeführten Vers in 2,6 (M-T.) sei nun auf zwei Begriffe hingewiesen, durch die unsere Vermutung, daß die "יְהוּדִים"-Schicht des M-T. in Palästina beheimatet ist, bestätigt werden kann. Es handelt sich hierbei zum einen um das Verb "נלה" im Hofal und zum anderen um die Benennung des Königs von Juda mit "Jechonia".

Die Verwendung des Verbes "נלה" im Hofal (*ins Exil geführt werden*) findet sich im ganzen AT nur in Jer 13,19;40,1.7; Esth 2,6 und 1Chr 9,1. Viel häufiger wird "נלה" im Hifil (*ins Exil führen*) gebraucht, nämlich insgesamt 38mal (2Kön: 12mal; Jer: 13mal; Ez: einmal; Amos: zweimal; Klg: einmal; Esth: einmal; Esr: einmal; Neh: einmal; 1Chr: fünfmal; 2Chr:

einmal). Es kommt zudem auch häufig im Kal in der Bedeutung von "deportiert werden" vor (2 Sam 15,19; 2Kön 17,23;24,14;25,21; Jes 5,13;49,21; Jer 1,3;52,27; Ez 39,23; Amos 1,5;5,5;6,7;7,11; Klg 1,3; Micha 1,16). Es zeigt sich also deutlich, daß Esth und Jer neben 1Chr 9,1 als einzige die Formulierung im Hofal verwendet haben. Da es sich um eins der entscheidendsten Ereignisse in der Geschichte des Jüdischen Volkes handelt, erscheint es uns keineswegs gleichgültig, daß Jer und Esth eine gemeinsame "Sonderform" aufweisen.

Neben dieser Gemeinsamkeit ist auch die bei beiden übereinstimmende Benennung des Königs von Juda aufzuführen, der zu eben dieser Gefangenschaft aus 2,6 gehörte. Im Esth wird er "יְכָנְיָה" genannt. Dieser Name findet sich jedoch in der Darstellung des gleichen Ereignisses noch fünfmal in Jer (24,1;27,20 (2x);28,4;29,2 (zudem das Jer ihn auch "כָּנְיָהוּ", Jer 22,24.28;37,1)). Nur einmal wird er im Jer neben 2Kön 24,6ff.;25,27; 2Chr 36,8f. und Ez 1,2 mit seinem bekannteren Namen "יְהוֹיָכִין" (Jojachin) benannt (vgl. Jer 52,31)[121]. Der Name "Jechonia" für den judäischen König im Jer läßt sich auch in der LXX feststellen. Neben Jer und 1Chr führt auch 2Chr 36,8.9 diesen Namen an und zwar anders als im M-T., wo er Jojachin genannt wird. Daß er sich auch in Esth A3 wiederfindet, ist jedoch auf die Abhängigkeit des LXX-T. vom M-T. des Esth zurückzuführen. Zur Übersicht seien die Stellen noch einmal tabellarisch zusammengestellt:

"Jojachin" und "Jechonia" im AT

M-T.: "יוֹיָכִין/יְהוֹיָכִין"	M-T.: "יְכָנְיָה/יְכוֹנְיָה/ כָּנְיָהוּ/יְכָנְיָהוּ"	LXX: "Ιωακιμ"	LXX: "Ιεχονιας"
2Kön 24,6.8.12.15; 25,27		2Kön 24,6.8.12. 15; 25,27	
	1Chr 3,16.17		1Chr 3,16
2Chr 36,8.9			2Chr 36,8.9
			Esth A3
	Esth 2,6		
	Jer 22,24.28;24,1; 27,20;28,4;29,2;		Jer 22,24.28;24,1; 34,20;35,4;36,2;

---

[121] Daneben gibt es nur noch eine andere Stelle in 1Chr 3,16.17, wo dieser König den Namen "יְכָנְיָה" trägt. Hier wird Jechonja der Sohn Jojakims genannt, der wiederum Vater von Zedekia sei. In den Königsbüchern wird ein König Jechonja dagegen nicht erwähnt. Er wird König Jojachin genannt, der der Sohn Jojakims ist (2Kön 24,6;25,27; Par.: Jer 52,31ff.; 2Chr 36,8f.; Ez 1,2). Das stimmt wiederum nicht mit 2Kön 24,17 überein, wo Zedekia nicht der Sohn, sondern der Onkel Jojachins ist, der seinen Namen Mattanja in Zedekia erst nachträglich änderte. Die Benennung des Königs sowohl mit Jechonja als auch Jojachin in 1/2Chr führt S.Japhet auf zwei verschiedene Quellen zurück: "In the book of Kings, Jehoiakim's first son is always called Jehoiachin (II Kings 24.6; etc), in Jeremiah always Coniah or Jeconiah (Jer. 22.24;24.1, etc), except in Jer. 52,31, which is parallel to II Kings 25.27. In Chronicles both names are found, probably depending on which sources were being used: thus 'Jehoiachin' in II Chron. 36.8,9; 'Jeconiah' here and in v.16" (dies., I&II Chronicles, a.a.O., 99).

	37,1		
Jer 52,31		Jer 52,31	
Ez 1,2			
		Ez 1,2	
			Bar 1,3.9

Wie aus der Tabelle ersichtlich, nennen 2Kön, 2Chr, Jer (am Ende) und Ez den König "יוֹיָכִין/יְהוֹיָכִין". Wir stellen voraus, daß Jer 52,31 in Abhängigkeit zu 2Kön 25,27 steht[122] und 2Chr 36 eine Parallele in 2Kön 23 und 24 hat.[123] Hieraus ist zu erschließen, daß die aufgeführten Texte auf eine Vorlage zurückzuführen sind, die höchstwahrscheinlich in 2Kön zu suchen sein wird. Und für Ez 1,2 ist nach GARSCHA anzumerken, "daß [neben Ez 1,1] die übrigen Daten im Ez (außer dem in 24,1) erst nachträglich eingefügt wurden. Die Annahme einer sekundären Erweiterung der Zeitangabe in 1,1 durch V.2 legt sich also nahe."[124] GARSCHA schreibt diese Erweiterung einem Golatheologen zu, den er als einen im ganzen Ez "nachweisbaren deuteroezechielischen Interpreten"[125] nennt. Auch ZIMMERLI beurteilt Ez 1,2 als "sekundäre Einfügung"[126]. Es wird deutlich, daß auch Ez 1,2 einer redaktionellen Hand angehört, wenn die Kommentatoren auch nicht von ihr als dem Deuteronomisten sprechen. Ziehen wir hieraus eine Schlußfolgerung, so scheint neben 2Chr 36 und Jer 52 auch Ez 1,2 in Abhängigkeit zu einer Vorlage zu stehen, durch die die Bezeichnung des Königs mit Jojachin erst nachträglich in den Text hineinkam.

Es steht für uns an dieser Stelle nicht an, diesen Sachverhalt grundlegend zu klären. Für unseren thematischen Zusammenhang ist diesbezüglich aber von Bedeutung, daß der Name des Königs "Jojachin" scheinbar von einer anderen Quelle oder Redaktion benutzt wird, als der, die Jer überarbeitete. Nicht nur der Name, sondern auch die Aussage, die im Jer mit ihm verbunden ist, nämlich die Gefangenführung des Königs mit den Oberen aus seinem Volk, die von Nebukadnezzar nach Babel gebracht werden, kommt auch im Esth zum Ausdruck. In jedem Fall zeigt sich auch hier eine literarische Nähe zwischen Esth und Jer.

Exkurs: Lexikalische und strukturelle Parallelen zwischen Esth (M-T.) zum Jer
Wir wollen im thematischen Zusammenhang der Charakterisierung und inhaltlichen Analyse der redaktionellen Bearbeitungen des Esth noch einmal Bezug nehmen auf einen Aspekt, der bereits in Kapitel 7.1. angesprochen wurde. Es handelt sich um die Bezeichnung "יְהוּדִים" für das Jüdische Volk oder "אִישׁ יְהוּדִי" für Mordechai als einem einzelnen Juden. Insgesamt kommen beide Bezeichnungen "יְהוּדִי" und "יְהוּדִים" im AT 75mal vor. Doch verteilen

---

[122]   So ist Jer 52,31-34 nach J.Gray (I&II Kings, a.a.O., 686) eine Wiederholung von 2Kön 25,27-30.
[123]   S.Japhet, I&IIChronicles, a.a.O., 1062.
[124]   J.Garscha, Studien, a.a.O., 242.
[125]   J.Garscha, Studien, a.a.O., 250.
[126]   W.Zimmerli, Ezechiel, a.a.O., 23.

sich die Stellenangaben hauptsächlich auf drei Bücher: Esth, Jer und Neh!

"יְהוּדִי" und "יְהוּדִים" im AT

Esth (52x):	2,5;3,4.6.10.13;4,3.7.13.14.16;5,13;6,10.13; 8,1.3.5.7(2x).8.9(2x).11.13.16.17(2x); 9,1(2x).2.3.5.6.10.12.13.15.16.18.19.20.22.23. 24(2x).25.27.28.29.30.31;10,3(2x).
Jer (14x):	32,12;34,9;36,14.21(2x).23;38,19;40,11.12; 41,3;43,9;44,1;52,28.30. (viermal wird "יְהוּדִי" als Eigenname gebraucht: 36,14.21(2x).23.
Neh (10x):	1,2;2,16;3,33.34;4,6;5,1.8.17;6,6;13,23
2Kön (2x):	16,6;25,25
Sach (1x):	8,23
1Chr (1x):	4,18 (Adj. Fem.)

Zudem ist festzustellen, daß Jer und Esth beide häufig die Formulierung "כָּל־יְהוּדִים" gebrauchen. Die Stellung des Pronomens "כָּל" vor "יְהוּדִים", und somit die verallgemeinernde Wendung "alle Juden", findet sich sonst nirgends. Jer hat sie fünfmal (32,12;40,11.12;41,3 und 44,1) und Esth gebraucht sie siebenmal (3,6.13;4,13.16;9,20.24.30). Schließlich sei auf zwei weitere kleine sprachliche Parallelen zwischen Jer und Esth hingewiesen. So ist der Gebrauch des Begriffes "נלה" im Part.pass. Kal für das "geöffnete bzw. kundgemachte" Dokument, wie es in Esth 3,14;8,13 zu finden ist, nur noch in Jer 32,11.14 zu lesen.[127] Inhaltlich betrifft dieser Sprachgebrauch das von der "יְהוּדִים"-Schicht stammende, in den Esth-Text hineingearbeitete Element B. Und neben Esth 2,23 wird das Verb "בקשׁ" (*untersucht werden*) im Pual nur noch in Jer 50,20 und Ez 26,21 gebraucht. Doch anders als im Ez hat es in Jer 50,20 und Esth 2,23 im Zusammenhang von Schuldaufdeckung eine judizielle Bedeutung.

Außer den lexikalischen lassen sich auch strukturelle Parallelen zwischen dem Esth und dem Jer feststellen: Die grammatische Konstruktion dreier aufeinanderfolgender Infinitive (constr.) ist im AT relativ häufig zu finden (vgl. z.B. Dtn 8,2; Ri 18,9; 2Kön 19,27). An den genannten Stellen drücken sie eine Hqndlungs*folge* aus. Daneben gibt es einige wenige Beispiele für die gleiche grammatische Konstruktion, die aber nicht eine Handlungsfolge beschreiben, sondern ein dreimaliges Wiederholen desselben Vorgangs mit drei verschiedenen Begriffen (vgl. Koh 7,25; 2Chr 31,2). Hier ist v.a. die formale und inhaltliche Parallele zwischen Esth und Jer zu nennen. So findet man in Jer 18,7 den Passus "לִנְתוֹשׁ וְלִנְתוֹץ וּלְהַאֲבִיר" (... *es [d.i. ein Königreich] ausreißen, niederbrechen und zugrunde richten*). In Jer 1,10;31,28 und 18,7 kommt die Formulierung noch einmal vor, jedoch nicht in einer *triadischen* Form, sondern in einer vielfachen[128] Infinitivfolge.

Infinitivfolgen im Jer

Jer 18,7:			וּלְהַאֲבִיר		וְלִנְתוֹץ	לִנְתוֹשׁ
Jer 1,10:		וְלַהֲרוֹס	וּלְהַאֲבִיר		וְלִנְתוֹץ	לִנְתוֹשׁ
Jer 31,28:	לְהָרֵע		וּלְהַאֲבִיר	וְלַהֲרֹס	וְלִנְתוֹץ	לִנְתוֹשׁ

---

[127] Daneben finden sich für die Bedeutung des Geöffnet-Seins nur noch zwei Stellen: in Num 24,4.16, wo jedoch beides mal die geöffneten Augen gemeint sind.

[128] Die ersten drei Begriffe sind identisch mit Jer 18,7, werden hier jedoch noch ergänzt durch "וְלַהֲרוֹס" aus 24,6. Vgl. den Apparat der BHS zu dieser Stelle.

De facto bleibt an allen drei Stellen jedoch die grundlegende triadische Form erhalten. Durch das Konglomerat der je drei gleichbedeutenden Begriffe ("um auszureißen, und niederzubrechen und zugrunde zu richten") wird der zu befolgenden Tat Nachdruck verliehen. Die Wucht und die zerstörerische Bedeutung der ersten Infinitive zeigt eine stark emotionale Ausdrucksweise. In dieser Funktion ist auch die Trias in Esth 7,4 zu sehen. Hier wird der Plan Hamans, das Jüdische Volk zu vernichten ("um umgebracht, getötet und ausgerottet zu werden"), mit Vehemenz vertreten. Auch diese triadische Formulierung hat neben 7,4 im Esth wie das Jer zwei Parallelen, und zwar in 3,13 und 8,11.

Triadische Infinitivfolgen im Esth

Esth 3,13:	וּלְאַבֵּד	לַהֲרֹג	לְהַשְׁמִיד
Esth 7,4:	וּלְאַבֵּד	לַהֲרוֹג	לְהַשְׁמִיד
Esth 8,11:	וּלְאַבֵּד	וְלַהֲרֹג	לְהַשְׁמִיד

Ausgehend davon, daß diese Formulierung in ihrer Dreifachheit in Esth und Jer einem strukturierenden Zweck des jeweiligen Buches gedient haben könnte, nehmen wir also an, daß der Redaktor des M-T. das Jer in einer späten bearbeiteten Form gekannt haben könnte.

Wir wagen, den oben aufgeführten Beobachtungen entsprechend, ein vorläufiges Urteil dahingehend, daß die nachexilische Bearbeitung des Jer in irgendeiner Weise auch mit der Redaktion des Esth, wie wir sie in der Ausarbeitung des M-T. durch die "יְהוּדִים"-Schicht darzulegen versucht haben, zu tun gehabt haben muß. Dieses Fazit mutet auf den ersten Blick recht abenteuerlich an, doch weisen wir in diesem Zusammenhang auf die von LOHFINK angenommene "Fortschreibungs"-Arbeit an den überlieferten Schriften der nachexilischen Zeit hin, für die er "in Verbindung mit dem Tempel ein einziges archivalisches, intellektuelles und schulisches Zentrum, wenn man will mit pluralistischen Zügen" annimmt.[129]

Die Vermutung, daß eine solche Fortschreibungsarbeit in der "יְהוּדִים"-Schicht zu erkennen sein könnte, ziehen wir aus der Erkenntnis, daß beides, sowohl die Verwendung des Verbes "נגלה" im Hofal als auch des an Jer angelehnten Namens des Königs von Jerusalem, zu einem Vers im M-T. des Esth gehört, der ein textliches Plus gegenüber dem A-T. darstellt. Zudem ist die Trias aus drei Infinitiven, deren Inhalt den Plan der Zerstörung des Jüdischen Volkes zum Ausdruck bringt und nur im Esth und in Jer zu finden ist, dem von uns als Element A bestimmten Inhalt zuzuordnen. Das Verb "נגלה" steht im Zusammenhang der Kundmachung des Dekretes Hamans und entspricht damit Element B, und schließlich ist auch die Bezeichnung der "כָּל-יְהוּדִים" in Esth und Jer dem Element A zuzurechnen. Damit können wir zumindest einen ersten, vagen Rückschluß ziehen, daß v.a. die Bearbeitungsschicht, die wir die "יְהוּדִים"-Schicht des M-T. genannt haben, mit einer späten Redaktion des Jer in Verbindung zu bringen wäre. Weitere Belege, die diese These unterstützten und die Beziehung näher

---

[129]   N.Lohfink, Bewegung, a.a.O., 313-382 u.v.a. 368. Als weiterführenden Forschungsansatz hierzu verweist Lohfing auf R.Davies (Search a.a.O.), der sich mit "der Zentrierung der damaligen literarischen Arbeit an unserem späteren kanonischen Bücherbestand in einem solchen elitären Zentrum in Jerusalem" auseinandersetzt (N.Lohfink, Bewegung, a.a.O.).

charakterisieren, müssen im Rahmen einer gesonderten Fragestellung an anderer Stelle gesucht werden. Jedoch zeigt die Verbindung zwischen den Redaktionen, das wir nicht fehl gehen, wenn wir die Heimat der "יְהוּדִים"-Schicht in Palästina suchen.

Vereinzelte Elemente
Schließlich sind im Zusammenhang der weiteren Elemente der "יְהוּדִים"-Schicht im Esth die folgenden, in einzelnen Versen zu entdeckenden Elemente zu nennen:

> Das Verschweigen der jüdischen Herkunft Esthers (2,10.20)—Mordechais Mahnung gegenüber Esther, sich nicht alleine retten zu können (4,13)—Die erwartete Hilfe von "einem anderen Ort" (4,14)—Esthers Fastenaufruf (4,16)—Sereschs Rede über "הַיְהוּדִים" (6,13)—Die Anklage Esthers (7,4)

Für die Erläuterung dieser Elemente verweisen wir auf die bisherigen Ausführungen zu diesen Stellen.

7.4.5.4. Gibt es einen Bezug zwischen den Additionen C und D und der religiösen Sprache im Text des A-T. und LXX-T.?

Nach der Darstellung der Bearbeitungsschichten des Esth, führen wir unsere Darlegungen nun dahingehend fort, daß die religiöse Sprache einerseits und die emotionsbeschreibenden Ausschmückungen der beiden griechischen Versionen weder der "יְהוּדִים"-Schicht noch der "Purim"-Schicht zuzuordnen sind. Sie sind vielmehr als späte Zusätze zu den Versionen nach ihrer Bearbeitung mit Element A-C zu lesen. Fraglich ist dabei, inwiefern die textlichen Plus des A-T. und des LXX-T. in Verbindung mit den Additionen C und D, die eben diese Ausdrucksformen und Inhalte in besonderem Maße aufweisen, stehen. Add C beinhaltet die Gebete Mordechais und Esthers und Add D ist eine ausgeschmückte Einleitung zu Kap 5, in dem sich Esther einer besonderen Gefahr aussetzt, da sie ungerufen vor den König tritt. Esthers emotionaler Zustand sowie die Brenzlichkeit dieser Situation wird hier dramatisiert zum Ausdruck gebracht und dadurch betont. Ähnlicher Art sind einige der Ausschmückungen des A-T. in 3,6;4,5.6;6,4;6,13-17;7,2 und 7,6-8a gestaltet. Die religiöse Sprache der Add C findet sich in 4,5.6.9.11;6,17 und 7,2. Bevor wir die Abhängigkeit dieser Textpassagen von den Add näher beleuchten, müssen wir die Additionen zuvor selbst in Augenschein nehmen. JOBES hat in ihrer Untersuchung zum "Alpha-Text" herausgestellt, daß Add D beim A-T. und LXX-T. gegenüber den anderen Additionen am ähnlichsten sei. Sie sei zudem am stärksten mit dem sie umgebenden Text verwoben. Die Gleichheit in der Gestaltung gebe an, schlußfolgert JOBES, daß Add D von einer Version zur anderen kopiert wurde, denn, wenn Add D in beide Texte unabhängig voneinander hineingeschrieben worden wären, dann wäre die Genauigkeit, mit der beide an der gleichen Stelle mit dem Text verbunden sind, unerklärbar erscheinen.[130] JOBES macht dann noch auf eine Stelle aufmerksam, die bei beiden Texten unterschiedlich sei und zwar zwischen 5,14-15 (LXX-T.) und 5,12a (A-T.). Der im A-T. gebrauchte Begriff "ἱδρώς" kommt neben Gen 3,19 (LXX) nur noch in 2Makk 2,26.27, in dem Bericht von den Schwierigkeiten, die sich aus der Zusammenschreibung der fünf Bücher Jasons von Kyrene zu einem ergeben haben, vor. Ein weiterer, in 2Makk 2,26 gebrauchter Begriff "ἀγρυπνίας" findet sich in 6,1 (A-T.) wieder. Daß der Autor des 2Makk das Esth im Kopf gehabt haben müsse, zeige sich auch daran, daß er in 15,35 auf Purim, als dem "Mordechaitag" Bezug nehme. In jedem Fall sei zu erkennen, daß er in 2,26 eine freie Anspielung auf das Esth nehme, wie sie im A-T. überliefert worden sei. Diese Verbindung sei für den LXX-T. dagegen nicht ersichtlich. Als Erklärung hierfür gibt JOBES an: "The book of 2 Maccabees is believed to have been written in Jerusalem to the Hellenized Diaspora Jews in Ptolemaic Egypt during the Hasmonean period. This apparently was a time when the Jews in Jerusalem were attempting to standardize the practices (and textes?) of the Diaspora Jews to those of Palestine." Wenn 2Makk 2,26 also wirklich als eine freie Anspielung auf 5,12 und 6,1 des A-T. zu lesen sei, dann zeige sich, daß die Add D dem Autoren von 2Makk um 100 v.Chr. bekannt gewesen sei.[131]

Add C fügt nun mit den beiden Gebeten einen starken, religiösen Aspekt in die Erzählung ein. JOBES formuliert: "The *Tendenz* of addition C seems to address the question, Are the Jews in the Diaspora still in covenant with God?", denn, nachdem der Tempel in Jerusalem wieder aufgebaut war, erhob sich die Frage nach der Bundeszugehörigkeit der Juden, die außerhalb des Landes lebten.[132] Auch die Nähe zwischen Add C und dem Gebet Moses in Dtn 9,26 (LXX), zu dem sogar wortwörtliche Parallelen bestehen,[133] reflektiert die hier intendierte Frage. Die Befreiung, die dem Gebet nun folgt, impliziert, daß das Jüdische Volk der Diaspora noch immer im Bund mit Gott stehe. Der semitische Stil der Gebete in Add C, so JOBES, könnte in dem griechischen Stil begründet sein, der den Pentateuch übersetzte oder aber, wie MOORE[134] und MARTIN[135] annehmen, auf eine semitische Vorlage zurückzuführen sein. JOBES Syntaxkritik zeigt sich diesbezüglich hingegen ergebnislos. Sie schließt jedoch auf der Basis eines inhaltlichen Vergleiches zwischen Add C und E, daß es sich bei Add C um eine Bitte um Befreiung und bei Add E um deren Erfüllung handelt. Dieser inhaltliche Bezug

---

[130] K.H.Jobes, Alpha-Text, a.a.O., 167.
[131] K.H.Jobes, Alpha-Text, a.a.O., 169f.
[132] K.H.Jobes, Alpha-Text, a.a.O., 177.
[133] Vgl. z.B. den Anfang "κύριε κύριε ...", der sonst nirgends im AT zu finden ist außer in 9,26 und C3 (LXX-T.) (K.H.Jobes, Alpha-Text, a.a.O., 177).
[134] C.A.Moore, Additions, a.a.O., 391-393.
[135] R.A.Martin, Sytax Criticism, a.a.O., 65-72.

"indicates that either *the Greek* of addition C was present in the Greek version(s) prior to the composition of addition E, or that additions C and E, both in Greek, were added to the Greek version of Esther in the same time. This internal evidence suggests that addition C logically preceded addition E, but it does not rule out the possibility that both entered the Greek text at the same time (along with addition B)."[136]

Anders als DOROTHY, der für Add C und D annimmt, sie gehörten einem redaktionellen Stadium der "Yahwization"[137] an, kann JOBES mit dem Hintergrund ihrer lexikalischen und syntaktischen Untersuchungen diesem Ergebnis nicht zustimmen, sondern betont, daß Ursprung und Geschichte der Add D in keiner Beziehungen zu denen der anderen Additionen stünde. Dies zeige sich v.a. in den weit höheren Textübereinstimmungen der Add D in LXX-T. und A-T. als dies bei Add B, C oder E der Fall sei.[138]
Betrachten wir nun die Zusammenhänge zwischen den Additionen und den textlichen Plus des A-T. Wir unterziehen hier die angegebenen Stellen keiner Syntaxanalyse oder einer lexikalischen Untersuchung, sondern können uns nur auf den Vergleich einzelner maßgeblicher Stichworte beschränken. Bezeichnend ist beispielsweise der Gebrauch des "Israel"-namens in 4,6 (A-T.), der sich auch in C13.15.19.20 und 7,59 (A-T.), C11 und F6 (LXX-T.) wiederfindet. Der Wortgebrauch aus 6,13 (A-T.) hat dagegen Parallelen in Add D, nämlich "πνευμά" (D7) und "ἐκλύσις" (D6). 7,2 nennt den Begriff "ἀγωνιάω" wie D8. Kap 4,11 und D1 sprechen von "θεραπείαν". Der Ausdruck "θῦμος" aus 3,6 ist auch in D5 zu finden.

"θεός", die Bezeichnung Gottes, kommt im A-T. insgesamt 13mal und im LXX-T. doppelt so häufig vor. Im A-T. findet er sich neben 4,5.9.11 und 6,22 dreimal in Add D (D2.7.11), einmal in Add E (E27) und viermal in Add F (7,53.54.55.57). Im LXX-T. kommt er zweimal in Add A (A9.11), siebenmal in Add C (C7.8 (2x).14.19.29.30), dreimal in Add D (D2.8.13), viermal in Add E (E4.16.18.21) und sechsmal in Add F (F1.6 (2x).7.8.9), neben 2,20 und 6,13 vor. Auffällig ist im Gesamtvergleich zwischen A-T. und LXX-T., daß ersterer in Add E die Bezeichnung "Gott" vermieden hat und ihn nur in der Anrede mit "κύριος" erwähnt. Auch Add E, die sich nach JOBES ja auf Add C bezieht, vermeidet folglich die Bezeichnung eher und hat sie nur einmal aufgeführt. Dagegen führt sie Add D in beiden Versionen, was JOBES These von den unterschiedlichen Autoren für Add C und D bestätigt.

Daß der LXX-T. in Add C und E konsequent die Gottesbezeichnung gegenüber der A-T.-Version anführt, läßt, unabhängig von den anderen inhaltlichen Unterschieden, die Schlußfolgerung zu, daß eine der griechischen Versionen die ursprünglichere Form der Additionen führt. Da

[136]   K.H.Jobes, a.a.O., 181.
[137]   C.V.Dorothy, Books, a.a.O., 347.
[138]   K.H.Jobes, Alpha-Text, a.a.O., 183.

die Grundlage unserer Untersuchungen zu einer Entscheidung diesbezüglich nicht reichen, stützen wir uns auf JOBES, die für die Additionen des A-T. die ursprünglichere Form annimmt.

Der geringe Textumfang der genannten textlichen Plus des A-T. zeigt eine Analogie hinsichtlich des für den religiösen bzw. ausschmückenden Inhalt bezeichnenden Wortgebrauchs auf und erlaubt u.E. die Überlegung, daß entweder ein späterer Redaktor diese Verse einfügte, nämlich als die Additionen bereits in den Text eingefügt worden waren, oder aber jeweils zusammen mit diesen in den Text hineingebracht wurden. Daß der LXX-T. diese in seinem Text nicht aufweist, deutet eher auf die erste Überlegung hin.

7.4.5.5. Das Ende des Esth 10,1-3 (M-T./LXX-T.) bzw. 7,50-52 (A-T.)

Daß 10,1-3, der Abschluß des Esth, nicht mehr zur Purimthematik des vorhergehenden Kap zu zählen ist, liegt auf der Hand. Es ist jedoch fraglich, ob diese Verse einer späten Endredaktion des Textes zuzurechnen sind oder ganz im Gegenteil, noch zum Proto-A-T. gehören und deren Abschluß bilden. CLINES enthält sich hier des Urteils und meint, die Verse gehörten sicherlich nicht zu dem Autor von Kap 1-8, "but it is impossible to tell, in view of its brevity and disjointedness, whether it originally formed a piece with any of the matter of ch. 9 or was yet another redactional supplement."[139] Dagegen plädiert DOROTHY dafür, daß sie zur bereits niedergeschriebenen Erzählung gehörten: "Written in report-like style, and without tension within itself, 10.1-3 nevertheless serves as part of the narrative, running parallel with, and expanding, the scene-setting 'prolog' of 1.1ff. If these three concluding verses were placed right after 8.17, they would soundlike the end of a success or hero story."[140] Wenn wir auch DOROTHY in seinen Beobachtungen hinsichtlich des Stils und der Aussage dieser Verse zustimmen, so kommen wir doch aufgrund unserer literarkritischen Unterscheidung primärer und sekundärer Elemente im Esth zu einem anderen Ergebnis, denn in 10,1-3 begegnen uns noch ein letztes Mal die Elemente A und B. So wird in 7,50 (A-T.) wiederum das Motiv des Briefeschreibens aufgeführt und zwar, um eine allumfassende Aussage über Größe und Macht des Königreiches zu äußern. Sie erscheint wenig konkret gegenüber der von 10,1 des M-T. Dort legt der König nämlich dem ähnlich beschriebenen Reich—dem Land und den Inseln des Meeres—eine Steuer auf. Eine Beschreibung von Größe und Macht folgt nun erst in V.2a. Sie betrifft jedoch, anders als im A-T., nicht den König, sondern Mordechai, während im A-T. von Mordechai berichtet wird, er habe die Aufgabe, die Taten des Königs schriftlich festzuhalten. Die Darstellung des M-T. schließt das Buch

---

[139]   D.J.A.Clines, Scroll, a.a.O., 59.
[140]   C.V.Dorothy, Books, a.a.O., 321.

u.a. mit einer Formulierung ab, die dem AT nicht unbekannt ist: הֲלוֹא־הֵם"
"כְּתוּבִים עַל־סֵפֶר דִּבְרֵי הַיָּמִים לְמַלְכֵי (*sind sie* [die Taten] *nicht
aufgeschrieben im Buch der Begebenheiten der Tage der Könige?*) So findet
sich die Formulierung aus 10,2b in identischer Formulierung in 1Kön
11,41;14,29;15,7.23.31[141] u.ö. wieder. Sie beschließt jeweils eine Darstellung
der Regierungstätigkeit der Könige von Israel und Juda. Sie unterscheiden
sich nur in der jeweiligen Angabe der Herrschaftsgebiete. Die Aussage, die
der M-T. mit dem Gebrauch dieser Formulierung tätigt, ist dabei eindeutig.
Mordechai, der an Hamans statt quasi den Stellvertreter des Königs darstellt,
gehört nun in seinem Amt in die Reihe und die Tradition der Herrscher über
Israel und Juda. Daß er es weitaus besser ausführt als seine Vorgänger in
diesem Amt, ist unbestritten. Die Aussage ist deutlich: Nach dem Scheitern
der Könige Israels und Judas und dem daraus erfolgten Untergang beider
Reiche und nach der Zeit der Läuterung ist ein Versagen ausgeschlossen.
Mordechais Kampf für sein Volk und den Erhalt des Judentums in der Form
des Rechts, nach jüdischen Gesetzen zu leben, zeigen vielmehr, daß das
Leben nach Gottes Willen nun erlernt wurde. Mordechai ist an seiner
Aufgabe und vor Gott nicht gescheitert, sondern hat sie selbst in der
Bedrohung des Todes erfüllt. So steht er nun, am Ende der Erzählung als
"wohlgefällig bei der Menge seiner Brüder" dar, der in Verantwortung dieses
Amtes "das Wohl seines Volkes" sucht und "zum Wohl aller seiner
Nachkommen" (10,3) redete. So zeigt sich in diesem Schluß deutlich die
Intention der "יְהוּדִים"-Schicht im M-T.

In wenig realistischer Art und Weise stellt der A-T. die tatsächliche
Nachfolge Mordechais auf den Thron des Assyros dar (7,52). Er wird als
erfolgreicher, neuer persischer König, der zudem seinem Volk Ehre zu
verschaffen verstand, proklamiert. Ein wenn auch nur indirekter Bezug zur
Chronik der Könige, wie er im M-T. angedeutet wird, findet sich hier jedoch
nicht. Der A-T. endet also mit einem alles umgreifenden Erfolg, einem
wahrhaft krönenden Abschluß, der sowohl den Ausgang in Kap 6 (die
Ehrung durch seinen Widersacher Haman), als auch das Ende des Proto-A-T.
(Kap 7) (die Beseitigung des Feindes seines Volkes und die Beschenkung
mit den Dingen des Reiches), das Ende des ersten Schlusses (das Bejubelt-
Werden durch das Volk der Stadt Susa und der Provinzen und die
Siegelvollmacht des Königs) sowie das Ende des zweiten Schlusses (die
Unterstützung der Satrapen und Statthalter gegen die Feinde der Juden und
die endgültige Vollmacht über die Beseitigung der Feinde) überragt: Denn
Mordechai selbst wird König. Dieser krönende Abschluß, in dem Mordechai
mit seinem Volk (vgl. Element A) zu endgültigen Ehren kommt, kann nur der
Aussage der "יְהוּדִים"-Schicht im Proto-A-T. zugeordnet werden. Es ist

---

[141]   Vgl. 2Chr 25,26;32,32 etc.

anzunehmen, daß sie ursprünglich an 7,41 anschloß und der abgewandelten Aussage des M-T. in 10,2 als Vorlage diente. Daß die den alttestamentlichen Chroniken bekannte Formel im A-T. fehlt, läßt darauf schließen, daß 7,50-52 im A-T. die ältere Form darstellt, die nicht von der "יְהוּדִים"-Schicht des M-T. bearbeitet wurde.

Daß der LXX-T. auch an dieser Stelle beide Aspekte, den der Andeutung der biblischen Königsanalen einerseits und die Machtübernahme durch Mordechai andererseits zum Ausdruck bringt, kommen wir auch hier wieder zu dem Ergebnis, daß er auf der Basis beider Texte, dem des M-T. und des A-T., erst erstellt wurde.

7.5. Die Heimat des M-T., LXX-T. und des A-T.

DOROTHY fragt grundlegend: "Was Esther first written in the Diaspora or in the land where it reached canonical status?" Das Fehlen eines Hinweises auf den Tempel, Jerusalem, den Zion, Priester und Propheten oder die geographische Lage Palästinas sowie andererseits die starke Konzentration auf Susa, führe, so der Autor, zu der unvermeidbaren Annahme, daß die geographische und chronologische Matrix der Esthererzählung 1-8 die Diaspora zwischen 400 und 250 v.Chr. gewesen sein müsse.[142] Wir haben zu dieser Fragestelluno und Beobachtung DOROTHYs bereits einige Aussagen getroffen. Es gilt nun, aus unseren vorangegangenen Untersuchungen, Überlegungen und Schlußfolgerungen, ein umfassenderes und deutlicheres Bild über die Heimat der drei Versionen zu erstellen. Vorausgehend haben wir für die griechische Version (A-T.) die Diasporasituation angenommen und für den hebräischen Text die Situation des palästinischen Judentums. Ob sich diese Unterscheidung durchhalten läßt, soll im folgenden untersucht werden.

7.5.1. Die Situation der A-T.-Version des Esth

Die Neigung, in den Namen und Figuren der Protagonisten des Esth historische Personen zu erblicken und die damit einhergehende Annahme, die dahinterstehende Situation des Textes ausmachen zu können, ist verführerisch. So stellt DE TROYER ihrer These entsprechend dar, daß der A-T. in die Zeit nach der Entstehung des LXX-T.—also entsprechend des Kolophons in die Zeit 78 v.Chr.—gehöre und erklärt dies mit der auch von JOBES[143] vertretenen Theorie, Bougaios sei mit dem Bagoas (oder Bagoses) zu identifizieren, der 338 v.Chr. Artaxerxes III ermordete. Person und Tat

---

[142] C.V.Dorothy, Books, a.a.O., 324.
[143] K.H.Jobes, Alpha-Text, a.a.O., 125-128.

wiesen auf diesen Hintergrund [144] als historische Folie für die A-T.-Literatur
hin. Fraglich bliebe dann aber, warum Josephus nach seiner LXX-T.-
Darstellung nicht einfach den Inhalt des A-T. wiedergegeben habe, oder
anders gesagt, warum Josephus seinen Bericht über Bagoas hinter die
Erzählung von Esther und Mordechai stelle und nicht von dem einen erkläre,
letzteres basiere auf dem Hintergrund von ersterem. DE TROYER führt hierzu
einen weiteren historischen Kontext des A-T. auf. So sei der A-T. zwar eine
erneute Ausgabe des LXX-T., habe jedoch jeweils eine bestimmte Person
und einen bestimmten historischen Kontext vor Augen. Da ein besonderes
Charakteristikum des A-T. das königliche Auftreten[145] Mordechais sei, stelle
die Figur Mordechais entsprechend Agrippa, den Enkel Herodes des Großen,
dar, der sich für die alexandrinischen Juden eingesetzt habe, als zwischen
diesen und den Griechen nach dem Tod von Kaiser Gaius erneut Probleme
aufflammten. Agrippa unterstützte anschließend den neuen Kaiser Claudius
und erhielt als Dank das Königtum über die Gebiete von Judäa und Samaria
(37-44 v.Chr.). Auch bei Claudius trat er für die Juden in Alexandria ein,
setzte für sie das alte Recht wieder in Kraft und fügte noch ein Edikt zu ihren
Gunsten hinzu. Hier spiegele sich das im Esth vom König geschriebene und
von Mordechai geforderte Dekret sowie dasjenige, welches er selbst für die
Juden verfaßte, wieder. Flaccus, der labile Gouverneur von Alexandria, sei
mit Haman zu identifizieren, während Claudius in der Esthererzählung
schließlich als Ahasveros auftrete. Wessen Gegenstück Esther zum Ausdruck
bringe, wäre dagegen nicht festzustellen. DE TROYER entscheidet aufgrund
dieser Darstellung, der 40-41 n.Chr. geschriebene A-T. sei wohl eher
"Agrippa-Text" zu nennen.

Entgegen DE TROYER und JOBES gehen wir nicht davon aus, als könnten
die Protagonisten der Erzählung mit historischen Personen identifiziert
werden. Unseren Ergebnissen zufolge stellt die Esthererzählung, wie sie in
Proto-A-T. zu lesen ist, entgegen den konkreten literarischen und
historischen Bezügen des M-T., vielmehr eine Erzählung des bereits
situierten Diasporajudentums dar. Die grundlegende Darstellung der
Esthererzählung in Proto-A-T., die inhaltlich v.a. die Rettung und Befreiung
des Jüdischen Volkes vom Tod zum Ausdruck bringt, zielt auf die Festigung
des Judentums als politische und religiöse Größe. Der A-T. und—
entsprechend unseren Forschungsergebnissen v.a. die "יְהוּדִים"-Schicht in der
Proto-A-T.-Erzählung—bezweckt hierbei, wie DOROTHY hinsichtlich der
Intention von Kap 1-8 treffend beschreibt, neben dem Unterhaltungsaspekt,
Gehör unter den Diasporajuden zu finden, "who are struggling to hold on to
their identity while occupying a minority and, at times, a life-threatening

---

[144]   K.de Troyer, Einde, a.a.O., 304f.
[145]   Demgegenüber wurde Mordechais Funktion in M-T. und LXX-T. eher als priesterlich
bewertet, meint De Troyer (dies., Einde, a.a.O., 304).

position"[146]. Weiter nimmt DOROTHY an, daß die Sänger und Leviten (Priester) in Gestaltung und Popularisierung des säkularen Esth-Stoffes involviert waren. Wenn, wie zu vermuten sei, Leviten Geschichtenerzähler gewesen seien, dann habe die Erzählung—sei es aus weltlichen oder aus religiösen Motiven heraus—in diesen Zirkeln ihren Ursprung. Doch sei nur wenig über die soziale Struktur der Gesellschaft in persischer Zeit bekannt. Man könne jedoch spekulieren, daß die religiösen Ältesten oder die weltliche Führung diese Erzählung bei Bürgerversammlungen, religiösen Zusammenkünften oder gar bei nicht-israelitischen Festtagen an eine von Auflösung bedrohte Jüdische Gemeinde weitergab. In jedem Falle könne die Erzählung aus Kap 1-8 v.a. im Zusammenhang eines Festes dem Sinn der Festigung der Identität und Einheit einer Gemeinschaft dienen.[147] Mit Hilfe dieser von DOROTHY ausgeführten Darstellung können wir präzise jenes Interesse, das er der Autorenschaft der gesamten griechischen Version zuschreibt, entsprechend unserer Ergebnisse, einschränkend der "יְהוּדִים"-Schicht des Proto-A-T. zuordnen. Den säkularen Ursprung des Esth, den DOROTHY noch für fraglich hält, haben wir mittels der drei Weisheits- und Volkserzählungen VE, HM und HMK herauszuarbeiten versucht.

Wenn die Erzählung nun in einer zweiten Überarbeitung des Proto-A-T. mit der "Purim"-Schicht, eine neue Zielrichtung erhielt, so stellt sich die neue Frage nach dem "Sitz im Leben" des A-T. in jenem redaktionsgeschichtlichen Stadium. Oben haben wir den Nachweis angestellt, daß von der "Purim"-Schicht des M-T. her die Purimthematik in den A-T. eingefügt wurde. Zu fragen ist also, was mit dieser Bearbeitung des Proto-A-T. bezweckt wurde. Auf der Hand liegend ist wohl, daß mit ihr die Angleichung des ursprünglichen Diasporatextes an den bereits traditionalisierten Gebrauch des M-T. durch die jüdische Gemeinde in Jerusalem, die den Esth-Text als Festlegende verstanden und gelesen hat, vorgenommen wurde.

Auf diesen Gebrauch zur Erklärung der Riten und des Anlasses des Purimfestes weist der M-T. mit seiner Nachdrücklichkeit auf den für allerorts vorgeschriebenen Festauftrag betreffs der Purimfeierlichkeiten hin. Was in Palästina an Befreiungs-, Rettungs- und Siegeserfahrung in den Zeiten rund um die makkabäischen Kriege in einem Gedenktag festgeschrieben wurde (vgl. Mordechaitag), sollte nun auch für das Diasporajudentum in ihrer Situation relevant werden und zu einer gemeinsamen Tradition führen. Welche Kräfte hier am Werk waren, die diese Vereinheitlichung des Jüdischen Volkes in Diaspora und Palästina vorantrieben, läßt sich nur erahnen. Wir versuchen jedoch einen auf unsere Beobachtungen gestützten Entwurf: Mit DOROTHY sind wir für die "יְהוּדִים"-Schicht von einer religiösen

---

[146] C.V.Dorothy, Books, a.a.O., 324.
[147] C.V.Dorothy, Books, a.a.O., 325.

Führungsschicht in der Diaspora ausgegangen. Nun können wir an dieser Stelle folgern, daß diese Schicht mit der Jerusalemer Gemeinde in regem Austausch gestanden haben muß. Dieser diente zusammen mit dem Versuch der Unifizierung nicht zuletzt einer fortschreitenden Konsolidierung des Judentums entfernt von Tempel und Land. Betrieben wurde diese Annäherung—dies scheint zumindest aus der Nachdrücklichkeit hervorzugehen, mit der der hebräische Text die Purimfeierlichkeiten anzeigt—von Jerusalemer Seiten. Anzunehmen ist wegen dieser Eindringlichkeit weiterhin, daß sie den Anspruch auf Autorität in religiösen Dingen erhob. Die hohe Bedeutung der Überlieferung des A-T., die der LXX-T. ihr als gleichberechtigte Vorlage neben M-T. zuschrieb, läßt daran zweifeln, daß diese autoritative Stellung der Jerusalemer Gemeinde von allen Seiten wirklich akzeptiert wurde.

Im Hinblick auf den Sitz im Leben des A-T. in seiner endgültigen, uns überlieferten Form gehen wir ganz mit DOROTHY überein, wenn er schreibt, hierüber gäben v.a. die letzten Verse der Add F (7,57-59 (A-T.) bzw. F9-10 (LXX-T.)) Aufschluß. Sie wiesen nämlich in beiden griechischen Versionen auf den kultischen bzw. synagogalen Gebrauch hin. Sie beinhalteten weder die Interpretation des Traumes Mordechais noch beträfen sie das Fest. "They speak of κύριος/יהוה (or θεός), who has intervened (signs) to save/rescue his people (mighty acts). In terms of theology, this is based broadly on a theology of creation and sustenance, and specifically is a concretization of actualization of a Yahwistic צדק (i.e. a cosmic order/justice) and a צדקה (a 'righteousness' or salvation) actualized among the people of God. Therefore the passage presents an actualization of an ongoing Torah story."[148]

7.5.2. Die Situation der M-T.-Version des Esth

Daß die "Purim"-Schicht auf der Basis des M-T. in die beiden anderen Versionen des Esth eingefügt wurde, haben wir in Kapitel 7.4. herausgearbeitet. De facto liegt hier der Schwerpunkt des M-T. Von diesem ausgehend befragen wir den M-T. nach der Situation seiner Entstehung. Hierzu nehmen wir Bezug auf die zentralen Verse in Esth 9,30f., für die FISHBANE[149] eine Nähe zu Sach festgestellt hat. In dem Kapitel "From Oracles into Non-Oracles" beschreibt er die Aufnahme von sacharjanischem Material in Esth 9,30f.:

"וַיִּשְׁלַח סְפָרִים אֶל־כָּל־הַיְּהוּדִים אֶל־שֶׁבַע וְעֶשְׂרִים וּמֵאָה מְדִינָה מַלְכוּת אֲחַשְׁוֵרוֹשׁ דִּבְרֵי שָׁלוֹם וֶאֱמֶת: לְקַיֵּם אֶת־יְמֵי הַפֻּרִים הָאֵלֶּה בִּזְמַנֵּיהֶם כַּאֲשֶׁר קִיַּם עֲלֵיהֶם מָרְדֳּכַי הַיְּהוּדִי וְאֶסְתֵּר הַמַּלְכָּה וְכַאֲשֶׁר קִיְּמוּ עַל־נַפְשָׁם וְעַל־זַרְעָם דִּבְרֵי הַצֹּמוֹת וְזַעֲקָתָם" (Und er sandte Briefe an alle Juden, in die 127

---

[148] C.V.Dorothy, Books, a.a.O., 327.
[149] M.Fishbane, Interpretation, a.a.O., 503-505.

Provinzen des Königreiches des Achaschwerosch, Worte des Friedens und
der Wahrheit, um diese Purimtage in ihren festgesetzten Zeiten festzulegen,
so wie der Jude Mordechai und Esther, die Königin, es ihnen festgelegt hatte
und wie sie es sich selbst und ihren Nachkommen festgelegt hatten, die
Regelung des Fastens und ihrer Wehklage.)

Diese Verse nähmen, so FISHBANE, Bezug auf die Worte in Sach 8,19
von "Frieden und Wahrheit" und die Fastentage, die zu Tagen der Feier und
Freude würden. De facto sei die Nähe zwischen beiden Texten bereits sehr
viel früher, nämlich bereits schon seit dem Mittelalter, bekannt gewesen.
FISHBANE fragt jedoch danach, *warum* diese Analogie zwischen beiden
Texten bestünde. Hierbei kommt er zu dem Ergebnis, daß die in Esth 8,16f.
beschriebene Freude und die Feierlichkeiten unter den Juden wegen des
königlichen Dekrets eben diese sei, die in Sach 8,19 bereits prophezeit
worden wäre: "The combined effect of the learned reuse of Zech. 8:19 in
Esther 8:16-17 and 9:30-1 is to suggest an understanding of the old
Zecharian prophecy in the light of contemporary events, i.e., the old divine
promise that the four fast-days would become a time of joy and festivity was
considered to be fulfilled in the days of Esther."[150] Was jedoch veranlaßte
den Autor des M-T., auf Sach Bezug zu nehmen? FISHBANE weist auf die
Stellen im Esth hin, die das Fasten des Jüdischen Volkes angesichts der
großen Trauer einerseits und Esthers Hilfegesuch andererseits beschreiben
(vgl. 4,3.16). Auf eben jene Trauer beziehe sich 9,22, die Umkehr von
Trauer zur Freude. Und eben diese Umkehr—die auch wir allerdings zur
Erklärung des Namens des Purimfestes herangezogen haben—sei für den
Autor die unmittelbare Verbindung zu dem prophetischen Topos in Sach
8,19. Doch seien die ursprünglichen Briefe Mordechais nicht mit
Anspielungen auf Sach paraphrasiert worden. Es gehe vielmehr darum, daß
die Festschreibung des Purim als Resultat einer erfüllten Prophetie
verstanden wurde. Insofern sei das alte Orakel zur Legitimierung einer
gesetzlichen Neuerung benutzt worden. FISHBANE führt weiter aus, daß der
für diese Interpretation verantwortliche Exeget auf der Basis von Sach 7,1-5,
wo auf die Fastentage und in diesem Zusammenhang auch auf das 70-Jahre-
Orakel von Jeremia Bezug genommen wird, auch das Ende der vier
Fastentage vor Augen gehabt haben könnte, die in Erinnerung an den Fall
von Jerusalem gehalten wurden. Wenn dem so sei, dann habe der Autor von
Esth 9 also zwei Aspekte impliziert: Erstens, daß das neue Purimfest das
Ende der entbehrungsreichen Zeit des Exils, die als Fastenzeit zu deuten ist,
markiere und sich nun in eine Freudenzeit umkehre und zweitens, daß die
alte jeremianische Vorhersage vom Ende des Exils nun realisiert worden sei.
FISHBANE merkt an, daß im Text selbst hierzu keine explizite Aussage

---

[150]   M.Fishbane, Interpretation, a.a.O., 504.

gemacht würde, doch wertet er die Situierung der fiktiven Erzählung in einem historischen Rahmen direkt nach der judäischen Exilierung um 597 v.Chr. (vgl. Esth 2,6) als indirekten Hinweis darauf. Wie immer auch diese Annahme zu werten sei, es sei wohl unanzweifelbar, daß der Verfasser von 9,29-31 das alte Orakel von Sach als theologische Unterstützung für ein von Menschen inspiriertes Fest (9,21) gebraucht habe.

Neben den von FISHBANE aufgeführten Bezug des Esth zu Sach konnten wir selbst für den M-T. an verschiedenen Stellen strukturelle, inhaltliche Parallelen und Analogien zu anderen Büchern des AT feststellen. Dazu gehörten v.a. Gen, 1Sam, 1/2Kön (vgl. 1/2Chr), Jer, Dan, Makk und mit der Untersuchung FISHBANES auch Sach. Hinzuweisen wäre zudem auf die von GERLEMAN ausgearbeitete Gegenüberstellung der Esthererzählung und die des Exodus (Ex 1-12), in der er jeweils für das eine ein passendes Gegenstück im anderen sah,[151] MEINHOLDS[152] Entdeckung eines parallelen Aufbaus der Josephs- und der Esthererzählung in Struktur und Gattung und schließlich auch auf die Arbeit von ROSENTHAL, der zum Vergleich der beiden "Diasporanovellen" auch noch die Danielerzählung hinzunimmt und zu dem Ergebnis kommt, "daß man für die Darstellung späterer Verhältnisse, weil die Sprache nicht mehr lebendig war, die Erzählungen der alten Bücher der Bibel zum Vorbild genommen"[153] habe. Ist der Anlaß, den ROSENTHAL für die Aufnahme des alttestamentlichen Gutes, das Sterben der Sprache, wohl eher anzuzweifeln, so zeigt er doch in seinem Fazit eine klare Verbindung zwischen der neu geschriebenen bzw. überarbeiteten säkularen und der alten überlieferten Literatur auf. Diese Verbindung wird darin sichtbar, daß dem Redaktor des Esth die alte und noch in steter Überarbeitung begriffene Literatur nicht nur vertraut war, sondern daß er sie in seiner redaktionellen Arbeit bewußt in Struktur und Inhalt des Esth eingeflochten hat. Sein Beweggrund hierfür ist in der Aneignung der Diasporaliteratur für die ständig in einem Traditionalisierungsprozeß begriffene Literatursammlung des palästinischen Judentums zu suchen.[154]

Doch es bleibt die Frage, mit welcher Intention eine solche Redaktion die "Purim"-Schicht in das Esth einfügte. Mit Verweis auf unsere Darstellung der unterschiedlichen Intentionen der Endredaktionen des M-T. bzw. A-T., sei hier noch einmal deutlich hervorgehoben, daß die Bedrohung im M-T. weniger im Verlust der religiösen Identität, von der die Diaspora betroffen war, gesehen wird, als vielmehr in der Bekundung der Ausübung des

---

[151] Vgl. G.Gerleman, Esther, a.a.O., s.v.a. §3-4.
[152] Vgl. A.Meinhold, Gattung, a.a.O.
[153] Vgl. L.A.Rosenthal, Josephsgeschichte, a.a.O. 284.
[154] Es ist dabei zu bedenken, daß das Esth der Diaspora (Proto-A-T.) nicht nur auf der Grundlage der überlieferten Literatur, sondern zusammen mit ihr—wir denken hier an die von Lohfink vorgestellte "Fortschreibungs"-arbeit in den Schulen des Jerusalemer Tempels—bearbeitet wurde.

religiösen Kultes, die einherging mit dem voranschreitenden und durch Seleukiden und Hasmonäer vorangetriebenen Hellenisierungsprozeß. Das dem Purimgeschehen zugehörige Element der Rache an den Feinden ist dabei jedoch nicht einseitig auf die politisch kämpfende makkabäische Gegenbewegung zu beziehen, sondern in nicht zu unterschätzender Art und Weise auch auf ein in ihm zum Ausdruck kommendes psychologisches Moment des nun endlich zum Zuge kommenden Volkes, daß den gerechten und endgültigen Kampf für JHWH ficht. Die oberflächlich zunächst völlig übertriebene Darstellung von der Ermordung der 75000 Feinde mitsamt den in Susa Getöteten 800 Männern bringt, wie oben (Kapitel 6.4.) dargestellt wurde, die Vorstellung der Zerschlagung aller Nationen der Erde zum Ausdruck. Symbolisiert wird hier ein nicht mehr am Unglauben scheiterndes und deshalb von Verbannung und Tod bedrohtes Volk Gottes, sondern die in der Tradition der Gerechten und dem Willen JHWHS verpflichteten Propheten und Könige stehende Gemeinde. Doch haben wir es hier nicht mit apokalyptischen Vorstellungen zu tun. Vielmehr kommt in dieser Symbolik das nachexilische von erfahrener Läuterung geprägte Bewußtsein der Tempelgemeinde zum Ausdruck, die an Selbstbewußtsein gewonnen hat. Daß der Name JHWHS im Esth nicht genannt wird, hat insofern nicht nur etwas mit der selbst auferlegten, strikten Befolgung der mosaischen Gebote in dieser Gemeinde zu tun, nach der der Name des Herrn nicht "zu Nichtigem" ausgesprochen werden darf, sondern ist von dem Wissen um die Pflicht der Eigeninitiative im Kampf für JHWH zu verstehen und als Antwort eines von Auserwählung bestimmten Selbstverständnisses der Gemeinde.

Für die Aufnahme des Esth in den Kanon der Bibel folgern wir nun, daß das Esth nicht nur als zur Festlegende funktionalisierte Literatur, sondern eben als Bekenntnis einer wiedererwachten, ernsten Verantwortung des religiösen Menschen vor JHWH verstanden werden muß. Das hebräische Esth ist deshalb ein zutiefst religiöses Buch.

7.5.3. Die Situation der LXX-T.-Version von Esth

DOROTHY macht eine überaus interessante Beobachtung hinsichtlich der Intention des LXX-T., wenn er bemerkt, daß "one senses that the author of o' [d.i. der LXX-T.] stays neutral to the story, while L [d.i. der A-T.] takes it personally. Thus one may posit a 'homiletical', or at least an ethnic, communal, constitutive intention for L vis-à-vis a didactic, history-oriented, documentary authorial intention for o'. In this light, o' may be simply another necessary part of a large work—perhaps that of extending the LXX, or a documenting of festivals, or just a work of translation."[155] Eben diese, jedoch in anderem Zusammenhang geäußerte Aussage, bestärkt uns in unserer

---

[155]   C.V.Dorothy, Books., a.a.O., 356.

These, daß der LXX-T. eine auf dem M-T. und dem Proto-A-T. als Vorlage
basierende und durch Kombination beider miteinander erstellte Textausgabe
ist. Doch die Frage ist hier, warum und in Bezug auf welche Situation eine
solche Textausgabe überhaupt erstellt wurde.

Die Analyse DE TROYERS, daß der LXX-T. seine Übersetzung auf dem
Hintergrund der Ereignisse um 164 v.Chr. (Ende der Makkabäischen Kriege
und Tod von Antiochus IV Epiphanes) vorgenommen habe, und durch die
Briefe des Antiochus IV Epiphanes und seinem Nachfolger Antiochus V
Eupator inspiriert worden sei, halten wir dagegen für zu spezifisch. Den
Terminus ante quem seiner Ankunft in einer alexandrinischen Bibliothek,
entsprechend dem Kolophon des LXX-T., auf die Zeit von Ptolomäus XII
Auletos und Cleopatra V am Ende des 70. Jahres v.Chr.[156] festzulegen, mag
dagegen durchaus möglich sein. BICKERMAN hat nämlich darauf
hingewiesen, daß diese Bibliothek den Ursprung ihrer Schriften
verzeichnete, da sie dies zuvor oft sehr bald schon nicht mehr nachvollziehen
konnte.[157] Nun hätten jüdische Gemeinden in der Diaspora Büchereien und
Archive besessen, die ganz ähnlich verwaltet wurden, wie die griechischen
Schriftensammlungen. Die Bezeichnung des LXX-T., lautet in seinem
Kolophon "ἐπιστολὴν τῶν φρουραί" (Phrourai-Brief). BICKERMAN
erläutert, daß die "zerstreuten" Juden von Jerusalem aus desöfteren zur Feier
eines Festtages aufgefordert wurden, wie beispielsweise an dem Festbrief im
Hinblick auf die Chanukkafeierlichkeiten (124 v.Chr.) im Vorwort des
2Makk zu sehen sei.[158] Nun bestätigt diese Darstellung BICKERMANS präzise
unsere These, daß nämlich das Element C in Verbindung mit dem
nachdrücklichen Aufruf zur Purimfeier von M-T. her in die griechischen
Texte hineingebracht wurde und als solche in Form des Esth in die Diaspora
wieder zurückgegeben wurde. Wenn der LXX-T. nun jedoch nicht nur den
M-T., sei es in der Originalsprache oder in Übersetzung, aus Jerusalem
übernimmt, sondern in Vielem vielmehr auch den Textteilen des A-T. folgt,
so kommen wir erneut zu dem Ergebnis, daß der LXX-T. zwei autoritative
Vorlagen hatte, nämlich den Proto-A-T. und den M-T.—ersteren in seiner
Originalität als einer jüdischen Esthererzählung aus der Diaspora und
zweiten in der umgewandelten Gestalt als Festätiologie zu Purim.

---

[156]   K.de Troyer stützt sich hierbei auf die Untersuchungen von E.Bickerman zu diesem
Thema (ders., Notes, a.a.O., 129.132).
[157]   E.J.Bickerman, Colophon, a.a.O., 344.
[158]   E.J.Bickerman, Colophon, a.a.O., 349f.

KAPITEL ACHT

ZUSAMMENFASSUNG

Die in diesem Buch vorliegenden Studien zur Traditions- und Redaktionsgeschichte basieren auf der traditionsgeschichtlichen Entscheidung, daß die A-T.-Version des Esth der älteste Zeuge für den ursprünglichen Text des Esth darstellt. Auf der Basis dieses Textes und im Vergleich des A-T. mit den beiden anderen Versionen des Esth, dem M-T. und dem LXX-T., haben wir insgesamt drei dem Esth zugrundeliegende Erzählung herausgearbeitet: Die Vastierzählung (VE), die Haman-Mordechai-Erzählung (HM) und die Haman-Mordechai-Königin-Erzählung (HMK).

Die VE beinhaltet die Kap 1 und 2 des Esth und erzählt von der ungehorsamen Braut Vasti, die auf Rat des schlauen Bougaios verworfen wird. An ihrer statt wird Esther, ein Waisenkind ausländischer Herkunft, Königin. Esthers Schönheit, ihre geheimnisvolle Abstammung sowie die Unterstützung von Bougaios, einem königlichen Ratgeber, führen dazu, daß der König sich schließlich für Esther als der neuen Braut entscheidet.

Die beiden anderen Erzählungen haben wir aus der Trennung der beiden im Esth miteinander verwobenen Konfliktpunkte rekonstruiert. Hierbei haben wir der HM den in Add A ausführlich dargestellten Eunuchenkomplott einerseits und zusammen mit dem im Esth häufig zu findenden Motiv des Neides, Kap 6 zugeordnet. Hieraus ließ sich eine höfische Weisheits-Erzählung mit dem Fazit "Hochmut kommt vor dem Fall" rekonstruieren. Sie beinhaltet zunächst die Aufdeckung eines geplanten Anschlages gegen den König durch Mordechai. Dieser untersteht Haman, einem hohen Beamten am königlichen Hof, der Mordechai seinen Gunstgewinn beim König durch dessen Rettung vor dem Tod neidet. Als der König sich nach einiger Zeit in einer schlaflosen Nacht die Chroniken vorlesen läßt, entdeckt er, daß er Mordechai fü seine Tat noch nicht belohnt hat. Als er darüber nachsinnt, wie er dieses Versäumnis nachholen kann, ist zufällig Haman zur Stelle, der dem König rät einen ihm wohlgefälligen Mann mit Ehren zu überhäufen. Als Haman entdecken muß, daß es nicht nur Mordechai selbst ist, der geehrt werden soll, sondern daß er selbst diese Ehrung an ihm auch noch vollziehen soll, kehrt er nach getaner Arbeit betrübt nach Haus. Hamans Frau und die Weisen fassen das Geschehene in dem weisheitlichen Spruch des Inhalts "Hochmut kommt vor dem Fall" zusammen.

Auch die HMK handelt von einem Konkurrenzstreit zwischen zwei Männern. Anders als in der HM weigert sich Mordechai, Haman die Ehre zu geben. Als sich alle vor Haman, der vom König auf den Thron über seine Freunde gesetzt wurde, niederknieen, weigert sich Mordechai, Haman wie einen König zu verehren. Haman plant Mordechai für diese Ehrverweigerung zu töten. In seiner Not wendet sich Mordechai an die Königin. Sie, die seit Tagen nicht mehr vor dem König erscheinen durfte, tritt ungerufen vor ihn und setzt sich damit der Gefahr des Todes aus. Esther erfährt die wieder erwachte Gunst des Königs und lädt diesen zusammen mit Haman zu einem Bankett. Als Haman vor seiner Familie mit dieser Ehrung prahlt, berichtet er aber auch von seinem Ärgernis über Mordechais Ehrverweigerung. Man rät ihm, Mordechai zu erhängen. Anschließend erscheint Haman auf dem Bankett der Königin, bei dem sie dem König von Hamans Anmaßung, in der Proskynese königliche Ehrungen zu empfangen und wie Mordechai sich weigerte, diesen nachzukommen, berichtet. Der König wird schließlich—in dem nun folgenden Vergewaltigungsversuch an der Königin durch Haman— von Komplottabsichten überzeugt und läßt ihn töten. Anschließend überträgt er die Position Hamans auf den loyalen Mordechai.

In der Zusammenfügung der drei Einzelerzählungen konnten wir die Esthererzählung (Pre-Esth) ausmachen, die im Esth die Kap 1-7 umfassen. In dieser Erzählkomposition war weder das Element der Verfolgung des Jüdischen Volkes (Element A) noch das Element von der Schreibung eines Ediktes (Element B) und das Element der Datierung des Pogroms an dem Jüdischen Volk (Element C) vorhanden. Es ist jedoch nicht auszuschließen, daß sich in der Komposition der drei Einzelerzählungen das Element der Versklavung der Familie oder des Volkes Mordechais, wie dies in 4,9 anklingt und in 7,4 des A-T. explizit wird, bereits vorhanden war.

Die Kompositions- und Verknüpfungsarbeit bestand v.a. in der Angleichung der in den drei Erzählungen auftauchenden Namen und Orte des Geschehens, der Verbindung der beiden Konflikte in HM und HMK miteinander, der Identifizierung des Waisenkindes Esthers in der VE mit der Königin in der HMK und ihres Stiefvaters Mordechai mit dem Kontrahenten Hamans. Zudem wurden strukturierende Elemente, wie z.B. die Vielzahl der Bankette und andere textliche Ausgestaltungen hinzugefügt. In der so entstandenen Erzählkomposition waren jüdische Inhalte oder Aspekte noch nicht vorhanden.

An dieser Stelle unserer Arbeit haben wir uns gegen die These MILIKS gewandt, der in den Qumranfragmenten 4Q550[a-f] einen Hinweis auf die ursprünglichen Quellen oder eine Art Prototyp der Esthererzählung gegeben sieht. Anhand der VL-Version des Esth versucht MILIK seine These zu belegen, muß hierbei jedoch von zu vielen hypothetischen Vorgaben ausgehen, um uns überzeugen zu können.

Wir gehen dagegen von unserer Textrekonstruktion des Pre-Esth aus und stellen die Einfügung von Element A in Proto-A-T. als traditionsgeschichtlichen Folgeschritt auf die Komposition der Esthererzählung fest. Dieser wurde von einer bis einschließlich Kapitel 6. noch nicht näher bestimmbaren Jüdischen Redaktion (JüdRed) vorgenommen. Alle Aspekte, die mit dem Judentum Esthers und Mordechais in Verbindung stehen, wurden nun in den Text der Esthererzählung (Kap 1- 7,21 (A-T.)) hineingebracht. Dazu gehören vorrangig die Verwandtschaft zwischen Esther und Mordechai sowie der Grund für und die Planung der Verfolgung des Jüdischen Volkes. Mit dieser Bearbeitung der paganen Esthererzählung wurde ihr Inhalt zu einer jüdischen Diasporaerzählung umgestaltet (Proto-A-T.), für die der A-T. der älteste Zeuge ist. Der Aussagegehalt dieser Erzählung betraf nun die Problematik einer kultisch-religiös orientierten Suche nach der Identität des Diasporajudentums im einem heidnischen Umfeld und dessen Sitz im Leben entsprechend im Diasporaland anzusiedeln ist. Die redaktionellen Bearbeitungen am Proto-A-T. wurde deshalb als die "יְהוּדִים"-Schicht des Diasporajudentums spezifiziert.

Die JüdRed spaltete sich im folgenden, traditionsgeschichtlichen Stadium redaktionsgeschichtlich in zwei verschiedene Bearbeitungen am Esth: So erfuhr die jüdische Diasporaerzählung durch den Redaktor der Proto-M-T.-Version des Esth eine starke Betonung und die Ausweitung der jüdischen Aspekte und Elemente in der Esthererzählung durch die "יְהוּדִים"-Schicht einerseits und eine Bearbeitung durch die "Purim"-Schicht, die den Erzählteil des Esth zu einer Festlegende für Purim werden ließ, andererseits. Merkmal der "יְהוּדִים"-Schicht ist die Ausweitung des Geschehens in Kap 8 und die Einführung von Element B. Kennzeichen der "Purim"-Schicht ist dagegen die zweite Ausweitung des Geschehens in Kap 9 des Esth und die Einführung von Element C, das nur im Zusammenhang der Purimthematik verstanden werden kann. Sie führte mit Kap 9 den für Purim zentralen Aussagegehalt der "Umkehrung des Geschehens" in der Form der Rache an den Feinden des Jüdischen Volkes ein. Die Heimat der "יְהוּדִים"-Schicht im Proto-M-T. ist, anders als im Proto-A-T., nicht die Diaspora, sondern das unter dem Einfluß des Hellenismus stehende Palästina zur Zeit der Seleukiden und der beginnenden Makkabäischen Kriege. Die beiden Bearbeitungen durch die "יְהוּדִים"-Schicht in der Diaspora (Proto-A-T.) und in Palästina (Proto-M-T.) haben die Darstellung der erfahrenen Bedrohung des Judentums gemeinsam. Die "Purim"-Schicht ist ihrem Aussagegehalt nach eindeutig in die Zeit der Makkabäischen Kriege zu datieren.

Die Inhalte v.a. der "Purim"-Schicht des Proto-M-T. wurden durch den Redaktor des LXX-T., dem sowohl der Proto-A-T. als auch der Proto-M-T. als Textgrundlage vorlag, in den A-T. eingearbeitet. Die Überarbeitung des

A-T. mit den Purim-Elementen gestaltete sich in einer zusammenfassenden Darstellung des Purimgeschehens in Kap 7,42-49. Im Rest des Buches blieb der ursprüngliche Text so erhalten, daß aus ihm weitgehende Schlußfolgerungen auf die noch nicht bearbeitete Textgrundlage des Proto-A-T. gezogen werden können. Als Grund für diese Überarbeitung des A-T. durch die "Purim"-Schicht haben wir eine nachdrückliche Aufforderung des palästinischen Judentums zur Vereinheitlichung jüdischer Gebräuche und Texte in Diaspora und jüdischem Kernland ausgemacht.

LITERATURVERZEICHNIS
UND REGISTER

LITERATURVERZEICHNIS

תורה נביאים וכתובים: Biblica Hebraica Stuttgartensia, quae antea cooperantibus A.Alt, O.Eissfeldt, P.Kahle ediderat R.Kittel. Editio funditus renovata ... cooperantibus H.P.Rüger et J.Ziegler ediderunt K.Elliger et W.Rudolph. Textum Masoreticum curavit H.P.Rüger. Masoram elaboravit G.E.Weil (Editio minor), Stuttgart ³1984.

Ackroyd, P.R., Two Hebrew Notes, in: ASTI 5 (1966-7), 82-84.

Austin, M.M., The Hellenistic world from Alexander to the Roman conquest. A Selection of Ancient Sources in Translation, Cambridge ⁵1994.

Banquets D'Orients, (RES ORIENTALES, Vol. IV, Groupe pour l'étude de la Civilisation du Moyen-Orient (Hrsg.)), Bures-sur-Yvette 1992.

Bardtke, H., Das Buch Esther, KAT XVII/4-5, Gütersloh 1963.

——, Neuere Arbeiten zum Estherbuch, in: Ex Oriente Lux 19 (1965-66), 519-549, wiederabgedruckt in: C.A.Moore (Hrsg.), Studies in the Book of Esther (The Library of Biblical Studies), New York 1982, 91-121.

——, Zusätze zu Esther, in: Historische und legendarische Erzählungen (Jüdische Schriften aus hellenistisch-römischer Zeit Bd.I/1), Gütersloh 1973, 15-62.

Bauer, W., Griechisch-Deutsches Wörterbuch zu den Schriften des Neuen Testaments und der übrigen urchristlichen Literatur, Berlin/New York ⁵1971.

Bayer, E., Das dritte Buch Esdras und sein Verhältnis zu den Büchern Ezra-Nehemia, BZt 16/1, Freiburg 1911.

Beyer, K., Althebräische Grammatik, Göttingen 1969.

——, Die aramäischen Texte vom Toten Meer, Ergänzungsband, Göttingen 1994.

Bickerman, E.J., Four Strange Books of the Bible: Jonah, Daniel, Koheleth, Esther, New York 1967.

——, The Colophon of the Greek Book of Esther, in: JBL 63 (1944), 339-362, wiederabgedruckt in: Moore, C.A. (Hrsg.), Studies in the Book of Esther (The Library of Biblical Studies), New York 1982, 529-552.

——, Notes on the Greek Book of Esther, PAAJR 20 (1950), 101-133, wiederabgedruckt in: Moore, C.A. (Hrsg.), Studies in the Book of Esther (The Library of Biblical Studies), New York 1982, 488-520.

Bleek, F., Einleitung in die Heilige Schrift. Erster Theil. Einleitung in das Alte Testament, Berlin ⁴1878.

Blenkinsopp, J. Temple and Society in Achaemenid Judah, in: Second Temple Studies. 1.Persian Period, JSOT.S 117, 22-53.

——, Temple, Temple and Society in Achaemid Judah (Second Temple Studies. 1.Persian Period, hrsg. P.R.Davies), JSOT.S. 117.

Bobrowski, J., Eszther, in: ders., Gesammelte Werke Bd.1: Die Gedichte, Berlin 1987.

Börner-Klein, D., Eine Babylonische Auslegung der Ester-Geschichte, Der Midrasch in Megilla 10b-17a, JudUm 30, Frankfurt a.M./Bern/NewYork/Paris 1991.

Bremmer, J., Gelon's Wife and the Carthaginian Ambassadors, in: Mnemosyne Vol. XXXIII, Fasc. 3-4 (1980), 366-368.

Briant, P., Histoire de l'empire perse de Cyrus à Alexandre, Vol. I/II, (Achaemenid History X, hrsg. P.Briant u.a.), Paris 1996.

Bringmann, K., Hellenistische Reform und Religionsverfolgung in Judäa, AAWG, Philologische-historische Klasse, 3te Folge, Nr. 132, Göttingen 1983.

Brockelmann, C., Grundriß der vergleichenden Grammatik der semitischen Sprachen Bd.1, Berlin 1908.

Buber,S., ספר דאגדתא. Sammlung agadischer Commentare zum Buche Esther. Midrasch Abba Gurion; Midrasch Ponim Acherim; Midrasch Leqach Tob. Nach Handschriften herausgegeben mit kritischen Noten, Erklärungen und einer Einleitung versehen, Wilna 1886.

Bush, F.W., Ruth, Esther, World Biblical Commentary 9, Dallas 1996.

Carroll, R.P., The Book of Jeremiah. A Commentary, London 1986.

Cazelles, H., Note sur la composition du rouleau d'Esther, in: Lex tua veritas: FS H.Junker (hrsg. H.Gross/F.Mussner), Trier 1961, 17-29.

Clines, D.J.A., Ezra, Nehemia, Esther, NCBC, Grand Rapids, 1984.

——, The Esther Scroll. The Story of the Story, JSOT.S 30, 1984.

Cogan, M./Tadmor, H., II Kings, AncB 11, Garden City/NewYork 1988.

Collon, D., Banquets in the Art of the Ancient Near East, in: Banquets d'Orient, (RES ORIENTALES, Vol. IV, Groupe pour l'étude de la Civilisation du Moyen-Orient (Hrsg.)), Bures-sur-Yvette 1992, 23-30.

Cook, H.J., The *A* Text of the Greek Versions of the Book of Esther, in: ZAW 81/2 (1969), 369-376.

Cowley, A., Aramaic Papyri of the Fifth Century B.C., Osnabrück [2]1967.

Dandamayev, M.A., Politische und wirtschaftliche Geschichte, in: Historia 18 (1972), 16-58.

—— /Lukonin,V.G., The culture and social institutions of ancient Iran, Cambridge 1989.

Davies, R., In Search of 'Ancient Israel', JSOT.S 148, Sheffield 1992.

Day, L., Three Faces of a Queen. Characterization in the Books of Esther, JSOT.S 186, Sheffield 1995.

De Lagarde, P., Mittheilungen II, in: GGA 15.Mai 1890.

——, Purim. Ein Beitrag zur Geschichte der Religion. Abhandlungen der Kgl. Ges. der Wiss. zu Göttingen, Bd. XXXIV, 1887.

——, Librorum Veteris Testamenti Canonicorum pars prior, Göttingen 1883.

Delling, G., Die Bewältigung der Diasporasituation durch das hellenistische Judentum, Göttingen 1987.

Demsky, A./Bar-Ilan, M., Writing in Ancient Israel and Early Judaism, in: MIKRA, Assen/Maastricht 1988, 1-38.

De Troyer, K., Het Einde van de *Alpha-Tekst* van Ester, Vertaal- en verhaaltechniek van MT 8,1-17; LXX 8,1-17 en AT 7,14-41, Leuven 1997.

Doblhofer, G., Vergewaltigung in der Antike, Beiträge zur Altertumskunde Bd.46, Stuttgart/Leipzig 1994,

Dommershausen, W., Die Estherrolle: Stil und Ziel einer alttestamentlichen Schrift, SBM Bd.6, Stuttgart 1968.

Dorothy, C.V., The Books of Esther. Structure, Genre and Textual Integrity, JSOT.S 187, Sheffield 1997

Driver,G.R., Aramaic Documents of the Fifth Century B.C., Oxford 1965.

Duchesne-Guillemin, J., Les noms des eunuques d'Assuérus, in: Muséon 66 (1953), 105-108, wiederabgedruckt in: Moore, C.A. (Hrsg.), Studies in the Book of Esther (The Library of Biblical Studies), New York 1982, 273-276.

Ego, B., Targum Scheni zu Ester, Übersetzung, Kommentar und theologische Deutung, TStAJ Bd.54, Tübingen 1996.

Ehrlich, E., Miscellanea: Der Traum des Mordechai, in: ZRGG 7 (1955), 69-74, wiederabgedruckt in: Moore, C.A. (Hrsg.), Studies in the Book of Esther (The Library of Biblical Studies), New York 1982, 577-582.

Eissfeldt, O., Einführung in das Alte Testament [2]1956, 628f.

Erlandsson, E., The Burden of Babylon. A Study of Isaiah 13:2-14:23, CB (Coniectanea Biblica) Old Testament Series 4, Lund (Schweden) 1970.

Feodora Prinzessin von Sachsen-Meiningen, Proskynesis in Iran, in: F.Altheim, Geschichte der Hunnen II, 1960, 125-166.

Field, F., Origenis Hexaplorum quae supersunt, Oxford 1875.

Finet, A., Le Banquet de Kalah offert par le roi d'Assyrie Ašurnasirpal II (883-859), in: Banquets, (RES ORIENTALES, Vol. IV, Groupe pour l'étude de la Civilisation du Moyen-Orient (Hrsg.)), Bures-sur-Yvette 1992, 31-44.

Fishbane, M., Biblical Interpretation in Ancient Israel, Oxford 1985.

Fox, M.V., Character and Ideologie in the Book of Esther, Studies on Personalities of the Old Testament, South Carolina 1991.

——, The Alpha Text of the Greek Esther, in: Textus XV (1990), 27-54.

——, The Redaction of the Books of Esther. On Reading Composite Texts, in: Society of Biblical Literature; Monograph Series Nr.40, Atlanta/Geogia 1991.

Frei, P., Zentralgewalt und Lokalautonomie im Achämenidenreich, in: P.Frei/K.Koch (Hrsg.), Reichsidee und Reichsorganisation im Perserreich, Göttingen 1984, 24f.

Fritzsche, O.F., ΕΣΘΕΡ, duplicem libri textum ad optimos codidces emendavit et cum selecta lectionis varietate edidit, Zürich 1848.

——, Zusätze zu dem Buche Esther. Kurzgefasstes exegetisches Handbuch zu dem Apokryphen des ATs I, Leipzip 1851.

Fuerst, W.J., The five Scrolls. The Books of Ruth, Esther, Ecclesiastes, The Song of Songs, Lamentation. London 1975.

García Martínez, F., Les Manuscrits de Qumrân et les «Frontières» de la Bible, in: Recueil de Travaux de l'Association des Études du Proche-Orient Ancien 4 (1995) 63-76.

——, The Dead Sea Scrolls Translated, Leiden 1994.

Gardner, A.E., The Relationship of the Additions to the Book of Esther to the Maccabean Crisis, in: JStJud XV (1984), 1-8.

Garscha, J., Studien zum Ezechielbuch. Eine redaktionskritische Untersuchung von Ez 1-39, EHS.T XXIII, Frankfurt 1974.

Gaster, T.H., Purim und Hanukkah in Custom and Tradition, New York 1950.

Gerleman, G., Esther, BK Bd. XXI, Neunkirchen-Vlyun 1973.

——, Studien zu Esther. Stoff-Struktur-Stil-Sinn, in: BSt 48 (1966), 1-48, wiederabgedruckt in: Moore, C.A. (Hrsg.), Studies in the Book of Esther (The Library of Biblical Studies), New York 1982, 308-349.

Gesenius, W., Hebräisches und Aramäisches Handwörterbuch über das Alte Testament, bearb. v. F.Buhl, Berlin/Göttingen/Heidelberg ²1962.

Gordis, R., Religion, Wisdom and History in the Book of Esther - A new Solution to an ancient Crux, in: JBL 100/3 (1981), 359-388.

Gray, J., I & II Kings, Old Testament Library, London 1964

Grayson, A.K., Assyrian royal inscriptions Vol. 2, Wiesbaden 1976.

Grossfeld, B., The Two Targums of Esther. Translated, with Apparatus and Notes (The Aramaic Bible, Vol.18), Edinburgh 1991.

Gunkel, H., Esther, Tübingen 1916.

——, Schöpfung und Chaos in Urzeit und Endzeit. Eine religionsgeschichtliche Untersuchung über Gen 1 und Ap Joh. 12, Göttingen 1895.

Gunneweg, A.H.J., Nehemia, KAT XIX/2, Gütersloh 1987.

Haag, E., Studien zum Buche Judith. Seine theologische Bedeutung und literarische Eigenart, TThSt 16, Trier 1963.

Haupt, P., Critical Notes on Esther, in: AJSLL 24 (1907-08), 97-186, wiederabgedruckt in: Moore, C.A. (Hrsg.), Studies in the Book of Esther (The Library of Biblical Studies), New York 1982, 1-175.

——, Purim, BASS 6/2, Leipzig 1906.

Hengel, M./Rüger, H.P./Schäfer, P. (Hrsg.), Übersetzung des Talmud Yerushalmi, Bd. II/10: Megilla Schriftrolle, übersetzt von F.G.Hüttenmeister, Tübingen 1987.

Herrmann, W., Ester im Streit der Meinungen, BeiATJ 4, Frankfurt a.M./Bern/New York 1986.

Herst, R.E., The Purim Connection, in: UnSemQR 28 (1973), 139-145, wiederabgedruckt in: Moore, C.A. (Hrsg.), Studies in the Book of Esther (The Library of Biblical Studies), New York 1982, 220-226.

Hoschander, H.J., The Book of Esther in the Light of History, Philadelphia 1923.

Humphreys, W.L., A Life-Style for Diaspora: A Study of the Tales of Esther and Daniel, in: JBL 92 (1973), 211-223.

Jacob, B., Das Buch Esther bei den LXX, ZAW 10 (1890), 241-298.

Japhet, S., I&IIChronicles, Old Testament Library, London 1993

Jastrow, M., A Dictionary of the Targumim, the Talmud Babli and Yerushalmi, and the Midrashic Literature (2 Bde.), New York 1950.

——, Art.: "שְׁמַטּ,שְׁמַטּ" in: A Dictionary of the Targumim, the Talmud Babli and Yerushalmi, and the Midrashic Literature, Vol. II: ת-ל, New York 1950, 1594.

Jensen, P., Assyrisch-Babylonische Mythen und Epen Bd. VI,1, Sammlung von Assyrischen und Babylonischen Texten in Umschrift und Übersetzung, Schrader E. (Hrsg.), Berlin 1900.

——, Elamitische Eigennamen, in: WZKM 6 (1892).

Jobes, K.H., How an Assassination Changed the Greek Text of Esther, in: ZAW 110/1 (1998), 75-78.

——, The Alpha-Text of Esther. Ist Character and Relationship to the Masoretic Text, SBL.DS. Nr.153, Atlanta/Georgia 1996.

Josephus, Jewish Antiquities, Books IX-XI, transl. by. Marcus, R., LCL, Cambridge/Mass. u.a. 1958.

——, Jewish Antiquities, Books XV-XVII, transl. by. Marcus, R., LCL, Cambridge/Mass. u.a. 1963.

——, Jewish Antiquities, Books XVIII-XX, General index to vol. I-IX, transl. by Feldman, L.H., LCL, Cambridge/Mass. u.a. 1965.

Kedar-Kopfstein, B., Art.: "סָרִיס/sārîs", ThWAT V, Stuttgart/Berlin/Köln/Mainz 1986, 948-954.

Kellermann, U., Nehemia. Quellen Überlieferung und Geschichte, BZAW 102, Berlin 1967.

Köhler, L./Baumgartner, W., Hebräisches und Aramäisches Lexikon zum Alten Testament, Bd.1: Leiden ³1967; Bd.2: Leiden ³1974; Bd.3: Leiden ³1983; Bd.4: Leiden ³1990; Bd.5: Leiden ³1995; 2Suppl. Leiden ³1996.

Kuhn, L.G., Art.: "Ἰσραήλ" in: ThWNT III, Stuttgart 1938, 360-370.

Kutscher, E.Y., A History of the Hebrew Language, Jerusalem 1984

Langen, J., Die beiden griechischen Texte des Buches Esther, in: ThQ 42 (1860), 244-272.

Laperrousaz, E.-M./Lemaire, A. (Hrsg.), La Palestine à l'Époque Perse, Paris 1994.

Lebram, J.C.H., Purimfest und Estherbuch, VT 22 (1972), 208-222, wiederabgedruckt in: Moore, C.A. (Hrsg.), Studies in the Book of Esther (The Library of Biblical Studies), New York 1982, 205-219.

Lemaire, A./Lozachmeur, H., La Birta en Méditerranée orientale, in: Semitica 43-44 (1995), 75-78.

Lewy, J., The Feast of the 14th Day of Adar, in: HUCA 14 (1939), 127-151, wiederabgedruckt in: Moore, C.A. (Hrsg.), Studies in the Book of Esther (The Library of Biblical Studies), New York 1982, 160-184.

Lichtheim, M., Ancient Egyptian Literature, Vol. III: The Late Period, Berkeley/LosAngeles/London 1980.

Lisowsky, G., Konkordanz zum Hebräischen Alten Testament. Nach dem von Paul Kahle und der Biblica Hebraica Edidit R.Kittel besorgten masoretischen Text, Stuttgart 1958.

Littman, R.J., The religious Policy of Xerxes and the Book of Esther, in: JQR LXV (1974-5), 145-155.

Lohfink, N., Gab es eine deuteronomistische Bewegung? In: Jeremia und die »deuteronomistische Bewegung«, BBB Bd.98, Weinheim 1995, 313-382.

Lunt, H.G./Taube, M., The Slavonic Book of Esther: Translation from Hebrew or Evidence for a Lost Greek Text?, in: HTR 87/3 (1994), 374-362.

Luther, M., "Tischreden", WA 22, 2080.

Marcus, R., Philo Suppl. 2, LCL, Cambridge/Mass. u.a. 1953.

Martin, R.A., Syntax Criticism of the LXX Addition to the Book of Esther, in: JBL 94 (1975), 65-72, wiederabgedruckt in: Moore, C.A. (Hrsg.), Studies in the Book of Esther (The Library of Biblical Studies), New York 1982, 595-597.

Mayer, R., Iranischer Beitrag zu Problemen des Daniel- und Esther-Buches, in: Lex tua veritas: FS H.Junker (hrsg. H.Gross/F.Mussner), Trier 1961, 130-135, wiederabgedruckt in: Moore, C.A. (Hrsg.), Studies in the Book of Esther (The Library of Biblical Studies), New York 1982, 243-248.

McGovern, J.J., The Waters of Death, CBQ XXI (1959), 350-258.

McKane, W., A Critical and Exegetical Commentary on Jeremiah (2 Bde.), ICC, Edinburgh 1986.

Meinhold, A., Die Gattung der Josephsgeschichte und des Estherbuches: Diasporanovelle I, in: ZAW 87 (1975), 306-324;

——, Die Gattung der Josephsgeschichte und des Estherbuches: Diasporanovelle I, in: ZAW 88 (1976), 72-93, wiederabgedruckt in: Moore, C.A. (Hrsg.), Studies in the Book of Esther (The Library of Biblical Studies), New York 1982, 284-305.

——, Zu Aufbau und Mitte des Estherbuches, in: VT 33 (1983), 435-445.

Mendelsohn, I., Slavery in the Ancient Near East, New York 1949

Michaelis, J.D., Deutsche Uebersetzung des Alten Testaments mit Anmerkungen für Ungelehrte, Göttingen 1783.

——, Von einigen aus Gotha erhaltenen Fragmenten einer hebraeischen Handschrift, in: ders., Orientalische und exegetische Bibliothek, 2.Theil, Frankfurt a.M. 1772, 196-209.

Milik, J.T., Les modèles araméens du livre d'Esther dans la Grotte 4 de Qumrân, in: Revue de Qumrân 59/15 (1992), 321-399.

Millard, A.R., The Persian Names in Esther and the Reliability of the Hebrew Text, in: JBL 96 (1977), 481-488.

Moore, C.A., A Greek Witness to a Different Hebrew Text of Esther, in: ZAW 79 (1967), 351-358, wiederabgedruckt in: Moore, C.A. (Hrsg.), Studies in the Book of Esther (The Library of Biblical Studies), New York 1982, 521-528.

——, On the Origins of the LXX Additions to the Book of Esther, in: JBL 92 (1973), 382-393, wiederabgedruckt in: Moore, C.A. (Hrsg.), Studies in the Book of Esther (The Library of Biblical Studies), New York 1982, 583-597.

——, Esther. Introduction, Translation, and Notes. AncB 5, New York 1971.

——, Judith, AncB 40, New York 1983.

——, Critical and Exegetical Commentary on Judges, ICC, Edinburgh 1966.

Morris, A.E., The Purpose of the Book of Esther, in: ET 42 (1930-31), 124-128, wiederabgedruckt in: Moore, C.A. (Hrsg.), Studies in the Book of Esther (The Library of Biblical Studies), New York 1982, 142-146.

Müller, H.P./Kaiser, O.,/Loader, J.A., Das Hohelied; Klagelieder; Das Buch Esther, ATD 16/2, Göttingen ⁴1992.

Oded, B., Mass Deportations and Deportees in the Neo-Assyrian Empire, Wiesbaden 1979.

Oesch, J.M., Petucha und Setuma, OBO 27, Freiburg 1979.

Paton, L.B., A critical and exegetical Commentary on the Book of Esther, ICC, Edinburgh 1918.

Pfeiffer, R.H., Introduction to the Old Testament, New York ²1948.

Plöger, O., Das Buch Daniel, KAT XVIII, Gütersloh 1965.

Pohlmann, K.-F., Studien zum dritten Esra. Ein Beitrag zur Frage nach dem ursprünglichen Schluß des chronistischen Geschichtswerkes, FRLANT Bd.104, Göttingen 1970.

Polzin,R., Late biblical Hebrew: Toward an Historic Typology of Biblical Hebrew Prose, HSM 12, Cambridge 1976.

Rahlfs, A., Lucians Rezension der Königsbücher, Septuaginta-Studien III, Göttingen ²1965.

Rehkopf, F., Seputaginta-Vokabular, Göttingen 1989.

Reymond, P., L'eau, sa vie et sa signification dans l'Ancien Testament, Leiden 1995.

Ringgren, H., Esther and Purim, in: SvExÅb 20 (1956), 5-24, wiederabgedruckt in: Moore, C.A. (Hrsg.), Studies in the Book of Esther (The Library of Biblical Studies), New York 1982, 185-204.

—— /Kaiser, O., Das hohe Lied. Klagelieder. Das Buch Esther, ATD 16/2, Göttingen ³1981.

Rosenthal, L.A., Die Josephsgeschichte, mit den Büchern Ester und Daniel verglichen, in: ZAW 15 (1895), 278-284, wiederabgedruckt in: Moore, C.A. (Hrsg.), Studies in the Book of Esther (The Library of Biblical Studies), New York 1982, 277-283.

Sæbø, M., Art:"םוי jom" in: ThWAT III, Stuttgart 1982, 566-586.

Schalit, A., Errichtung jüdischer Militärkolonien in Phrygien und Lydien, WdF LXXXIV, (A.Schalit (Hrsg.), Zur Josephus-Forschung), Darmstadt 1973.

Schildenberger, J., Das Buch Esther, Bonn 1941.

Septuaginta. Id est Vetus Testamentum Graece iuxta LXX interpretes edidit Rahlfs, A. (verkleinerte Ausgabe in einem Band), Stuttgart ²1979.

Septuaginta. Vetus Testamentum Graecum. Auctoritate Academiae Litterarum Gottingensis. Bd. VIII/5: Esther, Hanhart, R. (Hrsg.), Göttingen ²1983.

Spanner, W., Das Märchen als Gattung, in: Wege der Märchenforschung Bd. CCLV, Darmstadt 1973, 155-176.

Sperber, A., Targum to Esther, in: The Bible in Aramaic. Based on Old Manuscripts and Printed Texts, edited by Alexander Sperber, Vol. IV/A: The Hagiographa. Transition from Translation to Midrash, Leiden 1968, 171-205.

Starcky, J., Le travail d'édition des fragments manuscrits de Qumrân, in: RB 63 (1956), 310-312.

Steinthal, H., Zu Bibel und Religionsphilosophie, Berlin 1890, 53-77.

Stemberger, G., Jabne und der Kanon, in: Zum Problem des biblischen Kanons, JBTh 3 (1988), 163-174.

Stiehl, R., Das Buch Esther, in: WZKM 53 (1956), 4-22, wiederabgedruckt in: Moore, C.A. (Hrsg.), Studies in the Book of Esther (The Library of Biblical Studies), New York 1982, 249-267.

Striedl, H., Untersuchung zur Syntax und Stilistik des hebräischen Buches Esther, in: ZAW 55 (1937), 73-108.

Talmon, S., 'Wisdom' in the Book of Esther, in: VT 13 (1963), 419-455.

Torrey, C.C., The Older Book of Esther, HThR 37 (1944), 1-40, wiederabgedruckt in: Moore, C.A. (Hrsg.), Studies in the Book of Esther (The Library of Biblical Studies), New York 1982, 448-487.

Tov, E., The "Lucianic" Text of the Canonical and the Apocryphal Sections of Esther: A Rewritten Biblical Book, in: Textus Vol. X (1982), 1-25.

Ussher, J., Jacobi Usserii Armachani de Graica Septuaginta interpretum versione syntagma cum libri Estherae editione Origenica et vetere Graeca altera ex Arundelliana bibliotheca nunc primum in licem producta Londini (1655).

Vanstiphout, H.L.J., The Banquet Scene in the Mesopotamian Debate Poems, in: Banquets D'Orients, (RES ORIENTALES, Vol. IV, Groupe pour l'étude de la Civilisation du Moyen-Orient (Hrsg.)), Bures-sur-Yvette 1992, 9-22.

Vogt, H.C.M., Studie zur nachexilischen Gemeinde in Esra-Nehemia, Werl, 1966.

Waegeman, M., Motifs and Structure in the Book of Esther, in: "Wünschet Jerusalem Frieden" - Jerusalem 1986 (hrsg. Augustin,M./Schunck,K.-W.), BeiATJ 13, Bern 1988, 371-384.

Walfish, B.D., Esther in Medieval Garb, Jewish Interpretation of the Book of Esther in the Middle Ages, New York 1993.

Westermann, C., Genesis 1-11, BK I/1, Neukirchen-Vluyn 1974.

——, Genesis 12-36, BK I/2, Neukirchen-Vluyn 1981.

White Crawford, S., HAS Esther BEEN FOUND AT QUMRAN? 4QProto-Esther AND THE Esther CORPUS, Revue de Qumrân 65/58, Decembre 1996, Tome 17, Fascicules 1-4, 315ff.

Wiebe, J.M., Esther 4:14: "Will Relief and Deliverance Arise for the Jews from Another Place?", in: CBQ 53 (1991), 409-415.

Wildberger, H., Jesaja 13-27, BK X/2, Neukirchen-Vluyn 1978.

Wills, L.M., The Jew in the Court of the Foreign King. Ancient Jewish Court Legends, HarvDissRel Nr.26, Minneapolis 1990.

——, The Jewish Novel in the Ancient World. Ithaca/New York 1995.

Wiseman, D.J., A new stela of Aššur-nasir-pal II", in: Iraq 14 (1952), 24-44.

Zadok, R., The Jews in Babylonia during the Chaldean and Achaemanian Periods according to the Babylonien Sources, Haifa 1979.

Zenger, E., Das Buch Ruth, ZBk.AT 8, Zürich ²1992.

Zimmerli, W., Ezechiel 1-23, BK XIII/1, Neukirchen-Vluyn 1969.

Zimmern, H., Zur Frage nach dem Ursprunge des Purimfestes, in: ZAW 11 (1891), 157-169, wiederabgedruckt in: Moore, C.A. (Hrsg.), Studies in the Book of Esther (The Library of Biblical Studies), New York 1982, 147-159.

AUTORENREGISTER

Ackroyd 172

Bardtke 16; 17; 25; 81; 92; 126; 200
Bar-Ilan 306
Bayer 63
Beyer 257; 258ff.; 267; 269; 306
Bickerman 6; 16; 20f.; 27; 29; 382
Bleek 9; 14f.
Blenkinsopp 295f.
Börner-Klein 298
Bremmer 169
Briant 54; 60; 101; 110; 216; 235; 302f.
Bringmann 360
Brockelmann 306
Buber 42

Cazelles 15ff.; 41; 70f.; 75
Clines 8; 17f.; 28-33; 41f.; 51; 70-95; 102;
    113; 121ff.; 148; 172; 182; 213; 314-322;
    346; 348; 373
Cogan 305; 306
Collon 60; 61
Cook 8; 18f.; 80ff.; 91
Cowley 135

Dandamayev 148; 221f.
Davies 369
Day 15; 28
De Lagarde 6; 10; 12; 31
De Troyer 32f.; 319f.; 347; 353ff.; 375f.;
    382
Delling 300-304
Demsky 306
Doblhofer 204
Dommershausen 90; 126
Dorothy 27f.; 356; 372f.; 375-378; 381
Driver 221f.
Duchesne-Guillemin 52

Ego 42; 114; 160; 238; 312; 362
Ehrlich 19
Eissfeld 24
Erlandsson 308

Feodora Prinzessin von Sachsen-Meiningen
    153
Field 6
Finet 61

Fishbane 378ff.
Fox 6; 8f.; 28; 31f.; 82; 95; 133f.; 213; 317-
    323; 344ff.
Frei 35; 109; 224; 295; 302f.; 361
Fritzsche 5f.; 8; 133
Fuerst 3

García Martínez 259; 264; 267; 270f.; 284;
    286
Gardner 19f.; 80
Garscha 367
Gaster 12f.
Gerleman 6; 13f.; 21; 23f.; 57; 125ff.; 153;
    172; 191; 380
Gordis 23; 25
Gray 61; 367
Grossfeld 56; 234
Gunkel 11; 24; 26
Gunneweg 294; 306

Haag 138
Hanhart 5; 7; 28; 31ff.; 51; 167; 320
Herrmann 21
Herst 15
Hoschander 26
Humphreys 16; 17; 25

Jacob 27; 306
Japhet 366f.
Jastrow 226
Jensen 11
Jobes 28; 31f.; 46; 53; 79f.; 97; 136; 202;
    314; 317f.; 320-326; 344; 346; 350; 355;
    370-376

Kedar-Kopfstein 309
Kellermann 129
Kuhn 100
Kutscher 306

Langen 8
Lebram 14; 16; 25
Lemaire 364
Lewy 11; 12; 22; 52; 216; 217; 264
Lichtheim 108; 110
Littman 215ff.
Loader 26; 127
Lohfink 369; 380

SACHREGISTER

SUPPLEMENTS TO VETUS TESTAMENTUM

2. POPE, M.H. *El in the Ugaritic texts*. 1955. ISBN 90 04 04000 5
3. *Wisdom in Israel and in the Ancient Near East.* Presented to Harold Henry Rowley by the Editorial Board of Vetus Testamentum in celebration of his 65th birthday, 24 March 1955. Edited by M. NOTH and D. WINTON THOMAS. 2nd reprint of the first (1955) ed. 1969. ISBN 90 04 02326 7
4. *Volume du Congrès* [International pour l'étude de l'Ancien Testament]. Strasbourg 1956. 1957. ISBN 90 04 02327 5
8. BERNHARDT, K.-H. *Das Problem der alt-orientalischen Königsideologie im Alten Testament.* Unter besonderer Berücksichtigung der Geschichte der Psalmenexegese darge-stellt und kritisch gewürdigt. 1961. ISBN 90 04 02331 3
9. *Congress Volume*, Bonn 1962. 1963. ISBN 90 04 02332 1
11. DONNER, H. *Israel unter den Völkern.* Die Stellung der klassischen Propheten des 8. Jahrhunderts v. Chr. zur Aussenpolitik der Könige von Israel und Juda. 1964. ISBN 90 04 02334 8
12. REIDER, J. *An Index to Aquila.* Completed and revised by N. Turner. 1966. ISBN 90 04 02335 6
13. ROTH, W.M.W. *Numerical sayings in the Old Testament.* A form-critical study. 1965. ISBN 90 04 02336 4
14. ORLINSKY, H.M. *Studies on the second part of the Book of Isaiah.* — The so-called 'Servant of the Lord' and 'Suffering Servant' in Second Isaiah. — SNAITH, N.H. *Isaiah 40-66.* A study of the teaching of the Second Isaiah and its consequences. Repr. with additions and corrections. 1977. ISBN 90 04 05437 5
15. *Volume du Congrès* [International pour l'étude de l'Ancien Testament]. Genève 1965. 1966. ISBN 90 04 02337 2
17. *Congress Volume*, Rome 1968. 1969. ISBN 90 04 02339 9
19. THOMPSON, R.J. *Moses and the Law in a century of criticism since Graf.* 1970. ISBN 90 04 02341 0
20. REDFORD, D.B. *A study of the biblical story of Joseph.* 1970. ISBN 90 04 02342 9
21. AHLSTRÖM, G.W. *Joel and the temple cult of Jerusalem.* 1971. ISBN 90 04 02620 7
22. *Congress Volume*, Uppsala 1971. 1972. ISBN 90 04 03521 4
23. *Studies in the religion of ancient Israel.* 1972. ISBN 90 04 03525 7
24. SCHOORS, A. *I am God your Saviour.* A form-critical study of the main genres in Is. xl-lv. 1973. ISBN 90 04 03792 2
25. ALLEN, L.C. *The Greek Chronicles.* The relation of the Septuagint I and II Chroni-cles to the Massoretic text. Part 1. The translator's craft. 1974. ISBN 90 04 03913 9
26. *Studies on prophecy.* A collection of twelve papers. 1974. ISBN 90 04 03877 9
27. ALLEN, L.C. *The Greek Chronicles.* Part 2. Textual criticism. 1974. ISBN 90 04 03933 3
28. *Congress Volume*, Edinburgh 1974. 1975. ISBN 90 04 04321 7
29. *Congress Volume*, Göttingen 1977. 1978. ISBN 90 04 05835 4
30. EMERTON, J.A. (ed.). *Studies in the historical books of the Old Testament.* 1979. ISBN 90 04 06017 0
31. MEREDINO, R.P. *Der Erste und der Letzte.* Eine Untersuchung von Jes 40-48. 1981. ISBN 90 04 06199 1
32. EMERTON, J.A. (ed.). *Congress Vienna 1980.* 1981. ISBN 90 04 06514 8
33. KOENIG, J. *L'herméneutique analogique du Judaïsme antique d'après les témoins textuels d'Isaïe.* 1982. ISBN 90 04 06762 0

34. Barstad, H.M. *The religious polemics of Amos.* Studies in the preachings of Amos ii 7B-8, iv 1-13, v 1-27, vi 4-7, viii 14. 1984. ISBN 90 04 07017 6
35. Krašovec, J. *Antithetic structure in Biblical Hebrew poetry.* 1984. ISBN 90 04 07244 6
36. Emerton, J.A. (ed.). *Congress Volume,* Salamanca 1983. 1985. ISBN 90 04 07281 0
37. Lemche, N.P. *Early Israel.* Anthropological and historical studies on the Israelite society before the monarchy. 1985. ISBN 90 04 07853 3
38. Nielsen, K. *Incense in Ancient Israel.* 1986. ISBN 90 04 07702 2
39. Pardee, D. *Ugaritic and Hebrew poetic parallelism.* A trial cut. 1988. ISBN 90 04 08368 5
40. Emerton, J.A. (ed.). *Congress Volume,* Jerusalem 1986. 1988. ISBN 90 04 08499 1
41. Emerton, J.A. (ed.). *Studies in the Pentateuch.* 1990. ISBN 90 04 09195 5
42. McKenzie, S.L. *The trouble with Kings.* The composition of the Book of Kings in the Deuteronomistic History. 1991. ISBN 90 04 09402 4
43. Emerton, J.A. (ed.). *Congress Volume,* Leuven 1989. 1991. ISBN 90 04 09398 2
44. Haak, R.D. *Habakkuk.* 1992. ISBN 90 04 09506 3
45. Beyerlin, W. *Im Licht der Traditionen.* Psalm LXVII und CXV. Ein Entwicklungs-zusammenhang. 1992. ISBN 90 04 09635 3
46. Meier, S.A. *Speaking of Speaking.* Marking direct discourse in the Hebrew Bible. 1992. ISBN 90 04 09602 7
47. Kessler, R. *Staat und Gesellschaft im vorexilischen Juda.* Vom 8. Jahrhundert bis zum Exil. 1992. ISBN 90 04 09646 9
48. Auffret, P. *Voyez de vos yeux.* Étude structurelle de vingt psaumes, dont le psaume 119. 1993. ISBN 90 04 09707 4
49. García Martínez, F., A. Hilhorst and C.J. Labuschagne (eds.). *The Scriptures and the Scrolls.* Studies in honour of A.S. van der Woude on the occasion of his 65th birthday. 1992. ISBN 90 04 09746 5
50. Lemaire, A. and B. Otzen (eds.). *History and Traditions of Early Israel.* Studies presented to Eduard Nielsen, May 8th, 1993. 1993. ISBN 90 04 09851 8
51. Gordon, R.P. *Studies in the Targum to the Twelve Prophets.* From Nahum to Malachi. 1994. ISBN 90 04 09987 5
52. Hugenberger, G.P. *Marriage as a Covenant.* A Study of Biblical Law and Ethics Governing Marriage Developed from the Perspective of Malachi. 1994. ISBN 90 04 09977 8
53. García Martínez, F., A. Hilhorst, J.T.A.G.M. van Ruiten, A.S. van der Woude. *Studies in Deuteronomy.* In Honour of C.J. Labuschagne on the Occasion of His 65th Birthday. 1994. ISBN 90 04 10052 0
54. Fernández Marcos, N. *Septuagint and Old Latin in the Book of Kings.* 1994. ISBN 90 04 10043 1
55. Smith, M.S. *The Ugaritic Baal Cycle. Volume 1.* Introduction with text, translation and commentary of KTU 1.1-1.2. 1994. ISBN 90 04 09995 6
56. Duguid, I.M. *Ezekiel and the Leaders of Israel.* 1994. ISBN 90 04 10074 1
57. Marx, A. *Les offrandes végétales dans l'Ancien Testament.* Du tribut d'hommage au repas eschatologique. 1994. ISBN 90 04 10136 5
58. Schäfer-Lichtenberger, C. *Josua und Salomo.* Eine Studie zu Autorität und Legitimität des Nachfolgers im Alten Testament. 1995. ISBN 90 04 10064 4
59. Lasserre, G. *Synopse des lois du Pentateuque.* 1994. ISBN 90 04 10202 7
60. Dogniez, C. *Bibliography of the Septuagint – Bibliographie de la Septante (1970-1993).* Avec une préface de Pierre-Maurice Bogaert. 1995. ISBN 90 04 10192 6
61. Emerton, J.A. (ed.). *Congress Volume,* Paris 1992. 1995. ISBN 90 04 10259 0

62. SMITH, P.A. *Rhetoric and Redaction in Trito-Isaiah*. The Structure, Growth and Authorship of Isaiah 56-66. 1995. ISBN 90 04 10306 6
63. O'CONNELL, R.H. *The Rhetoric of the Book of Judges*. 1996. ISBN 90 04 10104 7
64. HARLAND, P.J. *The Value of Human Life*. A Study of the Story of the Flood (Genesis 6-9). 1996. ISBN 90 04 10534 4
65. ROLAND PAGE JR., H. *The Myth of Cosmic Rebellion*. A Study of its Reflexes in Ugaritic and Biblical Literature. 1996. ISBN 90 04 10563 8
66. EMERTON, J.A. (ed.). *Congress Volume*. Cambridge 1995. 1997.
ISBN 90 04 106871
67. JOOSTEN, J. *People and Land in the Holiness Code*. An Exegetical Study of the Ideational Framework of the Law in Leviticus 17–26. 1996.
ISBN 90 04 10557 3
68. BEENTJES, P.C. *The Book of Ben Sira in Hebrew*. A Text Edition of all Extant Hebrew Manuscripts and a Synopsis of all Parallel Hebrew Ben Sira Texts. 1997. ISBN 90 04 10767 3
69. COOK, J. *The Septuagint of Proverbs – Jewish and/or Hellenistic Proverbs?* Concerning the Hellenistic Colouring of LXX Proverbs. 1997. ISBN 90 04 10879 3
70,1 BROYLES, G. and C. EVANS (eds.). *Writing and Reading the Scroll of Isaiah*. Studies of an Interpretive Tradition, I. 1997. ISBN 90 04 10936 6 (*Vol.* I);
ISBN 90 04 11027 5 (*Set*)
70,2 BROYLES, G. and C. EVANS (eds.). *Writing and Reading the Scroll of Isaiah*. Studies of an Interpretive Tradition, II. 1997. ISBN 90 04 11026 7 (*Vol.* II);
ISBN 90 04 11027 5 (*Set*)
71. KOOIJ, A. VAN DER. *The Oracle of Tyre*. The Septuagint of Isaiah 23 as Version and Vision. 1998. ISBN 90 04 11152 2
72. TOV, E. *The Greek and Hebrew Bible*. Collected Essays on the Septuagint. 1999.
ISBN 90 04 11309 6
73. GARCÍA MARTÍNEZ, F. and NOORT, E. (eds.). *Perspectives in the Study of the Old Testament and Early Judaism*. A Symposium in honour of Adam S. van der Woude on the occasion of his 70th birthday. 1998. ISBN 90 04 11322 3
74. KASSIS, R.A. *The Book of Proverbs and Arabic Proverbial Works*. 1999.
ISBN 90 04 11305 3
75. RÖSEL, H.N. *Von Josua bis Jojachin*. Untersuchungen zu den deuteronomistischen Geschichtsbüchern des Alten Testaments. 1999. ISBN 90 04 11355 5
76. RENZ, Th. *The Rhetorical Function of the Book of Ezekiel*. 1999.
ISBN 90 04 11362 2
77. HARLAND, P.J. and HAYWARD, C.T.R. (eds.). *New Heaven and New Earth Prophecy and the Millenium*. Essays in Honour of Anthony Gelston. 1999.
ISBN 90 04 10841 6
78. KRAŠOVEC, J. *Reward, Punishment, and Forgiveness*. The Thinking and Beliefs of Ancient Israel in the Light of Greek and Modern Views.
ISBN 90 04 11443 2. *In Preparation*
79. KOSSMANN, R. *Die Esthernovelle – Vom Erzählten zur Erzählung*. Studien zur Traditions- und Redaktionsgeschichte des Estherbuches. 2000. ISBN 90 04 11556 0.
80. LEMAIRE, A. and M. SÆBØ (eds.). *Congress Volume*. Oslo 1998.
ISBN 90 04 11598 6. *In Preparation*.